FAMILY
THERAPY

가족치료 사례집

박태영 · 고은국 · 김경욱 · 김영애 · 김현주 · 김현지 · 문정화
문혜린 · 박소영 · 박양진 · 박양현 · 배영윤 · 심현아 · 안현아
이예린 · 이주은 · 이희선 · 임아리 · 최춘화 공저

학지사

머리말

내가 1995년부터 가족치료를 시작하여 지금까지 27년간 대략 천 몇 백 사례 이상 하지 않았을까 싶다. 어느덧 가족치료 과목을 강의한 지도 26년이 되었다. 3년 반 후에는 대학에서 은퇴할 예정이나 여전히 가족치료를 하고 있다. 아마 은퇴 후에도 나는 가족치료를 업으로 삼고 건강이 허락하는 한 계속하리라 예상한다.

가족치료와 내담자 가족들은 내 삶의 귀중한 일부분이 되어 왔다. 수많은 가족을 상담하면서, 나는 내 삶을 더 깊이 들여다볼 수 있었고 내담자 가족들의 모습 속에서 내 가족의 모습도 볼 수 있었다. 어떤 가족들은 나의 준가족이 되는 듯한 느낌도 들었다. 심지어 상담받은 내담자 가족이 내 자식의 결혼식에 참석해 주거나 나 또한 그들 자식의 결혼식에 참석하기까지 했다. 문제가 너무나 심각하여 변화가 더딘 가족들을 볼 때면 내가 시원찮아서 그런가 하는 생각도 들었다. 그럼에도 불구하고, 나는 가족치료를 천직으로 여기고 우직스럽게 한 우물만 파면서 살고 있다. 현재의 내가 있기까지는 부모님과 형제들, 사랑하는 아내와 자녀, 며느리, 손녀들뿐만 아니라 여러 사람의 영향이 있었지만, 그 가운데에 내담자 가족들도 많은 영향을 미쳤다는 것을 인정하지 않을 수 없다. 때로는 내담자들의 슬픔과 기쁨이 나의 슬픔과 기쁨이 되곤 했다. 내담자들이 가족치료를 통해 변화되어 나에게 감사를 표현하기도 하고 어떤 경우에는 분노하기도 했었지만, 이 모든 것이 나를 성숙하게 만든 밑거름이 됐다.

내담자 가족과의 상담을 통해 내가 배웠던 이론을 검증하면서 이론에 대한 확신과 신념이 생겼다. 나와 상담했던 대부분의 가족은 자신들의 상담내용을 논문으로 발표할 수 있도록 허락해 주었고, 그들의 도움으로 인해 나는 현재까지 다양한 가족치료 사례를 학회지에 실을 수 있었다. 또한 학회지에 실린 논문들을 모아 지금까지 학지사를 통해 『가족치료 사례연구』(2019), 『매트릭스와 네트워크를 활용한 가족치료 사례 질적 분석』(2015), 『질적 분석을 활용한 가족치료 사례연구: 매트릭스와 네트워크를 중심으로』(2012), 『가족치료사례와 질적 분석』(2009), 『가족생활주기와 가족치료』

(2003), 『가족치료이론의 적용과 실천』(2001)까지 총 6권의 사례집이 출판되었다.

이 사례집은 2018년부터 2021년까지 출판된 국내논문 11편과 국외논문 5편까지 총 16편의 논문을 수록하였다. 또한 차례를 제1부 부부갈등, 제2부 가정폭력, 제3부 성기능장애, 제4부 불안·공황 장애, 제5부 다문화가족, 제6부 집단따돌림으로 구성했다.

나는 내담자의 문제를 해결하기 위해 적용하고 있는 이론으로서 Murray Bowen 의 가족체계이론의 준거틀을 중심으로 MRI의 의사소통이론과 대상관계 가족치료이론 그리고 John Bowlby의 애착이론을 함께 적용하고 있다. 이제 와서 보니 내가 적용하는 틀이 Sigmund Freud의 전이와 투사적 동일시, Milton H. Erickson의 의사소통(언어적·비언어적)방식, 두 대가의 개념 사이에 Bowlby의 내적 작동 모델이 끼어 있는 격이라고 생각된다. 나는 이 네 가지의 주요 개념을 Bowen의 가족체계론적인 시각을 가지고 가계도를 그리면서 치료를 하고 있다. 물론 이 네 가지 이론 이면에는 Monica McGoldrick의 가족생활주기이론에서 발생하는 사건 또는 위기라는 촉발 요인이 들어간다.

요즘처럼 포스트모더니즘과 다양성의 물결에 휩쓸리고 있는 상황에도 불구하고, 나는 이 다섯 가지 이론이 모더니즘적인 시각의 가족치료이지만 실제 임상을 하다 보면 이것이 매우 중요하다는 것을 경험하였다. 따라서 이 사례집에 실린 논문들을 보면 내가 가족치료 과정에서 전이와 애착문제, 의사소통방식에 주로 초점을 맞추고 있다는 것을 발견할 수 있을 것이다. 좌와 우로 나누어진 정국처럼 가족치료 분야에서조차도 모더니즘과 포스트모더니즘적인 이론들의 충돌이 일어나고 있지 않나 싶다. 염려스러운 점은 치료자로서 자신이 적용하는 이론에 대한 철학 사상적인 뿌리가 없다면 치료자 자신뿐만 아니라 내담자 가족들까지도 혼란스러울 것이다. 더군다나 가족치료 과목을 가르치는 교수들에게 가족치료뿐만 아니라 철학 사상적인 정립이 없다면 그들은 자신들의 학생들까지도 헷갈리게 할 것이다. 슈퍼바이저로서 가족치료자들에게 슈퍼비전을 하다 보면 가족치료자 자신이 적용하고 있는 이론들에 대한 철학 사상을 모르고 통합적 또는 절충적 모델이라면서 두리뭉실하게 적용하고 있는 것을 목격하게 된다. 따라서 가족치료자들에게 가족치료이론에 깔린 철학 사상에 관한 공부가 필요하다고 보며, 나 또한 몇 년 전부터 독서를 통해 부족한 부분을 메꾸려고 무던히 애쓰고 있다. 그럼에도 불구하고, 여러분은 가족치료를 하는 데 있어서 모더니즘적인 가족치료이론이 됐든 포스트모더니즘적인 가족치료이론이 됐든 가족치료

사례를 통해 여러분 나름의 독창적인 가족치료 준거틀을 개발할 수 있기를 진심으로 바란다. 또한 이 사례집이 여러분 자신의 가족치료 모델을 개발하는 데 있어서 조금이라도 도움이 되기를 바란다.

마지막으로, 이 책을 출판하게 해 주신 출판사 학지사의 김진환 사장님과 꼼꼼히 교정을 봐 주신 조은별 선생님 그리고 이 책의 편집을 맡아 주신 내 연구실의 최춘화 박사과정 선생님의 노고에 진심 어린 감사를 드린다.

2022년 3월
저자 대표 박태영

차 례

제5부 **다문화가족**

제6부 집단따돌림

제1부

부부갈등

제 1 장

이혼 부부의 재결합을 위한
통합적 가족치료 사례연구*

　이 연구는 이혼 후 재결합을 준비하고 있는 부부에 대한 가족치료 사례를 중심으로 부부의 이혼에 영향을 미친 요인, 치료자의 개입기법 그리고 부부의 재결합 요인에 대해 살펴보았다. 연구에서는 질적 연구 방법 중 사례연구 방법을 사용하였으며 자료 분석을 위하여 주제 분석 방법과 네트워크를 사용하였다. 연구결과는 다음과 같다. 첫째, 부부의 이혼에 영향을 미친 요인으로는 남편의 외도, 역기능적 가족구조, 부부의 역기능적 의사소통방식, 원가족의 역기능적 의사소통방식의 전수, 부부의 애착문제 그리고 전이 감정이 나타났다. 둘째, 치료자의 상담기법으로는 가족구조에 대한 설명, 외도에 대한 재명명과 수용적 태도, 원가족에서 전수된 표현방식 설명, 전이 감정 설명, 재결합에 대한 부부의 명확한 의사 탐색, 새로운 의사소통방식 지도, 재결합방식 제시가 나타났다. 셋째, 가족치료를 통한 부부의 재결합에 영향을 미친 요인은 부부의 인식 변화, 의사소통방식의 변화, 새로운 시작에 대한 기대와 부부관계 변화의 유지로 나타났다.

1. 서론

　오늘날 결혼생활에 대한 개인주의적 가치관이 팽배해지고 가부장적 문화에서 탈피하고자 하는 인식의 변화로 인해 이혼에 대한 사회적 낙인 정도가 감소하면서 이혼율이 증가하고 있다. 통계청(2020)의 인구동태 통계에 의하면 2019년 한 해 110,831쌍이 이혼하였고, 이와 같은 추세는 하루 평균 303쌍이 이혼하는 결과이다. 이는 전년

* 최춘화, 배영윤, 문혜린, 박태영(2021). 이혼 부부의 재결합을 위한 통합적 가족치료 사례연구. 한국가족복지학, 68(1), 185-217.

108,684쌍보다 2천 1백 건 증가한 추세이고, 조이혼율은 2.2건으로 전년보다 0.1건 증가하였다. 이혼 사유로는 성격 차이가 가장 높게 나타났고, 다음으로는 경제적 문제, 배우자 부정, 가족 간 불화, 정신적·육체적 학대 순으로 나타났다(통계청, 2020).

이혼을 초래하는 부부갈등에 영향을 미치는 요인에 관한 선행연구를 살펴보면 배우자에 대한 이해와 수용의 부재, 부부간의 기능적이지 못한 의사소통방식, 갈등에 대한 미숙한 대처방식, 원가족과의 미해결된 문제 그리고 배우자의 외도 등이 있다(권정혜, 채규만, 2000; 박태영 외, 2012; 박태영, 문정화, 2013; 유순희, 정민자, 2018; 조지용, 박태영, 2011; 황민혜, 고재홍, 2010; Bertoni & Bodenmann, 2010; Birditt et al., 2010; Fallah et al., 2019; Harris, 2018). 남녀가 결혼을 하여 부부체계를 재조정하는 과정에서 각자의 원가족 문화의 차이는 결혼 초기 부부간의 상호작용 과정에 있어서 많은 영향을 미치고 부부갈등을 야기한다. 특히 부부가 상대방과의 차이를 수용하지 못하고 기능적으로 대처를 하지 못하는 경우에는 결혼관계가 파국에 이를 수도 있다(김혜정, 2008; 박태영 외, 2009).

이와 같은 이혼 요인으로 부부가 법률적으로 이혼을 했다고 해도 가족관계가 완전히 단절되는 것은 아니다. 전처나 전남편의 존재는 여전히 커다란 정신적·심리적 공간을 차지하고 있으며(임춘희, 2011: 61), 특히 자녀가 있는 경우, 자녀의 문제로 여전히 지속적인 관계를 유지하는 '이혼 후 가족'의 형태를 유지한다(Thompson & Amato, 1999). 이와 같이 이혼 후 비양육 친부모는 자녀와 같이 생활하지 않지만 지속적인 만남을 통해 자녀와의 정서적인 유대관계를 유지한다(장현정, 2010). 이혼 여성 가운데 일부는 자녀문제로 전 배우자와 재결합을 고려하기도 한다. 이 중 일부는 재결합을 했다가 기존의 갈등을 해결하지 못하고 다시 이혼을 하는 경우가 있는데, 재결합 의사가 있지만 주변 지인에게 털어놓지 못하고 사이버 공간에서 조언을 구하는 사례가 빈번하다(임춘희, 2011; 장현정, 2010). 이 외에도 부부가 같은 종교를 가지고 있거나, 결혼 전 배우자와 결혼 전 동거 경험이 있는 경우, 결혼제도에 대해 상대적으로 강한 헌신적 인식을 갖고 있는 경우 재결합 가능성이 높아진다는 연구결과가 있다(Wineberg, 1994; Lambert & Dollahite, 2006).

장혜경과 민가영(2002)은 이혼 여성의 약 7% 정도가 재결합을 원하고 있으며 가장 중요한 이유는 자녀에게 부부와 자녀가 결합된 온전한 가족의 모습을 남겨 주고 싶기 때문이라고 하였다. 한국가정법률상담소(2010)에서 실시한 사실혼에 대한 실태조사에 따르면 사실혼 중 배우자와 이혼 신고 후 혼인 신고를 다시 하지 않은 상태에서 동거하는 경우가 10.2%에 달한다고 하였다. 따라서 사실혼 상태의 재결합 부부가 상당수 있는 것으로 추측되지만 이혼한 부부의 재결합에 대한 공식적인 통계는 아직 이루어지지 않고 있으며, 이와 관련된 국내외의 선행연구 또한 미비한 실정이다.

재결합에 대한 근래의 국내연구로는 재결합에 대한 인식과 재결합 조건에 관한 연구(임춘희, 2011; 임춘희, 2013), 재결합 후의 결혼생활에 관한 연구(임춘희, 2013), 재결합 부부의 재산 분할에 관한 연구(서종희, 2013) 등이 있다. 재결합에 대한 가족치료적 개입에 관한 국내의 연구로는 한인영(1996)의 「혼외정사 부부의 재결합 사례연구」와 박태영(2000)의 「이혼한 부부의 재결합을 위한 부부치료 연구」가 있을 뿐이다.

따라서 이혼한 부부의 재결합 과정에 대한 가족치료 사례에 대한 연구가 현시점에서 필요하다고 본다. 이에 이 연구에서는 재결합을 준비하는 이혼한 부부의 가족치료 사례를 통하여 이혼한 부부의 이혼에 영향을 미친 요인과 가족치료 치료자의 개입기법 및 가족치료를 통해 본 이혼한 부부의 재결합 요인에 대해 살펴봄으로써 이혼한 부부가 재결합할 수 있는 가족치료적인 대안을 제시하고자 한다.

2. 문헌 고찰

1) 이혼에 영향을 미치는 부부갈등 요인

이혼에 영향을 미치는 부부갈등에 관한 연구들에 대한 결과를 살펴보면 다음과 같다. 남현순 등(2005)은 이혼을 야기하는 부부갈등에 영향을 미치는 요인으로 부모와 자녀 간 정서적인 미분화, 원가족 문화의 차이를 들고 있다. 김정옥(2011)은 부부갈등의 주요 요인으로 개인적인 특성보다도 원가족의 차이를 더 중요한 요인이라고 하였다. 이혼 위기 부부를 대상으로 한 13회기의 부부상담에 대한 연구에서 박태영과 문정화(2013)는 이혼 위기 부부의 부부갈등의 촉발 요인으로서 부부간의 원가족 문화 차이, 원가족과의 미분화, 원가족 경험에 따른 역기능적인 갈등 대처방식을 들고 있다. 특히 이 연구에서는 부부 이혼에 영향을 미친 요인으로서 시어머니, 시댁 식구와 친정어머니의 부정적인 역할이 나타났다(박태영, 문정화, 2013). 이처럼 확대가족과 같은 외적인 개입이 이혼 결정에 많은 영향을 줄 수 있다(김수정, 2003).

부부간의 의사소통과 대처방식은 부부관계와 밀접한 관련이 있다(박태영 외, 2012;

박태영, 문정화, 2013; 조지용, 박태영, 2011; Ledermann et al., 2010). 황민혜와 고재홍(2010)은 부부간의 의사소통은 상호 간에 영향을 미친다고 보고하였는데, 부부 가운데 한쪽이 비난과 같은 역기능적인 의사소통을 사용하면 배우자 역시 같은 방식의 의사소통을 사용하기 때문에 부부간 부정적인 의사소통의 상호성은 부부갈등을 증폭시킨다(황민혜, 고재용, 2010). Fallah 등(2019)의 연구에 의하면 불안정한 애착 스타일은 배우자에게 집착하는 대처방식을 사용하여 만성갈등을 일으키고 이는 성적 불만족과 폭력으로 이어지며 갈등을 악화시킨다고 하였다. 한편, Bertoni와 Bodenmann(2010)이 226쌍의 부부를 대상으로 한 부부의 기능을 조사한 연구에 의하면, 결혼에 만족하는 부부가 불만족하는 부부에 비하여 갈등 형태에서 더욱 타협적 · 절충적이며, 덜 폭력적 · 회피적 · 공격적인 형태를 보였다. 즉, 부부간에 어떠한 의사소통과 대처방식을 활용하는지에 따라 부부관계가 좌우되며, 반대로 결혼관계에 만족하는 부부는 더 안정적인 대처방식을 활용함으로써 긍정적인 시너지 효과를 경험하게 된다.

한편, 한국은 서양과 다른 가부장적 문화로 인해 이미 핵가족화가 진행되었음에도 불구하고 확대가족 문화가 잔존하는 특성을 가지고 있다. 이와 같은 문화적 특성으로 인해, 원가족 요인이 부부갈등의 중요한 요인으로 나타났다(임유진 외, 2008; 하상희, 정혜정, 2008). 이혼 위기에 처한 부부들은 원가족과 미분화되어 핵가족 내에서 부부 하위체계를 적절히 형성하지 못하고 원가족 경험에서 기인된 역기능적 대처방식을 사용하게 된다(박태영, 문정화, 2013; 조지용, 박태영, 2011). 이와 같이 원가족의 정서적 체계와 기능은 부부갈등의 발생과 대처방식에 영향을 줄 수 있다(박태영 외, 2012).

이혼은 당사자뿐만 아니라 이혼을 경험하는 자녀들의 문제와 직결된다. 원가족에서 부모가 이혼을 했을 경우 부부의 이혼 가능성 또한 더 높은 것으로 나타났다. 25년간 이혼가정의 자녀들을 종단 연구한 Wallerstein 등(2000)의 연구에서는 부모의 이혼을 경험한 자녀들은 부모의 이혼으로 고통스러운 경험을 겪었음에도 불구하고 부모의 이혼을 경험하지 않은 자녀보다 더 높은 비율로 이혼을 하였다. 부모의 이혼을 경험한 자녀들은 상실감, 우울감, 막막함, 불신감, 죄책감, 두려움, 분노 등의 심리적 · 정서적 어려움을 경험하며(김기화, 양성은, 2016; 전보영, 조희선, 2016; 주소희, 2015; D'Onofrio & Emery, 2019; Leys et al., 2020; Potter, 2010), 인지 발달을 저해하고(Moroni, 2018), 청소년의 경우에는 문제행동 가능성이 증가하고(Maschi et al., 2008), 성인 자녀는 약물 중독의 위험에 더 많이 노출되기도 한다(Windle & Windle, 2018). 뿐만 아니라 부모의 이혼을 경험한 자녀는 애정결핍을 호소하며, 대인관계에서도 두려움이 앞서고 이성을 선택할 때도 비교적 모호한 기준을 통해 선택하며(전보영, 조희선, 2016; Wallerstein et al., 2000), 나아가서 자녀 양육에도 영향을 미침으로써 삶의 전반을 통해 지속적으로 부정적 영향을 나타낸다(김동주 외, 2017; 전보영, 조희선, 2016).

2) 이혼 부부의 재결합

부부는 법률적 이혼으로 인해 공간적 분리가 이루어진다고 해도 정서적 분리까지 이루어지는 것은 아니며(임춘희, 2011), 특히 자녀가 있는 경우, 양육 부모는 자녀가 따로 사는 부모와 연결을 시켜야 하는 의무를 갖는다. 따라서 이혼 후 전 배우자와 교류가 있는 경우, 자녀 양육과 관련된 사유가 가장 많은 것으로 나타났다(장혜경, 민가영, 2002). 비동거 친부모는 자녀와의 관계를 지속하며 정서적 유대관계를 유지하려고 하지만 이혼 부부의 갈등이 심각한 경우에는 자녀가 비동거 부모를 만나지 못하게 하는 경우도 있어 자녀와 부모와의 지속적인 관계는 자녀의 연령이 높을수록 실현 가능성이 높다(장현정, 2010; 전명희, 2002). 이처럼 이혼 후 가정에서 자녀문제가 중요한 만큼, 자녀 양육문제에 초점을 맞춘 다양한 선행연구가 진행되었다(Beckmeyer et al., 2014; Breivik & Olweus, 2006; Lamela et al., 2016).

이혼 부부는 재결합을 생각하기도 하는데, 이혼 여성이 재결합을 원하는 경우 가장 중요한 이유가 부모와 자녀가 결합된 온전한 가족의 모습이 중요하기 때문이고, 그다음으로는 이혼녀에 대한 부정적 사회적 인식 때문이었다(장혜경, 민가영, 2002). 따라서 자녀가 있는 이혼 부부일 경우, 자녀가 없는 부부보다 재결합 가능성이 높다. 또한 성공적인 재결합을 위한 조건에 대한 임춘희(2011: 89)의 연구에 의하면, 이혼에 이르게 된 갈등 요소의 해결의 선결, 상대방에 대한 포용, 서로의 양보와 포기, 전 배우자의 반성과 변화, 본인의 노력 그리고 상대방의 약점을 감싸 주려는 마음 등이 전제되어야 재결합이 성공할 수 있다고 하였다.

재결합의 성공 요인에 관련한 국외 연구에서는 종교, 결혼제도에 대한 헌신적 동기, 결혼 전 배우자와의 동거 여부, 배우자의 변화된 태도 등이 재결합을 성공적으로 이끌어낼 수 있다고 하였다(Hawkins et al., 2012; Lambert et al., 2006; Wineberg, 1994). 먼저 종교는 부부간 재결합의 성공에서 중요한 요인으로 작용하는데, 부부가 같은 종교를 가진 경우 재결합할 확률이 높아지며(Wineberg, 1994; Lambert et al., 2006), 또한 결혼제도에 상대적으로 강한 헌신적 동기를 가진 여성이 배우자와 화해하고 결혼생활을 회복하려고 한다(Wineberg, 1994). 마지막으로, 배우자의 무관심과 시댁갈등으로 이혼한 경우 배우자의 변화된 태도와 배우자가 자신의 원가족에 대해 다른 입장을 취하면 재결합의 가능성을 보였다(Hawkins et al., 2012).

이와 같이 재결합이 성공적으로 이루어졌을 경우, 부부는 전혼가정에 해결하지 못했던 부부갈등을 해결하고 안정적인 부부관계로 자녀들의 심리정서에도 좋은 영향을 가져다줄 수 있다. 임춘희(2013)의 연구에서는 재결합 이후 여성은 결혼생활에서 자기 주장이 강해졌으며 남편의 배려 행동이 많아지고 부모-자녀관계와 가족 분위기가 좋아졌으며, 부부관계 개선을 위한 부부의 노력이 많아지고 가족의 경계가 명확해진 것을 변화로 지각한다고 하였다.

하지만 재결합을 하는 과정은 쉽지 않은 여정이다. 이혼을 신청했지만 청원을 철회하거나 기각된 사람들은 이혼한 사람 또는 결혼한 사람보다 일주일 이상 높은 정신적 · 신체적 고통을 겪으며 가정폭력 수준이 더 높을 수 있다(Kitson & Langlie, 1984). Pearce 등(2016)이 이혼 청원을 하였으나 12개월 후 재결합을 결정한 7명을 대상으로 진행한 질적 연구에서 참여자들은 재결합을 하는 과정에서 여러 번의 반복적인 시도와 노력이 필요하며, 재결합을 결정하게 된 중요한 계기는 어려운 삶의 사건을 함께 경험하면서 배우자와의 관계가 다시 가까워진 것이라고 하였다. 이밖에 Abrahamson 등(2012)의 연구에서는 불륜으로 관계가 거의 깨어진 부부들의 화해 과정을 인터뷰하였는데, 이들은 어려운 재결합 과정의 고통, 용서와 상담, 부부의 역할 변화 등을 통한 재결합 과정 그리고 관계를 유지하는 이유 등을 제시하였다. 장현정(2010)은 재결합을 했을지라도 과거의 갈등문제를 극복하지 못한다면 재이혼의 결과를 초래할 수 있다고 하였다.

재결합이 상당히 어려운 과정인 만큼 전문적인 도움을 받는 경우도 있다. 특히 이혼은 부부간의 갈등뿐만 아니라 원가족과도 밀접한 관련을 보이기 때문에, 가족치료적인 개입이 효과적일 수 있다. 이에 따라 재결합에 대한 가족치료적 개입과 관련된 선행연구를 살펴보면, 혼외정사를 한 부부에게 8회기의 가족치료를 통한 의사소통기법, 게슈탈트기법, 체계이론을 사용하여 개입한 결과로 과거의 혼외정사를 용서하고 재결합을 하였다는 연구가 있다(한인영, 1996).

3. 치료에 대한 이론적 준거틀

이 연구에서 치료자는 Murray Bowen의 가족체계이론과 MRI의 의사소통이론 그리고 John Bowlby의 애착이론과 대상관계이론을 이론적 준거틀로 사용하였다.

1) Murray Bowen의 가족체계이론

Bowen의 가족치료 모델에서는 한 개인을 가족이라는 전체 체계의 한 부분으로 보고 전체 가족체계를 중심으로 가족을 하나의 정서 단위로 묶어서 보고 있다. Bowen의 가족에서 형성된 관계의 패턴은 세대를 넘어 전수된다고 보고 있기 때문에 가족구성원들과 세대 간 상호관계에 초점을 둔다(Bowen, 1993; Harvey & Bray, 1991). 치료자는 Bowen의 가족체계이론을 통하여 부부갈등의 문제를 원가족과의 문제와 연결시켜서 접근하였다.

2) MRI의 의사소통이론

MRI 집단은 문제의 초점을 역기능적 의사소통에 두며, 어려움을 잘못 다루는 것, 즉 문제를 해결하려는 시도의 실패와 똑같은 문제 해결방식의 계속적인 적용으로 악순환을 유발시켜 더욱 악화시킨다고 하였다(Goldenberg, Stanton, & Goldenberg, 2017). 따라서 치료자는 가족구성원들로 하여금 문제를 해결하기 위하여 역기능적인 문제 해결방식을 계속 사용해 왔다는 것을 통찰할 수 있도록 하였다. 한편, 치료자는 역기능적인 의사소통방식이 자신들의 원가족에서 사용했던 방식이 전수되고 있다는 것을 인식할 수 있도록 하였고 가족구성원들에게 새로운 의사소통방식을 연습하도록 하였다.

3) John Bowlby의 애착이론

John Bowlby의 애착이론에서는 양육자를 보호자의 안전기지 제공자로, 그리고 심리적 안정을 수반하는 제공자로 초점을 맞추어 보았다(Goldberg, 2014). 애착관계는 심리적 안전기지와 안전한 피난처 기능을 수행할 수 있는데, 이는 애착 대상의 실제 행동뿐만 아니라 애착 대상과의 상호작용 패턴이 관계표상으로 전환된 내적 작동 모델로 작용하기 때문이다(Bretherton & Munholand, 2008). 치료자는 부부에게 부부문제를 자신들의 부모들과의 불안정한 애착문제로 인하여 부부관계 및 대인관계에서 애착관계를 재경험하는 것을 볼 수 있도록 하였다.

4) 대상관계이론

대상관계이론은 개인들이 태어나면서 다른 사람들, 특히 어머니와의 사이에서 관계를 맺고 애정을 형성하게 된다고 보았다. 어린 시절 부모를 통해 형성된 내면은 이후 사람들과의 관계에서, 특히 결혼 이후 배우자와의 관계에서 전이로 다시 나타나게 된다(박태영, 2014). 이 연구에서는 부부의 어렸을 때 원가족에서 부모와의 애착패턴을 파악하고, 양육자와의 관계에서 형성된 내면이 어떻게 부부관계의 역동으로 나타났는지에 대해 탐색하였다.

4. 연구 방법

1) 연구 대상 및 사례 개요

이 연구는 이혼 후 재결합을 준비하고 있는 중년 여성이 딸의 의뢰로 상담을 요청하여 총 17회기 동안 부부와 자녀를 대상으로 진행된 가족치료 상담내용을 분석한 것이다. 연구의 대상에는 남편(64), 부인(59), 큰아들(33), 딸(32), 막내아들(31)이 포함되었다. 상담 초반부(1~11회기)에서는 가족구성원들에 대한 개인상담을 통하여 의사소통방식, 애착관계와 해결되지 못한 감정, 전이와 투사적 동일시를 파악하였다. 중반부(12~15회기)에서는 부부 및 가족구성원이 함께 참여하는 상담을 통해 역기능적 의사소통방식과 전이 및 투사적 동일시와 가족 간의 역동 그리고 부부간의 재결합에 대한 내용을 의논하였다. 종반부(16~17회기)에서 치료자는 우울증으로 부모와 단절하며 지내던 막내아들을 상담하였다. 막내아들과의 상담을 통하여 부부가 재결합 후 안정된 관계를 맺고 있음을 확인할 수 있었다. 막내아들의 호전은 부부의 재결합 후의 결혼생활을 더 잘 유지할 수 있게 하는 선순환 요인으로 작용하였다. 구체적인 회기별 상담 참여자와 상담내용은 〈표 1-1〉과 같다.

〈표 1-1〉 회기별 상담 참여자와 상담개입

회기	상담 참여자	상담개입
1회기	부인, 큰아들, 딸	
2~4회기	부인	
5회기	남편	
6회기	딸	가족구성원들에 대한 개인상담을 통하여 의사소통방식, 애착관계와 해결되지 못한 감정, 전이와 투사적 동일시를 파악함
7회기	큰아들	
8회기	딸	
9회기	큰아들	
10회기	부인	
11회기	남편	
12회기	부부	
13회기	남편	부부 및 가족구성원이 함께 참여하는 상담을 통해 역기능적 의사소통방식과 전이 및 투사적 동일시와 가족 간의 역동 그리고 부부간의 재결합에 대한 내용을 의논함
14회기	부부	
15회기	부부, 큰아들, 딸	
16~17회기	막내아들	막내아들에 대한 추가적 개인상담

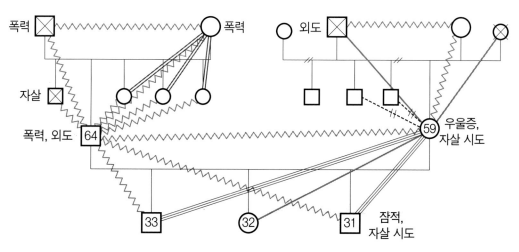

[그림 1-1] 가계도

연구사례의 부부는 경제적 문제와 남편의 외도 그리고 막내아들의 양육문제로 인한 오랜 갈등으로 이혼을 하였다. 부인은 오랫동안 만성 우울증을 앓고 있었으며 결혼기간 동안 자살 시도를 두 번 하였다. 부부는 이혼한 후에도 자녀문제와 제사문제 등으로 종종 만남을 갖다가 이혼한 지 3년이 되던 해에 우연히 성관계를 갖게 되면서, 부인이 남편의 빚을 갚아 주고 살림을 합치자고 제안하여 충동적으로 재결합을 결정하였다. 남편은 부인과 재결합 후에도 여전히 여자 친구와 연락을 하여서 부인은 다시 스트레스를 받게 되었다. 결국 부인은 남편에 대한 스트레스로 인하여 재결합한 지 20일 만에 딸의 집으로 갔다. 부인은 이혼 기간 동안 혼자 지내면서 사업의 실패를 경험했고, 또 부부의 이혼으로 우울증을 앓고 있던 막내아들의 증상이 가중되어 잠적과 자살 시도를 반복하면서 늘 불안한 마음 상태로 지냈다. 상담 초기에 부인은 남편과 재결합을 해야 할지 말아야 할지를 두고서 방향을 잡지 못하고, 이혼 당시 해결되지 못했던 극도의 불안과 우울감을 재경험하고 있었다. 남편은 가정을 지키고 싶다는 명확한 재결합 의사가 있었고, 여자 친구와의 관계는 정리를 하겠지만 상대방의 감정을 갑자기 단절하기 힘든 상황이므로 어느 정도 시간이 필요하다고 하였다.

이런 상황에서 부인은 남편과의 재결합을 앞두고 이혼 당시의 감정까지 재경험하고 있었다. 따라서 이 연구는 부부의 이혼과 재결합에 영향을 미친 요인을 탐색하고, 가족치료적 개입을 통해 이혼과 재결합에서의 문제 해결 과정을 살펴보고자 한다.

2) 연구문제

첫째, 부부의 이혼에 영향을 미친 요인은 무엇인가?
둘째, 부부의 재결합문제를 해결하기 위한 치료자의 개입 방법은 무엇인가?
셋째, 가족치료를 통해 본 부부의 재결합 요인은 무엇인가?

3) 분석 방법 및 신뢰도 검증

이 연구는 1명의 가족치료사와 치료 과정에 참여하지 않은 3명의 연구자가 공동으로 진행한 것으로, 연구에 제공된 사례는 25년의 가족치료 경험이 있는 치료자가 진행하였고 질적 연구 방법 중 사례연구 방법을 적용하였다. 사례연구는 생활에서 벌어지는 현상을 깊이 있게 이해하기 위해서 다양한 자료원을 이용하여 복잡한 현상이나 맥락을 파악하는 데 유용한 연구로(Yin, 2017), 연구주제인 재결합을 준비하는 부부의 이혼과 재결합 과정의 맥락을 탐색하는 데 적합하다. 또한 연구자들은 상담 자료로부터 확인하고 묘사하고, 암묵적이고 명시적인 아이디어를 분석하는 주제 분석 방법을 활용하여 자료를 분석하였다(Braun & Clarke, 2006; Guest et al., 2012; Nowell et al., 2017; Peel & Caltabiano, 2021). 주제 분석을 행하는 단계는 자료의 친숙화, 첫 번째 코드를 만들기, 주제를 조사하기, 주제를 검토하기, 주제에 대한 정의와 명명하기, 보고서를 작성하는 것을 포함한다(Braun & Clarke, 2006; Peel & Caltabiano, 2021). 3명의 연구자는 각자 축어록을 수차례 반복하여 읽으며 하위주제(코딩)를 선정하였으며, 2명의 이상의 코딩이 일치되었을 때를 기준으로 코드를 선정하였고 그 이후에는 3명의 연구자와 이 사례를 상담한 치료자 모두가 함께 상위주제(패턴코딩)를 도출하였다. 또한 연구자들은 상위주제를 Miles 등(2019)이 제안한 개념적으로 군집화된 네트워크(network)를 통해 디스플레이하였다. 개념적으로 군집화된 네트워크는 한 페이지 안에서 전체적인 개념의 흐름을 한눈에 보는 것을 목적으로 하여, 개념 간 화살표를 통해 원인과 결과 그리고 영향력을 볼 수 있도록 전개한 네트워크의 한 종류이다(Miles et al., 2019). 이 연구에서는 이혼 후 재결합을 준비하고 있는 부부의 가족치료 사례를 분석하여, 이혼과 재결합 과정에서 영향을 미친 요인과 개입 방법을 하나의 맥락 안에 제시하고자 하였다.

연구자들은 연구의 신뢰성을 높이기 위해 자료 분석 과정에서 상담축어록, 상담메모, 상담녹화자료를 사용하여 연구자료의 삼각화를 실시하였다. 연구의 윤리적 측면을 고려해서 안전한 연구를 수행하기 위하여 숭실대학교 생명윤리위원회(SSU-201910-HR-172-01)의 승인을 받았다. 또한 치료자료의 사용에 대해 모든 내담자의 서면동의서를 받았으며 내담자 보호를 위해 사적인 정보를 밝히지 않고 실명을 삭제하였다.

5. 연구결과

1) 부부의 이혼에 영향을 미친 요인

연구결과, 부부의 재결합을 위하여 이혼에 영향을 미친 요인으로는 남편의 외도,

역기능적 가족구조, 부부의 역기능적 의사소통방식, 원가족의 역기능적 의사소통방식의 전수, 부부의 애착문제, 전이 감정이 나타났으며 구체적인 내용은 다음과 같다.

(1) 남편의 외도

부인은 남편의 끊임없는 외도문제로 엄청난 스트레스를 받았다. 남편은 부인 앞에서 자신의 공장에서 일하는 여성 직원을 껴안았고, 결혼 전 교제했던 여성을 자신의 공장에 취직시켜 애인관계를 유지하는 등 지속적인 외도문제로 부부갈등을 악화시켰다.

① 여직원을 포옹

> 부인: 일하는 애를 껴안고 있더라고. 아무렇지도 않게. (1회기)

② 전 애인과의 교제

> 부인: (교제했던) 여자가 우리 공장에 들어왔었잖아요. 그 여자와 지나가는 것을 누가 본 거야. 그날 내 생일이었는데 저녁에 집에도 안 들어왔어요. (2회기)

(2) 역기능적 가족구조

가족의 구조를 살펴보면, 부인은 자녀들과 밀착관계를 가지고 있었고, 그로 인하여 남편과 부인 그리고 자녀 간에 삼각관계를 형성하였다. 한편, 막내아들은 피해자인 어머니를 대신하여 가해자인 아버지와 대리전쟁을 하였다.

① 삼각관계

> 남편: 애들은 상황이 좀 나빠지면 나한테는 속에 있는 얘기를 안 하는데 엄마한테는 얘기를 하는가 봐요. 그것도 좀 서운하고. (5회기)

② 대리전쟁

> 딸: 그러니까 동생이 엄마를 대신해서 아빠한테 주먹질을 했어요. (8회기)

(3) 부부의 역기능적 의사소통방식

① 부인의 밀어내는 의사소통방식

부인은 늘 남편의 의견을 반대하였고 남편을 무시했으며, 남편의 잘못을 지적하였다. 이러한 역기능적인 의사소통방식은 남편으로 하여금 부인으로부터 수용받고 존중받지 못한다고 느끼게 하였다.

- **거부**
  딸: 엄마는 아버지의 의견에 항상 반대했어요. (8회기)

- **지적질**
  부인: 나도 지금 생각을 해 보니까 남편을 따뜻하게 안아 주지는 못했던 거 같아요. 그리고 따지기만 했었지. (1회기)

② **남편의 공격적인 의사소통방식**

남편은 매사에 부인 탓을 하고 비난하였으며, 화가 나면 물건을 부수거나 부인을 폭행하였다. 이러한 남편의 역기능적인 의사소통방식으로 인하여 부인은 늘 불안하였고 자신의 의견을 표현하지 못하였다.

- **비난**
  딸: 아버지는 항상 어머니 탓을 해요. 동생이 잘못된 것도 다 엄마가 양육을 잘 못 했기 때문에 지금 저런 문제가 있는 거라고. (6회기)

- **폭력**
  부인: 공장 할 때 전화기를 한 10개는 부쉈던 것 같아요. 제 이빨도 주먹으로 한 대 쳐 버려서, 부러져서 심었어요. (2회기)

③ **부부의 단절된 의사소통방식**

부부는 모든 일을 배우자와 상의 없이 일방적으로 결정하였다. 부부는 서로 속마음을 표현하지 않아 상대방에게 답답함을 느꼈다. 부부는 또 타인이나 자녀 앞에서 서로 편을 들어주지 않아 서운한 감정을 가지고 있었다. 이러한 부부의 역기능적인 의사소통방식은 부부갈등을 유지하고 악화시키는 요인이었다.

- **혼자 결정**
  딸: 아버지가 땅을 사고 들어와서 엄마한테 "나 빚지고 땅을 샀어." 이런 식으로 통보하니까 어머니는 미치는 거죠. (6회기)

남편: 업종을 바꾼다고. 나하고 뭔 상의도 없이. 어떻게 보면 딱딱 내지르는 성격이에요. (5회기)

• 말을 안 함

딸: 아빠가 길을 못 찾고 헤매고 있었어요. 근데 사실 알고 보니까 엄마가 거기를 가 봤더라고요. 그랬으면 내가 봤으니까 따라오면 된다고 말하면 될 건데, 그냥 가만히 계시더라고요. (8회기)

• 편들어 주지 않음

남편: 아무리 남 앞에서 잘못을 했어도 일단 앞에서는 내 식구니까 감싸 주고 편을 들어 줘야 되는 거 아니에요? (아내가) 그 부분에서는 항상 부족해요. (12회기)

부인: 입장을 바꿔 놓고 생각을 하면 '자기는 과연 얼마나 내 편을 많이 들어 줬는가를 한번 생각해 볼 수 있지 않을까?'라는 생각이 들었어요. (12회기)

(4) 원가족의 역기능적 의사소통방식의 전수

부부는 원가족에서 전수된 역기능적인 의사소통방식을 사용하고 있었다. 부인은 친정에서 상대방을 수용하거나 자신의 감정을 솔직하게 표출하는 방식을 배우지 못하였다. 한편, 남편은 부모가 쌍방으로 배우자를 폭행하고 분노 조절을 하지 못하는 방식을 보며 자랐고, 이와 같은 방식이 남편에게 그대로 전수되어 화가 나면 부인을 폭행하였다.

① 부인의 원가족 표현방식

• 부인의 비수용적이고 표현을 못하는 친정 식구

부인: 아버지도 오빠도 포근하게 감싸 주고 설명하고 그런 것이 없었어요. (3회기)

• 부인의 일방적인 자기주장

부인: 아버지와 오빠는 설명하지 않았어요. 그러니까 나도 내 생각이 맞다고 했겠지요. (3회기)

② 남편의 원가족 표현방식

• 시부모의 폭력

부인: 결혼하고 시댁에서 몇 개월 살았거든요. 맨날 싸움을 하니까 방 얻어서 나왔죠. 우리 신랑 말로는 어렸을 때 많이 두들겨 맞았다고 그러더라고요. (2회기)

• 분노 조절을 하지 못하는 시어머니

> 부인: 시어머니가 분노 조절이 힘들었어요, 아주 사나웠지요. (2회기)

(5) 부부의 애착문제

부부는 모두 원가족에서 애착 손상을 경험하였다. 부인은 친정 부모의 이혼으로 젖을 떼기도 전에 새어머니의 손에 넘겨졌고 새어머니는 의무감으로 자녀를 양육하였다. 부인의 친정아버지는 음주와 바람기가 있었고 가정에 무책임하여서, 부인은 원가족에서 따뜻한 보살핌을 받지 못하였다. 남편 또한 초등학교 때부터 동생들과 함께 가난한 할머니 손에 맡겨져 눈칫밥을 먹으며 성장했고 할머니와 사는 동안 부모가 연락을 하지 않고 생활비도 대 주지 않아 사실상 방치된 생활을 하였다. 이렇듯 부부는 원가족에서 사랑을 받지 못하였기 때문에 상대방을 배려하는 방법을 배우지 못하였다.

① 부인의 애착문제
• 부인의 방임

> 부인: 나를 낳아 얼마 안 돼서 핏덩어리를 줬다고 그런 것 같은데 내가 몇 개월 그런 것까지는 모르겠어요. 사랑이라는 것 자체를 못 느끼고 살았지요. (3회기)

• 친정아버지의 음주, 외도, 무책임

> 부인: 아버지가 집에 돈을 안 갖다 줬어요. 술하고 여자문제로 탕진해 버리시고. (3회기)

② 남편의 애착문제
• 남편의 방임

> 남편: 부모들은 할머니한테 떨쳐 놓고 관계도 안 하고 학비도 안 대주지. (5회기)

• 눈치 보기

> 남편: 나는 일찍이 눈칫밥을 먹었잖아요. 학교에서 돈이 필요하면 말을 못 해요. (5회기)

(6) 전이 감정
부인은 무서웠던 친아버지의 모습과 유사한 남편의 모습에 두려움을 느껴 남편에게 속마음을 표현할 수 없었다. 남편 또한 친어머니를 연상시키는 부인의 강하게 밀어붙이고 대드는 모습에 질려 버렸다. 부부는 원가족에서 자신의 부모와 해결되지 못한 감정으로 상대방에게 전이 감정과 투사적 동일시를 느끼고 있었다.

① 부인의 남편에 대한 전이

> 딸: 엄마가 그러더라고요, 아빠 앞에 가면 말이 안 떨어진다고.
> 치료자: 자기 아버지같이.
> 딸: 그렇죠. 무서운 것 같아요 아빠가. (6회기)

② 남편의 부인에 대한 전이

> 남편: 어느 순간 (부인한테서) 제 어머니 모습이 보였어요. 그게 보이니까 정이 딱 떨어지더라고요.
> (부인이) 얘기만 하면 악을 쓰고 대들면 그 모습에서 제 어머니를 보는 것 같아서요. (5회기)

2) 치료자의 개입 방법

치료자가 사용한 개입 방법에는 가족구조에 대한 설명, 외도에 대한 재명명과 수용적 태도, 원가족에서 전수된 표현방식 설명, 전이 감정 설명, 재결합에 대한 부부의 명확한 의사 탐색, 새로운 의사소통방식 지도, 재결합방식 제시가 나타났으며 각 기법에 대한 구체적인 내용은 다음과 같다.

(1) 가족구조에 대한 설명

치료자는 아버지는 가해자, 어머니는 피해자라고 보는 자녀들에게 아버지의 입장을 설명함으로써 자녀들이 부모의 관계를 객관적으로 볼 수 있게 하였다. 이와 같은 남편(아버지)에 대한 객관적 시각의 통찰을 통해 부인과 자녀들은 가해자와 피해자로 구분하는 이분법적인 사고로 인한 가족구조를 이해할 수 있었다. 또한 치료자는 부인과 자녀들에게 남편의 잘못만 따지면서 밀어내는 것이 아니라 남편을 포용해 주어야 한다는 것을 인식시키며 가족구조를 재배치하였다.

① 가족구조 통찰시키기

> 치료자: 따님만 해도 엄마 쪽에 더 비중을 둔다고 그럴까, 아빠는 지금 가족구조상 엄마가 자녀들

과 연합해서 자기를 밀어낸다고 보는 거예요. (6회기)

② 가족구조 재배치

치료자: 남편 쪽에서 손을 내미는 것도 중요하지만, 어머니하고 자녀들이 남편을 포용해 주셔야 해요. (10회기)

(2) 외도에 대한 재명명과 수용적 태도

치료자는 부인에게 남편의 외도에 영향을 미친 가족의 대처방식에 대해 설명함으로써 부인으로 하여금 남편의 외도에 대한 새로운 시각을 갖도록 도와주었다. 한편, 부인은 친정아버지가 외도를 하는 것을 목격하고 자라면서 남편의 외도를 받아들이고 살아야 한다고 생각하였다. 이와 같은 친정아버지의 외도 경험으로 인하여 부인은 남편의 외도에 스트레스를 받으면서도 외도를 어느 정도는 받아들이는 양가 감정을 경험하였다. 일반적으로 대부분의 외도사례와는 다르게 이 사례에서 남편의 외도에 대한 부인의 태도는 예외적인 것으로 보인다. 특히 이와 같은 외도에 대한 부인의 태도가 재결합을 하는 데 도움이 될 수 있었다.

① 외도에 대한 재명명

치료자: 남편 입장에서는 어려서부터 자신의 엄마와 여동생들한테 인정받지 못하였고, 결혼하고 나서는 아내와 자식들한테까지 대우를 못 받고 있다고 생각하고 있다고 볼 수 있지요. 그러면, 나를 인정해 주고 받아 주는 누군가가 있으면 끌릴 수밖에 없지 않았었겠냐는 겁니다. (4회기)

② 외도에 대한 부인의 수용적 태도

부인: 나도 잘못된 점이 있어. 우리 친정이 그런(외도) 문화잖아요. 그니까 여자의 삶이 외도를 받아들이고 살아야 된다고 인식을 했던 것 같아. (2회기)

(3) 원가족에서 전수된 표현방식 설명

치료자는 부부가 역기능적인 표현방식을 사용할 수밖에 없는 원인에 대하여 원가족에서 전수되어 내려오는 과정을 통하여 설명하였다. 예를 들면, 치료자는 부인의 남편을 따뜻하게 포용하지 못했던 방식은 친정 부모에게서 배우지 못했기 때문이고,

폭력적인 원가족 분위기에서 성장한 남편은 화가 날 때 원가족에서 습득된 방식인 폭력적 방식이 나올 수밖에 없다고 설명하였다.

① 남편-시아버지의 표현방식

치료자: 화났을 때, 속상하고 기분이 언짢았을 때 자기 아버지 방식이 그대로 나올 거라고 보는 거죠. 아버지가 자기 엄마를 폭행했던 방식을요. (10회기)

② 부인-친정 부모의 표현방식

부인: 나도 지금 생각을 해 보니까 남편을 따뜻하게 안아 주지는 못했던 거 같아요. 따지기만 했었지. 서로 문제점을 편하게 해결하지 못했던 것 같아요.

치료자: 해결하는 방법을 모르시는 거죠, 못 배우셨기 때문에. 친정어머니가 안 되고 친정아버지가 안 되는데. (1회기)

(4) 전이 감정 설명

치료자는 부부에게 배우자의 모습에서 자신의 원가족과 해결되지 못하였던 감정을 재경험하였다는 것을 설명하였다. 치료자가 이와 같이 부부에게 전이에 대한 개념을 설명해 줌으로써, 부부는 부부갈등을 자신의 문제로 보는 것이 아니라 다세대 전수과정으로 이해함으로써 오해를 풀고 죄책감으로부터 벗어날 수 있었다.

① 시어머니와 비슷한 부인에 대한 전이 설명

치료자: 어머니가 친정어머니의 쇳소리 나는 방식을 사용했다면 시어머니 방식과 같다는 거죠. 강한, 받아 주지 못하고 툭툭 쳐내고 애들 앞에서 더군다나 무안 줬더라면. 어머니가 딱 걸려서 아버님이 질려 버렸을 수 있다는 거예요. (1회기)

② 부인의 전이

치료자: 친정아버지의 (외도하는) 모습이 너무 싫었으면 남편의 바람피우는 모습을 용납 못하셨을 거라고 보는 거예요. (1회기)

치료자: 어머님의 아버지가 자녀들을 보호해 준 분이 아니었는데 배우자도 어머니를 보호해 주는 역할을 하지 않아 다시 친정에서의 삶이 재연되고 있어요. 나를 보호해 주지 못하고 무시하고 지적할 때 어머님 속에 있는 삐쭉삐쭉했던 것이 나올 수밖에 없죠. (3회기)

(5) 재결합에 대한 부부의 명확한 의사 탐색

부인은 상담 과정에서 표면적으로는 자신은 남편과 재결합할 수 없다고 반복적으로 언급하였지만, 은연중에 남편과 재결합 의사가 있다는 양면적 메시지를 전하였다. 치료자는 상담목표를 설정하기 위하여 재결합 의사에 대한 부부의 명확한 의견을 확인하였다.

① 부인의 의사 확인

치료자: 지난번에는 같이 살 의향이 없다고 하셨는데 저는 그렇게 안 봤거든요. 아버님이 따님 댁에 왔을 때 같이 주무셨다고 하던데. 어머니께서 정말 남편이 싫으시면 그렇게 못하십니다. (10회기)

② 자녀들을 통한 어머니(부인) 의사 확인

치료자: 저는 지금 어머니가 아버님에 대한 정이 아직도 남아있지 않을까 싶은 생각이 있고요, 상황이 바뀌어서 남편만 돌아온다면 어머님은 받아들이고 싶은 생각이 있으신 것 같아요. (7회기)

③ 남편의 의사 확인

치료자: 어머니하고 재결합할 의사는 있으세요?

남편: 어느 정도 서로 이해가 되면 가정을 깨고 싶진 않아요. (5회기)

(6) 새로운 의사소통방식 지도

치료자는 부부에게 지금까지 부부가 사용했던 의사소통방식이 비효과적일 뿐만 아니라 원가족에서 전수된 것과 같이 자녀에게도 전수될 수 있다는 것을 인식시키면서 서로 마주 보면서 솔직한 대화를 시도하게 하였다.

① 비효과적인 의사소통방식 설명

치료자: 아버님께서 당연히 알아듣겠지라고 생각하시는데, 상대편이 아버님의 명확한 의사를 전달 못 받는 경우가 있거든요. 아버님께서 좀 더 길게 말씀을 해 주신다면 가족구성원들이 아버님 의도를 더 정확히 알 수 있지 않을까 싶어요. (13회기)

② 효과적인 의사소통방식 제시

> 치료자: 어머니 힘든 것을 내놓는 연습을 해야 하는데, 어머니를 통해서 자녀들 또한 어머니 눈치
> 보지 않고 솔직히 내놓을 수 있다는 거죠. (2회기)

(7) 재결합방식 제시

치료자는 부부에게 다양한 형태의 재결합방식을 제안하고 부부와 자녀들과 어떤 방법이 가장 적합한지를 의논하였다. 또한 치료자는 부인에게 재산 정리문제에 관해서 코칭을 하였다.

① 재결합문제에 대한 구체적인 대안 제시

> 치료자: 재결합을 선택할 수 있는 방법으로서 일단 법적으로 재결합할지, 남편이랑 정기적으로 가
> 끔 만나면서 유지하는 방법 혹은 처음부터 함께 사시는 방법이 있을 것 같은데요. (8회기)

② 내담자 보호를 위한 코칭

> 치료자: 현실적으로 봤을 때 어머니가 가지고 있는 현금으로 남편의 대출금을 변제해 주는 것은 좀
> 위험합니다. 어머님은 그게 가장 마지막 보루라고 보는 거예요. (12회기)

3) 부부의 재결합 요인

가족치료를 통하여 부부는 자신뿐만 아니라 배우자에 대한 인식 변화와 함께 의사소통방식(행동)의 변화로 인해 성공적인 재결합이 이루어졌고, 재결합 후의 새로운 시작에 대한 기대감을 가지게 되었으며, 부부관계 변화를 유지하는 단계까지 이르렀다. 변화된 부부관계는 자녀에게도 긍정적인 영향을 미쳤다. 가족치료를 통해 부부의 재결합에 영향을 미친 요인에 대한 구체적인 내용은 다음과 같다.

(1) 인식 변화

가족치료를 통하여 부인은 자신의 의사소통방식이 남편을 무시하는 방식이었다는 것과 그러한 방식이 시어머니의 방식과 유사하여 남편이 힘들었다는 것을 깨닫게 되었다. 부인은 자신의 역기능적인 의사소통방식과 전이 및 남편과 친정아버지를 동일시한다는 것을 인식하게 되었다. 부인은 이와 같은 자신과 남편에 대한 통찰을 통하

여 옳고 그름을 따지기보다 일단은 남편의 편을 들어야 함을 인식하였다. 남편 또한 자신이 부인의 말을 경청하지 않았다는 것을 인식하고, 부인에게 다가가려고 노력하였다. 이러한 변화로 부부는 모두 서로의 잘못을 탓하기만 했던 과거의 의사소통방식과 그 이면에 자신의 원가족구성원과의 해결되지 못한 감정으로 인한 전이문제를 인식하여 상대방이 바뀌어야 한다는 인식에서 자신이 변화해야 한다는 것을 깨닫게 되었다.

① **부인의 인식 변화**

부인: 남은 시간을 서로 충돌 안 하고 작은 배려라도 한다는 마음으로, 그게 제일 중요한 것 같았고, 일단은 신랑 편을 드는 게 1순위라고 생각을 했으니까, 남편 편이 되어야겠다는 생각이 들었어요. (4회기)

② **남편의 인식 변화**

남편: 제가 (아내의 이야기를) 경청을 안 한 것 같죠. (아내와) 전보다 좀 나아졌다는 느낌이 들어요. 내가 좀 더 다가가서 그런지 몰라도. (11회기)

(2) 의사소통방식의 변화

자신과 배우자에 대한 인식의 변화로 인해 부부에게 행동, 즉 의사소통방식의 변화가 일어났다. 먼저, 부인은 남편에게 부정적인 표현을 자제하면서 남편을 존중하고 수긍하기 시작하였다. 부인은 남편과 갈등상황이 발생했을 때 남편의 잘못을 먼저 따지던 방식 대신에 먼저 자신의 잘못을 인정하는 방식을 사용하였다. 남편 또한 부인에게 속마음을 표현하고 자신의 의사를 구체적으로 표현하였다. 부부는 효과적인 의사소통방식을 사용함으로써 문제를 해결해 나갈 수 있는 능력을 가지게 되었다.

① **부인의 변화**

남편: 다른 때 같았으면 자기 주장을 강하게 하는데, 얼마 전에는 내가 이렇게 하자고 하니깐 순응하고 따라오더라고. (13회기)

② **남편의 변화**

남편: 내가 요즘은 (아내에게) 더 설명을 하죠. 그러면 (아내가 나를) 이해하려고 하는 것 같아요. (14회기)

(3) 새로운 시작에 대한 기대

상담 후반기에 들어서면서 부부는 재결합에 대한 구체적인 계획에 대해 의논하며 새로운 생활에 대한 기대감을 가지게 되었다. 부인은 낡은 집을 수리하고 가구 배치와 재결합 후의 생활에 대해 구체적인 제안을 하였고, 남편은 그러한 기대에 수긍하면서 재결합을 구체화하기 시작하였다.

① 재결합 후 새로운 생활에 대한 계획

부인: 옷장을 요리 옮긴다든가 저리 옮긴다든가 해서 새롭게 꾸미고 좋게 했으면 좋겠는데, 어찌 됐든 간에 우리가 새로 만난 거나 다름없는 거잖아요. (14회기)

② 부인의 제안과 취업 계획

부인: 하루에 작은 거라도 서로 칭찬해 주는 연습이 필요할 것 같다는 생각이 들어. 그리고 우리가 부딪쳐서 생활을 너무 많이 했기 때문에 같이 합치더라도 내가 직장생활 해서 나갔다가 저녁에 들어오려고.

남편: 좋도록 해. (15회기)

(4) 부부관계 변화의 유지

부부는 재결합 후 지속적으로 좋은 관계를 유지하였는데, 이러한 변화된 관계는 자녀에게도 긍정적인 영향을 미쳤다. 특히 오랜 기간 부모와 단절하고 우울증으로 잠적했던 막내아들이 부모를 이해하게 되었으며, 부부의 변화된 모습을 보고 다시 집 밖으로 나와 새롭게 도전할 용기를 갖게 되었고 치료자에게 자신의 상담을 의뢰하였다. 자녀의 변화는 다시 부부관계에 긍정적인 영향을 주는 긍정적인 순환으로 이어졌다.

① 재결합 후 변화된 관계 유지

막내아들: 이번 명절에는 가족 모두 부드러웠던 것 같아요. 즐거웠고 제가 형하고 누나한테 몇 번 얘기했거든요. 너무 좋았다고 했어요. (16회기)

② 자녀의 행동 변화

막내아들: 뭔가 행복하게 살고 싶은 생각이 드는 것 같아요. 우리도 그렇게 할 수 있을 것 같고, 저도 제가 할 수 있는 걸 노력하고 여러 가지로 좋은 일들이 있을 것 같아요. (16회기)

지금까지 분석한 세 가지 주제에 대한 네트워크 내용은 다음의 [그림 1-2]와 같다.

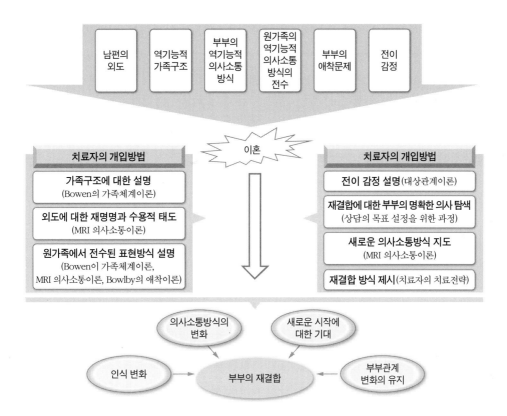

[그림 1-2] 이혼 후 재결합을 준비하고 있는 부부의 가족치료 네트워크

6. 결론

1) 연구결과

이 연구는 이혼 후 재결합을 준비하고 있는 부부의 가족치료 사례를 중심으로 부부의 이혼에 영향을 미친 요인, 치료자의 개입기법 그리고 부부의 재결합 요인에 대해 살펴보았으며, 연구결과는 다음과 같다.

첫째, 부부의 이혼에 영향을 미친 요인으로는 남편의 외도, 역기능적 가족구조, 부부의 역기능적 의사소통방식, 원가족의 역기능적 의사소통방식의 전수, 부부의 애착문제, 전이 감정이 나타났다. 이러한 연구결과는 부부갈등에 영향을 미치는 요인으로 부부의 역기능적인 의사소통방식(권정혜, 최규만, 2000; 박태영, 2000; 박태영, 문정화, 2013; 황민혜, 고재홍, 2010), 원가족에서 기인한 역기능적 의사소통방식(박태영 외, 2012), 원가족 부모와의 애착(임유진 외, 2008)이 영향을 미친다는 선행 연구결과와 일치한다. 특히, 이 연구에서 남편의 외도는 부부가 이혼하게 되는 데 촉발 요인으로 작용할 수 있었지만, 외도라는 위기가 발생되기 전부터 부부는 의사소통이 안 되었고, 이와 같은 의사소통방식은 원가족으로부터 전수되어 온 방식이었다.

한편, 부부는 각자 어린 시절부터 부모로부터 많은 상처와 함께 부모와 불안정한 애착문제를 가지고 있었다. 이와 같은 불안정한 애착과 역기능적인 의사소통방식으로 인하여 부부는 원가족과의 해결되지 못한 감정을 지니고 있었다. 이로 인하여 부부는 결혼 후에 자신의 부모와 유사한 배우자와 다시 갈등관계에 빠질 수밖에 없었다. 이와 같은 상황에서 부부는 배우자에게 전이 감정과 함께 배우자를 자신과 감정적으로 걸려 있는 부모와 동일시하고 있다는 것이 나타났다. 특히 이 사례에서 자녀들이 외도를 한 아버지를 가해자로, 어머니를 피해자로 봄으로써 부모 사이에서 삼각관계를 유지하고 있었다.

막내아들은 부모의 이혼으로 인하여 은둔형 외톨이가 되어 방에 칩거를 하는 것으로 자신의 불안을 다스리고 있었다. 또한 막내아들은 어머니를 대신하여 아버지에게 대항하는 결과를 보여 주었고, 이와 같이 어머니와 동맹관계를 맺고 있는 막내아들이 아버지를 집에서 소외시켜 더 밀어내는 결과를 보여 준다. 이와 같은 핵가족의 가족구조는 남편이 어렸을 때 경험하였던 원가족에서의 자신을 배려해 주지 않고 무시하였던 경험과 연결되고 있었다. 따라서 남편은 이와 같은 원가족과 핵가족에서의 가족관계의 경험으로 인하여 외도를 하게 되었던 것으로 보이며 이러한 촉발 요인은 다시 이혼을 촉발시킨 것으로 보인다.

둘째, 재혼을 준비하는 부부에 대한 치료자의 상담기법으로는 가족구조에 대한 설명, 외도에 대한 재명명과 수용적 태도, 원가족에서 전수된 표현방식 설명, 전이 감정 설명, 재결합에 대한 부부의 명확한 의사 탐색, 새로운 의사소통방식 지도, 재결합방식 제시가 나타났다. 치료자는 부인과 자녀들에게 아버지의 폭력과 의사소통방식 그리고 외도로 인하여 아버지가 가해자이고 어머니가 피해자라는 인식에서 어머니와 자녀들이 연합하여 아버지가 소외감을 느끼게 할 수도 있는 점을 설명하였다. 한편, 치료자는 이와 같은 핵가족의 가족구조를 아버지의 원가족에서도 어려서부터 부모와 형제로부터 배려받지 못하였고 심지어 무시당하였던 점을 연결시켜서 아버지를 볼 수 있도록 하였다. 또한 이 사례에서는 특이하게도 부인은 남편의 외도로 인하여 많은 스트레스를 받았음에도 불구하고, 자신의 친정아버지의 외도로 인하여 외도에 대하여 다소 수용할 수 있는 여유가 있었다. 이와 같은 부인의 태도가 이 부부가 재결합하는 데 많은 도움이 되었을 것으로 보인다. 치료자는 외도로 인하여 부부갈등이 촉발되었을 때뿐만 아니라 부부갈등 시에 사용하였던 남편의 역기능적인 방식이 시아버지의 방식에서 학습되었다는 점을 부인이 이해할 수 있도록 설명하였다. 또한 이와 같은 남편의 의사소통방식에 대처하였던 부인의 의사소통방식도 또한 효과적이지 않았던 친정 부모의 방식이었던 점을 통찰할 수 있도록 하였다. 그러면서 치료자는 이와 같은 의사소통방식이 원가족에서 내려오는 의사소통방식이라는 것과 그 저변에는 자신들의 부모와 해결되지 못한 면을 배우자에게 보면서 다시 부부가 갈등을 겪게 되었다는 점을 통찰하게 하였다. 치료자는 부부에게 부부의 재결합에 대한 명확한 의사를 탐색하였고, 재결합을 가능하게 할 수 있는 의사소통방식 코칭과 함께 고려해 볼 수 있는 재결합방식을 제안하였다.

셋째, 가족치료를 통한 부부의 재결합에 영향을 미친 요인은 부부의 인식 변화, 의사소통방식의 변화, 새로운 시작에 대한 기대와 부부관계 변화의 유지로 나타났다. 가족치료를 통하여 부인이 자신이 사용했던 역기능적인 표현방식과 자신이 친정아버지와 걸려 있는 관계가 남편과 이어진다는 것을 인식하면서 남편의 입장을 이해하고 경청하면서 남편의 편을 들어 주게 되었다. 남편 또한 자신이 사용하였던 의사소통방식과 전이문제를 인식한 후 부인과의 대화에서 새로운 의사소통방식을 사용하게 되었다. 즉, 부부가 자신과 상대방에 대한 인식의 변화와 함께 행동(의사소통방식)의 변화가 상호작용적으로 이루어졌다. 이처럼 부부의 인식과 행동의 변화로 인하여 부부는 관계가 개선되면서 재결합에 대한 가능성과 새로운 생활에 대한 기대감을 가지게 되었고 결국에는 재결합을 하게 되었다. 한편, 부부의 재결합은 방에 침거하면서 자살하겠다고 위협을 하는 막내아들에게 영향을 주어 아들이 침거 생활에서 나와 치료자에게 상담을 의뢰하는 결과를 낳았다.

2) 함의 및 제언

첫째, 이혼을 하고 다시 재결합을 하고자 하는 부부들을 상담하는 치료자들에게 이혼과 재결합에 영향을 미치는 요인들을 보여 주었다는 점에서 의의가 있다. 이 사례연구에서 표면적으로 나타난 이혼의 원인은 남편의 외도였으나, 촉발 요인의 이면에는 복잡한 가족구조와 역동이 존재하고 있었다. 단순히 이혼 촉발 요인을 해결한다고 해서 이혼 후 가정의 재결합이 성공적으로 이루어지는 것은 아니기 때문에, 이 연구결과는 재결합을 위해 해결해야 하는 잠재적인 요인들을 구체적으로 보여 주었다는 점에서 의의가 있다. 특히 재결합에 앞서 왜 이혼을 할 수밖에 없었는가에 관하여, 촉발 요인이 무엇이고 그 촉발 요인 저변에 존재하는 잠재 요인이 무엇인가를 탐색할 필요성을 보여 준다.

둘째, 치료자가 이혼에 영향을 미친 요인들을 탐색하는 방식과 과정을 제시함으로써, 내담자 부부가 상담 전에 사용하였던 역기능적인 의사소통방식과 원가족체계를 연결시키는 작업을 보여 주었다는 점에서 의의가 있다. 내담자 부부의 역기능적인 의사소통방식은 실질적으로 원가족체계와 밀접한 관련이 있었고, 이를 내담자 부부가 스스로 이해하고 통찰하는 과정은 부부의 관계를 재형성하는 데 매우 중요하였다. 즉, 이 연구결과는 이혼한 부부에게 다시 새로운 관계를 형성할 수 있도록 돕는 방법으로서, 현재 부부의 의사소통방식이 원가족과 연결되어 부부가 충돌할 수밖에 없었다는 것을 통찰하게 하는 과정과 방식을 제안하였다는 점에서 의의가 있다.

셋째, 치료자는 이혼 후 재결합을 시도하는 부부들에게 부부가 시도해 온 역기능적인 방식과 정서적인 관계 이면에 있는 원가족에서 자신들의 부모와 걸려 있는 애착문제와 해결되지 못한 감정 또는 다른 가족구성원들과 걸려 있는 해결되지 못한 감정과 원가족의 의사소통방식을 인식할 수 있도록 도울 필요가 있다. 즉, 치료자의 이와 같은 가족체계이론과 애착이론, 의사소통이론, 대상관계이론의 통합은 재결합을 시도하는 내담자 가족의 인식과 행동을 변화시키는 데 도움이 될 수 있다는 것을 보여 준다. 따라서 연구자는 재결합을 시도하는 부부를 위한 치료자들에게 가족체계이론, 의사소통이론, 대상관계이론, 애착이론을 통합하여 체계적으로 접근할 것을 제안하고자 한다. 특히, 치료자는 재결합을 원하는 부부들에게 자신의 문제점을 좀 더 명확히 볼 수 있는 질문으로써 문제를 해결하려고 시도해 온 방식과 그 이면에 잠재하고 있는 전이, 그 전이에 따른 배우자에 대한 투사적 동일시 문제에 초점을 두어 질문하는 것이 치료자뿐만 아니라 내담자 부부가 이혼의 원인과 재결합에 대한 가능성을 통찰할 수 있는 데 도움이 되리라 기대한다.

이 연구에서는 부부의 이혼과 재결합에 대한 요인을 제시하였는데, 이는 부부체계가 형성되고 해체되었다가 다시 재결합하는 과정에서 나타난 복잡한 역동을 파악하는 데에 있어서는 제한적이다. 추후 재결합 과정의 복잡하고 다양한 역동관계를 반영한 연구가 나오기를 기대한다. 또한 이 연구는 재결합을 원하는 부부의 하나의 사례를 가지고 분석하였다는 한계점을 가지고 있다. 따라서 가능하면 차후의 연구에서는 이 연구결과에 따른 요인들을 이혼 부부의 재결합을 상담하는 사례연구들에서 확인하는 연구들이 나오기를 기대한다. 한편으로는 재결합을 원하는 부부상담 사례에 대한 또 다른 가족치료적인 접근법을 보여 줄 수 있는 사례연구가 나오기를 기대한다.

참고문헌

권정혜, 채규만(2000). 부부 적응 프로그램의 개발과 그 효과에 관한 연구. 한국임상심리학회지, 19(2), 207-218.

김동주, 이아라, 이주영, 하창순(2017). 부모의 이혼을 경험한 기혼여성의 관계 형성의 어려움과 대처방안에 대한 질적연구. 학습자중심교과교육연구, 17, 27-55.

김수정(2003). 이혼 남성과 여성이 이혼협상 과정에서 경험한 이혼갈등에 관한 연구. 신학과 목회, 20, 413-445.

김정옥(2011). 이혼 전 의사결정단계 부부를 위한 치료 사례 연구. 대한가정학회지, 49(10), 91-101.

김혜정(2008). 가족 간 갈등대화의 구조와 책략 연구. 인제대학교 대학원 박사학위논문.

남현순, 전영주, 황영훈 공역(2005). 보웬의 가족치료이론. Kerr, M. E. & Bowen, M. (1988). *Family evaluation: An approach based on Bowen theory*. 서울: 학지사.

박태영(2000). 이혼한 부부의 재결합을 위한 부부치료. 한국가족치료학회 학술모임 및 사례발표, 17-38.

박태영, 김선희, 안현아(2012). 이혼위기에 있는 부부에 대한 가족치료 다중사례연구. 한국가족치료학회지, 20(1), 23-56.

박태영, 김태한, 김혜선(2009). 이혼위기에 있는 결혼 초기 부부에 대한 부부치료 사례연구. 한국가정관리학회지, 27(3), 93-114.

박태영, 문정화(2013). 가족치료를 통해 본 부부갈등 및 이혼결정 요인에 관한 연구. 한국가족관계학회지, 18(1), 23-49.

박태영(2014). 신경성 식욕부진증(anorexia nervosa)을 가진 딸에 대한 가족치료 사례연구. 한국가족치료학회지, 22(2), 131-171.

서종희(2013). 이혼 후 재결합한 경우의 재산분할청구권: 제척기간의 중단여부 및 재산분할대상의 확장을 통한 해결. 비교사법, 20(2), 521-552.

유순희, 정민자(2018). 황혼이혼 결정과정에 관한 연구: 근거이론. 한국가정관리학회지, 36(2), 54-71.

임유진, 박정윤, 김양희(2008). 원가족 부모와의 애착 및 심리적 독립심 지각과 신혼기 결혼적응과의 관계에 관한 연구. 한국가정관리학회지, 26(5), 143-154.

임춘희(2011). 이혼 부부의 재결합 조건에 대한 인식: 사이버공동체 참여자를 중심으로. 한국생활과학회 학술대회논문집, 61-92.

임춘희(2012). 이혼 후 재결합에 대한 인터넷 사이버공동체 참여자들의 인식. 한국콘텐츠학회논문지, 12(10), 237-253.

임춘희(2013). 이혼 후 재결합한 여성이 지각하는 결혼의 의미와 결혼생활의 변화. 인간발달연구, 20, 1-27.

임춘희(2018). 이혼 후 파트너십으로서의 동거와 이중주거 커플관계(LAT). 한국가족관계학회지, 23(3), 51-76.

장현정(2010). 여성의 재혼경험을 통해 본 결혼 의미의 구성과정: 전남지역 중소도시들의 사례를 중심으로. 이화여자대학교 일반대학원 박사학위논문.

장혜경, 민가영(2002). 이혼여성의 부모역할 및 자녀양육지원방안에 관한 연구. 한국여성개발원 연구보고서.

전명희(2002). 이혼 후 자녀 양육형태 형성과정에 관한 연구. 가족과 가족치료, 10(1), 51-73.

전보영, 조희선(2016). 부모의 이혼을 경험한 30-40대 기혼여성의 생애사 연구. 한국가정관리학회지, 34(4), 51-75.

조지용, 박태영(2011). 갈등으로 인한 이혼위기를 경험하고 있는 부부의 부부치료 사례연구. 한국가족치료학회지, 19(2), 41-62.

주소희(2015). 이혼가정자녀의 부모이혼경험과 외상후 성장에 관한 연구. 한국가족복지학, 49, 97-131.

통계청(2020). 인구동향조사. http://kostat.go.kr

하상희, 정혜정(2008). 원가족 건강성과 자기분화의 세대간 전이. 상담학연구, 9(2), 789-806.

한국가정법률상담소(2010). 사실혼의 실태 및 의식에 관한 조사.

한인영(1996). 혼외정사 부부의 재결합사례 연구. 정신건강과 사회복지, 3, 81-98.

황민혜, 고재홍(2010). 부부간 결혼가치관 차이, 오해 및 부부갈등: 의사소통의 역할. 한국심리학회지: 여성, 15(4), 779-800.

Abrahamson, I., Hussain, R., Khan, A., & Schofield, M. J. (2012). What helps couples rebuild their relationship after infidelity? *Journal of Family Issues, 33*(11), 1494-1519.

Beckmeyer, J. J., Coleman, M., & Ganong, L. H. (2014). Postdivorce coparenting typologies and children's adjustment. *Family Relations, 63*(4), 526-537.

Bertoni, A., & Bodenmann, G. (2010). Satisfied and dissatisfied couples: Positive and negative dimensions, conflict styles, and relationships with family of origin. *European Psychologist, 15*(3), 175-184.

Birditt, K. S., Brown, E., Orbuch, T. L., & McIlvane, J. M. (2010). Marital conflict behaviors and implications for divorce over 16 years. *Journal of Marriage and Family, 72*(5), 1188-1204.

Bowen, M. (1993). *Family therapy in clinical practice.* New York: Aronson.

Braun, V., & Clarke, V. (2006). Using thematic analysis in psychology. *Qualitative research in psychology, 3*(2), 77-101.

Breivik, K., & Olweus, D. (2006). Adolescent's adjustment in four post-divorce family structures: Single mother, stepfather, joint physical custody and single father families. *Journal of Divorce & Remarriage, 44*(3-4), 99-124.

Bretherton, I., & Munholland, K. A. (2008). *Internal working models in attachment relationships: Elaborating a central construct in attachment theory.* New York: The Guilford Press.

D'Onofrio, B., & Emery, R. (2019). Parental divorce or separation and children's mental health. *World Psychiatry, 18*(1), 100.

Fallah, M. Y., Talemi, A. N., Bagheri, M., Allameh, Y., Mazloumirad, M., Zandnia, F., Gheitarani, B., & Ghahari, S. (2019). Attachment styles, marital conflicts, coping strategies, and sexual satisfaction in spouse abused and non-abused women. *Journal of Pharmaceutical Research International, 26*(4), 1-9.

Goldberg, S. (2014). Attachment and development: *an integrative approach.* New York: Routledge.

Goldenberg, H., & Goldenberg, I. (2012). *Family therapy: An overview* (9th ed.). Pacific Grove, CA: Brooks/Cole.

Goldenberg, I., Stanton, M., & Goldenberg, H. (2017). *Family Therapy: An Overview* (11th ed.). Belmont, CA: Sage.

Guest, G., MacQueen, K. M., & Namey, E. E. (2012). *Applied thematic analysis.* Thousands Oaks, CA: Sage.

Harris, C. (2018). Characteristics of emotional and physical marital infidelity that predict divorce. Doctoral dissertation, Alliant International University. USA.

Harvey, D. M., & Bray, J. H. (1991). Evaluation of an intergenerational theory of personal development: Family process determinants of psychological and health distress. *Journal of Family Psychology, 4,* 42-69.

Hawkins, A. J., Willoughby, B. J., & Doherty, W. J. (2012). Reasons for divorce and openness to marital reconciliation. *Journal of Divorce & Remarriage, 53*(6), 453-463.

Kitson, G. C., & Langlie, J. K. (1984). Couples who file for divorce but change their minds. *American Journal of Orthopsychiatry, 54*(3), 469-489.

Lambert, N. M., & Dollahite, D. C. (2006). How religiosity helps couples prevent, resolve, and overcome marital conflict. *Family Relations, 55*(4), 439-449.

Lamela, D., Figueiredo, B., Bastos, A., & Feinberg, M. (2016). Typologies of post-divorce coparenting and parental well-being, parenting quality and children's psychological adjustment. *Child Psychiatry & Human Development, 47*(5), 716-728.

Ledermann, T., Bodenmann, G., Rudaz, M., & Bradbury, T. N. (2010). Stress, communication, and marital quality in couples. *Family Relations, 59*(2), 195-206.

Leys, C., Arnal, C., Kotsou, I., Van Hecke, E., & Fossion, P. (2020). Pre-eminence of parental conflicts over parental divorce regarding the evolution of depressive and anxiety symptoms among children during adulthood. *European Journal of Trauma & Dissociation, 4*(1), 100102.

Maschi, T., Bradley, C. A., & Morgen, K. (2008). Unraveling the link between trauma and delinquency: The mediating role of negative affect and delinquent peer exposure. *Youth Violence and Juvenile Justice, 6*(2), 136-157.

Miles, M. B., Huberman, A. M., & Saldana, J. (2019). *Qualitative data analysis.* [Internet] Thousand Oaks, CA: Sage.

Moroni, G. (2018). Explaining divorce gaps in cognitive and noncognitive skills of children. Discussion Papers from Department of Economics, University of York, No. 18/16.

Nowell, L. S., Norris, J. M., White, D. E., & Moules, N. J. (2017). Thematic analysis: Striving to meet the trustworthiness criteria. *International Journal of Qualitative Methods, 16*(1),

1-13.

Pearce Plauche, H., Marks, L. D., & Hawkins, A. J. (2016). Why we chose to stay together: Qualitative interviews with separated couples who chose to reconcile. *Journal of Divorce & Remarriage, 57*(5), 317-337.

Peel, R., & Caltabiano, N. (2021). Why do we sabotage love? A thematic analysis of lived experiences of relationship breakdown and maintenance. *Journal of Couple & Relationship Therapy, 20*(2), 99-131.

Potter, D. (2010). Psychosocial well-being and the relationship between divorce and children's academic achievement. *Journal of marriage and family, 72*(4), 933-946.

Thompson, R. A., & Amato, P. R. (Eds.). (1999). *The postdivorce family: Children, parenting, and society.* London: Sage Publications.

Wallerstein, J. S., Lewis, J. M., & Blakeslee, S. (2000). *The unexpected legacy of divorce: A 25 year landmark study.* New York: Hyperion.

Wineberg, H. (1994). Marital reconciliation in the United States: Which couples are successful? *Journal of Marriage and the Family, 56*(1), 80-88.

Windle, M., & Windle, R. C. (2018). Parental divorce and family history of alcohol disorder: Associations with young adults' alcohol problems, marijuana use, and interpersonal relations. *Alcoholism: Clinical and Experimental Research, 42*(6), 1084-1095.

Yin, R. K. (2017). *Case study research and applications: Design and methods.* Thousand Oaks, CA: Sage.

제 2 장
중년 남성의 분노 조절문제 해결을 위한 가족치료 사례연구[*]

이 연구의 목적은 분노 조절문제를 가진 중년 남성의 부부치료 사례를 중심으로 치료전략과 치료개입의 효과를 탐색하는 데 있다. 연구 방법으로는 사례연구 방법을 활용하였고 분석 방법으로는 2차 패턴코딩으로 범주화시켰으며 그 결과를 네트워크로 디스플레이하였다. 치료전략에는 치료적 동맹 맺기와 역기능적인 의사소통방식 다루기, 전이 탐색과 해석하기, 핵가족과 원가족 연결하기가 포함되었다. 또한 치료개입의 효과에는 의사소통방식에 대한 통찰과 변화, 전이에 대한 인식과 미해결 감정의 해소가 포함되었다. 연구자는 분노 조절문제를 가진 중년 남성을 상담할 경우, 치료자는 가족체계론적인 관점을 가지고 의사소통과 미해결된 감정 및 전이 그리고 투사적 동일시 문제에 초점을 둘 필요가 있다는 점을 제안하였다.

1. 서론

중년기는 40대에서 60대를 아우르는 시기로 갱년기 증상을 포함하여 신체적 변화를 경험할 뿐만 아니라 인지능력 저하와 자기개념과 자기수용의 심리적 변화를 경험하게 된다(Arnett, 2016). 이러한 중년기에 나타나는 변화와 적응 과정에서 긴장감이나 실망감 등의 경험과 더불어 자신의 인생에 대한 회의감을 느끼며 중년기 위기를 겪게 된다(김명자, 1998). 이는 과거와 현재의 삶에 대한 부정적 견해로 인한 심리적 위기를 의미한다. 특히 중년 남성의 경우 가장의 역할로 인한 책임감과 더불어 사회

---

* 박태영, 문정화(2020). 중년남성의 분노조절문제 해결을 위한 가족치료 사례연구. 한국가족복지학, 67(4), 95-128.

적 · 직업적 성취에 대한 압박감으로 인한 신체적 · 정신적 스트레스를 받게 된다(Lee, 1999). 이러한 스트레스는 분노반응에 영향을 미칠 수 있다.

그런데 분노는 일상생활에서 누구나 느끼게 되는 정서로 가벼운 귀찮음, 짜증, 격렬한 분노, 격분 등 다양한 강도로 경험하는 주관적인 감정 상태를 의미한다(Spielberger et al., 1995). 그러나 분노를 표현하는 방식은 개인의 적응성으로 평가될 수 있다(정기수, 하정희, 2018). 분노 표현방식은 적응적 방식인 분노 조절(anger-control)과 부적응적 방식인 분노 억제(anger-in)와 분노 표출(anger-out)로 구분할 수 있다(Spielberger et al., 1995). Spielberger 등(1995)에 따르면, 분노 조절은 분노 관리를 위해 노력하며 분노를 야기한 상대에게 공격적이지 않은 언어를 사용하고 존중하는 태도로 분노를 전달함을 의미한다. 반면, 분노 억제는 분노를 상대에게 표현하지 않고 자신의 내부로 돌리거나 분노를 유발한 상황이나 사고 기억을 부정한다. 분노 표출은 분노를 유발한 대상에게 비난, 욕설 등의 언어폭력이나 신체적 행위 등으로 분노를 표현한다(Spielberger et al., 1995).

김용희(2009)는 스트레스가 높을수록 분노 억제와 분노 표출과 같은 부적응적인 분노 표출방식을 더 많이 사용한다고 하였다. 역기능적인 분노 표현은 대인관계에도 부정적인 영향을 미치게 됨을 짐작할 수 있다. 실제로 많은 연구에서 분노 억제와 분노 표출과 같이 역기능적으로 표현할 경우 대인관계문제가 증가하는 것으로 나타났다(최임정, 심혜숙, 2010). 또한 분노를 적절하게 통제하고 관리하지 못할 경우 신체적 건강문제와 더불어 자기효능감 저하와 대인관계문제 등의 심리적 문제의 원인이 되기도 한다(Clarey et al., 2010).

최근 사회적 물의를 일으킨 분노 범죄를 살펴보면 중년 남성들에 의해 벌어진 사례들로 직장 내에서의 꼰대 짓이나 갑질 행동에서부터 층간 소음문제로 70대 경비원을 폭행하여 숨지게 한 사례(서울신문, 2019), 평소 불화를 겪어 온 이웃의 집에 불을 질러 사망에 이르게 한 사례(대구신문, 2018) 등 다양한 형태로 발생하고 있다. 이는 중년 남성이 겪고 있는 혼란을 보여 주며 당사자의 삶의 문제뿐만 아니라 가족들의 삶에 부정적인 영향을 미치게 됨을 짐작해 볼 수 있다.

박선영 등(2017)의 연구에 의하면 부인과의 욕구가 상충될 때 부부갈등을 겪게 되며, 중년기에 있는 남편들은 스트레스 상황에서 짜증, 비난, 물건을 던지는 등의 행동으로 표출하는 경우가 대부분인 것으로 나타났다. 이는 배우자가 분노 표출의 대상이 될 경우 부부관계를 악화시키거나 파괴하게 한다(Watkins et al., 2003). 이처럼 대인관계 중에서 가족관계 스트레스는 부적절한 분노 표현 정도에 가장 큰 영향을 미치게 됨을 알 수 있다(안가연 외, 2016). 이와 같이 중년 남성의 분노 조절문제는 당사자의 고통뿐만 아니라 직장과 가정갈등으로 이어질 수 있다. 따라서 생애주기에서 가장 스트레스가 높은 중년 남성의 경우 분노 감정을 효과적으로 조절하고 관리하기 위한 대처 방안에 관한 연구가 절실히 필요하다.

그러나 중년기 관련 연구는 다른 발달 단계 연구에 비해 부족하며(박봉길 외, 2010), 주로 초등학생부터 대학생, 특정 직업군 등의 분노 표현에 관한 연구가 진행되었다(정여주, 윤서연, 2018). 중년기에 관한 연구로는 중년 여성을 대상으로 한 연구들이 대부분이다. 중년 남성에 관한 최근의 연구들로는 건강문제를 주제로 한 의학적·사회학적 측면의 개념적·방법적 접근을 다룬 연구들이며, 중년 남성의 분노에 관한 심리적 특성, 분노 조절 및 개입전략을 다룬 연구는 거의 드물다.

따라서 이 연구에서는 분노 조절문제를 가진 중년기 남편에 대한 가족치료 사례를 중심으로 치료 개입전략과 치료효과를 탐색하고자 한다. 연구결과를 중심으로 연구자는 분노 조절문제를 가진 중년 남성을 위한 가족치료적 접근방법을 모색하고자 한다.

2. 문헌 고찰

1) 분노 조절문제의 치료적 접근에 관한 선행연구

분노는 건강과 행복에 직접적인 영향을 미치는 중요한 정서로 상황에 맞게 분노를 조절하지 못할 경우 개인의 신체적·심리적 건강뿐만 아니라 사회적 관계를 해치는 결과를 가져올 수 있다. 분노조절장애로 인해 발생했던 PC방 아르바이트생 살인사건은 사회적 파장을 가져왔다(중앙시사매거진, 2018). 이처럼 분노조절장애는 자신과 타인에게 해가 되는 충동적인 행동이다. 분노를 효과적으로 조절하는 것은 스트레스에 대한 대처 능력의 중요한 측면이며(Novaco, 1977), 타인과의 상호작용을 촉진하여 삶의 질을 높여 준다(Phillips et al., 2006). 따라서 분노 조절을 돕는 효과적인 치료 프로그램이 필요하다. 분노 조절 프로그램은 분노 조절에 실패한 사람들에게 분노를 조절하고 통제하는 능력을 부여하기 위한 중재 방법이다(이정숙 외, 2010).

분노에 대한 치료적 접근은 Novaco(1975)에 의해 이루어졌으며, 인지적 준비, 기술 습득 및 시연, 적용 연습의 세 단계로 구성된 분노 관리훈련(anger management training) 프로그램이다. 국내의 경우 1990년대에 분노 조절 프로그램을 개발하기 시작하였다. 현재 분노 조절과 관리를 돕기 위한 프로그램에는 다양한 접근과 기법이 적용되고 있다. 이와 관련된 기존 연구들을 다음과 같이 살펴볼 수 있다.

송미경(2002)의 분노 조절 프로그램을 분석한 연구결과에 따르면 분노 조절 프로그램은 인지, 정서, 행동을 통합한 프로그램이 대부분이며, 프로그램에 참여한 이후 분노와 공격성과 더불어 충동성이 감소되고 적응 능력이 향상되는 데 효과적인 것으로 나타났다. 또한 분노 조절 프로그램들의 내용은 김수임 등(2020)의 성인 대상 국내 분노 조절 집단 프로그램의 내용 분석연구를 통해 살펴볼 수 있다. 우선 프로그램의 이론적 접근의 경우 인지행동적 접근이 가장 많은 것으로 나타났다. 이는 분노문제에 개입하는 데 있어서 인지적 요소가 가장 중요하다는 Feindler(1991)의 주장을 뒷받침하는 결과이다. 그 다음으로 체험적 · 관계지향적 접근이 많은 것으로 분석되었다. 또한 프로그램의 세부활동은 여섯 가지 영역(인지행동, 정서, 신체 · 생리, 관계, 의사소통, 자존감)으로 분석되었다. 특히 관계 영역은 분노를 가족관계를 비롯하여 대인관계 속에서 유발되는 정서문제로 규정하고 대인 간의 상호작용에 초점을 두는 활동이다. 이 외에 분노 조절문제 해결을 위한 가족치료적 접근에 관한 국내 문헌으로는 박태영과 문정화(2013)의 「분노 조절이 안 되는 초혼 남편과 재혼 부인이 결혼초기 부부갈등 해결을 위한 부부치료 사례연구」와 박태영과 유진희(2012)의 「분노 조절문제를 가진 아동에 대한 가족치료 사례연구」가 있다.

이와 같은 기존 연구들을 살펴볼 때 개인의 분노 조절문제를 해결하기 위해 다양한 치료적 접근을 적용하고 있음을 확인할 수 있다. 그러나 중년 남성의 분노 조절문제로 인하여 가족문제뿐만 아니라 사회적 문제로 확대되고 있음에도 불구하고 중년기 남성을 대상으로 한 치료적 접근에 대해 충분히 다루지 못하고 있다. 중년 남성의 경우 가정에서는 정체감 혼란을 겪는 청소년기 자녀와의 관계에서의 갈등과 노부모 부양 부담을 가진다. 또한 중년 남성은 직장에서는 나름 안정적인 위치에서 직업적 성취를 이룬 상태이지만 과중한 업무와 신체적 노화, 조기퇴직에 대한 불안, 노후대책에 대한 염려 등으로 다른 시기보다 더 많은 스트레스를 경험한다(이미나, 2000). 이러한 복합적인 어려움으로 인한 심리적 갈등이 많아지는 반면, 한국의 중년 남성은 가정 내에서 가족들에게 자신의 감정이나 정서를 표현하는 것에 익숙하지 않다. 김길문 등(2020)에 의하면 한국 중년 남성의 주요한 심리적 변인인 중년기 생성감 및 감정표현 억제는 정신적 웰빙과 우울과 매우 높은 관련이 있는 것으로 나타났다. 이는 배우자와의 대화를 시도하여 스트레스나 갈등을 해결하기보다 분노로 표출하는 경향으로 나타날 수 있음을 짐작할 수 있다(Forgays et al., 1998). 중년 남성과 중년 여성은 감정표현 양식에 차이가 있는데, 중년 여성의 경우 신체적·심리적 변화를 겪는 중년의 위기에서 배우자의 지지를 더 기대하나 오히려 배우자의 분노 표출로 인해 심각한 정서적 어려움을 경험할 수 있다(전겸구, 2000). 반면, 중년 남성들은 경제적 책임감, 노후 대책에 대한 불안, 자녀 양육과 교육비 부담 등으로 인한 긴장감과 함께 분노 조절문제를 겪고 있는 것으로 나타났다(박선영 외, 2017). 즉, 중년 남성들은 스트레스 상황에서 짜증이나 비난하는 방식과 물건을 던지는 행동으로 분노를 표출하는 경우가 대부분이다(이희윤, 박정윤, 2011).

송미경 등(2020)에 의하면 중년 남성들이 가족 내에서 경험하는 분노의 중심현상은 '상처받기 쉬운 자존심'으로 나타났으며 가족의 정서적 지지가 분노 조절에 중요한 영향을 미치는 것을 확인하였다. 이는 가족들이 중년 남성의 은퇴와 노후에 대한 불안을 이해하고 가장의 자존감을 느낄 수 있도록 배려해야 함을 의미한다. 따라서 중년 남성의 가족관계 향상을 도모하기 위한 의사소통이나 상호작용을 촉진하기 위한 프로그램이 필요하다. 그러나 국내의 심리서비스는 아동과 청소년에 치중되어 있으며 중년 남성을 위한 심리서비스는 부족한 실정이다.

또한 중년 남성의 분노 조절문제는 원가족의 건강성과 무관하지 않다. 특히 원가족 건강성은 남성에게 더 영향을 미치게 되며 이는 세대 간 전이로 나타날 수 있다(하상희, 2007). 실제로 중년기 남편의 분노 조절문제로 어려움을 겪고 있는 중년기 부인의 경험에 관한 박선영 등(2017)의 연구는 원가족에서 해결되지 못한 부정적 정서가 핵가족에서 분노로 표출되는 경향이 있다고 보고하였다. 이러한 선행연구를 바탕으로 중년 남성의 원가족 경험이 핵가족에 전이되는 정서 과정을 통해 세대 전수됨을 확인할 수 있다. 그러나 중년 남성의 분노 조절문제와 원가족 경험과의 관계에 대한 연구를 발견하기가 어렵다. 이에 따라 중년 남성의 분노 조절문제를 해결하기 위한 치료방안을 모색하기 위한 가족치료 사례연구가 필요하다.

2) 가족치료의 이론적 준거틀

이 연구의 사례에서 치료자는 중년 남성의 분노 조절문제 해결을 위하여 Bowen의

가족체계이론, MRI의 의사소통이론 그리고 대상관계 가족치료이론을 적용하였다.

(1) 가족체계이론

Bowen의 가족체계이론은 원가족에서의 자아분화와 다세대 전수 과정에 관심을 두는 모델이다. 자아분화는 정신 내적 측면에서 사고와 감정을 분리할 수 있는 능력과 관련되며 대인관계 측면에서 자신과 타인 간의 분화를 의미한다(정문자 외, 2012). 원가족에서 미분화된 경우 다른 사람들과 정서적으로 융합하는 감정체계를 이루고자 한다(Kerr & Bowen, 1988). 즉, 분화 수준이 낮은 사람은 낮은 수준의 외부 자극에도 불안을 크게 느끼며 감정 반사적이 되어 역기능적으로 대처하는 특징을 보인다. 이와 반대로 분화 수준이 높은 경우 개인이 스트레스 상황에서 발생하는 불안에 자동적으로 반응하기보다 유연하게 사고하고 반영할 수 있다(남순현 외, 2005). 이에 따라 개인의 병리적 증상은 체계가 감당하기 어려운 정도의 불안이 극심할 때 발생하며(Bowen, 1976), 개인과 핵가족의 적응력 손상은 다세대 전수 과정에 의한 결과로 볼 수 있다(정문자 외, 2012). 하상희(2007)의 연구결과에 의하면 남성의 경우가 원가족 건강성의 영향을 더 직접적으로 받음으로써 세대전이가 일어나며, 심리적 적응에 영향을 미치는 것으로 나타났다. 또한 남성의 자아분화가 여성에 비해 원가족 경험과의 상관관계가 높은 것으로 나타났다(조소희, 정혜정, 2008). 이에 따라 중년 남성의 분노 조절문제 해결을 위해 Bowen의 가족치료 모델을 적용하여 여러 세대에 걸쳐 반복되는 가족 과정과 구조를 파악하고 자기분화를 높여 가족체계를 변화시키는 치료 접근이 도움이 될 수 있을 것이다.

(2) MRI의 의사소통이론

MRI의 의사소통이론은 가족문제 자체보다 가족갈등을 심화하는 역기능적으로 시도된 해결책에 주목하여 문제 해결을 위한 새로운 방식을 찾고자 한다. 즉, 시도된 해결책으로서의 의사소통방식에 초점을 두며, 의사소통은 1차적 의사소통과 2차적 의사소통의 차원으로 구분된다. 1차적 의사소통은 전달되는 메시지 자체를 의미하며, 2차적 의사소통은 내용보다 이면의 감정 상태를 의미한다. 가족갈등은 1차적 의사소통과 2차적 의사소통이 불일치된 메시지를 전달하여 나타난 결과로 볼 수 있다(이영분 외, 2008). Watzlawick 등(1974)은 내담자의 문제는 현실에 대한 잘못된 인식에서 비롯되며, 현실 인식의 수정은 언어의 수정에 달려있다고 보았다(박인철 역, 1995). 이에 따라서 치료자는 내담자의 언어와 의사소통을 변화시키기 위한 치료기법을 사용하여(박태영, 2001) 세대에 걸쳐 전수되어 중년 남성이 시도해 온 해결책으로서의 분노 표출방식을 개선하는 데 도움을 줄 수 있을 것이다.

(3) 대상관계 가족치료이론

대상관계 가족치료이론은 인간이 대상을 찾고 관계를 맺으려는 본능을 가지고 있다고 보았다. 심리분석이론에서 말하는 전이(transference)는 한 사람의 감정, 생각 그리고 소망이 개인이 과거로부터 한 사람을 나타낼 수 있게 하는 또 다른 사람에게 투사될 때 발생한다(Hamilton & Hamilton, 1998; 김진숙 외, 2013). 한 사람이 다른 사람을 마치 그 사람이 과거에 중요했던 사람인 것처럼 느끼고 대하게 된다. 개인적인 심리분석 심리치료에 있어서 전이는 치료적 관계 안에서 발생하며, 정신과의사에 대한 환자의 투사를 말하고 있다(Heru, 1980).

반면, 가족전이를 언급할 때는 가족 내 투사에 초점을 두며 정신과의사 혹은 가족치료사에 대해 초점을 두지는 않는다(Heru, 1980). 투사적 동일시(projective identification)란 한 개인이 감당할 수 없는 어떤 것을 다른 사람에게 투사하는 과정을 말한다. 그리고 개인이 투사한 것을 상대가 동일시하게끔 유도하는 방식으로 상대를 대한다. 이와 같은 투사적 동일시는 한 사람이 다른 사람에게서 감정이나 경험을 전달받는 비언어적 의사소통방식으로 행해진다(Gomez, 1997; 김창대 외, 2012). 대상관계 가족치료의 과정은 가족구성원들 사이의 무의식적인 갈등을 해석과 같은 기술을 사용하여 의식적인 수준으로 끌어올리는 것을 포함한다. 내담자의 변화는 가족구성원 각각의 무의식적인 전이 왜곡에 대한 탐색 과정에 의하여 촉진된다. 이러한 과정을 통하여 부부는 현재 가족체계 내에서 갈등이 그들의 원가족으로부터 발생했던 과거의 갈등을 지배하기 위한 무의식적인 시도와 어떻게 연결되는가를 인식하게 된다(Aponte & VanDeusen, 1987). 대상관계 가족치료이론은 태어나면서 개인들이 다른 사람들, 특히 엄마와의 사이에서 관계를 맺고 애정을 형성하게 된다고 본다. 여기에서 주요 초점은 관계에 대한 외부의 관점이 아니라 아동이 그 관계를 이해하거나 의식적 또는 무의식적으로 내면화하는 방법에 있다. 특히 관심을 두는 부분은 아동의 초기 내면화된 관계가 성인이 되었을 때에도 영향을 미치고 성격을 형성하는 과정이다(Sharf, 2012; 천성문 외, 2014). 따라서 대상관계 가족치료에서는 내담자의 현재 가족 또는 삶에 있어서의 관계문제를 해결하기 위해서는 초기의 부모-자녀관계로부터 내면화된 문제가 되는 무의식적인 대상관계에 대한 탐색과 해결이 필요하다고 본다.

3. 연구 방법

1) 연구자료의 맥락적 이해

(1) 사례 개요

부인은 평소 사소한 일에도 자주 화를 내고, 술을 마시고 귀가하여 대화할 때마다 소리를 지르고 불같이 화를 내거나 물건을 집어 던지는 등 감정을 조절하지 못하는 남편으로 인해 스트레스를 받았다. 부인은 부부싸움을 방지하고자 감정적으로 맞서는 대신 참으며 회피하는 방식으로 대처하였다. 또한 부인은 남편의 입장을 헤아리지 못하고 남편 대신 시부모에게 순종하며 최선을 다하고 있는 자신을 인정해 주지 않는 남편을 비난하였다. 부인은 직업군인 출신인 독재적인 아버지에게 순응적으로 대처해 왔으며, 남편과 시부모와의 관계에서도 갈등을 회피하고 순응하였다.

반면, 남편은 부인과 아들이 자신을 인정하지 않고 무시한다고 생각하였고, 더군다나 직장에서의 스트레스까지 더해져 심리적 어려움을 겪고 있었다. 남편은 자신을 지지해 주지 않는 부인을 원망하였다. 게다가 남편은 자신을 배제하고 집안의 대소사를 부인과 의논해서 결정하는 부모에 대한 불만과 함께 부인의 과도한 역할로 인하여 분노가 증폭되었다. 특히 남편은 자신을 배제하고 시부모와 밀착된, 한편으로는 자신을 회피하는 부인에 대한 분노를 가지고 있었다. 남편은 아들과의 관계도 소원하였다. 아들은 사춘기에 접어들면서 강압적이고 억압적인 아버지와 의견 충돌이 많아지고 부모의 부부싸움을 목격하는 과정에서 어머니에게 분노를 표출하는 아버지에 대해 적대적 감정을 품고 있었다.

(2) 상담 진행 과정

이 연구의 사례는 분노 조절문제를 가진 중년기 남편과의 부부갈등으로 인해 지속적인 결혼생활에 대한 절망감을 느낀 부인이 가족상담을 의뢰하여 총 12회기 동안 개인상담, 부자상담, 부부상담이 진행되었다. 치료자는 부인과 개인상담(1~2회기)을 통하여 남편의 분노 조절문제에 관련된 요인들을 탐색하기 위하여, 부부간의 문제를 해결하려고 시도했던 역기능적인 표현방식과 전이문제를 부부뿐만 아니라 아들과의 관계 그리고 부인과 남편의 원가족관계에서 파악하였다. 또한 아들과의 개인상담(3회기)을 통하여 아들이 인식하는 부자관계, 모자관계 그리고 부모관계를 친가와 외가와 연결시켜 파악하였다. 한편, 치료자는 남편과의 개인상담(4~7회기)을 통하여 남편이 자신의 분노 조절문제를 부부관계와 자녀관계뿐만 아니라 자신의 원가족과 처가의 원가족을 통하여 인식하도록 하였다. 치료자는 부부뿐만 아니라 아들과의 상담을 통하여 내담자의 분노 조절문제를 가족체계론적인 시각에서 통찰할 수 있도록 한 후, 부부상담(8~9회기)을 통하여 부부가 문제를 해결하려고 시도했던 방식에 대한 통찰을 도모하였다. 또한 원가족과의 해결되지 못하였던 감정이 부부와 자녀와 걸리는 전이문제를 인식하도록 하였고 새로운 의사소통방식을 제안하였다. 치료자는 부자상담(10회기)에서 기능적인 의사소통방식을 사용하도록 하여 부자간에 오해를 해소할 수 있도록 개입하였다. 부인과의 개인상담(11회기)을 통해 치료자는 남편의 변화와 부부관계의 변화를 확인하였다. 마지막으로, 부부상담(12회기)을 통해 최종적으로 부부의 의사소통방식과 상대방에 대한 인식의 변화를 살펴본 후에 이 상담을 종결하였다.

2) 연구문제

첫째, 중년기 기혼 남성의 분노 조절문제 해결을 위한 치료개입 전략은 무엇인가?
둘째, 중년기 기혼 남성의 분노 조절문제 해결을 위한 치료개입의 효과는 어떻게 나타났는가?

3) 분석 방법

이 연구는 연구방법 중에서 질적 사례연구 방법을 적용하였다. 질적 연구에서는 실재는 사회적으로 구성되므로 객관적 실재는 존재할 수 없다는 가정을 가지며 현상의 맥락을 이해하고 해석하는 데 목적을 둔다. 또한 변인들은 서로 얽혀 있고 복잡하므로 양적 측정이 어렵다는 것을 가정한다(Glesne, 2014). 더불어 사례연구 방법은 심층적인 자료 수집 과정을 통해 획득한 다중적인 정보원이 포함된 사례의 맥락 속에서 경계 지어진 체계나 단일 또는 다중 사례를 탐색한다(Creswell & Poth, 2017). 이에 따라 연구자는 중년기 남편의 분노 조절문제에 대한 가족치료 과정을 탐색하기 위해서 사례연구 방법을 선택하였다.

연구자는 분석자료로 녹음된 상담내용을 전사 처리한 상담축어록과 상담 과정에서 기록한 메모 및 동영상자료를 활용하였다. 연구자는 연구문제와 관련된 주제들을 발견하고자 상담축어록을 수차례 정독하며 주요 개념을 도출하고 유사한 개념을 묶어 분류하여 범주화하였다. 또한 2차 패턴코딩을 한 후에 범주 간의 관계를 Miles, Huberman 그리고 Saldaña(2020)의 인과관계 네트워크를 활용하여 전체적으로 도식화하였다.

4) 연구의 엄격성 및 윤리적 고려

연구자는 연구자료의 신뢰성과 엄격성을 높이기 위해 상담 과정에서 작성된 상담축어록, 상담녹화파일, 상담메모를 활용하여 자료의 삼각화를 시도하였다. 이 상담사례는 20년 이상의 가족치료 경험을 가지고 있는 교수이자 가족치료 슈퍼바이저가 상담을 하였고, 가족치료사의 편견을 배제하고 이 사례에 대한 객관성을 유지하기 위하여 다른 연구자가 1차 분석을 하였다. 연구자는 1차 분석을 실시한 후에 연구자의 편견을 최소화하기 위하여 이 사례를 직접 상담한 가족치료사와 가족상담 경험이 풍부한 박사 및 박사과정 수료생들과의 토론과 피드백을 통하여 연구자의 삼각화를 실시하였다.

연구의 윤리성 확보를 위해서 내담자에게 직접 연구 목적을 설명한 후 연구동의서를 받았으며 익명성 보장에 대해 고지하였고 내담자의 사생활 보호를 위해 내담자의 개인정보는 삭제하였다.

4. 연구결과

1) 치료 개입 전략

연구 사례에서 중년기 기혼 남성의 분노 조절문제 해결을 위한 치료개입 전략에 대한 범주는 세 가지로 나눌 수 있으며 그에 대한 하위 범주와 구체적인 내용은 다음과 같다.

(1) 치료적 동맹 맺기와 의사소통방식 다루기

① 편들어 주기

치료자는 내담자 부부 및 부자 상담에서 그동안 가족들로부터 정서적으로 박탈감을 느껴 왔던 내담자를 정서적으로 지지하였다. 특히 치료자는 부부상담에서 부인에게 남편을 배제하고 일방적으로 처리했던 아들의 해외 어학연수, 시부모 생활비 증액 결정 등으로 인해 그동안 부모에게 신뢰를 얻지 못했던 상황에서 억압되었던 남편의 감정을 자극했던 맥락을 설명하였다. 즉, 치료자는 부인의 이와 같은 방식이 남편의 원가족에서 자신을 배제하고 동생을 편애하였던 시어머니의 방식과 유사하여 남편 입장에서는 부인에게 무시당하는 것으로 생각될 수 있다는 점을 부인에게 인식시켰다. 또한 부인에게 완벽주의자인 부인의 틀에 맞추기 힘들었던 남편의 입장을 대변하였고 적극적으로 상담에 참여해 온 남편을 격려하였다. 치료자는 부자상담 과정에서 아들에게 아버지(내담자)의 부모로부터 장남 대우를 받지 못했던 경험과 속상한 감정을 솔직하게 표현하지 못하는 특성을 설명하여 아버지에 대한 이해를 촉진시켰다.

> 치료자: 근데 서 선생님도 어떻게 보면 와이프 틀에서 굉장히 힘들지 않으셨어요? 이와 같은 분들은 어떠냐면, 완벽주의자고 흐트러지는 게 없어요. 그리고 주위에서 다 칭찬하시는 분들이에요. 다 칭찬하시는데 이런 분들이 뭐가 딱 걸리냐면요, 자기가 옳아요. 자기가 이렇게 해 주면 상대편이 따라 줘야 돼. 그리고 기뻐해야 돼. 그리고 만약에 거기서 흐트러지면 못 견뎌요. 내가 당신과 당신 어머니를 위해서 이렇게 했는데 왜 내 얘기를 못 알아들어? 이렇게 나와요. 그리고 필리핀에 애 보내는 거, 왜 신랑하고 상의 안 했어요? (9회기)

> 치료자: (아들에게) 근데 그게 아빠는 술 한 잔 하고 나서…… 엄마랑 걸리는 게 있어. 그것만 걸리는 게 아니라 그 밑에 또 걸리는 게 있거든. 엄마가 할머니, 할아버지한테는 잘하시지만 아빠는 배제하고…… 이게 아빠는 속상했던 거야. 근데 그거에 대해서 어떻게 표현해야 하는지 몰라. 그게 뭔지도 잘 몰라. 근데 여기서 그거를 계속 내놓기 시작하셨거든. 이해되세요? 그러면서 아빠가 아, 나의 솔직한 감정을 내놓기 시작하셨어. 근데 너하고 관계에서 아빠가 걸리는 게 아빠 동생이 걸리고, 할머니, 할아버지하고도 걸린다는 거야. 이해되니? (10회기)

② 비효과적인 의사소통방식 직면하기

치료자는 부부로 하여금 지금까지 문제를 해결하려고 시도해 왔던 의사소통방식의 비효과성을 인식할 수 있도록 도왔다. 즉, 부인이 일과 학업을 병행하면서 시부모와 가정에서 과도한 역할을 하는 모습에서 남편은 자신의 어머니(시어머니)의 모습을 보게 되었다. 그렇지만 남편은 어머니에 대한 양가 감정으로 인하여 부인에게도 유사한 감정을 느끼고 있었다. 즉, 내담자는 자신의 어머니가 세 가지 일을 하면서 열심히 살아왔지만 아등바등 살았던 모습을 부인에게서도 보게 되었다. 이와 같은 상황이 벌어졌을 때, 남편은 부인에 대한 안쓰러운 감정을 짜증과 화를 내면서 '네가 벌면 얼마나 버냐?'라는 식의 비아냥대는 방식으로 표현하였다. 따라서 치료자는 남편에게 어머니와의 해결되지 못한 감정으로 인하여 부인에게 상처를 주는 역기능적인 의사소통방식에 대하여 설명을 하였다. 또한 부자상담에서 아들의 학업문제에 관여할 때 내담자가 사용하는 비아냥거리거나 욱하는 말투로 인하여 부자관계가 악화되고 있다는 것을 인식할 수 있도록 도왔다.

한편, 내담자의 아들로 하여금 아버지의 역기능적인 의사소통방식으로 인하여 상처받았던 감정을 솔직하게 표현하도록 도왔다. 치료자는 내담자로 하여금 아들의 입장을 옹호하며 내담자의 표정이나 어조 등의 비언어적 의사소통방식이 아들과의 대화를 방해하는 요인이 되었다는 것을 인식할 수 있도록 하였다. 즉, 치료자는 내담자가 그동안 부인과 아들에게 문제를 해결하려고 시도해 왔던 역기능적인 의사소통방식으로 인하여 상대방을 자극하는 결과가 발생했다는 것을 인식하도록 도왔다. 그리고 내담자로 하여금 내담자의 역기능적인 표현방식이 자신의 아버지가 사용했던 방식과 똑같다는 것을 통찰하게 하였다.

> 치료자: 근데 그거에 대한 감정을 당시에 표현을 어떻게 했냐면, 네(부인)가 벌면 얼마나 벌어? 해서 그 밑에 있는 소위 언어들은 다 생략되고 짜증과 화로 그걸 표현한다는 거죠. 안쓰러움은 있는데. 그러면 와이프는 남편이 '나에 대해 안쓰럽고 나를 고생시키는구나'라는 감정이 있다고 느끼기보다는 나는 열심히 사는데 오히려 화를 내는 듯한 느낌이 들지 않겠냐 이거죠. 어머니가 아버지한테 그런 걸 느꼈듯이 와이프 또한. 그러면 저는 서 선생님이 만약에 와이프한테 "네가 벌면 얼마나 번다고 나가서 그 지랄이야?" 이렇게 표현을 하셨다 했을 때 '나쁜 남편이다'라고 생각이 들 수도 있을 것 같아요. (5회기)

> 치료자: 근데 서 선생님이 그러한 와이프나 엄마의 열심히 사는 건 인정하면서 또 하나는 안쓰러움이 병행이 되면서 그때 그 인정과 안쓰러움에 대한 말씀은 안 하시고 그렇게 비아냥거리고 상대편을 쑤시는 표현방식이 아버지 방식이에요? 그 방식을 쓰시는 게 누구예요? (8회기)

③ 코칭하기

치료자는 남편의 분노 조절을 위한 새로운 해결책으로서, 남편에게는 속상하고 화나는 이유를 부인에게 솔직하게 표현해야 분노 표출 행동이 감소될 수 있다는 것을 설명하였다. 한편, 부인에게는 남편이 부인을 위로하는 방법을 모르기 때문에 자신의 요구사항을 구체적으로 표현하도록 제안하였다. 또한 부부관계 향상을 위해 부인에게 시부모에 대한 생활비 지원문제와 시댁을 방문하는 일에 대해 남편과 상의하고 남편의 의견을 전적으로 따를 것과 친정과 시댁에 대한 과도한 역할을 줄이도록 제안하였다. 즉, 부인에게 시부모 비위를 맞추며 과도하게 했던 부인의 행동들이 오히려 이 사례에서는 남편을 더 화나게 할 수 있었다는 점을 인식하게 하였다.

> 치료자: 내가 왜 이렇게 속상하고 화나는지를 표현을 하시면 행동으로까지 갈 필요가 없다는 거죠. 어렸을 때 속상했을 때, 엄마 나 이러이러해서 속상하고 화나고, 그걸 엄마가 받아 주고 그럴 만한 여유가 없으셨을 거예요. 엄마 아버지 같이 일하시니까. 그게 서 선생님 집안에서 핵심적으로 걸려 있는 의사소통방식이에요. (6회기)

> 치료자: 그리고 지금 조 선생님이 이번 상담을 통해 하셔야 할 건, 역할을 확 줄이시는 거예요. 친정이고 시댁이고 간에 너무 과도한 역할을 하시지 마시라는 거죠. 착하려고 애쓰지 말고 남 비위 맞춰 주지 좀 마세요. ……〈중략〉…… 남편하고 뭐든지 입을 맞추시라고. 어머님 아버님이 컴퓨터 고쳐 달라고 하신다고 해도 이러이러한 일이 있어서 못 가요, 죄송해요. 거짓말이라도 하라는 거죠. (11회기)

> 치료자: 지금 서 선생님은 와이프가 나한테 어떻게 해 주셨으면 좋겠는지 구체적으로 말씀해 주세요. 내가 이렇게 힘들 때 당신이 어떻게 표현을 해 달라고 하든지 포옹을 해 달라고 하든지 구체적으로. (12회기)

> 치료자: 조 선생님이 시댁 가는 문제를 가능하면 남편하고 상의해서 가고 횟수를 줄이라 이거예요. 이쪽은 역할을 줄여야 돼요 사실. 좋은 일, 선한 일 하는 역할을 줄이셔야 해요. (12회기)

(2) 전이 탐색과 해석하기

① 이면 감정 탐색

치료자는 내담자가 부인에게 화를 내는 이면의 감정을 탐색하고자 하였다. 내담자의 부모는 아들인 내담자보다 며느리와 긴밀한 관계를 유지하며 집안의 대소사를 상의하고 결정하였다. 이에 대해 내담자는 시부모에게 순종하며 과도한 역할을 수행해 온 부인을 인정하면서도 자신을 배제하고 시부모와 집안일을 결정짓고 통보하는 과정에서 양가 감정을 느껴 왔다. 이처럼 내담자는 자신을 존중하지 않는 부모와 부인에게 소외감을 느껴 왔으며 이에 대한 불만을 부인에게 화를 내면서 표현하였다. 이에 대해 치료자는 내담자의 원가족 경험과 부인에 대한 분노 표출의 이면 감정의 관련성을 탐색하였다. 예를 들면, 치료자는 부모가 남동생과의 관계에서 장남 대우를 했었는지와 고2 때 연탄가스 사고로 사망한 남동생과 얽혀 있는 정서를 탐색하였다. 즉, 치료자는 내담자를 통하여 부인이 내담자의 권위를 무시하는 태도에 대한 예민한 반응의 근원을 인식하도록 도왔다. 더불어 부부싸움 후에 부인이 울 때 위로해 주지 않고, 아버지처럼 짜증과 화를 내는 이면에 어린 시절 어머니가 울며 신세 한탄했던 모습을 보고 느꼈던 무력감과의 관련성을 탐색하였다. 치료자는 이와 같은 가족 요인으로 인하여 내담자가 직장 동료들에게 자신의 뜻이 수용되지 않을 때 감정적으로 반응하는 관련성을 인식하도록 도왔다.

> 치료자: 서 선생님이 와이프가 못마땅한 표정을 짓거나 나에게 딴지 건다고 했을 때 예민하게 반응하는 그 이면에는 아버지나 엄마가 나의 권위를 인정해 주지 않았던 것과 나를 빼고 와이프가 시어머니하고만 결정했을 때 내 권위를 무시당한 듯한 감정이 연결되어 부인한테 더 민감하지 않으실까 싶은 거예요. 심지어 와이프가 시댁한테 참 잘하는데도 나하고 상의를 하지 않고, 시어머니 시아버지 용돈 드리는 것도 다 자기가 알아서 하는데, 남들이 보면 "와이프 정말 잘 만났네, 정말 좋은 며느리네."라고 할는지 모르지만 서 선생님은 기분이 언짢으시다는 거예요.(5회기)

> 치료자: 때때로 와이프의 우는 모습에서 과거 엄마가 울었던 모습이 연상되면서 내가 아무것도 해 줄 수 없는 무기력을 느낄 수도 있지 않았을까요? 그 당시나 지금이나 나 자신의 무기력감이 싫은데, 근데 지금 또 와이프한테도 그런 걸 느껴. 근데 그 안쓰러움과 속상함을 표출하는 방식이, 엄마나 와이프가 울 때 같이 울어 주고 공감해 주는 게 아니고 화를 낸다는 겁니다. 술만 먹으면 그 감정이 왜곡돼서 과격하게 나오는 이 방식이 엄마, 아버지 두 분 중에 누구 방식이에요? 분노 조절이 안 되는 방식이요. (5회기)

② 전이 감정 해석

치료자는 내담자 부부와 함께 내담자의 어린 시절 원가족과의 미해결된 감정이 부부, 자녀와 대인관계에서 전이되는 정서 과정을 다루었다. 내담자의 동생은 무뚝뚝했던 내담자와 달리 부모의 비위를 맞추고 애교가 많았으며, 내담자보다 더 똑똑하여 부모로부터 더 많은 경제적 지원을 받았다. 치료자는 내담자에게 동생에 대한 부모의 편애와 부모로부터 장남으로서의 권위를 인정받지 못하였던 경험으로 부인과 아들이 자신을 무시하는 태도를 보일 때나 동생처럼 비위 맞추기를 잘하는 사람들에 대한 전이 감정을 설명하였다. 또한 치료자는 내담자에게 무뚝뚝하고 다혈질적이었던 아버지와 유사한 아들(내담자)에 대한 어머니의 전이 감정과 순응적인 어머니와 유사한 남동생에 대한 전이 감정을 인식시켰다.

> 치료자: 그러면 서 선생님이 와이프나 아들한테 무시당한다는 느낌이 어렸을 때 엄마 아버지가 똑똑한 나보다 똑똑한 동생의 권위를 더 세워 줘서 장남으로서의 대우를 못 받은 경험이 있으시지 않으세요? (8회기)

> 치료자: 부인이 아들 관련 문제에서 서 선생님과 상의하지 않고 시부모랑 상의를 했는데, 과거에 부모님도 장남인 서 선생님과 상의를 하지 않고 동생과 상의를 하지 않으셨나요? 거기서 오는 그전의 속상함이 혹시라도 부인과의 관계에서도 연결이 되고 있다는 겁니다. 그리고 아들 모습에서 죽은 동생의 모습이 보이지 않나요? 내 동생을 닮은 아들에게 시부모님이 했던 것처럼 부인이 아들만을 챙기는 모습에서 동생과 부모님에게 느꼈던 불편한 감정이 되살아나지 않을까요? (10회기)

(3) 핵가족과 원가족 연결하기

① 감정 표현이 서툰 가정문화 설명

치료자는 부부 각자의 개인상담에서 수집된 원가족 경험에 대한 정보를 근거로 부부가 자신의 감정을 솔직하게 표현하지 못하는 이유에 대해 감정 표현이 부족했던 가정문화에서 기인되었다는 것을 설명하였다. 특히 치료자는 자신의 가족경험을 노출하며 역기능적인 의사소통방식으로 인한 어머니와 부자간 갈등 경험을 솔직하게 털어놓으며 내담자의 이해를 촉진시켰다. 남편과 유사하게 부인 또한 가부장적이고 강했던 친정아버지가 음주 후에 부인(친정어머니)과 딸들(내담자 부인의 형제들)에게 잔소리할 때 친정아버지에게 솔직한 감정을 표현할 수 없었다. 치료자는 특히 남편에게 원가족에서 솔직한 감정을 터놓을 수 없었던 가정의 표현방식으로 인해 부인이 감정을 표현했을 때 정서적 반응을 못하는 의사소통방식에 대해 설명하였다.

> 치료자: 지금 서 선생님이 근본적으로 걸려 있는 건, 솔직한 감정을 내놓지 못하고 와이프도 말을 하면 못 알아듣는 게 있다는 거죠. 그런데, 장인은 강하고 술 먹고 잔소리가 많았는데, 부인은 아버지에게 순종은 했지만 싫다는 표현을 할 수 없었다는 겁니다. 부인은 자신의 솔직한 감정을 표현하는 방법을 몰랐을 거고 남편에게도 솔직한 표현방식을 할 수 없을 겁니다. (5회기)

> 치료자: 남편의 버럭 하는 방식이 시아버지의 방식하고 똑같은 거예요.
> 부인: 굉장히 험악해요.
> 치료자: 그게 학습화된 거예요. 근데 지금 시아버지나 남편의 공통점이 뭐냐면 꽁하고 표현을 안 하는 거예요. 내가 왜 꽁한지, 왜 섭섭한지를 표현하는 방법을 못 배우셨다는 거죠. 그게 핵심이라고 봐요. (8회기)

> 치료자: 그러면 지금 조 선생님이 감정적인 얘기를 내놓을 때 남편이 감정적으로 대응하는 걸 잘 못하시나요?
> 부인: 못해요. 아주 못해요.
> 치료자: 남편이 감정적으로 대응을 못해 준다라는 거는 시아버지도 상대편이 감정적으로 아파할 때 둔해서 그걸 잘 못 느낄 수도 있거든요. 윗세대에서 그걸 배우지 못했기 때문에 감정 이입이 안 된다는 거죠. (12회기)

② 세대 전수 양상 설명

내담자는 평소 술을 마시고 나서 감정적으로 욱하는 특성으로 인해 가족뿐만 아니라 친구, 직장 동료 등의 대인관계에서 갈등이 발생해 왔음을 인식하고 문제 해결을 위해 노력해 왔으나 부부갈등이 악화되어 이혼 위기를 겪고 있는 상황이었다. 내담자는 자신의 문제를 인정하고는 있었지만 부부관계를 개선할 수 있는 효과적인 해결책을 찾지 못하고 있었다. 이에 치료자는 남편과의 개인상담을 통해 세대 전수의 양상들에 대해 다루며 내담자가 자신의 분노 조절문제의 원인을 가족체계론적 관점에서 재인식할 수 있는 기회를 제공하고자 하였다. 즉, 치료자는 음주 후 욱하는 표현방식이 내담자의 아버지와 조모에게서 학습화되어 세대 간 대물림된 과정을 탐색하였다. 특히 치료자는 부자상담 과정에서 내담자에게 아들이 명확하게 일 처리를 하지 못해 못마땅할 경우 자신의 아버지(조부)처럼 싸잡아서 몰아붙이거나 염장 지르는 표현방식의 대물림에 대해 설명하였고 아들에게 내담자(부)의 입장을 대변하였다.

반면, 치료자는 내담자의 역기능적인 표현방식이 개선되지 않고 지속될 경우 아들에게까지 전수될 수 있음을 예고하며 내담자의 변화 동기를 촉진하였다. 또한 부부상담에서 내담자에게 부부갈등 시 부인이 울 때 안쓰러움과 짠한 마음을 표현하지 못하는 것은 어머니가 울 때 아버지가 어머니에게 사용했던 방식처럼 짜증과 화를 내는 표현방식이라는 것을 인식하도록 도왔다.

> 치료자: 혹시 어머니로부터 서 선생님이 친할머니하고 닮았다라는 것을 들어본 적 있으세요?
> 남편: 어머니가 그런 얘긴 했어요. 서씨 집안의 욱하는 성질들에 대한 얘길 많이 했어요. "아휴 네 아빠 성격을 닮았다."는 얘기도 자주 했고. (7회기)

> 치료자: 그런데 서 선생님께서 아들이 못마땅했을 때 옛날 것까지 다 싸잡아서 표현하는 방식을 누가 쓰셨어요?
> 남편: 아버님이에요. 아버님이 어머님한테 싸잡아서 그러셨던 것 같고 저한테도 좀 [그러셨던 적이] 있었던 것 같아요.
> 치료자: 서 선생님도 모르게 아드님한테 갑갑하고 속상하셨을 때 서 선생님도 모르게 쓰시는 방식이 아버님이 쓰셨던 방식과 똑같다라는 것 아녜요? (10회기)

> 치료자: (아들에게) 그럴 때 쓰는 아빠의 방식이 자신도 모르게 학습화되어 있는 할아버지가 상대편의 염장 지르는 방식을 쓰고 계신다는 거지. 근데 너도 속상할 때는 아빠가 할아버지 방식을 쓰듯이 [너도] 쓸 가능성이 있다는 거지. 이해되니? (10회기)

이상과 같은 치료 개입에 대한 결과를 다음과 같이 세 가지로 요약할 수 있다.

첫째, 치료자는 내담자, 부인과 아들에게 내담자의 역기능적인 의사소통방식과 새로운 의사소통방식을 탐색하였고 설명하였다. 내담자가 부인과 아들과의 대화에서 자신을 무시하는 말투 또는 태도를 보게 되었을 때, 내담자는 문제를 더욱 악화시키는 방식을 사용하였다. 따라서 치료자는 내담자가 사용하고 있는 의사소통방식이 부인과 아들과의 관계를 향상시키기보다는 관계를 악화시켜 왔다는 것을 내담자로 하여금 통찰하게 하였다. 이를 통해, 내담자는 자신의 분노 조절문제가 자신의 성격 또는 인성의 문제가 아니라 자신이 사용하였던 의사소통방식으로 인하여 야기되었다는 점을 인식하게 되었다. 한편, 치료자는 내담자와 부인에게 내담자의 분노 표출방식이 시아버지가 시어머니와 내담자에게 사용한 방식이라는 점을 인식시켜 주었다. 또한 남편의 역기능적인 방식 이면에 원가족과 걸려 있는 감정과 그 감정이 부인과 아들에게 어떻게 연결되고 있는가를 전이 탐색을 통하여 핵가족과 원가족을 연결하여 설명하였다.

치료자는 내담자와의 라포 형성을 위하여 내담자의 분노 조절문제가 부인의 완벽주의적인 면과 남편을 배제하고 시부모와 결탁하거나 아들과 관련된 문제를 혼자 결정하는 것으로 인하여 내담자를 자극하였다는 점을 공감하면서 전략적으로 내담자 입장을 지지하고 편들어 주었다. 부인은 시댁에서 과도한 역할을 하는 자신의 노고를 인정해 주지 않는 남편에 대한 원망감을 가지고 있었으나 남편과의 갈등을 줄이기 위해 회피하고 억압하는 의사소통방식을 사용해 왔다. 이에 대해 치료자는 부인에게 권위적이고 강압적이고 분노 조절이 안 되는 친정아버지를 참고 회피하는 친정어머니의 의사소통방식을 학습한 결과, 부인 또한 친정어머니의 의사소통방식을 사용하고 있다고 설명하였다. 치료자는 내담자에게 자신의 화나는 이유를 부인에게 솔직하게 표현하도록 권유하였다. 또한 부인에게 남편에 대한 요구사항을 구체적으로 표현하도록 하였고, 시댁 방문과 시부모 용돈문제로 남편과 상의하되 가능하면 남편의 의견을 고려하도록 코칭을 하였다. 치료자는 부부상담에서 부부가 앞의 코칭 부분을 직접 시연하게 하였다.

둘째, 치료자는 내담자의 부인과 아들에 대한 해결되지 못한 감정과 전이를 탐색하였고 이에 대해 해석해 주었다. 내담자는 근본적으로 어린 시절부터 부모가 순응적이고 비위를 잘 맞추는 동생을 편애하였고, 장남으로서의 권위를 인정해 주지 않았다. 심지어 동생까지 형에 대한 권위를 인정하지 않음으로, 내담자는 순응적이고 비위를 잘 맞추는 또는 아부하는 부인과 갈등이 일어났던 것으로 해석될 수 있다. 한편, 내담자는 어머니의 과도한 역할과 지나칠 정도로 열심히 살지만 내담자 입장에서는 아등바등 살면서 아버지와의 관계로 인하여 눈물을 흘리는 어머니에 대한 감정으로 인해 부인의 모습이 어머니와 유사했을 때 내담자 자신도 모르게 부인에게 화를 내게 되었다. 내담자는 또한 아들에게 부인의 모습과 남동생의 모습을 보게 되었을 때도 부인에게 했던 것처럼 화를 내고 있었다. 치료자는 이와 같은 상황에서 전이와 투사적 동일시에 대하여 내담자와 부인 그리고 아들에게 설명하였다. 따라서 치료자는 내담자가 어머니에게서 해결되지 못했던 감정으로 인해 어머니와 유사한 부인에게 전이 감정을 느낄 수 있었다는 것을 설명하였다. 이와 같은 경우에, 내담자는 부인과 아들에게 투사적 동일시가 발생하였다고 볼 수 있다. 따라서 치료자는 가족구성원들에게 이와 같은 전이와 투사적 동일시에 대하여 설명을 하였다.

셋째, 치료자는 내담자와 부인에게 내담자의 분노 조절과 관련하여 부부의 의사소통방식과 전이문제를 원가족의 역기능적인 의사소통방식과 부모에게서 미해결된 감정이 다시 배우자와 아들에게 걸리는 전이와 투사적 동일시로써 설명하였다. 내담자는 부인과 아들 그리고 직장 동료로부터 자신의 의견이 관철되지 않고 무시당한다고 생각할 때 분노 조절이 안 된다는 것을 확인하게 되었고, 그 이면에는 자신의 원가족에서 인정받지 못하였던 점과 그와 같은 경우에 분노 조절이 안 되는 내담자 아버지의 의사소통방식을 전수받아 사용하고 있다는 것을 인식하게 되었다. 그와 동시에 부인 또한 남편과 유사하게 분노 조절이 안 되었던 친정아버지와 근본적으로 걸려 있었다는 점과 부부갈등 시에 자신이 사용한 의사소통방식이 친정어머니가 사용한 방식이었고 그 방식이 내담자를 자극한다는 점 또한 통찰하게 되었다. 이 상황에서 치료자는 내담자의 부인에게 친정어머니의 의사소통방식이 친정아버지를 변화하게 하였는지에 대한 질문을 통해, 자신이 사용하는 친정어머니의 의사소통방식이 친정아버지와의 관계를 변화시키지 못하였고 부부관계를 더욱 악화시켰다는 것을 통찰하도록 도왔다.

이러한 연구결과를 통해 분노 조절문제를 가진 중년 기혼 남성을 상담할 때, 치료자는 먼저 분노 조절이 안 되는 상황을 질문하여 어떠한 맥락 속에서 내담자가 화가 나는지를 살펴보고 그와 같은 상황에서 부부간에 어떻게 문제를 해결하려고 시도했는가에 대한 질문이 치료적 성과를 가져올 수 있다는 것을 확인할 수 있다.

2) 치료 개입의 효과

가족치료 개입의 효과에 대한 범주는 두 가지로 나눌 수 있으며 그에 대한 하위 범주와 구체적인 내용은 〈표 2-1〉과 같이 살펴볼 수 있다.

〈표 2-1〉 치료 개입 효과

상위 범주	하위 범주	개념
의사소통 방식에 대한 통찰과 변화	분노 표출방식의 대물림 통찰	• 분노 표현방식의 대물림 인식 • 술을 마시고 버럭 하는 방식이 아버지로부터 학습됨을 인식함 • 아버지와 유사한 방식으로 화를 표출함을 인식함 • 아버지처럼 가족들에 대한 칭찬이 인색함을 인정함 • 아등바등 사는 부인에 대한 안타까운 마음을 비아냥으로 표현
	분노 표출방식의 역효과 통찰	• 아들을 기분 나쁘게 했던 직설적이고 단정하는 표현방식 인식 • 일부러 상대방을 자극하는 방식 인식 • 내면의 부정적 감정을 성질내며 표출했던 방식의 역효과 인식
의사소통 방식에 대한 통찰과 변화	변화된 의사소통방식	• 화를 누르고 조절해야 할 필요성 인식 및 변화 의지 향상 • 아들과의 관계 개선을 위해 아들의 불만을 적극적으로 듣고자 함 • 미안하다고 표현하며 변하려는 의지가 보임
	분노 조절능력 향상	• 성질내지 않고 마음을 가라앉히고 대화함 • 화내지 않고 감정을 조절하게 됨 • 화를 내지 않고 길게 대화가 됨 • 길게 대화해 본 적 없는데 상담에서 버럭 하지 않고 생각하며 말함 • 상담 이후 버럭 한 적이 없음
전이에 대한 인식과 미해결 감정 해소	분노 감정의 근원 통찰	• 자신을 배제하는 가족들로 인한 자격지심을 느낌 • 아등바등 사는 부인의 모습을 보며 자격지심을 느낄 때 화가 남 • 부모님이 자신보다 동생을 더 대우하며 차별 대우함 • 동생에게 우선적으로 값비싼 컴퓨터를 사 준 것에 대한 박탈감
	응어리진 감정 해소	• 부인이 귀담아 듣지 않고 동문서답할 때 무시당했던 감정 • 자신을 배제하는 부모에 대한 배신감 • 집안의 대소사를 며느리와 의논하는 부모에 대한 불만 • 일방적으로 결정하고 통보하는 태도에 대한 불쾌감 • 자신을 배제하고 손자를 우선하는 부모에 대한 속상함

(1) 의사소통방식에 대한 통찰과 변화

① 분노 표출방식의 대물림 통찰

상담 초기에 내담자는 음주문제 외에는 자신이 성실하게 살아왔다고 생각하여 자신의 분노 조절문제에 대해 전혀 인식하지 못하였다. 그러나 내담자가 가족상담에 적극적으로 참여한 결과 내담자는 자신의 분노 표현방식이 아버지로부터 대물림된 방식이라는 것을 인식하게 되었다. 이와 같은 인식 과정을 통하여 내담자는 결혼 초기부터 밥상을 엎거나 집안 살림을 부수는 폭력적인 행동과 아등바등 열심히 사는 부인에게 화를 내고 비아냥대는 자신의 표현방식을 반성하게 되었다. 또한 내담자는 어린 시절 아버지가 가족들에게 공포감을 가지게 했던 상황들을 회상하며 자신도 직장 동료들에게 화가 날 때 아버지와 유사한 방식으로 대처해 왔음을 인식하였다.

내담자는 자신의 어머니가 분노 조절을 못하였던 아버지에게 질린 상황에서 그런 아버지를 닮은 내담자에게 어머니가 힘들 수 있었다는 것과 내담자와 달리 다정다감했던 동생을 더 편애할 수밖에 없다는 것을 이해하게 되었다. 그리고 내담자는 부모에게 칭찬받아 본 적이 별로 없으므로 자신 또한 가족들과 직장 동료들에게 칭찬이 인색하고 지적하는 경우가 더 많았던 것을 인식하였다.

② 분노 표출방식의 역효과 통찰

부자상담에서 내담자는 아들이 자신이 조언해 주었던 방식을 따르지 않았을 때 아들에게 '이런 식으로 공부할 바에는 하지 마!'라고 했던 표현방식을 인식하게 되었다. 내담자는 직장 동료나 부인에게 사용해 왔던 표현방식이 상대방의 기를 죽이는 표현방식이라는 피드백을 받았었다고 고백하면서 아들의 마음을 공감해 주기 시작하였다. 또한 내담자는 자신의 직설적이고 단정적으로 함축해 버리는 표현방식이 상대방의 기분을 상하게 하며 부인에 대한 부정적 감정을 부인과 유사한 아들에게 투사해 온 맥락을 인식하였다. 이 외에도 내담자는 부인을 일부러 자극하여 기분을 상하게 했으며, 부인이 자신의 말을 알아듣지 못했을 때 화를 내는 자신의 방식이 효과적이지 못하다는 것을 인식하였다. 내담자는 자신의 아버지와는 달리 아들에게 사랑한다는 표현을 했어도 미안하다는 말과 공감하고 칭찬하는 표현은 상대적으로 부족했다는 것을 인정하였다.

③ 변화된 의사소통방식

내담자는 적극적인 상담 참여를 통해 점차 분노 조절을 위한 의지가 향상되었다. 예를 들면, 내담자는 상담 과정 중 원가족에서 학습된 자신의 아버지가 사용해 왔던 분노 표출방식의 비효과성을 인식하면서 새로운 의사소통방식이 필요하다는 것을 깨닫고 솔직한 대화방식을 사용하기 시작하였다. 내담자의 솔직한 대화방식으로 인하여 부자상담에서 아들은 아버지가 소리를 지르지는 않지만 기분 나쁘게 하는 말투에 대해 솔직하게 표현하였다. 이에 따라 내담자는 그동안 아들이 방에서 핸드폰을 하며 쉬고 있을 때 '공부하는 척하지 마라', 외국 여행 갔을 때 어학연수 다녀온 만큼 실력 발휘를 못하고 자신감 없는 모습을 보일 때 '학원이고 뭐고 다 끊어라'와 같이 빈정대는 말투로 아들을 기분 나쁘게 한 것에 대하여 아들에게 사과를 하였다. 또한 부인은 남편이 자아성찰을 하게 되었다면서 상담 이후에 미안하다는 표현을 하는 것에서 남편의 변화가 느껴진다고 하였다. 따라서 부인은 남편의 변화된 의사소통방식으로 인하여 덜 충돌하게 되었고, 남편에 대한 답답한 감정이 해소되었다고 하였다. 또한 내담자는 그동안 부인에 대한 불만을 솔직하게 표현하지 않고 참았다 분노로 표출했던 방식이 효과적이지 못하다는 것을 인식한 후에 참지 않고 솔직하게 표현하기로 결심하였다.

④ 분노 조절능력 향상

내담자는 상담 이후 새로운 의사소통방식을 사용하게 되면서 분노가 감소된 것으로 나타났다. 즉, 상담 이전에 내담자는 부인이 마음에 들지 않게 얘기를 하여 기분이 상할 경우 표정이 변하면서 버럭 화를 내고 며칠간 대화를 차단하였다. 그러나 내담자는 결혼 후 처음으로 부부상담에서 부부가 한 시간 이상 길게 대화를 하는 경험을 하게 되었다. 이후에 내담자는 저녁식사 중에 칭찬에 인색한 남편에 대해 부인이 불만을 표현했을 때 전과 달리 화내지 않고 수용적인 태도를 보임으로써 충돌 없이 대화가 이루어질 수 있게 되었다.

내담자 부부는 부부상담 이후 서로 간에 오해가 해소되어 정서적 안정감을 회복하게 되었다. 이처럼 내담자는 상담 이후 부인과의 대화 시 화를 내지 않고 부인의 입장을 공감하고 마음을 가라앉히면서 안정적으로 대화를 하게 되었다. 또한 내담자는 부인이 자신의 말을 알아듣지 못할 경우 부인이 알아듣기 쉬운 의사소통방식으로 표현하는 변화를 나타냈다.

(2) 전이에 대한 인식과 미해결 감정 해소

① 분노 감정의 근원 통찰

내담자는 자신의 분노 조절문제가 단지 술 때문만이 아니라 가족구성원 간의 이면에 쌓인 감정에 기인한다는 것을 인식하였다. 내담자는 분노 조절이 안 되는 자신으로 인하여 부모가 내담자와 상의할 수 없는 대상이라고 여기고 며느리와 상의할 수밖에 없다는 점을 인식하게 되었다. 한편, 치료자는 내담자로 하여금 아등바등 열심히 사는 부인의 모습에서 내담자 자신보다 동생을 편애한 어머니의 모습을 연상한다는 것을 인식시켰다. 또한 내담자는 어려서 자신의 어머니가 아버지로 인하여 눈물을 보였었는데, 부인 또한 자신으로 인하여 눈물을 보일 때 엄청난 짜증과 화를 낸다는 것을 인식하게 되었다. 이와 같은 내담자의 반응에는 어머니에 대한 부정적인 감정이 내담자의 부인에게 전이가 되는 것으로 보인다. 한편, 내담자는 열심히 그러나 아등바등 사는 내담자 어머니와 부인을 통해 자신의 무능함에 대해 자격지심이 있다는 것을 확인하면서 자신의 모습 속에서 무능한 아버지를 보게 된다는 것을 통찰하게 되었다. 이와 같은 상황에서 내담자는 부인에게 짜증과 화를 낸다는 것을 인식할 수 있었다. 내담자는 어머니가 내성적이며 친구가 없이 늘 외롭게 지냈던 남동생에게 더 신경을 썼고 자신이 고등학생 때 동생에게만 값비싼 컴퓨터를 사 주고 컴퓨터 학원을 보냈던 경험으로 인한 박탈감을 재인식하게 되었다. 이와 같은 상황으로 인하여 내담자는 어머니가 장남인 자신보다 동생을 더 우대하였고 동생 또한 형의 권위를 존중하지 않았다고 생각하고 있었다. 이와 같은 경험으로 인하여 내담자는 부인이 자신보다 아들을 더 신경 쓸 때, 가장의 권위를 존중받지 못한다고 생각할 때 분노를 참지 못한다는 것을 통찰하게 되었다. 따라서 내담자는 동생과의 부정적인 관계로 인하여 동생처럼 어머니의 비위를 맞추는 사람들을 유독 싫어하는 이유에 대해 통찰하게 되었다.

② 응어리진 감정 해소

내담자는 치료자에게 부인에 대한 응어리진 감정을 호소하였다. 내담자는 장녀인 부인이 처가의 대소사에 대해 여동생들의 의견을 맹목적으로 따르고 주도적이지 못한 것에 대한 불만을 표출하였다. 또한 내담자는 부인과 아들의 교육문제에 대해 대화를 나눌 때 부인이 건성으로 듣고 동문서답하는 태도와 부인이 자신과 전혀 상의가 없는 상태에서 부모의 생활비를 증액하는 등 집안일에 대해 일방적으로 결정하고 통보하는 것에 대해 불쾌했던 감정을 치료자에게 표출하였다. 특히 상담에서 처음으로 집안의 대소사에 대하여 며느리하고만 의논하는 부모에 대한 불만과 배신감을 부인에게 털어놓았다. 또한 내담자는 아버지가 장남인 자신을 배제하고 손자에게 재산을 물려줘야겠다는 말을 듣고 속상했으며 자격지심을 느꼈던 경험을 표출하였다. 이 상황에서 내담자는 아들을 마치 자신의 동생으로 여길 수 있었으며, 동생만을 신경 써 주었던 부모에 대한 부정적인 감정이 촉발되었던 것으로 보인다. 이는 아들이 마치 부모의 비위를 맞추고 순응적인 동생인 것처럼 투사적 동일시가 일어났다라고 보일 수 있는 장면이었다. 이렇듯 내담자는 치료자에게 자신의 감정을 토로하면서 자신의 분노 감정 이면에 쌓여 있던 응어리진 감정을 인식하고 해소할 수 있었다. 이와 같은 상담경험을 통해 내담자는 자신의 부정적인 과거 경험을 표현함으로써 부인에게 전보다 자신의 감정을 더 솔직하게 표현하게 되었다.

이상과 같이 치료효과를 분석한 결과에 대한 해석은 다음과 같다.

첫째, 내담자는 치료 과정을 통하여 자신과 부모의 의사소통방식과 그 방식이 전수되었다는 것과 자신의 분노 표출방식으로 인하여 부부관계와 자녀관계 및 대인관계가 악화되었다는 것을 통찰하게 되면서 새로운 효과적인 의사소통방식을 시도하였다. 내담자의 솔직한 의사소통방식으로 부부가 결혼생활에서 처음으로 오랜 시간을 대화하게 되었다.

둘째, 내담자는 부인에 대한 분노 감정의 근원이 원가족과 연결된다는 것을 통찰하고 부인에 대한 응어리진 감정을 표현하게 되면서 분노 조절이 가능하게 되었다.

이와 같은 연구결과는 특히 MRI의 의사소통이론에 대한 이해를 토대로 부부가 시도하는 역기능적인 의사소통방식에 대한 질문을 통하여 치료자뿐만 아니라 내담자와 배우자가 자신들이 시도해 왔던 의사소통방식이 효과가 없고 오히려 문제를 유지할 수밖에 없다는 것을 명확히 인식하도록 돕는 치료전략으로 볼 수 있다.

또한 분노 조절문제를 가진 중년 기혼 남성을 상담할 때, 부부 · 가족치료자는 이와 같은 부부가 충돌할 때 사용하는 의사소통방식에서 핵가족과의 관계가 걸려 있는 이면에 내담자와 배우자가 각자의 원가족에서 걸려 있는 관계와 원가족에서 사용해 왔던 의사소통방식을 반드시 탐색하여 그 해결되지 못한 감정이 어떻게 현재의 배우자와 자녀에게 연결되고 있는가를 탐색하는 것이 중요하다.

이상과 같은 이 연구의 전체적인 치료개입 방법과 치료효과 간의 관계를 인과관계 네트워크를 활용하여 도식화하였다([그림 2-1] 참조).

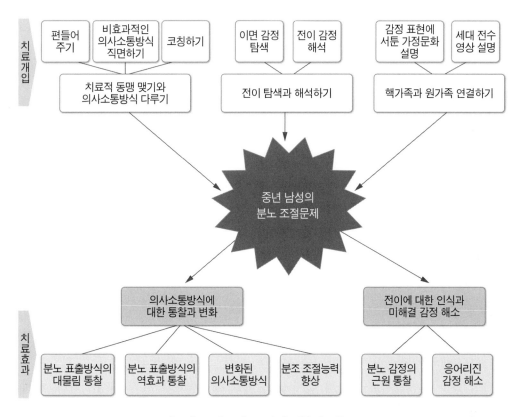

[그림 2-1] 치료효과에 관한 네트워크

5. 논의 및 제언

1) 논의

이 연구는 분노 조절문제를 가진 중년 남성을 위한 개입방안을 모색하기 위해 중년 남성의 분노 조절문제에 대한 성공적인 가족치료 사례를 분석하였다. 연구결과는 Bowen의 가족체계이론, MRI의 의사소통이론 그리고 대상관계이론을 중심으로 한 치료 전략이 중년기 기혼 남성의 분노 조절문제 해결에 도움이 될 수 있다는 것을 보여 주었다.

특히, 이 연구결과를 통하여 연구자들은 중년 남성의 분노 조절문제를 해결하기 위해 원가족 경험을 강조한 Bowen의 가족체계이론을 적용한 분노 표출방식의 세대 전수와 MRI의 문제를 해결하려고 시도했던 역기능적인 해결방식과 대상관계이론에서의 전이와 투사적 동일시를 다루는 통합적인 접근법이 효과적이었다고 보인다. 이에 따라 중년 남성의 분노 조절문제는 당사자 개인의 문제가 아니라 원가족 경험에서 기인한다는 것을 확인하였다. 한편, 연구결과는 선행연구들에서 다루지 못한 중년 남성의 분노 조절문제에 영향을 미친 원가족 요인을 심층적으로 분석하였으며 의사소통방식의 변화는 중년 남성의 분노 조절능력 향상에 직접적인 영향을 미치게 된다는 것을 보여 주었다.

이와 같은 연구결과에 따른 논의는 다음과 같다.

첫째, 내담자는 부모의 차별 대우로 인해 장남 대우를 받지 못했을 때 느꼈던 소외감과 박탈감이 해결되지 못한 채, 부인과 부모가 자신을 배제하고 집안일을 결정하는 상황에서 내재된 분노 감정이 배우자와 자녀에게 표출된 것으로 확인되었다. 이와 같은 결과는 남성의 자아분화가 원가족에서 전수되는 요인에 더 많은 영향을 받는다(조소희, 정혜정, 2008)는 내용을 보여 준다. 또한 내담자의 분노 표출방식은 세대 간 전수된 표현방식으로 음주 후 폭언과 폭력 등의 극단적 행동으로 표출되어 부부갈등과 청소년기 자녀와의 갈등으로 악화되는 결과를 초래하였다. 이는 남성의 경우 원가족 건강성의 영향을 직접적으로 받게 됨에 따라 세대 전이를 경험하게 된다(하상희, 2007)는 연구결과와 일치한다. 또한 연구결과는 분노 조절문제를 가진 중년 부인이 스트레스 상황을 짜증, 비난, 물건 던지기 등의 거친 감정 표출로 인하여 또 다른 스트레스 상황을 초래하게 된다(박선영 외, 2017)는 내용과도 일치한다.

둘째, 치료자가 적용한 치료전략은 감정 표현이 서툰 가정문화에 기인한 역기능적인 의사소통방식의 개선에 초점을 둔 것으로 나타났다. 이는 MRI의 의사소통이론에 근거하는 치료전략으로, 분노 조절문제를 가진 중년기 남편과 부인이 부부갈등을 해결하기 위해 시도해 온 해결책으로서의 역기능적인 의사소통방식의 비효과성을 확인하고 분노 조절을 위한 효과적인 의사소통방식을 사용하도록 개입해야 함을 시사한다. 즉, 남편의 경우 자신의 의견과 권위를 존중하지 않는 부인에 대한 불만을 시부모와 가정을 위해 애쓰는 부인의 헌신을 지지하기보다 오히려 짜증, 화, 비아냥대는 방식으로 표출해 왔음을 확인하였다. 부인의 경우 그동안 과도한 역할을 해 오면서 자신의 노고를 지지해 주지 않는 남편에 대한 원망감을 가지고 있었던 반면, 남편과의 갈등을 줄이기 위해 회피하고 억압하는 방식을 사용해 왔다는 것을 인식하였다. 이에 대해 치료자는 권위적이고 강압적인 친정아버지에 대해 참고 회피하는 친정어머니의 태도를 학습한 결과로 해석하였다. 이는 기혼 여성의 경우 원가족경험에 의해 적절한 자아분화가 형성되지 못한 경우 회피행동이 높아져 자기인식과 타인에 대한 민감성 저하로 합리적 대처가 부족하게 된다(유희남, 김영희, 2011)는 연구결과를 보여 준다. 이에 따라 치료자는 부인에게는 과도한 역할을 줄이고 집안일에 대해 남편과 상의하고 남편의 의사를 존중해 줄 것과 요구사항을 구체적으로 표현하도록 하는 방법을 코칭하였다. 더불어 남편에게는 음주 후 분노로 표출하기보다 화나는 이유에 대해 솔직하게 표현하도록 개입함에 따라 분노 조절능력을 향상할 수 있게 하였다. 치료자의 이와 같은 기법은 세대 간 전수되는 역기능적인 의사소통방식으로서의 분노 표출방식의 변화를 위한 치료전략으로 볼 수 있다. 이러한 결과는 음주문제는 무분별한 분노 표현 또는 무조건 억제하는 태도와 관련되므로(박영주 외, 2004; Mustante & Treiber, 2000) 분노를 적절한 방식으로 표현할 경우 분노 정서가 높더라도 음주문제가 다르게 나타날 수 있다(김해진 외, 2008)는 내용과 일치한다.

셋째, 치료자는 부모와 배우자로부터 정서적 지지를 받지 못한 남편의 입장을 옹호하며 치료적 관계를 형성하였다. 즉, 치료자를 통한 내담자의 긍정적 정서 경험은 가족들에 대한 응어리진 감정을 솔직하게 표출할 수 있게 하였고 더불어 자신에 대한 이해와 변화 의지가 향상되는 결과를 가져온 것으로 볼 수 있다. 특히, 치료자는 부자 상담과 부부상담에서 남편의 입장을 대변하고 적극적인 상담 참여를 격려하며 치료적 삼각관계를 조성하였다. 이와 같은 치료자의 개입은 내담자의 인지적 변화와 행동적 변화에 기여한 것으로 볼 수 있다.

넷째, 가족치료를 통해 나타난 내담자의 변화는 의사소통방식에 대한 통찰과 의사소통방식의 변화, 전이에 대한 인식과 미해결 감정의 해소로 나타났다. 이는 인지적 통찰을 위한 치료적 개입의 영향력이 가장 주된 치료적 변인이며, 특히 내담자의 개인상담에서 원가족경험이 부부관계에 지속적인 영향을 미치며 분노 표출방식의 '다세대 전수 과정' '분노 감정의 근원' '의사소통방식의 비효과성'을 통찰하도록 하는 것이 분노조절 문제 해결의 실마리가 됨을 알 수 있다. 이러한 결과는 Gross(2002)가 제안한 분노를 자극하는 정보를 수용하거나 관리하도록 하는 데 있어서 인지 조절전략이 유용하다는 내용과도 일치한다.

2) 제언

첫째, 분노 조절문제를 가진 중년기 기혼남성에 대한 부부 및 가족 상담에서 치료자는 중년 남성의 특성에 대한 이해와 더불어 원가족경험에 기인된 특수성을 고려하여 개입해야 할 것이다. 이를 위해선 분노에 대한 기본 지식뿐만 아니라 가족체계론적 관점을 가진 치료자의 전문성 제고를 위한 임상적 경험이 필요하다. 즉, 치료자는 내담자와 배우자의 의사소통과 원가족과의 해결되지 못한 감정과 핵가족에서의 전이 및 투사적 동일시 문제를 탐색하고 항상 체계론적인 관점으로 접근을 할 필요성이 있다는 것을 염두에 두어야 할 것이다.

둘째, 최근 중년 남성들의 분노 조절문제가 사회적 문제로 확산되고 있는 상황에서 분노 조절문제를 가진 중년 남성들을 대상으로 한 사회교육 프로그램의 마련이 시급하며, 프로그램 내용 구성 시 원가족경험을 다루며 인지적 통찰을 부여하는 방안과 가족과의 의사소통 및 상호작용을 촉진하기 위한 행동주의적 훈련을 고려할 필요가 있다. 이를 통해 치료자는 건강한 정서 조절 방법이나 분노 대처방식을 재학습할 수 있도록 개입해야 할 것이다.

셋째, 중년 남성의 분노 조절문제는 부부문제뿐만 아니라 원가족으로부터 해결되지 못한 감정으로 인한 전이문제가 걸려 있기 때문에 치료자는 가족생활 주기에 따른 변화 단계를 인식할 필요가 있다.

넷째, 분노 조절문제를 가진 중년 기혼 남성의 가족을 대상으로 가족치료가 이루어진 단일 사례를 분석하였다. 따라서 연구의 결과를 일반화하는 데 한계가 있을 수 있다. 따라서 향후에는 다수의 사례를 분석하여 중년 남성들의 관점이 충분히 반영된 분노경험과 치료경험을 토대로 좀 더 신뢰성 있는 치료개입 방안을 모색할 수 있기를 바란다. 이를 통해 중년 남성의 분노 조절문제를 효과적으로 해결할 수 있는 부부 및 가족 상담 모형을 구축하는 토대가 되길 기대한다.

참고문헌

김길문, 정남운, 윤재호(2020). 한국 중년 남성의 생성감 및 감정표현 억제가 행복에 미치는 영향: 직장인 중년 남성을 중심으로. 한국심리학회지: 건강, 25(3), 527-548.

김명자(1998). 중년기 발달. 서울: 교문사.

김수임, 박민지(2020). 성인대상 분노 조절 집단 프로그램 분석: 2001~ 2019년 국내 연구 중심으로. 한국웰니스학회지, 15(2), 447-465.

김용섭(1984). 분노에 대한 연구. 고신대학논문집, 12, 71-90.

김용희(2009). 스트레스와 역기능적 신념 및 방어기제가 분노반응에 미치는 영향. 사회과학연구, 48(2), 59-74.

김진숙, 김창대, 이지연(2013). 대상관계 이론과 실제: 자기와 타자. 서울: 학지사.

김창대, 김진숙, 이지연, 유성경 공역(2012). 대상관계이론 입문. 서울: 학지사.

김해진, 신현균, 홍창희(2008). 성인애착유형, 특성분노 및 음주문제의 관계: 분노표현의 조절효과를 중심으로. 한국심리학회지: 임상, 27(3), 729-748.

남현순, 전영주, 황영훈 공역(2005). 보웬의 가족치료이론. Kerr, M. E. & Bowen, M. (1988). *Family evaluation: An approach based on Bowen theory*. 서울: 학지사.

대구신문(2018. 10. 23.). 이웃 폭언에 앙심 품고 방화…1명.

박봉길, 전석균, 강윤경(2010). 중년기 위기감과 자아정체감이 자살생각에 미치는 영향에 관한 연구. 한국정신건강사회복지학회 추계학술대회 자료집, 277-293.

박선영, 정혜정, 이지선(2017). 배우자의 분노조절 문제에 대한 중년부인의 경험 연구. 가족과 가족치료, 25(3), 621-643.

박영주, 한금선, 신현정, 강현철, 문소현(2004). 청소년기 여성의 분노와 문제행동 및 건강상태. 대한간호학회지, 34(7), 1234-1242.

박인철 역(1995). 변화. Watzlawick, P., Weakland, J. H., & Fisch, R. (1974). *Change: Principles of Problem Formation and Problem Resolution*. 서울: 동문선.

박태영(2001). 가족치료 이론의 적용과 실천. 서울: 학지사

박태영, 문정화(2013). 분노조절이 안 되는 초혼 남편과 재혼 부인의 결혼초기 부부갈등 해결을 위한 부부치료 사례연구. 한국가족치료학회지, 21(1), 23-56.

박태영, 유진희(2012). 분노조절문제를 가진 아동에 대한 가족치료 사례연구. 한국가정관리학회지, 30(3), 119-133.

서울신문(2019. 5. 15.). "층간소음 해결 안 해줘" 70대 경비원 폭행해 숨지게 한 40대 징역 18년.

송미경(2002). 분노조절훈련 프로그램 효과에 관한 연구동향 분석: 학위논문(1991-2002년)을 중심으로. 학생생활연구, 15, 145-160.

송미경, 이은경, 양난미(2020). 중년남성의 가족관계에서의 분노경험에 대한 질적 연구. 인문사회 21, 11(5), 2001-2015.

안가연, 김종운, 김미희(2016). 이공계 대학생의 대인관계 스트레스와 분노표현양식 및 대처전략 간의 관계. 학습자중심교과교육연구, 16(7), 481-498.

유희남, 김영희(2011). 원가족 분화경험이 기혼여성의 자아분화와 부부갈등 대처행동 및 부부친밀

감에 미치는 영향. 한국가족치료학회지, 19(3), 141-158.

이미나(2000). 흔들리는 중년 두렵지 않다. 서울: 한겨레신문사.

이영분, 김유숙, 정혜정(2008). 가계도: 사정과 개입. 서울: 학지사.

이정숙, 이현, 안윤영, 유정선, 권선주(2010). 국내 분노조절 프로그램 연구 동향: 국내 학술논문 중심으로(1996~2008). 한국아동심리치료학회지, 5, 1-22.

이희윤, 박정윤(2011). 기혼중년남성의 가족탄력성이 스트레스 대처행동에 미치는 영향. 한국가족관계학회지, 16(2), 169-192.

조소희, 정혜정(2008). 기혼남녀의 원가족 경험과 자기분화가 핵가족의 부부관계와 부모자녀관계에 미치는 영향. 한국생활과학회지, 17(5), 873-889.

전겸구(2000). 분노의 종합적 이해를 위한 시도. 미술치료연구, 7, 1-31.

정기수, 하정희(2018). 청소년의 분노표현방식 군집에 따른 우울, 공격성, 부정정서강도의 차이. 한국산학기술학회논문지, 19(12). 480-490.

정문자, 정혜정, 이선혜, 전영주(2012). 가족치료의 이해. 서울: 학지사.

정여주, 윤서연(2018). 분노표현에 대한 국내 연구 동향. 열린교육연구, 26(3), 159-180.

중앙시사매거진(2018. 11. 17.). 강서 PC방 엽기살인 쇼크! '분노공화국' 처방전은?.

천성문, 김진숙, 김창대, 신성만, 유형근, 이동귀, 이동훈, 이영순, 한기백(2014). 심리치료와 상담이론: 개념 및 사례. 서울: CENGAGE Learning.

최임정, 심혜숙(2010). 대학생의 내면화된 수치심과 분노표현양식이 대인관계문제에 미치는 영향. 한국심리학회지: 상담 및 심리치료, 22(2), 479-492.

하상희(2007). 원가족 건강성과 자기분화의 세대간 전이. 전북대학교 대학원 박사학위논문.

Aponte, J. H., & VanDeusen, J. M. (1987). *Object relations family therapy*. Northvale, NJ: Jason Aronson.

Arnett, J. J. (2016). *Development: A Cultural Approach* (2nd ed.). Australia: Pearson.

Bowen, M. (1976). Theory in the practice of psychotherapy. *Family therapy: Theory and practice, 4*(1), 2-90.

Clarey, A., Hokoda, A., & Ulloa, E. C. (2010). Anger control and acceptance of violence as mediators in the relationship between exposure to interparental conflict and dating violence perpetration in Mexican adolescents. *Journal of family violence, 25*(7), 619-625.

Creswell, J. W., & Poth, C. N. (2017). *Qualitative inquiry and research design: Choosing among five approaches* (4th ed.). Thousand Oaks, CA: Sage.

Feindler, E. L. (1991). *Cognitive strategies in anger control interventions for children and adolescents.* New York: The Guilford Press.

Forgays, D. K., Spielberger, C. D., Ottaway, S. A., & Forgays, D. G. (1998). Factor structure of the State-Trait Anger Expression Inventory for middle-aged men and women. *Assessment, 5*(2), 141-155.

Glade, A. C. (2005). *Differentiation, marital satisfaction and depressive symptoms: An application of Bowen theory.* Doctoral dissertation, The Ohio State University.

Glesne, C. (2014). *Becoming qualitative researchers: An introduction* (5th ed.). Boston, MA: Pearson.

Gomez, L. (1997). *An introduction to object relations.* New York: The Free Press.

Gross, J. J. (2002). Emotion regulation: Affective, cognitive, and social consequences. *Psychophysiology, 39*(3), 281-291.

Hamilton, N. G., & Hamilton, M. G. (1988). *Self and others: Object relations theory in practice.* New York: Jason Aronson.

Heru, A. M. (1980). *Family therapy: A comparison of approaches.* Bowie, MD: Prentice-Hall.

Kerr, M. E., & Bowen, M. (1988). *Family therapy in clinical practice.* New York: Aronson

Lee, Y. W. (1999). Analysis of influencing factors on health promoting behavior in middle-aged men. *Journal of Korean Academy of Adult Nursing, 11*(3), 557-569.

Miles, M. B., Huberman, A. M., & Saldaña, J. (2020). *Qualitative data analysis: A methods sourcebook.* Thousands Oaks, CA: Sage.

Musante, L., & Treiber, F. A. (2000). The relationship between anger-coping styles and lifestyle behaviors in teenagers. *Journal of Adolescent Health, 27*(1), 63-68.

Novaco, R. W. (1975). *Anger control: The development and evaluation of an experimental treatment.* New York: Lexington Books.

Novaco, R. W. (1977). Stress inoculation: A cognitive therapy for anger and its application to a case of depression. *Journal of Consulting and Clinical Psychology, 45*(4), 600-608.

Phillips, L. H., Henry, J. D., Hosie, J. A., & Milne, A. B. (2006). Age, anger regulation and well-being. *Aging and Mental Health, 10*(3), 250-256.

Sharf, R. S. (2012). *Theories of psychotherapy and counseling: Concepts and cases* (5th ed.). Pacific Grove, CA: Brooks/Cole.

Spielberger, C. D., Reheiser, E. C., & Sydeman, S. J. (1995). Measuring the experience, expression, and control of anger. *Issues in Comprehensive Pediatric Nursing, 18*(3), 207–232.

Watkins, P. C., Woodward, K., Stone, T., & Kolts, R. L. (2003). Gratitude and happiness: Development of a measure of gratitude, and relationships with subjective well-being. *Social Behavior and Personality, 31*(5), 431–451.

제3장

가족희생양 세대 전수 진행 과정을 경험한 내담자 가족에 대한 단일 사례연구*

이 연구의 목적은 부부갈등을 겪는 내담자 가족의 가족희생양 세대 전수 진행 과정을 탐색하는 것이다. 연구는 총 15회기 동안 내담자의 핵가족과 원가족을 대상으로 진행된 상담축어록을 근거로 하여 질적 분석 방법으로 개념을 도출하였다. 연구결과, 첫째, 부인의 원가족 경험에서 부모화 경험 단계는 불안정한 애착관계 형성, 존재적 가치를 위해 '착한 아이' 되기, 사막에 홀로 선 느낌, 무(無), 존재적 소멸 시도로 나타났다. 둘째, 부인의 핵가족 경험에서 과도한 역할 확대 단계는 돌파구로 선택한 결혼, 핵가족에서 과도한 역할, 42년 동안 인정받기를 갈구한 삶(원가족과 미분화)으로 나타났다. 마지막으로, 딸의 핵가족 경험에서 가족희생양 발현 단계에서는 태내 불안, 애착손상으로 인한 예민함, 친정어머니와 유사한 역기능적 양육방식, 정서적 불안을 야기하는 어머니의 의사소통방식, 만성화된 부부갈등, 딸에게 전이된 어머니의 미해결된 감정, 내면화문제, 가족희생양 발현으로 나타났다. 연구결과를 근거로 가족희생양으로 어려움을 겪는 자녀 및 가족을 위한 가족치료적 개입 방법을 제시하였다.

1. 서론

우리나라의 혼인 건수는 30만 5천5백 건이고 이혼 건수는 11만 5천5백 건으로 이는 세 쌍 중 한 쌍이 이혼하는 것으로 추정되고, 이혼율 증가는 사회적인 문제가 되고 있다(Statistics Korea, 2015). 이혼은 부부갈등을 해결하는 방법의 일환으로 고려되

* 김영애, 박태영(2019). 가족희생양 세대전수 진행과정을 경험한 내담자 가족에 대한 단일사례 연구. 한국가족관계학회지, 23(4), 213-236.

지만 어떤 부부는 만성적인 부부갈등에서도 결혼생활을 유지하기도 한다(Lee, 2006; Vaillant & Vaillant, 1993). 다양한 요인이 결혼 유지에 영향을 미치지만, 특히 부부는 자신들의 관계적 측면보다는 자녀에 대한 책임감으로 결혼생활을 지속하기도 한다 (Chae & Hardiman, 2016; Jeong & Kim, 2017; Kim & Lee, 2015; Ryu & Kim, 2014). 즉, 부부는 일상적인 삶은 영위하지만 정서적인 단절 상태로 인해 자신들의 긴장과 갈등을 자녀에게 투사하면서 부부생활을 유지할 수 있다(Kerr & Bowen, 1988).

부부갈등에서 가족희생양이 비롯되는데 가족구성원은 서로 연관되어 상호작용하기 때문에 체계적 맥락에서 가족희생양의 메커니즘을 이해할 필요가 있다. Bowen은 가족의 강한 감정적 결속력을 핵가족 감정체계로 설명했는데, 이것은 부모의 자아분화 수준과 관련이 있다(Jung, Jung, Lee, & Jun, 2013). 자아분화 수준이 낮은 부부는 사고와 감정이 융합되어 갈등상황에서 감정 반사적으로 반응하면서 부부갈등이 발생할 수 있다. 역기능적 가정에서 부부는 자신들의 불안을 자녀에게 투사하면서 자녀와 삼각관계를 형성하고 자녀는 부모보다 낮은 자아분화 수준을 형성하면서 가족희생양이 된다(Goldenberg, Stanton, & Goldenberg, 2017). Kerr와 Bowen(1988)은 개별적인 차이와 다세대에 걸쳐 내려오는 특성으로 세대가 걸쳐진 가족구성원들의 기능과 관련된 규칙을 예측할 수 있다고 하였으며, 이러한 과정을 다세대 전수 과정이라고 하였다. 따라서 다세대 전수 과정은 정서체계에 근본을 두고 있으며 한 세대로부터 그 다음 세대로 전승된 정서, 감정 그리고 주관적으로 결정한 태도 및 가치와 신념을 포함하고 있다(Kerr & Bowen, 1988). 부부는 자신들의 문제를 회피하기 위해 무의식적으로 특정 자녀를 가족희생양으로 만들고, 가족희생양으로 지목된 자녀는 부모의 삶의 무게를 대신 감당함으로써 가족항상성이 유지된다(Kerr & Bowen, 1988). 부부갈등은 부부가 원가족에서 불안정한 애착관계로 인한 낮은 자아분화 수준으로 발생할 수 있는데, 부부갈등의 발생 시기에 따라서 자녀는 유아기 때부터 희생양화 역할에 고착될 수 있다(Pillari, 2007).

한편, 원가족에서 부모관계는 결혼한 자녀의 부부 적응과 양육태도에 영향을 주고 (Chung & Choi, 2010; Jeon & Park, 1999), 원가족 경험은 부부의 결혼 만족도와 친밀감과도 연관이 있다(Ha, 2008). 부모의 양육방식은 가족체계와 불가분의 관계이고 부모의 자아분화 수준은 양육방식에 많은 영향을 미친다. 낮은 자아분화 수준을 가진 역기능적 가정에서 가족구성원은 만성 불안을 경험하고 이러한 불안에 취약한 자녀에게서 정서행동문제가 나타난다. 역기능적 가정에서 희생양이 된 자녀는 부모의 부모역할, 가족 중재자, 부모의 배우자 역할 등과 같은 과도한 역할을 하면서 부모와의 역할전환이 나타난다(Bradshaw, 1990).

다른 한편으로 자녀에게서 학교 부적응, 내면화 및 외현화 문제, 비행 등과 같은 행동이 나타날 수 있고(Kim & Jang, 2016; Lee & Oh, 2000; Min & Choi; 2014), 이러한 자녀의 정서행동문제의 이면에는 부부갈등이 영향을 미쳤다. 이처럼 낮은 자아분화 수준을 가진 역기능적 가정에서 자녀의 내면·외면화 문제가 발생하므로 무엇보다도 가족문제가 상징화된 자녀의 가족희생양은 심각하게 고려되어야만 한다. 분화 수준이 낮은 부부는 가족희생양이 된 자녀와 삼각관계를 형성하면서 세대 간에 연결이 되고 부모는 자신의 문제를 자녀에게 투사하면서 부모의 정서 과정이 자녀에게 전수되기 때문이다(Kim, 2001). 가족희생양이 된 자녀는 부모와의 삼각관계로 인해 자아가 융합되어 부모보다 낮은 자아분화 수준을 형성하면서 가족과 대인관계에서 지나치게 의존하거나 단절하는 관계패턴을 반복하게 된다. 가족희생양이 된 자녀는 심리적·정서적 그리고 대인관계에서 많은 어려움을 겪으므로 자녀의 가족희생양에 영향을 미치는 요인과 세대 전수 진행 과정을 탐색한 후 근본적인 원인을 파악하여 예방하는 것이 무엇보다도 필요하다.

기존의 가족희생양과 관련된 선행연구에는 가족희생양에 대한 이론적 접근과 메커니즘(Choi, 2008; Choi, 2015), 삼각관계와 투사 과정, 알코올중독자 가족에 대한 가족희생양 연구(Park, 2008; Yang, 2011; Lee, 2015), 트라우마 가족치료를 적용한 사례연구(Choi, 2011)가 있다. 이러한 선행연구들은 가족희생양에 대한 이해와 가족희생양 치료와 관련된 연구들로 긍정적인 의미를 가진다. 그러나 가족희생양은 개인적 요인이 아니라 가정환경적 요인에 의해 발생하고, 가족치료는 가족구조와 역기능적 상호작용에 초점을 두고 이러한 요인들의 변화를 통해 가족구성원과 가족의 병리적인 증상을 완화하고 해결하는 방법이다(Minuchin & Nichols, 1993). 특히 가족희생양이 세대 전수되면서 자녀의 내면·외면화 문제에 심각한 영향을 미친다는 점을 고려하면 가족치료적 접근방법이 무엇보다도 필요함에도 불구하고 이와 관련된 선행연구들이 매우 부족한 실정이다. 따라서 전반적인 개인의 인생주기를 탐색하여 가족희생양에 영향을 미친 원인들과 가족체계적 맥락을 고려하여 세대 전수 진행 과정을 살펴보는 연구가 필요하다. 그러므로 이 연구에서는 부부갈등을 겪는 내담자 가족을 중심으로 가족희생양 세대 전수 진행 과정에 영향을 미친 요인들과 진행 과정을 살펴보고 가족희생양이 된 자녀를 위한 효과적인 가족치료적 개입 방법을 모색하고자 한다.

2. 선행연구 고찰

1) 부부갈등과 가족희생양

부부가 삶을 살아가는 동안 갈등요소들은 일상의 작은 질서처럼 나타나지만 갈등 대처방식에 따라서 부부갈등의 지속 여부는 달라지는데, 이것은 개인의 자아분화 수준과 밀접하게 관련이 있다. Pillari(2007)는 가족희생양이 있는 부모의 자아분화 수준은 중간 이하라고 하였다. Kerr와 Bowen(1988)은 자아분화 수치를 0에서 100까지 임의로 부여하였고 점수가 낮을수록 불안이 높고 타인의 반응에 대해 지나치게 의식하면서 감정 반사적으로 행동한다고 하였다. 선행연구에 의하면 자아분화 수준은 갈등대처방식, 부부적응, 결혼만족도, 정신건강, 가족기능, 의사소통방식에 영향을 미친다고 하였다(Cho & Chung, 2008; Han, 2000; Je, 2002; Oh & Choi, 2006; Park, 2011).

Bowen은 사람은 자신과 비슷한 자아분화 수준을 가진 배우자를 만나고 낮은 자아분화 수준을 가진 부부는 정서적인 밀착관계로 부부갈등을 겪으면서 자녀를 가족희생양으로 만들 수 있다고 하였다. 가족희생양이 된 자녀의 문제행동은 개인적인 요인이 아니라 가족체계에 필요한 행동이고, 만약 자녀가 희생양 역할을 제대로 하지 못하면 다른 가족구성원이 그 역할을 대신 수행하게 된다(Pillari, 2007). 부부는 갈등이 발생하면 가족희생양이 된 자녀를 문제의 원인으로 만들어서 부부갈등을 우회적으로 해결하면서 결혼생활을 유지한다(Kerr & Bowen, 1988). 핵가족에서 가족희생양은 부부의 만성불안으로 발현되는데, 부부는 이러한 상황을 솔직하게 표현할 수 없기 때문에 자녀를 희생양으로 만들어서 부부갈등을 감소시키고자 하는 것이다.

한편, 가족희생양이 된 자녀에게서 상반된 행동이 나타났는데 전자는 집안의 문제아로 지목된다. 선행연구에 의하면 가족희생양에게서 등교 거부, 폭력 · 공격적 행동, 학교폭력, 자해행동, 자살 생각 · 시도 등이 나타났다(Ah & Jeong, 2007; Kim, 2017; Park & Yoon, 2017). 다른 한편으로는 희생양이 된 자녀에게서 부모화 행동이 나타났는데, 자녀의 부모화 역할은 자녀가 물리적 · 정서적으로 과도한 역할을 하면서 부모와 자녀 역할이 전환되는 것을 의미하며 이것은 애착불안이 원인일 수 있다(Nam & Kim, 2016). 희생양이 된 자녀는 부모갈등을 해결하기 위해 불안한 가정에 책임을 느끼면서 신체적 · 정서적으로 원가족에게 머물러 있는 경향이 있다(Pillari, 2007). 이러한 요인으로 결혼한 자녀의 원가족과의 미분화는 부부갈등을 지속 · 악화시키는 원인이 될 수 있다(Lee & Kim, 2005; Park & Moon, 2013; Yoo, 1994).

2) 원가족 경험, 가족희생양 및 세대 전수

자녀는 원가족에서 부모와의 애착관계를 토대로 자신과 타인을 인식하고 대인관계와 갈등 대처방식을 의식적 · 무의식적으로 학습하게 된다. 따라서 자녀의 원가족에서 형성된 삶의 방식은 결혼생활에서 자연스럽게 표현되면서 부부적응과 부모-자녀 관계에도 많은 영향을 미치게 된다(Choi, 2003; Kwon, 2005). 다세대 가족치료이론에서 가족문제는 원가족 경험에서 미해결된 문제가 세대 전수를 통해 발생한다고 본다(Lee et al., 2008). 역기능적인 가정에서 가족희생양이 된 자녀는 어머니에게 방임과 무관심을 경험했지만 오히려 어머니를 배려하는 행동이 나타났고 어머니는 친정어머니와 유사한 방식으로 자녀를 양육하였다(Choi & Park, 2012). 한편, 자녀를 학대하는 내담자를 상담한 결과, 친정어머니도 시댁과 남편과의 스트레스로 인해 내담자를 학대한 것으로 나타났다(Park & Shim, 2014). 이처럼 선행연구에서 가족희생양이 세대 전수된다는 것을 알 수 있다.

Kerr와 Bowen(1988)은 가족이 강하게 감정적으로 연결될수록 가족구성원의 불안이 높아지면서 만성적 부부갈등, 배우자의 역기능과 자녀의 가족희생양이 나타난다고 하였다. 이러한 가족정서 과정은 세대를 통해 미분화가 전수되고 가족희생양인 자녀에게서 신체적 · 정서적인 문제가 나타난다. 핵가족에서 가족 투사와 삼각관계로 인해 희생양이 된 자녀에게서 내면 · 외면화 증상이 나타나고 이러한 핵가족문제는 다음 세대로 전수되는 것이다. 핵가족에서 가족희생양으로 선택된 자녀는 가장 약한 자녀, 긴장의 원천, 출생순위 및 장애 등과 관련이 있고 가족희생양 선정은 무의식에서 진행된다(Pillari, 2007). 이처럼 가족희생양의 세대 전수를 통해 특정한 자녀가 가족희생양이 되면서 부모의 감정 반사행동을 내면화하면서 부모보다 낮은 자아분화 수준을 형성하게 된다(Kerr & Bowen,1988).

3) 가족희생양과 가족치료

가족희생양은 '가족의 짐을 짊어진 사람'(Pillari, 2007)을 뜻한다. 자녀는 부모의 갈등상황에 포함되어 핵가족이 유지되도록 돕는 역할을 하므로 자녀의 희생양은 가족

문제로 접근할 필요가 있다. 희생양이 된 자녀는 불안한 가정환경에서 신체적 문제, 심리정서적 문제 그리고 사회적 문제를 나타낼 수 있다(Jung et al., 2013). 따라서 가족체계에서 가족의 역동성을 확인하여 가족희생양의 근본 원인을 파악하는 것이 무엇보다도 중요하다.

선행연구에서는 가족치료가 부부갈등과 부모 · 자녀갈등 그리고 자녀의 가족희생양에 효과적인 것으로 나타났다. Munuchin과 Nichols(1993)는 자녀에 대한 아버지의 폭력행동을 아내와의 정서적인 이혼으로 부부체계가 약해지면서 아내와 자녀가 밀착되고, 이러한 과정에서 역기능적인 의사소통방식으로 나타난 가족문제로 보고 하위체계의 변화에 초점을 두고 개입하였다.

또한 가족희생양이 된 자녀의 등교 거부, 집단따돌림, 자살사고, 도박문제, 대인관계문제에도 가족치료가 효과적인 것으로 나타났다(Choi, 2007; Kim, 1993; Yang, 2015). Choi(2007)의 연구에서 치료자는 만성적인 부부갈등으로 정서적 이혼상태를 유지하는 가정에서 부모화 역할과 아버지에게 학대를 경험하여 대인관계에서 어려움을 겪는 내담자(딸)에게 Bowen의 이론을 적용하였다. 치료자는 아버지의 학대행동을 삼각관계와 가족 투사로 인한 감정 반사행동으로 판단하여 원가족과 핵가족의 정서체계를 탐색하면서 체계적 맥락에서 내담자가 증상을 인식하도록 돕고 가족의 증상이 세대 간에 전수됐다는 것을 이해할 수 있도록 도왔다. Kim(1993)의 연구에서도 내담자의 등교 거부에 대해 치료자는 단순히 등교 거부라는 단선적인 인과관계에 초점을 두지 않고 모녀관계의 정서적 융합과 가족 하위체계의 문제로 인해 내담자의 증상이 나타난다는 것을 고려하여 가족체계적 맥락을 탐색하여 가족치료의 효과성을 입증하였다. 또한 통합적 가족치료가 자녀의 가족희생양에 효과적인 것으로 나타났다(Park & Cho, 2005; Park & Yu, 2013). Park과 Yu(2013)의 연구에서 부부갈등을 겪는 내담자 가족에게 Bowen의 다세대 가족치료이론과 MRI의 상호작용적 가족치료를 적용하여 원가족과의 미분화와 역기능적 의사소통방식의 변화를 통해 가족희생양이 된 자녀의 복합틱장애 증상이 완화되었다. Kim, Moon과 Park(2017)의 연구에서 만성적인 부모갈등으로 부모화를 경험한 내담자에게 신경성 폭식증이 발병하자 치료자는 전반적인 내담자의 생애주기에 따른 가족관계를 탐색했고 특히 내담자의 애착 형성 과정, 부모의 양육방식과 스트레스 등을 살펴보았는데, 어머니의 낮은 자아분화 수준이 자녀양육에 영향을 미쳤고 역기능적 의사소통방식이 내담자의 증상을 더욱 악화시킨 것으로 나타났다.

4) 가족치료의 이론적 준거틀

부부갈등을 경험하는 내담자 가족의 가족희생양 세대 전수 진행 과정에 대해 Bowen의 다세대 가족치료이론과 MRI의 상호작용적 가족치료이론을 적용할 수 있다.

Bowen의 다세대 가족치료이론은 가족을 상호 연관된 하나의 정서적 단위로 인식하고 자아분화를 핵심개념으로 본다(Lee, 2009). 치료자는 내담자의 자아분화 수준을 높이기 위해 내담자가 타인으로부터 자신을 분리시키고 정서에서 사고를 분화시켜 불안을 감소시키는 것에 초점을 둔다. Bowen의 이론에서 핵가족문제는 원가족에서의 미해결된 문제를 내포하고 있다고 본다(Godlenberg et al., 2017). 특히 Kerr와 Bowen(1988)은 원가족에서 형성된 애착불안이 자아분화에 영향을 미치면서 전 생애 동안 개인에게 부정적인 영향을 미치고 가족관계에서 갈등을 일으키는 요인이 된다고 하였다. 가족체계이론에 따르면 개인은 성장하면서 원가족으로부터 자아분화가 나타나지만 역기능적인 가정에서는 부모와 자녀 간의 정서적인 융합관계로 인하여 자녀는 부모보다 낮은 자아분화 수준을 형성한다(Kerr & Bowen, 1988). 그리고 낮은 자아분화 수준을 가진 사람은 일상생활에서 작은 문제상황에서도 감정 반사적으로 행동하기에 대인관계에서 갈등을 겪게 된다(Kerr & Bowen, 1988).

낮은 자아분화 수준을 가진 부부는 공동 자아를 형성하면서 불안을 감소시키기 위해 정서적인 거리감을 형성한다. 부부갈등의 정도는 원가족과의 미분화 정도, 정서적 단절 정도 그리고 핵가족 내에서의 스트레스 수준에 의해 결정된다(Nichols & Davis, 2016). 부부갈등이 지속되면 부부는 부부체계를 유지하기 위해 특정 자녀를 무의식적으로 투사 대상으로 선택한다(Jung et al., 2013). 자녀는 부모 중 1명과 삼각화가 형성되고 의존관계가 고착되면서 자아분화 수준은 낮아지고 불안은 높아져서 내면화 · 외현화 문제가 나타나면서 가족희생양이 된다(Papero, 1990). 따라서 치료자는 세대 간의 정서 과정이 부부갈등과 자녀의 증상에 미치는 영향을 살펴보고 내담자의 통찰을 통해 개인과 가족의 변화를 촉진시킬 수 있다.

MRI의 상호작용적 가족치료이론에서는 가족이 현재 상호작용하는 역기능적인 의사소통방식을 가장 효과적으로 해결하는 데 초점을 둔다(Goldenberg et al., 2017). MRI의 이론은 가족을 가족구성원이 모여진 집합체로 인식하기보다는 서로 긴밀하게 영향을 주고받으면서 상호의존하는 하나의 체계로 간주하기 때문에 개인보다는 가족체계에서 순환되는 상호작용에 치료의 초점을 두었다. Watzlawick 등(1974)은 가족

문제가 지속적으로 유지되는 것은 가족구성원들이 문제를 잘못 다루었거나 부적절한 방식을 갈등대처 방법으로 사용했기 때문이라고 하였다. 따라서 가족치료사는 가족구성원들이 문제를 해결하려고 노력했던 방식이 오히려 문제를 악화시키거나 더욱 복잡하게 만들기 때문에, 지금까지 시도해 왔던 해결책과는 다른 새로운 해결책을 제안하여 가족의 상호작용방식이 변화하는 데 초점을 둔다.

3. 연구 방법

1) 연구 대상 및 사례개요

이 연구는 원가족문제와 부부갈등으로 극심한 스트레스를 받던 내담자가 우울증이 지속되면서 직접 가족치료사에게 상담을 요청하였다. 남편은 성문제와 처가에 대한 과도한 역할과 친정 부모의 비인격적이고 비상식적인 행동으로 스트레스를 받았다. 부부가 만성적인 부부갈등을 겪으면서 딸은 가족희생양이 되었고 부부에게서 우울증, 신경성 위경련, 구토, 속 울렁거림, 화병과 같은 신체 증상이 나타났다.

치료자는 원가족경험이 현재 핵가족과 부부관계에 영향을 미친다고 판단해서 내담자의 미해결된 감정을 해결하기 위해 친정 가족에게 상담 참여를 요청하였으나 친정아버지는 상담을 거부하였고 친정어머니는 상담에 참여했지만 주로 친정아버지와의 갈등관계에 초점을 두고 상담이 진행됐으므로 친정어머니의 상담결과는 이 연구의 보조자료로 활용하면서 상담회기에서 제외하였다. 한편, 남편과 시어머니와의 밀착된 관계로 인해 내담자가 스트레스를 받았지만 내담자는 시어머니와 정서적인 거리감을 두고 시댁과 관련된 일은 남편이 담당하도록 역할을 분담하면서 현재는 남편의 원가족에 대한 가족희생양이 부부갈등에 미약하게 영향을 미쳐서 상담 진행 과정에 시댁 식구들을 포함하지 않았다.

2) 연구질문

이 연구의 질문인 "역기능적인 가정환경에서 어머니와 자녀의 가족희생양 세대 전수 진행 과정은 어떠한가?"를 살펴보기 위해 치료자는 Bowen의 이론을 적용하여 다음과 같은 치료적 질문을 하였다.

첫째, 치료자는 내담자가 호소하는 문제를 파악하기 위해 내담자에게 "저를 통해서 무엇을 원하시는 거예요?"라고 질문하였다.

둘째, 치료자는 핵가족과 원가족의 기본 정보와 특성을 파악하기 위해 내담자 부부에게 "외할머니와 외할아버지는 외도문제가 없으신가요?" "선생님(남편), 오늘 아버지와 어머니의 가족관계를 한번 살펴볼게요." 등과 같은 구체적인 질문을 하면서 원가족과 핵가족의 가족역사, 개인의 특성과 세대 전수된 특성 등을 파악하였다.

셋째, 치료자는 내담자에게 "지금 어머니하고 외할머니가 밀착관계이면서도 스트레스를 받는 이유가 뭘까요?"와 같은 질문으로 가족구성원 간에 맞물린 가족관계를 통해 가족문제의 원인을 파악하고자 하였고, 이러한 질문법은 상담에 참여한 모든 가족구성원에게 적용되었다.

넷째, 치료자는 내담자의 역기능적인 양육방식이 세대 전수된 것을 내담자와 딸이 인식할 수 있도록 돕기 위해 "어머니는 친정어머니나 친정아버지께 스킨십을 받아 본 적이 있으세요?" "혹시 엄마가 무뚝뚝하고 냉정하지 않나요? 이것은 누구의 방식일까요? 외할머니는 어땠나요?"라고 질문하였다.

다섯째, 치료자는 내담자와 딸의 가족희생양 역할을 딸에게 인식시키기 위해 "따님이 엄마와 아빠 사이에서 항상 끼여서 살아오면서 어땠어요? 어렸을 때부터 엄마하고 아빠가 싸울 때는 기쁨조가 아니었어요?" "어려서부터 엄마가 할머니와 할아버지 사이에서 불안했고 과도한 역할을 한 거예요. …… 〈중략〉 …… 본인(딸)도 유사하지 않나요?"라고 질문하였다. 또한 치료자는 내담자가 원가족에서 가족희생양이었다는 사실을 친정 오빠와 친정 여동생이 인식하도록 돕기 위해 "제가 언니 입장이라면 동생이 지금 아빠한테 기여한 것보다는 '내가 너보다 훨씬 더 오랜 시간 동안 (아빠한테) 코가 꿰어 가지고 더 시련을 당했어!'라고 생각할 수 있을 것 같아요. 그렇지 않을까요?"라고 질문하였다.

이와 같은 질문을 통해 치료자는 내담자 가족의 가족희생양 메커니즘을 탐색하였다.

3) 분석 방법

사례연구의 자료 수집 방법은 녹화된 전체 상담내용을 전사한 상담녹취록, 녹화된 상담영상파일, 치료자의 상담기록지를 분석자료로 사용하였다. 자료 분석 방법은 상담녹취록을 근거로 하여 지속적으로 반복해서 읽으면서 전체적인 상담 과정을 세밀하게 이해하고 1차적으로 가족희생양 진행 과정과 가족희생양 세대 전수에 영향을 미친 가족 요인 그리고 치료적 접근 방법과 치료효과를 중심으로 분류하였다. 그리고 연구질문에 근거하여 다시 정독하면서 유사한 의미 단위를 묶고 제외하거나 첨가될 사항 그리고 두 범주 사이에 합쳐져야 될 사항들을 재검토하면서 지속적으로 수정하는 작업을 반복하고 재정리하면서 개념, 하위 범주, 상위 범주로 코딩체계를 구축하였다.

4) 신뢰도 검증 및 윤리적 고려

이 연구는 신뢰성을 높이기 위하여 1회기부터 15회기까지 가족구성원들이 사용한 언어적 표현, 언어의 뉘앙스, 행간의 의미 그리고 반복되는 개념을 지속적으로 비교분석하였다. 또한 연구자는 연구자료의 신뢰성을 높이기 위하여 상담축어록과 녹화된 영상파일 그리고 상담일지를 중심으로 자료의 삼각화를 실시하였다. 이 연구는 공동연구자가 함께 자료를 분석하면서 개념과 범주를 구분하고 검토하면서 지속적으로 재수정 과정을 거쳤다. 공동연구자는 가족희생양 세대 전수 진행 과정에서 모호한 부분을 발견하여 처음부터 개념과 범주를 재검토하면서 수정 작업을 반복하였다. 이러한 분석 과정에서 가족치료사이자 교수로 재직 중인 전문가의 피드백을 통해 연구 분석을 보완하거나 수정하는 과정을 거치면서 합의된 분석내용을 연구결과에 반영하였다. 공동연구자 중 1명은 20년 이상의 상담과 연구경력이 있고 다른 연구자도 가족치료를 전공하고 고등학교에서 전문상담사로 활동하고 있으며 질적 연구를 하고 있다. 또한 상담을 직접 진행한 치료자이자 연구자가 상담을 시작하기 전에 모든 가족구성원에게 전체 상담 과정에 대해 녹음 및 녹화하는 것을 허락받았고 상담이 종결된 후에 상담 과정을 검토하면서 다시 내담자에게 상담내용을 학술 목적으로 사용하는 건에 대해 직접 승낙을 받은 후에 연구자료로 사용하였다. 내담자의 사생활을 보호하기 위해 내담자와 가족구성원들의 실명과 개인정보가 노출될 수 있는 모든 사항은 삭제하거나 변경하였다.

4. 연구결과

1) 내담자의 가계도

다음의 가계도를 보면 내담자가 친정 부모와 밀착되고 스트레스를 받는 관계이고, 친정 오빠와는 소원한 관계 그리고 친정 여동생과는 원만하면서 소원한 관계를 보이고 있다. 한편, 친정 부모와 내담자는 스트레스를 받는 관계로 나타났다. 따라서 내담자는 어려서부터 친정 부모의 불안정한 부부관계와 친정 오빠의 미흡한 역할로 인하여 장남의 역할까지 하는 과도한 역할을 하였다. 친정아버지는 알코올중독자였고, 남편 또한 알코올중독자였으나 상담할 때는 단주를 하고 있었다. 시부모 또한 갈등이 잦았고, 특히 남편은 시아버지와 갈등관계였다. 시어머니도 과도한 역할을 하였고 자살 시도가 있었는데, 남편은 결혼한 후에 내담자가 시어머니와 유사하게 과도한 역할을 한다는 것과 내담자의 자살 시도를 목격하면서 늘 불안하였다. 이와 같이 유사한 원가족의 배경을 가진 내담자와 남편 사이에서 출생한 딸 또한 과도한 역할을 하였다.

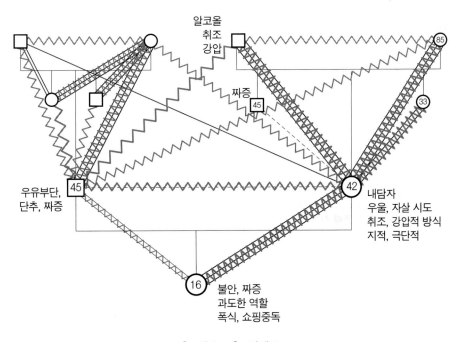

[그림 3-1] 가계도

2) 연구 대상 및 회기별 주요 상담내용

(1) 연구 대상자의 인구사회학적 특징
이 사례의 연구 대상자의 인구사회학적 특성은 〈표 3-1〉과 같다.

〈표 3-1〉 내담자 가족의 인구사회학적 특성

대상 \ 범주	나이	학력	직업	기타
남편	45	박사과정	전문직	
부인(Ct)	42	대학 졸업	전문직(파트타임)	희생양
오빠	45	고등학교 졸업	사무직	
여동생	33	대학 졸업	주부	
딸(IP)	16	중학생	학생	희생양

(2) 회기별 주요 상담내용
연구 대상자는 내담자인 부인(42), 남편(45), 딸(16), 친정 오빠(45), 친정 여동생(33)으로 구성되었다. 상담은 총 15회기로 구성되었는데 1~2회기 부인, 3회기 딸, 4~6회기 남편, 7회기 부부, 8회기 남편과 딸, 9~10회기 부인과 딸, 11회기 부인, 친정 오빠, 친정 여동생, 12~13회기 부부, 14회기 딸, 15회기 부부상담으로 실시되었다. 이 사례의 회기별 주요 상담내용은 〈표 3-2〉와 같다.

〈표 3-2〉 회기별 상담내용

회기	참여자	상담내용
1	부인	문제 사정, 원가족 및 핵가족 탐색
2	부인	원가족 및 핵가족 탐색, 가족관계 탐색
3	딸	문제를 해결하기 위해 시도했던 해결방식 탐색, 가족관계 탐색
4	남편	문제 사정, 부부관계 탐색
5	남편	가족 내 의사소통방식 탐색, 가족관계 탐색
6	남편	원가족 탐색, 원가족과 핵가족 연결
7	부부	가족의 변화 확인, 원가족과의 미분화 탐색, 세대 간 불안의 전수 과정 탐색

8	남편, 딸	가족의 변화 확인, 부녀간의 역기능적 의사소통방식 탐색
9	부인, 딸	모녀관계 탐색, 원가족으로부터 전수된 모의 양육태도 탐색
10	부인, 딸	모녀간의 의사소통방식 탐색, 의사소통방식의 다세대 전수 과정 이해
11	부인, 오빠, 여동생	원가족관계 탐색, 어머니의 원가족으로부터의 분화 시도, 원가족에서의 어머니의 희생양 역할 탐색
12	부부	부녀관계 탐색, 아버지의 원가족으로부터의 분화 시도
13	부부	원가족의 역기능적 의사소통방식 이해, 새로운 효과적인 의사소통방법 제시, 부인과 남편의 정서적 융합 이해
14	딸	가족의 변화 확인, 새로운 의사소통방식 제시
15	부부	가족의 변화 확인, 부인의 친정아버지로부터의 분화 시도

3) 가족희생양 세대 전수 진행 단계

이 연구는 부부갈등을 겪는 내담자 가족과 원가족을 대상으로 가족치료를 통해 자료를 수집하여 분석한 결과, 3개의 상위 범주와 11개의 하위 범주가 도출되었다. 상위 범주는 가족희생양 진행 단계에 따른 시간적 순서를 반영하여 부인의 원가족 경험 단계, 부인의 핵가족 경험 단계, 딸의 핵가족 경험 단계로 구성되었다. 이에 대한 구체적인 결과는 〈표 3-3〉과 같다.

〈표 3-3〉 가족희생양 세대 전수 진행 과정

상위 범주	하위 범주	개념
부인의 원가족 경험 단계	애착불안 형성 단계	친정어머니의 낙태 시도, 친정어머니의 가출, 칭찬과 스킨십 부재, 친정어머니의 전이
	소외 단계	혼자서 집을 지킴, 친정아버지의 사랑이 동생에게 전환됨, 울타리가 되어 주지 못한 친정어머니, 친정어머니의 화풀이 대상, 집안에서의 왕따, 집안에서 자신의 존재를 못 느낌
	가족희생양 발현 단계	집안 살림을 도맡아 함, 모든 일을 혼자서 감당함, 집안에서 자신의 존재를 못 느낌
	내재화 단계	존재적 가치 소멸과 우울감
	외재화 단계	우울증, 자살 시도

부인의 핵가족 경험 단계	친정으로부터 도피 단계	폐인 같은 남편 구제, 원가족에서 벗어나기 위한 결혼
	반복되는 가족희생양 단계	경제적 책임 부담, 가사와 자녀 양육, 집에 있으면 불안함, 잦은 여동생 집 방문, 몸이 아파도 조카를 돌봄, 남편에게 자신의 역할을 부과함
	부부갈등 단계	성문제, 정서적 융합, 처가와 미분리, 역기능적 의사소통 방식, 자녀 양육방식 차이
딸의 핵가족 경험 단계	애착불안 형성 단계	낙태를 원함, 어머니의 불면증과 불안, 어머니의 우울증으 로 인한 자살 충동, 모유 수유가 힘듦, 예민함
	어머니와의 갈등 단계	외조모와 유사한 어머니의 양육방식, 어머니의 역기능적 의사소통방식, 어머니의 전이
	가족희생양 발현 단계	딸에게 책임 전가, 바뀐 부모–자녀 역할, 어머니의 화풀이 대상, 삼각관계
	내재화 단계	만성불안
	외재화 단계	폭식행동, 쇼핑중독

(1) 부인의 원가족 경험 단계

부인의 원가족 경험 단계는 애착불안 형성 단계, 소외 단계, 가족희생양 발현 단계, 내재화 단계, 외재화 단계로 하위 범주가 도출되었다. 내담자는 친정어머니와 불안정한 애착관계와 가정에서 소외감을 느끼면서 과도한 역할을 통해 자신의 존재에 의미를 부여하고자 하였다. 그러나 내담자는 나이 차이가 많이 나는 여동생이 출생하면서 자신에 대한 친정아버지의 사랑이 감소되자 존재감 상실과 우울증으로 자살을 시도하였다.

① 애착불안 형성 단계

친정아버지는 무능한 조부로 인하여 중학교를 자퇴한 후에 자수성가를 하였다. 친정아버지는 조부가 머슴살이하던 집안의 주인집 딸인 친정어머니와 결혼했지만 자신을 무시하는 친정어머니와 늘 갈등관계에 있었다. 한편, 친정어머니는 억센 조모와 작은 일에도 쥐 잡듯이 잡는 친정아버지와의 갈등이 심해지면 가출을 했고 내담자를 임신하자 낙태를 원했지만 할 수 없이 출산하였다. 내담자가 성장하면서, 친정어머니는 조모와 친정아버지를 닮은 내담자에게 부정적인 감정(전이)이 들면서 내담자를 다른 자녀들과 차별하고 칭찬과 스킨십도 하지 않았다. 이러한 친정어머니와의 관계에서 내담자는 불안정한 애착관계를 형성하였다.

- **친정어머니의 낙태 시도**

  부인: (친정)엄마가 저를 가졌을 때 낙태를 하려고 해서……. (2회기)

- **친정어머니의 가출**

  부인: 어머니가 (아버지께) 맞거나 싸우거나 집을 나가시면 제가 집에서 대신 아내 역할을 했던 거
  예요. 집안 살림이며. (1회기)

- **칭찬과 스킨십 부재**

  치료자: 친정 부모님하고 스킨십을 해 보신 적은 있으세요?

  부인: 아니요. 엄마랑은 전혀 기억이 없고. 그니깐 엄마에 대한 기억은, 다섯 살 때인가 제 다리를
  때 미는 수건으로 비누칠해서 닦아 줬던 그 기억밖에 없어요. (9회기)

- **친정어머니의 전이**

  부인: 저에게 아버지한테 받은 스트레스를 그냥 다 풀었기 때문에. 제가 아버지와 할머니를 많이
  닮았다고 늘 엄마가 그랬거든요……. (11회기)

② 소외 단계

어렸을 때부터 내담자는 집안에서 항상 외톨이였다. 친정아버지는 내성적이고 허
약한 오빠가 못마땅했고, 친정어머니는 자신을 닮아 친정아버지에게 구박을 받는 오
빠가 안쓰러워서 더욱 애지중지하였으며 여동생은 막내라서 애정을 주었다. 그러나 친
정어머니는 유독 내담자에게는 마음을 주지 않아 내담자는 가족울타리 밖에서 맴돌았다.

내담자는 가족들이 여행을 가면 혼자서 집을 지켜야 했고 가족들과 함께 있을 때도
가족들은 한편이 되어 내담자를 놀리곤 하였다. 친정어머니는 내담자를 통해서 자신
이 필요한 것을 친정아버지에게 요구했으나, 정작 친정아버지와 조모에게서 스트레
스를 받으면 내담자에게 화풀이를 하였다.

- **혼자서 집을 지킴**

  부인: 저만 시골에 안 가고 다 시골로 내려갔었거든요. 왜냐면 집에 도둑이 몇 번 들었었거든요. 그
  래서 저는 집을 보고 있고.

  치료자: 몇 살 때요?

  부인: 초등학교 때부터 그랬던 것 (같아요).

  치료자: 그거는 너무 했네. 근데 아빠는 계셨겠죠?

부인: 아니요. 아버지도 다 내려가시고. 저 혼자 놔두고. (10회기)

- **친정아버지의 사랑이 동생에게 전환됨**

부인: 가정에서 그래도 엄마와 힘든 부분은 있었지만 제가 더 힘들어지게 됐던 부분은 그래도 그전까지는 아빠와 애착관계가 있어서 괜찮았는데 결정적으로 동생이 태어나면서. (11회기)

부인: 그러니까 저는 동생이 태어나면서 제 왕국이 또 완전히 무너져 버렸어요. (1회기)

- **울타리가 되어 주지 못한 친정어머니**

부인: 그러니까 엄마가 저를 조종하기를 어렸을 때부터 '네가 나타나면 아빠 눈빛이 그래도 순해진다'고. 그러면서 '네가 말하라'면서. 제가 그런 부담감을 안고 아빠한테 항변하고 대변했던 부분들이 좀 많았었죠. (1회기)

- **친정어머니의 화풀이 대상**

부인: 엄마가 아버지나 할머니에 대한 것들을 저한테 다 투사를 하셨어요. 그러면서 저를 희생양으로 만드셨어요.

치료자: 그렇죠.

부인: 온갖 스트레스를 저한테 다 푸셨던 부분이 있었거든요. (11회기)

- **집안에서 왕따**

부인: 어렸을 때는 엄마를 주축으로 해서 오빠랑 제 동생이랑 셋이 같은 편이었고 저를 잘 놀렸었어요. (10회기)

- **집안에서 자신의 존재를 못 느낌**

치료자: 집안에서 선생님이 장녀로서 장남의 역할까지 하면서 실제로 선생님의 존재의식은 상당히 바닥이었다는 거 아니에요?

부인: 없었죠. 그나마 그 역할을 함으로써 집안에서 어떤 역할을 하고 있다는 걸 느끼기 위해서. (2회기)

③ **가족희생양 발현 단계**

내담자는 집안에서 인정받기 위해 많은 애를 쓰면서 살아왔다. 부모갈등으로 친정어머니가 가출하면 내담자는 친정아버지의 아내 역할을 하면서 집안일을 도맡아서 처리하였다. 내담자는 자신을 싫어하는 친정어머니의 눈치를 보면서 초등학교 때부터 자신의 빨래를 직접 했고 부모의 기쁨조가 되기 위해 열심히 노력하였다.

- **집안 살림을 도맡아 함**

  부인: 그러니깐 엄마가 나가시면 당연히 제가 살림을 하고. 엄마가 집 나가고 제가 초등학교 3학년부터 일하고 6학년 때부터는 밥을 하고 그니깐, 오빠나 동생이나 아빠도 불편한 게 별로 없었어요. (11회기)

- **모든 일을 혼자서 감당함**

  부인: (엄마가) 저를 되게 미워하셨어요. 그니깐 저 3학년 때도 빨래를 할 때 엄마가 절대로 곱게 해 주신 적이 없었어요. 늘 그러니깐 저는 팬티며 양말이며 모든 걸 다 숨겼다가 저 혼자 그거를 빨고. (11회기)

④ 내재화 단계

내담자는 가정에서 소속감을 느끼지 못했고 그나마 친정아버지의 애정은 받았지만 이것마저도 여동생이 태어나면서 없어졌다. 내담자는 가족을 뒷바라지하면서 쓸모 있는 존재가 되려고 노력했지만 부모에게서 사랑과 인정은 받지 못하였다. 이러한 가정환경에서, 내담자는 자기 존재에 대한 수치심과 공허감으로 우울증에 걸렸다.

- **존재적 가치 소멸과 우울감**

  부인: 별로 살고 싶지 않고, 존재의 가치가 별로 없었거든요. 그때는 모든 삶이, 늘 우울했어요. 그냥 살고 싶지 않고. 그냥 죽어도, 내 존재조차 느낄 수 없는 '내세가 없었으면 좋겠다.'는 마음이 많이 들었어요. (1회기)

⑤ 외재화 단계

앞의 내재화 단계에서 언급하였듯이 내담자는 늘 우울했고 친정아버지가 여동생과 관련된 일로 심하게 야단을 쳤던 사건이 촉발되면서 자살을 시도하였다.

- **우울증**

  부인: 제가 우울이 되게 많았었어요.

  치료자: 이유는요?

  부인: 별로 살고 싶지 않고, 존재의 가치가 별로 없었거든요.

  치료자: 결혼하기 전 이야기입니까?

부인: 네. (1회기)

• **자살 시도**

부인: 제가 자살을 (시도)했던 부분도 사실은 계기가 여동생을 학교에 데려다 주는 문제 때문에 그 랬거든요. 저한테 아빠가 그렇게 나를 막 못된 년 취급하면서 욕까지 하셨었거든요. 저는 거 기에서 '아! 아빠하고 관계는 정말 이제 끝났구나' 그 좌절감 때문에 사실은 배가 된 거거든 요. (11회기)

(2) 부인의 핵가족 경험 단계

부인의 핵가족 경험 단계는 친정으로부터 도피 단계, 반복되는 가족희생양 단계, 부부갈등 단계로 나타났다. 내담자는 원가족에서 도망치기 위해 결혼했지만 남편에 게 원가족에서 형성된 관계패턴이 이어지면서 과도한 역할을 하였다.

① 친정으로부터 도피 단계

결혼 전 내담자는 폐인 같은 남편을 구제해야겠다는 심정으로 연애를 시작하였다. 남편은 시아버지와의 갈등으로 "죽고 싶다." "집 나간다."라는 말을 입에 달고 살던 시 어머니에게서 도망쳐 서울로 왔지만 시어머니를 닮은 내담자에게 마음이 끌려서 사 귀었다. 교제를 지속하면서 남편은 내담자가 친정 식구들로 인해 극심한 스트레스를 받자 자살적 자해 시도를 반복할까 봐 결혼을 결정하게 되었다. 한편, 내담자는 친정 으로부터 도망치기 위해 친정 부모의 반대에도 불구하고 친정아버지와는 달리 감수 성이 풍부하고 천진난만한 남편과 결혼하였다.

• **폐인 같은 남편 구제**

남편: 사귈 때도 그랬죠. 아내도 이제 좀 보면 제가 폐인 같아서 '저건 사람이 아닌데' 싶어가지고 '구제하고 싶다'는 생각을 가졌다고 하더라고요. (5회기)

• **원가족에서 벗어나기 위한 결혼**

부인: 남편도 알지만 결혼한 게 그 원가족으로부터 좀 벗어나고 싶었기 때문에 그랬던 건데 또 매 이는 거잖아요. (9회기)

② 반복되는 가족희생양 단계

신혼 초부터 남편이 공무원 시험을 준비하면서 내담자는 경제적인 책임을 졌다. 내담자는 공부는 안 하고 술만 마시는 남편을 뒷바라지하면서 딸의 양육과 과도한 가사로 소진되었다. 그러던 중 살고 있던 아파트의 벽이 무너지자 가족은 친정으로 이사를 갔다. 부부는 친정아버지가 집도 사 주고 생활비도 지원해 주자 여동생을 돌보면서 모든 집안일을 하였다. 그러나 남편은 시험에 합격하고 경제적으로 독립하면서 처가와 분리되기를 원했지만 내담자는 주로 친정에 가거나 여동생 집에서 조카를 돌봤다. 한편, 내담자는 상담을 받으면서 원가족과 분리되기 위해 친정 부모와 거리를 두려고 노력했지만 정작 친정과 관련된 일을 남편이 대신 처리하도록 조종하면서 원가족과 밀착되어 과도한 역할을 수행하며 친정 부모의 인정을 받기 위해 끊임없이 노력하였다.

- **경제적 책임 부담**

  부인: 딸을 임신했을 때 제가 또 일을 해야 되는 상황이었고. 갑자기 생긴 허니문 베이비였으니깐. 계획하지 않았던 임신이었고 해서 갈등을 좀 많이 했었죠. 그니깐 남편은 공부를 해야 되고 경제적인 생활을 하기 위해서는 제가 돈을 벌어야 됐던 부분이 있으니깐. (9회기)

- **가사와 자녀 양육**

  부인: 딸이 일곱 살 때, 그때 어려웠던 것도 남편이 항상 '나 너 사랑하는데, 뭐가 문제야?' 늘 그 반응이었거든요. 근데 사랑한다면서 나는 힘들어 지쳐 갔고 거의 죽어 가는 심정이었고⋯⋯. (7회기)

- **집에 있으면 불안함**

  남편: 아내는 집에 오는 것을 되게 싫어해요. 자기도 알아요. (4회기)

- **잦은 여동생 집 방문**

  남편: 내가 왜 (처가에) 가기 싫은지 이해를 해 달라고. 그리고 (내가 처가에) 자주 안 간다고 했지만 본인은 몰라요. 그래서 제가 체크를 해 보니 1월에 12번이 넘어요. (7회기)

- **몸이 아파도 조카를 돌봄**

  부인: (조카가) '어릴 때 아니면 언제 해 주겠냐' 하면서 (조카와) 너무 잘 놀아요. 너무 힘들 것 같은데 집에서는 딸에게 '어깨 아프다'고. 그때 그래가지고 아무것도 못한다고. 그래서 제가 열 받아요. (13회기)

- **남편에게 자신의 역할을 부과함**

  남편: 사실은 그 자리를 벗어나고 싶어 했는데 아내는 정작 그러면서 그 자리에 '나를 대체시켜 넣

는다'는 생각이 드는 거예요. 그래서 말은 **빠진다**고 하면서 **빠지는** 게 아니라 끝없이 얽혀 있는 거예요. (6회기)

③ 부부갈등 단계

신혼 초부터 부부는 성문제, 정서적 융합, 처가와 미분리, 역기능적 의사소통방식 그리고 자녀 양육방식 차이로 부부갈등을 겪었다. 원가족에서 학습된 역기능적 의사소통방식은 부부로 하여금 앞에서 언급한 부부갈등을 더욱 악화시켰다. 내담자는 남편을 신뢰할 수 없었을 뿐만 아니라 친정 부모와 마찬가지로 자신에게 부담을 주는 존재로 인식하였다. 남편은 경제적으로 독립을 했지만 여전히 친정 부모와 내담자가 데릴사위처럼 대우해서 가슴에 많은 화가 내재되어 있었다. 또한 남편은 성관계를 거부하는 내담자로 인하여 욕구 불만이 매우 높았고 때로는 비참한 기분도 들었다. 이와 같은 부부갈등으로 인하여 부부는 '이혼'하자는 말을 언급하게 되었다.

• 성문제

남편: 나는 맨날 샤워할 때 자위행위를 자주 하거든요. (성관계를 안 해 주니까) 내가 제발 그러지 말라고. (제가) 애걸복걸하니 짜증이 나가지고. 예전에는 무슨 말을 하더라도 또 애걸복걸 달래고 달래서 하고 그랬거든요. 그래서 하도 뭐하면 강간이라고 이야기해 가지고……. (6회기)

• 정서적 융합

남편: 제가 민감한 게. 전화했을 때 아내가 (목소리를 안 좋게) 하면은 하루 종일 일이 안 되듯이. (5회기)

• 처가와 미분리

남편: (장모님이) 얄미워 죽겠다니까요. 아들도 편히 있고 우린 또 여기까지 떨어져 와 있는데도 (사위한테) "네가 와라!" 맨날 "네가 해 줘!" 또 뭐 일하다가도 "자네가 좀 해 줬으면 좋겠네." 돈 3,500만 원 받는 것도. 내가 그 어머니 말 듣는 순간, 요즘 그게 쌓여 가지고……. 그리고 또 힘든 거, 사람 상대해야 되고, 돈 깎아야 되고, 받아내야 될 것들, 그걸 왜 "나한테 시키냐." 말이죠. (7회기)

• 역기능적 의사소통방식

남편: 와이프가 항상 저를 보면 머리부터 발끝까지 틀린 게 너무 많다는 거예요. 제 행동이든지 말이든지. 아내 말을 들으면 맞기는 맞는데 제가 할 줄 아는 게 없는 것 같아요. (4회기)

남편: (아내가) 욕을 하는 타입은 아닌데 저에게는 경멸하는 태도를 취하면서, 그런 말투를 막 해 버려요. 완전히 밑에 깔고 뭉개듯이. 그렇게 하면은 "아! 내가 진짜 더러워서 내가 다시는 너 한테 그런 책을 안 잡힐 거다." (6회기)

- **자녀 양육방식 차이**

부인: 제가 뭔가 딸에게 교육방침을 훈계하면은 남편이 그거를 다 헝클어 놓는 식인 게 너무 많았 어요. "아, 괜찮아." 하면서 원칙 없이 그때그때 감정에 따라서 남편이 그걸 헝클일 때마다 저 는 되게 좌절감을 많이 느꼈어요. 애도 혼돈스러울 거고. 근데 아무리 남편한테 얘기를 해도 남편은 또 자기 기분대로 "아, 괜찮아." 했다가 자기 기분이 격해지면 또 화내고 그런 것들이 저한테는 너무 지치니깐……. (9회기)

부인: 딸을 교육하는 데 있어서 남편은 "네가 문제야, 딸은 정상이니 놔 둬." 이런 식으로 많이 (말을) 하면서……. (13회기)

(3) 딸의 핵가족 경험 단계

딸의 핵가족 경험 단계는 애착불안 형성단계, 어머니와의 갈등 단계, 가족희생양 발현 단계, 내재화 단계, 외재화 단계로 나타났다. 딸은 내담자와 불안정한 애착관계 를 형성하면서 내담자의 불안을 그대로 흡수하면서 성장하였다. 딸은 원만하지 못한 가정환경과 내담자와의 갈등상황에서 외재화 행동이 나타났다.

① 애착불안 형성 단계

내담자는 결혼 후에도 죽음에 대한 생각과 우울증 그리고 경제적 책임으로 힘들었 고 남편도 혹시나 내담자가 자살을 시도할까 봐 불안하였다. 이러한 불안한 상태에서 내담자는 계획하지 않은 임신으로 인해 낙태를 원했으나 죄책감으로 낙태를 포기했 지만 출산 때까지 불면증에 시달렸다. 한편, 내담자는 딸을 출산했지만 모유가 잘 나 오지 않아서 단지 100일 동안만 모유 수유를 하였다. 이러한 양육환경으로 인해 딸은 매우 예민했고 내담자처럼 숙면을 취하지 못하였다. 따라서 내담자는 예민한 딸로 인 하여 스트레스를 많이 받았다.

- **낙태를 원함**

부인: 제가 본질적으로도 엄마로 인해서 내가 이 세상에 태어나지 말아야 될 사람이 태어난 것처럼 제가 느끼기 때문에. 모르겠어요. 엄마가 저를 가졌을 때 낙태를 하려고 해서 제가 생명에 대

해서 그런 게 있는지 모르겠지만 제 흔적이 남는 것 같아서 싫었어요. 그래서 저희 딸 임신했을 때 유산하려고 했었고. 그런데 아이 심장 소리를 들으면서 그거는 도저히 못하겠고, 그냥 자연 유산이 됐으면……. 임신 내내 그랬었어요. (2회기)

• 어머니의 불면증과 불안

부인: 제가 임신 내내 되게 예민했었거든요. 왜냐하면 그때 경제적으로 아빠한테 지원을 받았었거든요. 그런데 저는 그게 죽기보다 더 싫었었거든요. 그러니까 남편에 대한 원망도 있고. 그리고 어떻게 살아야 될지 걱정도 돼서 임신했을 때 거의 네 시간 이상을 자 본 적이 없었어요. (2회기)

• 어머니의 우울증으로 인한 자살 충동

남편: 그러니까 괜찮다가 저녁이 되면 갑자기 화악 해 가지고 '사는 게 지금 아무 생각 없다'고. 천국도 필요 없고, 그냥 죽으면 아무 생각 없는, 나 자신도 기억 안 나고 아무것도 없는 세상으로 가고 싶다고. 그게 극단적으로 매일 반복되니까. 주기가 2주일, 1주일, 3일 그리고 매일 오기도 해서 너무 힘들었죠. 지겨웠죠. 그냥 매일 죽는다는 생각 자체가. 굉장히 우울증이 심한 거였죠. (5회기)

• 모유 수유가 힘듦

부인: 모유도 잘 안 나왔었어요. 100일까지만 겨우겨우 먹였어요. (2회기)

• 예민함

부인: 저희 딸이 다섯 살 때까지 제대로 잠을 잘 못 잤어요. 거의 두 시 반만 되면 늘 깨고 울고. 잠을 재우는 것도 되게 힘들었고, 좀 예민한 게 많았어요. 양육하면서 아이한테 스트레스를 많이 받았었죠. (2회기)

② 어머니와의 갈등 단계

내담자는 딸을 키우면서 자신을 그토록 힘들게 했던 친정어머니의 역기능적 양육 방식을 사용하고 있었다. 내담자는 친정어머니와의 불안정한 애착관계로 인해 친정어머니에게 양가 감정을 느끼면서 친정어머니와 남편과 유사한 모습을 지닌 딸에게 전이 감정을 느꼈다. 또한 내담자는 친정 부모로부터 기능적인 의사소통방식을 배우지 못해서 딸을 공감하는 방법을 알 수가 없었다. 이와 같은 내담자의 역기능적이고 비공감적인 의사소통방식으로 인하여 딸은 내담자에게 자신의 감정을 내놓을 수가 없었다. 내담자와 딸의 교차교류 의사소통방식으로 인하여 잦은 충돌이 발생하였다.

• 외조모와 유사한 어머니(Ct)의 양육방식
－스킨십 거부
부인: 제가 딸을 임신했을 때 거부하고 싶었던 것처럼 지금도 딸이 와서 안아 달라고 하면 그냥 밀쳐 내고 싶어요. 안아 주고 싶지 않아요. (15회기)

부인: 저는 딸을 키우면서 늘 긴장상태가 많이 있었어요. "아, 진짜 나는 좋은 엄마가 못 되는데, 정말 어떻게 얘한테 해 줘야 되는지 모르는데." 그런 게 조금 많았던 거 같아요. 그니깐 안아 달라고 해도 저한테는 너무 어색하고 익숙하지 않으니깐……. (9회기)

딸: (엄마가) 언제 안아 준다 했어?
부인: 아니. 안아 주려고.
딸: 그런 적 없어. 그런 적 없어. (9회기)

－미성숙한 어머니
딸: 저는요. 엄마에게 항상 느끼는 건데. 너무 유치해요.
치료자: 어떻게?
딸: 진짜 제가 엄마한테 맨날 하는 말이 애도 아니고 왜 그러냐고? (8회기)

－딸의 정서적인 부분을 채워 줄 수 없음
부인: 나는 엄마 역할에 대한 자신감이 없어요. 그러니까 엄마에 대한 모델이 없으니까 내가 우리 딸한테도 상처를 줄 수밖에 없고. 내가 최선을 다한다고 하더라도 정서적인 걸 채워 줄 수가 없는 거예요. (2회기)

• 어머니의 역기능적 의사소통방식
－ 비공감적인 방식
치료자: 학교에서 스트레스 받으면 부모님께 말해요?
딸: 얘기할 때도 있죠.
치료자: 누구한테?
딸: 보통 엄마한테.
치료자: 엄마가 받아 주세요?
딸: 네. 근데 조금. 저는 위로를 바라는데 엄마는 해결책을 줄 때가 많죠. 또 어찌 보면 저는 친구한

테 엄마처럼 또 하고 있어요. (3회기)

– 수시로 말을 바꿈

딸: 아빠랑 저랑 들었을 때도 예전에 그런 적도 있었어요. 뭔 일인지 기억은 안 나는데 엄마가 분명 뭐라고 했는데 저랑 아빠는 또 그렇게 들었었는데 엄마가 나중에 말을 바꿔 버리는 거예요. (3회기)

• **어머니의 전이**

–이기적인 친정어머니를 닮은 딸

부인: 그러니까 키우면서 좀 이기적인 모습이 보이거나 그러면 제가 저희 딸한테 못 견뎌하는 거예요. 지금 지나고 보면 아이니까 당연한 거였는데. 그때 제 입장에서는 저희 엄마처럼 될까 봐 그게 되게 염려됐었어요. 그래서 저희 딸을 막 잡았던 부분이 많이 있었어요. (2회기)

–다혈질인 남편을 닮은 딸

딸: 저는 기분이 금방 화났다가 또 금방 풀리기 때문에 하루도 안 가요.

치료자: 아빠처럼요?

딸: 네.

치료자: 엄마는 그것도 이해가 안 되지요?

부인: 예. 그것 때문에 당황스러울 때가 많아요. 그러니깐 갑자기 버럭 화내고 내 감정을 다 상하게 해놓고 나서 갑자기 "안아줘!" 아무렇지 않게 이러는 게⋯⋯. (9회기)

부인: 남편이, 자기는 화내고 나면 뒤끝 없다고 하지만 받는 사람은 뒤끝이 많을 수밖에 없어요.

치료자: 당연하죠. 그 방식도 돌아 버리실 거 아니에요. 속 다 뒤집어 놓고 나서.

부인: 딸도 그 패턴이잖아요. (10회기)

③ **가족희생양 발현 단계**

부부싸움 후에 내담자는 딸한테 화풀이를 하였고 남편은 딸에게 '이혼'을 언급해서 딸은 불안하였다. 부부의 갈등이 심해져 부부에게서 신체적인 증상이 나타나면서 남편은 딸과 삼각관계를 형성하면서 부부갈등을 우회적으로 해소하였다. 이와 같은 불안한 가정환경에서 딸은 부모갈등을 중재하거나 기쁨조 역할을 하였다.

• **딸에게 책임 전가**

딸: 아빠가 며칠 전에도 "안 그래도 너희 엄마랑 헤어질 판인데." 해서 (내가) "왜? 왜? 왜?" 그랬더

니. 아빠가 "너 교육문제도 그렇고." 이러면서 또 불안하게 했어요. (3회기)

- **바뀐 부모-자녀 역할**
  부인: 딸이 갑자기 큰 소리로 억양이 높아지면서 얘기를 하면은, 갑자기 덜컥하면서 당황스럽게 되는 부분들이 좀 많이 있어요.

  치료자: 오히려 그러면 따님이 엄마가 되고 엄마가 오히려 더 어린애가 되어 버리시는 듯한 느낌을 받는 걸까요?

  부인: 예. (9회기)

  딸: 한 달 전에는 제가 진짜 못 참아서, 엄마, 아빠 중재하면서 그랬어요. 그러면서 엄마가 그 다음 날에 "어른인 척 하더니 왜 애처럼 구냐!"고 그랬어요. (3회기)

- **어머니의 화풀이 대상**
  부인: 딸한테 화가 났던 부분도 있지만 사실은 남편한테 섭섭하고 화가 나는 거잖아요. 그런데 제가 그걸 남편한테는 직접적으로 표현을 못해요. 그러면서 딸한테 또. (13회기)

- **삼각관계**
  부인: 남편이 저에 대한 불만을 딸과 삼각관계를 이루어서 딸을 자기 뜻대로 하면서 저와 딸을 또 힘들게 했던 부분들이 사실은 있거든요. (12회기)

④ 내재화 단계

딸은 내담자와 유사한 양육 과정을 거치면서 엄마(내담자)와 유사하게 불안했고, 만성화된 부모갈등으로 인하여 딸의 불안은 더욱 증폭되었다.

- **만성불안**
  딸: 집에 있으면 알게 모르게 늘 불안해요. (3회기)

⑤ 외재화 단계

딸은 만성불안으로 인해 폭식행동과 쇼핑중독이 나타났다.

- **폭식행동**
  딸: 1년 전에는 친구들한테 엄마 아빠 욕 엄청 했었는데 지금은 안 그래요.
  치료자: 아빠한테는?
  딸: 아빠한테는 엄마가 (내) 얘기를 하잖아요. 그럼 제가 막 먹어요.

치료자: 열 받았으니깐 먹겠지요?

딸: 먹고 있으면 풀려요. 그래서 말 안 해요. (9회기)

• 쇼핑중독

딸: 완전 미칠 정도로 (가수) 앨범 사는 데 한 백만 원 썼어요. (13회기)

5. 결론 및 함의

이 연구에서는 부부갈등을 겪는 내담자 가족의 가족희생양 세대 전수 진행 과정을 살펴보았다. 가족희생양 세대 전수 진행 과정은 부인의 원가족 경험 단계, 부인의 핵가족 경험 단계, 딸의 핵가족 경험 단계로 구성되었고 구체적인 내용은 다음과 같다.

첫째, 부인의 원가족 경험 단계는 애착불안 형성 단계, 소외 단계, 가족희생양 발현 단계, 내재화 단계 그리고 외재화 단계가 포함되었다. 내담자는 친정어머니와 불안정한 애착관계를 형성했는데, 친정어머니는 남편과 시어머니로 인해 많은 스트레스를 받는 가운데 원치 않는 임신을 하여 내담자를 유산하려고 했으나 마지못하여 출산하였다. 친정어머니는 강한 성격의 시어머니와 친정아버지와 유사한 모습을 지닌 내담자에게 부정적인 감정을 느끼면서 내담자를 다른 자녀들과 차별해서 내담자는 부모뿐만 아니라 형제들에게도 소외감을 경험하였다. 내담자는 애착불안 단계와 소외 단계를 거치면서 자신의 존재감을 인정받기 위하여 가족희생양 역할을 하였다. 이와 같은 연구결과는 원가족에서 불안정한 애착관계를 형성한 자녀는 부모갈등에서 가족희생양이 되어 물리적 · 정서적으로 과도한 역할을 한다(Nam & Kim, 2016)는 연구결과를 보여 준다. 또한 이 연구결과는 부모가 부부갈등이 발생하면 자녀를 부부관계에 포함시켜 문제를 우회적으로 해결하면서 결혼생활을 유지하는 것과 관련이 있다(Kerr & Bowen, 1988; Park, 2008)는 내용을 보여 주고 있다. 즉, 내담자는 친정어머니와의 불안정한 애착과 가족에게서 소외로 인한 불안 그리고 끊임없이 가족에게 인정을 받으려고 가족희생양이 되었지만, 결국 자신의 존재를 인정받지 못하면서 내재화단계인 우울감이 증폭되어 최종적으로 우울증과 자살을 시도하는 외재화 단계를 거치게 되었다.

둘째, 부인의 핵가족 경험 단계에서는 친정으로부터 도피 단계, 반복되는 가족희생양 단계, 부부갈등 단계가 나타났다. 내담자는 원가족에서 도피하기 위해 낮은 자아분화 수준과 원가족에서 희생양이었던 남편과 결혼하였다. 이것은 개인이 배우자를 선택할 때 무의식적으로 자신과 비슷한 자아분화 수준을 가진 배우자를 선택한다 (Kerr & Bowen, 1988)는 내용을 보여 주고 있다. 내담자는 자신처럼 불안이 높고 미분화된 무능력한 남편으로 인해 결혼해서도 원가족에서 해 왔던 과도한 역할을 하면서 가족희생양 역할을 반복하였다.

한편, 부부는 섹스리스와 친정과 미분화문제 그리고 자녀 양육방식 등과 같은 다양한 갈등상황을 해결하기 위해 원가족에서 학습한 역기능적인 의사소통방식을 사용하면서 부부갈등이 심각해졌다. 이 연구결과는 원가족의 부모관계가 자녀의 부부적응과 결혼만족도와 연관이 있고(Ha, 2008; Jeon & Park, 1999) 원가족과 밀착된 관계가 부부갈등에 영향을 미친다(Lee & Kim, 2005; Park & Moon, 2013; Yoo, 1994)는 것을 보여 준다. 또한 원가족에서 가족희생양이 된 자녀는 지속적으로 원가족과 정서적인 밀착관계를 유지한다는 것을 보여 주고(Pillari, 2007), 더 나아가서 핵가족에서도 가족희생양 역할이 반복되고 있다는 것을 보여 준다.

셋째, 딸의 핵가족 경험 단계에서 딸 또한 내담자와 매우 흡사한 애착불안 형성 단계, 어머니와의 갈등 단계, 가족희생양 발현 단계, 내재화 단계 그리고 외재화 단계를 경험하였다. 딸도 내담자처럼 낙태를 당할 뻔하였고, 어머니의 불안, 불면증, 우울증 그리고 자살 충동 및 부족한 모유 수유로 인하여 불안정한 애착관계를 경험하였다. 딸은 미성숙한 외조모와 유사한 내담자로 인하여 정서적으로 수용을 받지 못하였다. 특히 내담자는 딸이 친정어머니와 남편을 닮았다고 생각해서 딸을 더욱 거부하였다. 이런 가운데 내담자는 자신의 어린 시절을 재현하듯 친정어머니가 사용했던 역기능적 의사소통방식을 사용해서 모녀가 충돌하였다. 딸은 내담자처럼 태내불안과 애착불안 그리고 만성화된 부모갈등에서 부모와의 삼각관계로 가족희생양이 되었다. 이와 같은 연구결과는 원가족에서 부모의 애착방식과 양육방식이 세대 전수된다(Jang & Cho, 1999; Jeon & Park, 1999)는 것을 보여 주고 있다. 이 연구결과는 내담자에게 나타났던 유사한 내용과 단계가 딸의 핵가족 경험 단계에서 매우 흡사하게 나타나고 있다는 결과를 보여 준다. 심지어, 내담자처럼 딸 또한 불안과 인정을 받고자 가족희생양 역할을 하면서 만성불안의 내재화 단계를 거치면서 폭식행동과 쇼핑중독인 외재화단계가 나타났다.

연구의 함의는 어머니와 딸의 가족희생양 세대 전수 진행 과정과 그로 인한 내재화 및 외재화 단계를 구체화했다는 점이다. 연구결과는 자녀의 가족희생양 역할이 자녀의 개인 내적 문제로 발생하는 것이 아니라 원하지 않은 임신으로 인한 낙태 시도, 어머니의 불안, 전이된 감정, 부모갈등, 자녀양육방식, 삼각관계 그리고 역기능적 의사소통방식이 영향을 미치고 있다는 것을 보여 주었다. 특히 희생양이 된 자녀가 어머니와의 애착불안과 충족되지 않은 인정에 대한 욕구로 인하여 가족 내에서 과도한 역할을 했지만, 부모갈등이 지속되면서 자녀의 불안과 우울감이 증폭되어 자살 시도(내담자)와 폭식행동과 쇼핑중독(딸)이 표출되었다는 것을 보여 주었다. 이 사례에서는 우연의 일치일지는 몰라도, 내담자와 딸 모두 어머니가 임신을 원하지 않았다는 점과 낙태를 원했던 배경에는 내담자와 친정어머니가 모두 시댁과 남편으로부터 많은 스트레스를 받았고, 시어머니와 남편을 닮은 내담자, 친정어머니와 남편을 닮은 딸을 유산시키고 싶었다는 점이 매우 독특하다. 이와 같은 연구결과를 바탕으로 가족희생양이 된 자녀를 돕기 위한 가족치료적 개입방법을 다음과 같이 제안하고자 한다.

첫째, 이 연구결과는 가족희생양 역할로 인하여 내재화 및 외재화 문제를 가진 내담자들을 상담하는 치료자는 내담자의 원가족 부모와의 애착문제를 반드시 탐색해야 할 필요가 있다는 것을 보여 준다. 특히 치료자는 자녀의 임신과 관련된 임신 전의 친정과 시댁과의 관계 그리고 고부간의 갈등과 남편의 역할을 질문해서 내담자의 불안과 낙태 시도 여부를 점검할 필요가 있다. 또한 치료자는 내담자의 불안이 태아기뿐만 아니라 영아기의 자녀에게 어떻게 연결되고 있는지를 내담자뿐만 아니라 배우자 및 자녀에게도 인식시킬 필요가 있다.

둘째, 부부가 유사한 원가족문화와 분화 수준을 가지고 결혼한다는 것과 이러한 부부의 분화 수준은 원가족 부모에게서 영향을 받아 자녀에게 되물림되고 있다는 것을 보여 주었다. 또한 어머니와 자녀는 가족희생양 역할로 인해 만성불안과 우울증이 내재화되면서 외재화된 증상으로 나타났다는 것을 보여 주고 있다. 따라서 치료자는 내담자와 배우자 그리고 자녀와의 관계에서 부부관계의 강화와 부모와 자녀 간에 형성된 융합관계로부터 탈삼각화를 시도할 필요가 있다. 특히 치료자는 남편뿐만 아니라 부인에게도 원가족에서 과도한 역할을 축소하도록 코칭할 필요가 있다.

셋째, 가족희생양 역할을 하는 내담자와 자녀는 근본적으로 어머니와 걸려 있는 조모 또는 남편과 걸려 있는 관계가 자녀와 연결되어 있다는 것을 보여 주었다. 따라서 치료자는 내담자와 자녀의 전이문제를 반드시 탐색할 필요성이 있다.

넷째, 역기능적인 양육방식과 의사소통방식이 내담자와 친정어머니 그리고 내담자와 딸의 관계를 더욱 악화시키고 있다는 것을 보여 주었다. 따라서 치료자는 내담자와 가족구성원들에게 의사소통방식과 양육방식이 문제를 해결하기보다는 문제를 유지시키며 오히려 악화시키고 있다는 점을 인식시키고, 이러한 방식이 내담자와 배우자의 원가족이 사용해 왔던 방식이라는 점을 연결시킬 필요가 있다. 결과적으로 치료자는 내담자와 가족구성원들에게 과거에 사용해 왔던 비효과적인 의사소통방식과 양육방식을 대체할 수 있는 새로운 방식을 코칭해야 한다.

다섯째, 모든 가족구성원이 가족치료에 참여하지는 않았지만 상담에 참여한 가족구성원이 다른 가족구성원에게 영향을 미치면서 가족치료의 효과성이 나타났다. 이와 같이 가족체계적 관점에서는 한 사람의 변화가 다른 가족구성원의 변화에 영향을 미칠 수 있다는 것을 보여 준다.

이 연구는 부부갈등을 겪고 있는 내담자 가족의 가족희생양 세대 전수 진행 단계와 그로 인한 내재화ㆍ외재화 단계를 살펴보았다. 그러나 이 연구는 자녀의 가족희생양 세대 전수 과정과 결과에 대한 단일 사례를 분석하였기에 연구결과를 일반화하는 데 한계가 있다. 따라서 향후에는 다중 사례를 통해 사례 간에 가족희생양 세대 전수 진행 과정과 그에 따른 결과를 살펴보는 연구가 이루어지길 바란다.

참고문헌

Ah, Y. A., & Jeong, W. C. (2007). Developmental pathways from parent's risk factors to school violences. *Korean Journal of Youth Studies, 14*(3), 29-52.

Bradshaw, J. (1990). *Home coming: Reclaiming and championing your inner child.* New York: Bantam Books.

Chae, W. S., & Hardiman, E. R. (2016). The experiences of people with schizophrenia setting goals for recovery in Korea. *MentalHealth & Social Work, 44*(2), 35-58.

Cho, E. K., & Chung, H. J. (2008). The effect of self-differentiation and marital satisfaction on mental health. *Korean Journal of Counseling, 9*(3), 1313-1331.

Choi, K. H. (2008). Sundenbock in der systemischen perspektive. *Korean Journal of Christian Counseling, 16,* 211-231.

Choi, K. H. (2011). Trauma family therapy with adolescents as scapegoat. *Youth Facilities and Environment, 9*(4), 13-21.

Choi, N. K. (2003). The relationship between the level of parents' differentiation from the family of origin and their child-rearing behavior. Unpublished master's thesis, Yonsei University, Seoul, Korea.

Choi, S. H., & Park, C. O. (2012). Inquiry into parenting experiences based on Bowen's concept of self-differentiation. *Early Childhood Education Research & Review, 16*(2), 139-166.

Choi, S. R. (2007). Bowen systemic family therapy with a severely abused woman. *Korean Journal of Family Therapy, 15*(1), 159-188.

Choi, Y. S. (2015). Rethinking family scapegoat: Focusing on Rene Girard and Hannah Arendt's theory. Unpublished master's thesis, Seoul Women's University, Seoul, Korea.

Chung, Y. K., & Choi, J. H. (2010). The effect of parents' marital quality on married women's marital adjustment and perspective toward marriage. *Korean Journal of Woman Psychology, 15*(3), 331-353

Goldenberg, I., Stanton, M., & Goldenberg, H. (2017). *Family therapy: An overview* (9th ed). Pacific Grove: CA: Brooks/Cole.

Ha, S. H. (2008). The effect of family of origin experiences on self-esteem and marital conflict among married men and women. *Journal of Korean Management Association, 25*(4), 17-29.

Ha, S. H., & Chung, H. J. (2008). Intergenerational transmission of the family-of-origin functioning and self-differentiation. *Korean Journal of Counseling, 9*(2), 789-806.

Han, M. H. (2000). A study of the relationship among self-differentiation and marital conflict, conflict-coping behaviors of couples. Unpublished master's thesis, Sogang University, Seoul, Korea.

Jang, M. J., & Cho, B. H. (1999). Intergenerational transmission of attachment: Mothers internal working model of relationships and infant attachment patterns. *Korean Journal of Child Studies, 20*(1), 147-164.

Je, S. B. (2002). The relationship between self-differentiation and marital adjustment. *Korean Journal of Counseling, 3*(1), 171-184.

Jeon, H. J., & Park, S. Y. (1999). Childhood experience, personality, and marital satisfaction: Relationship to parenting behaviors. *Korean journal of Child Studies, 20*(3), 153-169.

Jeong, S. Y., & Kim, H. J. (2017). Maintenance of marital status among middle-aged men in sexless marriages. *Family and Family Therapy, 25*(1), 89-113.

Jung, M. J., Jung, H. J., Lee, S. H., & Jun, Y. J. (2013). *Foundations of family therapy.* Seoul:

Hakjisa.

Kerr, M. E., & Bowen, M. (1988). *Family evaluation: An approach based on Bowen theory.* New York: Norton.

Kim, H. S. (2003). *The theory and practice of family therapy.* Seoul: Hakjisa.

Kim, H. S., & Lee, N. S. (2015). Experiences in a sexless marriage. *Family and Family Therapy, 23*(3), 579–604.

Kim, J. Y., & Jang, H. S. (2016). The effect of marital violence on juvenile delinquency: Application of general strain theory. *Journal of Korean Criminological Association, 10*(2), 69–93.

Kim, S. J. (2017). A review of the risk and protection factors of non-suicidal self-injury. *Korean Journal of Youth Studies, 24*(9), 31–53.

Kim, Y. A., Moon, J. H., & Park, T. Y. (2017). Life-cycle progressive stages and familial factors of bulimia nervosa observed in a family therapy case. *Mental Health and Social Work, 45*(3), 35–63.

Kim, Y. S. (1993). The family characteristics of school refusals manifested through a family therapy. *Journal of Korean Family Therapy, 1,* 106–120.

Kim, Y. T. (2001). *Family therapy models.* Seoul: Hakjisa.

Kwon, J. R. (2005). The study of the marital adjustment according to self differentiation and emotional stability of the family-of origin. Unpublished master's thesis, Seoul Women's University, Seoul, Korea.

Lee, H. K. (2015). Understanding the family scapegoat in alcoholic family within the structural family therapy. Unpublished master's thesis, Hansei University, Gyeonggido, Korea.

Lee, J. S. (2009). *Family therapy.* Gyeonggido: Kyomunsa.

Lee, M. S., & Kim, Y. S. (2005). Factors affecting the inclination to divorce with respect to the causes of divorce: A comparison of male and female models. *Women's Studies,* 35–91.

Lee, M. S., & Oh, K. J. (2000). Effects of perceived marital conflicts on children's internalizing and externalizing behavior problems. *Korean Journal of Clinical Psychology, 19*(4), 727–745.

Lee, S. E. (2006). A research on sexuality and the re-construction of intimacy within married couples. *Family and Culture, 18*(2), 1–36.

Lee, Y. B., Sin, Y. H., Kwon, J. S., Park, T. Y., Choi, S . R., & Choi, H. M. (2008). *Family therapy models and application.* Seoul: Hakjisa.

Min, D. K., & Choi, M. K. (2014). The influence of parents conflict on youth's anxiety and school adaptation. *Journal of the Korean Data And Information Science Society, 25*(6), 1407-1418.

Minuchin, S., & Nichols, M. P. (1993). Family healing: Strategies for hope and understanding. New York: The free Press.

Nam, S. K., & Kim, M. C. (2016). On being a parentified child: A collaborative autoethnography. *Family and Family Therapy, 24*(3), 315-338.

Nichols, M. P., & Davis, S. (2016). *Family therapy: Concepts and methods* (11th ed.). Boston: Allyn & Bacon.

Oh, C. M., & Choi, Y. S. (2006). Influence of the level of self-differentiation among married couples on family functioning-focused on Bowen theory and McMaster model. *Journal of Family Relations, 11*(2), 199-223.

Papero, D. V. (1990). *Bowen family systems theory.* Needham Heights, MA: Pearson.

Park, J. E. (2011). A study on the influence of self-differentiation level and spouse's communication on marital conflict-coping styles. Unpublished master's thesis, Sookmyung Women's University, Seoul, Korea.

Park, S. C., & Yoon, G. J. (2017). A case study of Minuchin's structural family therapy on a family at a critical moment by their children's truancy and violent behavior: The four step model. *Korean Journal of Child Psychotherapy, 12*(3), 49-72.

Park, S. S. (2008). The study of family scapegoating as a multigeneration-transmission mechanism. Unpublished master's thesis, Hansei University, Gyeonggido, Korea.

Park, T. Y., & Cho, S. H. (2005). Case study for a daughter with compulsive buying and credit abuse. *The Korean Academy of Family Social Work, 15,* 101-134.

Park, T. Y., & Moon, J. H. (2013). A study on the factors of marital conflict and divorce determination through family therapy. *Korean Association of Family Relations, 18*(1), 23-49.

Park, T. Y., & Shim, D. Y. (2014). A case study on the effect of family therapy approach for interrupting abusive behavior on child. *Journal of the Korean Society of Child Welfare, 48,* 173-207.

Park, T. Y., & Yu, J. H. (2013). A case study on family therapy for parents with a daughter suffering from multiple tic disorder. *The Korean Home Management Association, 31*(5),

47-63.

Pillari, V. (2007). *Scapegoating in families: Intergenerational patterns of physical and emotional abuse.* Philadelphia: Brunner/Mazel.

Ryu, J. E., & Kim, H. J. (2014). A study on sexless couples' maintenance of marital status: Focusing on married middle-aged women. *Journal of Family Relations, 19*(3), 67-90.

Statistics Korea. (2015). Statistic of marriage and devorce. Retrieved http://www.kostat.go.kr.

Vaillant, C. O., & Vaillant, G. (1993). Is the u-curve of marital satisfaction an illusion?: A 40-year study of marriage. *Journal of Marriage and the Family, 55,* 230-239.

Watzlawick, P., Weakland, J., & Fisch, R. (1974). *Change: Principles of problem formation and problem resolution.* New York: W. W. Norton.

Yang, H. J. (2015). Family therapy for middleschool girl kleptomania. *Korean Society for the Emotional & Behavioral Disorders, 31*(3), 299-332.

Yang, H. S. (2011). Study on the integrative family therapy model of triangulation and scapegoating. Unpublished doctoral dissertation, Hansei University, Gyeonggido, Korea.

Yoo, E. H. (1994). Cognitive process, marital conflict resolution mode among distressed couples. *Korean Journal of Family Therapy, 2,* 77-88.

제2부

가정폭력

제4장

여성 가족폭력 행위자에 대한 가족상담 사례연구*

이 연구는 여성의 가정폭력 행위가 촉발되는 맥락과 가정폭력이 중단되는 맥락을 이해하고자 부인의 가정폭력 행위로 상담을 진행한 상담사례를 분석하였다. 여성의 폭력 행위 또한 상호작용의 결과라는 전제 아래에서 이 연구는 Bowen의 모델 관점에서 여성 가정폭력 행위자 부부상담 사례의 녹취록을 연구자료로 하여 가정폭력이 발생하고 중단되는 맥락과 상호작용을 분석하였다. 연구결과, 부인은 원가족과의 자기분화 수준이 낮고 부모와 삼각화를 이루고 있었으며, 스트레스 상황에서의 감정 반사적 행동으로 가정폭력이 발생하였다. 특히 친정아버지를 연상시키는 남편의 비난하는 의사소통방식과 시어머니를 편드는 상황에서 스트레스를 받았다. 이러한 상황에 대한 통찰 과정을 통해 부부는 원가족과의 자기분화 수준을 높이고 부모와 탈삼각화하여 스트레스 상황에서 감정 반사적으로 폭력을 행사하지 않으려 노력하게 되면서 가정폭력이 중단되었다. 연구결과를 토대로 여성 가정폭력 사례상담에 대한 실천적 논의가 이루어졌다.

1. 서론

가정폭력은 모든 가족구성원을 피해자로 만들고 궁극에는 폭력 행위자까지 포함하여 가족 모두가 어려움을 겪게 되고 가족 해체로까지 이어지기도 하는 사회적 문제이다(Zlotnick, Kohn, Peterson, & Pearlstein, 1998; Emery & Laumann-Billings, 1998; 신선인, 2008; 정민자, 엄선필, 2002). 일반적인 폭력은 일회성으로 발생하고 가해자와 피해

* 박태영, 박소영(2019). 여성 가정폭력 행위자 가족상담 사례 연구: Bowen 가족치료모델의 관점을 중심으로. 복지상담교육연구, 8(1), 183-209.

자가 분리되는 경우가 많은 데 반해, 가정폭력은 지속적으로 발생하며 피해자가 가해자와 분리되지 못한 채 일상생활을 함께해야 하는 어려움이 있다. 다른 가족구성원들도 가해자에 대한 두려움과 분노, 피해자를 보호하지 못했다는 죄책감 등을 가지게 되어 가족 모두 어려움을 겪게 된다. 그리고 피해자나 가해자의 죽음이라는 파국에 이르기도 한다.

「가정폭력범죄의 처벌 등에 관한 특례법」과 「가정폭력방지 및 피해자보호 등에 관한 법률」이 제정된 이래, 우리 사회는 가정폭력을 사적인 영역이 아니라 사회적 개입이 필요한 영역으로 인식하기 시작하였다. 이에 따라 가정폭력 행위가 범죄 행위로 신고되고 가정폭력상담소와 가정폭력쉼터 등의 사회적 지원이 이루어졌다. 그럼에도 불구하고 우리 사회의 가정폭력 발생 비율은 상당히 높은 실정이며 사회적 개입이 이루어지고 있으나 아직 미흡한 실정이다.

그런데 가정폭력에 대한 사회의 관심이 환기되면서 남성 가정폭력 행위자뿐만 아니라 여성 행위자도 드러나기 시작하였다(전옥희, 2012). 여성가족부가 3년마다 조사하는 전국 가정폭력 실태조사에 의하면, 2016년 기준으로 여성이 배우자로부터 지난 1년간 폭력을 경험한 비율은 12.1%였으며 남성의 경우 8.6%였다. 폭력을 경험한 경우 폭력의 유형별로 보면 신체적 폭력을 경험한 여성은 27.5%였으며 남성은 18.6%에 달했다(여성가족부, 2017). 이를 통해 남성뿐만 아니라 여성에 의한 가정폭력 행위 비율도 높다는 점을 알 수 있다. 한국 남성의 전화에 따르면 아내에게 매 맞는 남편들의 상담 건수가 2009년 856건에서 2012년 1,884건으로 증가세를 보였다고 한다(문화일보, 2013).

이철호(2006)는 여성 가정폭력에 대해 여성이 사회에 진출하는 비율이 늘어나고 경제력을 가지게 되면서 남편들이 아내의 정신적·육체적 폭력에 시달리게 되었다는 설명을 제기하였다. 이는 부계사회에서 양계사회로 이동하고 있는 과도기인 우리 사회의 특성과도 맥락을 같이 한다고 볼 수 있다. 사회적으로 여성은 학력이 높아지고 경제력을 갖추게 되었고, 다른 한편으로 가정 내에서는 자녀 수가 줄어들어 딸도 아들과 동등한 기회와 대우를 받으며 양육받았다(한경혜, 윤성은, 2004). 남녀 평등적인 맥락은 여성이 가정폭력의 피해자뿐만 아니라 폭력 행위자가 되기도 하는 상황과 상관이 있으리라고 여겨진다.

그동안 가정폭력에 관한 연구는 많이 진행되었으나 대부분 남성 폭력 행위자에 대한 연구이고(신선인, 2008; 김재엽, 송아영, 2007; 정민자, 엄선필, 2002), 여성 폭력 행위자에 관한 연구 사례는 찾아보기 힘든 편이다. 이는 서구에서도 마찬가지로 여성 가정폭력 행위자의 수가 점점 증가하고 있는 현실에도 불구하고(Henning & Feder, 2004), 여성 가정폭력 행위자에 관한 연구는 거의 없는 편이다(Henning, Jones & Holdford, 2005). 국내에서 진행된 여성 가정폭력에 관한 소수의 연구 대부분은 배우자의 폭력을 견디다 남편을 살해하게 된 여성에 관한 연구들이다(강호선, 2008; 김영희, 변수정, 2006; 김은주, 2004; 이수정, 2006). 이러한 연구들은 극단적인 남편 살해로 이르게 된 여성들의 폭력 피해와 행위 과정을 잘 보여 주고 있으나, 덜 극단적이고 일상적인 상황에서 폭력을 행사하게 되는 여성들에 대해서는 크게 알려 주는 바가 없다. 다만 전옥희(2012)는 폭력이 덜 극단적인 사례들을 통해 여성이 가정폭력을 행사하게 되는 맥락에 관한 연구를 진행해 가해 여성들이 오랫동안 억제해 왔던 감정의 폭발이나 폭력 상황에 대한 대응으로서 폭력 행위를 하게 되었다는 결과를 제시하였다. 이러한 연구결과를 통해 가정폭력의 책임 소재가 폭력 행위자에게 있는 것은 분명하나, 폭력의 발생 과정을 가족의 상호작용에서 바라볼 필요성이 더 부각된다고 할 수 있다.

남성 폭력 행위자들을 대상으로 한 연구에서도 가정폭력을 단절시키기 위해서는 남편을 대상으로 하는 개입과 함께 부부의 상호작용을 살펴보고 부부 모두를 대상으로 하는 개입의 필요성이 제기되었다(김주현, 이연호, 2008; 장희숙, 김예성, 2004; 서혜석, 2005; Bybee & Sullivan, 2005). 실제로도 남성 폭력 행위자들을 위한 사회적 개입으로 개인상담뿐만 아니라 개별 부부상담이나 부부 집단상담 등의 개입이 이루어져 왔으며, 아내와의 상호작용을 다루지 않는 상담을 받은 남성의 경우에는 폭력 재발 비율이 높았다(Stith et al., 2004). 이러한 연구결과들을 볼 때 가정폭력 행위자가 여성일 경우에도 폭력이 발생하는 부부의 상호작용 맥락에 대한 이해가 이루어져야 할 것이다.

그런데 앞서 언급한 바와 같이 여성 가정폭력 행위자와 관련된 연구가 부족하여 부부의 상호작용 맥락에 대한 심층적인 이해가 쉽지 않은 실정이다. 통계상으로나 신문 기사로는 아내가 가정폭력 행위자인 사건이 발생하고 있음을 알 수 있으나 폭력이 발생하게 되는 구체적인 상황에 대해서는 알려진 바가 많지 않다. 한편, 가정폭력이 발생한 부부의 경우 결혼생활을 유지하는 비율이 높은 편이다. 가정폭력 피해 여성들이 쉼터에서 퇴소하면서 남편에게로 돌아가는 비율이 절반 정도에 이른다(여성가족부, 2013). 여성 가정폭력 행위자 부부에 대한 통계가 없긴 하지만 이러한 경향이 가정폭력 행위자가 여성인 경우에도 해당하지 않는다고 추정할 수 없다. 결과적으로 가정폭력이 발생해도 부부는 헤어지지 않을 확률이 높고 또 폭력이 재발할 확률도 높다. 가정폭력으로 가정이 해체되는 상황에도 사회적 지원이 필요하지만 유지되는 상황에서도 사회적 지원이 필요하다고 할 수 있다.

이에 이 연구에서는 여성 가정폭력 행위자 부부의 상호작용 맥락을 이해하고자 여성 가정폭력 행위자 부부의 상담 사례분석을 하고자 한다. 사례분석을 통해 여성 행위자가 폭력을 행사하게 되는 맥락을 이해하고 폭력 행위가 중단되는 과정을 분석하여 실천 현장에서 필요한 기초 자료를 제공함이 연구의 목적이라고 할 수 있다. 내담자를 효과적으로 지원하기 위한 상담은 내담자에 대한 심층적인 이해가 전제되어야 한다(김옥진, 2013). 사례연구로 진행된 이 연구에서 연구자료인 상담녹취록을 읽으며 반복되는 개념을 분석하고 범주화하는 단계에서 연구자들은 여성 가정폭력 행위자와 남편의 상호작용, 원가족과의 상호작용 그리고 폭력 발생 상황 등을 가장 잘 설명해 주는 이론이 Bowen의 다세대 가족치료 모델이라고 판단되었다. 상담사례의 경우 자기분화와 삼각화 개념을 통해 가정폭력이 발생하는 상호작용을 가장 잘 설명할 수 있었다. 또한 핵가족이나 개인에 미치는 원가족의 영향력이 서구보다 훨씬 더 큰 우리나라 가족 상황에서 Bowen 모델의 설명력이 높다고 판단하였기 때문이다.

여성이 가정폭력 행위에 이르게 되는 과정에 대한 이해가 많지 않은 상황에서 이 연구는 여성이 가정폭력을 행사하게 되는 맥락과 상호작용과 가정폭력 행위가 중단되는 맥락과 상호작용을 이해하는 데 기여할 것으로 기대한다. 이를 통해 여성 가정폭력 행위가 발생하는 부부의 상담을 진행하는 데 실질적인 도움을 줄 수 있으며 가정폭력을 예방하기 위한 서비스를 마련하는 기초 자료가 될 것으로 기대한다.

2. 선행연구 고찰

1) 가정폭력과 여성 폭력 행위자

가정폭력은 그 행위자가 누구든 폭력의 피해자들에게 신체적·정신적 고통을 주고 자녀 등 다른 가족구성원들에게도 부정적인 영향을 끼친다(김재엽, 송아영, 2007; 신선인, 2008; 정민자, 엄선필, 2002; Emery & Laumann-Billings, 1998; Zlotnick et al., 1998).

가정폭력은 모든 가족구성원을 피해자로 만들고 궁극에는 폭력 행위자까지 포함하여 가족 모두가 어려움을 겪게 되고 가족 해체로까지 이어지기도 하는 사회적 문제이다. 다른 한편으로는 가정폭력이 발생하는 가정에서 많은 부부가 결혼생활을 유지하는데, 여성가족부의 2012년도 가정폭력 피해자 지원시설 운영실적 보고서에서도 볼 수 있듯이 가정폭력 피해자들이 쉼터와 같은 지원시설에서 퇴소할 때 44% 정도는 결혼생활을 유지하게 된다(여성가족부, 2013). 이러한 경향은 여성이 가정폭력 행위자인 경우에도 해당하는 것으로 추정될 수 있다. 결혼생활을 유지하는 경우에 가정폭력이 재발될 가능성이 있다는 또 다른 문제가 있다.

그동안 주로 남성 폭력 행위자들을 대상으로 한 연구를 통해 가정폭력을 단절시키기 위해서는 폭력 행위자인 남편에 대한 개인적 개입 및 집단적 개입과 함께, 부부 모두를 대상으로 하는 개입도 필요하다는 결과가 제시되었다(김주현, 이연호, 2008; 장희숙, 김예성, 2004; 현진희, 2007). Bybee와 Sullivan(2005)에 의하면 피해자가 가정폭력 쉼터의 입소와 재입소를 반복하는 등 가정폭력이 재발하는 것을 방지하고 가정폭력을 단절하기 위해서는 부부상담과 그 가족들을 원조할 수 있는 사회적 네트워크가 필요하다고 한다. 서혜석(2005)은 가정폭력을 경험한 부부들의 집단상담을 통해 참여 부부들은 자신들 모두에게 의사소통의 문제가 있었다는 인식을 하게 되고 이러한 상호적 관점으로의 변화가 가정폭력 해결에 도움이 되었다고 한다.

가정폭력을 부부의 상호작용 관점에서 바라보고 부부 모두에게 가정폭력 개입을 하는 것이 더 효과적이라는 남성 폭력 행위자에 관한 연구결과는(현진희, 2007) 여성이 폭력 행위자인 경우에도 잘 적용될 수 있다. 그동안 가정폭력을 부부의 상호작용 결과로 바라보는 가족체계론적 관점은 여성주의 관점에 의해 비판을 받아 왔다. 여성주의 관점에서는 남성들이 가부장적 사회구조에서 여성을 지배하고 통제하는 수단으로 폭력을 사용한다고 바라본다(O'Leary, 1993). 즉, 사회적 우위를 차지하고 있는 남성들이 가정에서 여성을 통제하기 위해 폭력을 행사한다고 보는 것이며, 그래서 여성주의 관점은 체계론적 관점이 부부의 상호작용 결과로 가정폭력을 설명하면 피해자인 여성에게 책임을 돌린다고 비판하였다. 그러나 여성이 폭력 행위자인 상황에서는 여성주의 관점에서 체계론에 가하는 비판에서 자유롭게 되고, 체계론적 관점의 설명이 더 설득력을 얻게 된다.

2) Bowen의 다세대 가족치료이론

Bowen 모델의 핵심 개념은 원가족으로부터의 자기분화인데, 이는 가족과 정서적으로 밀착되거나 가족에게 의존하지 않고 한 개인으로서 자율적으로 기능할 수 있는 능력이다(Bowen, 1978; Kerr & Bowen, 1988). 핵가족에 미치는 원가족의 영향력이 서구보다 훨씬 더 큰 상황에서, 원가족과의 정서적 관계를 설명하는 Bowen의 다세대 가족치료이론은 우리나라의 가족관계에도 잘 적용될 수 있는 모델이다. 그래서 여러 다양한 이슈를 다루는 상담 현장에서 Bowen의 가족치료 모델이 활용될 뿐만 아니라 관련 연구도 많이 이루어졌다(박태영, 은선경, 2010; 정성경, 김정희, 2004; 하상희, 정혜정, 2008). 그리고 손현숙(2004)은 가정폭력 피해 주부를 대상으로 한 양적 연구에서 가정폭력과 자아분화가 특성불안에 미치는 영향을 연구하였다.

정신 내적 기능에서 자기분화는 자신의 감정을 지적 과정과 구분하고 어떤 상황에서 감정과 이성 중 어느 것을 앞서게 할 것인지 결정하는 능력이다. 자기분화 수준이 낮으면 감정에 따라 행동하게 된다. 자기분화 수준이 높으면 강한 정서적 경험을 하더라도 논리적 사고와 이성을 사용할 수 있다. 대인관계 측면에서 자기분화는 개인이 사회적 관계에서 타인과 친밀하면서도 자율적일 수 있는 능력을 말한다. 즉, 타인과 분리된 느낌을 경험하면서도 관계를 잘 유지할 수 있는 능력이다. 분화 수준이 낮으면 타인에게 의존적이고 정서적으로 밀착된 관계를 잘 맺게 된다. 분화 수준이 높으면 정서적으로 친밀한 관계를 맺으면서도 독립적으로 생각하고 느끼고 행동할 수 있다. 그러므로 자기분화는 감정과 사고, 친밀함과 분리됨 사이의 균형을 맞추는 정도이다. 이러한 분화 정도에 영향을 미치는 요소는 반응성, 정서적 단절, 타인과 융합, '나-입장'을 취할 수 있는 능력이다(Tuason, 1998).

가족관계에서 볼 때, 분화 수준이 높으면 다른 가족구성원들과 정서적으로나 물리적으로나 거리를 둘 수 있다(Charles, 2001: 280). 분화 수준이 높은 사람은 자신의 감정을 표현하고 감정을 경험하는 데 두려움이 없으며, 다른 가족구성원의 비판이나 칭찬에 크게 영향 받지 않는다. 원가족을 감정 반사적으로 거절하거나 수동적으로 받아들이지 않고, 또한 새로 형성한 자신의 가족과 새로운 관계를 맺고 그들과 관련된 정서적 이슈들을 해결해 나가는 능력이 있다(Charles, 2001).

반면, 분화 수준이 낮을 경우 원가족의 감정에 영향 받기 쉬워서 스스로 생각하고 느끼고 행동하는 법을 배우기 어렵다(Kerr & Bowen, 1988). 즉, 다른 사람의 칭찬이나 비판, 감정에 영향을 잘 받는 등 타인에게 감정적으로 반응하기 쉽고, 다른 가족구성원들과 과도하게 관련을 맺는다. 감정과 사고의 분화가 잘 안 되어서 에너지가 감정에 맞추어져 있고 다른 가족구성원의 감정과 강한 융합이 일어난다(Bowen, 1978). 정서적으로 다른 가족구성원과 융합된 개인은 그 가족원과 분리되는 것에 대한 두려움에 압도당하기도 한다(Charles, 2001). 이렇듯 분화 수준이 낮은 개인이 다른 가족구성원에게 융합될 때 삼각화(triangulation) 현상이 발생하는데, 삼각화는 배우자 중 한 사람이 결혼생활에서 긴장을 경험할 때 긴장을 줄이기 위해서 다른 구성원, 주로 자녀 중 1명과 정서적으로 밀착되는 것이다(Charles, 2001). 부모와 삼각화가 된 자녀는 아버지나 어머니 중 한 사람과 과도하게 밀착되고, 아버지나 어머니의 감정에 융합된다(Bowen, 1978). 부모의 긴장이 높아졌을 때 삼각화된 자녀는 밀착된 부모의 정서에서 거리를 두지 못하고 부모 사이에 끼어들게 된다. 이렇듯 분화 수준이 낮은 개인은 원가족과 미해결된 정서적 갈등이 있으며, 이는 그 개인이 현재 맺고 있는 가족관계에도 영향을 미친다(Nichols & Schwartz, 1995).

자기분화의 중요한 측면은 삶의 스트레스를 다루는 능력이다. 자기분화 수준이 어떠하더라도 스트레스를 많이 받으면 신체적·정서적·사회적 증상이 발현될 수 있다. 그러나 분화 수준이 높으면 더 많은 스트레스를 받아야 증상이 나타난다(Kerr & Bowen, 1988: 97). 분화 수준과 불안, 심리적 증상 사이의 관계를 검증한 Tuason과 Friedlander(2000)는 분화 개념은 심리적 스트레스 상황과 부적 상관관계가 있다고 한다. Skowron(2000)은 자기분화란 심리적 증상과 관계에서의 스트레스 등을 포함한 심리적 기능들과 관련되어 있다고 밝혔다. Murdock과 Gore(2004)는 분화 수준이 높을수록 스트레스의 영향을 덜 받고, 분화 수준이 낮은 사람은 같은 스트레스를 받아도 심리적 증상이나 역기능이 나타날 수 있다는 연구결과를 제시하였다.

개인의 분화 수준은 평상시보다는 스트레스 상황이 되어야 더욱 분명히 나타나며, 자기분화는 스트레스 상황에서 대처 능력, 학습된 대처 능력이다(Murdock, & Gore, 2004: 321). Wei, Heppner과 Malinkrodt(2003)는 감정 반사적으로 대처하는 것이 심리적 스트레스와 관련 있다는 결과를 제시하였다. 즉, 정서적 체계와 지적 체계가 융합되고 정서적 체계가 지적 체계를 잠식해 버릴 때 심각한 심리적 증상이 나타나며(Kerr & Bowen, 1988), 분화 수준이 높으면 회피하거나 감정적인 반응을 덜 하고 좀 더 문제 해결적인 반응을 하기 때문에 스트레스를 더 잘 견딘다(Murdock, & Gore, 2004: 321).

Bowen의 가족치료 모델을 적용한 가족치료의 목표는 다음과 같이 두 가지로 정리할 수 있다. 첫째, 자기분화 수준을 높여 탈삼각화시키고 가족체계를 변화시키는 것이며(정문자 외, 2012), 둘째, 자기분화 수준을 높여 감정 반사적 행동을 중지하고 이성적으로 대처할 수 있도록 내담자를 지원하는 것이다(Nichols & Schwartz, 1995). 그런데 자기분화 수준이 갑자기 변화하기 어렵기 때문에 우선 내담자의 스트레스 정도와 상황을 사정하고 그 스트레스를 낮추도록 하는 개입을 먼저 하는 것이 적절하다(Murdock, & Gore, 2004: 333). 이렇게 내담자 가족의 스트레스를 낮추는 개입을 한 후 자기분화 수준을 높이기 위한 상담을 진행한다. 자기분화 수준을 높이기 위한 상담 방법은 지속적인 가족 평가를 통해 내담자 스스로 자신이 원가족과 정서적으로 분화되지 못한 상태라는 점과 부모와 삼각화 관계에 있다는 등 분화 수준을 깨닫게 하는 과정이 중요하다. 가족 치료자는 이러한 통찰 과정을 통해 내담자가 원가족과의 분화 정도를 깨닫게 되도록 원조하고, 원가족과 미해결된 갈등이 현재의 관계에도 영향을 미친다는 것을 깨닫도록 원조한다(Nichols & Schwartz, 1995). 그리고 내담자가 가족체계에서의 탈삼각화를 이루고 자기분화 수준을 높일 수 있도록 원조해야 한다(이영분 외, 2008).

그런데 지시적이거나 체계적인 치료기법이 거의 없는 Bowen의 가족치료 모델에서 내담자의 통찰을 통한 자기분화 촉진을 이루는 기법이 있다면, 그것은 바로 원가족과의 분화 수준을 통찰하게 도와주는 과정질문(process question)과 코칭이다. 과정질문은 정서적 반응으로 생긴 불안을 낮추고 사고를 촉진하기 위한 질문으로, 감정을 가라앉히고 가족관계에 자신이 어떤 방식으로 참여하였는가를 생각해 볼 수 있도록 하는 질문이다(Nichols & Schwartz, 1995). 과정질문을 통해 내담자는 원가족과의 분화 수준이나 삼각화 현상에 대해 생각할 기회가 생기고 가족체계를 이해하고 깨닫는 과정에서 새로운 기능적인 체계로 변화하려는 동기를 갖게 되고 또 그렇게 노력할 수 있게 된다. Bowen 모델을 활용하는 가족치료사가 질문하는 대부분이 과정질문으로 이루어졌다고 볼 수 있다. 또한 코칭은 치료자의 중립적이고 객관적인 조언을 통해 내담자의 자기분화를 돕는 것이다(이영분 외, 2008).

3. 연구 방법

1) 연구 대상

연구의 대상은 부부갈등 상황 시 아내가 남편을 구타하고 물건을 집어 던지는 등 폭력을 행사한 부부의 가족치료 사례이다. 이 사례를 연구 대상으로 하여 가정폭력 행위자인 여성이 가정폭력 행위를 촉발하게 되는 맥락과 중단하게 되는 맥락을 상담 내용을 통해 분석하고자 하였다.

이 사례는 남편(44)이 상담을 의뢰하였는데, 부인(42)과 결혼한 지 5년이 지났고 자녀는 없었으며, 부부 모두 직업이 있었다. 남편은 첫 회기에서 아내의 폭력적인 성향의 원인을 알고 그것을 해결하고 결혼을 유지하고자 하는 자발적인 내담자였다. 이에 비해 부인은 상담을 원하지 않는 비자발적인 내담자였으며 이혼하기를 원하였다. 가정폭력 행위자인 부인이 상담에 비자발적인 것은 남성 가정폭력 행위자의 경우와 일맥상통한다. 사례는 부부상담과 부인과 남편의 개인상담, 부인의 친정 식구들인 남동생들과 친정어머니도 함께 상담에 참여하는 가족상담으로 이루어졌다. 1~2회기는 부부, 3회기는 부인, 4회기는 부인의 첫째 남동생, 5회기는 부인, 6~7회기는 남편, 8회기는 부인의 둘째 남동생, 9~10회기는 부인의 친정어머니, 11회기는 부인의 둘째 남동생, 12회기는 부인과 둘째 남동생, 13회기는 부부, 14회기는 부인과 친정어머니에 대한 가족치료가 진행되었다.

2) 자료 분석

이 연구는 사례연구(case study) 방법론을 사용하여 진행되었다. 사례연구는 단일한 하나의 사례 혹은 여러 사례를 대상으로, 그 사례에 대한 충분한 이해를 목적으로 수행되거나 어떤 사회적 이슈를 더 잘 이해하기 위한 목적으로 수행된다. 또한 사례연구는 시간에 따라 변화하는 과정을 탐색하고 연구대상이 속한 맥락에서의 상호작용을 탐색할 수 있다(Yin, 2003; Creswell, & Poth, 2016). 사례연구는 어떤 현상을 부분적으로 분절하여 분석하지 않고 전체적인 맥락 안에서 그 현상의 의미를 명확하고 체계적으로 이해할 수 있도록 한다(Lincoln & Guba, 1985). 이러한 사례연구 방법론은 상담 과정을 통해 여성 가정폭력 행위자가 가정폭력을 행사하게 되는 맥락과 상호작용을 이해하고 가정폭력 행위가 중단되는 맥락과 상호작용을 분석하고자 하는 연구의 목적에 가장 잘 부합한다고 판단되었다.

이 연구는 상담을 진행했던 가족치료사와 상담 과정에는 참여하지 않았던 연구자가 공동으로 진행하였다. 부인이 남편에게 가정폭력 행위를 행사하게 된 원인과 해결 과정에 집중하기 위해 부인과 남편의 상담 회기의 축어록을 주된 연구자료로 선정하였다. 자료 분석 과정에서 분석의 틀로 사용된 연구질문은 "여성 가정폭력 행위자의 가정폭력 행위가 발생하는 맥락과 상호작용은 어떠한가?"와 "여성 가정폭력 행위자의 가정폭력 행위가 중단되는 맥락과 상호작용은 어떠한가?"였다. 자료 분석 과정은 다음과 같이 진행되었다.

분석의 첫 단계는 녹취록을 여러 번 반복하여 읽으면서 연구질문과 관련된 개념들을 도출하는 과정이었다. 연구자는 회기별 녹취록을 읽으면서 가정폭력이 발생하거나 중단되는 과정에서의 상호작용이나 맥락과 관련된 개념을 모두 도출하였다. 첫 번째 분석 단계에서 연구자는 그 어떤 이론적 틀도 염두에 두지 않고 연구질문과 관련된 개념들을 모두 도출하였다. 그다음 단계에서는 도출된 개념들을 여러 번 읽으면서 반복되는 비슷한 개념들끼리 모으는 과정을 거쳤다. 이렇게 비슷한 개념을 묶어 범주화하는 과정에서 연구자는 도출된 개념들이 Bowen의 다세대 가족치료 모델의 관점에서 범주화될 수 있다고 판단하였다. 특히 자기분화와 삼각화의 관점을 통해 이 사례에서 가정폭력이 발생하는 상호작용과 중단되는 상호작용을 설명할 수 있었다.

이에 연구자들은 다시 첫 단계로 돌아가 Bowen의 다세대 가족치료 모델의 관점, 특히 자기분화와 삼각화의 관점에서 연구자료인 녹취록을 다시 읽으며 더 도출할 수 있는 개념들이 있는지 확인하는 과정을 거쳤다. 다음 단계로 이렇게 모아진 개념을 범주화하는 과정을 진행하였는데, 그 범주화는 2개의 연구질문에 맞추어 진행되었다. 연구질문에 따라 가정폭력 행위가 발생하는 맥락과 상호작용을 Bowen의 자기분화와 삼각화 관점에서 범주화할 수 있었다. 또한 가정폭력 행위가 중단되는 맥락과 상호작용 역시 그러한 관점에서 범주화할 수 있었다. 이러한 분석 과정을 거치면서 연구질문에 대한 이해를 구성해 나갔다.

연구의 글쓰기 과정은 부인의 관점에 초점을 맞추었다. 자료 분석 과정에서 모든 상담 회기를 분석하여 연구질문에 대한 통합적인 이해를 추구하였으나, 글쓰기는 여성 가정폭력 행위자의 폭력 행위 발생 맥락과 상호작용을 탐색하려는 주제에 맞추어 남편과 부인의 상담 회기에 집중하였다. 특히 부인의 관점에서 가정폭력이 발생하는 맥락과 상호작용에 대한 글쓰기를 진행하였다.

3) 연구의 엄격성 및 윤리적 고려

연구에서는 Lincoln과 Guba(1985)가 제시한 기준에 따른 연구의 엄격성 확보를 위해 노력하였다. 연구자들이 정리하여 분석한 것을 서로 교차 검토를 통해 사실적 가치를 확인하기 위해 노력하였으며, 중립성을 확보하기 위해 분석 과정에서 추출된 개념을 원자료로 돌아가 문맥 속에서 재확인하는 과정을 지속하였으며, 일관성을 확보하기 위해 가족상담 및 가정폭력과 관련된 선행자료를 수집하여 비교하면서 확인하였다.

연구의 윤리성을 확보하기 위해 가족치료사와 상담에 참여하지 않았던 다른 연구자가 함께 연구를 진행하는 시점에서 내담자들에게 상담내용을 연구자료로 사용하는 것에 대해 설명을 한 후 동의를 구하였다. 이에 앞서 상담을 시작하는 단계에서 가족치료사는 상담과 연구의 윤리성을 확보하기 위해 상담을 시작하는 단계에서부터 상담내용을 녹음하는 것과 상담 종결 후 상담내용에 대한 연구를 진행할 수 있다는 것에 대해 충분히 설명하고 동의를 구하였다. 그리고 상담이 종결된 후 이때 내담자의 정보보호 및 비밀 보장을 약속하였다. 그 후 녹음된 상담내용을 들으면서 전사하여 녹취록을 만들었다. 녹취록을 작성하는 시점에서부터 내담자들을 추정할 수 있는 모든 인적 사항과 특이 사항들을 삭제하여 내담자의 정보를 보호하려고 노력하였다.

4. 연구결과

1) 가정폭력 행위가 발생하는 맥락과 상호작용

(1) 참 좋은 부인의 이해할 수 없는 폭력 행위: 이성적 성찰 없는 감정 반사적 행동

상담을 의뢰한 남편에 의하면 부인은 '결혼 당시에는 서로 대화가 되는 사람'이었고 '싸울 때를 제외하고 부인이 기분이 좋을 때는 참 좋은 사람'이었다. 그래서 남편은 도대체 아내의 폭력 행위의 원인이 뭔지, 왜 자신들이 그렇게 싸워야 되는지, 그리고 부인이 왜 그런 폭력적인 성향이 나타나는지 알고자 상담에 왔다. 갈등 상황이 되면 부

인은 폭력적인 성향이 나타났는데, 컴퓨터나 의자를 던지거나 칼을 들고 위협하거나 남편을 물어뜯는 등의 폭력을 행사하였다. 남편은 자신과 부인의 대화 중 어떤 내용이 부인을 욱하게 만들어서 폭력적인 성향이 나타나는 것으로 판단하였다. 남편은 부인이 평상시는 참 좋은 사람인데, 갈등 상황에서 분노 조절이 되지 않고 폭력적인 행동을 하게 된다고 생각하였다. 즉, 욱하는 감정이 생겼을 때 어떤 이성적인 성찰 없이 반사적으로 나오는 행동인 감정 반사적인 행동의 결과로 폭력을 행사하게 되었다고 판단하였다.

> 남편: 그때는 컴퓨터도 던지고. 아내가 칼을 들고 찌르려고 해서 제가 피해 다녔지요. 그래서 이건 진짜 아니라는 생각이 들어서 경찰을 불렀어요. 그래서 싸우게 된 원인은, 둘이서 무슨 이야기를 하다가 그렇게 된 게 아니라 아마 아내가 가지고 있는 자신의 욱하고 올라오는 게 있는 것 같아요. 지금은 아내가 저를 물어뜯고 그냥 의자를 집어 던지고 그래요. (1회기)

부인 역시 상담 초기에도 자신의 폭력적 행위가 감정 반사적인 행동이라고 인지하는 단계에 이르지는 못했지만, 스스로 통제할 수 없는 '정신병자' 같은 행위라는 인식은 있었다. 자신에게 무엇인가가 있다고 여기는 부인에게 폭력은 생각하고 의도적으로 하는 행동이 아니라 어떤 스트레스 상황에서 생각하지 않고 나오는 반사적 행동이라는 것이다. 이러한 감정 반사적 행동은 이성적인 판단의 과정을 거치거나 시간을 두고 생각한 후 다시 반응 행동을 결정해서 하지 않는 것이다.

> 부인: 저한테 뭐가 있나 봐요. 저는 남편을 그냥 막 손으로 아무 데나 때려요. 일단 손으로 하다가 막으면 뭐 이제 이렇게 하고. 그때, 정신병자 같아요. 제가 보기에도. (1회기)

(2) 부인의 심한 자책감

부인은 자신이 남편에게 폭력 행위를 했다는 사실로 인해 심한 자책감을 가지고 있었다. 여성이 폭력 행위자인 경우가 흔하지 않은 사회적 통념으로 인해 부인조차 자신의 폭력에 대한 자책감이 커 자신의 폭력 행위 기억을 지우고 싶어서 오히려 먼저 이혼하고자 하는 마음이 컸다.

특히 부인의 자책감을 더 커지게 만드는 상황이 있었는데, 남편은 부인이 폭력 행위에 대해 사과하면 바로 잊어버리고 문제시하지 않았다. 이러한 남편의 행동은 폭력 발생 후 부인과의 상호작용이 좋게 하는 점이기는 했으나 부인의 자책감이 더 커지도록 하였다.

> 부인: 지금 헤어지려고 하는 것도, 도무지 이 사람하고는 이미 저질러져 가지고 어떻게 이게 제어가 안 돼요 정말 어쩔 때는 내 기억을 없애 버렸으면 하는 마음도 생기고 (3회기)

> 부인: 제가 남편을 때렸는데도 남편에게 "잘못했어!"라고 말하면 남편은 그냥 싹 잊어버려요. 때때로 저는 '왜 이런 사람한테 내가 이렇게 했을까?'라는 생각이 들어요. (5회기)

(3) 감정 반사적 행위를 촉발하는 스트레스: 남편의 비난하는 의사소통방식

그런데 이렇게 부인에게 자책감이 들도록 넉넉한 반응을 하는 남편이었지만 부인의 폭력 행위를 촉발하는 상황 또한 남편의 의사소통과 관련이 있었다. 부인은 남편을 대화가 되지 않는 사람이라고 생각하였다. 그 무엇보다도 부인은 남편의 비난하는 의사소통방식이 힘들었는데, 남편은 부부관계가 힘들어진 원인이 부인에게만 있으며 "너만 잘하면 돼."라는 식으로 비난하곤 하였다. 남편이 자신을 몰아세우면서 비난할 때 부인은 화가 났고, 그 분노는 폭력 행위를 촉발하는 계기가 되었다.

> 부인: 저는 결혼 초부터 지금까지 행복하지 않았거든요. 전혀 대화가 된 적도 없고, 제 기억에는. 저는 이 사람하고 대화가 안 된다고…… (1회기)

> 부인: 남이 들었을 때 그렇게 사소한 것 같다가 싸우는지 저도 왜 사소한 걸로 이렇게 흥분을 하고…… 전 대화가 안 됐었어요. (1회기)

> 부인: 남편이 항상 저보고 너만 잘 하면, 너만 잘하면…… 너만 잘 하면 돼, 해서. (2회기)

(4) 감정 반사적 행위를 촉발하는 또 하나의 스트레스: 시어머니 편만 드는 남편

아내가 화가 나서 이성을 잃었다고 스스로 표현하듯이 감정 반사적으로 폭력 행위를 하게 되는 스트레스 상황이 있었는데, 바로 남편이 자신의 어머니와 밀착된 상태에서 부인과 어머니가 갈등할 때 어머니 편만 드는 상황이었다. 어머니가 40세가 넘어 낳은 막내아들인 남편은 어머니의 사랑을 매우 많이 받았다. 다른 형제들과의 관계에서 남편은 적절한 거리와 예의를 유지하면서 서로의 삶에 개입하지 않는 호의적인 관계였다. 다만, 남편은 아버지와 사이가 나빴던 어머니에 대해 연민이 컸으며 어머니와 밀착되어 있었다. 결혼할 당시에는 아버지가 이미 돌아가신 상태였지만 남편은 어머니에 대한 '극진한 사랑'을 가지고 있었다.

> 부인: 남편한테는 어머님에 대한 극진한 사랑이 있거든요. 근데 저한테는 사실 그게 되게 부담이었
> 어요. (1회기)

> 부인: 남편은 항상 어머니 편을 들었었어요. 옳건 안 옳건 간에. 그게 아마 상황적으로 옳지 않아도.
> (3회기)

남편의 어머니에 대한 극진한 사랑은 부인과 어머니 사이에 갈등이 생길 때면 어머니 편을 드는 모습으로 나타났다. 결혼 후 부부는 시어머니와 따로 살고 있었기 때문에 자주 부딪히는 일은 없었지만 어쩌다 한두 번 의견 차이가 있을 때마나 남편은 어머니의 편을 들었다. 그런데 부인은 가끔씩이라 하더라도 시어머니와의 관계에서 자신의 편을 들지 않는 남편을 볼 때 부인은 너무 화가 나고 '이성을 잃을 정도'가 되었다.

> 부인: 그 상황에서 남편이 "어머님, 그게 아니라 그거 제가 그랬어요. 이 사람이 그런 게 아니에요."
> 저는 그 말이 나올 줄 알았는데 그 말은 하나도 안 나오고 가만히 있으니……. 그래서 제가 화
> 가 나서 이성을 잃었었어요. (1회기)

(5) 남편의 비난에서 연상되는 아버지의 비난

분석결과, 부인이 스트레스 상황에서 이성을 잃을 정도가 된 것은 남편의 태도나 말이 친정아버지와의 상황을 생각나게 했기 때문이었다. "너만 잘 하면 돼."라는 남편의 비난이 부인에게 매우 힘들었던 이유는 아버지가 똑같은 비난을 했기 때문이었다. 부인에게 아버지는 매우 엄격하고 자신을 인정하지 않고 몰아세우기만 하고, 비난하기만 하고, 한 번도 딸 편을 들어주지 않았다. 아버지는 항상 딸에게 문제가 있고, 딸이 잘못했다는 피드백을 주고 딸을 인정하지 않았다. 아버지로부터 나쁘고 문제가 있고 불안을 만드는 존재라는 말만 듣고 인정받지 못했던 부인은 결혼을 통해 아버지에게서 벗어나 집을 떠나고 싶었다. 그런데 정작 피난처라고 생각했던 남편의 모습에서 "너만 문제야."라고 비난하던 아버지의 모습이 중첩되는 느낌을 받게 되었다. 벗어나고 싶었던 아버지의 모습을 남편에게서 발견한 순간 부인은 화가 나고 '돌았던 것' 같은 행위를 하게 되었다.

부인: 만일 아버지나 남편이나 둘 중 한 사람이 좀 이렇게 그렇게, 냉혹하게 안 대했으면. 아버지도 똑같이 저한테 너만 잘하면 된다셨거든요. 그래서 너만 문제야, 너만 잘 하면 돼, 이렇게 하셨 는데. (2회기)

(6) 부인의 원가족과의 미분화

① 아버지의 외도로 인한 어머니와의 밀착

그런데 부인이 이렇듯 아버지와의 관계가 좋지 않았던 것은 부인이 어머니와 아버지 관계 사이에 끼어들어 삼각화를 이루었기 때문이었다. 부인의 아버지는 자주 외도를 했으며, 이로 인해 정서적으로 힘들어진 어머니는 딸과 밀착하게 되었다. 어머니와 밀착된 딸이었던 부인은 어머니의 정서 상태와 융합되어 아버지를 미워하게 되었다. 아버지의 외도 사실을 싫어하던 부인은 빨리 집을 떠나고 싶은 마음이 강했으며, 아버지와 어머니가 싸울 때면 중간에 나서서 어머니 편을 들면서 아버지를 공격하였다. 이에 삼각화의 다른 꼭짓점에 있던 아버지는 어머니 편을 드는 딸을 미워하게 되었으며 어머니와 딸을 함께 욕하였다.

부인: 저희가 전화를 하면 저희 아버지는 "항상 용건만 간단히." "빨리 끊어." 이거부터 말씀하시거든 요. 그래서 전화하기가 정말 싫었어요. 그런데 아버지는 다른 여자와 두 시간씩이나 낯간지러 운 소리로 전화를 하면서 제가 만일 전화통화 오래 하면은 그렇게 신경질을 내시던 분이 어떻 게 저렇게 할 수 있을까. (2회기)

② 어머니와 융합되어 과도한 역할을 한 딸

부모와 삼각화를 이루면서 어머니와 밀착된 부인은 어머니와 자신을 분리시키지 못하고 어머니의 역할을 대신하려고 하는 과도한 역할을 수행하였다. 부인은 어린 시절 항상 아버지가 외도하지 않을까 염려해서 이발소에 간 아버지의 머리를 깎는 여자 직원을 의심의 눈초리로 지켜보며 감시하는 역할을 하게 되었다. 이는 자녀였던 부인이 해야 할 일이 아니었음에도 불구하고 어머니와 밀착되어 감정적으로 완전히 융합된 상태에서 어머니의 역할을 수행하는 것이었다.

부인: 아버지가 말도 안 되는 지론인데. 조강지처는 안 버린다. 그래가지고 아무리 바람을 펴도 본 인은 잘못한 게 없대요. 엄마를 안 버렸으니까. 이제 뭐 어렸을 때 기억이 나는 게 이발소 가면

은 그 깎아 주는 여자, 그 여자를 감시했고. (2회기)

③ 어머니에 대한 연민: 불쌍한 우리 엄마

부모와 삼각화를 이룬 부인은 자기분화 수준이 낮아지면서 어머니의 감정이나 반응에서 독립적이지 못했고, 특히 '불쌍한' 어머니와 독립적으로 생각하고 행동하지 못하였다. 그래서 부인은 어머니를 기쁘게 해 드리고, 어머니의 고민을 해결해 줘야겠다고 생각하게 되었다. 결혼도 어머니가 원하는 사람을 만나야 하겠다고 생각했었고, 그 결혼생활에서 힘든 것을 말하면 어머니의 마음이 힘들까 싶어 잘 말하지 않았다. 부인은 자녀인데도 불구하고 어머니의 고민을 들어 주고 경제적인 부분과 아버지와의 관계까지 해결해 주려고 하는 과도한 역할을 하게 되었다. 부인이 이렇게 과도하게 역할하는 기저에는 '아버지한테 잘 사랑받지 못하고 힘들게 저를 가르치시는 애처로운 엄마'라는 생각이 있기 때문이었다. 즉, 엄마에 대한 기본적인 정서는 불쌍함과 연민이었다.

> 부인: 제가 엄마를 봤을 때 아버지한테 잘 사랑받지 못하고 힘들게 저를 가르치시는 애처로운 엄마 같아요. 그래서 결혼해서도 사실 뭐래야 되나, 힘든 얘기 잘 안하고. (2회기)

> 부인: 제가 항상 엄마의 고민을 들어 주고 제가 힘든데도 경제적인 것과 아버지와의 관계에서까지 제가 해결해 줘야 되니까. (3회기)

(7) 부인이 경험한 또 다른 삼각화: 남편의 원가족 미분화

그런데 남편 역시 부인과 마찬가지로 자신의 어머니와 밀착된 상태였다. 부인 자신도 어머니와 밀착된 상태였지만 남편이 시어머니와 밀착되어 있는 것 역시 부인에게 부담스럽고 힘든 일이었다. 남편에게서 자신을 나쁘다고 몰아세우던 아버지의 모습을 볼 때면 감정 반사적으로 행동했던 부인은 시어머니와의 사이에서 중재 역할 하지 않는 남편에게 매우 섭섭하고 화가 났다.

> 부인: 제가 너무 화가 났던 건 뭐냐면 어머님이 저한데 야단치실 때 남편이 "어머님, 그게 아니라 그 거 제가 그랬어요. 이 사람이 그런 게 아니에요."하고 말렸어야 하는데, 저는 그 말이 나올 줄 알았는데 그 말은 하나도 안 나오고, 그래서 제가 화가 나서 이성을 잃었었어요. 왜냐면 너무 억울해서. (1회기)

> 부인: 남편한테는 어머님에 대한 극진한 사랑이 있거든요. 근데 저한테는 사실 그게 되게 부담이었
> 었어요. 남편은 항상 어머니 편을 들었었어요. 옳건 안 옳건 간에. (3회기)

막내아들인 남편은 어머니의 사랑을 매우 많이 받았으며, 특히 아버지의 외도로 인해 부부사이가 나빴던 어머니는 막내아들과 밀착되어 있었다. 결혼할 당시에는 아버지가 돌아가신 상태라 남편은 아버지에 대한 미움은 없는 상태였지만 연세 많고 불쌍한 어머니에 대한 '극진한 사랑'을 가지고 있었다. 부인은 아버지로부터 비난받는 것에 스트레스를 받았는데 남편이 시어머니 편만 들고 자신을 인정해 주지 않을 때에도 스트레스를 받아 이성을 잃을 정도가 되었다. 부인은 시어머니와의 관계가 점점 더 나빠졌으며 남편과의 관계도 더 악화되었다.

> 부인: 어머님이 성격이 참 특이하시거든요. 이해할 수 없는 부분이 많거든요. 어머님이 제가 막 자랐
> 다는 식으로 말씀을 하시길래 제가 너무 화가 나서. 안 그래도 그동안에 남편한테 무시를 당하
> 고 있었는데. (1회기)

이처럼 부인은 시어머니와 미분화된 남편이 어머니 편만 드는 상황으로 인해 화가 났다. 게다가 앞서 살펴본 대로 친정아버지를 생각나게 하는 남편의 비난하는 의사소통방식까지 더해지면서 무시당한다는 생각이 들었던 부인은 분노가 폭발하는 상황에서 폭력까지 행사하게 되었다.

2) 가정폭력이 중단되는 맥락과 상호작용

가정폭력이 중단되는 맥락과 상호작용은 어떠한가에 따른 분석결과를 기술하기 전에 먼저 가족치료 과정을 통한 부부의 변화 정도, 가정폭력이 중단된 정도를 설명하고자 한다.

이 사례의 1회기에서 부부는 상담에 임하는 태도가 확연히 다르고 특이하였다. 남편은 아내의 폭력적인 성향의 원인을 알고 그것을 해결하고 결혼을 유지하고자 하는 자발적인 내담자였다. 이에 비해 부인은 상담을 원하지 않았고 이혼하기를 원하였다. 가정폭력 피해자 아내들이 이혼하기를 원하고 남편은 이혼을 바라지 않는 경우가 많은 데 비해 이는 특이한 상황이었다. 부인은 이혼을 원하는 배경으로 결혼 초부터 남

편과 대화가 된 적이 없었기 때문이라고 밝혔다. 다만 가정폭력 행위자인 부인이 상
담에 비자발적인 것은 남성 가정폭력 행위자의 경우와 일맥상통하는 것으로, 여성이
폭력 행위자일 경우에도 비자발적인 내담자임을 알 수 있었다.

> 남편: 그래서 저는 도대체 그 원인이 뭔지, 왜 그렇게 싸워야 되는지? 그리고 아내가 왜 그런 폭력적
> 인 성향이 나타나는지. (1회기)

> 부인: 저는 사실 여기 올 때도 분명히 이 사람이 저를 정신적으로 이상한 여자다. 아무리 말을 해도
> 제가 알아듣지 못하니까 전문인을 통해서 내가 너와 사는 게 얼마나 내가 힘든지 네가 좀 알
> 아라. 이렇게 하러 온 거로 생각을 하고 왔거든요. 전 상관없어요. 제가 정신병자고 뭐고 간에
> 어차피 남편은 절대 변할 사람이라고 생각이 안 들어요. 저는 사실 이렇게 상담받는 것도 별로
> 원하지도 않아요. 그리고 빨리 이혼했으면 좋겠거든요. (1회기)

부부는 상담을 진행하면서 1회기와는 확연히 달라진 모습을 보여 준다. 가족치료
과정을 통해 이 부부에게 문제가 되었던 부인의 폭력 행위가 발생하지 않게 되었다.
상담을 받는 동안 폭력을 더 이상 쓰지 않게 되었으며, 갑자기 욱하고 화를 내고 분노
하는 상황이 줄어들게 되었다. 특히 이러한 폭력의 중단을 뒷받침하는 것으로 두 사
람의 상호작용이 달라진 것을 볼 수 있다. 부인은 남편이 많이 변화하였다고 평가하
고, 남편과는 '전혀 대화가 된 적이 없다'에서 부인은 5회기에 '쪼끔 대화를' 하였고,
12회기에는 남편이 '달라졌고' '변화가 있죠'라고 평가하였다. 이를 통해 두 사람의 상
호작용이 달라지면서 폭력 행사가 줄어들거나 중단되며 부부관계를 회복하고 있다고
평가할 수 있었다. 이는 자기분화 수준을 높여 감정 반사적 행동을 중지하고 이성적
으로 대처할 수 있도록 내담자를 지원하는 Bowen 모델의 목표에 부합한다.

> 남편: 무슨 일이 있을 때 아내가 짜증이 난다든지 화가 난다든지 그런 거는 줄었어요. 요즘에는 그런
> 것이 줄어들게 되니까. 그동안, 상담받는 동안 폭력을 쓰는 거, 그런 거는 없어졌어요. (13회기)

> 부인: 남편에게 이제 가장 중요한 건 우리 둘 사이의 문제를 좀 부드럽게 한 다음에 시어머님께 갔으
> 면 좋겠다고 그랬더니 남편이 알았다고 했어요. 어저께 이제 쪼끔 그렇게 대화를 했어요. (5회
> 기)

부인: 당신 웬일이냐, 당신 달라졌네. 그 이야기를 했어요. 예전 같으면 기분 좋을 때라도 이런 대화 나오면 남편이 팍 했는데 지금은 되더라고요. 남편의 변화가 있죠. (12회기)

이제 이러한 변화를 연구질문인 가정폭력이 중단되는 맥락과 상호작용은 어떠한가에 따른 분석결과를 기술하기 위해서는 가족치료사의 개입 방향을 제시해야 할 것이다. 우선 가족치료사는 내담자 부부가 가정폭력 행위와 관련된 원가족과의 분화 수준이나 삼각화 현상 등에 대해 통찰할 수 있는 기회를 갖도록 질문을 하였다. 상담이 진행되면서 부인과 남편은 원가족과의 미해결된 갈등이 현재 부부관계에도 영향을 미친다는 것을 통찰할 수 있게 되었다. 그 다음으로 가족치료사는 내담자가 원가족과의 탈삼각화와 분화를 시도하게 된다. 이를 지원하기 위해 원가족과 정서적 거리를 두고 부부체계를 강화하는 방향의 상담이 이루어졌다. 연구에서는 가족치료사의 개입은 방향만 제시하고 이러한 개입 방향에 따라 이루어진 상담내용을 내담자 부부, 주로 부인의 관점에서의 변화에 초점을 맞추어 기술하고자 한다.

(1) 원가족으로부터 분화되는 부인: 탈삼각화

① 어머니에 대한 양가 감정을 가지게 됨: 짜증나는 엄마

친정어머니의 정서 상태와 미분화된 부인은 어머니의 힘들고 약한 마음 상태에서 거리를 두지 못하고 자신의 일처럼 여겼다. 그러나 상담을 받으면서 부인은 연약한 모습만 보이는 어머니가 불쌍하지만 화가 나는 양가 감정이 생기게 되었다. 사실 밀착관계에서의 양가 감정은 당연한 것인데 부인은 그동안 어머니와 정서적으로 한 덩어리가 되어 어머니처럼 느끼거나 생각하고, 어머니의 힘듦에 불쌍하고 안타까운 마음만 들었다. 그러나 가족치료를 통해 자신과 어머니의 관계를 생각하는 시간을 갖게 되면서 부인은 처음으로 그 관계가 너무 부담스럽다고 느끼게 되었고, 왜 어머니가 항상 약한 모습으로 딸에게 의지하는가에 대해 화가 나기 시작하였다.

부인: 제가 짜증을 못 느끼다가 상담받으면서 이제 과도한 역할에 대해 생각을 하다 보니까 화가 막 나더라고요. 내 일도 힘들어 죽겠는데 내가 이렇게까지 해야 되나. 엄마는 왜 좀 강한 모습을 보이지 않고 나한테 항상 연약한 모습을 보일까. (3회기)

상담이 더 진행되면서 부인은 어머니에 대한 부담스러움을 더 많이 느끼게 되면서도 연민과 짜증을 동시에 느끼는 양가 감정이 심해진다. 이러한 과정을 통해 부인은 엄마와의 관계를 생각해 보기 시작하였다. 자기분화란 사고와 감정을 분리하고 타인과 친밀하면서도 독립적으로 생각할 수 있는 능력임을 상기할 때 부인은 엄마와의 밀착 상태에서 분화되기 시작한 것이라고 할 수 있다.

> 부인: 그런데 모르겠어요. 왜 엄마를 그렇게 애처롭게 생각하고 사랑하는지. 그렇게 엄마를 좋아했는데 왜 힘들어해서 내가 이렇게 딱 놓으려 하는지. (5회기)

② **어머니에 대한 배신감: 엄마가 아빠를 사랑하는지 몰랐어요**

상담을 통해 부인은 어머니와의 양가 감정을 경험하지만 어머니와 완전히 분화되지는 못하였다. 그런데 부인은 부모와의 삼각관계에서 벗어나는 계기를 맞게 되는데, 그 계기란 어머니가 상담에서 아버지와의 관계에 대해 솔직한 마음을 털어놓은 것이었다. 어머니는 자신의 남편이 외도를 해서 속을 상하게 했지만 가정을 지켰으며 이혼의 의지가 전혀 없었다는 점을 설명하면서 자신과 남편이 서로 사랑한다고 말하였다. 부모 사이에 끼어 엄마 대신 아버지와 싸워 왔던 부인은 어머니가 아버지를 사랑한다는 솔직한 마음을 알게 된 후 '뒤통수를 맞은 듯한' 배신감을 느꼈다. 어릴 때 아버지와 사이가 좋았던 부인은 자라면서 아버지와의 관계가 매우 갈등적으로 되었고 그로 인한 아버지의 비난이 부인에겐 스트레스가 되었다. 이렇게 된 이유는 아버지가 외도하며 어머니를 힘들게 했기 때문에 부인이 어머니 입장에서 아버지와 대리 싸움을 하며 아버지를 미워했기 때문이었다. 그런데 오랜 세월 동안 아버지를 미워했던 부인은 정작 어머니가 그 아버지를 사랑한다는 사실을 알게 되었고, 이는 부인이 전혀 예상하지 못했던 사실이었다.

> 부인: 제가 한 가지 충격을 받은 건 엄마가 아빠를 사랑한다는 그 말에, 당연한 말이지만 전 뒤통수를 맞은 듯한…… 제가 철이 들면서 아버지하고 나하고 사이가 멀어진 것도 엄마 때문이기는 하지만 그때 엄마한테 뭐라고 말을 할 수가 없었어요. (12회기)

아버지를 미워할 줄 알았던 어머니가 아버지를 사랑한다는 사실에 배신감을 느낀 부인은 자신에게 아버지를 감시하게 하고 아버지와 대신 싸우게 한 어머니에 대해 원망이 생겨났다. 부인은 어머니가 자녀에게 하지 말아야 할 이야기를 했으며, 부모 사이에 자신이 개입한 것이 잘못되었다는 통찰을 하게 된다.

> 부인: 엄마는 아버지를 사랑하면 왜 저한테 못할 말을 하고 감시하러 나를 보내고 결국에는 아버지하고 내 사이가 왜 나빠졌겠어요? 엄마 대신 내가 싸워 준 게 한두 번이 아니었었고. 친정에 대한 상처가 너무 큰 것 같아요. (12회기)

(2) 원가족과의 미분화가 부부관계에 미친 영향 통찰: 남편과의 융합 추구

어머니와 아버지 관계에 대해 자신이 알고 있는 것과 다른 진실을 인식하게 된 부인은 감정적 상처를 받았지만 다른 한편으로는 인식이 확장되는 계기를 맞는다. 즉, 자신이 아버지와 어머니에게 제대로 된 사랑을 받지 못했다는 사실과 채워지지 않았던 부모의 사랑에 대한 집착이 있었다는 것을 자각하게 된다. 그리고 그 집착의 대상을 남편으로 옮겨 부모로부터 못다 받은 사랑을 받으려고 했던 것에 대해 통찰하게 된다. 그리고 사랑을 받으려는 집착으로 인해 남편과 더 부딪히고 갈등을 겪게 되었다는 것으로까지 부인의 인식이 확대된다.

> 부인: 내가 너무 아버지나 엄마한테 받지 못한 사랑에 대해서 집착을 했었나, 그래서 그걸 빨리 떨쳐 버리는 게 나한테는, 그 받지 못한 사랑을 남편한테서 받으려고 그랬었나 하는 생각에, 그게 채워지지 않으니까 남편하고 더 부딪히는 것 같았고. (12회기)

(3) 남편의 통찰을 통한 변화: 어머니로부터의 분화

가족치료 과정을 지나오면서 남편 역시 무조건 어머니 편을 들던 태도에서 아내의 편을 들어 주는 모습으로 변화한다. 남편은 가족치료 과정을 통해 부인의 폭력행위가 자신의 비난이나 어머니 편들기로 인해 촉발되었고, 이는 부인과 친정아버지와의 관계와 연관되어 있다는 것을 통찰하게 되었다. 이러한 통찰에 따라 남편은 아내가 스트레스 상황에서 감정 반사적으로 행동하지 않도록 스트레스 상황을 만들지 않으려고 노력하였다. 남편의 태도 변화로 인해 부인도 변화하게 되었다. 그동안 시어머니와의 관계에서 매우 힘들었던 부인은, 남편이 처음으로 자신의 편을 들어주자 감정 반사적 행동으로 분노하지 않고 논리적으로 설명하는 이성적 행동이 가능해진다. 또한 어머니가 옳지 않다는 객관적인 말 한마디로 인해 부인은 더 이상 그 상황에 대해 연연해 할 필요가 없어지고 어머니에 대한 불만도 없어지게 되었다.

> 부인: 남편이 자기도 어머니가 잘못한 거 안다고 하면서 남편이 처음으로 제 편을 들어 준 거 아녜요. 남편이 제 편을 들어 주다 보니까 논리적으로 설명해 주고 딱 끝나더라고요. (12회기)

> 부인: 전 정말 신기해요. 남편이 되게 많이 변했어요. 제가 어머니에 대한 불만도 없어지더라고요. (13회기)

(4) 부부의 가정폭력 행위 중단을 위한 노력: 의사소통양식의 변화

부인은 남편의 비난에 대해 반사적 반응으로 가정폭력 행위를 한 것에 대한 자책감이 매우 컸다. 그래서 오히려 이혼을 해야겠다고 생각하였다. 상담 과정을 통해 자신의 폭력 행위 촉발과 부모와의 미분화 상태에 대해 통찰하게 된 부인은 분노가 폭력 행위로 연결되지 않도록 노력하였다. 화가 날 때도 부인은 빨리 화를 풀려고 노력하였다.

> 부인: 제발 안 싸웠으면 좋겠다고 생각했어요. (12회기)

> 남편: 제가 그때 화냈거든요. 그래도…… 아내가 씨익 웃으면서 뭐라고 그러면 내가 풀리고 요즘은 아내가 제가 하는 것을 이해하고, 웃고, 그러면은 제가 이제 제 속도 열려 가지고 이야기할 수 있는 그러한 계기가 되는 것 같아요. (13회기)

이러한 부인의 노력에 남편도 함께 부응하면서 부인과 남편 모두 서로 갈등을 일으키지 않으려고 노력하였다. 이러한 노력의 결과, 비난하던 남편과 사소한 비난에도 분노가 폭발하던 부인은 서로 대화가 되지 않던 사이에서 대화가 되는 부부로 변화했다. 이제 남편은 친구와 있었던 일을 이야기하는 부인에게 "너만 잘하면 돼."가 아니라 "걔 누구냐."라는 말로 부인의 입장에서 듣고 부인의 편을 들어 주게 된다. 이러한 남편의 말에 부인은 남편이 자신을 편들면서 상황을 좋게 웃기려 한다는 것을 이해하고 대화가 잘 이어지게 되었다.

> 부인: 남편이 많이 달라진 거 같아요. 예전에 친구랑 있었던 일 얘길 하면, 옛날 같으면 네가 더 잘해라 뭐 이런 식으로 하든가 아예 말도 안 하든가 그랬거든요. 그러면서 싸움이 더 났어요. 이번엔 남편이 "걔 누구냐고." 하면서 절 편들어 주니까 웃겨가지고. (13회기)

이러한 의사소통방식의 변화는 남편이 가족치료 과정을 통해 부인의 감정 반사적 폭력 행위가 발생하는 상호작용 상황을 통찰하게 된 결과로 가능해졌다. 또한 부인 역시 자신의 폭력 행위가 자기분화 수준이 낮은 자신이 스트레스 상황에서 감정 반사적으로 행동한 결과임을 통찰하였다. 부인이 짜증을 내거나 힘든 일을 얘기하면 남편은 오히려 부인을 비난하거나 화를 내서 스트레스 상황을 만들고 그 상황은 종종 폭력 행위로 이어졌던 과거에 비해 부부가 서로 갈등을 일으키지 않으려고 노력하는 대화를 하게 되었다. 결과적으로 스트레스 상황에 덜 노출되어 부인의 감정 반사적 폭력 행위도 발생하지 않게 되었다.

> 남편: 아내가 그런 쪽으로 가고 있어요. 저희들이 갈등을 일으킬 필요는 없다고 생각합니다. 저도 말
> 스타일이 쫌 아내하고 비슷해져 가고 있지 않습니까? (13회기)

(5) 원가족과 자기분화 촉진: 부부체계의 강화

가족치료를 통해 부인과 남편은 모두 자신의 원가족과 분화가 촉진되었다. 자신의 가정폭력 행위가 원가족과의 미해결된 감정과 관련 있다는 것을 통찰한 부인은 우선 친정 식구들과 만나는 횟수를 줄였다. 그리고 어머니가 아버지를 사랑한다는 사실을 인정하고 부모와의 삼각화에서 벗어나서 자신은 남편과 살아야 한다는 사실을 인정하게 되었다. 이렇게 되자 남편에게만 관심이 집중되고 부부체계가 강화되는 모습을 보였다. 그래서 부인은 예전에는 엄마에 대해 걱정하였으나 이제는 남편이 아프면 안 된다고 생각하게 되는 신기한 경험을 하게 되었다.

> 부인: 상담받고 나서부터 불필요하게 친정 식구 만나지 않고 그냥 이렇게 하다 보니까 정말 편하더
> 라고요. 저는 엄마를 매일 걱정했었거든요. 내가 엄마를 보호해야 된다는 그게 항상 있었는데.
> 엄마가 아빠를 사랑하고 그러니까 인정하고 받아들이고 나니까 엄마에 대해서 조금 이렇게 거
> 리를 두고 생각할 수 있겠더라고요. 남편하고 살아야 하니깐. 요즈음엔 남편한테만 관심이 집
> 중되어 있고, 이 사람 아프면 안 될 거 같고, 참 신기한 거 같아요. (13회기)

5. 논의 및 제언

이 연구는 여성이 가정폭력을 행사하게 되는 맥락과 중단되는 맥락을 상호작용의 관점에서 분석하고자 Bowen의 가족치료 모델을 활용하여 상담 사례를 분석하였다. 가정폭력 행위자인 여성의 관점에 초점을 맞추어 분석한 연구결과를 논의하면 다음과 같다.

첫째, 부부의 가정폭력 발생의 상호작용을 분석한 결과 부부는 모두 원가족과 삼각화를 이루고 있었으며, 부인은 스트레스 상황에서의 감정 반사적 행동으로 가정폭력이 발생하는 등 분화 수준이 낮았다. 이러한 결과는 자기분화가 스트레스 상황에서 대처능력으로 확연히 나타난다는 Murdock과 Gore(2004)의 논의를 뒷받침하며, 감정 반사적으로 대처하는 것이 스트레스와 관련 있다는 논의(Wei et al., 2003)와도 일치한다. 부인의 폭력 행위는 욱하는 반사적 행동이었으며 그 반사적 행동을 촉발한 스트레스는 남편의 비난하는 의사소통양식과 시어머니만 편드는 태도였다. 남편의 비난은 친정아버지의 비난을 떠올리게 해서 부인은 더욱 분노 조절이 안 되는 반사적 행동을 하였다. 이는 여성의 가정폭력이 외부에서 가해지는 폭력에 의해 순간적으로 내부의 폭력성이 촉진되어 표출되었다는 연구결과(전옥희, 2012)와 일치하였다. 친정아버지에게서도 '너만 문제야'라는 식의 비난을 들어왔는데, 이는 외도를 한 아버지와 힘들어하는 어머니 사이에서 삼각화를 이룬 부인이 어머니와 밀착하여 아버지를 미워하고 어머니 대신 아버지와 싸우는 등 부녀관계가 힘들었기 때문이었다. 어머니에 대한 연민이 커서 어머니의 정서와 자신을 분리할 수 없었던 부인은 어머니를 대신해 아버지와 맞서는 과도한 역할을 하였다. 이러한 연구결과는 부모와의 삼각화란 부모 중 한 사람과 과도하게 밀착된 자녀가 부모의 긴장이 높아졌을 때 부모 사이에 끼어들게 된다는 Bowen(1978)과 Charles(2001)의 논의와 일치하였다. 연구결과, 남편 역시 자신의 어머니와 밀착되어 있어 자기분화 수준이 낮은 상태였으며, 이로 인해 결혼 후 부인과 어머니의 갈등 상황에서 어머니 편을 들게 되었다. 부인은 시어머니에게 자신이 비난받는 상황에서 남편이 자기편을 들어 주지 않고 비난하자 스트레스 상황으로 인식하였다. 스트레스 상황에서 부인은 이성적 행동을 하지 못하고 감정적인 반응을 하는, 감정 반사적으로 화를 내게 됨으로써 남편과의 관계가 더 힘들어졌다.

둘째, 가정폭력의 상호작용이 중단되는 과정은 부부가 자신들의 분화 수준과 삼각화 현상에 대해 통찰하는 것으로 시작되었다. 부인과 남편은 원가족과의 미해결된 정서가 현재 부부관계에 영향을 미친다는 것을 통찰할 수 있게 되고, 어머니와의 정서적 밀착 상태에서 벗어나는 탈삼각화를 통해 분화 수준을 높이게 되었다. 이로써 부부체계가 강화되었으며 가정폭력을 발생시키는 스트레스 상황을 만들지 않으려고 노력하였다. 남편은 부인을 비난하지 않고 오히려 부인의 편을 들어 말하려고 노력했으며, 부인은 갈등 상황에서 짜증내지 않고 그 상황에서 건전한 반응을 하려고 노력하였다. 이러한 연구결과는 내담자의 원가족과의 자기분화 수준을 높여 가족체계를 변화시킨다는 Bowen의 가족치료 목표(정문자 외, 2012)가 여성 가정폭력 행위자 가족에게도 잘 적용될 수 있음을 시사한다. 이러한 연구결과는 내담자 스스로 자신의 정서적 자기분화 수준에 대한 통찰과 부모와 삼각화 관계에 대한 통찰을 하게 하여 원가족과 미해결된 갈등이 현재의 남편과의 관계에도 영향을 미친다는 것을 통찰하도록 한다는 Bowen 모델의 기본 상담 방향과 일치한다(Nichols & Schwartz, 1995). 이러한 통찰에 이르게 하는 Bowen 모델의 기법으로 과정질문을 활용한 코칭이 사용되었다고 할 수 있다.

셋째, 부인이 어머니와 아버지의 관계에 본인이 모르는 면이 있다는 것을 통찰하고 인정하면서 어머니와 아버지, 부모체계에서 정서적으로 거리를 두어 자기분화 수준이 높아진 것이 가정폭력 문제가 해결되는 출발점이 된 것은 분명하다. 그러나 동시에 남편이 아내가 스트레스를 받게 되는 상황적 맥락에 대한 이해를 통해 부인이 스트레스를 받지 않도록 비난하는 말투와 다른 사람 편들기를 하지 않으려고 노력한 것이 가정폭력 문제가 해결되는 또 다른 출발점이 되었다. 이러한 연구결과는 여성이 가정폭력 행위자인 경우에도 가정폭력을 가족의 상호작용으로 이해하고 모든 가족구성원에게 가족상담을 실시하는 것이 적절한 지원 방법임을 시사한다.

연구결과를 통한 여성 가정폭력 사례와 관련하여 다음과 같은 제언을 하고자 한다.

첫째, 여성 가정폭력 행위자에 대한 실증적인 연구가 많지 않은 실정에서 여성의 가정폭력 행위가 발생하는 맥락적 이해를 제공했다는 데에 연구의 의의가 있다고 할 수 있다. 특히 여성 폭력 행위자 역시 가족체계론적 관점에서 상호작용의 맥락으로 이해할 수 있으며, 그래서 부부를 대상으로 실천적 개입이 이루어져야 한다는 남성 폭력 행위자에 대한 연구결과(김주현, 이연호, 2008; 장희숙, 김예성, 2004; 현진희, 2007)가 여성 가정폭력 행위자에게도 마찬가지로 적용될 수 있다는 것을 확인할 수 있었다. 이에 여성 가정폭력 행위자에 대한 실천적 개입에 있어 부부와 가족을 대상으로 하는 상담과 교육이 이루어져야 한다. 여성이든 남성이든 가정폭력 행위자의 폭력을 배우자와의 상호작용의 맥락에서 바라보며 상담하고 개입하는 방향이 정립되어야 할 것이다.

둘째, Bowen의 가족치료 모델이 여성 가정폭력 행위자의 폭력 발생 맥락에 대한 설명력을 가짐을 알 수 있었다. 특히 이 연구의 주된 분석 개념이었던 자아분화와 삼각화 개념은 여성의 가정폭력 행위에 대한 이해와 예방, 치유적 접근에 활용할 수 있다. 또한 스트레스 상황에서 감정 반사적으로 가정폭력이 발생하게 되는 맥락에 대한 인식과 그 상황이 원가족으로부터의 미분화와 관련이 있다는 것을 통찰하게 하는 과정이 상담에서 활용되어야 한다. 특히 우리 사회에서 부모가 자녀를 정서적으로 독립시키며 양육하지 않는 가정이 많다는 것을 감안한다면 자녀들이 위기나 스트레스 상황을 만났을 때 원가족과의 미분화에 따른 긴장과 양가 감정, 정서적 불안상태 등으로 인해 긍정적인 이성적 대처방식을 찾지 못하고 감정 반사적인 대처를 할 수 있다는 점에 대해 부모를 대상으로 하는 부모교육과 상담이 이루어져야 할 것이다.

셋째, 부인과 남편이 부모와의 탈삼각화를 통해 부부체계가 강화되는 과정이 가정폭력 중단에 중요한 역할을 하였다는 점을 통해, 가정폭력을 예방하기 위하여 부부체계를 더욱 강화시키는 교육이 이루어져야 할 것이다. 가정폭력의 문제가 발생하여 상담을 통한 개입을 하기 이전에 여러 관련 기관을 통하여 원가족과의 관계를 이해하고 자신을 더 잘 이해할 수 있도록 도와주는 프로그램을 더 많이 개설할 필요가 있다. 그러한 프로그램에 많은 사람이 참여할 수 있도록 지원하는 실천적 방안들도 강구되어야 할 것이다.

넷째, 결혼 전 성인 자녀를 대상으로 부모와의 관계에서 과도한 밀착이나 과도한 역할 수행을 하지 않고 부모와 독립된 한 개인으로서 자기 스스로를 돌보고 자신의 감정과 정서를 돌보게 하는 교육이 필요하다. 부모와 친밀한 관계를 유지하면서도 자신의 독립성을 지킬 수 있는 개인으로 성장하기 위해서는 성인기 전인 청소년기부터 이와 관련된 교육 프로그램들이 필요하다고 사료된다. 그리고 이에 따라 자아분화 수준을 높일 수 있는 여러 실제적인 상담기법이나 코칭기법에 관한 연구가 진행되어야 할 것이다.

이 연구는 남편이 부인의 가정폭력 행위의 이유를 탐색해 낸 후 해결하여 결혼관계를 유지하고자 한 부부를 대상으로 하였기 때문에, 모든 여성 가정폭력 행위자 부부에 대하여 이 연구결과를 적용하는 데에는 한계가 있다. 향후 다양한 여성 가정폭력 행위자 사례에 대한 가족치료 사례연구가 이루어져야 할 것이다. 다른 한편으로, 이 연구는 여성 가정폭력 행위자인 내담자에 대한 이해를 연구의 목적으로 함으로써 가족치료과정에서 가족치료사의 개입에 대한 글쓰기를 하지 않은 글쓰기 방식을 채택하였다. 이로 인해 향후 가족치료사의 개입을 보여 주는 연구가 보완되어야 하는 한계를 지닌다.

참고문헌

강호선(2008). 남편을 살해한 가정폭력피해자 사례관리 기법 및 개입과정에 관한 연구. 한국가족복지학, 13(2), 45-68.

김영희, 변수정(2006). 남편살해 여성의 아내학대 경험에 대한 분석. 대한가정학회지, 44(9), 61-76.

김옥진(2013). 질적 연구에 의한 학교상담: 구조해석학을 적용한 사례연구. 상담학연구, 14(3), 1961-1980.

김은주(2004). 아내에 의한 남편살인에 관한 연구-가정폭력 피해여성에 의한 남편 살인을 중심으로. 한국경찰학회보, 7, 35-61.

김재엽, 송아영(2007). 가정폭력 노출 경험과 청소년의 부모폭력에 대한 연구. 한국아동복지학, 23, 99-125.

김주현, 이연호(2008). 가정폭력피해여성의 비폭력적 결혼관계 유지 경험에 관한 연구-공식적 보호체계 이용경험이 있는 피해여성을 중심으로. 한국가족복지학, 23, 5-41.

문화일보(2013. 6. 21). "매맞는 남편도 급증".

박영란(2007). 여성주의 관점에서 본 가정폭력 피해자의 욕구와 피해자 보호 정책 패러다임의 변화. 한국여성학, 23(3), 189-214.

박태영, 은선경(2010). 다문화 가족의 가족치료 사례연구: 일본인 아내와 한국인 남편의 부부치료. 한국가족복지학, 30, 167-196.

서혜석(2005). 자아존중감 및 부부적응 향상을 위한 가정폭력행위자의 부부집단 프로그램 효과성 연구. 한국가족복지학, 10(1), 25-41.

손현숙(2004). 가정폭력과 자아분화가 특성불안에 미치는 영향-도시 지역 남편폭력에 의한 피해주부를 중심으로. 한국지역사회생활과학회지, 15(1), 3-16.

신선인(2008). 가정폭력 노출경험이 아동 청소년 비행에 미치는 영향에 대한 메타 분석. 한국가족복지학, 23, 163-182.

여성가족부(2013). 2012년도 가정폭력 피해자 지원시설 운영실적. 서울: 여성가족부.

여성가족부(2017). 2016년 전국 가정폭력실태조사. 서울: 여성가족부.

이수정(2006). 가정폭력에 기인하여 배우자를 살해한 여성 재소자의 심리특성에 관한 연구. 한국심리학회지: 사회 및 성격, 20(2), 35-55.

이영분, 신영화, 권진숙, 박태영, 최선영(2008). 가족치료: 모델과 사례. 서울: 학지사.

이철호(2006). 가정폭력과 인권. 한국콘텐츠학회 종합학술대회 논문집, 4(1). 360-363.

장희숙, 김예성(2004). 가정폭력행위자의 유형: 이론에 따른 세 하위 유형의 검증. 한국사회복지학, 56(3), 303-325.

전옥희(2012). 여성의 가정폭력 가해 맥락에 관한 연구. 여성학연구, 22(2), 109-147.

정문자, 정혜정, 이선혜, 전영주(2012). 가족치료의 이해. 학지사: 서울.

정민자, 엄선필(2002). 가정폭력피해자들의 결혼과 결혼 지속 과정에 대한 생애과정적 사례연구. 한국가정관리학회지, 20(3), 67-85.

정성경, 김정희(2004). Bowen 이론을 활용한 가족관계 증진 집단상담이 자기분화와 불안에 미치는 영향. 상담학연구, 5(3), 823-838.

하상희, 정혜정(2008). 원가족 건강성과 자기분화의 세대간 전이. 상담학연구, 9(2), 789-806.

한경혜, 윤성은(2004). 한국가족 친족관계의 양계화 경향 : 세대관계를 중심으로. 한국인구학회지, 27(2), 177-203.

현진희(2007). 가정폭력 부부 집단프로그램의 효과성에 관한 연구. 한국가족복지학, 21, 5-34.

Abel, E. M. (2001). Comparing the social service utilization, exposure to violence, and trauma symptomology of domestic violence female 'victims' and female 'batterers'. *Journal of Family Violence, 6*(4), 401-420.

Bowen, M. (1978). *Family Therapy in Clinical Practice*. New York: Jason Aronson.

Bybee, D., & Sullivan, M. (2005). Prediction of re-victimization of battered women 3 years after exiting a shelter program. *American Journal of Community Psychology, 36*(1), 85-96.

Charles, R. (2001). Is there any empirical support for Bowen's concepts of differentiation of self, triangulation, and fusion? *The American Journal of Family Therapy, 29*, 279-292.

Creswell. J. W. (2007). *Qualitative inquiry and research design 2E*. CA: Sage Publications.

Creswell, J. W., & Poth, C. N. (2016). Qualitative inquiry and research design: Choosing among five approaches. CA: Sage Publications.

Emery, R., & Laumann-Billings, L. (1998). An overview of the nature, causes and consequences of abusive family relationships. *American Psychologist, 53*, 121-135.

Goldenberg, I., & Goldenberg, H. (2007). *Family therapy: An overview*. Pacific Grove, CA: Brooks/Cole.

Henning, K., Jones, A., & Holdford, R. (2003). Treatment needs of women arrested for domestic violence: A comparison with male offenders. *Journal of Interpersonal Violence, 18*(8), 839-856.

Henning, K., Jones, A., & Holdford, R. (2005). "I didn't do it, but if I did I had a good reason": Minimization, denial, and attributions of blame among male and female domestic violence offenders. *Journal of Family Violence, 20*(3), 131-139

Henning, K., & Feder, L. (2004). A comparison of men and women arrested for domestic violence: Who presents the greater threat? *Journal of family violence, 19*(2), 69-80.

Kerr, M. E., & Bowen, M. (1988). *Family evaluation: An approach based on Bowen theory*. New York: Norton.

Lincoln, S., & Guba. G. (1985). Naturalistic Inquiry. Beverly Hills, CA: Sage Publications.

Murdock, L. N., & Gore, Jr. A. P. (2004). Stress, coping, and differentiation of self: A test of Bowen theory. *Contemporary Family Therapy, 26*(3), 319-335.

Nichols, M. P., & Schwartz R. C. (1995). *Family Therapy: Concepts and Methods* (4th ed). Needham Heights, MA: Allyn and Bacon.

O'Leary, K. D. (1993). Through a psychological lens: Personality traits, personality disorders, and levels of violence. In R. J. Gelles & D. R. Loseke (Eds.), *In Current Controversies on Family Violence*. Newbury Park, CA: Sage.

Skowron, E. A. (2000). The role of differentiation of self in marital adjustment. *Journal of Counseling Psychology, 47,* 229-237.

Stith, S. M., Rosen, H. K., McCollum, E. E., & Thomsen, J. C. (2004). Treating intimate partner violence within intact couple relationship: Outcomes of multi-couple versus individual couple therapy. *Journal of Marital and Family Therapy, 30*(3), 305-318.

Tuason, M. T. (1998). Do parents' levels of differentiation of self predict those of their children? A test of Bowen theory. Unpublished doctoral dissertation. State University of New York.

Tuason, M. T., & Friedlander, M. L. (2000). Do parents' differentiation levels predict those of their adult children? And other tests of Bowen theory in a Philippine sample. *Journal of Counseling Psychology, 50*, 438-447.

Wei, M., Heppner, P., & Malinkrodt, B. (2003). Perceived coping as a mediator between attachment and psychological distress: A structural equation modeling approach. *Journal of Counselling Psychology, 50,* 438-447.

Yin, R. K. (2003). *Case study research: Design and methods.* Thousand Oaks, CA: Sage Publications, Inc.

Zlotnick, C., Kohn, R., Peterson, J., & Pearlstein, T. (1998). Partner physical victimization in a national sample of American families. *Journal of Interpersonal Violence, 13*(1), 156-166.

제5장

청소년의 부모폭행에 대한 사례연구*

이 연구의 목적은 청소년 자녀의 부모폭행의 '발생 요인'과 가족치료 과정에서 나타난 '감소 요인'을 발견하는 데 있다. 연구는 실제 가족치료 사례를 중심으로 분석되었고, 연구의 대상은 아버지, 어머니, 아들, 딸 4인으로 구성된 가족이며, 아들은 보호관찰 중에 있었다. 가족치료는 2015년 5월부터 12월까지 총 21회기가 진행되었으며, MRI 모델을 바탕으로 진행되었다. 연구자는 상담축어록과 치료자와 관찰자가 기록한 상담일지를 중심으로 도출된 개념들의 비교를 통하여 앞의 두 가지 요인을 탐색하였고, 연구결과는 다음과 같다. 첫째, 청소년 자녀의 부모폭행 발생 요인으로 '극심한 학업 스트레스' '지나친 생활 통제' '역기능적 의사소통'이 도출되었다. 이러한 요인들로 인해 청소년 자녀는 부모를 향한 분노를 가지게 되었고 그 결과 폭력을 사용하게 된 것으로 나타났다. 둘째, 청소년 자녀의 부모폭행 감소 요인으로 '변화된 표현 방식'이 도출되었다. 상담이 진행되며 가족은 처음으로 생각과 감정을 공유하는 대화방식을 사용하게 되었다. 연구결과, 가족치료를 통해 궁극적으로 청소년 자녀의 부모폭행이 감소한 것으로 나타났다.

1. 서론

우리나라의 「가정폭력범죄의 처벌 등에 관한 특례법」 제2조 1항에 의하면, '가정폭력이란 가족구성원 사이의 신체적 · 정신적 또는 재산상 피해를 수반하는 행위를 말한다'고 규정하고 있다. 다시 말해 부부간의 폭력, 형제간의 폭력, 부모가 자식에게 행사하는 폭력, 노인폭력, 자식들이 부모에게 가하는 폭력 등 가정 내에서 발생하는

* 임아리, 박태영(2019). 청소년의 부모폭행에 대한 사례 연구. 가족과 가족치료, 27(1), 27-52.

여러 가지 폭력 형태를 말한다. 이렇듯 법에서 가정폭력을 다양한 범주로 표현하고 있다는 것은 가정폭력의 대표적 범주인 자녀학대 및 배우자 간의 폭력뿐만 아니라 다른 범주의 가정폭력도 존재하고 있다는 것을 의미한다. 김재엽과 송아영(2007)의 청소년 부모폭력에 관한 연구에 따르면, 서울시 중학교 3학년부터 고등학교 2학생 학생 547명을 대상으로 조사한 결과, 그중 약 12%의 학생이 부친에게 폭행을 가한 적이 있다고 하였으며 모친에겐 24%의 학생이 폭력을 행사한 경험이 있다고 하였다(김재엽, 송아영, 2007). 또한 미디어 매체에서도 부모에게 신체적 · 언어적 폭력을 가하는 자녀에 대한 소식을 심심치 않게 접할 수 있다(국민일보, 2018). 이는 우리 사회에 나타나고 있는 청소년 자녀의 부모폭행의 심각성이 결코 낮은 수준이 아님을 보여 주고 있다. 하지만 지금까지 우리 사회에서는 자녀의 부모폭력에 대한 논의가 거의 이루어지지 않고 있으며 그 이유에 대한 생각은 다음과 같다.

전통적으로 우리 사회는 자녀가 부모를 공경하는 '효' 사상을 매우 중요시 여긴다. '효'는 과거 조선시대부터 우리 사회의 주요한 가치 기준인 유교사상의 핵심 개념으로 현재까지 그 가치가 유지되고 있다. 이렇듯 '효'가 중시되는 우리 사회에서 부모를 폭행하는 자녀는 곧 패륜아이자 효 사상을 저버린 사회의 문제아로 인식되기 때문에 공론화되기 어려운 현실이다. 또한 가정 내 발생하는 폭력은 가족이라는 혈연관계를 바탕으로 한 매우 폐쇄적인 관계에서 일어나기 때문에 실제로 외부에 드러나기 어렵다는 특징이 있다. 특히 자녀에게 매 맞는 부모의 경우 가정폭력의 폐쇄성과 함께 주변의 시선 및 수치심 등으로 인해 가정 밖으로 노출되는 것이 더욱 어려운 현실이다(Routt & Anderson, 2011). 가정폭력은 은밀하고 지속적으로 일어나며 그 결과가 폭행 피해자에 대한 1차적인 신체적 · 정신적 피해 외에 가정 해체와 같은 2차적 피해까지 야기될 수 있어 반드시 해결해야 하는 사회문제라고 할 수 있다. 더욱이 부모에게 폭력을 사용하는 청소년 자녀는 가족 내에서 행하는 폭력뿐만 아니라 학교폭력 가해자 또는 성인이 된 후에도 가정폭력 가해자가 될 수 있어 또 다른 사회문제를 야기할 수 있다. 따라서 청소년들의 부모폭력에 대한 연구는 반드시 필요하다고 본다.

또한 이 연구는 청소년 자녀의 부모폭행문제를 가족치료적 개입을 통해 살펴본다. 특히 가족치료의 여러 이론 중 본 연구는 MRI 모델을 바탕으로 활용하고자 한다. MRI 모델은 가족 내에서 그동안 시도되어 왔던 해결책에 집중하며, 주로 가족 내 사용되었던 의사소통에 초점을 두는 이론이다(안현아, 박태영, 2015). 이 이론은 단순히 표면적으로 드러난 가족문제 해결에만 집중하는 것이 아니라, 가족 내에서 이루어져

온 의사소통 패턴을 파악함으로써 청소년 자녀의 부모폭행에 대한 다양한 역동과 요인을 파악하여 보다 본질적인 문제 해결이 가능하다는 점에서 이 사례와 적합하다고 할 수 있다.

다음으로 이 연구는 질적 연구 방법 중 사례연구 방법을 활용해 분석한다. 가정폭력은 경험 자체가 매우 주관적이며 외부로 잘 드러나지 않는 특성을 갖는다. 또한 그 원인도 다차원적이기 때문에 동일하고 한정된 척도 문항을 통한 조사 및 분석으로 가정폭력문제를 탐색하는 것은 한계가 있다. 따라서 최근에는 가정폭력을 좀 더 다차원적으로 분석하기 위해 질적 연구가 많이 활용되고 있다(이진헌, 강희숙, 2015; 홍상희, 안현희, 2011). 하지만 대부분의 가정폭력과 관련된 연구가 피해자 여성들에 국한되어 있어, 부모를 폭행하는 청소년 자녀에 대한 질적 연구는 아직까지 찾아보기 어렵다(Calvete et al., 2015). 따라서 이 연구에서는 청소년 자녀의 부모폭행문제를 경험하고 있는 가족의 실제 가족치료 사례를 중심으로 부모폭행에 대한 다양한 역동을 분석한다. 그에 따라 청소년 자녀의 부모폭행 '발생 요인'을 도출하고, 가족치료 과정에서 나타난 부모폭행 '감소 요인'을 발견하고자 한다.

2. 문헌 고찰

1) 청소년의 부모폭행

청소년 자녀의 부모 폭력 및 폭행에 관한 선행연구를 살펴보면, 크게 세 가지로 구분할 수 있다.

첫째, 부모에게 폭행을 가한 청소년 자녀의 인구사회학적 특성에 관한 연구이다. 성별, 연령, 가구 소득 등 다양한 인구사회학적 변인을 밝혀낸 연구들이 청소년 자녀의 부모폭행에 대한 초기 연구라고 할 수 있다. 먼저, 폭력을 사용하는 자녀의 성별은 남성 비율이 더 높다(Boxer, Gullan, & Mahoney, 2009; Gallagher, 2008; Walsh & Krienert, 2007)는 결과와 성별에는 큰 차이가 없다(김재엽, 이서원 1999; Calvete, Orue, & Gámez-Guadix., 2012; DeJonghe DeJonghe, von Eye, Bogat, & Levendosky, 2011)는 결과가 함께 나타난다. 그리고 가정폭력 피해자 부모의 성별을 살펴보면, 아버지와 어머니 중에서는 어머니에 대한 자녀의 폭행이 더 빈번한 것으로 나타났다(Walsh

& Krienert, 2007). 이러한 결과에 대해 선행연구들은 여성인 어머니가 자녀의 주 양육자 역할을 수행하며, 여성이 남성에 비해 약하다는 인식을 청소년 자녀들이 가지고 있기 때문이라고 하였다(Agnew & Huguley, 1989; Cottrell, 2001; Cottrell & Monk, 2004; Ulman & Straus, 2003).

청소년 자녀의 가구 소득과 가구 형태에 따른 부모폭행에 대한 결과도 차이를 보여 주고 있다.

첫째, Cottrell과 Monk(2004)에 따르면, 주로 저소득층에서 자녀의 부모폭행이 더 높게 나타난다고 하였으나, 또 다른 연구에서는 모든 소득계층에서 자녀의 부모폭행이 나타난다고 하였다(Calvete & Orue, 2011). 가구 형태와 관련해서는 주로 한 부모 가정에서 성장한 자녀가 그렇지 않은 경우보다 부모폭행 발생률이 더 높은 것으로 나타났다(Contreras & Cano, 2014; Walsh & Krienert, 2009).

부모에게 폭력을 사용하는 청소년의 연령은 주로 14세에서 17세 사이에 분포되어 있는 것으로 나타났다(Walsh & Krienert, 2007). 그 외 청소년 자녀가 부모를 폭행하는 데 영향을 미치는 또 다른 요인으로는 학교생활, 교우관계, 학업 성적 등이 나타났다 (김영희, 1999; Cottrell & Monk, 2004).

둘째, 부모에게 폭력을 가한 청소년 자녀의 심리적 · 정서적 특성에 관한 것이다. 가정폭력의 주된 요인을 살펴보면, 유아기를 포함한 성장환경을 강조하며, 특히 부모와 자녀 간의 애착관계가 자녀의 부모폭행과 매우 밀접한 관련이 있는 것으로 밝혀졌다(이동임, 2011; Holt, 2013). 또 다른 연구에 의하면 부모에게 폭력을 행사하는 청소년들은 부모와 불안정애착을 가지고 있다고 하였다(Agnew & Huguley, 1989). 또한 부모의 높은 기대도 청소년 자녀의 부모폭행에 주요한 요인으로 지적되고 있다(이종복, 1998). 특히 자녀에 대한 부모의 기대와 간섭 중 학업에 대한 어머니의 지속적인 간섭과 집착은 자녀의 부모폭행에 직접적인 원인이 되기도 한다(김진혁, 2013). 또한 Ibabe, Jaureguizar와 Bentler(2013)에 따르면, 부모를 폭행하는 청소년은 그렇지 않은 청소년에 비해 자존감이 낮은 것으로 나타났다.

셋째, 부모에게 폭력을 가한 청소년 자녀의 가정폭력 경험에 관한 것이다. 국내외 많은 연구에서 자녀들이 성장 과정에서 부모로부터 경험한 신체적 폭력이나 학대가 부모에 대한 폭력과 정적인 상관관계가 있는 것으로 나타났다(김영희, 1999; 삼성생명 사회정신건강연구소, 1997; Brezina, 1999; Cottrell, 2001; Mahoney & Donnelly, 2000). 부모가 폭력을 사용하며 다투는 모습을 본 청소년들은 비슷한 방식으로 자신의 부모에게 폭력을 가하는 것으로 나타났다(Ulman & Straus, 2003). Routt와 Anderson(2011)은 부모에게 폭력을 가하는 청소년의 반 이상이 가정 내에서 폭력을 목격한 것으로 나타났고, 그중 상당수는 실제 가정폭력의 피해자인 것으로 나타났다. 가정폭력 경험이 있는 청소년들은 높은 불안, 공포, 스트레스를 경험하고, 이러한 감정적 요인으로 인해 결국 가정폭력이 전수되어 발생한다(이호분, 전여숙, 민성길, 오강섭, 이시형, 1997).

이와 같이 부모에게 폭력을 가한 청소년 자녀의 선행연구들을 살펴본 결과, 먼저 대부분의 선행연구는 국외에서 이루어졌다는 점을 발견할 수 있다. 다음으로 현재까지 이루어진 연구들은 대부분 부모를 폭행하는 청소년 자녀의 일반적 특성을 도출하기 위한 연구들이 주를 이루었다. 이러한 연구들은 매우 기초적인 연구로서, 선행연구를 바탕으로 국내에서 발생하는 청소년 자녀의 부모폭행에 대한 심도 깊은 분석에는 한계가 있다. 따라서 청소년 자녀의 부모폭행에 대한 체계적인 접근의 필요성이 대두된다.

2) 가정폭력과 가족치료

우리 사회에서 가정폭력을 '범죄'로 인식한 것은 불과 30년 전으로, 1980년대에 들어서야 가정폭력이 가족 내의 문제가 아닌 사회문제로 인식되었다(박영수, 2016). 이러한 사회 인식 변화에 따라 가정폭력 해결에 대한 다양한 사회적 해결방안이 시도되었는데 그중 가장 대표적인 것이 사법적 개입이라고 할 수 있다. 우리나라는 1997년 「가정폭력 방지법」을 시작으로 개인의 집안일, 부부문제로 인식되던 가정폭력에 대한 사법적 개입의 근거를 마련하였다(김재엽, 최지현, 남보영, 2011; 윤형관, 2004). 가정폭력에 대한 사법처리는 가정폭력의 가해자와 피해자를 구분하여 피해자를 공적인 제도권 안에서 보호한다는 측면에서 의미가 있다고 할 수 있다. 가정폭력의 사법적 접근은 처벌을 통한 가해자와 피해자의 분리가 중심이 된다. 그런데 이러한 사법적 접근은 우리 사회의 전통적인 가족 가치관 및 반복성과 은폐성이 강한 가정폭력의 특수성을 고려할 때 몇 가지 한계가 있다. 먼저, 우리 사회는 오랜 시간 가정폭력을 집안의 일로 인식하였다. 또한 집에서 일어난 좋지 않은 일이 가족 외부로 알려지는 것을 수치스럽게 여겨 가정폭력 발생 시 사법 처리를 요청하는 데 주저함이 있다(장수미, 김주현, 2005). 다음으로, 사법적 개입 이후 피해자에 대한 비난적 시각을 들 수 있다. 가정폭력 가해자에 대한 사법처리를 원하는 경우 가족을 고발하고 처벌을 원하는 것으로 간주되어 사회적 · 개인적으로 여전히 피해자에 대한 비난적 시각이 존재한다. 마지막으로 사법처리를 통한 처벌의 경우, 가족인 가해자가 전과자가 되거나 가족의 해체 등이 두려워 피해자가 적극적으로 자신의 피해 사실을 솔직히 털어놓기 어려운 상황이다(강진아, 2017). 이와 같이 처벌 중심의 사법적 개입은 실질적으로 피해자를 보호하는 역할을 수행하는 데 한계가 있다고 할 수 있다.

이러한 사법적 개입의 한계점들이 대두되며 우리 사회에서는 가정폭력 가해자와 피해자에 대한 치료적 개입이 논의되었다. 앞서 살펴본 사법 영역에서도 상담 혹은 치료 프로그램 등을 포함하여 처벌이 중심이 아닌 가족의 갈등 해결과 회복의 가능성이 있다는 점을 특징으로 하는 '회복적 사법'에 대한 관심이 일어나기 시작하였다(김재희, 2017). 그리고 이러한 치료를 포함하는 개입의 대표적 방법으로 상담이 대두되었다. 특히 가정폭력은 의식주 생활을 함께하는 가족 집단에서 발생하기 때문에 직접적인 가해자와 피해자뿐만 아니라 가족구성원 전체가 신체적 · 심리적 측면에서 심각한 어려움을 경험하게 된다. 이와 같은 가정폭력의 특성을 고려할 때 가족을 구성하는 각 개인을 비롯한 가족 전체를 대상으로 하는 가족치료의 개입이 매우 필요하다(이종원, 2010). 외국에서는 가족치료가 가정폭력에 효과적인 개입방식임을 입증하는 연구들이 있다(Brannen & Rubin, 1996; Gelles & Maynard, 1987). 국내에서도 1990년대에 들어서며 가정폭력에 대한 개입으로 가족치료의 효과성을 입증하는 연구들이 나타나기 시작하였다(김영애, 이영란, 2008; 노혜련, 2003). 구체적으로 허남순(1995)은 가정폭력 부부를 대상으로 해결 중심 단기 가족치료이론을 적용해 그 효과성을 입증하였다. 그리고 가정폭력에 대한 MRI 모델을 적용한 부부치료가 효과성이 있다고 보고한 연구도 있다(박태영, 박소영, 2010).

한편, 국내의 가정폭력과 가족치료에 관한 연구들은 2000년대 후반에 들어서면서 몇 가지 변화가 나타났다. 먼저, 가족치료 대상자의 변화이다. 초기의 연구가 대부분 피해 여성과 부부 중심의 연구였다면, 이후에는 그 범위가 자녀까지 확대되어 진행된 가족치료연구들이 증가하고 있다. 실제로 정은과 이경욱(2005)의 연구처럼 가정폭력 피해 모녀에 집중하여 가족치료이론의 효과성을 입증한 연구들이 증가하고 있다. 다음으로 우리 사회의 결혼과 가족을 둘러싼 변화들을 반영하는 연구들이 나타나고 있다. 문정화(2017)는 다문화가정을 대상으로 한 가정폭력과 가족치료에 관한 연구를 진행하였고, 이는 가정폭력과 가족치료에 관한 연구들이 우리 사회의 가족을 둘러싼 변화들을 반영하여 더 다양화되고 있다는 것을 보여 준다.

하지만 이와 같은 변화에도 불구하고 가정폭력과 가족치료에 관한 선행연구들은 여전히 배우자 간의 폭력에 집중되어 있다. 이는 앞서 언급한 것과 같이 우리 사회에 부모를 때리는 청소년이 없었기 때문이 아니라, 이 주제를 논의할 사회적 분위기가 마련되지 않았기 때문이라고 할 수 있다. 더욱이 자녀에게 폭행을 당한 부모가 직접 자녀를 신고하여 처벌 중심의 사법적 개입으로 문제를 해결한다는 것은 사실상 불가능하다. 또한 자녀가 사법적 처벌을 받는 것이 반드시 문제의 해결이라고 볼 수 없다. 따라서 청소년 자녀의 부모폭행의 경우에 처벌 중심의 사법적 접근이 아닌, 가족치료를 중심으로 한 회복적 접근이 실질적으로 더 필요할 것으로 판단된다. 이에 이 연구는 실제 가족치료 사례를 바탕으로 분석하고자 하며, 그 효과성을 입증하고자 한다.

3) MRI 모델

이 연구는 가족치료이론 중 MRI 모델을 적용하여 개입하였다. MRI 모델은 미국 Palo Alto 지역의 Mental Research Institute에서 가족치료를 진행하면서 발전시킨 이론이다(박태영, 박소영, 2010). MRI 모델은 의사소통이론과 체계이론을 기반으로 상담을 진행하는 단기치료 방법이다(박태영, 2009). MRI 모델은 상담 과정에서 가족체계 내에 나타나는 상호작용을 관찰하고, 가족 내에서 사용하는 의사소통방식에 초점을 둔다(안현아, 박태영, 2015). 이 모델은 문제의 원인을 가족 내 한 개인에게서 찾는 것이 아니라 가족구성원들이 서로 사용하고 있는 상호작용방식이 문제를 유지시키거나 악화시키는 것으로 보고, 문제를 해결할 수 있는 새로운 의사소통방식을 발견하는 데 치료의 목적이 있다(박태영, 2001). 궁극적으로 MRI 모델에서 치료의 주요한 기법은 가족의 언어와 의사소통을 기능적으로 변화시키는 것에 있다(박태영, 2001).

따라서 MRI 모델은 이 연구의 청소년 자녀의 부모폭행과 같이 가해자와 피해자가 뚜렷한 사례에 적용하기에 매우 효과적이다. 일반적으로 가족 내에서 반복적으로 문제행동을 하는 내담자가 있는 경우 그 개인에게 직간접적으로 비난을 하게 된다. 하지만 MRI 모델을 적용할 경우, 각 개인이 아닌 가족 내부의 의사소통방식에 초점을 두기 때문에 가족치료에 참여하는 각 개인이 비난받는다는 심리적 부담에서 자유로워질 수 있다. 그 결과, 상담에 거부감이 없이 참여할 수 있으며 가족들도 가족치료를 통해 개인의 문제가 아닌 가족 내부의 의사소통문제로 이해하여 저항감이 없이 치료에 임할 수 있어 내담자 가족에게 적용 가능한 가족치료 모델로 볼 수 있다.

3. 연구 방법

1) 분석 방법 및 신뢰도 검증

이 연구는 효과적인 연구목적 달성을 위하여 질적 사례연구 방법을 적용하여 분석하였다. Stake(1995)에 따르면, 사례연구는 단일 사례의 복잡성을 분석하려는 노력이며 매우 중요하다고 판단되는 사례에 대해 진행한다. 또 사례연구는 단일 사례의 독특성에 대한 연구이며, 주어진 상황에서 나타나는 상호작용에 대해 탐색하고 이해하고자 하는 연구이다. 따라서 Stake(1995)는 사례연구의 목적은 일반화가 아닌 특수화에 있다고 이야기한다. 이에 따라 이 연구는 '부모를 때리는 자녀' '자녀에게 매 맞는 부모'라는 독특한 사례를 분석함에 있어 질적 사례연구 방법이 가장 효과적일 것으로 판단하여 활용하였다.

분석자료는 상담축어록을 중심으로 음성녹음파일, 상담일지, 관찰일지를 통하여 연구문제와 관련된 주제를 발견하기 위하여 코딩하는 작업을 하였다. 연구자는 1차 코딩을 위해 상담축어록을 반복해 읽으며 유의미한 내용을 선별하였다. 또한 연구자는 관찰일지와 상담일지를 통해 상담축어록에 나타난 상황들의 앞뒤 맥락을 이해하는 작업을 하였다. 이러한 코딩작업을 통하여 개념들을 지속적으로 비교하면서 패턴 코딩을 통하여 범주화하는 과정을 수행하였다. 그 결과 연구자는 1차 분석에서 7개의 상위 범주와, 11개의 하위 범주를 도출하였다. 이후 공동연구자인 치료자와 분석결과에 대한 두 차례의 논의 이후 총 4개의 상위 범주와 7개의 하위 범주 그리고 14개의 개념을 발견하였다. 아울러 연구자는 개념과 범주를 보여 주기 위하여 Miles, Huberman과 Saldaña(2014)의 매트릭스를 활용해 분석결과를 제시하였다. 매트릭스는 행과 열로 이루어졌으며, 연구결과를 효과적으로 보여 줄 수 있는 디스플레이 기법이다(Miles et al., 2014).

한편, 이 연구는 질적 연구의 신뢰도를 높이기 위한 방법으로 자료의 삼각화와 연구자의 삼각화를 시도하였다. 자료의 삼각화를 위해 연구자는 상담축어록을 중심으로 문맥으로는 파악되지 않는 의미 이해를 위해 음성녹음파일을 활용하였다. 이와 함께 치료자가 작성한 상담일지 및 연구자가 치료 과정을 관찰하며 작성한 관찰일지를 함께 분석하여 연구의 신뢰도를 높이고자 하였다. 또한 연구자는 공동 연구가인 치료자와 지속적인 토론을 통해 분석결과를 수정 및 보완하였다. 이와 더불어 직접 연구에 참여하진 않았지만, 사회복지 분야에서 다양한 질적 연구경력이 있으며 현재 상담 현장에 몸담고 있는 동료 연구자 2인과 의견을 교환하며 연구자의 삼각화를 통한 연구의 신뢰도를 높이고자 하였다. 더불어 연구사례의 치료자는 사회복지학 박사학위를 가지고 20년간 가족치료를 진행하고 있는 대학 교수임을 밝힌다.

이 연구는 질적 연구의 윤리적 측면을 고려하여, 첫 회기 시작 전 내담자 가족에게 상담일지 기록, 음성 녹취, 비디오 녹화 그리고 가족치료 기간 동안 연구자의 참여 관찰을 안내하고 동의를 구하였다. 연구자는 매 회기 상담을 관찰하고 마무리 전에 일정 시간을 할애받아 내담자에게 직접 질문을 하여 정보를 수집하는 등의 참여 관찰을 진행하였다. 또한 가족치료의 내용이 연구자료로 활용될 것임을 사전에 고지하고 의견을 확인하였다. 가족치료에 참여한 내담자 가족은 상담일지 기록, 음성 녹취, 연구자의 참여관찰 그리고 연구자료 활용에는 동의하였으나, 비디오 녹화는 거부하였다. 치료자와 연구자는 이러한 내담자 가족의 의견을 존중하여 비디오 녹화는 자료수집 방법에서 제외시켰고, 내담자 가족의 개인정보 보호를 위해 분석된 연구논문에서 개인정보 노출이 우려되는 부분은 모두 삭제하였다.

2) 연구 사례 개요

이 연구는 부모와 갈등을 겪고 있는 청소년 자녀의 부모폭행에 대한 모든 맥락을 탐색하는 연구이다. 이 연구는 질적 사례연구로서, 특정한 사례에 대한 깊은 탐구가 전제된다. 따라서 분석결과를 제시하기에 앞서 사례 개요를 통해 참여 가족과 발생한 부모폭행에 대한 자세한 맥락을 제시한다.

(1) 내담자의 부모폭력 발생 맥락과 조치 과정

사례는 법무부에서 2015년 당시 보호관찰을 받고 있는 청소년 가족에 대한 상담을 의뢰한 사례이다. 당시 내담자(아들)는 공갈과 폭행으로 인해 보호관찰 중에 있었으며, 고등학교를 자퇴한 상태였다. 내담자는 재판을 받고 보호시설에서 생활하며 상담에 참여하였고, 상담이 진행되는 도중 보호기간이 다 되어 시설에서 퇴소하였다. 내담자의 첫 부모폭행은 등교를 거부하던 내담자(당시 17세)가 자신을 깨우는 어머니를 향해 욕설과 발길질을 하며 우발적으로 시작되었다. 내담자의 부모폭행은 직접 폭력을 당한 어머니, 폭력을 가한 내담자 그리고 나머지 가족인 아버지와 동생 모두 큰 충격을 받은 사건이 되었다. 처음 폭력이 발생한 이후 어머니는 상황을 정확히 이해하거나 어떤 행동을 해야 할지 생각조차 못할 정도로 큰 충격을 받았다. 첫 폭력 발생 당시 아버지가 나서서 내담자를 혼내고 훈육을 하는 방식을 사용하였으나 효과가 없었던 것으로 나타났다.

다음으로 내담자는 주로 자신의 기분이 좋지 않거나, 뜻대로 되지 않거나 또는 어머니가 말을 걸면 참지 못하고 언어적·신체적 폭력을 사용하고 있었다. 특히 내담자는 어머니의 언어와 목소리에 격노하는 반응을 보이며, 어머니가 이야기를 할 때 "닥쳐." "○신." 등과 같이 심한 욕설도 함께 하였다. 내담자의 폭력은 시간이 지나며 점점 더 과격해져, 욕설과 함께 주먹질, 발길질 등으로 어머니를 때리거나 아버지와도 완력으로 맞서는 등의 모습을 보였다.

한편, 내담자의 부모폭행은 집에서 주로 발생하였으나 폭력이 반복되며 발생 장소도 확대되었다. 상담에 오기 직전에는 화가 나면 병원처럼 사람들이 많은 공공장소에서도 어머니의 머리채를 잡고 욕설과 폭행을 행사하는 정도까지 이르렀다. 이러한 내담자의 폭력은 부모, 특히 어머니로 하여금 아들에 대한 심한 공포감을 갖게 하였다. 그러나 가족들은 수치심으로 인해 외부의 도움을 적극적으로 모색하지 않고, 가족 내부적으로 내담자의 기분이 상하지 않도록 눈치를 보며 생활하였으며, 내담자와 마주치지 않도록 피하는 방식을 취하고 있었다.

한편, 내담자는 분노조절장애나 반사회적 인격장애로 진단받은 경험이 있으며, 2014년에는 단기적으로 정신과 치료 및 약물을 복용한 적도 있었다.

(2) 가족구성원의 특성과 가족 역동

내담자 가족은 아버지(52), 어머니(46), 아들(IP, 19), 딸(17)로 구성되었다. 부모는 모두 매우 이성적이고 차가운 성향을 가지고 있었다. 또한 부모 모두 명문학교를 졸업한 고학력자이며 근면 성실하였다. 특히 어머니는 지병으로 인해 건강에 매우 민감한 모습을 보였다. 여동생은 무기력한 상태였으며, 오빠(내담자)에 대한 두려움을 가지고 있었고, 부모에게는 답답함을 느끼고 있었다.

내담자는 기억이 있는 아주 어릴 적부터 부모로부터 극심한 학업 스트레스를 받아 왔다고 하였다. 내담자와 여동생은 부모의 맞벌이로 인해 5~6세 때부터 저녁까지 학원에서 시간을 보냈다고 하였다. 자녀들은 스스로를 부모가 시키는 대로만 하는 로봇이나 꼭두각시라고 표현하였다. 내담자와 동생은 어릴 적부터 부모의 말을 어기면 심하게 잔소리를 듣거나 매를 맞았다고 기억하고 있었다. 내담자의 부모는 학업에 몹시 집착하며 자녀들에게 '공부만이 살길'이라고 강조하였다. 자녀들은 공부에 방해되는 행동, 이를테면 TV 시청, 인터넷 사용, 하교 후 체육활동 등과 같이 지극히 일상적인 행동조차 금지되었다. 이렇게 강압적인 분위기에서 내담자와 여동생은 늘 집이 숨 막히고 답답하였다고 하였다. 특히 내담자는 어려서부터 가족 중 아무도 자신의 이야기를 들어 주고 수용해 준다는 느낌을 받아본 적이 없다고 하였다. 또한 내담자의 경우는 4명의 가족 중 자신을 제외한 아버지, 어머니, 여동생이 한편이라고 느끼고 있었다.

가족들은 내담자가 초등학교 5학년 무렵부터 짜증과 화를 자주 내었다고 기억하였다. 내담자는 중학교 2학년 때 동급생과의 폭행, 욕설 등의 문제가 발생하였다. 하지만 부모는 내담자가 학교에서 교사, 친구 등 타인과 크고 작은 문제가 있었을 때 한 번도 아들의 편을 들어 주거나 정서적으로 보듬어 준 적이 없었다고 하였다. 아들은 그러한 부모를 보며 이 세상에 내 편은 아무도 없다고 생각하게 되었다. 아들은 중학교 2학년 때부터 집이 답답하고 숨이 막혀 상습적으로 가출을 일삼았고, 부모와의 갈등이 매우 심해졌다. 연구 참여자 가족구성원의 인구사회학적인 특성과 성격적 특성은 [그림 5-1]에 제시하였다.

3) 가족치료 개입 내용

연구에 활용된 가족치료는 2015년 5월부터 12월까지 1~4회기 어머니상담, 5~6회기 아들(IP)상담, 7~8회기 딸상담, 9~11회기 아버지상담, 12회기 부모상담, 13회기 부모와 딸 상담, 14회기 어머니와 아들 상담, 15회기 부모상담, 16회기 부모와 아들 상담, 17회기 아버지와 아들 상담, 18회기 아들과 부모 상담, 19회기 부모와 딸 상담, 20회기 어머니상담, 21회기 모녀상담으로 진행되었다. 이 중 19회기부터 21회기까지는 딸의 요청으로 모녀관계에 초점을 둔 가족치료가 이루어져 연구 분석자료에서는 제외되었음을 밝힌다.

가족치료에 참여한 가족은 4인 가족으로 상담 초기에는 각 가족구성원의 개인상담이 진행되었다. 개인상담은 대상에 따라 최대 4회, 최소 2회가 진행되었다. 개인상담의 주된 개입전략은 각 개인의 관점에서 바라본 가족의 모습, 가족구성원의 성향, 각 가족구성원의 관계 및 역동, 가족문제에 대한 시각을 구체적으로 파악하는 데 주력하였다. 각 회기별 개인상담의 구체적 개입 내용은 다음과 같다.

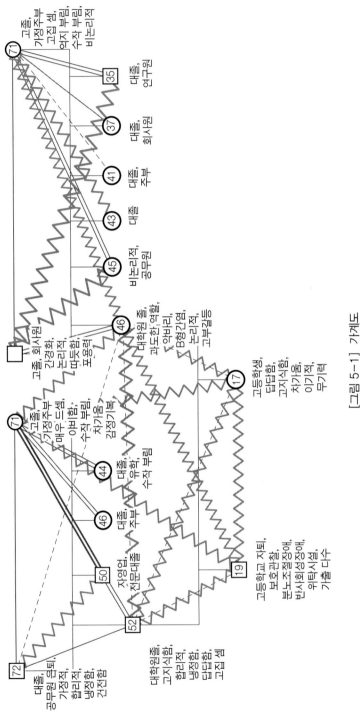

[그림 5-1] 가계도

1~4회기까지는 어머니의 개인상담을 통하여 어머니의 시각으로 본 가족의 역동을 파악하는 데 초점을 두었다. 어머니는 가족치료에 대해 많이 개방되어 있는 상태로, 치료자가 많은 질문을 하지 않아도 여러 정보를 이야기하였다. 이 과정에서 치료자는 어머니의 시각에서 바라보는 내담자, 아버지(남편), 딸의 특성과 그들의 관계, 어머니 본인의 상황 및 심경 등을 구체적으로 파악하였다.

5~6회기에는 내담자 개인상담이 진행되었으며, 상담 당시 내담자가 생활시설에 거주하고 있어 치료자와 연구자가 직접 방문하여 상담실에서 상담을 진행하였다. 5회기의 가장 주된 개입 목표는 내담자와의 라포 형성이었다. 내담자는 반복된 가출, 부모폭행, 가족 내 충돌, 생활시설 내 충돌 등으로 인해 분노가 많았고 사람에 대한 불신이 높았다. 내담자가 처음 치료자와 연구자를 만났을 때도 거리감을 두고, 가벼운 질문에도 쉽게 대답하지 않았다. 이에 따라 치료자는 내담자에게 질문을 던져 답을 얻기보다는 현재 상황에 대해 답답하고 화가 나는 내담자의 심정에 공감을 하였다. 또한 치료자의 자기개방을 통한 청소년 시절 이야기를 들려주며 내담자의 관심을 유도하였다. 내담자는 5회기 상담 초기에는 "몰라요." "아닌데요." "왜요?" 등의 답변으로 일관하였는데 중반에 들어서는 제법 길게 자신의 이야기를 하며, 부모에 대한 원망과 측은지심의 양가 감정을 표현하였다. 치료자는 5회기 상담을 마무리 하면서 내담자에게 그동안 힘든 상황 속에서도 잘 버틴 것에 대한 칭찬과 격려를 아끼지 않았다. 6회기 상담에서도 치료자는 내담자와의 더 깊은 라포 형성을 위해 자기개방, 공감하기, 격려하기 등의 개입전략을 활용하였다. 이러한 치료자의 시도를 통해 내담자의 시각에서 바라보는 가족구성원 각 개인에 대한 정보, 부모관계, 부녀관계, 모녀관계, 내담자와 가족의 관계 등을 자세히 파악하였다.

7~8회기에는 딸의 개인상담이 이루어졌으며, 치료자는 이 회기에서 딸의 시각에서 바라본 가족의 모습, 각 가족구성원에 대한 탐색과 가족구성원 간의 역동을 파악하였다. 내담자의 부모폭행문제로 가족치료가 의뢰되었으나, 딸 역시도 부모와의 관계를 매우 힘들어하고 있었다.

9~11회기에는 아버지 개인상담이 이루어졌으며, 이 회기에서도 치료자는 역시 아버지의 시각에서 바라본 가족의 모습과 각 가족구성원 및 가족들의 관계를 탐색하였다. 아버지는 처음에 가족치료에 대해 회의적이었으나, 치료자가 같은 부모로서의 공감과 지지를 반복적으로 표현하여 라포를 형성하려는 노력을 계속하였고 그 결과 아버지도 가족치료에 적극 참여하게 되었다.

12회기부터 18회기까지 치료자는 가족구성원 2인 또는 3인 상담을 진행하며 MRI 모델의 초점인 가족 내 의사소통 패턴을 확인하는 작업을 진행하였으며, 가족끼리 전형적으로 충돌하는 패턴과 내담자의 부모폭행 때 시도되었던 해결책들을 파악하고 기능적인 의사소통방식을 사용할 수 있도록 개입하였다.

연구방법에서 언급한 것과 같이 19회기부터 21회기까지는 딸의 요청에 의한 딸과 부모의 관계에 초점을 둔 상담으로서 이 연구에 활용되지 않아 개입전략에 대한 설명을 생략함을 밝힌다. 또한 각 회기별 개입 전략은 〈표 5-1〉에 제시하였다.

〈표 5-1〉 회기별 가족치료 개입 내용

회기	참여자	가족치료 개입 내용
1	어머니	어머니가 인지한 가족문제 확인 어머니가 바라본 각 가족구성원의 특성 및 관계 파악 어머니가 하고 싶은 이야기 경청
2	어머니	
3	어머니	
4	어머니	
5	아들	아들과의 라포 형성 아들이 인지한 가족문제 확인 아들이 바라본 각 가족구성원의 특성 및 관계 파악
6	아들	
7	딸	딸이 인지한 가족문제 확인 딸이 바라본 각 가족구성원의 특성 및 관계 파악 딸이 개인적으로 가지고 있는 문제 경청
8	딸	
9	아버지	아버지와의 라포 형성 아버지가 인지한 가족문제 확인 아버지가 바라본 각 가족구성원의 특성 및 관계 파악
10	아버지	
11	아버지	
12	부모	부부간 의사소통 패턴 탐색 문제 상황에서 시도된 해결책 탐색 새로운 해결책(의사소통) 제안
13	부모와 딸	부모와 딸 사이의 의사소통 패턴 탐색 시도된 해결책 탐색 상담 참여 후 나타난 변화 탐색(표현방식, 인식 등) 새로운 해결책(의사소통) 제안
14	어머니와 아들	아버지와 아들의 의사소통 패턴 탐색 상담 참여 후 나타난 서로의 변화 탐색 새로운 해결책(의사소통) 제안

15	부모	지난 상담 이후 나타난 변화 탐색 새로운 해결책(의사소통) 제안 및 적용
16	부모와 아들	상담 후 나타난 변화 탐색 및 인지(부부, 모자, 부자, 가족관계 전체) 새로운 해결책(의사소통) 제안 반복적이고 구체적인 새로운 해결책 적용
17	아버지와 아들	상담 후 나타난 변화 탐색을 세부적으로 파악 새로운 해결책(의사소통)으로 대화 유지
18	어머니와 아들	새로운 해결책(의사소통) 대화 유지 아들에 대한 어머니의 두려움 줄이기

4. 연구결과

1) 부모폭행 발생 요인

청소년 자녀의 부모폭행과 관련한 요인을 분석하는 데 있어, 가장 먼저 "왜 부모를 때리게 되었는가?" "어떻게 부모 폭력이 발생하였는가?"에 대한 답을 찾고자 하였다. 그리고 연구결과, 아들의 부모폭행에 영향을 미친 요인으로는 극심한 학업 스트레스, 지나친 생활통제, 역기능적인 의사소통이 도출되었다.

〈표 5-2〉 청소년 자녀의 부모폭행 발생, 감소 요인 분석결과

구분	상위 범주	하위 범주	개념
부모폭행 발생 요인	극심한 학업 스트레스	공부만이 살길	공부만 허락되는 24시간
			성적으로 끊임없이 비교되는 남매
		공부 안 하면 혼내는 부모	공부 안 하면 때리는 아빠
			잔소리, 저주를 폭격하는 엄마
	지나친 생활 통제	감옥 같은 집	법과 같은 부모의 말
			자녀를 기계로 만든 부모
	역기능적 의사소통	소통이 안 되는 가족	자녀의 요청을 들어주지 않는 부모
			자녀의 감정을 이해 못하는 부모
		재판관 같은 부모	지나치게 이성적인 대화

부모폭행 감소 요인	변화된 표현방식	부모의 속마음 내어놓기	부모의 첫 사과
			부모의 진심 고백
		서로 인정하기	아들 칭찬하기
			부모의 변화 인정하기
			부모 입장 대변하기

(1) 극심한 학업 스트레스

① 공부만이 살길

어릴 적부터 아들은 부모로부터 극심한 학업 스트레스를 받았다. 아들는 잠을 자는 시간을 제외하고는 모든 시간 동안 공부할 것을 강요받았다. 아들의 부모 중 어머니가 특히 학업 부담을 많이 주었던 것으로 나타났다. 어머니는 집에서 자녀들이 공부만 하길 바라며, 자녀가 방에서 공부를 한다고 하면 청소나 옷 정리를 핑계로 방에 들어와 풀고 있는 문제집 페이지가 얼마나 넘어갔는지를 체크할 정도로 극심한 학업 스트레스를 주었던 것으로 나타났다. 또한 아들의 부모는 자녀를 남매와 또래 사촌들과 성적으로 끊임없이 비교하였고 아들은 동생 앞에서 무시를 당하였다. 아들은 공부를 잘해야만 대접받는 가족문화에 점차 환멸과 분노를 느꼈다. 아들은 학업 스트레스와 부모의 과도한 간섭으로 인하여 폭력을 사용한 것으로 나타났다. 이러한 결과는 고학년 초등학생의 학업 스트레스는 공격성을 높일 수 있다는 연구결과를 보여 주고 있다(석지혜, 2013).

- **공부만 허락되는 24시간**

  딸: 아빠가 겨울에 저희가 내복을 입고 있을 때 밖에 나가서 단어 한 60개씩? 외워 오라고 현관문 밖에서. 저희 아파트니까, 거기서 외우고. 다 외울 때까지. 다 외우면 시험 보러 잠깐 들어 왔다가 또 다시 틀리면 밖으로 나가고 했었거든요. 엄마가 말린 적도 있으셨는데 그걸 좀 몇 번 했었던 것 같아요. 그런 거 좀 힘들었었던 것 같아요. 오빠도 그렇고 저도 그렇고. 사실 저도 막 벗어나고 싶어요. (8회기)

  딸: 저희가 어릴 때 느끼기에는 그랬어요. 뭐든지 공부와 연결되어야 하고 공부와 연결되지 않은 거는 할 필요 없다. 하면 안 된다. 약간 이렇게 느끼는 게 있었어요. (13회기)

- **성적으로 끊임없이 비교되는 남매**

아들: 그냥 공부 못하면 공부 잘하는 애들이랑 비교하고. 뭐 제가 못하는 거, 저보다 잘하는 사람들 이랑 비교하면서 막 좀 안 좋게 말했죠.

치료자: 아주 어릴 때부터 그렇게 비교를 당한 거예요? 동생하고도 비교하고?

아들: 동생하고도 많이 비교했죠.

치료자: 동생하고 또 어떻게 비교했어요?

아들: 동생은 공부 잘하는데 전 못할 때요. "이거 봐. 이거보다 더 못했네. 더 잘했네." 동생한테 네 가 오빠보다 더 공부 더 잘할 거라고 그러면서 비교하고 막 그랬는데. (6회기)

딸: 그래서 솔직히 친척들도 다 그니까 공부, 공부하고 경쟁하고 이래가지고 정말 뭐만 하면 다 이 제 공부 누가 잘하네, 누가 잘하네, 얘기가 계속 서열이 나눠질 정도로 그렇게 되는 것도 있 었고 오빠나 저나 좀 어릴 때는 시키면 하는 스타일이었기 때문에 계속 하는데 특히 오빠가 장남이어서 "이제 너는 장남이니까 넌 당연히 잘해야 돼!" 이런 게 되게 많았단 말이에요. (7 회기)

② 공부 안 하면 혼내는 부모

아들은 단순히 학업 스트레스만 경험한 것이 아니라, 부모가 원하는 만큼 공부하지 않았을 때는 부모의 훈육을 받았다. 훈육의 형태로 아버지한테서는 주로 신체적 체벌 이 이루어졌고, 어머니한테서는 주로 악담에 가까운 폭언의 형태로 나타났다. 아들에 게는 어릴 적 체벌로 인해 아버지가 무서운 존재였다. 아들은 특히 어머니의 훈육방 식으로 인해 많은 상처를 받았다. 어머니는 자녀의 미래에 대해 저주에 가까운 말을 자주 하였다. 또한 아들은 성적이 나쁘지 않았음에도 불구하고 부모의 지나친 기대에 미치지 못한다는 이유로 자신(IP)의 미래에 대해 악담을 했던 것들이 잊혀지지 않는 다고 하였다. 이러한 부모의 훈육방식으로 인해 아들은 부모에 대하여 강한 적대감과 분노를 가지게 되었다. 그로 인해 아들은 부모에게 폭력을 사용하게 되었다.

- **공부 안 하면 때리는 아빠**

아들: 아빠도 열심히 해라. 근데 아빠는 좀 덜했죠. 한 번씩 할 때는 제대로 하는 대신. 그러니까 예 를 들어 엄마가 잔소리를 열 번 해요. 그런데 아빠는 계속 안 하다가 더 심하게 때린다던지 이런 식으로. 아빠는 자주 안 하는 대신 한 번 할 때 좀 빡세게 뭐라 하고. 엄마는 자주 뭐라 고 하고. 어렸을 때는 아빠가 그래서 엄청 많이 무서웠어요. (6회기)

• 잔소리, 저주를 폭격하는 엄마

아들: (공부 못하면) 도와주는 사람 있잖아요. 그런 거 해라. 그런 식으로 계속 얘기하고 막 얘기하던데. 너 뭐 할 거냐. 네가 잘난 게 없는데. (6회기)

딸: 그래도 네가 해야 할 건 해야 한다. 너는 그리고 학생이다. 이 시기가 지나면 나중에 못 돌아온다. 네가 나중에 이 시기를 잘못 보내가지고 80년 동안 후회한다 이러면서 막 뭐라 하시니까. (7회기)

(2) 지나친 생활 통제

① 감옥 같은 집

아들은 어릴 적부터 부모로부터 통제와 감시를 당했고, 모든 행동에 대하여 제한을 받았다. 특히 아들은 장남으로서 동생보다 더 엄격한 통제를 받았으며 집에 있으면 숨이 막히고 감옥에 있는 것 같은 느낌을 받았다. 아들은 처음 이 답답한 감정을 느꼈을 때는 이유를 몰랐으나 시간이 지나면서 집안 분위기가 일반적인 가정과는 다르다는 것을 알게 되었다. 아들에게 집은 규칙이 많은 감옥 같았다. 아들이나 딸은 때로는 부모의 지시가 이해되지 않아 왜 이렇게 해야 하는지 질문하면 답변은 듣지 못하고 늘 혼이 났다. 더욱이 아들과 딸은 청소년이 되어서도 스스로 한 번도 의사결정을 내릴 기회조차 없었다. 이런 상황이 반복되면서 자녀들은 스스로를 기계 같다고 생각하였다. 특히 아들은 부모의 통제에 강한 반발심을 갖고 있었으며, 부모의 말은 잘 들으라고 강요하면서 자녀들의 말은 하나도 들어 주지 않는 부모를 표리부동한 사람들이라고 생각하였다. 아들은 점차로 부모와 한 공간에 있는 것조차 참기 힘들 정도로 답답하고 분노 또한 극에 달하였다. 그 결과 아들은 중학교 때부터 상습적으로 가출하였다. 이는 자녀의 심리적 반발심과 가출 충동이 정적 상관관계를 갖는다(이혜련, 김희화, 2015)는 내용을 보여 주고 있다. 결국 아들은 말이 통하지 않는 부모에게 폭력을 사용하였다.

• 법과 같은 부모의 말

아들: 방에 들어가라. 이제 갑자기 들어가라니까 이유가 궁금해서 왜 들어 가냐? 하니까 소리를 지르면서 때린다던가. 갑자기 왜 말대꾸하냐고. 자기(엄마)가 들어가라면 들어가야 되고, 뭐 하라면 해야 되고. 그러니까 부모 아래 자식이 있다 이렇게 생각하는 것 같았어요. 그래서 힘들

었죠. (5회기)

> 딸: 저희(남매)가 어릴 때부터 뭔가 하면 안 된다는 게 되게 많았어요. …… 〈중략〉 …… 특히 오빠
> 가 장남이어서 "이제 너는 장남이니까 이렇게 해야 돼. 넌 당연히 잘해야 돼." 이런 게 되게
> 많았단 말이에요. (7회기)

- **자녀를 기계로 만든 부모**

> 딸: 사실 저도 약간 어릴 때는 기계 같은 느낌이 들긴 했어요. (7회기)

> 딸: 그러니까 저희 나름대로의 후회하지 않은 삶을 살고 싶은데 그게 너무 억압되니까 오히려 저
> 자신을 포기하게 되는 것도 있고 저희가 좋아하거나 하고 싶은 거를 찾고 노력하기도 전에
> 엄마, 아빠가 아, 너는 이거 잘하니까 이런 거 하면 좋겠다, 이런 거를 정해 버리면 자기가 뭘
> 좋아하는지도 모르고 그냥 하라는 대로 정말 기계처럼 살게 되는 거잖아요. 저희는 그런 게
> 싫었던 거예요. (13회기)

(3) 역기능적인 의사소통

① 소통이 안 되는 가족

내담자 가족은 역기능적 의사소통을 사용하고 있었다. 김영진(2016)에 따르면 대화는 둘 또는 그 이상의 사람들이 서로의 감정과 생각을 말로써 설명해 소통하는 것을 의미한다. 이러한 기준에서 볼 때 내담자 가족은 기능적인 대화를 하지 못한 것으로 나타났다. 내담자의 부모는 앞에서 언급한 것처럼 아들에게 늘 공부하라는 말과 엄격한 생활 통제를 하였다. 따라서 아들은 부모의 목소리만 들어도 소름이 끼쳤다.

다음으로 내담자 가족은 감정적 지지를 전혀 할 수 없는 대화방식을 사용하였다. 아들은 부모에게 무엇을 이야기하거나 요청하면 늘 거절당하였다. 또한 아들은 자신은 작은 것에도 혼이 나고 부모에게 사과를 강요당했지만, 부모는 잘못을 하고도 '미안하다'는 말을 한 번도 하지 않았다고 하였다. 또한 아들은 부모의 차갑고 이성적인 말투로 인하여 부모로부터 지지를 못 받는다고 생각하였다.

- **자녀의 요청을 들어주지 않는 부모**

> 아들: 엄마한테 말 꺼내기 어렵고. 그리고 또 솔직히 마음이 가진 않았어요. 어렸을 때 그냥 물어본
> 건데 (엄마가) 말을 자르니깐 짜증나죠.
> 치료자: 아빠도 그렇게 말을 끊고 들어와요?

아들: 아니요. 아빠는 다 듣는데 듣고 안 된다고 해요. (5회기)

아버지: 그런데 이번 주 주말에 또 한 번 (면회를) 와 달라는 거예요. 그래서 보통 2주에 한 번 씩 면회가 가능하거든요. "2주일에 한 번씩만 (면회) 된다."고 그랬더니. 그거 신경 쓰지 말라고. 와 달라고 그래서 "그럼 아빠가 주말에 일 있을 수도 있으니까 될 수 있으면 가 보는데 만약 일이 있게 되면 못 간다."고 그랬더니 그런 것도 못 해 주냐고. "아빠도 일이 있잖니?" 그랬더니 "지랄하지 마!" 이런 식으로 또. (9회기)

• **자녀의 감정을 이해 못하는 부모**

아들: 엄마는 자기가 생각한 건 무조건 옳아요. 자기 잘못을 거의 인정 안 해요. 그러니까 기본적으로 자기 하는 게 무조건 맞다 이렇게 판단하고. 저한테 사과를 한 적이 없는 것 같아요. (5회기)

딸: 억울하니까 계속 그 뒤에도 죽고 싶다는 생각이 되게 많이 들었는데, 너무 힘들고 지쳤는데 "너만 그러는 거 아니다. 애들 다 그런다. 왜 너만 상처를 크게 받는 것처럼 하냐?" 사실 처음에는 엄마 아빠한테 얘기를 했는데 그 뒤부터 얘기를 안 하게 됐어요. 근데 제가 초등학교 때 6학년 때 처음 스트레스 받을 때는 우유를 못 마시고 음식을 먹으면 바로 토하고 했는데 제가 이제 먹는 걸로 스트레스를 풀었어요. (7회기)

② **재판관 같은 부모**

내담자의 부모는 자녀에게 매우 이성적이고 객관적인 대화방식을 사용하였다. 부모는 아들에게 늘 타인의 입장을 먼저 옹호하는 대화방식을 사용하였다. 예를 들어, 아들이 학교에서 교사와 교우문제가 생겨 부모에게 자신의 입장을 이야기하면 부모는 아들을 혼내거나, 모든 것을 아들의 잘못으로 표현하였다. 심지어 경찰서에서 아들이 경험한 공포스러운 상황에 대해 이야기하였을 때도 부모는 아들의 감정을 보듬어 주지 않았다. 부모는 아들을 생각하여 객관적이고 이성적으로 이야기하였다고 하였지만 아들은 부모마저도 자신을 믿어 주지 않는다고 생각하였다. 결국 내담자는 세상에 믿을 사람이 아무도 없다고 생각하였다. 그 결과 아들은 자신의 말을 들어 주지 않는 부모에게 쌓인 분노를 폭력으로 표출하였다. 이와 같은 결과는 부모와 기능적 의사소통을 하지 못한 청소년일수록 욕구불만을 가지게 되고, 이로 인해 분노 조절이 어렵다(정지연, 2018)는 내용을 보여 준다.

• **지나치게 이성적인 대화**

> 어머니: 아들이 저한테 자기 너무 억울하다고 얘기를 하더라고요. 그래도 "아들아, 네가 욕을 하고, 메신저상에 나와 있는 증거로 제출한 욕을 한 사실과 때렸던 사실은…… 물론 걔가 너를 화나게 해서 때렸겠지만, 그래도 폭력을 행사했다는 사실 자체는 네가 잘못한 거다."라고 얘기를 했거든요. (1회기)

> 아들: (엄마 아빠가) 그냥 어디 가면 제 편을 안 들어 주던데요. 그냥 선생님들 편 계속 들어 주고. ……〈중략〉…… 5월에 경찰서에서 조사받는데 어려서 엄마 올 때까지 조사 안 시키잖아요. 그런데 엄마가 와서 나에게 욕하고 막 때리려고 했거든요. 나를 잡아서 흔들고 그래가지고.

> 아들: 아빠도 나에게 "너도 잘못한 게 있으니까 그랬을 거다." 그러면서 별로 말을 안 했어요. (6회기)

2) 부모폭행 감소 요인

내담자의 부모폭행은 상담 후반기에 들어서며 감소하는 양상을 보였다. 내담자의 부모폭행이 감소하게 된 것은 가족 모두에게 큰 변화로 다가왔다. 요인으로 변화된 표현방식이 도출되었다. 내담자 가족은 상담을 통해 과거의 역기능적인 의사소통방식을 기능적으로 전환하는 작업을 수행하였다. 의사소통의 변화로 인한 감정적 교류와 서로에 대한 인식 변화를 통해 내담자의 부모폭행이 감소된 것으로 분석된다.

(1) 변화된 표현방식

① 부모의 속마음 내어놓기

내담자 가족은 상담을 통해 처음으로 서로의 감정을 언어로 표현하게 되었다. 이 과정을 통하여 치료자는 부모에게 지금까지 부모가 아들을 변화시키기 위해 사용하였던 의사소통방식이 효과가 없었음을 인식시키고, 새로운 방식을 시도하도록 하였다. 그 방법으로 부모가 직접 아들을 보고 해 주고 싶은 이야기를 솔직하게 하도록 권유하였다. 이를 통해 부모는 아들을 향한 사랑과 미안함을 처음으로 직접 전달하였다. 부모는 아들의 서운한 마음이나 어려움을 헤아리고 있다고 이야기하였으며, 무거운 부담과 압박을 준 것에 대해 진심 어린 사과를 하였다. 또한 늘 아들이 잘 되기를 바라는 마음에서 부모가 이야기를 하는 동안 아들의 모습에서도 변화가 나타났다. 아들은 평소와 같이 부모의 말을 자르거나 듣기 싫다고 소리 지르는 대신, 부모가 하는 이야기를 끝까지 묵묵히 듣고 있는 모습을 보였다. 상담을 통한 이와 같은 변화로 인해 부모와 아들은 처음으로 기능적인 대화를 나누게 된 것으로 나타났다.

- 부모의 첫 사과

아버지: 제가 지난번에 교수님하고 상담할 때 말씀을 드렸었는데, 아들은 집에서 많이 외로웠을 거예요. 제가 잘못한 부분이 그런 부분이에요. 어쨌거나 아버지 된 입장에서 자식이 힘들 때는 와서 얘기하고 들어 주고 그랬어야 했는데, 제가 그런 걸 거의 못했어요. 제 성격이 유한 성격도 아니에요. 그러다 보니까 아들이 힘들 때 부담 없이 와서 아빠한테 얘기할 수 있는 그런 환경을 만들어 주지 못했어요. 그래서 아들이 그런 부분에서 누구 한 명 대화할 상대가 없었다는 점이 제일 큰 부분이 아닐까 싶어요. 그런 부분이 제가 잘못한 거죠.

치료자: 아드님에게 그런 말씀을 직접 한 번 해 본 적이 있으신가요?

아버지: 없었던 것 같아요.

치료자: 그럼 직접 한번 보고 이야기하시죠.

아버지: ○○야, 아빠가 미안하다. 지금 생각하니까 그래서 네가 더 힘들었을 것 같다. 그치만 네가 미워서 그런 건 아니야. 내 자식이니까. 더 잘되게 남보란 듯이 잘 키우기 위해서. (16회기)

치료자: 죄송합니다만, 아버님께서 아드님을 직접 보시고 말씀해 주시죠. 아드님도 아빠와 눈 마주치고 대화하는 것도 해야죠.

아버지: 미안하다, 어렸을 때 너무 너 생각을 못 해 준 것 같아. 아빠 생각만. 널 그냥 아빠 방식으로만 키우려고 했던 것. 그게 너한테 너무 큰 짐이 된 것 같다. 지금 많은 상처가 있는데 아빠도 많이 반성을 했고 최대한 네 의견이나 말 많이 들을게. (17회기)

- 부모의 진심 고백

어머니: 그때 ○○이가 아마 서운했을 수도 있었을 거예요. 저희가 가서 같이 무릎을 꿇자고 했거든요. 제가 무릎을 꿇은 거는 내 아들은 건져야지. 내가 무릎 남한테 10번 꿇어서라도 내 아들 구하는 거 내가 100번도 꿇는다. 무릎 꿇는 게 문제가 아니라 내 아들 살린다고. 근데 ○○이는 아마도 그때 '뭐야, 엄마 아빠는 내가 잘못했다고 생각한 거 아니야? 가서 사죄하기만 바빴잖아'라고 오해하고 있을 수도 있을 거예요. 미안해. 지금 기회가 없으면 얘기 못 할까 봐 너 마음 아플 텐데 얘기하는 거야. 그때 아빠가 굉장히 많이 힘들어하셨어. 네가 힘들까 봐 힘들어하셨어. 그 일 때문에 힘든 게 아니라. "내 아들이, 잘난 내 아들이 자존심도 정

말 강한 놈이 제 부모가 남의 집에 가서 무릎을 꿇었으니 저는 얼마나 속상했을까?" 하면서 그날 술 마시고 제 앞에서 울더라고요. 그러면서도 "쟤 가만히 놔둬라. 저는 더 속상할 거다." 분명히 그러더라고요. 아마 ○○이는, 저희가 그때 얘기도 안 했었고, ○○이도 이 얘기는 아마 몰랐을 거예요. 처음으로 말하는 거예요. 누가 그러더라고요. 사랑한다고 생각는 게 사랑하는 게 아니라고, 상대방이 사랑하고 있다고 느끼게 표현해 주는 게 사랑이라고 얘기하더라고요. 근데 저희가 표현을 잘 안 하기 때문에 ○○이는 잘 몰랐을 수도 있어요. 근데 정말로 사랑한다고, 아빠랑 엄마가. (16회기)

어머니: ○○이는 모르겠지만, ○○이가 가장 무섭고 힘든 일을 당했을 때 달려가는 거는 부모라는 것을, 그 마음만이라도, 지금은 그 마음만 알아줬으면 해요. 경찰서에 갈 일이 있을 때, 밤중에라도 달려가는 건 부모라는 거. 그 달려갈 때 마음이 '우리 아들이 얼마나 거기서 무서울까!' 이런 생각으로 달려가지, '저놈의 새끼 또 무슨 사고를 쳤어?' 이런 게 아니라는 것을……. 그동안 표현을 못 했어요. 제가 잘못한 거죠. 노력할 거야, ○○아. 아빠도 그렇게 말을 했고 엄마도 그렇게 노력하고 있어. 진짜 진심이야. 정말 부담 갖지 마. 나는 이건 말해 주고 싶어. (16회기)

② 서로 인정하기

치료자가 제안한 새로운 대화방식의 시도로 아들과 부모는 처음으로 서로의 감정을 내어놓는 대화를 하게 되었다. 앞서 도출된 '부모의 속마음 내어놓기' 요인을 통해 처음으로 서로 간의 진술한 대화가 이루어졌고 이후 아들과 부모에게 새로운 변화들이 나타났다. 특히 서로 극심한 갈등을 겪던 어머니는 처음으로 아들을 칭찬하였다. 또한 상담을 통해 부모의 달라진 모습을 보며 아들도 실제로 부모의 변화를 느끼고 있다고 표현하였다. 이와 같은 아들의 긍정적인 표현은 부모에게도 매우 긍정적인 영향을 미쳤다. 또한 아들은 부모의 입장을 헤아리고 치료자에게 부모를 대변하기도 하였다.

• 아들 칭찬하기

어머니: 아빠는 엄마한테 계속 그랬어. ○○이 대학교 못 가도 괜찮다고. 마음 비우라고. 엄마는 두렵기는 했어. 왜냐면 엄마 많이 아프니까 '내가 빨리 죽으면 우리 아들 밥도 못 먹고 살면 어떡하나?' 사실 그게 되게 두려웠어. 근데 지금은 또 무슨 생각을 하냐면, 네가 어딜 가도 잘

살 거 같애! 그렇게 생각한 이유는 너는 사람들하고 또래 친구들하고는 잘 지내더라고. 쉼터에 있는 친구들과 선생님하고 관계를 잘 맺더라고. 그래서 '얘는 내가 걱정하는 거보다는 관계를 잘 맺고 잘 지내겠구나!'라고 생각이 들었어. 그래서 좀 마음이 놓여. (16회기)

어머니: 저도 ○○이한테 하고 싶은 말이 있는데요. 어렸을 때 ○○이가 공부 때문에 힘들어했던 거는 주로 제가 원인 제공자였거든요. ○○이를 낳고 나서, 다 그렇겠지만 저나 남편이나 그렇게 행복할 수가 없었어요. ○○이가 태어나서 어릴 때부터 영특하고 굉장히 똑똑했어요. 너무나 뛰어난 아이였고, 초등학교 저학년 때 너무 뛰어나고 잘하니까 제가 잘못된 욕심이 생겼던 거예요. (16회기)

• **부모의 변화 인정하기**

아버지: 뭐, 동생이나 너나 그 당시에 엄마 아빠가 다 직장인이었잖아. 그럼 얼마나 집에 와서 빡빡하게 짜인 스케줄대로 공부하고 엄마 아빠 만나는 시간도 얼마 있지도 않았고. 특히 또 엄마는 공부하라고 잔소리 많이 하긴 했었어요. 그래서 제가 봐도 애들이 스트레스 좀 받겠다고 생각했어요. 근데 거기다 대고 아빠가 또 "너희들은 아빠 힘든 것 좀 알아줘야 돼." 이런 것은 얘기를 안 하는 것이…… 제가 혼자 갈무리하고 가야 할 부분이 아닌가 생각했어요.

치료자: 그럼 그 부분이 요즘은 좀 변하셨어요?

아들: 제가 봤을 땐 (아빠가) 좀 변했어요. (17회기)

• **부모 입장 대변하기**

치료자: 오히려 아빠가 아드님하고 인간적인 대화를, 예를 들어 아빠가 그때 상사가 어떤 인물이었고, 이런 것들을 아드님한테 얘기했으면 아드님은 좀 더 인간미를 느꼈다고 생각할 수 있을 것 같지 않을까요? 아빠한테 이런 얘기 들어 본 적 있나요?

아들: 아, 아빠는 근데 그런 게 있었겠죠. 가장이니까 자신이 책임이 무겁고 그런데, 약한 모습을 보여 주기 싫었겠죠. (17회기)

5. 논의

이 연구는 가족치료 사례를 통하여 청소년 자녀의 부모폭행의 발생 요인과 감소 요인을 규명함으로써 부모폭행의 해결 과정을 살펴보았다. 먼저, 발생 요인으로 3개의 상위 범주와 5개의 하위 범주, 9개의 개념이 도출되었다. 먼저 부모폭행 발생 요인의 상위 범주로 '극심한 학업 스트레스' '지나친 생활 통제' '역기능적 의사소통'이 도출되었고, 하위 범주는 '공부만이 살길' '공부 안 하면 혼내는 부모' '감옥 같은 집' '소통이 안 되는 가족' '재판관 같은 부모'가 도출되었다. 내담자는 성장 과정에서 부모로부터 매우 심한 학업 스트레스를 받아 왔으며, 이러한 지나친 학업 기대는 내담자의 생활 전반에 대한 부모의 엄격한 통제로 연결되었다. 그로 인해 내담자에게 집은 도망치고 싶은 곳이었으며, 자신은 부모의 욕심을 채워 주기 위한 도구적인 삶을 살고 있다고 느끼게 하였다. 내담자는 부모로부터 오는 스트레스를 해소하지 못한 채로 참아 왔던 것으로 나타났다. 내담자의 이러한 스트레스가 누적되면서 부모에 대한 분노를 형성하게 되었고, 내담자가 고등학생이 되면서 그 동안의 분노가 폭발하여 어머니에 대한 첫 폭력이 발생하였다. 이러한 연구결과는 부모의 과잉기대와 과잉간섭이 청소년 자녀의 성장에 부정적 영향을 미친다(Affrunti & Ginsburg, 2012; Affrunti & Woodruff-Borden, 2015; Kennedy, Edmonds, Dann, & Burnett, 2010)는 선행연구결과와 일치하고 있다. 특히 부모의 과잉기대가 청소년의 스트레스를 증가시켜 높은 공격성을 유발한다(손석한 외, 2001)는 연구결과를 보여 준다.

한편, 이 연구결과는 부모의 양육행동 중 제재적 양육방식은 청소년의 공격성과 관련이 높다(정주영, 2014)는 선행연구와도 일치하고 있다. 이러한 선행연구들을 종합해 볼 때 꼭 부모가 자녀에게 직접적으로 물리적 학대를 가하지 않았더라도 지속적인 심리적 스트레스에 노출된 양육환경은 자녀의 폭력성 증가에 영향을 미칠 수 있다는 것을 알 수 있다. 또한 내담자 가족의 대화는 늘 부모의 지시로 이루어졌으며, 내담자는 부모에게 자신의 생각이나 감정을 표현해 본 적이 없었다. 또한 부모에게 정서적 지지를 받아 본 적이 없었던 것으로 나타났다. 이는 부모의 낮은 정서적 지지가 청소년 자녀의 부모폭행에 매우 주요한 요인으로 밝혀진 선행연구(Calvete et al., 2014)의 내용과 일치하고 있다. 또한 역기능적인 부모-자녀의 의사소통은 자녀의 공격성과 비례한다(최재정, 2010)는 내용을 보여 준다. 또 다른 연구에서는 자녀의 분노 표출 조절은 부모와의 부정적 상호작용의 경험에 밀접한 영향을 받는다(정주영, 2014)고 하였다. 이와 같은 선행연구와 이 연구결과를 종합해 볼 때, 의사소통의 질이 자녀의 부모폭행에 주요한 영향을 미치는 요인임을 확인할 수 있었다.

다음으로, 청소년 자녀의 부모폭행 감소 요인으로는 1개의 상위 범주와 2개의 하위 범주, 5개의 개념이 도출되었다. 상위 범주로는 '변화된 표현방식'이 도출되었고, 하위 범주로는 '부모의 속마음 내어놓기' '서로 인정하기'가 분석되었다. 가족치료가 진행되며 내담자의 부모폭행이 감소하고 치료를 종료할 즈음에는 내담자가 생활시설에서 나와 가족과 합가를 하였음에도 불구하고 부모에 대한 신체적 폭력이 나타나지 않았다. 특히 내담자는 가족치료 중반까지도 치료자의 질문에 어머니가 대답을 하기만 해도 고성을 지르고 욕을 하며 위협적 분위기를 조성해 가족치료의 진행을 저해시켰다. 하지만 치료자가 MRI의 가족치료이론에 근거해, 내담자와 부모가 지금까지 사용해 보지 않았던 대화방식을 제안하였다. 내담자와 부모는 가족치료를 통해 처음으로 서로에 대한 진심을 확인하였다. 내담자의 폭력으로 인해 자녀와 대화를 나누는 것조차 두려워했던 어머니는 가족치료 과정에서 처음으로 내담자와 자신의 속마음을 이야기하고 대화를 나누는 모습을 보였다. 부모의 이러한 변화가 반복되자, 내담자 또한 부모의 변화를 인지하기 시작하였다. 내담자는 부모에게 직접 부모의 변화가 조금씩 느껴진다고 표현하였고 이를 듣고 있던 부모는 깊은 감동을 느꼈다. 이렇듯 부모와 내담자가 진솔한 대화를 통해 긍정적인 감정 교류를 함으로써 내담자는 감정 조절이 가능하게 되었고, 내담자의 부모폭행이 감소하게 된 것으로 나타났다. 연구의 결과는 자녀와 부모의 의사소통이 자녀의 공격성과 상관관계가 있다는 선행연구와 일치한다(송진영, 2016). 또한 부모와의 긍정적 의사소통이 청소년의 문제행동을 감소시킨다는 선행연구와도 맥을 같이 한다(이기연, 홍상욱, 2014).

이 연구결과를 중심으로 연구자는 다음과 같은 제언을 하고자 한다.

첫째, 이 연구결과에 따르면, 부모폭행 발생 요인은 극심한 학업 스트레스, 지나친 생활 통제, 역기능적 의사소통방식으로 나타났다. 자녀의 학업에 대한 부모의 지나친 기대와 생활 통제가 자녀의 부모폭행과 같은 심한 문제를 야기할 수 있다는 것을 보여 준다. 즉, 특별한 사건이나 경험이 아니라 부모와 자녀가 경험하는 일반적인 갈등이 적절히 해결되지 못하고 반복적으로 지속될 때도 청소년 자녀의 부모폭력과 같은 심각한 문제가 발생할 수 있다는 점을 시사한다.

둘째, 연구에 참여한 가족은 부모의 부부관계, 경제 수준 등 가족 배경에서 특별한 특이사항이 없는 매우 평범한 가족이다. 이는 자녀의 부모폭행이 가족을 둘러싼 외부의 환경적 요인보다 부모와 자녀의 관계와 같은 가족 내부의 요인과 더 밀접한 관련이 있다는 것을 보여 준다. 따라서 청소년 자녀의 부모폭행을 예방하고 해결하기 위해서는 가족관계에 초점을 둘 필요가 있다는 것을 시사한다. 이는 폭력을 사용하는 자녀에게만 국한된 개입이 아닌 가족 전체를 대상으로 한 개입의 필요성을 보여 주며, 가족치료적 개입이 강조된다고 할 수 있다.

셋째, 청소년 자녀의 부모폭행과 관련한 실태 및 해결방안 등을 파악할 수 있는 실증적인 연구 및 조사가 활발히 이루어질 필요가 있다. 점차 다양화되고 있는 가족구조에 있어 부모와 자녀 세대로 구성된 핵가족은 우리 사회의 대표적인 가족형태라 할 수 있다. 또한 기대 수명의 증가, 자녀 수의 감소로 인해 부모와 자녀의 관계가 과거에 비해 더 길고 깊게 유지될 수밖에 없다. 이와 같은 현대 사회의 특성을 고려할 때, 청소년 자녀의 부모폭행문제는 가족의 해체를 야기하거나 개인의 삶을 불행으로 이끌 수 있는 사회문제이다. 따라서 청소년 자녀의 부모폭행문제에 대한 심도 깊은 고찰과 해결 방법을 모색할 연구가 필요하다.

한편, 이 연구는 몇 가지 한계점을 가지고 있다. 먼저, 이 연구는 단일 사례연구로서 부모에게 폭력을 사용하는 모든 청소년 자녀에 대해 일반화하는 것은 한계가 있다. 다음으로 연구 사례는 상담 당시 사법적 개입에 의해 내담자와 가족이 공간적으로 분리되어 생활하고 있었다. 이로 인해 상담 과정에서 형성될 수 있는 가족의 다양한 역동을 관찰하는 데 한계가 있었다. 또한 청소년 자녀의 부모폭행에 대한 선행연구가 다른 가정폭력 범주에 비해 현저히 적게 이루어졌으며, 그마저도 대부분 양적 연구에 근거한 연구가 주를 이루고 있다. 특히 청소년 자녀의 부모폭행에 대한 가족치료적 접근에 대한 연구는 거의 전무한 상태이다. 이러한 배경으로 선행연구를 분석하는 것이 매우 제한적이었다는 한계가 있었다.

하지만 이러한 한계점에도 불구하고 몇 가지 의의를 갖는다.

첫째, 국내에서 거의 다루지 않았던 청소년 자녀의 부모폭행을 가족치료의 개입을 통하여 심도 깊게 분석했다는 점에서 의의를 갖는다. 국외에서는 CPV(Child-to-Parent-Violence), APV(Adolescent-to-Parent-Violence) 등 다양한 명칭으로 청소년 자녀의 부모폭행에 대한 연구들이 이루어졌으나(Calvete et al., 2014; Moulds, Day, Mildred, Miller, Casey, 2016) 국내에서는 거의 다루어지지 않은 주제로, 이 연구가 청소년 자녀의 부모폭행에 관한 연구의 초석이 될 수 있다고 할 수 있다.

둘째, 실제 가족치료 현장에서 수집된 임상자료의 학문적 결과물이라는 점에서 큰 의미를 가진다고 할 수 있다. 이 연구는 가족치료적 개입을 바탕으로 질적 사례연구 방법을 활용하여 청소년 자녀의 부모폭행을 둘러싼 가족 환경, 구성원 간의 역동, 발생한 폭력의 양상, 그에 대한 가족구성원들의 반응을 심도 깊게 분석하였다는 점에서 의미가 깊다고 할 수 있다. 특히 가족치료적 개입이 청소년 자녀의 부모폭행문제 해결을 위한 효과적인 개입방식임을 입증하였다는 점에서도 의미가 있다. 이 연구에서는 가족치료의 다양한 이론 중 가족 내에서 문제를 해결하기 위해 시도되었던 '시도된 해결책'에 관심을 두며, 특히 의사소통에 집중하는 MRI 모델(안현아, 박태영, 2015)을 활용하였다. 따라서 이 이론을 활용하여 연구자는 청소년 자녀의 부모폭행에 대한 치료 과정에서 특정 가족구성원에게 비난이나 책임을 전가시키지 않았기 때문에 효과적인 상담이 가능하였다. 또한 치료자가 가족치료 과정에서 가족구성원 간에 사용되었던 대화방식을 확인하고 새로운 의사소통방식을 적용함으로써 좀 더 짧은 기간 안에 가족문제가 해결될 수 있었다고 생각된다. 이 연구가 초석이 되어 향후 청소년 자녀의 부모폭행에 대한 가족치료의 효과성을 입증하는 많은 후속 연구가 이루어지길 기대한다.

참고문헌

강진아(2017). 가정폭력을 경험한 부부에 대한 정서중심 부부치료 사례연구. 가족과 가족치료, 25(3), 419-437.

국민일보(2018. 4. 7.). [이호분의 아이들 세상] 부모에게 욕하는 아이. http://news. kmib.co.kr/article/view.asp?arcid=0012261492&code=61171911&cp=nv

김영애, 이영란(2008). 가족상담: 가정폭력 행위자의 심리내적체계 성장을 위한 Satir 변화모델 집단상담 개발. 상담학연구, 9(1), 276-295.

김영진(2016). 상호 이해를 위한 공감적 대화 -그 의미와 조건. 철학과 현상학 연구, 68, 113-139.

김영희(1999). 청소년 자녀의 부모에 대한 청소년의 신체적 폭력실태와 관련요인. 한국청소년연구, 10(2), 101-118.

김재엽, 송아영(2007). 가정폭력노출경험과 청소년의 부모폭력에 대한 연구. 한국아동복지학, 23, 99-125.

김재엽, 이서원(1999). 청소년의 부모폭력 실태와 원인에 관한 연구. 대한가정학회지, 37(3), 1-14.

김재엽, 최지현, 남보영(2011). 한국 경찰의 가정폭력 사건 인식에 관한 연구. 교정복지연구, 23(2), 1-24.

김재희(2017). 가정폭력에 대한 다양한 대응전략의 필요성. 이화젠더법학, 9(3), 175- 203.

김진혁(2013). 패륜범죄의 원인 및 대응방안. 한국범죄심리연구, 9(2), 49-69.

노혜련(2003). 가정폭력가해자에 대한 해결중심적 개별상담의 효과가능성에 대한 모색: Insoo Kim Berg의 상담사례를 중심으로. 한국가족치료학회지, 11(1), 179-215.

문정화(2017). 가정폭력 피해 결혼이주여성의 가족치료 사례연구: 단독으로 상담에 참여한 중국출신 여성을 중심으로. 한국가족복지학, 55, 91-128.

박영수(2016). 가정폭력의 현황과 대책에 관한 연구. 한국경찰연구, 15(2), 89-112.

박태영(2001). 가족치료 이론의 적용과 실천. 서울: 학지사.

박태영(2009). 마리화나 피는 아들에 대한 가족치료 사례연구. 한국가족치료학회지, 17(1), 57-96.

박태영, 박소영(2010). 가정폭력에 대한 부부치료 사례 분석: 가정폭력 쉼터에 거주하는 부인을 대상으로. 한국가정관리학회지, 28(5), 75-88.

삼성생명 사회정신건강연구소(1997). 동아시아권의 가정 내 청소년 폭력. 서울: 삼성생명 사회정신건강연구소.

석지혜(2013). 초등학교 아동의 학업스트레스가 학교폭력 가해행동에 미치는 영향과 공격성의 매개효과. 연세대학교 석사학위 논문.

손석한, 노경선, 허묘연, 정현옥, 이소희, 김세주(2001). 청소년기 문제행동과 부모 양육행동에 관한 연구. 신경정신의학, 40(4), 605-614.

송진영(2016). 중학생이 지각한 부모-자녀간 개방적 의사소통과 자녀의 공격성의 관계에서 자기통제력의 매개효과. 청소년학연구, 23(7), 29-58.

안현아, 박태영(2015). 예비부부 갈등해결을 위한 가족치료 사례연구. 사회과학연구, 31(4), 329-358.

윤형관(2004). 가정폭력범죄에 대한 경찰의 대응실태와 개선방안. 한국경찰학회보, 8, 73-105.

이기연, 홍상욱(2014). 부모-자녀간의 의사소통과 자아존중감이 청소년의 문제행동에 미치는 영향. 부모교육연구, 11(1), 79-104.

이동임(2011). 가정폭력과 효. 효학연구, 14, 47-71.

이종복(1998). 청소년들의 부모폭력에 관한 연구. 평택대학교 논문집, 11, 75-86.

이종원(2010). 가정폭력 피해여성들의 자아존중감. 대한가정학회, 48(4), 103-123.

이진헌, 강희숙(2015). 가정폭력으로부터 벗어난 여성의 성장 경험 연구. 한국사회복지질적연구, 9(2), 31-51.

이호분, 전여숙, 민성길, 오강섭, 이시형(1997). 청소년의 부모폭행에 대한 연구. 소아청소년정신의학, 8(2), 199-206.

이혜련, 김희화(2015). 청소년의 심리적 반발심 및 부모-자녀 갈등과 가출충동 간의 관계. 인지발달중재학회지, 6(1), 49-67.

장수미, 김주현(2005). 가정폭력 피해여성의 경찰 신고경험에 관한 연구. 한국가족복지학, 16, 127-160.

정은, 이경욱(2005). 가정폭력 피해 모녀에 대한 해결중심 가족치료 사례연구. 한국가족치료학회지, 13(1), 1-29.

정주영(2014). 부모-자녀의 부정적 상호작용이 우울, 분노를 매개로 청소년의 공격성에 미치는 영향: 성별차이를 중심으로. 한국청소년연구, 25(2), 237-263.

정지연(2018). 청소년이 지각한 부모-자녀 의사소통이 역기능적 분노표현방식에 미치는 영향: 내면화된 수치심의 매개효과. 정서·행동장애 연구, 34(4), 25-44.

최재정(2010). 부모의 의사소통, 양육태도 및 통제가 아동의 공격성에 미치는 영향. 숙명여자대학교 대학원 석사학위논문.

홍상희, 안현희(2011). 아내 폭력 생존자가 폭력을 벗어나는 과정에서 경험하는 변화에 관한 질적 연구. 한국심리학회지: 여성, 16(1), 69-96.

허남순(1995). 아내구타: 해결중심 단기가족치료 모델의 적용. 한국가족치료학회, 3(1), 41-64.

Affrunti, W. N., & Ginsburg, S. G. (2012). Maternal overcontrol and child anxiety: The mediating role of perceived competence. *Child Psychiatry & Human Development, 43*(1), 102-112.

Affrunti, W. N., & Woodruff-Borden, J. (2015). Parental perfectionism and overcontrol: Examining mechanisms in the development of child anxiety. *Journal of Abnormal Child Psychology, 43*(3), 517-529.

Agnew, R., & Huguley, S. (1989). Adolescent violence toward parents. *Journal of Marriage and the Family, 51*(3), 699-711.

Boxer, P., Gullan, R. L., & Mahoney, A. (2009). Adolescents' physical aggression toward parents in a clinic-referred sample. *Journal of Clinical Child & Adolescent Psychology, 38*(1), 106-116.

Brannen, S. J., & Rubin, A. (1996). Comparing the effectiveness of gender-specific and couples groups in a court-mandated spouse abuse treatment program. *Research on Social Work Practice, 6*(4), 405-424.

Brezina, T. (1999). Teenage violence toward parents as an adaptation of family strain. *Youth & Society, 30,* 416-444.

Calvete, E., & Orue, I. (2011). The impact of violence exposure on aggressive behavior through social information processing in adolescents. *American Journal of Orthopsychiatry,*

81(1), 38-50.

Calvete, E., Orue, I., Bertino, L., Gonzalez-Diez, Z., Montes, Y., Padilla, P., & Pereira, R. (2014). Child-to-parent violence in adolescents: The perspectives of the parents, children, and professionals in a sample of Spanish focus group participants. *Journal of Family Violence, 29*(3), 343-352.

Calvete, E., Orue, I., & Gámez-Guadix, M. (2012). Child-to-parent violence: Emotional and behavioral predictors. *Journal of Interpersonal Violence, 28*(4), 755-772.

Calvete, E., Orue, I., Gámez-Guadix. M., del Hoyo-Bilbao. J., & de Arroyabe. E. L. (2015). Child-to-parent violence: An exploratory study of the roles of family violence and parental discipline through the stories told by spanish children and their parents. *Violence and Victims, 30*(6), 935-947.

Contreras, L., & Cano, M. C. (2014). Family profile of young offenders who abuse their parents: A comparison with general offenders and non-offenders adolescents. *Journal of Family Violence, 29*(8), 901-910.

Cottrell, B. (2001). *Parent abuse: The abuse of parents by their teenage children.* Ottawa, Ontario, Canada: Health Canada.

Cottrell, B., & Monk, P. (2004). Adolescent-to-parent abuse: A qualitative overview of common themes. *Journal of Family Issues, 25*(8), 1072-1095.

DeJonghe, E., von Eye, A., Bogat, G. A., & Levendosky. A. (2011). Does witnessing intimate partner violence contribute to toddlers' internalizing and externalizing behaviors? *Applied Developmental Science, 15*(3), 129-139.

Gallagher, E. (2008). Children's violence to parents: A critical literature review. Master's thesis, Monash University, Melbourne, Australia.

Gelles, R. J., & Maynard, P. E. (1987). A structural family systems approach to intervention in cases of family violence. *Family Relationsl, 36*(3), 270-275.

Holt, A. (2013). *Adolescent-to-parent abuse: Current understandings in research, policy and practice.* Bristol University Press: Policy Press.

Ibabe, I., Jaureguiza, J., & Bentler, P. (2013). Risk factors for child-to-parent violence. *Journal of Family Violence, 28*(5), 523-534.

Kennedy, T. D., Edmonds, W. A., Dann, K. T. J., & Burnett, K. F. (2010). The clinical and adaptive features of young offenders of child-parent violence. *Journal of Family Violence,*

25(5), 509-520.

Mahoney, A., & Donnelly, W. O. (2000). Adolescent-to-parent physical aggression in clinic-referred families: Prevalence and co-occurrence with parent-to-adolescent physical aggression. Paper presented at the Victimization of Children and Youth: An International Research Conference. Durham, NH.

Miles, M. B., Huberman, A. H., & Saldaña, J. (2014). *Qualitative data analysis: A methods sourcebook.* Thousand Oaks, CA: Sage.

Moulds. L., Day, A., Mildred, H., Miller, P., & Casey, S. (2016). Adolescent violence towards parents-the known and unknowns. *Australian and New Zealand Journal of Family Therapy, 37*(4), 547-557.

Routt, G., & Aderson, L. (2011). Adolescent violence towards parents. *Journal of Aggression, Maltreatment & Trauma, 20*(1), 1-18.

Stake, R. (1995). *The art of case study research.* Thousand Oaks, CA: Sage.

Ulman, A., & Straus, M. A. (2003). Violence by children against mothers in relation to violence between parents and corporal punishment by parents. *Journal of Comparative Family Studies, 34*(1), 41-60.

Walsh, J. A., & Krienert, J. L. (2007). Child-parent violence: An empirical analysis of offender, victim, and event characteristics in a national sample of reported incidents. *Journal of Family Violence, 22*(7), 563-574.

Walsh, J. A., & Krienert, J. L. (2009). A decade of child-initiated family violence comparative analysis of child-parent violence and parricide examining offender, victim, and event characteristics in a national sample of reported incidents, 1995-2005. *Journal of Interpersonal Violence, 24*(9), 1450-1477.

제 6 장

자녀 학대행위에 영향을 미친 요인과
그 요인 간 순환성에 대한 사례연구*

　　이 연구의 목적은 5세인 딸을 학대하는 내담자(어머니)의 사례를 중심으로 학대행위에 영향을 미친 요인과 요인 간 상호 순환성을 탐색하는 것이다. 이 연구는 내담자, 남편 그리고 딸에 대한 상담축어록과 녹화비디오, 메모 등의 자료를 중심으로 Miles, Huberman과 Saldaña(2014)의 질적 분석 방법을 활용 하였다. 분석결과, 내담자 학대행동에 영향 미친 요인들로 개인적 요인, 가족적 요인, 전이, 세대 간 전수, 요인 간 순환성이 나타났다. 개인적 요인으로는 내담자의 애착불안, 미분화, 공생관계, 역기능적인 의사소통 방식, 분노 조절이 안 됨 등이 포함되었다. 가족적 요인에는 친정어머니의 미분화, 역기능적인 의사소통, 지나친 간섭, 자기 중심적인 사고, 분노조절장애, 내담자, 딸 그리고 친정어머니와의 삼각관계, 내담자 남편과 친정어머니의 관계 갈등 등이 나타났다. 전이는 친정어머니를 닮은 딸이 주요했다. 세대 간 전수는 친정어머니와 내담자의 학대행위, 내담자와 딸의 애착불안 등이었다. 요인 간 순환성은 개인적 요인과 가족적 요인, 전이, 세대 간 전수 등이 상호 영향을 미치며 순환되고 있었다. 연구의 결과는 치료자가 자녀를 학대하는 부모를 상담할 때, 학대행위 요인들로서 개인적 요인, 가족적 요인, 전이, 세대 간 전수 그리고 이와 같은 요인 간의 순환성을 탐색할 필요성을 보여 준다.

* 이주은, 박태영(2018). 자녀 학대행위에 영향을 미친 요인과 그 요인 간 순환성에 관한 연구: 가족치료사례를 중심으로. 놀이치료연구-한국아동심리재활학회, 22(1), 89-106.

1. 서론

1) 연구의 필요성 및 목적

아동기의 학대 경험은 오랫동안 아동에게 신체적 · 정신적으로 엄청난 손상을 입힐 수 있고, 많은 사회적 · 경제적 손실비용을 발생시킬 수 있다(Fang, Brown, Florence, & Mercy, 2012). 심지어 연일 매스컴에 보도되고 있는 아동기의 학대 양상은 죽음으로까지 결말이 나는 경우가 비일비재하다. Ministry of Health and Welfare(2017)에 의하면 아동기의 학대로 인한 사망은 2016년 36명이 더 증가하여 최근 5년간 113명으로 나타나 해마다 발생 빈도가 증가하고 있고, 아동기의 학대 판단 건수는 2만 1,524명으로 집계되어 2015년 1만 8,700건에 비해 15.1% 증가하였다. 이는 2013년 6,796건에 비해 5년간 세 배가 증가한 것이다. 이와 같은 상황에도 불구하고 한국의 정서는 아직도 아동기 학대의 심각성에 대해 간과하는 사회적 분위기가 팽배하며, 이를 국가적인 문제가 아니라 개인의 가정사로 보고 가족 내에서 해결해야 할 문제로 간주하고 있다.

하지만 이러한 아동기의 학대 경험은 세계적으로 4명 중 3명은 가정 내 부모에 의해 학대받는 것으로 조사되었고, 한국의 경우도 대부분은 가정에서 발생되고 있어, 2014년 가정 내 부모에 의한 아동기의 학대 비율이 85.9%로 나타나(Ministry of Health and Welfare. Central Child Protection Agency, 2015), 아동기에서 발생하는 부모에 의한 자녀학대 피해문제를 가정 내에서 해결할 단순한 문제로 볼 수 있는 수위를 넘은 상태이다. 이 연구에서는 가정 내 부모에 의한 아동기의 학대를 분류상 자녀학대로 표기한다.

한편, 가정 내에서 부모로부터 심각하게 자녀학대를 경험했던 아동은 자신에 대해 무능하고 무가치한 인간으로 심적 표상을 형성하고 타인들과의 효용성과 신뢰성에 관해 부정적인 기대감을 발달시키며(Bowlby, 1982), 1차적인 양육자와 불안정한 애착관계를 발달시킬 수 있는 위험에 처한 상태에서 성장하게 된다(Cicchetti & Doyle, 2016; Cicchetti, Rogosch, & Toth, 2006). 이러한 아동기의 자녀학대 경험이 있는 아동은 심리적으로 엄청난 불안을 느끼고, 사회생활에 부적응 현상을 보이며(Park, 1999), 높은 분노 수준과 강한 공격성, 또래관계에서의 갈등관계 또는 대립적 양상, 타인과의 접촉 등이 원만하지 못하고(Hyang, 2005), 두려움과 위축감, 복종, 분리불안 등의 심리상태를 갖게 되며(Lee, 2008), 반복적인 가출, 대인공포증이나 자기소외적 행동 (Averill, 1982) 등을 보이게 된다. 그리고 학대를 받은 아동들은 섭식장애, 우울증상 (Tishelman & Geffner, 2011), 발달적 퇴행, 외상 후 스트레스장애(PTSD), ADHD, 반응성 애착장애, 탈억제적 사회관여장애, 급성 스트레스장애, 적응장애, 극심한 공포, 무력감, 두려움, 분노조절장애 등의 정서를 나타내기도 한다(Burgess & Conger, 1978).

한편, 이러한 위험성을 내포한 가정 내 부모에 의한 자녀학대 발생 요인에 관한 지금까지의 연구결과로 Thornberry와 Henry(2013)에 의하면 아동기에 학대를 경험했던 피해자가 성인기에 자녀학대 가해자가 될 확률이 높게 나타났다. Bert, Guner와 Lanzi(2009)도 학대 행위자의 아동기 학대 피해 경험이 자녀학대를 유발시키는 요인이라고 발표했다. 또한 Hooven, Nurius, Logan-greene과 Thompson(2012)과 Lanoue, Graeber, De Hernandez, Warner과 Helitzer(2012)도 어린 시절 폭력에 노출되었던 경험이 성인이 된 이후에도 미해결된 채로 남아 자녀학대를 유발할 가능성이 높다고 하였다. Bowlby(1988)는 탄생 후 3년 동안은 사회·정서 발달의 민감한 시기로, 만약 이 기간 동안 친밀한 정서적 유대를 형성할 기회를 갖지 못한다면 이후에 친밀한 관계를 형성하는 것이 거의 불가능하며, 성인이 되어서도 자녀와 안정적인 애착 관계를 형성하지 못한다고 하였다. 그리고 보건복지부의 중앙아동보호기관(Ministry of Health and Welfare. Central Child Protection Agency, 2013)에 따르면 성장기 애착불안으로 인해 양육 스트레스에 노출되고, 이 스트레스를 대처할 만한 능력이 부족하여 자녀를 학대할 가능성이 높다고 하였다.

Ko, Yun과 Jang(2013)의 연구에서는 자녀학대 원인이 아동기 자녀학대 경험, 가해자·피해자를 포함한 가족구조적인 요인, 가족 내 상호작용 등으로 나타났다. 이 중 가장 핵심적인 요인은 자녀학대 가해자 부모의 아동기 자녀학대 경험으로 인한 가족 내 역기능적인 상호작용 요인이다. 아동기의 자녀학대 유경험자인 부모들은 폭력에 대하여 허용적이며 폭력을 학습할 가능성이 높기 때문에 자녀학대 가해의 주요 요인으로 나타났다(Guterman & Lee, 2005; Kang, Kim, & Kim, 2010; Kerley, Su, Sirisunyaluck, & Alley, 2010). 또한 이들은 대부분 정서적인 통제를 할 수 없고(Smith, Cross, Winkler, Jovanovic, & Radley, 2014), 대인관계에 있어서도 공격적 반응을 보이며, 인지적 편견(Berlin, Apple yard, & Dogde, 2011) 때문에 양육 기간 동안에 자녀에게 적대적인 화를 폭발시킬 가능성이 더욱 높게 나타났고(Pasalich, Cyr, Zheng, McMahon, & Spieker, 2016), 자녀들의 사회적·정서적·신체적 안녕에 위험을 발생시킬 확률이 높게 나타났다(Brand et al., 2010; Noll, Trickett, Harris, & Putnam, 2009).

이러한 연구결과는 가정 내 자녀학대 경험이 있는 아동들에게서 나타나는 부정적 특성과 맥락을 같이 하며, 자녀학대 경험 당시 가해자들의 양상을 그대로 보여 주고 있어 자녀학대의 다양한 요인이 세대 간 전수를 통해 역동적으로 나타나고 있으며 지속적으로 요인 간 상호작용이 순환되고 있음을 보여 주고 있다. 한편, Shim과 Park(2014)은 아들을 학대하는 어머니(내담자)에게 어린 시절 친정어머니로부터 신체적 학대와 친정아버지로부터 성적 학대를 받으며 불안, 우울, 분노의 경험이 있었는데, 친정아버지에 대한 분노와 원망이 친정아버지와 유사한 모습을 보이는 남편에게 전이된 상태에서 다시 남편의 모습을 닮은 아들에게 전이되어 아들이 문제를 일으키거나 말을 안 들을 때 아들을 학대하는 결과로 나타나 자녀학대에 전이 감정이 순환하며 작동되고 있다고 하였다. 이로써 가정 내 자녀학대의 발생요인 탐색 과정에서 가해자인 부모의 성장기 자녀학대 경험에 따른 심리적 · 사회적 요인들의 세대 간 전수를 통해 발견되는 다양한 요인과 전이 감정을 탐색하고, 이들 요인 간의 상호작용적 역동성을 순환적 관점에서 탐색해야 할 필요성이 제기된다. 즉, 가정 내 자녀학대 예방 혹은 해결을 위해서는 사례를 중심으로 총체적인 가정역경에 대한 심리 · 사회적 요인(Pasalich et al., 2016)과 가족관계의 심리적 · 사회적 상호작용 요인들을 살펴보고, 그 요인 간 상호작용을 순환적 관점에서 살펴보는 것이 필요하다. 이를 위해서는 사례 중심의 질적 분석을 통한 요인 간 분석이 필요하다.

그러나 지금까지의 선행연구에서는 가정 내 부모에 의한 자녀학대 가해 요인으로 가해자의 정신병리, 약물남용 및 중독문제, 자녀학대 경험, 가족관계와 부부간 갈등, 사회적 관계 및 지역 환경, 양육태도 및 방법의 부족, 사회경제적 스트레스 및 고립경험, 성격 및 기질 문제 등에 대한 단선적인 관점의 개별적 연구와 집단적 연구가 진행되어 왔으며, 가정 내 부모의 자녀학대 행위에 영향을 미친 요인과 그 요인 간의 역동적인 상호작용적 순환성은 다루지 못한 경향이 있었다.

따라서 이 연구에서 자녀를 학대하는 어머니에 대한 사례를 중심으로 질적 분석을 하여, 가정 내 부모의 자녀학대 원인에 대하여 가해자의 어린 시절 원가족으로부터 경험한 자녀학대, 이 경험으로 인한 애착문제, 세대 간 전수를 통해 나타나는 다양한 요인, 가해자(어머니)와 가족 간 역기능적 상호작용, 전이에 대한 요인 그리고 이 요인 간의 순환성을 살펴보고, 향후 자녀학대를 예방하고 중지하는 데 효과적인 가족치료 개입 방법을 제공하고자 한다.

2) 연구 동기 및 연구문제

이 연구는 분노 조절이 안 되는 내담자(어머니)가 5세인 딸을 학대하며 심리적 고통을 겪다가 학대행위를 중지하기 위해 스스로 가족상담을 신청하고 내방하여 가족치료를 진행한 사례로서, 내담자의 자녀학대 원인에서 내담자와 가족 간의 역기능적인 상호작용적 요인 그리고 전이와 세대 간 전수를 통해 발견되는 다양한 요인 상호간에 역동적인 순환성이 발견되면서 연구가 시작되었다. 내담자는 스트레스가 쌓이다 폭발하면 딸에게 소리를 지르고 폭언을 하며 폭력을 행사하였다. 이러한 내담자의 주요 스트레스원은 친정어머니인 것으로 나타났으며, 성장 과정에서 친정어머니에게 심각한 언어·정서적 학대를 경험하였다. 내담자는 친정어머니와 불안정한 애착관계를 형성한 가운데, 친정어머니에게 공포감, 두려움, 극도의 불안감을 느끼면서도 친정어머니와 밀착관계를 유지한 채, 모든 일상을 친정어머니의 구속을 받으며 살고 있었다. 내담자는 이러한 친정어머니와의 관계에서 스트레스를 받다가 스트레스 지수가 높아지거나 불안 지수가 높아지면 분노 감정이 생기고 폭발하면서 분노를 조절하지 못한 채, 딸을 학대하는 행동을 반복하였다. 한편, 딸은 내담자로부터 폭발된 폭력 상황에서 극도의 두려움과 공포에 떨면서도 내담자에게 지속적으로 매달리며 내담자의 주위를 맴돌았다. 이러한 행동은 내담자의 스트레스 지수를 높여 또다시 학대를 당하는 상황에 노출되어 있었다. 이러한 딸의 모습은 내담자와 친정어머니와의 관계에서 보여지는 모습과 유사하였다.

내담자의 친정어머니 역시 친어머니(내담자의 외할머니)의 반복되는 결혼과 재혼 등의 복잡한 결혼생활 속에서 생애 출발부터 친아버지와는 단절된 상태에서 배다른 형제들에게 심각한 차별 대우와 집단따돌림을 당하며 상처를 받고 살았다. 하지만 친어머니는 이러한 딸의 상처와 억울함을 외면하였으며, 오히려 배다른 자녀들에게 더 사랑을 쏟으면서 친딸에게는 냉대와 학대로 일관한 양육태도를 보였다.

친정어머니는 친어머니의 이러한 학대와 차별에 극도의 불안과 두려움, 공포감을 느끼면서도 친어머니와 밀착관계를 유지하며, 의붓자식들에게서 쫓겨난 친어머니가 사망할 때까지 모시고 살았다. 또한 이 과정에서 심각한 스트레스를 받으면서도 학대부모와 피해자녀로서의 삶을 공생적으로 살았다. 이러한 학대의 삶을 경험한 친정어머니는 모든 일에 지나치게 자기 중심적이었고, 남편은 물론 딸들, 사위, 손자녀 등 모든 가족구성원을 통제하고 그들 위에서 군림하며 언어적·정서적 학대를 하였다.

또한 친정어머니는 어린 시절 의붓형제들로 인해 학업의 기회를 놓친 경험으로, 학벌에 대해 병적인 집착을 하였고, 학벌이 낮은 사위(내담자의 남편)에게 강한 무시와 언어적 · 정서적 폭력을 하였으며, 사위 취급을 하지 않았다. 한편, 내담자의 남편은 자신으로 인해 장모의 폭력성이 증폭되고 있다고 생각하여 내담자를 무조건으로 이해하고 수용하려고 노력했지만, 장모와 부인(내담자)의 폭력적인 성향으로 인해 극도의 스트레스를 받고 있었다. 이러한 상황에서 내담자는 스트레스 지수가 높아지거나 불안 지수가 높아지면 딸에게 폭력을 가하고 있었다. 한편, 학대를 당한 딸은 극심한 두려움과 불안 그리고 강한 공포감을 갖고 오히려 내담자에게 집착적으로 매달리고 있었다. 이러한 딸의 모습에서 내담자는 딸이 자신을 괴롭히고 있다는 생각이 들어 또다시 딸에게 폭력을 휘두르는 상황이 지속되고 있었다. 따라서 연구질문은 다음과 같다.

첫째, 내담자의 자녀학대에 영향을 미친 요인은 무엇인가?
둘째, 자녀학대 요인 간의 순환성은 어떠한가?

2. 연구 방법

1) 연구 대상 및 상담기간

연구에 참여한 가족구성원은 남편(42)과 부인(내담자, 37), 딸(5), 아들(4)이었으며, 상담은 2015년 4월에서 6월까지 개인상담(1~2회기 아내, 4~5회기 남편), 부부상담(6회기), 가족상담(3회기) 등 총 6회기가 진행되었다.

2) 분석 방법 및 신뢰도 검증

이 연구는 연구문제와 관련 있는 요인을 발견하기 위한 자료로서 축어록, 상담일지, 메모 그리고 상담비디오를 활용하였다. 그리고 연구자는 요인 간의 관계를 보여주기 위하여 Miles 등(2014)이 제안한 질적 자료 분석 방법을 활용하였다. Miles 등(2014)의 자료 분석 방법은 수집된 정보를 코딩하는 과정을 거쳐 범주화한 후에 자료가 배열된 매트릭스를 통하여 그 개념, 범주 등을 매트릭스 셀에 배치하는 방식이다. 이 연구에서도 연구 진행의 시작부터 자료 환원 과정의 마지막 보고서가 작성될 때까지 Miles 등(2014)의 자료 분석 방법을 반복적으로 진행하였으며, 이로써 자료의 개념과 범주를 매트릭스와 네트워크를 통해 전체적인 과정을 하나로 볼 수 있도록 하였다. 또한 데이터 디스플레이, 자료 환원, 결론 도출과 확인 등을 통한 질적 분석결과를 도출해 내었다. 이 연구는 20년 이상 가족치료사로서 활동하고 있는 교수이자 연구자가 직접 상담한 사례를 박사 과정에 있는 학생이 함께 분석하였다. 한편, 연구의 객관성과 신뢰성을 높이기 위해 가족치료와 질적 연구의 연구 경험이 있는 전문가(교수 및 박사 과정생)들의 피드백을 통한 연구자의 삼각화를 실시하였다. 이 외에도 연구자들은 가족상담 임상 경험이 풍부한 교수와 전문가들의 자문을 통하여 연구자들의 주관적 편견을 최소화하려고 노력하였다. 또한 이 연구는 상담 과정의 축어록과 메모, 녹화 자료를 사용하여 자료의 삼각화를 실시하였다. 또한 연구자는 연구의 윤리성 확보를 위해 상담내용의 사용에 대한 내담자의 사전 동의를 받았으며, 사생활 보호를 위해 내담자의 개인정보를 삭제하였고 내담자에게 연구결과에 대한 최종적인 승인을 받았다.

3. 연구결과

1) 내담자의 자녀학대에 영향을 미친 요인

내담자의 자녀학대에 영향을 미친 요인은 개인적 요인, 가족적 요인, 전이, 세대 간 전수로 나타났다. 개인적 요인의 하위 요인으로는 내담자의 애착불안, 미분화, 친정어머니와의 공생관계, 역기능적인 의사소통방식, 분노조절장애 등으로 나타났다. 가족적 요인의 하위 요인은 친정어머니의 미분화, 역기능적인 의사소통방식, 지나친 간섭, 자기중심적인 사고 그리고 내담자와 친정어머니, 딸과의 삼각관계, 친정어머니와 남편의 갈등관계 등으로 나타났다. 전이의 하위 요인은 친정어머니의 부정적인 모습을 닮은 딸이 주요 했다. 세대 간 전수는 친정어머니와 내담자의 학대행위, 내담자와 딸의 애착불안이었다.

(1) 개인적 요인

내담자는 미분화 상태로 친정어머니와 공생관계를 유지한 채, 극심한 애착불안을 안고 생활하였다. 내담자는 어린 시절 생계를 위해 일터에 나간 친정어머니로 인해 타인의 손에서 양육되며 엄마의 부재 속에서 늘 버림받을 것에 대한 분리불안과 애착불안을 안고 살았다. 더구나 친정어머니의 냉혹하고 차가운 양육태도는 내담자의 불안지수를 높여 공포감이 깃든 불안 감정을 갖게 하였다. 이럼에도 불구하고 내담자는 친정어머니를 벗어나지 못하고 공생관계를 유지하기 위해 과도한 심리적 · 정서적 소모를 하며 지치고 힘든 생활을 했다. 이러한 집착적 행동은 결혼 후 남편에게도 이어졌다. 내담자는 삶에 대한 독립적인 자율방식과 자립적 기능을 획득하지 못한 채, 늘 친정어머니의 반응에 민감하게 반응하고, 친정어머니의 감정에 지나치게 충실한 반

〈표 5-1〉 내담자의 아동학대에 영향 미친 요인

요인	대상	하위 요인	개념
개인적 요인	내담자	애착불안	친정어머니와 남편 부재에 대한 불안
		미분화	친정어머니에 대한 공포와 집착
		공생관계	친정어머니에 의해 구속된 삶
		역기능적인 의사소통방식	잔소리, 통제하는 방식
		분노조절 안 됨	스트레스 높아지면 폭력과 폭언 행사
가족적 요인	친정어머니	미분화	결혼한 딸과 공생관계 강요
		역기능적인 의사소통방식	잔소리, 이중 구속 메시지, 통제적인 방식
		지나친 간섭	내담자의 모든 일상을 치밀하게 간섭
		자기 중심적 사고	모든 일상이 자기 중심으로 흘러가야 안심
		분노조절 안 됨	감정적 상태에서는 무조건 분노를 폭발
	친정어머니, 내담자, 딸	삼각관계	내담자를 구속하기 위해 손녀딸과 밀착관계 유지하는 친정어머니
	남편과 친정어머니	갈등관계	사위에 대한 친정어머니의 박대와 무시로 갈등
전이	딸	딸의 모습에서 발견되는 친정어머니의 모습	까탈스러움, 융통성 없음, 자기만 봐 달라며 괴롭히는 친정어머니 모습
세대 간 전수	친정어머니, 내담자	학대행위	친정어머니와 내담자의 언어적 · 정서적 · 신체적 학대행위의 유사함
	내담자, 딸	애착불안	보호자와의 불안정한 애착관계

응을 보이며, 인정 욕구에 집착하면서 친정어머니의 온갖 언어적·정서적 학대를 감내하며 생활하였다. 이러한 생활은 내담자에게 엄청나게 스트레스를 증폭시키는 삶이었다. 그런데 결혼 후에도 이 생활패턴은 계속 이어졌고, 자녀양육 스트레스까지 가중된 가운데 내담자의 스트레스 지수와 불안 지수가 극에 달하면서 분노 감정과 함께 폭발이 발생하고 급기야 딸에 대한 폭력으로 이어지게 되었다.

내담자는 또한 미분화로 인해 감정 조절을 못하고 분노 상황에서 무조건 폭력적으로 돌변했다. 더불어 친정어머니가 사용하던 역기능적인 의사소통방식을 사용하면서 남편과 자녀들을 통제하고 지시하며 언어적·정서적 폭력을 행사하였다. 이러한 상황 등에 딸은 공포에 질려 두려움과 불안에 떨면서 내담자에게 더욱 매달리는 모습을 보였다. 이러한 딸의 모습은 내담자를 괴롭히는 것으로 인식되어 또다시 분노 감정이 폭발하고 딸을 학대하는 상황이 발생하였다.

이러한 내담자의 개인적 요인에는 애착불안, 미분화, 공생관계, 역기능적인 의사소통방식 그리고 분노 조절이 안 되는 것 등이 포함되었다.

① 애착불안

내담자는 성장 과정에서 보호자인 친정어머니의 부적절한 양육태도와 학대행위로 인해 안정적인 애착관계를 형성하지 못하여 애착 대상에게 공포감을 느끼는 동시에 분리불안을 겪는다. 이로써 친정어머니로 인해 공포와 스트레스를 경험하면서도 친정어머니와의 분리 상황에서는 극심한 불안감을 느낀다. 이러한 애착불안은 결혼 후 남편에게로 이어져 내담자는 남편의 일시적 부재 상황에서도 극심한 불안과 공포심을 느끼며, 남편의 모든 일상을 구속하고 통제하며 생활하였다. 이런 가운데 친정어머니로 인한 스트레스가 가중되면 분노가 폭발하고 감정 제어를 못하며 딸에게 폭력을 휘두르는 행동으로 이어졌다.

• 친정어머니 부재에 대한 애착불안

치료자: 현재 어머니가 안 계시는 데서 오는 불안함도 있으셨어요?

내담자: 네, 불안해요. 뭔지 모르겠어요. 평소엔 어머니 때문에 스트레스가 컸었는데……. (6회기)

남편: 아내는 장모와 떨어진다는 걸 처음엔 굉장히 좋아했어요. 근데 떨어진 그날 굉장히 불안해하더라고요. 통제하는 장모가 없으면 불안해하고 두려워하고 또 장모에게 의지를 해요. (4회기)

• 남편 부재에 대한 애착불안

> 내담자: 남편 없으면 굉장히 불안해요. 그래서 남편에게 굉장히 집착하고 구속하고 회식도 거의 결혼하고 나서는 못 가게 해요. (1회기)

> 남편: 아내는 야간근무를 되게 싫어해요. 야간근무표 보여 주면 굉장히 화내고 짜증내요. 그러다 폭발하죠. 본인이 불안하다는 거예요. (5회기)

② 미분화

내담자는 친정어머니와의 경계가 없이 밀착된 관계에서 미분화 상태로 융합되어 있었다. 친정어머니의 감정, 말과 행동은 내담자에게 정서적으로 절대적인 영향력을 행사하였다. 이로써 친정어머니의 역기능적인 다양한 방식에 민감하게 반응하면서 스트레스를 받고 있었다. 이러한 상황에서 친정어머니로 인한 스트레스가 가중되면 분노가 폭발하고 딸에 대한 폭력으로 이어졌다.

> 내담자: 엄마가 출국하면 제가 무조건 좋을 것 같았는데, 그런데 마냥 좋지만은 않더라고요. 어렸을 때부터 엄마한테 의존하는 경향이 있어서…… 엄마가 저한테 무엇을 할지 물어보면 저는 엄마가 원하는 쪽으로 대답을 하게 되고, 또 그게 엄마가 마음에 들지 않으면 엄마가 대신 계획을 짜 주시고 그런 식으로 살아왔죠…… (2회기)

③ 공생관계

내담자는 자신이 친정어머니와 분리될 수 없는 존재로 인식한 채, 강한 밀착관계를 유지하고 있었고, 친정어머니가 사망할 때까지 자신이 부양 책임을 져야 한다고 생각하고 있었다. 이러한 과도한 책임감은 스트레스를 갖게 했고, 친정어머니로 인해 스트레스 지수가 고조되면 분노가 폭발하고 딸에 대한 폭력으로 이어졌다.

> 내담자: 어머니는 "너는 맏이라 부모를 모셔야 하며 노후를 책임져야 한다." "당연히 너는 내 옆에 있어야지."라고 어린 시절부터 계속 강요했어요. 저도 힘들지만 그게 맞는 거 같아요. (1회기)

> 내담자: 저는 엄마가 구속하는 것이 싫으면서도 의지하는 것도 있고, 엄마가 저희에게 희생하신 것이 있으니까 그냥 내버려 둘 수는 없고, 엄마를 책임져야 할 것 같은데 엄마 성격이 강해서 힘드니까 저도 스트레스 받는 것 같아요. (2회기)

④ 역기능적인 의사소통방식

내담자의 의사소통방식은 상호 간 소통이라기보다 일방적인 잔소리나 지시적 언어를 사용하는 방식이었다. 이러한 방식은 친정어머니가 사용하던 방식으로 어린 자녀들과 남편의 상황을 이해해 주지 못하고 자신의 일방적이고 강압적인 방식으로 통제하는 방식이었다. 이러한 방식은 수시로 남편과 자녀들에게 강한 공포심과 두려움, 극심한 불안 감정을 조성하였다. 이와 같은 상황에, 급기야 내담자 자신도 스트레스가 증폭되면서 분노가 폭발하고 딸에게 폭력을 휘둘렀다.

• **잔소리**

> 남편: 아내는 아침부터 아이들이 벽에다 동그라미 몇 개 칠하고 낙서한 걸로, 어린이집 가야 하는데 짜증내고 잔소리하고 엄청 화내요. (4회기)

• **통제하는 방식**

> 치료자: 부인이 장모님처럼 똑같이 지시적이고 통제적인 언어를 사용한다는 거죠?
>
> 남편: 네! 아이들에게 "이거 만지지 마! 이거 하지 마! 너는 여기 가만히 있어! 여긴 청소했으니까 들어가지 마!" 늘 이런 식이죠. 아이들이 본인 통제하에 움직이는 것을 당연하게 생각해요. 장모님하고 완전 똑같죠. (4회기)

⑤ 분노조절이 안 됨

내담자의 분노 표출방식은 참다가 폭발하는 방식이었다. 폭발하면 감정 제어를 못하고 소리를 지르고 자녀에게 폭언을 하고 폭력을 행사하였다. 자녀가 잘못을 저지르거나 실수를 했을 때 훈육하는 방식이 아니었다. 자신의 분노를 표출하기 위한 폭력적인 방식이었으며, 이러한 방식은 스트레스 지수나 불안 지수가 고조될 때 분노로 변하며 분노 조절을 못하고 딸에 대한 폭력으로 이어졌다.

> 남편: 아내는 화났을 때 제어가 안 돼요. 통제 불능이죠. 스트레스 지수 높아지면 그걸 누르다 제어력을 잃고 엄청나게 폭발하죠. 또 화나면 다짜고짜 내게 전화해서 "니 새끼들 살리려면 빨리 와." 하면서 악을 쓰고 소리를 질러요. 폭언과 함께 폭발이 시작되면서 집기를 집어 던지고 아이들한테 거칠게 매를 들어요. 전화기 너머로 아이들 우는 소리가 들려오면 전 정신없이 최고속도로 페달을 밟고 집으로 달려오게 되죠. (5회기)

치료자: 딸과 부딪혔을 때 어떤 반응이 나오죠?

내담자: 엄마랑 비슷한 방식이…… 많이 때리는 편이에요. 제가 스트레스 상태가 극에 달하면, 완전히 폭발해 버리면 딸이 너무 미우니까, 폭력을…… 제어가 안 돼요. (2회기)

(2) 가족적 요인

내담자의 친정어머니는 미분화 상태로 친아버지와 단절 상태에서 일생을 보냈으며, 친아버지에 대한 원망과 배신감 그리고 분노를 가지고 있었다. 이러한 성향은 원망과 배신감, 불신의 감정으로 이어졌다. 더불어 어린 시절 친어머니의 4번에 걸친 이혼 등 복잡한 가정생활 속에서 배다른 형제들에게 차별 대우와 집단따돌림을 당하며 심각한 상처를 받고 자랐다. 더불어 친어머니의 악질적인 성향과 냉혹하고 차별적인 양육방식으로 극심한 애착불안을 안게 되었다. 이러한 친정어머니의 애착불안은 친어머니에 이어 내담자와 밀착관계를 맺게 되었고 이 관계를 유지하기 위해 손녀딸과 삼각관계를 형성해 내담자를 심리적으로 구속하였다. 심지어 수원에 있는 남편을 혼자 두고, 대전에 있는 내담자 옆으로 작은딸과 함께 이사 와서 생활하였다. 또한 자신에 대한 부양 책임을 무조건 내담자가 져야 한다고 지속적으로 강요하였다. 이는 내담자의 친정어머니가 친어머니에 대한 부양 책임을 전적으로 졌던 것과 같은 방식이었다. 또한 역기능적인 의사소통방식과 자기 중심적인 이기심을 가지고, 지나친 간섭을 하며 모든 가족구성원에게 심리적 · 정서적 학대를 가했다. 더불어 가족구성원들의 사회적 · 신체적 반향 범위를 전적으로 통제하며 생활하였다. 자녀양육에 있어서도 사랑을 받아 본 경험이 없던 터라 사랑과 안정이 아닌 냉담하고 냉혹한 모습으로 내담자에게 심각한 애착불안을 고조시켜 왔다. 또한 자신의 기대에 못 미치는 사위의 학벌을 내세워 도를 넘는 무시와 칼날을 세운 갈등관계를 조장하며 언어적 · 정서적 학대를 가하였다. 이러한 요인들이 내담자의 스트레스와 불안 지수를 고조시키며 분노를 일게 했고 감정 제어를 못하고 딸에 대한 폭력을 행사하게 하였다. 이러한 가족적 요인이 자녀학대에 영향을 미친 요인은 친정어머니의 미분화, 역기능적인 의사소통방식, 지나친 간섭, 자기 중심적인 사고, 분노조절장애, 내담자, 딸, 친정어머니와의 삼각관계, 남편과 친정어머니의 갈등 등이 포함되었다.

① 친정어머니
• 미분화

친정어머니는 미분화 상태로 감정 조절을 못하고 자신의 뜻에 조금이라도 미치지 못하면 기분대로 폭발하고 가족들에게 학대를 일삼았다. 이러한 상황에서 내담자의 스트레스와 불안 지수가 고조되면 분노가 폭발하고 딸에 대한 학대로 이어졌다.

> 남편: 장모는 옆에 누가 있어야 해요. 혼자 두면 우울해져서 엄청 짜증내요. 큰딸(내담자)이 대전 산다고 남편 버리고 수원에서 대전으로 이사를 왔어요. 작은딸까지 데리고……. 그리고 딸 옆에 붙어 살면서 항상 불러요. 예전보다 더 힘들게 괴롭히는 거죠. 그래서 스트레스 받고 폭발하죠. (4회기)

• 역기능적인 의사소통방식

친정어머니의 의사소통방식은 일방적인 지시와 통보, 지나치게 잔소리하는 방식이었다. 자신의 의도대로 될 때까지 끊임없이 잔소리를 하며 같은 말을 반복했고, 또한 이중메시지를 사용함으로써 내담자를 혼란스럽게 하였다. 또한 자신의 의도에 못 미치는 행동이 보이면 광란에 가까운 언어폭력을 일삼았다. 이로써 내담자의 스트레스와 분노 지수가 증폭되고 딸에 대한 폭력으로 이어졌다.

> 내담자: 어머니는 자신이 원하는 대답이 나올 때까지 계속 닦달하며 잔소리해요. (2회기)

> 남편: 장모는 한 얘길 또 하고 또 하고, 울화가 쌓이면 전화해 쉬지 않고 잔소리해요. (4회기)

> 내담자: 어머니가 저한테 분명 나가라고 하셨거든요. 그래서 저는 나왔죠. 그런데 어머니가 완전 뒤집어진 거예요. 제가 맘대로 나갔다고. 그때부터 어머니가 폭발하고 소리치고. 그러면 전 이러지도 저러지도 못해요. (1회기)

> 내담자: 어머니는 모든 면에서 지시와 통제를 하세요. 어머니 뜻대로, 어머니가 원하는 대로 모두 움직이도록 늘 지시하고 통제하세요. 이건 해라, 저건 하지 마라 등등. 그러다 폭발하죠. (1회기)

• 지나친 간섭

내담자의 친정어머니는 사소한 부분까지 일일이 간섭하며 내담자의 독립적인 삶을 방해하였다. 심지어 내담자가 결혼한 후에도 자녀양육문제와 집안 살림까지 심각하게 간섭하며 내담자의 스트레스 지수를 증폭시켰다. 이 상황에 스트레스가 더 가중되면 분노 폭발과 함께 딸에게 폭력을 가하였다.

내담자: 어머니는 거의 모든 면에서 간섭하세요.(1회기)

내담자: 애들 양육문제도 사사건건 계속 간섭하고……. 전 참다가 아이들한테 폭발하죠. 어머니 보란 듯이. (3회기)

• **자기 중심적 사고**

내담자의 친정어머니는 상대방의 감정이나 상황을 전혀 고려하지 않고, 자신을 중심으로 사고하고 판단하였다. 내담자와 남편은 자신들의 일상생활도 포기하고 친정어머니의 상황에 모두 맞춰야 하는 극심한 스트레스 상태에 놓여 있었다. 이 상태에서 친정어머니로 인한 스트레스가 가중되면 분노가 폭발하면서 딸에 대한 폭력으로 이어지고 있었다.

남편: 장모는 본인에게 어떤 일이 생기면 아무리 사소한 일이라도 그건 세상 어떤 일보다 무조건 더 중요하고 더 급한 거예요. 모든 것이 장모 중심으로 돌아가고 장모 기준에 맞춰져야 하거든요. 그래서 아내는 장모 스케줄에 따라 모든 일상을 무조건 맞추며 살아요. (4회기)

• **분노조절 안 됨**

내담자의 친정어머니는 분노를 제어하지 못하고 폭력적인 방식으로 폭발하였다. 이러한 폭력은 가족구성원들에게 언어적·정서적 학대로 이어졌다. 심지어 내담자에게 칼을 들고 위협하거나 계단에서 밀어서 죽이겠다고 협박하기도 하였다. 이러한 친정어머니의 폭력적 행위는 내담자에게 극도의 불안과 공포심을 유발시키며 스트레스와 분노 지수를 증폭시켜 딸에 대한 폭력으로 이어지고 있었다.

남편: 장모는 화나면 제어가 안 돼요. 한 번은 장모가 사위가 맘에 안 든다고 딸이 임신했을 때 이층 계단에서 딸을 밀어서 죽이겠다고 위협했대요. 또 한 번은 처가에서 자고 있는데 밤 12시가 넘어 갑작스럽게 장모가 고래고래 고함치며 쌍욕을 하고 쌩 난리를 치더라구요. 딸한테 짐 싸고 꺼지라고, 인연 끊자고, 전 잠자다 기겁해서 뛰쳐나왔죠. (4회기)

② **내담자, 딸 그리고 친정어머니의 삼각관계**

친정어머니는 내담자와 손녀딸과의 삼각관계를 형성해 내담자를 심리적으로 구속하고 있었다. 손녀딸은 외할머니의 양육방식에 익숙해져 있었고, 외할머니의 부정적인 모습을 많이 닮아 있었다. 내담자는 딸과 친정어머니와의 밀착관계로 인해 분화가 어려웠으며, 자신이 친정어머니에게 구속당하는 느낌을 받았다. 이 구속감은 내담자의 스트레스 지수를 증폭시켰고 친정어머니로 인한 스트레스가 가중되면 분노로 변하면서 딸에 대한 폭력으로 이어졌다.

> 남편: 장모가 손녀 보고 싶다 하여 한 달에 20일 정도를 수원에서 대전까지 불러가야 했어요. 전 대전에서 수원까지 출퇴근해야 했고……. (4회기)

> 내담자: 손녀를 매일 안 보면 못 견디시죠. 그러니깐, 어떤 때는 엄마가 애기 핑계를 대고 저를 더 구속하는 느낌이 들 때가 있어요. (6회기)

③ 남편과 친정어머니의 갈등관계

내담자의 친정어머니는 사위의 학벌이 딸보다 못하다는 이유로 결혼을 반대했고, 결혼 이후에도 사위로 인정하지 않았다. 또한 사위의 부족한 부분에 대해 끊임없이 불만을 쏟아내며 수시로 사위에게 심한 욕설을 퍼붓고 언어적·정서적 학대를 일삼았다. 또 분노가 폭발하면 사위의 회사를 뒤집어 엎겠다고 협박하였다. 이러한 상황들은 내담자의 스트레스와 불안 지수를 증폭시키며, 분노 감정을 일게 했고, 딸에 대한 폭력으로 이어졌다.

> 남편: 장모는 쌓이다 터지면 제 앞에서 "비위 상한다. 기본도 안 돼 있다. 사위자식 개자식이다." "너 같은 놈." "내 딸이 너 같은 새끼 만나려고 대학 나왔는 줄 아냐?" 이렇게 막말하고 괴롭혀요. 그땐 저도 열 받죠. (4회기)

(3) 전이

내담자의 딸은 외할머니와의 삼각관계 속에서 늘 함께 지내는 일이 많았고, 이러한 과정 속에서 외할머니의 모습을 많이 닮게 되었다. 특히 내담자가 극도로 싫어하는 친정어머니의 모습을 많이 닮아 있었다. 이로써 친정어머니로 인해 스트레스가 증폭되거나 불안 지수가 고조되면 딸에게서 친정어머니의 부정적인 전이 감정을 느끼고 폭력을 행사하였다.

① 딸의 모습에서 발견되는 친정어머니의 모습

내담자는 딸의 까탈스럽고 자기만 봐 달라는 모습, 달달 볶는 모습에서 친정어머니의 모습과 유사함을 느꼈고, 친정어머니로 인한 극도의 스트레스 상황에서 친정어머니의 모습과 유사한 딸에게 분노 감정이 생기며 폭발과 함께 폭력을 휘둘렀다.

> 내담자: 엄마도 저를 달달 볶아서 스트레스를 받게 하는데, 딸도 엄마와 비슷해요. 그래서 딸을 이기고 싶어요. 딸을 제 통제 아래에 놓고 싶은데 딸이 그렇게 안 되니까 화가 더 많이 나는 것 같아요. (4회기)

(4) 세대 간 전수

친정어머니는 친어머니의 냉혹하고 차별적인 양육방식 속에서 학대를 경험하며 살았고, 이러한 방식들은 세대 간 전수되어 가족들을 똑같은 방식으로 학대해 왔다. 그런데 내담자 또한 친정어머니의 이러한 학대행위들이 그대로 세대 간 전수되어 남편과 자녀들에게 폭력을 행사하였다. 이로써 남편과 자녀들은 수시로 공포 속에 갇혀 떨게 되었고, 이 상황들이 오히려 내담자의 스트레스와 불안 지수를 증폭시켜 분노를 일게 했으며, 폭발과 함께 딸을 폭행하게 되었다. 더불어 내담자는 애착불안이 극심했는데, 이는 친정어머니에게서 세대 간 전수된 것이며, 또다시 내담자에게서 딸에게로 세대 간 전수되었다. 딸의 애착불안은 내담자의 폭력상황에서 내담자에게 매달리는 모습으로 나타났다. 이러한 딸의 모습은 내담자 자신을 괴롭히는 것으로 인식되어 또다시 분노가 일고 딸에 대한 학대가 이어졌다. 이 모습은 자신과 친정어머니와의 관계에서 벌어지고 있는 상황과 닮아 있었다.

① 학대행위

내담자가 딸에게 분노를 표출하고 폭언을 퍼붓고 소리를 지르는 모습은 내담자의 친정어머니가 내담자를 양육할 때 보였던 양육태도와 유사하였다.

> 치료자: 그럼 따님하고 부딪혔을 때 어떤 반응이 나오나요?
> 내담자: 엄마랑 비슷한 방식이요. 많이 때리는 편이에요. 처음에는 그냥 엉덩이 때렸는데 제가 완전히 폭발해 버리면 너무 미우니까 얼굴을 때리고 싶어요. (2회기)

② **애착불안**

친정어머니에게서 세대 간 전수된 애착불안은 친정어머니는 물론, 남편에게까지 불안정한 애착관계를 형성하게 되었고, 잠시도 혼자 지낼 수 없게 되었다. 그런데 이러한 내담자의 모습과 유사하게 딸 역시 혼자서 놀지 못하고 내담자와 잠시도 떨어지지 않으려고 하는 불안정한 애착관계를 보였다. 이러한 딸의 모습은 친정어머니로 인해 스트레스가 증폭될 때 분노를 느끼게 했고 결국 학대로 이어졌다.

> 남편: 아이가 장난감을 가지고 혼자 놀아도 옆에 사람이 있어야 돼요. 엄마가 뭔가 다른 일을 하면은 엄마가 못 놀아 주니깐 엄마가 저리 가라고 하는데 아이는 혼자 놀면 심심하고 계속해서 갔다가 또 오고 하니까, 와이프는 그거 가지고 스트레스를 받고 힘들어하는 거죠. (4회기)

2) 자녀학대 요인 간 순환성

결과에서 보여진 개인적 요인과 가족적 요인 그리고 전이, 세대 간 전수 등은 단선적으로 자녀학대에 영향을 미쳤다기보다는 각 요인이 상호작용하면서 요인 간에 부정적으로 상승작용을 하며 순환적으로 영향을 미쳤다. 또한 개인적 요인과 가족적 요인에 포함되어 있는 하위 요인들과 전이, 세대 간 전수 등의 요인들도 서로 상호작용하면서 순환적인 영향을 미치는 순환성을 보였다.

(1) 개인적 요인의 순환성

개인적 요인인 내담자의 애착불안은 친정어머니에게서 세대 간 전수된 것으로 친정어머니와 공생관계를 유지하기 위한 힘겨운 정서적 대응에 에너지를 소모하도록 작동하고 있었다. 또한 친정어머니와 남편과의 갈등관계에서 공포에 가까운 분리불안을 느끼면서 애착불안이 고조되고 있었다. 이로써 남편과 친정어머니에게 더욱 집착하고 매달리려는 심리가 작동하면서 스트레스가 증폭되고 있었고, 이러한 상황에서 친정어머니의 역기능적인 의사소통방법이나 지나친 간섭, 극도의 자기 중심적인 이기심을 보일 때 혹은 친정어머니가 내담자와 밀착관계를 유지하기 위해 딸과의 삼각관계를 통해 자신을 구속하여 심리적 중압감이 고조될 때, 친정어머니와 남편과의 갈등으로 스트레스가 증폭될 때, 미분화 상태인 친정어머니가 자신의 뜻대로 이루어지지 않으면 분노 조절을 못하고 폭력과 폭언을 쏟아낼 때 등 내담자의 스트레스는 극도로 증폭되고 분노가 폭발하였다. 이러한 상황에 미분화 상태인 내담자도 분노 조절을 못하고 딸에게 폭력을 행사했다.

한편, 딸에 대한 폭력이 지속되는 이유는 내담자가 극도로 싫어하는 친정어머니의 부정적인 모습을 딸이 가지고 있었기 때문이다. 내담자는 분노 상황에 딸에게서 친정어머니의 부정적인 모습을 보게 되면서 전이 감정이 생겨 딸을 학대하게 되었다. 또한 내담자에게 세대 간 전수 된 친정어머니의 학대방식을 내담자도 똑같은 방식으로 남편과 자녀들에게 사용하였다. 이로써 내담자는 언어적 · 정서적 폭력은 물론, 역기능적인 의사소통방식의 사용, 지나친 간섭, 극도의 자기 중심적인 반응, 강압적인 통제와 지시적 방법 등을 사용하며 남편과 자녀들에게 학대를 가하였다. 또한 내담자는 친정어머니로 인하여 스트레스가 증폭되거나 불안 지수가 고조될 때 분노 감정이 생겨 폭발적인 행동을 보이면서 남편과 자녀들에게 폭언과 폭력을 가하고 공포로 내몰며 두려움과 불안감에 떨게 했다. 한편, 이 폭력상황에서 공포와 두려움에 떨면서도 딸은 내담자에게 더욱 매달리고 집착하는 모습을 보였다. 이러한 방식은 내담자와 친정어머니 사이에서 발생하고 있는 방식으로 내담자에게서 딸에게 전수된 애착불안에서 기인한 것이었다. 한편, 이러한 딸의 모습은 내담자를 괴롭히는 것으로 인식되어 전이 감정과 함께 또다시 분노가 폭발하고 딸에게 또다시 폭력을 가하는 순환성을 보였다. 또한 남편의 스트레스 상황도 내담자의 불안 지수를 고조시켜 분리불안의 공포에 시달리게 했고 또다시 분노 속에서 딸에게 폭력을 가하는 행동으로 이어지게 하는 순환성을 낳게 했다. 이러한 상황들은 단선적으로 작동한 것이 아니라, 개인적 요인과 가족적 요인 그리고 전이, 세대 간 전수 등과 상호 간에 지속적으로 영향을 주고받는 순환성을 보였다.

(2) 가족적 요인의 순환성

가족적 요인인 친정어머니의 미분화는 분노상황에 감정 조절을 할 수 없도록 작동하였고, 내담자와의 밀착관계를 유지하도록 하여 내담자와 손녀딸, 자신과의 삼각관계를 형성해 내담자의 심리를 구속하고 있었다. 이로써 내담자의 심리적 중압감과 스트레스가 증폭되도록 작동하고 있었고, 내담자가 분노상황에서 감정 제어를 못하고 딸에게 폭력을 가하도록 작동하고 있었다. 더불어 친어머니(내담자 외할머니)로부터 세대 간 전수받은 다양한 부정적 방식으로 내담자를 비롯한 가족들에게 학대를 일삼았고, 역기능적인 의사소통방식, 지나친 간섭, 극도의 이기적인 자기중심적인 행동,

강압적 통제와 지시적인 방식들로 가족들과 내담자에게 폭력을 행사했다. 이러한 상황들은 내담자의 분노와 불안 지수를 높이고 급기야 딸에게 학대를 행사하도록 작동되고 있었다. 더불어 사위의 학벌에 대한 불만으로 사위와 극심한 갈등관계를 조성하여 지나친 무시와 언어적·정서적 폭력을 휘두름으로써 내담자의 불안 지수와 스트레스 지수를 증폭시켜 분노 폭발과 함께 딸에 대한 폭력을 행사하도록 작동되고 있었다. 가뜩이나 내담자의 남편은 어린 시절 어머니의 과도한 집착에 질려 있었는데, 자신에 대한 내담자의 과도한 집착에 스트레스가 더욱 증폭되었고, 이러한 남편의 스트레스 상태의 심리는 내담자의 애착불안에 영향을 끼치며, 친정어머니로 인한 스트레스가 가중될 때 급기야 분노 폭발과 함께 딸에게 폭력을 가하도록 영향을 미치고 있었다.

앞의 다양한 가족적 요인은 단선적으로 작동하지 않았고, 개인적 요인과 전이, 세대 간 전수 등과 상호 간 영향을 주고받는 순환성을 보였다.

(3) 전이와 세대 간 전수 요인 순환성

내담자의 애착불안은 친정어머니로부터 세대 간 전수된 것으로 친정어머니와 공생관계를 유지하도록 작동되었고, 불안 지수가 높아질 때마다 공포심이 작동하여 불안 속 분노가 일어나 미분화 상태인 내담자는 감정 제어를 못하고 딸을 폭행하도록 작동되고 있었다. 또한 친정어머니의 학대방식이 내담자에게 그대로 세대 간 전수되어 남편과 자녀들에게 친정어머니와 똑같은 방식으로 학대를 가하여 공포를 조장하고 폭력과 폭언을 일삼으며 두려움과 불안에 떨게 하였다. 이러한 상황은 오히려 내담자의 불안 지수를 고조시켜 스트레스가 증폭되고 급기야 분노감정과 함께 딸에게 폭력을 가하도록 작동되고 있었다. 한편, 친정어머니의 모습 중 내담자가 지극히 싫어하는 모습들을 딸이 많이 닮아 있어 내담자의 심기가 불편하였는데, 친정어머니로 인하여 스트레스가 증폭되거나 불안 지수와 분노 감정이 고조되면 딸에게 친정어머니의 부정적인 전이 감정이 일어나 딸을 폭행하는 순환성을 보였다.

내담자에게서 딸에게로 세대 간 전수된 애착불안은 공포상황에 불안 지수가 더 고조되어 가해자에게 더욱 매달리는 행동을 하였는데, 딸 또한 내담자의 폭력상황에 더욱 집착하고 매달리는 모습을 보였다. 이러한 딸의 모습은 내담자를 괴롭히는 것으로 인식되어 부정적인 전이 감정이 발생하여 딸을 학대하는 요인으로 작동되고 있었다. 한편, 이러한 딸의 모습은 내담자와 친정어머니 사이에서 발생하고 있는 내담자의 모습과도 유사했다. 앞에서와 같이 전이와 세대 간 전수 등은 단선적으로 작동되지 못하고, 개인적 요인과 가족적 요인과 상호 간 역동적으로 순환하며 상호 간에 영향을 미치는 순환성을 보였다.

4. 결론

이 연구는 자녀를 학대하는 내담자(어머니)에 대한 가족치료 사례를 중심으로 내담자의 자녀학대에 영향을 미친 요인들과 그 요인 간의 순환성을 살펴보고 질적 분석을 통한 요인 간 분석을 하였다. 이에 대한 연구결과는 다음과 같다.

첫째, 내담자의 자녀학대 요인으로 개인적 요인, 가족적 요인, 전이 그리고 세대 간 전수가 나타났다. 개인적 요인으로는 내담자의 애착불안, 친정어머니와 내담자 간 미분화와 공생관계, 역기능적인 의사소통방식 그리고 분노 조절이 안 됨 등이 나타났다. 내담자의 애착불안은 친정어머니와 공생관계를 유지하기 위해 많은 스트레스를 받고 있었다. 이러한 심리는 결혼 후 남편에게도 이어져 남편 부재 시에도 극심한 불안을 느끼고 과도한 집착과 함께 극심한 스트레스에 시달리고 있었다. 이와 같은 결과는 학대받은 자녀들이 1차적인 양육자와 불안정한 애착관계를 맺게 됨으로써(Cicchetti & Doyle, 2016) 자신에 대해 무능하고 무가치한 심적 표상을 형성하고 타인들에 대하여 부정적인 기대감을 발달시킨다(Bowlby, 1982)는 내용을 보여 주고 있다. 한편, 미분화된 내담자는 스트레스상황에서 분노 폭발과 함께 자녀를 학대하였다. 또한 내담자는 친정어머니로부터 세대 간 전수된 학대를 남편과 자녀들에게 자행하며 이 과정에서 역기능적인 의사소통방식을 활용해 남편과 자녀들을 두렵고 불안하게 만들었다. 이러한 결과는 자녀를 학대하는 가족은 가족체계가 불안정하여 상호 의사소통이 어렵고, 강압적이고 갈등관계를 맺을 가능성이 높다(Kim, 2016)는 내용을 보여 주고 있다. 그리고 자녀학대 가해자가 양육 스트레스에 대한 대처능력이 떨어져 자녀를 학대하게 될 가능성이 높다(Ministry of Health and Welfare, Central Child Protection Agency, 2013)는 결과를 보여 주었다.

가족적 요인으로 친정어머니는 분화되지 못하였고, 역기능적인 의사소통방식의 사용과 함께 내담자와 내담자 가족을 지나치게 간섭하였고 분노 조절이 안 되었다. 또한 사위와 갈등관계를 조성했고, 내담자와 손녀딸과의 삼각관계를 만들어 내담자를 구속했다.

전이의 요인으로 친정어머니의 모습을 닮은 딸에게 친정어머니에 대한 부정적인 감정이 전이되어 나타났고, 이 상황에서 내담자는 딸을 학대하였다. 이러한 결과는 아들을 학대하는 어머니(내담자)의 친정아버지에 대한 분노와 원망이 친정아버지와 유사한 모습을 지닌 남편에게 전이되고, 남편에 대한 분노는 또다시 남편을 닮은 아들에게 전이되어 결국 모든 화를 아들에게 풀었다(Shim & Park, 2014)는 연구내용과 매우 유사한 면을 보여 주고 있다.

세대 간 전수로 친정어머니의 냉혹하고 강압적인 학대방식이 내담자에게 전수되어 남편과 자녀들에게 같은 방식의 학대와 폭력을 행사하였다.

이와 같은 결과는 아동기에 자녀학대를 경험했던 피해자가 성인이 되어 또 다른 가해자가 되어(Hooven et al., 2012; Kang et al., 2010; Kim, 2007; Kim & Ru, 2016; Lanoue et al., 2012; Shim & Park, 2014; Thornberry & Henry, 2013) 자녀학대를 유발하는 요인(Bert et al., 2009)이 된다는 것과 자녀학대 행위자 부모의 부정적인 양육 경험이(Calheiros, 2013; Kim et al., 2014; Thornberry & Henry, 2013)이 자녀학대의 주요 요인이라는 내용과 일치하고 있다.

더불어 친정어머니로부터 내담자 그리고 딸에게 세대 간 전수된 애착불안은 폭력 상황에서 내담자에게 더욱더 매달리는 모습을 보임으로써 이것이 내담자의 스트레스를 증폭시켜 또다시 딸에게 폭력을 행사하게 되었다. 이러한 딸의 모습은 내담자와 친정어머니 사이에서 나타나는 모습과 유사했다. 이와 같은 결과는 학대받은 자녀들이 1차적인 양육자와 불안정한 애착관계를 맺게 됨으로써(Cicchetti & Doyle, 2016), 자신에 대해 무능하고 무가치한 심적 표상을 형성하고 타인들에 대하여 부정적인 기대감을 발달시킨다(Bowlby, 1982)는 내용을 보여 주고 있다.

둘째, 내담자의 학대행위에 영향을 미친 개인적 요인, 가족적 요인, 전이, 세대 간 전수 등이 상호 간 영향을 주고받는 순환성을 보였다. 내담자의 애착불안은 친정어머니에게서 세대 간 전수된 것으로 남편과 친정어머니의 심각한 갈등관계에서 극심한 분리불안을 느끼게 하였다. 이 불안 때문에 내담자는 공생관계를 유지하기 위해 친정어머니와 남편에게 집착하였다. 또한 친정어머니가 내담자를 통제하려 할 때 내담자는 분노가 폭발하면서 친정어머니의 부정적인 모습을 닮아 있는 딸에게서 전이 감정이 나타나 미분화된 내담자가 분노 제어를 못하고 딸에게 폭력을 가하는 행위가 지속되며 순환되고 있었다. 이처럼 개인적 요인, 가족적 요인, 전이 그리고 세대 간 전수

등은 상호 간에 순환적으로 영향을 주고받는 순환성을 보였다.

지금까지 연구를 통하여 자녀를 학대하는 내담자에 대한 학대 요인과 그 요인 간의 순환성을 살펴보았다. 연구결과는 자녀학대에 대한 근본적인 원인을 파악하고 이해할 수 있는 틀을 제시할 수 있었다고 본다.

연구결과가 갖는 함의는 다음과 같다.

첫째, 자녀를 학대하는 내담자의 심리적 · 정서적 저변에 잠재되어 있는 미해결된 원가족과의 문제와 그 문제로 인하여 현재의 가족원 간의 상호작용에 어떠한 역동적 순환성이 나타나는지를 탐색할 필요성 있다는 것을 보여 준다.

둘째, 세대 간 전수를 통해 흐르고 있는 잠재 요인들이 현재 가족구성원 간의 상호작용관계에서 어떠한 역동성이 순환되고 있는지 탐색할 필요성이 있다는 것을 보여 준다.

셋째, 전이를 통해 촉발되는 가족구성원 간의 심리적 · 정서적 역동적인 상호작용 과정에서 어떠한 순환성을 보이는지 탐색할 필요성이 있다는 것을 보여 준다.

넷째, 미분화로 인해 가족구성원 간의 역동적인 상호작용 관계에서 촉발되는 순환성은 어떠한지 탐색할 필요성이 있다는 것을 보여 준다.

다섯째, 치료자가 자녀학대문제를 예방하고 해결하기 위하여 내담자의 애착문제, 전이, 미분화, 역기능적인 의사소통방식, 세대 간 전수 등의 요인 간의 상호작용적 순환성에 초점을 둘 필요가 있다는 것을 보여 준다.

연구의 한계점으로는 한 가족에 대한 단일 사례연구이므로 그 결과를 일반화시킬 수는 없다는 것이다. 따라서 가정 내 부모의 자녀학대에 영향을 미치는 개인적 요인, 가족적 요인, 전이, 세대 간 전수 등의 요인 간 순환성 그리고 상황적 측면과 사회환경적 측면이 포함된 포괄적 맥락을 보여 주는 연구의 필요성이 요구된다.

참고문헌

Averill, J. R. (1982). *Anger and aggression: An essay on emotion.* New York: Springer-Verlag.

Berlin, L. J., Appleyard, K., & Dogde, K. A. (2011). Intergenerational continuity in child maltreatment: Mediating mechanisms and implications for prevention. *Child Development, 82*(1), 162–176.

Bert, S. C., Guner, B. M., & Lanzi, R. G. (2009). The influence of maternal history of abuse on parenting knowledge and behavior. *Family Relations, 58*(2), 176-187.

Bowlby, J. (1982). *Attachment and loss*. New York: Basic Books.

Bowlby, J. (1988). *A secure base: Clinical applications of attachment theory*. London: Routledge.

Brand, S. R., Brennan, P. A., Newport, D. J., Smith, A. K., Weiss, T., & Stowe, Z. N. (2010). The impact of maternal child hood abuse on maternal and infant HPA axis function in the postpartum period. *Psychoneuroendocrinology, 35*(5), 686-693.

Burgess, R. L., & Conger, R. D. (1978). Family interaction in abusive neglectful and normal families. *Child Development, 49*(4), 1163-1173.

Calheiros, M. M. (2013). Parents' beliefs on the causes of child maltreatment international. *Journal of Psychology and Psychological Therapy, 13*(1), 1-14.

Cicchetti, D., & Doyle, C. (2016). Child maltreatment attachment and psychopathology: Mediating relations. *World Psychiatry, 15*(2), 89-90.

Cicchetti, D., Rogosch, F. A., & Toth, S. L., (2006). Fostering secure attachment in infants in maltreating families through preventive interventions. *Development and Psycho pathology, 18*(3), 623-649.

Fang, X., Brown, D. S., Florence, C. S., & Mercy, J. A. (2012). The economic burden of child maltreatment in the united states and implications for prevention. *Child Abuse and Neglect, 36*(2), 156-165.

Guterman, N. B., & Lee, Y. (2005). The role of fathers in risk for physical child abuse and neglect: Possible pathways and unanswered questions. *Child Maltreatment, 10*(2), 136-149.

Hooven, C., Nurius, P. S., Logan-greene, P., & Thompson, E. A. (2012). Childhood violence exposure: Cumulative and specific effects on adult mental health. *Journal of Family Violence, 27*(6), 511-522.

Hyang, H. Z. (2005). A study on influences and relationship among maternal psychological characteristics, stress and child abuse. Unpublished doctoral dissertation, Daegu University, Daegu, Korea.

Kang, Y. Y., Kim, S. K., & Kim, J. Y. (2010). Penal measures on battered women who killed their husbands. *Korean criminological review, 11,* 1-502.

Kerley, K. R., Su, X., Sirisunyaluck, B., & Alley, J. M. (2010). Exposure to family violence in childhood and intimate partner perpetration or victimization in adulthood: Exploring intergenerational transmission in urban thailand. *Journal of Family Violence, 25*(3), 337–347.

Kim, J. Y., & Ru, W. J. (2016). A study on cycle of child abuse among North Korean refugee women: Focused on aggravating effects of spouse abuse. *Korean Journal of Family Social Work, 52,* 375–399.

Kim, M. J. (2016). Causes of child abuse. And the necessity of research for the preparation of countermeasurespsychologicalperspective. *Korean criminological review, 28*(1), 61–79.

Kim, S. O., Lee, J. U., Jung, E. S., & Jang, H. J. (2014). Current state and predictors of child abuse fatalities. *Journal of the Korean society of child welfare, 46,* 25–56.

Kim, Y. (2007). A study on the relationship of the child's temperament and psychological variables within the familial environment to behavior problems. Unpublished doctoral dissertation, Kyonggi University, Seoul, Korea.

Ko, M. Y., Youn, H. M., & Jang, H. J. (2013). A qualitative study of the experience of reflecting team members of the narrative therapy for families accused of child abuse. *Journal of Korean Council for Children & Rights, 17*(4), 699–737

Lanoue, M., Graeber, D., De Hernandez, B. U., Warner, T. D., & Helitzer, D. L. (2012). Direct and indirect effects of childhood adversity on adult depression. *Community Mental Health Journal, 49*(2), 187–192.

Lee, J. Y. (2008). The effect of attachment improving for abused children through Group Therapy. *Journal of Child Welfare and Development, 6*(4), 97–114.

Miles, M. B., Huberman, A. M., & Saldaña, J. (2014). *Qualitative data analysis.* Thousand Oaks. CA: Sage.

Ministry of Health and Welfare. (2017). *2016 Report on child abuse-report.* Seoul: Ministry of Health and Welfare.

Ministry of Health and Welfare. Central Child Protection Agency. (2013). *2012 National child abuse-report.* Seoul: Ministry of Health and Welfare.

Ministry of Health and Welfare. Central Child Protection Agency. (2015). *2014 National child abuse report.* Seoul: Ministry of Health and Welfare.

Noll, J. G., Trickett, P. K., Harris, W. W., & Putnam, F. W. (2009). The cumulative burden borne by offspring whose mothers were sexually abused as children: Descriptive results from a multi generational study. *Journal of Interpersonal Violence, 24*(3), 424-449.

Park, U. M. (1999). Effects of childhood abuse and perceived parenting attitudes on early adulthood intimate relationship quality. Unpublished doctoral dissertation, Yonsei University, Seoul, Korea.

Pasalich, D. S., Cyr, M., Zheng, Y., McMahon, R. J., & Spieker, S. J. (2016). Child abuse history in teen mothers and parent-child risk processes for offspring externalizing problems. *Child Abuse and Neglect, 56*(6), 89-98.

Shim, D. Y., & Park, T. Y. (2014). A case study on the effect of family therapy approach for interrupting abusive behavior on child. *Journal of the Korean society of child welfare, 48,* 173-207.

Smith, A. L., Cross, D., Winkler, J., Jovanovic, T., & Radley, B. (2014). Emotional dysregulation and negative affect mediate the relationship between maternal history of child maltreatment and maternal child abuse potential. *Journal of Family Violence, 29*(5), 483-494.

Thornberry, T. P., & Henry, K. L. (2013). Intergenerational continuity in maltreatment. *Journal of Abnormal Child Psychology, 41*(4), 555-690.

Tishelman, A. C., & Geffner, R. (2011). Child and adolescent trauma across the spectrum of experience: Research and clinical interventions. *Journal of Child and Adolescent Trauma, 4*(1), 1-7.

제3부

성기능장애

제7장

가임기간 중 발기부전에 영향을 미친 요인에 대한 사례연구*

　연구의 목적은 가임기간 중에만 발기가 되지 않는 결혼 2년 차 남편(내담자)에 대한 가족치료 사례를 중심으로 발기부전에 영향을 미친 요인들을 발견하는 데 있다. 연구자는 6회기의 상담축어록과 상담비디오, 상담일지를 중심으로 개념 간 지속적인 비교를 통하여 범주화하였다. 연구자는 내담자의 발기부전에 영향을 미친 요인들로서 개인적 요인, 가족적 요인 그리고 문화적 요인을 발견하였고 각각의 하위 요인에 대한 내용은 다음과 같다. 첫째, 개인적 요인에는 타인에게 높은 기준과제 수행에 대한 부담으로 생긴 부적응적 완벽주의 패턴으로 내담자의 타인의 평가와 기대에 민감하며 과제 수행에 따른 불안, 이에 따른 지연행동이 포함되었다. 둘째, 가족적 요인에 형제간 경쟁과 차별, 조건부적인 인정과 비난, 가부장적 권위에 대한 강요, 정서적 공감 부재가 포함되었다. 셋째, 문화적 요인에는 한국의 학벌 위주, 체면문화와 신분 상승의 못다 이룬 꿈을 자녀로부터 대리 만족하고자 하는 한의 정서와 가난에 대한 한이 포함되었다. 결론적으로 심인성 발기부전 증상을 가진 한국인 내담자를 위한 상담에서 치료자는 내담자의 개인적 요인, 가족적 요인과 문화적 요인을 고려할 필요가 있다고 본다.

1. 서론

　성기능장애는 일반인들에게 매우 높게 나타나고 있으며, 심리적인 스트레스와 관련되어 있고 성적 만족도를 악화시킨다(Frühauf, Gerger, Schmidt, Munder, & Barth,

* 김현주, 박태영(2019). 가임기간 중 발기부전에 영향을 미친 위험요인: 가족치료 사례를 중심으로. 가족과 가족치료, 27(4), 775-791.

2013). 남성의 성기능장애는 성 욕구와 성적 반응과 관련되는 심리적·생리적 변화에 있어서 성 욕구를 느끼고 성적인 흥분상태가 되면서 발기가 된 후에 극치감과 사정을 하는 과정에서 어려움을 경험하게 되는 현상을 의미한다(박현준, 2019; Heiman, 2002; Rosing et al., 2009). 남성의 성기능장애에는 사정지연, 발기장애, 삽입장애, 남성성 욕감퇴장애, 조기사정, 물질/약물치료로 유발된 성기능장애 등이 포함된다(American Psychiatric Association, 2013).

앞에서 언급한 성기능장애 중 발기부전이란 파트너와의 성적 활동에서 반복적으로 발기가 안 되거나 발기를 유지할 수 없는 경우를 말한다(American Psychiatric Association, 2013). 이와 같은 발기장애를 경험하는 많은 남성은 자존감과 자신감이 낮으며, 우울감을 경험하기도 하고, 성적 접촉에 대한 두려움이나 회피가 발생할 수도 있다(American Psychiatric Association, 2013; Heiman, 2002).

미국정신의학협회(American Psychiatric Association, 2013)에 따르면, 특히 50세 이후에 나이와 함께 발기부전의 유병률과 발병률이 증가하는 것으로 나타났다. 미국 정신과학회(2013)에서는 40~80세 사이의 남성의 약 13~21%가 때때로 발기부전을 경험하고 있다고 한다. 이 중 40~50대 이하의 남성은 약 2% 정도 잦은 발기부전을 경험하였고, 60~70대 남성 중 40~50%, 80대 이상에서는 80% 이상이 심각한 발기부전을 경험하였다(American Psychiatric Association, 2013; Schmidt, Munder, Gerger, Frühauf, & Barth, 2014).

한국의 경우는 노인의 증가, 산업화에 따른 각종 사고와 성인병의 증가, 정신신경계 질환의 증가 그리고 성에 대한 사회적 인식 전환으로 발기부전과 같은 성기능장애를 겪는 환자들이 증가하고 있다(박동수, 박선영, 신선미, 2013). 발기부전은 전 세계적으로 1억 명, 미국은 약 1,000만 명, 한국은 약 200만 명 이상으로 예상되며, 연령별로 40대에서 10%, 50대에서 20%, 60대에서 30%, 70대에서 50%, 80대에서 90%로 빈도가 증가하고 있다(한국생명공학연구원, 2006). 2006년 6월 인터넷 설문조사에서 월 1회 이상 정기적으로 성관계를 가지고 있는 남성 중에서 자신에게 발기부전이 있다고 응답한 20~40대 남성의 발기부전 유병률은 6.7%로 나타났으며 발기부전을 평가하기 위한 국제발기능지수(International Index of Erectile Funtion: IIEF)의 응답에서 경중에 해당하는 20~40대의 발기부전 유병률은 41.0%로 나타났다(김미진 외, 2006).

발기부전은 생명을 위협하는 질환은 아니지만 심리적 좌절감과 무력감, 수치심 등으로 인해 자신감을 저하시켜 부부간의 친밀감과 원만한 성생활에 영향을 미치게 되며, 불임의 원인 중에 하나이다(김세철, 2009). 발기부전에 영향을 미치는 요인으로 동반자 요인(예: 동반자의 성적 문제, 동반자의 건강 상태 등), 관계 요인(예: 불량한 의사소통, 성적 활동의 욕구에 대한 차이 등), 개인의 취약성 요인(예: 불량한 신체상, 성적 또는 정서적 학대의 과거력), 정신과적 동반이환(예: 우울증, 불안 등) 또는 스트레스 요인(예: 실직, 애도 반응 등), 문화적 또는 종교적 요인(예: 성적 활동에 대한 금기로 인한 억제, 성에 대한 태도 등) 그리고 예후, 경과, 치료와 관련된 의학적 요인이 있다(American Psychiatric Association, 2013). 남성의 발기부전은 나이와 관련되어 있으며 다양한 의학적 · 정신적 그리고 생활스타일 요인들과 관련이 있다(Ducharme, 2004). 의학적으로 발기부전은 내피 기능장애 때문이고, 심장질환의 조짐이라고 보여진다(Levine, 2010). 그렇지만 의학과 관련된 문헌은 발기부전이 분노와 좌절감, 실직 및 감소된 가계소득과 연관성이 있다는 것을 보여 준다(Laumann, Paik, & Rosen, 1999; Pierce, Dahl, & Nielsen, 2013). 그 외에도 발기부전에 우울감, 당뇨, 비만, 신체활동 부족, 흡연이 영향을 미치는 것으로 나타났다(Jannini et al., 2014). 이와 같은 결과는 발기부전 문제는 '심리-유기적(organic)'이라는 것을 의미한다. 즉, 발기부전문제는 배우자와 부부관계뿐만 아니라 신체적 · 심리적 모두 전체적으로 남성에게 영향을 미치기 때문이다(Borras-Valls & Gonzalez-Correales, 2004).

1) 개인적 요인과 발기부전

개인의 심리적 원인에 의한 발기부전은 스트레스와 불안과 밀접한 관계가 있다(김철민, 2006). Bodenmann, Ledermann, Blattner과 Galluzzo(2006)는 개인의 심리적인 문제가 남성의 성문제의 가장 큰 예측이라고 하였다. 특히 불안은 남성의 성적 욕구를 감소시키는 가장 중요한 심리적 요인이다(Randall & Bodenmann, 2009; McCabe & Connaughton, 2013). 불안은 불안한 감정과 주의력 통제에 대한 반응으로 나타나는 인지적 변화로 이어지고(Berggren & Drakshan, 2013), 결국에는 성적 욕구를 방해하게 된다(Carvalho & Nobre, 2011). 우울한 정서가 성적 흥분을 감소시키며, 자신감을 손상시켜서 발기부전의 원인이 된다(Meisler & Carey, 1991; Symonds, Roblin, Hart, & Althof, 2003). 따라서 불안장애가 있는 남성은 낮은 성적 욕구를 가지는 경우가 흔하며(Kotler et al., 2000; Johnson, Phelps, & Cottler, 2004), 성적 수행에 대한 불안은 발기부전을 일으키는 중요한 원인이 된다(Rajkumar & Kumaran, 2014; Sugimori et al., 2005).

2) 가족적 요인과 발기부전

발기부전은 성교가 혼자보다는 상호 간에 이루어지기 때문에 파트너와의 관계와 관련이 된다. 수행불안, 죄책감을 수반한 혼외정사, 파트너와의 성적 역기능, 다양한 성적 신념, 과장된 기대감, 예기치 못한 실패 그리고 부부문제가 심인성 특징들과 함께 발기부전을 유발시킬 수 있다(Apay et al., 2015; Metz & Epstein, 2002). 한편, 가족 관련 요인들(예: 문제 가족 환경, 친밀감에 대한 두려움, 과중하게 요구하는 배우자, 불합리한 기대감, 성관계에 대한 두려움, 성교를 하는 것과 실제 성교에 대한 불안, 파트너와의 부족한 의사소통)이 발기부전을 야기시키거나 영속화시킨다(Borras-Valls & Gonzalez-Correales, 2004). 부부갈등, 가족과 충분한 시간을 보내지 못하는 것, 배우자의 버릇이 남성의 발기부전에 대한 예측 요인이었고, 재정적인 스트레스, 취업 스트레스, 사회적인 스트레스와 같은 외적 스트레스보다 배우자와의 갈등, 부부간의 서로 다른 욕구와 원함과 같은 내적 스트레스가 발기부전에 더 중요한 역할을 하는 것으로 나타났다(Bodenmann et al., 2006). 또한 발기부전에 대한 위험요소가 남성의 지배 수준과 관련이 있는 것으로 나타났다. 즉, 여성에 대한 지배성이 낮은 남성들이 지배성이 높은 남성들보다 발기부전을 경험할 확률이 두 배나 높았다(Nicolini et al., 2019). 남성의 성적 욕구와 행동은 가부장제, 금전 그리고 사회적 네트워크와 관련되며(Cornwell & Laumann, 2011), 잠재적으로 남성이 자신의 전통적인 부양자로서의 역할을 잃어버릴 때, 남성들은 성적 욕구가 줄어들거나 성적 역기능이 발생된다(Pierce et al., 2013).

발기부전과 관련한 문헌은 주로 부부의 원가족과 사회문화적인 요인들에 대한 중요한 영향을 무시하고 부부 혹은 개인들에게만 초점을 맞춰 왔다. 한편, 발기부전과 관련된 대부분의 연구 참여자가 자신들의 개인적인 경험에 관하여 말하는 것을 꺼려하였다. 결과적으로, 발기부전과 관련된 연구들에서 발기부전과 관련된 구체적인 내용을 보여 주는 연구가 제한되었다. 이 연구에서는 발기부전을 겪고 있는 신혼 초 남편에 대한 부부상담을 통하여 발기부전에 영향을 미친 요인들에 관하여 탐색하고자 한다.

2. 연구 방법

1) 연구 대상

사례연구의 대상은 내담자인 남편(41), 부인(38)으로 구성되었다. 치료자는 1~3회기 남편(내담자), 4~5회기 부인, 6회기 부부상담을 진행하였다.

2) 연구질문

가임기간 중 남편의 발기부전에 영향을 미친 요인은 무엇인가?

3) 분석 방법

이 연구는 6회기의 상담축어록을 사례연구방법을 적용하여 분석하였다. 연구자는 상담축어록, 상담비디오와 치료자의 상담일지를 중심으로 개념 간의 지속적인 비교를 통하여 범주화를 하였다.

4) 신뢰도 검증 및 윤리적 고려

연구는 상담축어록과 상담 과정 중 가족치료사가 메모한 상담메모와 상담비디오를 활용하여 자료의 삼각화를 구성하였다. 또한 연구 분석 과정에서 연구자는 동료연구자 및 질적 연구를 한 박사과정 학생들과 도출된 범주화에 대해 지속적으로 토론하였다. 한편, 윤리적 측면을 고려하여 상담내용을 사례연구로 사용하는 것에 대해 사전에 내담자 부부에게 동의를 받았고, ○○대학교 연구윤리위원회에서 승인을 받았다.

5) 상담내용 분석

(1) 사례 개요

연구사례는 결혼한 지 2년이 된 부부사례로서 남편(41세)은 7~8개월 전부터 가임기간 중에만 발기가 되지 않는 증상이 나타났고, 비뇨기과 진료에서도 기능적인 문제는 발견되지 않았다. 증상으로 본가로부터 임신에 대한 요구와 기대를 받게 되면서 부인(38세)의 생리주기를 알게 된 남편이 임신이 가능한 기간에만 발기부전이 나타났으며, 남편은 자신의 성기능장애의 원인이 아버지와의 관계에 있다고 생각하였다. 내담자의 아버지(77세)는 원가족에서 일찍 돌아가신 조부를 대신하여 가족에 대한 과도한 책임과 역할을 하였다. 내담자의 아버지는 법조인이 되고자 하였고 사법고시를 준비하기 위하여 교사의 직업을 가졌으나 결혼하고 자녀가 생기면서 사법고시를 포기하였다. 내담자의 아버지는 자신이 못다 이룬 한을 장남인 내담자를 통해 이루고자 10년간 경제적 지원을 하였으나 내담자는 사법고시를 실패하고 현재 학원을 운영하고 있다. 반면, 아버지의 기대나 요구를 받지 않은 차남인 동생(37세)은 다니던 대학교를 자퇴하고 1년 동안 준비하여 변호사가 되었다. 내담자의 아버지는 내담자의 결혼을 반대하였고, 내담자 동생의 부인에 비하여 내담자의 부인을 무시하였다. 아버지는 내담자보다 변호사가 된 동생의 권위를 인정하였다. 내담자는 동생 부부가 자신과 자신의 부인을 무시한다고 생각하였다.

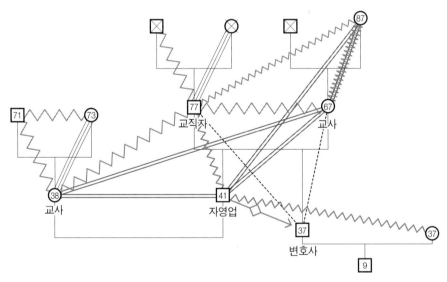

[그림 7-1] 가계도

3. 연구결과

1) 발기부전에 영향을 미친 요인

내담자의 발기부전에 영향을 미친 요인으로 개인적 요인, 가족적 요인 그리고 문화적 요인이 나타났으며 그에 대한 구체적인 하위 요인은 다음과 같다.

〈표 7-1〉 성기능장애에 영향을 미친 요인

상위 범주	중간 범주	하위 범주	개념
개인적 요인	부적응적 완벽주의	수행불안	과제에 대한 압박 수행에 대한 불안과 두려움 가임기간에 대한 중압감
		지연행동	과제수행을 지연하기 거짓말
	동일시	아버지의 방식을 사용	자신의 기준으로 부인을 판단 빈정거림
가족적 요인	아버지의 양육방식	차별	자녀에 대한 차별 며느리 간 차별
		비난	못마땅한 며느리 무능한 아들
		조건부적 인정	큰아들과 며느리에 대한 요구와 거절 둘째 아들과 며느리에 대한 허용적 태도
		가부장적 권위주의	아들에 대한 강요 며느리에 대한 강요
	어머니의 양육방식	비공감	부자갈등 시 자녀의 감정에 공감하지 못함 아들에 대한 비수용적 태도
문화적 요인	한(恨)	가난에 대한 한(恨)	가난을 대물림하지 않겠다는 신념 가족 내 과도한 경제적 역할을 감당한 아버지
		신분 상승에 대한 한	신분 상승의 사다리 사법시험 자녀의 성공을 통한 신분 상승
	체면	자녀의 사회적 성공	다른 집안 자녀들과 비교 정교사에 대한 요구
		외형을 중시함	과시할 수 있는 며느리 사회적으로 성공한 자녀 우선

(1) 개인적 요인

내담자는 아버지의 지나치게 높은 기준에 대하여 늘 부담을 가지고 있었으며 아버지처럼 권위적인 타인(목사)에 대한 민감한 반응과 두려움이 나타났다.

① 부적응적 완벽주의

• 수행불안

내담자는 권위적이고 높은 기준을 가진 아버지로 인하여 시행 착오나 실패에 대한 염려 및 심리적 압박감과 불안이 높았다.

- 과제에 대한 압박

  남편: (아버지로부터) 심리적으로 많이 억압이 되어 있지 않나. 와이프가 그런 이야기를 많이 했어요. 당신은 너무 '해야 한다'는 이야기를 많이 한다. (1회기)

- 수행에 대한 불안과 두려움

  부인: 신랑이 어릴 때 늘 아버님이 숙제를 내 주셨던 것처럼, 2세 가지는 것도 신랑이 그게 하나의 숙제같이 느껴져가지고. 그래서 애기가 잘 안 생기는 것 같아요. 그래서 신랑이 이 상담을 좀 받아서 심리적인 부분이 해결이 되어야 되지 않을까, 이런 생각을 하더라고요. (5회기)

- 가임기간에 대한 중압감

  남편: 가임기간이 다가오면 숙제처럼 심리적인 압박감이 생기는 것 같아요. (6회기)

• 지연행동

내담자는 아버지의 심리적 통제와 성취 압박, 아버지의 높은 기대 수준에 대한 두려움으로 인하여 과제 수행을 지연하거나 거짓말을 함으로써 부의 처벌을 회피하였다.

- 과제 수행을 지연하기

  남편: 제가 96년, 이때부터 시작해서 일단은 2000년까지 공부를 하다가 군대를 갔거든요. 그래서 2004년부터 2008년 정도까지 고시 공부를 한다고는 했는데, 실제로는 거의 못 한 거죠……. 그래서 아버지도 "더 이상 너는 안 된다. 차라리 그럴 거면 공무원 쪽으로 준비를 해라." 한 거죠. 그런데 저는 이제 공무원이 성에 안 차는 거예요. 그래서 저는 계속 고시를 하겠다고 이야기를 했죠. (1회기)

– 거짓말

남편: 학원 계약할 때도 그거 팩스로 보내달라고……. 그냥 본인이 조금 보태 주신 게 있었거든요. 그러한 부분을 확인받고 싶은 거죠. 그런데 제가 500만 원을 약간 좀 구라를 쳤기 때문에, 그거를 즉석에서 위조를 해서……. (6회기)

② **동일시–아버지 방식으로 부인을 대함**

내담자는 부자관계에서는 어머니가 아버지에게 사용하는 회피, 순응하는 의사소통 방식을 취하고 있었으나 자신의 부인에게는 아버지처럼 높은 기대 수준을 가지고 자신의 기대에 부합되지 않았을 때 아버지가 사용하는 방식을 사용하였다.

• **아버지의 방식을 사용**
– 자신의 기준으로 부인을 판단

남편: 와이프가 예배시간에 존다든가, 너무 아이같이 행동을 해서 저의 기준에 와이프가 너무 못 미치는 거예요. (1회기)

부인: 제가 신랑의 기준과 기대에 부응을 못하니까. (4회기)

– 빈정거림

남편: 제가 와이프에게 빈정거리듯 이야기를 했던 것 같아요. 제가 스트레스를 받으면 많이 비꼬았던 것 같아요. (5회기)

(2) 가족적 요인

아버지는 내담자의 진로와 결혼에 있어서도 자신의 기준을 제시하였고 그 기대에 미치지 못할 때 내담자를 비난하거나 통제하였으며 결혼과 출산, 진로에 있어서도 형제간 경쟁을 부추기거나 결과에 따른 차별적 대우를 하여 형제간 위계질서를 무너지게 하였다. 어머니는 내담자와는 친밀한 관계를 유지하였으나 아버지의 비난이나 내담자와 동생 간의 갈등이 있을 때 내담자에게 정서적 공감도 못 해 주었다.

① **아버지의 양육방식**
• **차별**

이 사례에서 아버지는 학창시절에는 내담자가 동생보다 우수하여 권위를 인정하였으나 동생이 사법고시에 합격하고 나서는 내담자를 무시하였다.

- 자녀에 대한 차별

남편: 아버지는, 내가 사법시험이 안 되고 동생은 시험이 돼 버리니까, 동생이 아버지의 기대를 이룬 거니까. (2회기)

남편: 동생에 대해서는 크게 뭐라 하는 건 없는데, 저한테는 사업도 초창기니까, 수입이 별로 안 좋고 여전히 풀리지 않는 부분이 있으니까, 아버지가 저한테는 계속 공격을 하는 거예요. (2회기)

- 며느리 간 차별

아버지는 아들 간의 비교처럼 둘째 며느리가 아들을 낳고 나서부터 아이를 갖지 못하는 첫째 며느리보다 둘째 며느리를 인정하고 더욱 차별하였다.

남편: 아버지는 제수씨에 대해 못마땅했지만 조카가 태어나고 나서 제수씨를 인정을 한다고 하셨어요. (2회기)

• 비난

아버지는 자신의 기준에 내담자가 도달하지 못했을 때 내담자를 비난하였다.

- 못마땅한 며느리

남편: 아버지는 최소한 어느 정도 갖춰져 있는 집안과 그런 며느리를 원하는데, 제가 선을 본 사람들이 다 성에 안 찬 거예요. (1회기)

- 무능한 아들

남편: 항상 아버지 관심사는 내 학원에 학생 인원이 얼마나 늘었냐? 아마 10년 전이었으면 출석부 달라고 했을 거예요. (6회기)

남편: 아버지는 저에게 무능하다고 하죠. (2회기)

• 조건부적인 인정

아버지는 항상 자신의 기준에 맞아야만 내담자를 인정하였다.

- 큰 아들과 며느리에 대한 요구와 거절

남편: 아버지가 결혼 전에 저랑 와이프에게 이렇게 이야기를 했어요. 제가 다시 시험 공부를 하든

지, 아니면 제가 사업이 잘 되든지. 그리고 와이프가 현재 기간제 교사로 있기 때문에 정교사가 되든지. 그 셋 중에 하나라도 하면은 내가 너네를 인정하는데, 그 셋 중에 하나라도 안 되면 끝까지 인정 못 하겠다. 그래서 작년 명절 때는 집에도 못 갔어요. (1회기)

부인: 자격 요건이라는 게, 저는 임용고시를 패스하든지, 공무원에 준하는 시험을 통과를 하든지 하고. 또 신랑 같은 경우는 사시를 패스를 하든지, 아니면 준공무원에 대한 그런 걸 하든지, 아니면 학원 원장이 되려면 아주 번창한 원장이 된 다음에 오라고 그러셨어요. 그래서 그 조건이 충족되기 전까지는 명절에 오지 말라고 그렇게 하셨거든요. (4회기)

- 둘째 아들과 며느리에 대한 허용적 태도
  남편: 네. 그러니까 이제 추석 때 며느리 둘 사이의 미묘한 감정이나 그런 거는 전혀 모르는 거죠, 걔는. 그러니까 명절에 와서도, 지는 이제 친구 만나러 간다고 해서, 만나러 가 버린 거예요. 근데 아버지는 그거에 대해서 뭐, 특별히 제제를 하지 않고. 동생이 친구들 만나러 갔는데 되게 사회에서 잘 된 친구들이다, 이렇게 이야기를 한 거죠. (6회기)

• **가부장적 권위주의**
아버지는 타협을 안 하고 자신의 요구만을 강요하였다.

- 아들에 대한 강요
  남편: 할머니는 아버지에게 왜 손자(내담자)를 결혼을 안 시키느냐고 했는데 아버지는 절대로 결혼 시킬 수 없다고 했어요. 그래서 할머니가 너무 열 받아서, "그러면 애가 오십 넘어서까지 그렇게 결혼 못 하게 놔둘 거냐?" 그러니까 아버지가 오십이 넘어도 내 말 들어야 된다고 얘기를 하시더라고요. (1회기)

- 며느리에 대한 강요
  부인: (시아버지가) 나는 너희 결혼을 인정할 수 없다고 하면서 명절에는 오지 말라고 그래서 서러워서 울었거든요. 그러면서 "도대체 너희 둘의 사랑이 얼마나 대단하길래 그러냐?" 이러면서 저희 신랑보고 왜 아비가 시키는 대로 안 하느냐고 그러시면서 "이제 너는 내 아들이 아니다." 하면서 나가셨거든요. (4회기)

② **어머니의 양육방식**
• **비공감**
어머니는 아버지에 대한 내담자의 부정적인 감정을 수용해 주지 못하였다.

－ 부자갈등 시 자녀의 감정에 공감하지 못함

　　남편: 어머니는 "아버지가 이러해서 그렇다. 네가 좀 이해해라." 항상 그렇게는 이야기하셨죠. (3회기)

－ 아들에 대한 비수용적 태도

　　남편: 그렇죠. 그런 불만도 있었죠. 어머니도 이제, 제가 진도가 못 나가니까 그런 거에 대한 불만
　　　　과 안타까움도 있었죠. 저에 대해서.(2회기)

(3) 문화적 요인

한국 사람은 한(恨), 학벌에 대한 차별 그리고 체면을 중시하는 문화가 있으며, 이러한 문화가 내담자 아버지에게도 영향을 미쳤다고 볼 수 있다. 어려서 가난하였던 아버지는 자신이 이루지 못한 고시의 꿈을 장남인 내담자를 통해 성취하고자 하였다. 그러나 내담자는 고시에 실패하였고 내담자의 동생이 고시에 합격하였다. 변호사인 동생이 아버지의 체면을 세워 주게 되면서 형제간 위계질서가 바뀌면서 동생까지 내담자를 무시하는 현상이 나타났다.

① 한

내담자의 아버지는 가난하여 이룰 수 없었던, 자신의 꿈을 이루지 못한 한(恨)을 가지고 있었다. 내담자는 아버지의 한과 한국 전통의 효 사상으로 인하여 부모에게 복종하고 부모의 소원이나 기대를 충족시켜야 한다는 것에 대한 부담감을 가지고 있었다.

• 가난에 대한 한

－ 가난을 되물림하지 않겠다는 신념

　　남편: 할머니 할아버지가 어렵게 살았기 때문에, (아버지는) 그 가난이 한이 되셨대요. 그래서 내
　　　　후손에게는 그 가난을 절대 물려줄 수 없다, 그런 신념으로 사셨다고 하시더라고요. (2회기)

－ 가족 내 과도한 경제적 역할을 감당한 아버지

　　남편: 아버지도 어릴 때부터 과외 아르바이트를 하신 거고. 중학교를 들어가셨는데 공부를 잘하셨
　　　　대요, 되게. 그런데 좋은 고등학교를 갈 수가 있는데 아버지가, 너무 돈이 드니까 포기를 하
　　　　고 검정고시를 봐서 원래 ○○대 법학과를 들어가셨대요. 가셨는데 서울 생활을 할 수가 없
　　　　잖아요. 집안이 힘드니까. 그래서 그걸 포기하고, 지방 ○○대 법학과를 들어가셨다고. (2회기)

　　남편: 능력은 있으셨죠. 그러니까 뭐, 원래 이제 사법시험에 대해서 그런 마음이 있는데, 상황이 어

려우니까 경찰 공무원으로 들어가셨다가 거기서 공부를 하시려고 했는데, 아무래도 이게 힘드니까. 교사를 하면 고시 공부를 하는 데 도움이 되지 않을까, 그래서 교사가 되신 거죠. (2회기)

• **신분 상승에 대한 한**
- **신분 상승의 사다리 사법시험**

> 남편: 그런데 일단은 아버지가 할머니 혼자서 생계를 꾸려 나가기 너무 힘드니까, 어릴 때부터 과외 아르바이트를 하신 거고……. 중학교를 들어가셨는데 공부를 잘하셨대요, 되게. 그런데 좋은 고등학교를 갈 수가 있는데 아버지가, 너무 돈이 드니까 포기를 하고 검정고시를 봐서 원래 ○○대 법학과를 들어가셨대요. 가셨는데 서울 생활을 할 수가 없잖아요. 집안이 힘드니까. 그래서 그걸 포기하고, 지방 ○○대 법학과를 들어가셨다고. 나이가 좀 많은 상태에서 다시 들어가셨다고. (2회기)

> 남편 : 그러니까 뭐, 원래 이제 사법시험에 대해서 그런 마음이 있는데, 상황이 어려우니까 경찰 공무원으로 들어가셨다가 거기서 공부를 하시려고 했는데, 아무래도 이게 힘드니까. 교사를 하면 고시 공부를 하는 데 도움이 되지 않을까, 그래서 교사가 되신 거죠. 교사를 하시다가 계속해서 사법시험을 준비를 하셨는데, 힘들죠. 이제 상황이, 결혼도 하고 저희도 태어났으니까. 그래서 자연스럽게 접으신 거죠, 그렇게.

> 치료자: 그럼 좀 고시에 한이 있으시겠네요?

> 남편: 네, 그렇죠. (2회기)

- **자녀의 성공을 통한 신분 상승**

> 남편: 원래는 제가 사범대, 국어나 영어교육과 쪽으로 가려고 했었어요. 그런데 이제 아버지가 "법대를 가라." 그래서 법대를 가서, 자연스럽게 사법시험을 준비를 하게 됐는데. (1회기)

② **체면**

아버지는 내담자와 며느리의 신분이 자신의 체면을 유지해 주는 데 매우 중요하다고 생각하였다. 자녀들의 직업과 결혼에 대한 학벌, 지위 등 외형을 중시하며 은퇴한 교장선생님 집단 내에서 체면을 세우려고 하였다.

• **자녀의 사회적 성공**
- **다른 집안 자녀들과 비교**

남편: 그러니까 이제 아버지랑 교장을 하신 그런 분들, 교류하시는 분들의 자녀들이 아무래도 이
제……. 그분 아들이 고위관직 첫째 사위거든요. 그런 분들하고 엮여 있으니까 아버지는 자
꾸 비교가 되는 거죠. 자신의 입장이. (1회기)

− 정교사에 대한 요구

부인: 자격 요건이라는 게, 저는 임용고시를 패스하든지, 공무원에 준하는 시험을 통과를 하든지
하고. 또 신랑 같은 경우는 사시를 패스를 하든지, 아니면 준공무원에 대한 그런 걸 하든지,
아니면 학원 원장이 되려면 아주 번창한 원장이 된 다음에 오라고 그러셨어요. 그래서 그 조
건이 충족되기 전까지는 명절에 오지 말라고 그렇게 하셨거든요. (4회기)

• 외형을 중시함

− 과시할 수 있는 며느리

부인: 시아버님이 저보고 임용고시가 패스되어야 한다고 하셨어요. 다른 교장들에게 "우리 며느리
가 교사다."라고 하고 싶으신 거예요. 그래서 제가 결혼하기 전에 아버님을 뵈었는데, 저보고
"교사 자격을 갖추면 내가 그때 다이아 반지를 해 주겠다."고 했어요. (4회기)

− 사회적으로 성공한 자녀 우선

남편: 아버지는 이미 잔치를 한다고 다 말을 한 상태이기 때문에 되돌릴 수 없었어요. 그래가지고
거기 사촌들 다 오고, 제수씨 쪽 사람들 다 오고, 왔었거든요. 저 어릴 때 같이 살았던 사촌
누나가 그 이야기를 하더라고요. "너도 시험을 (준비)했는데. 네 상황도 아는데. 누나 마음도
참 아팠다." 그 이야기를 하더라고요. 그러니까 아버지는 저의 그런 감정보다는, 동생이 붙었
다는 거에 대해서……. 어쨌든 본인의 한을 동생이 풀어 준 거니까 사람들 앞에 드러내고 싶
어 하는 욕망이 더 컸던 거 같아요.

4. 결론

1) 결론

이 연구에서는 부인의 가임기간 중 남편의 발기부전에 영향을 미친 위험 요인을 살
펴보았다. 가임기간 중 발기부전에 영향을 미친 위험 요소는 부자관계 중심의 한국

가족문화에서 가부장적인 권위를 가진 아버지로부터 지속적으로 요구되는 과제 수행에 대한 두려움과 불안 그리고 역기능적 대처방식에 기인한 것으로 보인다. 연구결과, 내담자의 발기부전에 영향을 미친 요인으로 개인적 · 가족적 · 문화적 요인이 나타났으며 그에 대한 구체적인 내용은 다음과 같다.

첫째, 개인적 요인으로는 아버지의 높은 기대수준에 반응하여 생긴 부적응적 완벽주의 태도와 아버지와의 동일시가 포함되었다. 내담자는 자신이 수행해야 하는 과제에 대한 압박과 부정적 평가에 대한 두려움이 과제에 대한 불안을 일으키고 과제 지연행동을 통해 부정적 평가를 미루거나 거짓말 또는 말을 하지 않는 것으로 일시적으로 회피를 하였다. 반면, 내담자는 부인에게 아버지처럼 권위적이었고 자신의 기준으로 부인을 평가하였으며 부인이 마음에 들지 않았을 때 아버지처럼 빈정거리는 말투를 사용함으로써 부인과의 관계를 악화시켰다.

둘째, 가족적 요인으로는 아버지의 양육방식과 어머니의 양육방식이 포함되었다. 아버지는 내담자와 동생 간, 며느리 간에 차별대우를 하였고, 자신의 기준에 자녀들뿐만 아니라 며느리가 도달하지 못했을 경우에도 비난을 하였다. 또한 내담자와 며느리에게 끊임없이 자신의 조건을 강요하였고 단지 자신의 기준에 도달했을 때만 조건부적인 인정을 하였다. 어머니는 내담자가 아버지로부터 힘들어했을 때 내담자의 이야기를 경청해 주거나 수용해 주기보다는 내담자에게 아버지를 이해하라고 하였다. 이와 같은 어머니의 비공감적인 의사소통방식으로 인하여 내담자는 어려서부터 자신의 감정을 내놓는 방식을 학습하지 못한 것으로 나타났다.

셋째, 문화적 요인으로는 아버지의 한과 체면 의식이 나타났다. 아버지는 자신의 아버지를 대신해 가족 내 과도한 역할을 감당하면서 자신의 꿈인 사법고시를 포기할 수밖에 없었다. 아버지는 더 이상 자녀들에게 가난을 물려주지 않겠다는 신념과 자신의 사법고시에 대한 한을 장남을 통해 이루고자 하였으나 차남이 사법고시를 합격하면서 형제간의 위계질서가 무너졌다. 사회적 성공을 통해 아버지의 체면과 한을 풀어 준 차남이 자녀도 먼저 출산하자 아버지는 내담자에게 자신의 또 다른 기준을 제시하였고, 그 기준에 못 미치자 내담자를 무시하였다. 심지어 아버지는 내담자와 며느리에게 자녀 출산에 대한 압박감을 주었다. 이와 같은 결과로 인해 내담자는 어려서부터 경험한 아버지에 대한 압박감과 두려움에서 자유롭지 못한 가운데, 동생의 출세로 인한 차별대우, 심지어 동생과 제수씨까지 내담자 부부를 무시하는 것을 경험하였다. 내담자는 이와 같은 내용을 어머니뿐만 아니라 부인에게도 털어놓을 수가 없게 됨으로써 가임기간 중에 발기부전의 현상이 나타나는 것으로 분석되었다.

2) 함의 및 제언

연구결과에 대한 함의는 다음과 같다.

첫째, 내담자의 발기부전에 영향을 미친 개인적 요인으로서 아버지의 과도한 간섭과 강요로 인하여 내담자는 과제를 수행하는 데 늘 불안과 두려움을 경험하였다. 심지어 동생의 자녀 출산으로 인하여, 아버지는 내담자에게 자녀를 출산하라는 압박감을 주었다. 내담자는 아버지의 강요로 인하여 결혼 전부터 자신이 해야 할 일을 지연하거나 때로는 말을 안 하거나 거짓말로 그 순간을 모면하였다. 이와 같은 연구결과는 발기장애가 심리적인 스트레스와 관련되어 있다(Bodenmmann et al., 2006)는 것과 발기장애를 겪는 남성이 자존감과 자신감이 낮으며, 우울감을 경험하기도 한다(American Psychiatric Association, 2013; Heiman, 2002; Jannini et al., 2014; Meisler & Carey, 1991; Symonds et al., 2003)는 내용을 보여 주고 있다. 한편, 내담자는 부인과의 관계에서 아버지처럼 자신의 기준으로 부인을 판단하였고, 자신의 기준에 못 미쳤을 때, 아버지가 사용했던 빈정거리는 방식을 사용함으로써 부인을 자극하였다. 이와 같은 결과는 내담자의 일을 수행하는 데에 대한 수행불안과 부부문제가 발기부전에 영향을 미칠 수 있다(Ejder Apay et al., 2015; Metz & Epstein, 2002)는 내용을 보여 준다. Hewitt과 Flett(1990)는 다차원적 완벽주의에는 부모가 자신에게 높은 기대를 갖고 있다는 것과 지나치게 비판적이라는 지각을 반영하는 요소들이 포함되어 있다고 하였다. 이 중에서 실수에 대한 염려, 부모의 비난, 부모의 기대, 행동에 대한 의심은 부적응적 완벽주의 요인이 된다(Hewitt & Flett, 1991; 김윤희, 서수균, 2008 재인용). 타인에게 높은 기준을 부여받은 사회부과적 완벽주의가 높은 사람들이 평가에 대한 염려와 실패에 대한 두려움과 불안이 높다(김민선, 서영석, 2009; Flett et al., 1996). 이 연구의 결과는 앞의 내용과 일치하고 있다는 것을 보여 준다.

둘째, 내담자의 발기부전에 영향을 미친 가족적 요인으로서 아버지의 차별, 비난, 조건부적인 인정 그리고 가부장적인 권위주의가 포함되었다. 한편, 내담자가 아버지와의 관계에서 힘들어할 때, 어머니는 내담자에게 정서적인 공감을 못 하였다. 이와 같은 결과는 내담자가 가부장적이고 권위주의적인 아버지로 인하여 조건부적인 인정, 동생 및 제수씨와 내담자 및 내담자 부인과의 차별적인 대우, 내담자와 부인이 아버지의 요구를 수행하지 못했을 때 받는 비난으로 인하여 내담자는 엄청난 스트레스를 받았다. 내담자는 고시 실패와 동생의 고시 합격, 동생의 자녀 출산 그리고 개원한 학원의 저조한 수입으로 인하여 동생 및 제수씨와 늘 비교를 당하였다. 이와 같은 연구결과는 부모가 형제간의 경쟁을 부추기고 비교할 경우에 자녀는 부모의 인정과 관심을 받기 위해 완벽주의적 태도를 형성하게 되는데, 완벽주의는 삶의 적응적인 요소로 작용할 수도 있지만 부적응적 완벽주의는 실수에 대한 염려와 수행에 대한 의심을 갖게 하고 자신이 과업을 완수하지 못하거나 실수하면 사람들이 자신을 무시하거나 거부할 거라고 믿는 경향을 말한다(손성경, 2015)는 내용을 나타내고 있다. 한편, 내담자의 아버지는 고시에 실패하고 학원 운영에서도 시원찮은 내담자로 인하여 자신의 체면이 손상되었다고 보았다. 이와 같은 내용은 한국의 부모는 학벌에 높은 가치를 두며, 부모의 자존감은 자녀의 학벌과 연결된다(Kim & Ryu, 2005)는 내용을 보여준다. 이 연구의 가족적 요인에 대한 결과는 남성의 성적 욕구와 행동이 가부장제 및 금전과 관련되며(Cornwell & Laumann, 2011), 남성이 전통적인 부양자로서의 역할을 잃어버릴 때, 성적 역기능이 발생된다(Cornwell & Laumann, 2011)는 내용을 나타내고 있다. 특히, 내담자는 권위적이고 가부장적인 아버지로 인하여 동생 부부뿐만 아니라 자신의 부인 앞에서 장남과 남편으로서의 권위를 무시당하였다. 이러한 연구결과는 발기부전이 주로 배우자와의 관계에서 온다(Bodenmann et al., 2006; Ejder Apay et al., 2015; Metz & Epstein, 2002; Nicolini et al., 2019)는 연구결과와는 상당히 다른 내용을 보여 주고 있다. 이 사례의 내담자는 부부관계에서 오는 스트레스나 불안보다는 어려서부터 아버지로부터 받았던 스트레스나 불안으로 인하여 현재 부부관계에까지 그 여파가 미치고 있다는 것을 보여 준다. 따라서 성기능장애에 있어 신체적으로 이상이 없을 때 성기능장애의 원인에 대한 심리적 측면에서의 접근이 필요한데, 정신분석적 관점에서는 원가족 경험에서 미해결된 감정이 성인의 다양한 심리적 문제를 초래한다고 보기 때문에 성기능장애를 일으키는 무의식적 갈등의 원인을 찾아내는 것이 무엇보다 중요하다(권석만, 김지훈, 2008)고 볼 수 있다.

셋째, 내담자의 발기부전에 영향을 미친 문화적 요인으로서 아버지의 한과 체면의식이 포함되었다. 이 연구결과는 한국인에게 고유한 한의 정서와 체면의식이 내담자의 아버지에게 영향을 미치고 있었으며, 이러한 문화적인 요소가 아들에 대한 아버지의 양육방식에 영향을 미쳤다고 볼 수 있다. 즉, 아버지가 가지고 있는 한국 전형의 한과 체면의식이 가족적 요인인 가부장적인 권위주의와 아버지의 양육방식에도 영향을 주었을 것이며, 이러한 가족적 요인 또한 내담자의 개인적 요인인 수행불안과 지연행동에도 영향을 미쳤을 것이라고 추론된다. 물론 이 연구의 결과로 나타난 내담자의 발기부전에 영향을 미친 세 가지 요인이 별개로 분리된다기보다는 서로에게 영향을 주고받는 과정이었을 것으로 보인다.

연구결과에서 나타난 문화적 요인이 발기부전에 관련된 선행 연구결과에서는 발견하지 못한 내용이라고 볼 수 있다. 즉, 연구결과는 내담자의 발기부전에 대한 위험 요인의 가장 저변에는 고시 포기로 인하여 아들에게 자신의 희망을 구현해 보고자 했던 아버지의 미분화된 자아 그리고 아버지의 효과적이지 못한 양육방식과 역기능적인 의사소통방식으로 인하여 내담자가 부적응적인 완벽주의자가 될 수밖에 없었다는 것을 보여 준다. 내담자는 무섭고 두려운 아버지와의 관계에서 어려서부터 자신의 감정을 내놓을 수 있는 대상(어머니)이 부재했다고도 볼 수 있다. 한편, 내담자는 부모와 기능적이고 효과적으로 대화할 수 있는 방법을 학습하지 못하였고 아버지를 무섭고 두려운 존재로 인식하게 되었다. 따라서 내담자가 결혼 후 고시에 실패함으로써 아버지의 원망과 지나친 간섭으로 인하여 엄청난 스트레스를 받았고 그 스트레스를 풀 수 있는 방법을 몰랐다고 볼 수 있다.

연구결과를 토대로 연구자는 발기부전문제를 가진 내담자를 상담할 때, 가능하면 치료자들이 내담자의 부부관계는 물론 내담자의 심리적인 문제에 영향을 미쳐 왔던 원가족과의 문제 및 부모와 걸린 전이문제를 반드시 탐색하기를 바란다. 한편, 내담자와 원가족과의 의사소통방식과 부부간의 의사소통방식을 연결하는 작업을 할 필요가 있다.

물론 이 연구는 한 사례를 통하여 나온 결과이기 때문에 발기부전에 대한 사례에 일반화시킬 수는 없으며, 더군다나 이 사례는 내담자와 아버지와의 관계가 많이 걸린 좀 독특한 사례일 거라고 생각된다. 그럼에도 불구하고 연구의 결과가 내담자가 근본적으로 부모와 걸린 경우의 사례개념화에 조금이라도 도움이 되기를 바란다.

최근에 내담자의 부인으로부터 온 편지 내용은 다음과 같다.

> 부인: 교수님, 안녕하세요? 2015년쯤 신랑과 함께 상담받았던 ○○○입니다. 그저 교수님께 축하의 기도를 받고 싶어 메시지를 남깁니다. 저 하나님의 은혜로 결혼 6년 만에 딸을 출산하였습니다. 교수님 덕택에 신랑도 아버지와 원가족을 객관적으로 잘 분석해서 문제되었던 데서 해결되었습니다.

치료자: 너무너무 축하드려요. 부군께서 여전히 학원을 하시겠지요? 시아버지와 통화했을 때 장난

이 아니었는데 나름 부군이 객관적으로 가정을 보게 되었다니 다행이네요.

부인: 네. 학원 경영을 하고 있습니다. 시아버님도 이제 교회 출석하시겠다고 몇 번이나 말씀하셨

습니다. 축하해 주셔서 감사합니다.

참고문헌

권석만, 김지훈(2008). 성기능 장애: 침실 속의 남 모르는 고민. 서울: 학지사.

김미진, 신건희, 류석태, 고성민, 김희진, 송상훈, 성수정, 주관중, 김수웅, 백재승, 손환철(2006). 한국 젊은 남성 발기부전 유병률과 위험요인에 대한 인터넷 조사연구. 대한남성과학회지, 24(2), 76-83.

김민선, 서영석(2009). 평가염려 완벽주의와 사회불안의 관계: 부정적 평가에 대한 두려움과 자기 제시동기의 매개효과 검증. 한국심리학회지: 일반, 28(3), 525-545.

김세철(2009). 발기부전 환자와 배우자의 성 태도와 치료에 대한 인식. 대한남성과학회지, 27(1), 1-9.

김윤희, 서수균(2008). 완벽주의에 대한 고찰: 평가와 치료. 한국심리학회지, 20(3), 581- 613.

김철민(2006). 스트레스와 발기부전 그리고 새로운 PDE5I. 스트레스研究, 14(2), 91-98.

박동수, 박선영, 신선미(2013). 남성 성기능장애 관련 한의학 및 전통의학 임상 연구 동향 분석과 프로토콜 분석. 동의생리병리학회지, 27(5), 530-539.

박현준(2019). 노인 남성의 성기능장애 진단과 치료. 대한의사협회지, 62(6), 308-314.

손선경(2015). 부모의 형제비교행위가 정서안정성에 미치는 영향: 부적응 완벽주의와 사회비교경 향성의 매개효과. 한국심리학회지: 상담 및 심리치료. 27(3), 665-683.

한국생명공학연구원(2006). 자생오갈피를 이용한 성기능장애 및 간질환식품의약개발 과학기술부 보고서.

American Psychiatric Association. (2013). *Diagnostic and statistical manual of mental disorders* (5th ed.). Washington, DC: American Psychiatric Publishing, Inc.

Apay, E. S., Özorhan, E. Y., Arslan, S., Özkan, H., Koc, E., & Özbey, I. (2015). The sexual beliefs of Turkish men: Comparing the beliefs of men with and without erectile dysfunction. *Journal of Sex & Marital Therapy*, 41(6), 661- 671.

Berggren, N., & Derekshan, N. (2013). The role of consciousness in attentional control differences in trait anxiety. *Cognition & Emotion, 27*(5), 923-931.

Bodenmann, G., Ledermann, T., Blattner, D., & Galluzzo, C. (2006). Associations among everyday stress, critical life events, and sexual problems. *The Journal of Nervous and Mental Disease, 194*(7), 494-501.

Borras-Valls, J. J., & Gonzalez-Correales, R. (2004). Specific aspects of erectile dysfunction in sexology. *International Journal of Impotence Research, 16,* S3-S6.

Carvalho, J., & Nobre, P. (2011). Preictors of men's sexual desire: The role of psychological, cognitive-emotional, relational, and medical factors. *Journal of Sex Research, 48*(2-3), 254- 262.

Cornwell, B., & Laumann, E. O. (2011). Network position and sexual dysfunction: Implications of partner betweenness for men. *American Journal of Sociology, 117*(1), 172-208

Ducharme, S. H. (2004). Psychologic factors modulating erectile function. *Sexuality and Disability, 22(2),* 171-175.

Ejder Apay, S., Özorhan, E. Y., Arslan, S., Özkan, H., Koc, E., & Özbey, I. (2015). The sexual beliefs of turkish men: comparing the beliefs of men with and without erectile dysfunction. *Journal of Sex & Marital Therapy, 41*(6), 661-671.

Flett, G. L., Hewitt, P. L., & DeRosa, T. (1996). Dimensions of perfection, psychosocial adjustment, and social skills. *Personality and Individual Differences, 20,* 143-150.

Frühauf, S., Gerger, H., Schmidt, H. M., Munder, T., & Barth, J. (2013). Efficacy of psychological interventions for sexual dysfunction: A systematic review and meta-analysis. *Archives of Sexual Behavior, 42*(6), 915-933.

Jannini, E. A., Sternbach, N., Limoncin, E., Ciocca, G., Gravina, G. L., Tripodi, F., Petrucelli, I., Keijzer, S., Isherwood, G., Wiedemann, B., & Simonelli, C. (2014). Health-related characteristics and unmet needs of men with erectile dysfunction: A survey in five European countries. *The Journal of Sexual Medicine, 11*(1), 40-50.

Johnson, S. D., Phelps, D. L., & Cottler, L. B. (2004). The association of sexual dysfucntion and substance use among a community epidemiological sample. *Archives of Sexual Behavior, 33*(1), 55-63.

Heiman, J. R. (2002). Sexual dysfunction: Overview of prevalence, etiological factors, and treatments. *Journal of Sex Research, 39*(1), 73-78.

Hewitt, P. L., & Flett, G. L. (1990). Perfectionism and depression: A multidimensional analysis. *Journal of Social Behavior & Personality, 5*(5), 423-438.

Kim, B.-L. C., & Ryu, E. (1996). Korean families. In M. McGoldrick, J. Giordano, N. Gracia-Preto (Eds.), *Ethnicity and family therapy* (pp. 349-362). New York: The Guilford Press.

Kotler, M., Cohen, H., Aizenberge, D., Matar, M., Loewenthal, U., Kaplan, Z., Miodownik, H., Zemishlany, Z. (2000). Sexual dysfunction in male posttraumatic stress disorder patients. *Psychotherapy and Psychosomatics, 69*(6), 309-315.

Laumann, E. O., Paik, A., & Rosen, R. C. (1999). Sexual dysfunction in the United States: Prevalence and predictors. *Journal of American Medical Association, 281*(6), 537-544.

Levine, S. B. (2010). Commentary on consideration of diagnostic criteria for erectile dysfunction in DSM-V. *The Journal of Sexual Medicine, 7*(7), 2388-2390.

McCabe, M. P., & Connaughton, C. (2013). Psychosocial factors associated with male sexual difficulties. *Journal of Sex Research, 51*(1), 31-42.

Meisler, A. W., & Carey, M. P. (1991). Depressed affect and male sexual arousal. *Archives of Sexual Behavior, 20*(6), 541-554.

Metz, M. E., & Epstein, N. (2002). Assessing the role of relationship conflict in sexual dysfunction. *Journal of Sex & Marital Therapy, 28*(2), 139-164.

Nichols, M. P. (2013). *Family therapy: Concepts and method* (10th ed.). Upper Sandle River, NJ: Person Education.

Nicolini, Y., Tramacere, A., Parmigiani, S., Dadomo, H. (2019). Back to stir it up: Erectile dysfunction in an evolutionary, developmental, and clinical perspective. *The Journal of Sex Research, 56*(3), 378-313.

Pierce, L., Dahl, M. S., & Nielsen, J. (2013). In sickness and in wealth: Psychological and sexual costs of income comparison in marriage. *Personality and Social Psychology Bulletin, 39*(3), 359-374.

Rajkumar, R. P., & Kumaran, A. K. (2014). The association of anxiety with the subtypes of premature ejaculation: A chart view. *The Primary Care Companion for CNS Disorders, 16*(4).

Randall, A. K., & Bodenmann, G. (2009). The role of stress on close relationships and marital satisfaction. *Clinical Psychology Review, 29*(2), 105-115.

Rosing, D., Klebingat, K. J., Berberich, H. J., Bosinski, H. A., Loewit, K., & Beier K. M. (2009).

Male sexual dysfunction: Diagnosis and treatment from a sexological and interdisciplinary perspective. *Deutsches Arzteblatt International, 106*(50), 821-828.

Schmidt, H. M., Munder, T., Gerger, H., Frühauf, S., & Barth, J. (2014). Combination of psychological intervention and phosphodiesterase 5 inhibitors for erectile dysfunction: A narrative review and meta analysis. *The Journal of Sexual Medicine, 11*(6), 1376-1391.

Sugimori, H., Yoshida, K., Tnaka, T., Baba, K., Nischida, T., Nakawawa, R., Iwamoto, T. (2005). Relationships between erectile dysfunction, depression, and anxiety in Japanese subjects. *Journal of Sexual Medicine, 2,* 390-396.

Symonds, T., Roblin, D., Hart, K., & Althof, S. (2003). How does premature ejaculation impact a man's life?. *Journal of Sex & Marital Therapy, 29*(5), 361-370.

제8장

가족치료 과정에서 나타난 부부의 섹스리스 인식 변화 과정에 대한 질적 연구*

이 연구의 목적은 부인(내담자)과의 성관계를 회피하는 남편에 대한 가족치료 사례를 중심으로 가족치료 진행 과정에서 나타난 부부의 섹스리스 인식 변화 과정을 탐색하는 것이다. 연구는 총 9회기 동안 진행된 상담 과정을 질적 분석 방법에 근거하여 결과를 도출하였다. 연구결과는, 첫째, 섹스리스문제에 대한 전 인식 단계에서는 정서적 이혼상태, 남편의 감정 억압과 자아상실, 성(性) 의사소통 회피가 나타났다. 둘째, 인식 단계에서는 배우자에게 전이된 감정 인식, 가장으로서 권위가 없는 남편, 남편과 시어머니의 밀착된 관계, 원가족에서 전수된 역기능적인 의사소통방식이 나타났다. 셋째, 준비 단계에서는 자녀훈육에 대한 조언, 역기능적인 감정표현 시도, 서툴지만 의사표현 시도가 나타났다. 넷째, 행동 단계에서는 자기문제에 초점 두기, 측은하고 안쓰러운 남편, 남편과 새로운 연결 시도, 시어머니에 대한 이중적 관점, 기능적인 의사소통방식을 통해 부부간의 친밀감을 재형성하기 시작하였다. 다섯째, 유지 단계에서 부부는 서로 배려하면서 핵가족 중심의 새로운 삶을 만들어 가는 모습이 나타났다. 이와 같은 연구결과를 근거로 하여 연구자는 부부의 섹스리스 치료를 위한 가족치료적 전략을 제시하였다.

1. 서론

부부의 성적 친밀감은 만족스러운 부부관계를 유지하는 데 중요한 영향을 미친다. 성(sexuality)은 부부가 서로에 대한 사랑을 표현하고 교감하는 신체언어로서, 부부는

---

* 김영애, 박태영(2018). 가족치료 과정에서 나타난 부부의 섹스리스 인식변화 과정에 대한 질적 연구. 가족과 가족치료, 26(3), 379-401.

성관계를 통해 육체적 욕구와 정서적 욕구를 충족하면서 서로 간에 유대감을 느낄 수 있다. 그러나 급격하게 변해 가는 현대사회의 구조적 문제와 일상생활에서 발생하는 다양한 스트레스로 인해 섹스리스 부부가 증가하고 있으나 사회적인 문제로 인식되지 못하였다. 이것은 부부의 성생활이 개인적인 사생활로 치부되고 유교문화로 인해 부부간에도 솔직하게 성욕구를 표현하기가 어렵기 때문이다(김효숙, 이인수, 2015; 정소은, 2018; 정우리, 2017). 특히 보수적인 성에 대한 인식으로 부인이 남편에게 적극적으로 성욕을 표현하는 것은 암묵적으로 부정적이게 여겨지는 것도 원인이 된다(강말숙, 전영주, 2003). 그러나 현대사회에서 부부는 결혼생활의 안정성을 추구하기보다는 배우자와의 사랑과 신뢰 그리고 자아 성장과 같은 부부간의 관계적인 측면을 중요하게 여기면서 섹스리스가 부부문제로 새롭게 조명되고 있다(권정혜, 채규만, 2000).

〈EBS 다큐프라임〉과 강동우 성의학연구소에서 2012년 전국의 성인 1,246명을 대상으로 조사한 한국인 성생활 실태조사에 따르면 기혼 남성 92%, 기혼 여성 85%가 성생활이 중요하다고 답변했고 성관계의 목적은 친밀감을 확인하는 거라고 응답했지만 기혼 남성 305명(25%), 기혼 여성 536명(38%)이 월 1회 미만인 섹스리스로 나타났다. 또한 전국 성인 남녀 1,000명을 대상으로 섹스리스 실태를 파악한 결과로 응답자의 10명 중 4명이 섹스리스라고 응답하였다(동아일보, 2017). 한국가정법률상담소(2014)에 의하면 면접상담 중 이혼상담과 부부갈등이 56%라는 높은 수치를 보였는데, 이혼상담 사유를 분석한 결과 남녀 모두에게서 외도문제가 나타났다. 다양한 요인이 외도에 영향을 미치지만 불만족스러운 성생활이 혼외관계에 영향을 미쳤다(이성은, 2006; 오은주, 2009; Glass & Marano, 1998). 또한 섹스리스는 부부관계를 악화시키고 결혼생활의 행복감과 안정감 그리고 별거와 이혼에 영향을 미칠 수도 있다(Donnelly, 1993). 물론 부부의 섹스리스가 반드시 부부갈등의 원인이 되는 것은 아니지만 부부관계의 문제를 의미하는 단초가 될 수 있다.

일반적으로 부부의 섹스리스는 복합적인 요인으로 발생하기 때문에 특정 요인으로 규명하기 어렵지만 부부갈등, 확대가족과의 갈등, 자녀 중심의 가족문화, 역기능적 의사소통방식, 스트레스, 친밀감 부재, 노화에 따른 성욕 감퇴, 잘못된 성교육, 배우자의 성관계 거부, 부정적 성가치관, 성기능 저하 및 장애(김영기, 한성열, 한민, 2011; 김효숙, 이인수, 2015; 이영실, 1989; 정선이, 김현주, 2017; 정우리, 2017; 한겨레21, 2003) 등이 영향을 미치는 것으로 나타났다. 이처럼 다양한 요인으로 섹스리스가 나타나지만 선행연구를 살펴보면 주로 배우자와의 갈등에서 발생하였다(김영애, 1996; 박태영,

김선희, 유진희, 안현아, 2012; 이현주, 엄명용, 2012).

부부의 성문제를 해결하기 위해 의학적인 측면에서는 약물치료(류동수, 서준규, 1998; 정우식, 2008)와 남성의 음경에 인공 보형물을 삽입하는 치료적 시술(배장호, 2009; 양광모, 2009)로 접근했지만 성기능이 향상되는 경우는 드물었다(권석만, 김지훈, 2000). 이러한 원인은 부부의 성문제가 심리적인 문제로 발생하는 경향이 있기 때문에 무엇보다도 부부의 관계적인 측면을 고려해야만 한다(권정혜, 채규만, 2000; 김영기 외, 2011).

따라서 부부의 성문제에 대해 정신분석적 관점에서는 원가족 경험에서 미해결된 감정이 개인의 다양한 심리적인 문제를 초래한다고 보기 때문에 부부의 성문제를 일으키는 무의식적 갈등을 탐색하여 문제를 해결하는 것이 중요하다고 본다(권석만, 김지훈, 2000). 정신분석학에 근거한 대상관계 가족치료에서도 개인이 현재에 경험하는 감정은 과거의 대상표상에 의해 나타난다고 본다. 즉, 개인은 자신의 무의식에 근거한 내적 대상관계로 문제를 지각하는 것이다. 이에 치료자는 내담자가 호소하는 문제를 해결하기 위해 과거에 원가족에서 형성된 대상관계를 탐색할 필요가 있다(박태영, 유수현, 2001). 부부관계는 원가족에서의 부모와 자녀관계처럼 비슷한 양상을 보이기 때문이다(Goldenberg & Goldenberg, 2017).

현재까지 섹스리스에 대한 선행연구는 섹스리스의 발병 원인, 결혼 유지 과정(김효숙, 이인수, 2015; 유재인, 김현주, 2014; 정선이, 김현주, 2017) 그리고 부부의 섹스리스와 친밀감(정소은, 2018)과 관련되었다. 섹스리스에 영향을 주는 표면적인 원인들과 정서적 요인도 중요하지만 근원적으로 섹스리스에 영향을 주는 핵심 요인들을 탐색하여 치료하는 것이 무엇보다도 중요한데, 현재까지 이와 관련된 연구들은 매우 미비한 실정이다. 따라서 섹스리스를 경험하는 부부의 전반적인 인생주기를 중심으로 섹스리스에 영향을 미친 원인을 핵가족과 확대가족의 상호 연결된 요인들을 중심으로 살펴볼 필요가 있다. 왜냐하면 부부의 부정적 감정과 갈등 대처방식에 영향을 미친 원가족 체계를 탐색하면 섹스리스의 근본 원인을 파악할 수 있기 때문이다. 개인의 감정이나 행동은 의식이 아니라 무의식적 차원에서 나타나는 경향이 높기 때문에 현재 부부관계에서 나타나는 감정 반사행동은 원가족 경험에서 형성된 배우자의 불안으로부터 나타날 수가 있다. 이에 내담자가 부부갈등의 이면에 숨겨진 근본 원인을 파악하면 문제에 대한 인식 변화로 인해 부부관계가 개선될 가능성이 높다. 이와 같은 측면에서 부부의 섹스리스를 감소하기 위해 통합적 가족치료적 접근이 효과적인 대안이 될 수 있다. 특히 결혼 초기에 주로 나타나는 섹스리스에 대한 즉각적인 개입이 없으면 이것은 지속적으로 부부갈등에 영향을 미치거나 중장년기까지 부부의 성문제로 고착될 수 있기 때문이다.

따라서 연구에서는 성관계로 어려움을 호소하는 가족치료 사례를 중심으로 부부의 섹스리스에 영향을 미친 요인들과 인식 변화 과정을 살펴보고 부부의 섹스리스를 치료하기 위한 가족치료적 개입 방법을 제시하고자 한다.

2. 문헌 고찰

1) 부부갈등과 섹스리스

부부갈등은 배우자의 심리적 불안과 부부 적응 그리고 환경 적응에 어려움을 유발하여 결혼생활에 부정적인 영향을 미친다. 우리나라 이혼 당사자의 동거기간은 20년 이상(29.9%)이 가장 높고 그 다음 순위는 4년 이하(22.6%)이며, 이혼 사유는 성격 차이, 배우자 부정, 가족 간 불화, 경제적 문제 등으로 부부의 내적 문제와 가족 간의 갈등이 이혼에 영향을 미치는 주요 변수로 나타났다(대한민국 법원, 2016).

부부는 만족스러운 결혼생활을 유지하기 위해 배우자와 삶을 공유하면서 서로의 욕구에 민감하게 반응해야 한다. 특히 부부의 성생활은 배우자의 정서적인 영역과 관련이 있기 때문에 섹스리스로 갈등을 가진 배우자는 사랑이 부재한 채 공허한 결혼생활을 유지하면서 갈등을 겪었다(서선영, 2006; 성한기, 손영화, 2007; 이경옥, 김영희, 2003; 이영실, 1989; 장순복, 강희선, 김숙남, 1998).

일반적으로 섹스리스는 성관계의 횟수가 적거나 부재한 경우를 칭하고 부부는 다양한 요인으로 섹스리스를 경험하지만, 어떠한 원인으로 섹스리스가 나타나든지 간에 성적으로 거부당한 배우자는 '비참함'과 '성적 수치감'으로 부부관계에서 정서적인 거리감을 느끼면서 외도관계를 형성하기도 하였다(김효숙, 이인수, 2015). 그러나 일상생활에서 성문제를 제외하고 전반적으로 결혼생활에 만족하거나 합의하에 섹스리스를 결정한 부부에게는 성문제가 부부관계에 영향을 주지 않았다(정소은, 2018). 결혼생활에서 섹스리스가 하나의 하위 영역으로 분류될 수 있기 때문에 단순히 성관계의 횟수가 적다고 부부문제가 되는 것은 아니다. 결혼생활이 유지되면서 부부의 성관계는 자연스럽게 감소될 수 있지만 만약 부부갈등의 대처방식으로 나타난다면 그 문제는 심각하게 고려해 볼 필요가 있다. 왜냐하면 성 욕구는 단순히 생리적인 욕구를 넘어서 인간의 존재적 영역을 자극하는 감성과 연결되어 개인의 삶의 질에 영향을 미치기 때문이다. 또한 부부갈등으로 인한 성문제는 배우자와 정서적인 고립감을 형성하면서 타자와의 외도와 이혼을 고려하는 연속선상으로 이어질 수 있기 때문이다(김효숙, 이인수, 2015; 이성은, 2006).

한편, 부부갈등과 성문제에 의사소통방식이 유의미한 관계가 있다고 나타났는데, 특히 부부가 개방적인 의사소통방식을 사용할수록, 감정과 언어적 표현이 높을수록, 배우자의 감정과 행동에 민감하게 반응할수록 성 만족도가 높게 나타났다(김요완, 2000; 김영기 외, 2011; 이혜진, 2004). 실제로 가족치료 과정에서 부부가 유사하게 겪는 문제로 역기능적 의사소통방식을 호소하는 경향이 많다(최혜숙, 권현용, 2015). Bertoni와 Bodenmann(2010)은 결혼생활에 만족하는 부부는 불만족하는 부부와 비교했을 때 폭력성, 회피성, 공격성이 낮고 좀 더 타협적인 것으로 나타났다. 이처럼 의사소통방식은 부부관계에 중요한 요인으로 작용했는데, 특히 성생활과 관련된 부부간의 의사소통이 성생활에 영향을 미쳤다(이영실, 1989). 따라서 부부의 섹스리스는 배우자 개인의 문제가 아니라 부부의 상호작용과 연관이 있으므로 무엇보다도 의사소통을 통해 부부갈등을 해결하는 것이 중요하다(Byers & Demmons, 1999).

2) 부부갈등과 전이

대상관계 가족치료이론에서는 부부문제 이면에 있는 원가족구성원들과 걸려 있는 문제에 대해 전이의 탐색 과정을 통하여 부부관계의 변화가 촉진될 수 있다고 본다. 심리분석이론에 따르면 정신 내적 과정은 무의식에서 이루어진다. 무의식 안에는 해결되지 못한 슬픔, 억압, 투사적 동일시 그리고 전이가 포함된다(Broderick, Weston, & Gillig, 2009). 정신 내적 과정에 속한 중요한 개념이 '정신적 결정주의'이다. 정신적 결정주의는 모든 행동은 원인을 가지고 있거나 혹은 개인적 역사를 가지고 있다는 것을 말한다(Broderick et al., 2009). 특히 Freud는 정신분석의 핵심적인 요소를 전이와 저항이라고 보았다(Wallerstein, 1992). Freud에 따르면, 전이란 내담자가 어린 시절 부모와의 관계에서 발생한 미해결된 갈등을 재경험하고 있는 것으로 이것이 환자가 경험하는 감정의 강도와 비합리성의 원인이라고 하였다(Gomez, 1997). Heru(1980)는 전이는 한 사람의 생각, 감정 그리고 소망이 과거의 한 사람을 연상할 수 있는 또 다른 사람에게 투사될 때 발생한다고 하였다.

3) 섹스리스의 원인, 진행 과정 및 가족치료

섹스리스는 '1년에 10회 미만 혹은 한 달에 한 번 이하의 성관계를 갖는 경우'를 말한다(강동우, 백혜경, 2012). 과거에는 부부의 섹스리스가 노화에 따른 자연스러운 현상으로 인식되는 경향이 있었다. 그러나 현대사회에서 성이 배우자에 대한 사랑을 가장 자연스럽게 표현하는 정서적인 언어로 인식되면서 섹스리스가 새롭게 조명되고 있다. 부부의 섹스리스는 다양한 요인으로 나타나는데 주로 신체적 요인, 심리적 요인, 신경전달물질, 신경정신과적 요인, 성기능장애, 신체질환 관련 요인 그리고 일상생활 관련 요인 등이 영향을 미쳤다(권석만, 김지훈, 2000; 김효숙, 이인수, 2015). 이에 대한 구체적인 내용은 다음과 같다. 첫째, 신체적 요인으로는 성호르몬과 뇌의 신경전달물질이 섹스리스에 영향을 미칠 수 있는데 특히 부부가 중년기에 접어들면서 나타나는 성호르몬의 감소가 섹스리스에 영향을 미칠 수 있다(정선이, 김현주, 2017). 둘째, 심리적 요인으로 부부갈등, 경제적 문제, 고부갈등, 배우자를 배려하지 않는 성행위, 왜곡된 성가치관, 성폭력 후유증 등과 같은 다양한 요인이 섹스리스에 영향을 미쳤다(권석만, 김지훈, 2000; 정우리, 2017). 셋째, 신경정신과적 요인으로 우울증이나 불안장애가 성욕에 영향을 미칠 수 있다(김명애, 1998; 배정이, 민권식, 안숙희, 2007). 넷째, 성기능장애가 부부의 성생활에 영향을 미칠 수도 있는데 정상적인 성 반응 주기인 '성욕기, 흥분기, 절정기, 해소기에 문제가 생겼을 때' 성기능장애가 나타날 수 있다(장환일, 1995; 이숙형, 2015). 다섯째, 신체질환 관련 요인으로 만성질환이나 암과 같은 질환과 관련된 약을 복용할 경우 일부 약들이 성욕 저하에 영향을 미치기도 한다(김혜영, 이은숙, 2010). 여섯째, 일상생활 관련 요인으로 과도한 업무와 자녀양육 그리고 바쁜 일상생활로 인한 육체적·정신적 피로와 스트레스가 부부의 섹스리스에 영향을 줄 수 있다(이성은, 2006).

이처럼 섹스리스는 여러 가지 요인이 서로 맞물려서 나타나는데 주로 부부의 섹스리스는 심리적인 요인과 관련이 있다(권석만, 김지훈, 2000; 권정혜, 채규만, 2000; 김영기 외, 2011). 특히 부인의 심리적 상태가 섹스리스에 영향을 미칠 수 있는데, 남성은 성욕이 쾌락과 연관이 있고 여성은 친밀감과 같은 감정적 요인에 민감하므로 배우자와의 관계적 질이 성관계에 영향을 미칠 수 있다(Regan & Berscheid, 1995).

한편, 섹스리스의 진행 과정을 살펴보면 성문제가 부부관계에 영향을 미치는 범위는 다르지만, 섹스리스의 진행 과정이 지속될수록 성욕이 강한 사람은 결혼생활에서 배우자와 정서적인 교감을 느끼지 못해서 배우자를 인생의 반려자가 아니라 단지 동거인으로 생각하였다(김효숙, 이인수, 2015). 김효숙과 이인수(2015)에 따르면, 섹스리스가 지속되면서 부부 유형이 두 부류로 구분되었는데, 한 부류는 가정을 유지하고 싶어서 성문제를 해결하기 위해 전문기관을 방문하거나 다양한 활동으로 스스로 성적 욕구를 다스린다고 나타났고, 다른 한 부류는 이혼을 섹스리스의 해결방법으로 고려하였다. 따라서 부부의 섹스리스는 결혼 유지와 결혼만족도에 영향을 미치기 때문에 무엇보다도 근본적인 원인을 파악해서 치료하는 것이 중요하다.

이처럼 부부의 성문제는 개인적 요인이 아니라 주로 부부의 상호작용으로 발생하기 때문에 부부의 관계적 측면에 초점을 둔 가족치료가 효과적이다.

대상관계 가족치료에서는 치료자가 전이와 역전이를 통해서 내담자의 과거에 내면화된 대상이 현재의 부부관계에 영향을 미치는 것을 내담자가 인식하도록 개입한다(Goldenberg & Goldenberg, 2017). 내담자의 과거는 그의 기억에 머무르면서 무의식적이지만 강력하게 영향을 미치므로 내담자는 자신의 내면화된 대상에 근거하여 타인에게 반응한다. 이러한 점에서 치료자는 내담자의 내면화된 대상관계에 초점을 두고 개입해야 한다(Goldenberg & Goldenberg, 2017). 따라서 치료자가 내담자의 역기능적 상호작용을 추동시키는 무의식적 요인을 탐색하여 근본문제를 해결하는 것이 무엇보다도 중요하다(이재훈, 2003).

이 밖에도 부부의 성문제를 완화하는 데 통합적 가족치료적 접근방식(김영애, 1996)과 Bowen의 가족체계이론 및 MRI의 상호작용적 가족치료 모델도 그 효과성이 입증되었다(박태영, 2002; 박태영, 김선희, 2013; 박태영, 문정화, 2010; 이현주, 엄명용, 2012). 박태영 등(2012)의 연구에서는 이혼 위기에 있는 세 쌍의 부부에게 원가족과의 미분화 및 원가족에서 형성된 의사소통방식에 대한 통찰과 의사소통방식의 변화를 통하여 섹스리스, 배우자의 소극적인 성태도, 부부의 성관계방식 차이 등과 같은 성문제가 감소되었다.

3. 연구 방법

1) 연구 대상 및 사례개요

사례의 참여자는 부인(42), 남편(43) 그리고 딸(12)로 구성되었다. 가족상담은 총 9회기로 실시되었고 1~2회기는 부인상담, 3회기는 딸상담, 4~5회기는 남편상담, 6~8회기는 부부상담 그리고 9회기는 가족상담으로 진행되었다. 상담시간은 첫 회기만 120분이고 나머지 회기는 60분씩 진행되었다.

내담자는 신혼 초부터 남편이 성관계를 회피하여 심한 스트레스를 받고 있었다. 남편은 성욕구를 표현한 적이 없었고 내담자가 성관계를 원하면 짜증을 내거나 '주말에 하자' 혹은 '내일 하자'고 회피하였다. 이러한 남편의 행동에 대해 내담자가 참다가 화를 내면 남편은 잠자리를 가졌지만 일시적일 뿐이었다. 반복되는 남편의 성관계 거부로 인해 내담자는 남편이 자신을 여자로 여기지 않는다고 생각하면서 수치심을 느꼈다.

한편, 내담자는 시댁 식구들의 과도한 간섭으로 스트레스를 받았고 시댁과 관련된 일에서 남편이 방임만 하자 극단적인 방법으로 문제상황을 해결하면서 고부갈등이 악화되었다. 따라서 내담자는 섹스리스와 고부갈등에 대해 전문적인 치료를 받자고 남편에게 권유했지만 남편은 문제의식을 느끼지 못해서 거부하였다. 그러나 내담자가 이혼을 언급하자 위기감을 느낀 남편은 어쩔 수 없이 상담을 받았지만 상담의 효과성을 경험하지 못해서 중도에 포기했고 결혼생활이 지속될수록 부부는 정서적으로 소원해졌다. 이러한 과정에서 내담자는 아들을 임신했고 시댁에서 첫 손주에 대한 관심으로 잦은 시댁 방문을 요구할 것 같아 불안해지기 시작하였다. 또한 첫째를 출산한 후에도 남편은 성관계를 거의 하지 않았는데, 이번에도 이러한 패턴이 반복될까 봐 내담자는 걱정이 되었다. 이러한 스트레스 요인으로 부부가 각방생활을 하던 중에 지인의 권유로 치료자에게 상담을 요청하게 되었다.

2) 연구질문

가족치료 과정에서 나타난 부부의 섹스리스 인식 변화 과정은 어떠한가?

3) 분석 방법 및 신뢰도 검증

연구의 목적은 성문제로 어려움을 겪고 있는 부부의 섹스리스 인식 과정을 탐색하는 것이다. 이러한 목적에 의거하여 연구는 질적 자료 분석 방법 중 하나인 사례연구를 적용하였다. 사례연구는 다양하고 심층적인 자료를 통해 사례를 심도있게 분석하는 방법(Creswell, 2012)이기에 사례를 분석하는 데 적절한 질적 방법으로 고려되어 적용하였다. 연구자는 Prochaska와 Norcross(1999)의 초이론적 분석(transtheoretical analysis)이론을 질적 분석 준거틀로 활용하였다. Prochaska와 Norcross(1999)는 클라이언트의 변화 단계를 전인식 단계, 인식 단계, 준비 단계, 행동 단계, 유지 단계로 구분하였다.

첫째, 전인식 단계에서 개인은 자신의 문제를 인식하지 못하고 변화에 대한 필요성도 느끼지 못한다. 둘째, 인식 단계에서 개인은 자신의 문제를 심층적으로 인식하면서 문제 발병의 원인을 파악하지만 문제 해결을 위한 구체적인 계획은 없는 상태이다. 셋째, 준비 단계에서 개인은 자신의 문제를 해결하기 위해 계획을 세운다. 넷째, 행동단계는 개인이 자신의 문제를 해결하기 위해 변화되는 단계이다. 다섯째, 유지 단계는 개인의 변화된 행동이 유지되는 단계를 말한다. 이러한 일련의 과정을 통해 개인의 행동은 점차적으로 변화가 일어나지만 개인의 행동 변화가 유지 단계로 정착되기까지는 이전 단계로 후퇴했다가 다시 다음 단계로 변화되는 과정이 반복된다(Prochaska & Norcross, 1999).

연구자료는 가족치료사인 연구자가 가족상담을 실시한 사례로서, 연구자는 상담녹취록과 상담동영상자료 그리고 상담일지를 비교하면서 검토하였다. 연구자는 연구질문을 중심으로 관련된 내용들을 탐색하기 위해 상담축어록을 여러 번 정독하면서 가족치료 과정에서 부부의 섹스리스 인식 과정과 섹스리스에 영향을 미친 가족환경적 맥락을 중심으로 1차 코딩체계를 구성하였다. 이러한 코딩체계를 근거로 하여 범주들을 첨가하거나 제외하면서 최종적인 코딩체계가 구성되었다. 이러한 과정에서 연구자는 내담자의 언어를 사용하며 상담 과정에서 내담자가 표현한 감정을 드러내고자 노력하였다.

사례를 분석하는 과정에서 연구자는 20년 이상 전문적으로 가족치료 경력을 가진 치료자와 현장에서 전문 상담사로 근무하고 질적 연구 경험이 있는 연구자 그리고 가족치료를 전공하고 오랜 상담 경험을 가진 가족치료 전문가와 지속적인 토의와 피드백을 통해 코딩체계를 수정하였다. 연구자는 이와 같이 연구자의 삼각화를 통해 연구의 신뢰성을 확보하여 연구자의 편견이나 개인적인 판단을 최대한 줄이고자 노력하였다.

한편, 연구의 윤리적 측면에서는 상담 첫 회기 때 치료자가 내담자에게 상담내용이 연구목적으로 사용될 수 있는 것에 동의를 구하였고 이에 내담자가 허락하였다. 또한 이 사례가 연구로 진행되기 전에 치료자는 다시 내담자에게 연구자료로 사용됨을 공지하여 허락을 받았지만 사전에 IRB 승인은 받지 못하였다. 연구자는 내담자에게 내담자와 관련된 개인정보 보호와 익명성 보장 그리고 연구목적 외에는 상담내용이 사용되지 않을 것임을 고지하였다.

4. 연구결과

섹스리스를 경험하는 부부를 대상으로 실시된 가족치료를 통해 자료를 분석한 결과, 부부의 섹스리스 인식 변화에 따른 진행 단계는 전인식 단계, 인식 단계, 준비 단계, 행동 단계, 유지 단계로 구성되었다. 가족치료 과정에서 부부의 인식 변화 과정은 [그림 8-1]과 같이 나타낼 수 있다.

1) 전인식 단계

부부의 섹스리스 인식 변화 과정의 첫 번째 단계인 전인식 단계에서 나타난 특징은 정서적 이혼상태, 남편의 감정 억압과 자아 상실 그리고 성(性) 의사소통 회피가 도출되었다.

(1) 정서적 이혼상태

부부는 막연하게 부부갈등을 인식하면서 각자 배우자에게 불만은 있지만 자녀와 주변 사람들과 마찬가지로 원만한 부부라고 생각하였다. 그러나 내담자의 마음속에서는 자신에게 진심을 주지 않고 성관계를 회피하는 남편에게서 외로움을 느꼈다. 내담자가 원해서 각방생활을 하지만 남편은 성관계를 제외하고는 여전히 다정하게 행동했고 부부관계에도 아무런 문제가 없다고 하였다. 그러나 내담자의 뇌리에서는 부

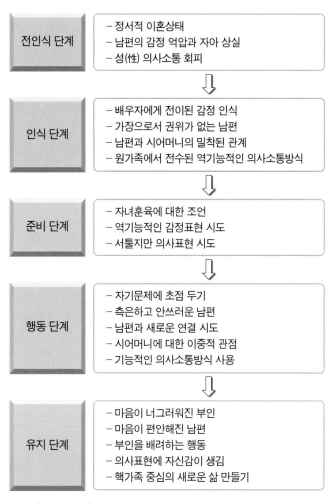

전인식 단계	– 정서적 이혼상태 – 남편의 감정 억압과 자아 상실 – 성(性) 의사소통 회피
인식 단계	– 배우자에게 전이된 감정 인식 – 가장으로서 권위가 없는 남편 – 남편과 시어머니의 밀착된 관계 – 원가족에서 전수된 역기능적인 의사소통방식
준비 단계	– 자녀훈육에 대한 조언 – 역기능적인 감정표현 시도 – 서툴지만 의사표현 시도
행동 단계	– 자기문제에 초점 두기 – 측은하고 안쓰러운 남편 – 남편과 새로운 연결 시도 – 시어머니에 대한 이중적 관점 – 기능적인 의사소통방식 사용
유지 단계	– 마음이 너그러워진 부인 – 마음이 편안해진 남편 – 부인을 배려하는 행동 – 의사표현에 자신감이 생김 – 핵가족 중심의 새로운 삶 만들기

[그림 8-1] 부부의 섹스리스 인식 변화 과정 네트워크

부문제가 떠나지 않았는데 그 원인을 알 수가 없었다.

치료자: 지금 사모님하고 부군하고 전반적으로 부부관계가 어떻다고 보세요?

부인: 전반적으로 그냥 남이 봤을 때는 되게 다정한 부부 그리고 우리 아이가 보기에도 엄마 아빠는 되게 다정한 사이라고 보는 것 같아요. 제가 알기로는. (1회기)

부인: 제가 첫애를 임신하고 출산한 8개월까지도 성관계가 없었거든요. 그때 제가 되게 힘들어서 상담을 받으러 갔었어요. 그런데 상담사가 "부부가 같이 와라." 그래서 남편한테 "같이 가자." 그랬더니 자기는 아무 문제가 없어서 "안 가고 싶다."고 그러더라고요. 그래서 저만 좀 갔는데 한계가 있었어요. 그래서 제가 난리를 쳐서 다시 성관계를 하기는 했는데 매번 (성관계를)

피할 때마다 남편은 아무런 문제가 없대요……. (1회기)

치료자: 남편이 와이프에 대해서 만족스러워 하세요?

부인: 예. 그런 거 같아요, 제가 느끼기에는. 제가 별로 그렇게 구박하거나 그런 게 별로 없어요. (남편이) 하는 말 다 들어 주고 그러니까. 불만이 없는 거 같아요. (제가) 가정생활 잘하고. (1회기)

(2) 남편의 감정 억압과 자아 상실

결혼 초기에는 남편이 내담자에게 회사생활에 대해 이야기를 했지만 공감을 받지 못한다는 생각이 들면서 혼자 속으로 삭이는 버릇이 생겼다. 남편은 평화로운 가정생활을 유지하기 위해 감정 통제가 힘들고 예민한 내담자에게 자신의 감정과 욕구를 억제하는 것이 당연하다고 여겼다. 남편은 내담자와 함께 있으면 내담자가 언제 화를 낼지 몰라서 항상 긴장했지만 의식적으로는 부부관계에서 특별한 문제의식을 느끼지 못하였다.

남편: 저는 (모든 일을 아내 뜻대로) 맞춰 사는 게 당연하다고 생각하는데……. (6회기)

부인: 내가 남편한테 "자기는 나한테 솔직히 얘기를 안 하는 거 같다."는 얘기를 했을 때, 남편이 솔직한 말을 하면 내가 화를 낸대요. 그래서 자기가 내 기분이 상하지 않는 쪽으로 답을 하게 된대요. 항상 긴장이 된대요. (2회기)

치료자: (남편이) 늘 눈치를 봤다는 거 아닙니까?

부인: 그렇죠. 근데 신혼 때도요, 뭐 마트 하나 가는 것도요, 본인이 뭐 "가자." "하고 싶다."라든지 무슨 말을 한 적이 없어요. (2회기)

(3) 성(性) 의사소통 회피

신혼 초 내담자가 성관계를 원했을 때 남편이 벌컥 화를 내서 내담자는 상처를 많이 받았다. 내담자가 성질을 부리고 난리를 쳐야 성관계가 겨우 이루어지면서 부부는 차츰 성과 관련된 대화를 회피하였다. 내담자는 적극적인 성관계를 원했지만 스킨십만 해 주는 남편에게 성욕이 강한 여자로 비춰질 수도 있고 먼저 성관계를 요구하는 게 자존심도 상해서 참고 지냈다.

부인: 제가 남편과 갈등을 겪고 있어도 그거에 대해서 얘기를 많이 못해요. 다른 얘기들은 많이 하는데.

치료자: 일상적인 대화는 문제가 안 되는데 지금 사모님은 정말 해야 될 얘기는 불편해서 피한다는 겁니까?

부인: 그렇죠. (1회기)

부인: 손을 잡고 안아 주기도 하고 그래요. 그런데 진전이 되지를 않는 거예요. 제가 좀 더 원하는 액션을 취하면 (남편은) 그냥 다독이는 정도로 끝내고 그냥 자거든요. 그러니까 늘 자존심이 상하고. (2회기)

2) 인식 단계

부부의 섹스리스 인식 변화 과정의 두 번째 단계인 인식 단계에서 나타난 특징은 배우자에게 전이된 감정 인식, 가장으로서 권위가 없는 남편, 남편과 시어머니와의 밀착된 관계, 원가족에서 전수된 역기능적인 의사소통방식이 나타났다.

(1) 배우자에게 전이된 감정 인식

내담자는 무능력하고 무책임한 친정아버지로 인해 전적으로 집안일을 책임지는 친정어머니가 불쌍하여 착한 딸이 되기 위해 과도한 역할을 하면서 친정아버지에 대한 원망과 분노가 많았다. 따라서 내담자는 친정아버지와는 정반대의 성향을 가진 남편과 결혼했지만, 남편의 소극적이고 회피하고 보호해 주지 못하는 모습 속에서 친정아버지와 유사한 모습을 발견하여 남편에게 친정아버지에 대한 감정을 투사하였다. 치료자는 친정아버지와 유사한 남편의 대처방식이 내담자가 친정아버지에게 느낀 부정적인 감정을 자극해서 남편에게 강하게 감정적으로 반응한다는 것을 내담자가 인식하도록 도왔다.

한편, 남편은 가부장적이고 감정기복이 심했던 시아버지가 두려웠고 시어머니도 시아버지가 무서워서 눈치만 보면서 항상 불안하였다. 이러한 과정에서 남편은 자신의 감정을 표현하지 못해서 시아버지에 대한 불안이 내재화된 것으로 보인다. 따라서 치료자는 남편에게 시아버지와 유사한 내담자의 행동이 남편의 무의식 속에 내재화된 불안을 야기할 수 있다는 것을 인식하도록 도왔다. 즉, 남편은 내담자가 화를 내면 마치 어린 시절에 시아버지에게 야단맞을 때처럼 심리적으로 위축되고 불안해져서 자신도 모르게 내담자의 시선을 피한다는 사실을 인식하게 되었다. 또한 남편은 솔직한 감정을 표현했을 때 내담자가 우는 모습을 보면서 시아버지가 화를 내면 울고만 있었던 시어머니에 대한 감정이 내담자에게 투사된다는 것을 인식하였다. 따라서 남편은 자신의 행동에 대해 참담함을 느끼면서 감정과 욕구를 억압한 채 내담자의 뜻대로 행동한다는 것을 인식하였다.

> 치료자: 피아노를 어떻게 옮기셨어요?
>
> 부인: 이불을 깔고.
>
> 치료자: 혼자서요?
>
> 부인: 네.
>
> 치료자: 냉장고도 그러시고요?
>
> 부인: 네. 냉장고를 옮기고 피아노를 옮길 때 정말 힘들었죠.
>
> 치료자: 그렇죠.
>
> 부인: 그런데 지금 (남편이) 그 얘기를 할 때 왜 눈물이 나왔냐면 '(나는) 도움이 없어도 되는 사람'이라고. 너무 기가 막혀서요. 너무 도움이 필요했는데. 전 진짜 힘들여서 했는데 그렇게 생각할 줄은 몰랐어요. 예전에 대학생 때 집을 지하방으로 이사를 해야 했는데 엄마가 이삿짐 센터를 부르지 않아서 결국 리어카 하나에다가 냉장고며 뭐며 옮겨야 했어요. 엄마가 저보고 옮기라는 거예요. 제가 진짜 그날 그런 것들을 리어카로 혼자서 옮기고 3일을 앓아누웠거든요. 그때 정말 아빠가 너무 원망스러웠어요. 정말 죽을힘을 다해서 했거든요. 제가 가구를 옮길 때도 사실은 너무 힘들어요. 하지만 좋은 마음으로 했는데 그게 내가 여자처럼 보이지 않았다고 생각하니까, 기가 막혀요(울음). (6회기)

> 부인: (지하철을 몇 번씩 갈아타고 오는데 사람들이 임산부석을 비켜 주지 않는 상황) 그런 생각은 좀 들었어요. '만약 나라면 좀 말해 줄 텐데' 뭐 이런. 살짝 그런 생각도 하긴 했었어요. 근데 그렇다고 해서 남편한테 그렇게 짜증날 정도는 아니었거든요.
>
> 치료자: 아니었죠?
>
> 부인: 네.
>
> 치료자: 약간 남편이 나를 대신해서 말해 줬으면.
>
> 부인: 근데 못할 거라고 알고 있었던 것 같아요. (7회기)

치료자: 와이프가 마치 아버지처럼 나한테 화난 얼굴로 말하실 때 어떤 느낌이세요?

남편: 내가 많이 이렇게 움츠려 들고, 야단맞는 느낌이 들고 내가 어른이라고 하는 느낌이 전혀 들지 않아요, 그 순간은. 나는 그냥 어린아이, 어른한테 야단맞는 어린아이같이 이렇게 쪼그라 들어요. (6회기)

치료자: 선생님 입장에서는 아버지의 버럭 하고 세게 표현하는 거에 대해서 굉장히 힘들어하신 게 있으셨을 거예요.

남편: 예.

치료자: 그게 부인의 감정이 격해지면 '연상이 되지 않나' 싶은 거예요. 그러면 지금 부인이 화를 내셨을 때 부인의 눈을 똑바로 보신 적이 있으세요?

남편: 아, 화를 낼 때요?

치료자: 그러니까 와이프의 눈을 못 보시나요?

남편: 그렇죠. 피하는 편입니다. (9회기)

치료자: 처음에 (사모님이) 막 우셨잖아요.

남편: 예.

치료자: 그랬을 때 굉장히 당혹스러우세요?

남편: 예. 그 말을 한 게 후회가 됩니다. 솔직하게 말하지 말걸.

치료자: 혹시 옛날에 어머니가 우시거나 이런 적 있으세요?

남편: 예. 자주 우셨죠.

치료자: 아버지와의 관계에서 속상하고 그러면?

남편: 예. 이제 싸우면 (어머니는) 울고 아버지는 혼자 씩씩대고.

치료자: 그럼 어렸을 때 엄마 우는 모습도 굉장히 힘들었을 거 아니에요?

남편: 그렇죠.

치료자: 근데 와이프께서 우시면 아까 뭐라고 하셨냐면 "(한숨을 쉬며) 내가 솔직하게 말해서는 안 되겠다." 와이프가 울면 과거에 우리 엄마가 울듯이, 그 연결은 못 해 보셨어요?

남편: 집사람이 눈물을 보일 때 제가 가장 참담합니다. 제가 정말 못 하는 거 같고, 차라리 화내는 게 낫지, 우는 거보다는. (6회기)

(2) 가장으로서 권위가 없는 남편

내담자는 자기주장이 강하고 일처리가 빠른 편이지만 남편은 소극적이고 변화를 선호하지 않는 편이었다. 내담자는 매사에 적극적이고 변화를 좋아해서 모든 집안일을 자신의 뜻대로 처리했고 남편은 불만이 있었지만 참고 지냈다. 남편은 나름대로 최선을 다했지만 내담자의 기대에 맞출 수 없다는 것에 무력감을 느꼈다. 이렇듯 심리적으로 위축된 상태에서 남편은 주도적으로 성관계를 리드해 주기 바라는 내담자에게 부담을 느끼면서 성생활을 회피하였다.

> 남편: 아마 제 생각에는 집사람이 갖고 있는 기대감을 채우지 못해서 그런 게 아닐까 싶은데요.
>
> 치료자: 그 기대감이라는 게 어떤 걸까요?
>
> 남편: 집사람이 요구하는 거에는 그게 잘 안 되는 거 같은 그런 게 있는 거죠. 와이프 기대 수준에 맞추는 거는 참 쉽지 않은 거 같아요. (7회기)

> 남편: 부부문제가 저는 결과라고 생각하는데 집사람은 원인으로 생각할 겁니다.
>
> 치료자: 선생님은 '가장으로서 내가 리더가 안 되고 와이프가 내 권위를 무시하고 있다'는 게 걸려 있고 그게 성적인 걸로 연결이 되고 있는 거 같아요.
>
> 남편: 제가 의식적으로는 그렇게 생각하지 않으려고 많이 노력을 하는데요. 무의식적으로는 그게 아마 깔려있는 거 같아요. (5회기)

> 남편: 내가 남자로서 강해야 되는 건 잠자리뿐이고 나머지 모든 것은 본인의 선호, 본인의 취향, 본인의 신념들로 의사결정을 해 버리는데 그게 굉장히 저를 무력하게 만드는 것 같아요. (5회기)

(3) 남편과 시어머니와의 밀착된 관계

신혼 초부터 내담자는 시어머니의 지나친 간섭과 남편이 시어머니의 편만 드는 것에 많은 스트레스를 받았다. 내담자가 시어머니로부터 받는 어려움을 남편에게 하소연하면 남편은 회피하거나 소극적인 반응으로 일관하였다. 남편의 이와 같은 반응으로 인해 내담자는 과도한 역할과 부정적인 며느리 역할을 함으로써 고부관계와 부부관계가 악화되었다. 또한 내담자는 불안정한 애착관계로 인해 남편을 지나치게 간섭하면서 자신의 뜻에 맞춰 주지 않으면 극단적으로 감정을 표현하였다.

> 부인: 남편은 어려서부터 굉장히 모범생이었거든요. 공부도 잘하고, 사고를 친 적도 없고, 한 번도 어머님, 아버님한테 실망을 시켜 드린 적이 없는 아들이거든요. 그래서 저는 (시댁 때문에)

되게 힘들었는데도 남편은 부모님한테 아무 얘기도 안 하더라고요. 그냥 그렇게 살다가 제가 거의 발악을 하게 됐죠. (1회기)

> 부인: 만일 추도식에 또 그런 일이 있잖아요? 그럼 이제 제가 시어머니랑 부딪히게 되는 거죠.
>
> 치료자: 어떻게요?
>
> 부인: "거기(추도식에 참석하기) 싫습니다." 이렇게 얘기하는 거죠.
>
> 치료자: 그러면 시어머니는 뭐래요?
>
> 부인: 어느 맏며느리가 그러느냐고, 길을 가는 사람에게 물어보라고. 그래서 "너를 며느리로 인정할 수 없다." 이러고. 저는 그러면은 "전 더 이상 남편이랑 살 수 없습니다." (2회기)
>
> 남편: (교육관 문제로) 그 집 아빠랑 저희 집사람이 조금 다툼이 있었는데, 집사람이 굉장히 속상해하고 분노하더라고요. "그런 사람인 줄 몰랐다."면서. "너는 어떻게 생각하나?" 물어 봐서, 저는 "물론 네 이야기가 맞지만 사실은 이웃관계라는 것도 되게 중요하지 않냐? 그리고 난 부분적으로는 이럴 수도 있다고 생각한다."고 얘기를 했는데 불같이 화를 냅니다. 불같이 화를 내는데, 되게 당황스러웠습니다. (4회기)

(4) 원가족에서 전수된 역기능적인 의사표현방식

부부상담을 통하여 부부는 갈등상황에서 내담자의 폭발하고 쏴대고 야단치는 방식 및 남편의 회피하는 의사소통방식이 부부갈등을 야기하는 것과 이러한 방식은 부모로부터 학습되어 전수된 표현방식이라는 점을 이해하게 되었다. 즉, 치료자는 내담자 부부에게 부부갈등을 일으키고 있는 요인을 개인의 문제로 돌리지 않고 부모로부터 학습된 상호작용방식이 원인이라고 재명명해 줌으로써 부부가 서로를 비난할 필요가 없다는 것을 설명하였다.

> 부인: 무슨 일 때문에 되게 스트레스를 받고 기분이 나빴어요. 그래서 기분이 나쁘다고 했는데, 남편은 또 묵묵부답인 거죠.
>
> 치료자: 기분 나쁘다는 표현을 어떻게 하셨을까요?
>
> 부인: (내가) 방문을 쾅 닫고 들어가요. 근데 5분쯤 있으니까 남편이 마루에서 코 골고 자는 소리가 들리는 거예요. 내가 그렇게 화가 나 있는데, 본인은 저렇게.
>
> 치료자: 어떻게 잘 수 있냐는 거죠?
>
> 부인: 예. 너무너무 화가 나더라고요.

치료자: 그래서요?

부인: 그래서 나가서 남편을 발로 걷어찼어요. 남편한테 '남편새끼'라고, "너는 나를 이용해 먹는다."고. 그러고서 정말 머리에서 스팀이 푹 하고 나가는 거 같더라고요. 그러더니 누워서 거의 발작처럼요, 몸이 바르르 떨리는 거예요. 제가 저를 어떻게 할 수 없을 만큼 너무 스팀이 폭 나가면서 드러눕게 됐어요. 그러고서 몸을 막 발발발발 떨다가 그러고서 들어갔어요. (2회기)

치료자: 엄마는 거기(시댁식구)가 마음에 안 드니까 어떻게 보면 아빠 입장에서는 쌈 대는 거고 엄마 입장에서는 속상하시니까 말씀하신 거죠. 그럼 남편이 사모님한테 쪼임을 받는다고 볼 수도 있는 거죠.

부인: 그렇죠. (2회기)

치료자: 엄마가 아버지를 야단치듯 하는 방식을 보고 배운 자녀들은 그대로 답습할 수밖에 없거든요. 그런데 지금 사모님이 쓰시는 표현방식이 엄마가 아빠를 야단치듯 혹시라도 또 남편이 마음에 안 들 때 그런 방식으로 학습되어 있기 때문에 자동(으로) 나오지 않겠냐 이거죠.

부인: 그러니까요. (2회기)

남편: 어렸을 때(를) 보면, 엄마가 아빠를 무서워하셨다는 느낌이 좀 듭니다. 왜냐하면 아버지가 다혈질이었고 신경이 날카로운 타입이셔서 항상 아버지의 눈치를 봐 왔던 거 같고요. …… 〈중략〉 …… 저희 집안에서의 의사결정에는 거의 아버지의 의견이 100% 반영되었지, 엄마는 의사결정권이 없었던 거 같습니다.

치료자: 그러면 지금은 가정에서 오히려 선생님이 와이프의 눈치를 보고 있다고 볼 수 있을까요? 어머니가 아버지의 눈치를 보듯이?

남편: 항상 그런 거는 아닌데 저희 집에서는 제가 조금 집사람 눈치를 본다고 생각합니다. (5회기)

3) 준비 단계

부부의 섹스리스 인식 변화 과정의 세 번째 단계인 준비 단계에서 나타난 특징은 자녀훈육에 대한 조언, 역기능적인 감정표현 시도 그리고 서툴지만 의사표현 시도로 나타났다.

(1) 자녀훈육에 대한 조언

남편은 부부갈등의 본질을 인식하면서 자신의 감정과 의견을 조금씩 드러내기 시작하였다. 남편은 내담자에게서 감정 반사적인 행동이 나타나면 차분히 표현할 수 있도록 조언하였다.

> 남편: 이제 집사람이 아이한테 큰소리치고 했을 때 "그렇게 큰소리쳐서 될 애는 아니니깐 애한테 소리 지르지 마라." 그렇게 얘기하죠. (7회기)

(2) 역기능적인 감정표현 시도

남편은 내담자가 자신에게 진정으로 원하는 것이 솔직한 감정표현임을 인식하였다. 따라서 남편은 마음이 위축되거나 기분이 상하면 감정을 억제하지 않고 부정적인 감정이지만 내담자에게 표현하려고 시도하였다.

> 남편: 일단은 오늘 올 때 이제 집사람이 몸이 너무 무거워서 되게 힘들어합니다. 아까도 오는데 집사람이 임산분데 사람들이 자리를 안 비켜주니까 짜증이 났어요. 그 짜증이 제가 되게 미안하게 만드는 짜증이었습니다. 내가 앞사람한테 "임산부니까 자리를 좀 비켜 주십시오." 이렇게 말을 못한 거에 대해서 나를 타박하는 듯한 느낌이 들었어요. (그래서 상담하러) '멀리 오는 게 참 힘이 드는 구나. 집사람이' 그래서 '어떻게 해야 되나?' 고민이 조금 있었습니다. 그래서 저도 모르게 짜증이 나서 "그냥 오늘까지만 하자." 그렇게 이야기가 나왔는데…… (7회기)

(3) 서툴지만 의사표현 시도

상담이 중반으로 접어들면서 남편은 서툴지만 자신의 의사를 표현하게 되었다. 비록 남편은 내담자와의 의견 충돌에서 조율은 할 수 없었지만 자신의 의견을 표현하기 시작했다는 것은 중요한 의미를 지닌다.

> 남편: 우리 꼬마가 이제 열두 살이고 전화기를 갖고 싶어 하는데 와이프는 무조건 안 된다는 거예요. 그래서 아이하고 협의해서 제한적으로 쓸 수 있게 하자. 반 친구들은 가지고 있는데 본인만 안 가지고 있는 것도 있고 가끔 가다가 우리가 급하게 필요할 때도 있고. 그런데 와이프는 일단 딱 선을 그어 놓은 거예요. 아마 그거를 넘으려고 제가 시도를 하면 큰 싸움이 될 겁니다.

치료자: 그런데 싸워서 쟁탈하고 싶으신 생각은 없으세요?

남편: 저는 그러고 싶은 생각은 없어요. (5회기)

4) 행동 단계

부부의 섹스리스 인식 변화 과정의 네 번째 단계인 행동 단계에서 나타난 특징은 자기문제에 초점 두기, 측은하고 안쓰러운 남편, 남편과 새로운 연결 시도, 시어머니에 대한 이중적 관점이 도출되었다. 특히 이 단계에서 부부갈등의 핵심 요소 중 하나인 의사소통방식에서도 현저한 변화가 나타났다. 부부의 구체적인 의사소통 변화내용으로는 추궁하지 않기, 솔직하게 표현하기, 대화 시간 마련하기가 포함되었다. 부부의 이러한 변화는 부부의 대화 빈도와 표현방식에 긍정적인 영향을 주었다.

이와 같은 부부관계의 개선을 위해 치료자는 다음과 같은 치료적 기법을 적용하였다. 첫째, 치료자가 인식 단계에서 부부의 전이문제를 다룸으로써 행동 단계에서 부부는 부부문제의 원인을 배우자가 아니라 자신과 원가족과의 관계에 초점을 두게 되었다. 둘째, 치료자는 남편의 원가족을 탐색하면서 시어머니와 남편 간의 미분화된 정서가 부부갈등에 영향을 주므로 탈삼각화를 통해 남편의 자아분화가 촉진되도록 개입하였다. 셋째, 치료자는 부부의 섹스리스문제를 가족체계적 관점을 통해 부부의 원가족 경험과 핵가족의 부부갈등, 남편의 성관계 회피행동의 연관성을 탐색하는 과정에서 부인이 남편을 이해할 수 있도록 도왔다. 넷째, 치료자는 부부가 섹스리스를 해결하기 위해 사용한 비효과적인 해결책이 부부갈등을 악화시킨다는 것을 인식하도록 도우면서 기능적인 의사소통방식을 제안하여 부부가 부부갈등을 해결할 수 있도록 개입하였다.

(1) 자기문제에 초점 두기

상담 초기에 부부는 배우자로 인해 부부갈등이 발생한다고 생각했지만 종결 과정에서는 본인에게도 문제가 있다는 것을 인식하면서 부부관계에 변화가 일어났다.

치료자: 사모님이 여기 처음 오셨을 때 나보다는 답답한 남편에게 더 무게를 두고 오시지 않으셨어요?

부인: 네. 맞아요.

치료자: 저를 통해서 남편을 변화시키려고 오신 거 아닙니까?

부인: 그렇죠.

치료자: 그런데 남편도 남편이지만 사모님이 부부문제에 걸려 있는 친정 식구와의 문제를 보신 거 아니에요?

부인: 네. (9회기)

남편: 저는 항상 '나는 문제가 없는데 집사람이 예민하다' '우리 집은 문제가 없는데, 우리 와이프 집은 조금 갈등이 있기 때문이 아닌가?' 그렇게만 생각을 했었고 한 번도 제 문제를 돌아본 적은 없었던 거 같습니다. (9회기)

(2) 측은하고 안쓰러운 남편

내담자는 남편의 삶을 반추하면서 애어른으로 살아온 남편에게 안타까운 마음을 가지게 되었다. 내담자는 지금도 과거의 상처로 인해 자신의 눈치만 보며 살아가는 남편을 수용하고 공감하게 되었다.

부인: 저도 엄마의 입장에서 내 아이가 만일 (남편처럼) 자기가 원하는 걸 말 못하고 자란다면 마음이 되게 아플 거 같거든요. 그런 마음에서 솔직히 마음이 안타깝고 그랬어요. 그래서 내가 여자로서 사랑받고 싶은 그런 마음을 다 내려놓고 이 사람을 응원해 줘야겠다……. (7회기)

(3) 남편과 새로운 연결 시도

부부생활에서 내담자는 남편이 싫어하는 반응을 보이면 바로 대화를 회피하거나 직접 문제를 해결하였다. 하지만 내담자는 부부갈등이 문제가 아니라 삶의 자연스러운 현상이므로 회피가 아니라 타협을 통해 문제를 해결해야겠다는 필요성을 느꼈다.

부인: 이제 한 번 얘기해서 저 사람이 싫어하는 거 같으면 딱 담을 쌓고 내가 해버리는 그 방식이 아니라 솔직히 계속 얘기를 해 보고 이런 거를 좀 노력을 해야겠다는 생각을 했거든요. (9회기)

(4) 시어머니에 대한 이중적 관점

전인식 단계에서 남편과 시어머니의 정서적인 융합과 시어머니의 지나친 간섭으로 인해 내담자는 스트레스를 많이 받았지만 남편은 이러한 내담자의 심정을 공감하지 못하였다. 인식 과정을 거치면서 남편은 자신에게는 한없이 따뜻하고 자상한 시어머니이지만 내담자의 입장에서는 지나치게 간섭하고 과도한 역할을 요구하는 시어머니의 또 다른 모습을 이해하게 되었다.

> 치료자: 선생님께서 어머니에 대해 어떻게 보세요?
>
> 남편: 그냥 따뜻한 분이라고만 생각하죠.
>
> 치료자: 근데 며느리가 생각할 때는?
>
> 남편: 글쎄요. 저는 아들 눈에서 보면 '참 정이 많은 분'이라고 생각하는데 며느리 입장에서 보면 '좀 과도하게 개입하는 그런 스타일'로 비춰질 수도 있겠다는 생각이 들기도 합니다. (4회기)

(5) 기능적인 의사소통방식 사용

전인식 단계에서 내담자는 남편에 대한 불만으로 방을 따로 사용하였고, 남편은 솔직한 표현을 하지 못하였다. 그러나 부부는 역기능적 갈등 대처방식이 부부문제를 지속시킨다는 것을 인식하면서 솔직한 의사소통방식을 사용하였다. 행동 단계에 접어들면서 내담자는 남편과 자신에 대해 새롭게 인식하면서 남편을 편안하게 대하기 시작하였고 이러한 내담자의 긍정적인 변화와 함께 부부가 주기적인 대화를 갖기로 하였다.

> 치료자: 선생님이 보실 때, 와이프가 나를 대해 줄 때 그전과 다른 게 있을까요?
>
> 남편: 그냥 꼬치꼬치 묻지 않는 거?
>
> 치료자: 그래요?
>
> 남편: 그냥 편하게 좀. 제가 느낌이 그래서 그런지 모르겠는데 예전보다는 좀 편하게 대해 주는 거 같아요. (9회기)

> 부인: 요즘에는 (남편이) 솔직해지려고 많이 노력하는 거 같고, 저도 '좀 더 솔직해도 괜찮다' 이런 생각이 들고요. (9회기)

> 치료자: 지금 부군이 대응하는 방식에서 어떤 차이를 느끼세요?
>
> 부인: 그러니까 조금 덜 피하는 거 같아요. (9회기)

부인: 남편이 일주일에 한 시간씩 "부부 대화의 시간을 갖자." 뭐 이렇게 얘기를 해서, 이제 "그렇게 라도 하자." 그렇게 얘기를 했거든요. (9회기)

5) 유지 단계

부부의 섹스리스 인식 변화 과정의 마지막 단계인 유지 단계에서 나타난 개념들은 마음이 너그러워진 부인, 마음이 편안해진 남편, 부인을 배려하는 행동, 의사표현에 자신감이 생김, 핵가족 중심의 새로운 삶 만들기가 포함되었다.

(1) 마음이 너그러워진 부인

내담자는 남편을 배려하게 되었고 상담이 지속될수록 자신의 모습을 반추하면서 행동이 변화되고 있었다.

남편: 상담 이후에 집사람이 좀 너그러워진 거 같아요.

치료자: 그래요? 그 너그러워진 거에 대한 예를 좀 구체적으로 설명해 주실 수 있으세요?

남편: 글쎄요. 제가 직장에서 일 때문에 늦을 때, 전에 같은 경우는 조금 신경질적으로 반응할 때도 있었는데 그런 횟수가 많이 줄어들었어요. (6회기)

(2) 마음이 편안해진 남편

남편은 자기 자신과 부부관계에 대하여 이해하면서 마음이 편안해졌다. 부인에 대한 부정적인 감정이 차츰 감소되면서 남편은 부인과 대화하는 시간이 늘어났다.

남편: (부인의 눈치를) 조금 덜 보는 거 같아요. (8회기)

치료자: 요즘은 (부인의 눈을) 똑바로 보고 말씀하세요?

남편: 편할 때는요.

부인: 예. 요즘에는 (남편이) 많이 그러는 편인 거 같아요. (9회기)

(3) 부인을 배려하는 행동

남편의 배려로 인하여 내담자는 과거 연애할 때 느꼈던 감정을 경험하였다.

> 부인: (남편이) 목도리도 벗어서 벤치에 앉을 때 깔아 주기도 하고.
>
> 남편: 하하하.
>
> 치료자: 그래요?
>
> 부인: 네. 연애할 때 같은 느낌? 그런 행동을 해서 되게 좀 챙겨 주는 느낌을 받았어요. (8회기)

> 치료자: 선생님이 원래 가사 분담을 좀 해 주세요?
>
> 부인: 최근에는 좀 많이 해 줘요. (8회기)

(4) 의사표현에 자신감이 생김

지금까지 남편은 자신의 감정을 표현해 본 적이 거의 없었다. 그러나 치료를 통해 남편은 새로운 의사소통방식으로 인해 자신감을 가지게 되었다.

> 남편: 마음이 조금 더 편안해진 거는 좀 있었던 거 같습니다.
>
> 치료자: 어떻게 해서 그런 걸 느끼셨을까요?
>
> 남편: 이제 자신감 같은 게 생겼으니까.
>
> 치료자: 그래요?
>
> 남편: 예. 웬만한 대화는 그냥 내가 해도 되겠다. (8회기)

> 남편: 커뮤니케이션 방식의 문제라고 하니까 조금 더 솔직하게 편하게 이야기하고 혼란스러운 건 혼란스러운 대로 이야기하고. 그런 부분에서는 좀 자신감을 얻었습니다. (9회기)

(5) 핵가족 중심의 새로운 삶 만들기

상담 과정을 통해 남편은 자신의 어머니와 분리되지 못한 것이 부부갈등에 영향을 준다는 것을 인식하였다. 남편은 건강한 부부관계를 형성하기 위해 원가족과 거리감을 두고 부부 중심의 삶을 위해 노력하였다.

> 남편: 전에는 제가 집사람이 왜 힘들어하는지 이해를 못했어요. 제가 듣기는 하는데 도대체 뭐가 힘들다는 건지, 뭐가 불편하다는 건지. 상담하면서 제가 좀 생각이 많이 바뀌었습니다. (8회기)

> 치료자: 어머니와의 관계는 어떠세요?

남편: 요즘은 집사람이 하도 불편해서 제가 일부러 어머니하고는 거리를 두려고 합니다. 전에는 일주일에 한 번씩 찾아뵈었다면 지금은 한 달에 한 번 정도 하고 전화로만 연락드리고 그렇게 하려고……. (5회기)

5. 결론

1) 결론

연구에서는 성문제로 어려움을 호소하는 가족치료 사례를 중심으로 부부의 섹스리스에 대한 원인과 인식의 변화 과정을 살펴보았다. 부부의 섹스리스 인식 변화 과정은 전인식 단계, 인식 단계, 준비 단계, 행동 단계, 유지 단계로 구성된 초이론적 모델을 분석틀로 활용하였고 이에 대한 구체적인 내용은 다음과 같다.

첫째, 전인식 단계에서 부부가 부부문제를 인식하는 데 차이가 나타났다. 내담자는 남편 때문에 성문제가 발생한다고 보았고 남편은 부부갈등을 막연하게 느끼고 있었다. 특히 이 단계에서 부부는 배우자에게 문제의 원인이 있다고 생각하였고, 자신의 문제는 깨닫지 못하였다.

둘째, 인식 단계에서 부부는 섹스리스에 영향을 미친 요인으로 배우자에게 전이된 감정 인식, 가장으로서 권위가 없는 남편, 남편과 시어머니와의 밀착된 관계, 원가족에서 전수된 역기능적인 의사표현방식이 관련이 있다고 나타났다. 무능력한 친정아버지로 인해 원가족에서 과도한 역할을 하면서 성장한 내담자는 친정아버지와 정반대되는 남편을 만났지만, 친정아버지와 유사한 모습을 지닌 남편에 대한 거부감으로 감정 반사적 행동이 나타났다. 특히 내담자는 친정아버지처럼 회피하고 보호해 주지 못하는 남편에게 친정아버지에게서 느꼈던 부정적인 감정을 경험하였다. 한편, 남편은 어린 시절부터 분노 조절이 힘들었던 시아버지에 대한 상처로 인해 불같이 화를 내는 내담자에게 전이를 경험하였다. 연구결과는 어린 시절 부모와의 관계에서 생긴 미해결된 정서가 현재의 부부관계에 영향을 미칠 수 있다(Gomez, 1997; Heru, 1980)는 것을 보여 준다.

다음으로 원가족에서 전수된 의사소통방식이 부부의 성문제에 영향을 미치는 것으로 나타났다. 내담자 부부는 배우자에게 역기능적인 의사소통방식으로 부정적인 감정을 표현하면서 부부갈등이 악화되었다. 내담자는 남편이 시어머니와의 관계에서 자신의 편을 들어 주지 않거나 자신의 요청을 들어주지 않았을 때 분노 조절이 안 되었고 이러한 내담자의 방식으로 남편은 부인을 회피하였다. 이러한 남편의 회피하는 모습은 성문제와도 연관된 것으로 보인다. 연구결과는 부부의 원만한 결혼생활과 긍정적 의사소통방식이 관련이 있고(Byers & Demmons, 1999; Bertoni & Bodenmann, 2010) 특히 부부의 의사소통이 부부의 성생활에 영향을 미친다(이영실, 1989)는 연구결과를 보여 준다.

셋째, 준비 단계에서 남편은 의식적으로는 긍정적인 갈등 대처방식을 알고 있었지만 일상생활에서 효과적인 대처방식을 사용하는 것에 어려움을 느꼈다.

넷째, 행동 단계에서 부부는 섹스리스문제를 배우자가 아닌 자신과 부부관계문제임을 깨닫고 배우자에 대한 인식이 전환되었다. 내담자가 남편의 삶을 이해하게 되면서 남편을 수용하고 공감하게 되었다. 한편, 남편은 부인의 입장에서 시어머니를 볼 수 있는 인식 변화가 나타나면서 원가족과의 분화를 시도하였다. 특히 부부는 섹스리스 발생의 핵심 요인 중 하나인 의사소통방식에서 현저한 변화가 나타났다. 부부는 기존의 역기능적인 의사소통방식을 효과적인 의사소통방식으로 대체함으로써 새로운 부부관계를 형성하게 되었다.

다섯째, 부부는 섹스리스문제가 자신들의 아버지와의 관계에서 오는 부부간의 전이, 남편의 시어머니와의 미분리, 문제를 해결하려고 시도해 왔던 의사소통방식에서 발생하였다는 것을 이해하면서 유지 단계에 도달하게 되었다. 이 단계에서 내담자는 남편을 이해하게 되면서 배려하게 되었고, 이러한 내담자의 배려로 남편 또한 내담자에 대한 감정의 변화와 함께 자신의 감정을 솔직하게 표현할 수 있었다.

2) 함의

연구결과의 함의는 섹스리스 문제가 원가족 부모와의 관계에서 기인된 미해결된 감정이 부부관계에 투사되어 부부갈등을 야기한다는 점을 보여 준 것이다. 따라서 치료자는 섹스리스문제를 가진 부부를 상담할 때 가족생활주기를 중심으로 원가족 경험과 부부관계를 연결하여 탐색할 필요가 있다. 또한 연구결과는 원가족에서 전수된 역기능적 의사소통방식이 부부갈등을 해결하기보다는 오히려 부부문제를 악화시키면서 부부의 섹스리스에 직접적인 영향을 미친다는 것을 보여 주었다.

마지막으로, 연구결과는 섹스리스 부부를 돕기 위해 대상관계 가족치료이론, Bowen의 가족체계이론 그리고 MRI의 상호작용적 모델을 적용한 통합적 가족치료적 접근이 효과가 있을 수 있다는 것을 보여 주었다. 또한 부부의 섹스리스는 부부의 부모와 배우자와의 전이문제, 미분화 및 역기능적 의사소통방식으로 인하여 발생되었고 새로운 갈등 대처방식을 통해 부부갈등이 감소되었다는 것을 보여 주었다. 이를 통하여 부부의 전이문제와 미분화 그리고 의사소통방식이 부부의 섹스리스문제에 영향을 줄 수 있는 중요한 요인들이라는 것을 확인할 수 있었다.

이와 같은 연구결과를 근거로 하여 연구자는 섹스리스로 어려움을 겪는 부부의 성 문제를 해결하기 위한 치료적 개입 방법을 다음과 같이 제언하고자 한다.

첫째, 부부의 섹스리스는 근원적으로 가족생활주기에 따른 가족구성원들과의 관계, 특히 내담자 부모와의 불안정한 애착관계와 미해결된 감정으로 인한 배우자에 대한 전이와 밀접한 연관성이 있다고 나타났다. 따라서 치료자는 대상관계 가족치료 이론을 적용하여 내담자와 가족구성원과의 연관성을 확인할 필요가 있다. 치료자는 부부의 섹스리스문제를 상담할 때, 내담자와 배우자의 원가족문제와 현재 부부관계의 관계성 그리고 그 이면에 있는 해결되지 못한 감정에 대한 이해와 배우자에 대한 전이문제를 탐색할 필요가 있다. 이러한 통찰을 위해서는 치료자가 자신의 접근하는 방식에 대한 이해와 원가족과 현재 부부관계를 연결할 수 있는 질문이 중요하다. 치료자가 자신의 분명한 가족치료 준거틀을 가지고 있지 못하면 질문 또한 애매모호할 수밖에 없다.

한편, 치료자는 가족생활주기에 따른 촉발 사건을 살펴보아야만 할 것이다. 이 사례에서도 나타났듯이 신혼 초기에 남편은 시어머니와 분리가 되지 못하였고 시어머니의 지나친 간섭으로 인하여 내담자는 많은 스트레스를 받았다. 그럼에도 불구하고 남편은 오히려 내담자를 편들어 주기보다는 시어머니를 편듦으로써 부부관계가 더욱 악화되었다는 것을 볼 수 있었다. 또한 남편 입장에서는 내담자가 분노를 조절하지 못하고 자신을 무시하는 모습이 시아버지와 유사하여 부인을 회피하였고 그 회피하는 방식으로 섹스를 피하게 되었다고 볼 수 있다. 따라서 섹스리스 부부를 상담할 때, 치료자는 부부를 통하여 신혼 초부터 부부의 원가족과의 분화문제를 점검할 필요가 있다고 볼 수 있다. 이런 점에서 치료자는 탈삼각화를 통해 부모와 자녀가 정서적인 융합관계에서 벗어날 수 있도록 개입할 필요가 있다.

둘째, 연구결과, 원가족에서 미해결된 감정이 배우자에게 전이된 문제와 부부갈등을 해결하려는 방식이 맞물려 부부관계가 더욱 악화되면서 남편의 회피하는 방식으로 섹스리스가 나타나는 것을 볼 수 있었다. 이에 치료자는 부부가 그들 부모와의 미해결된 문제를 탐색하고, 해결하려고 시도해 왔던 방식이 부모가 사용해 온 방식이었다는 것을 부부에게 이해시킬 필요가 있다. 그리고 치료자는 현재 부부가 사용하고 있는 의사소통방식인 부모의 역기능적 방식이 부부관계를 변화시킬 수 없다는 것을 부부에게 인식시키는 것 또한 매우 중요하다. 이러한 인식으로 인하여 부부는 자신의 의사소통방식이 자신이 개발한 것이 아니라 부모로부터 전수되어 온 방식이라는 것과 이러한 의사소통방식이 부모와 부부관계를 힘들게 하였다는 것을 깨닫는 것이 중요하다. 왜냐하면 부부갈등이 자신들로 인하여 야기된 것이 아니라 부모로부터 전수된 방식으로 인하여 발생한다는 것을 부부가 이해하면 자신 또는 배우자를 탓하지 않는 결과를 가져오기 때문이다.

셋째, 치료자는 섹스리스문제를 가진 부부에게 전이, 원가족과의 미분화 그리고 의사소통방식에 대한 통찰과 배우자에 대한 인식의 변화와 함께 섹스리스문제를 해결할 수 있는 의사소통방식을 제시할 수 있어야 한다.

넷째, 연구결과를 토대로 한 연구자의 이와 같은 제안에도 불구하고 치료자마다 섹스리스문제를 가진 부부에 대해 접근하는 방식이 다를 수밖에 없을 것이다. 치료자이자 연구자의 제안은 가족치료를 통하여 터득해 가고 있는 개인적인 접근방식에 불과하다는 점을 말하고 싶다. 물론 이 연구가 단일 사례를 중심으로 나온 결과이기 때문에 섹스리스문제에 대한 일반적인 준거틀이 될 수는 없다고 하더라도 이 연구결과를 참고로 하여 섹스리스문제를 가진 부부에 대한 더 좋은 치료결과를 얻기를 바란다.

참고문헌

강동우, 백혜경(2012). 발칙한 동상이몽. 서울: 동양북스.

강말숙, 전영주(2003). 인지-행동적 성 상담 프로그램이 신혼기 여성의 성생활 적응에 미치는 효과. 한국가족치료학회지, 11(1), 1-39.

권석만, 김지훈(2000). 성기능 장애: 침실 속의 남 모르는 고민. 서울: 학지사.

권정혜, 채규만(2000). 부부적응프로그램의 개발과 그 효과에 관한 연구. 한국심리학회지, 19(2), 207-218.

김명애(1998). 노인의 성과 성기능장애에 대한 고찰. 계명간호과학지, 2(1), 47-57.

김영기, 한성열, 한민(2011). 부부 의사소통 유형과 부부 성만족도의 관계. 한국심리학회지: 사회문제, 17(2), 199-218.

김영애(1996). 통합적 가족치료 접근에 의한 부부갈등 사례연구. 한국가족치료학회지, 4(1), 25-46.

김효숙, 이인수(2015). 섹스리스 부부의 결혼유지 과정: 중년 여성을 중심으로. 가족치료학회, 23(3), 579-604.

김요완(2000). 부부의사소통유형, 성 지식수준과 성 만족도의 관계연구. 학생생활연구, 5, 63-87.

김혜영, 이은숙(2010). 기혼여성의 성기능장애와 관련요인. 정신간호학회지, 19(3), 329- 338.

동아일보(2017. 7. 24.). 잦은 야근에… 성인 10명중 4명 섹스리스. http://news.donga.com

류동수, 서준규(1998). 남성 발기부전의 약물학적 치료. 대한내분비학회지, 13(2), 137- 144.

박태영(2002). MRI의 상호작용적 가족치료 모델과 가족체계이론을 적용한 포르노 중독자의 부부치료. 정신보건과 사회사업, 13, 158-193.

박태영, 김선희(2013). 이혼의향이 있는 목회자부부에 대한 가족치료 사례분석. 한국가족복지학, 18(2), 5-39.

박태영, 문정화(2010). 이혼위기로 인한 부인의 우울증과 아들의 학습문제 해결을 위한 가족치료 사례연구. 한국가족치료학회지, 18(1), 27-61.

박태영, 김선희, 유진희, 안현아(2012). 이혼위기에 있는 부부에 대한 가족치료 다중사례연구. 한국가족치료학회지, 201(1), 23- 56.

박태영, 유수현(2001). 가족치료 패러다임의 변화와 가족치료 모델 유형에 관한 연구. 한국가족치료학회지, 9(1), 21-56.

배장호(2009). 발기부전 환자에서 음경보형물 삽입술의 장기 성적 및 환자 만족도 평가. 영남대학교 대학원 석사학위논문.

배정이, 민권식, 안숙희(2007). 여성 성기능장애의 예측 모형. 대한간호학회지, 37(7), 1080-1090.

대한민국 법원(2016). 사법연감. http://www.scourt.go.kr

서선영(2006). 한국 부부들의 성이야기. 이화여자대학교 대학원 박사학위논문.

성한기, 손영화(2007). 기혼여성의 성가치관이 결혼만족, 혼외관계 의도 및 이혼 의도에 미치는 효과. 한국심리학회, 12(2), 175- 196.

양광모(2009). 당뇨병 발기부전 환자에 있어 팽창형 음경 보형물 장기 추적 관찰 결과. 연세대학교 대학원 석사학위논문.

이경옥, 김영희(2003). 기혼여성의 성과 결혼만족도. 대한가정학회지, 41(7), 39-58.

이숙형(2015). 기혼남녀의 성기능장애가 성만족에 미치는 영향: 성태도의 조절효과. 대구가톨릭대학교 대학원 박사학위논문.

이성은(2006). 한국 기혼 남녀의 섹슈얼리티와 친밀성의 개념화. 가족과 문화, 18(2), 1-36.

이영실(1989). 도시아버지인의 부부갈등 제요인과 성생활 불만족의 정도. 숭실대학교 대학원 박사학위논문.

이제훈 역(2003). 대상관계 부부치료. Scharff, D. E., & Scharff, J. S. (1991). *Object relations couple therapy*. 서울: 한국심리치료연구소.

이현주, 엄명용(2012). 이혼위기 부부의 통합적 부부치료 사례연구. 한국가족치료학회지, 20(2), 201-224.

이혜진(2004). 기혼여성의 심리적 특성과 성기능간의 관련성. 성신여자대학교 대학원 석사학위논문.

오은주(2009). 40대 기혼여성의 성적욕망과 가족유지에 관한 연구. 숙명여자대학교 대학원 석사학위논문.

유재인, 김현주(2014). 섹스리스 부부의 결혼유지 과정: 중년기혼여성을 중심으로. 한국가족관계학회지, 19(3), 67-90.

장순복, 강희선, 김숙남(1998). 기혼여성의 성만족. 대한간호학회지, 28(1), 201-209.

장환일(1995). 성기능장애의 최신지견. 대한폐경학회, 45-50.

정선이, 김현주(2017). 섹스리스 부부의 결혼유지 과정: 중년남성의 경험을 중심으로. 가족치료학회, 25(1), 89-113.

정우리(2017). 30~40대 섹스리스 부부의 결혼생활 경험. 한양대학교 대학원 석사학위논문.

정우식(2008). 노인 성기능장애의 평가 및 치료. 대한임상노인의학회, 9(3), 342-353.

정소은(2018). 섹스리스 부부의 친밀성과 관계유지에 대한 여성주의적 분석. 동덕여자대학교 대학원 석사학위논문.

최혜숙, 권현용(2015). 소통단절 부부의 통합적 접근 부부상담 사례연구. 동서정신과학, 18(1), 83-100.

한겨레21(2003. 7. 17.). 결혼은 YES, 섹스는 NO. http://h21.hani.co.kr

한국가정법률상담소(2014). 상담 통계. http://www.lawhome.or.kr

Bertoni, A., & Bodenmann, G. (2010). Satisfied and dissatisfied couples: Positive and negative dimensions, conflict styles, and relationships with family of origin. *European Psychologist, 15*(3), 175-184.

Broderick, P., Weston, C., & Gillig, P. M. (2009). Family therapy with a depressed adolescent. *Psychiatry, 6*(1), 32-37.

Byers, E. S., & Demmons, S. (1999). Sexual satisfaction and sexual self-disclosure within dating relationships. *The Journal of Sex Research, 36*(2), 180-189.

Creswell, J. W. (2012). *Qualitative inquiry and research design: Choosing among five traditions.* New York: The Guilford Press.

Donnelly, D. (1993). Sexually inactive marriages. *The Journal of Sex Research, 30*, 171-179.

Glass, S., & Marano, H. (1998). Shattered vows. *Psychology Today, 31*(4), 34-52.

Goldenberg, I., & Goldenberg, H. (2017). *Family therapy: An overview.* Pacific Grove, CA: Brooks/Cole.

Gomez, L. (1997). *An introduction to object relations.* London: Free Association Books.

Heru, A. M. (1980). *Family therapy: A comparison of approaches.* Bowie, MD: Prentice-Hall.

Prochaska, J. O., & Norcross, J. C. (1999). *Systems of psychotherapy: A transtheoretical analysis* (4th ed.). New York: Brooks/Cole.

Regan, P. C., & Berscheid, E. (1995). Gender differences in beliefs about the causes of male and female sexual desire. *Personal Relationships, 2*, 345-358.

Wallerstein, R. S. (1992). *The common ground of psychoanalysis.* Northvale, NJ: Jason Aronson.

심리다큐 남자 2부: 남자의 성과 사랑. EBS 다큐프라임 연출. EBS, 경기. 2012. 5. 15.

제9장

한국인 성기능장애 남편에 대한 가족치료 다중 사례연구[*]

이 연구에서는 3개의 가족치료 사례를 분석하여 남성 내담자들의 섹스에 대한 압박감으로 인한 성기능장애에 영향을 미친 요인들을 탐색하였다. 연구자들은 사례 내 혹은 사례 간 분석을 통해 각 사례에서 나타나는 요인들 사이의 유사점과 차이점을 확인하고자 하였다. 연구결과, 부담스러운 성관계(성기능장애)에 영향을 미친 요인으로 심리적 요인, 시댁 요인, 성관계 시 부부간 의사소통 요인, 원가족 요인, 전이 요인이 나타났다. 연구결과는 각 요인 간의 상호작용의 영향으로 남편이 섹스를 부담으로 경험한다는 것을 보여준다.

1. 서론

어떤 사람들에게 성관계는 즐거움이지만(Hall & Graham, 2012), 어떤 사람들에게는 압박으로 다가온다. 많은 사람이 성관계에 대한 부담감과 성적 문제로 인한 악순환으로 고통을 호소한다(Rowland & Kolba, 2018). 부담감의 의미는 '성취에 대한 필요로 인해 발생하는 불안이나 스트레스'(Merriam-Webster, 2020)로서, 종종 '불안'이나 '스트레스'와 유사한 개념으로 사용된다. 다시 말해, 성관계에 관한 부담감이나 다른 성적인 문제들이 개인의 심리적인 문제, 즉 스트레스나 불안과 관련되어 있을 수 있다(Bodenmann, Atkins, Schar, & Poffet, 2010). 성기능장애는 심리적인 스트레스와 낮

[*] Park, T. Y., Koh, E. K., & Park, Y. H. (2021). Sex is burdensome: Multiple case study on family therapy for Korean husbands with sexual disorders. *The American Journal of Family Therapy*, 1-20. doi: 10.1080/01926187.2021.1922101.

은 성적 만족감과 연관되어 있다(Frühauf, Gerger, Schmidt, Munder, & Barth, 2013). 부정적인 심리적 상태는 남성의 성적 문제를 야기할 수 있다(McCabe & Connaughton, 2014). 불안은 남성의 성적 욕구를 감소시키는 가장 대표적인 요인이며(Randall & Bodenmann, 2009), 낮은 성적 욕구는 불안장애를 가진 남성에게서 흔히 발견된다(Kotler et al., 2000; Johnson, Phelps, Cottler, 2004). 특히, 성적 수행에 대한 불안은 조루와 발기부전의 위험을 증가시키는 중요한 원인으로 작용한다(Kim & Park, 2018; Rajkumar & Kumaran, 2014). Kempeneers 등(2013)은 일반적인 조루나 선천적 조루를 가진 남성들이 높은 수준의 고통과 사회적 불안을 호소한다고 하였다. 또한 배우자나 가사노동과 관련한 일상의 스트레스는 성적 문제에 상당한 영향을 미칠 수 있다(Bodenmann et al., 2010). Brotto 등(2016)은 치료자들이 내담자의 성적 기능을 평가할 때 평범한 일상 스트레스를 질병, 실직, 장애 혹은 죽음과 같은 중요한 사건들만큼 비중을 두어야 한다고 주장하였다.

심리적 요인 이외에도 남성의 성적 어려움을 일으키는 데에는 다양한 외적 요인이 작용한다(Nimbi, Tripodi, Rossi, & Simonelli, 2018). 미국정신의학협회(American Psychiatric Association, 2013)에 따르면, 섹스리스에 영향을 미치는 요인으로 배우자 요인, 관계 요인, 개인적 요인, 스트레스 요인, 문화적 요인 그리고 종교적 요인이 존재한다고 하였다. Kim과 Park(2019)은 가족치료 사례연구에서 발기부전에 영향을 미친 요인으로 가족 요인과 문화적 요인을 제시하였다. 이 밖에 죄책감을 동반한 혼외정사, 배우자와의 성적 역기능, 다양한 성적 신념, 과장된 기대, 예기치 못한 실패 그리고 부부문제 등이 발기부전을 유발할 수 있다(Apay et al., 2015).

가족 관련 요인들, 예컨대 가족환경, 친밀감에 대한 두려움, 파트너의 과도한 요구, 비합리적인 기대감, 성관계에 대한 두려움, 성교에 대한 생각과 실제 성교에 대한 불안, 배우자와의 의사소통 부족은 발기부전을 야기하거나 영속화한다(Borras-Valls & Gonzalez-Correales, 2004). 또한 부부갈등, 확대가족과의 갈등, 자녀 중심의 가족문화, 역기능적 의사소통방식, 스트레스, 친밀감 부재, 노화에 따른 성욕 감퇴, 잘못된 성교육, 배우자의 성관계 거부, 부정적인 성적 가치관(Jeong & Kim, 2017), 남성의 낮은 권위 수준과 부양자로서의 역할 부재(Nicolini, Tramacere, Parmigiani, & Dadomo, 2019) 등이 부부의 성적 역기능에 영향을 미치는 것으로 나타났다.

Weeks와 Gambescia(2015)가 개발한 체계 간 접근법(The Intersystem Approach)은 성기능장애에 대한 평가와 치료를 위한 통합적인 접근 방법을 제공한다. 이 접근방식은 성적 문제를 경험하는 개인, 관계 역동, 부부의 성적 체계에 대한 원가족의 영향 그리고 환경적 · 문화적 · 종교적 요인들에 초점을 둔다(Weeks & Gambescia, 2015). 이 체계 간 접근법은 단지 내담자뿐만 아니라 성기능장애에 영향을 미치는 모든 체계 간의 접점을 고려한다(Weeks & Fife, 2014). 이 접근법은 성적 어려움을 겪고 있는 개인 혹은 커플의 '내담자 체계'를 위한 치료 계획을 평가하고 발전시키기 위하여 생물학적 요인, 심리적 요인, 부부의 역동, 세대 간 영향, 환경적 고려사항들(예: 사회, 문화, 역사, 종교)과 같은 다섯 가지 영역을 제공한다(Weeks & Gambescia, 2015).

부부 및 가족 치료에 관하여, 부부관계에서 서로의 원가족이 부부관계에 미치는 영향에 관한 많은 이론이 존재한다(Lawson, 2011). 그러나 성적 태도와 행동에 대한 가족의 영향에 관한 경험적 연구는 미비한 실정이다(Weeks & Gambescia, 2015). 따라서 성적 문제를 가진 3명의 한국 남편에 대한 가족치료 사례를 통하여 남편들의 성관계에 대한 부담감(성기능장애)에 영향을 미친 요인들을 탐색하고자 한다.

2. 연구 방법

1) 자료 수집 및 연구 참여자

연구에서는 성기능장애를 겪고 있는 남편들에 대한 2개의 부부치료와 1개의 가족 치료 사례를 분석하였다. 연구의 참여자들은 모두 한국에서 살고 있는 한국인 부부이다. 연구 참여자는 2014년부터 2015년까지 동일한 치료자에게서 상담을 받은 참여자들을 편의 추출방식으로 선정하였다. 세 사례 모두 부인들이 치료를 요청하였다. 모든 치료 세션은 비디오로 녹화되었으며, 공동 연구자들은 비디오 녹화를 전사하여 축어록을 작성하였다.

치료에 참여한 남편들의 이름(가명)은 태호, 도진, 지우이다. 태호 부부는 6회기 상담(1~3회기 남편, 4~5회기 부인, 6회기 부부), 도진 부부는 7회기 상담(1~3회기 부인, 4~6회기 남편, 7회기 부부), 지우 가족은 부인 및 자녀 1명과 함께 9회기 상담(1~2회기 부인, 3회기 딸, 4~5회기 남편, 6~8회기 부부, 9회기 가족)을 진행하였다. 상담은 회기 당 2시간 정도 진행되었다. 모든 사례가 남편의 성기능장애문제로 의뢰되었기 때문에 남편을 내담자로 표기하였다. 연구자들 중 1명인 치료자가 3개의 가족치료 사례를 모두 상담하였다. 치료자는 데이터를 제공하고, 정보를 명료화하며, 문헌 검토를 수행했지만 연구자의 편견을 최소화하기 위하여 연구결과의 분석이나 해석에는 참여하지 않았다.

2) 연구질문

남편들의 부담스러운 성관계(성기능장애)에 영향을 미친 요인은 어떻게 나타났는가?

3) 분석 방법

연구에서는 상담축어록, 상담일지, 비디오 녹화자료를 토대로 분석을 실시하였다. 연구자들은 주제 분석방법을 사용하여 데이터를 확인·묘사·분석하여, 성문제를 겪고 있는 한국인 남편을 대상으로 한 3개의 가족치료 사례를 살펴봄으로써 남편이 경험하는 성관계에 대한 부담감에 영향을 미친 요인들을 탐색하였다.

주제 분석의 6단계에는 자료의 친숙화, 초기 코드 생성, 주제 탐색, 주제 검토, 주제 정의 및 명명, 보고서 작성이 포함된다(Braun & Clarke, 2006). 이 분석 방법에서 연구자들이 데이터를 반복적으로 읽은 후 관련 데이터를 텍스트화하고 분석하여 패턴이나 주제를 도출한다. 분석 과정의 신뢰도와 타당도를 높이기 위해, 연구자들은 코딩을 공유하는 세션을 가짐으로써 초기 코딩을 검토하고 주요 주제와 하위 주제를 도출하였다(Fossey, Harvey, Mcdermott, & Davidson, 2002). 치료자를 제외한 공동 연구자들은 사례를 각자 분석하고, 합의가 도출될 때까지 함께 논의하였다. 분석의 내적 일관성을 향상시키기 위하여 연구자들은 주제와의 관련성에 따라 텍스트를 분류하고, 분석된 데이터를 일반적인 언어로 수정하였다. 연구자들은 코딩과 주제의 신뢰성을 확실히 하기 위하여 치료자와 논의하는 과정을 거쳤다. 분석결과는 Miles, Huberman과 Saldaña(2019)의 네트워크를 활용하여 제시되었다.

4) 신뢰도 검증 및 윤리성 고려

연구자들은 질적 연구의 신뢰성을 높이기 위하여 연구자료, 연구자, 이론 그리고 연구 방법의 삼각화를 실시하였고(Patton, 2014), 축어록, 상담일지, 비디오 녹화자료, 치료 과정에서 모호했던 부분들을 내담자에게 확인하는 과정을 통해 명료화하였다. 연구자료를 제공한 치료자는 25년 이상의 가족치료 경험을 가지고 있다. 연구자들은 상담 녹음파일을 전사하고 주제를 선정하였다. 연구결과가 도출된 후, 연구자들은 연구자의 삼각화를 위하여 가족치료 전공 박사과정생들에게 피드백을 받았다. 연구자들은 연구의 윤리적 측면을 고려하여 내담자에게 연구의 목적, 방법, 예상되는 유익 및 잠재적 위험에 대한 정보를 제공한 후 치료자료의 사용에 대해 모든 내담자로부터 서면동의서를 받았으며, 대학기관의 연구윤리위원회에서 IRB 승인을 받았다. 연구자들은 내담자의 보호를 위해 사적인 정보를 밝히지 않고 삭제하였다.

3. 연구결과

1) 사례개요

사례 1. 태호(41세)는 결혼 2년 차이며 자녀는 없다. 태호는 강박적이며 부인을 통제하였으나, 부부관계는 전반적으로 괜찮다고 하였다. 태호는 7~8개월 전부터 가임기간 중에만 발기가 되지 않는 증상을 경험했지만, 비뇨기과 진료에서는 문제가 없다고 하였다. 태호의 발기부전 증상은 아버지로부터 임신에 대한 요구와 기대를 받게 되면서 부인(38세)의 생리주기를 알게 된 후, 부인의 가임기간에만 나타나고 있었다.

사례 2. 도진(32세)은 결혼 2년 차이며 자녀는 없다. 도진은 부부싸움이 일어나면 침묵과 거짓말로 부인과의 갈등을 피한다. 도진은 평소의 부부관계가 괜찮다고 생각했는데, 그럼에도 왜 자신에게 성욕이 없어졌으며 성기능장애가 발생했는지 이해할 수 없었다. 도진은 연애 시절에는 성기능에 문제가 없었으나 결혼 후 발기부전과 조루, 성욕 감퇴를 보이고 있었다. 도진의 부인(32세)은 도진이 성관계를 2~3개월에 한 번 하는 것에 대하여 도진이 자신을 사랑하지 않기 때문이라고 생각하였다. 반면, 도진은 부인이 자신을 늘 지적하고 가르치려고 한다고 생각하였다.

사례 3. 지우(43세)는 결혼 13년 차이고 딸(12세)이 있으며, 상담 중에 부인(42세)이 임신 중이었다. 지우는 부인과 진술한 대화를 거의 나누지 않지만, 부부관계는 나쁘지 않다고 생각하였다. 부부는 신혼기에는 3개월에 한 번씩 성관계를 했으나 첫딸이 태어난 후에는 성관계를 거의 하지 않는 상황이었다. 상담을 받으러 왔을 때 부부는 각방을 쓰고 있었다. 지우의 부인은 남편이 신혼 때부터 성관계를 회피하여 심한 스트레스를 받고 있었다. 지우는 성적인 욕구를 거의 표현한 적이 없었고, 부인이 성관계를 요구하면 회피하였다. 지우의 반복적인 성관계 거절은 부인으로 하여금 수치심을 느끼게 하고, 남편이 자신을 여자로 느끼지 않는다고 생각하도록 만들었다.

2) 부담스러운 성관계에 영향을 미친 요인

(1) 심리적 요인

우울, 불안, 강박, 혹은 충동과 같은 정신건강문제는 성적 기능, 특히 성욕 저하와 높은 상관관계를 갖고 있다(Rajkumar & Kumaran, 2015). 불안과 우울은 낮은 성욕 및 발기부전과 관련된 대표적인 요인이며(Carvalho & Nobre, 2011; Rajkumar & Kumaran, 2015), 일반적인 불안, 수행 불안, 스트레스 및 부정적인 사고 과정은 남성의 성적 어려움을 영속화시킨다(McCabe & Connaughton, 2014). 세 내담자 모두 어려서부터 부모로부터 압박, 무기력, 불안, 우울을 경험한 것으로 나타났고 심지어 이와 같은 부모와의 미해결된 감정은 결혼생활에서도 나타났다.

① 압박

태호는 아버지로부터 "심리적으로 억압 받으면서" 성장하였다고 보고하였다. 그는 "부인의 가임기간이 다가오면 숙제가 있는 것처럼 심리적으로 압박을 느낀다."라고 하였다. 도진은 어머니의 말을 듣지 않는다고 집에서 쫓겨난 적이 있었다. 그는 자신의 어머니에 대하여 묘사하면서, 어머니가 "자기 마음에 들 때까지 상대를 굴복시켰으며 자기 생각에 안 되는 건 무조건 안 된다고 했다."라고 말했다.

② 무기력

태호의 아버지는 태호가 "이미 스스로에게 화가 나 있는" 상황에서 태호를 "무능하다."라고 평가했다. 도진은 "엄마가 원하는 옷을 무조건 입혀서 보냈어요. (옷이 마음에 들지 않는다고) 말해 봤자 소용이 없었어요. 제가 힘이 생길 때까지 복종할 수밖에 없었어요."라고 진술했다. 지우는 부인이 모든 것을 통제하면서 "잠자리에서만 마초가 되기를 기대"했는데, 이로 인해 "무기력"을 느꼈다고 하였다.

③ 불안

지우는 "아내가 저한테 화를 낼 때, 저는 어른에게 야단맞는 어린아이처럼 불안해요."라고 하였다. 그는 또한 "어릴 때 아버지가 밥상을 뒤집고 버럭 화내시는 게 있어서 지금도 밥을 빨리 먹거든요. 지금도 부모님하고 같이 식사하면 왠지 모르게 마음이 편치 않아요."라고 하였다. 지우는 종종 성관계에서 자신이 원하는 것을 표현하였는데, 부인이 지우의 "말을 듣지 않고 반박하거나 화를 내면" 지우는 "불안"을 느꼈다.

④ 우울

도진은 어렸을 때부터 어머니처럼 살고 싶지 않았다고 회상하고, "어렸을 때 수면제를 몇 번 사서 먹어 봤는데 죽진 않았어요."라고 하였다. 지우는 "어머니가 우울증이 있으셔서 혼자서 울기도 하셨어요."라고 보고하면서 "어머니가 너무 안쓰러웠어요."라고 말하였다.

(2) 시댁 요인

한국에서 부인은 전통적으로 며느리로서 과도한 의무를 감당하며, 시댁과 갈등을 겪는데, 이는 부부관계에 부정적인 영향을 미친다(Kim, 2012; Park, 2011). 한국의 며느리들은 종종 시댁으로부터 학대를 당하기도 하고, 시댁으로부터의 압박으로 인해 자신의 욕구를 억누르며 살아간다(Lee, 2017).

부부의 불화는 개인 또는 부부간의 문제, 원가족의 문화 및 사회문화적 가치와 관련되어 있다(Park et al., 2010). 한국의 많은 어머니는 성인 아들의 삶과 결혼에 간섭할 자격이 있다고 생각하며, 이러한 간섭을 의무, 보살핌, 사랑의 행위라고 여긴다(Kim & Ryu, 2005). 연구 사례들에서도 결혼 과정에서 겪은 부모와의 갈등으로 인한 내담자들의 죄책감과 시부모를 모셔야 한다는 부인의 부담감으로 인해 부부갈등이 발생하였으며, 이는 심지어 부부의 성관계에도 부정적인 영향을 미쳤다.

① 결혼 전: 결혼 반대

세 내담자의 부모는 모두 아들의 결혼을 반대했다. 태호의 아버지는 태호와 부인에게 "너희 둘 다 내 성에 안 찬다." "끝까지 인정 안 할 거다."라고 말하며 결혼을 강력히 반대했다. 지우의 부모님은 사돈 부부가 별거를 했고 부인의 가족이 "수준이 낮다."라는 이유로 결혼을 반대했다. 지우는 "그동안 부모님의 기대에 반대해 본 적이 없었지만, 부모님의 반대를 무릅쓰고 결혼하는 위험을 택했다." 도진의 부인은 "시어머니가 결혼은 죽어도 안 된다고, 제 얼굴, 학벌, 집안, 직업이 다 싫다면서 2년 반 동안 결혼을 심하게 반대하셨어요. 저한테 '내 아들이랑 헤어져!'라고 했었죠."라고 하였다.

태호와 도진, 지우는 모두 부모의 뜻을 어기고 결혼했다는 죄책감을 느꼈고, 시부모의 결혼 반대는 부인들로 하여금 부정적인 감정을 느끼게 했다. 예를 들어, 도진의 부인은 상대 집안이 반대하는 결혼을 하여 친정 부모를 "실망시킨" 것에 대해 죄책감을 느꼈다. 그녀는 시어머니의 거친 언행으로 인해 우울증과 자살 충동을 경험하였으며, 정신과 치료를 받았다. 지우의 부인은 시어머니의 학대로 인해 분노를 가지고 있었다. 시어머니가 결혼 후에도 며느리를 인정할 수 없다고 말하자, 지우의 부인은 "더 이상 지우와 함께 살 수 없다."라고 하였다. 결과적으로 도진과 지우는 자신의 부모로 인하여 부인이 받은 상처를 보상해 주어야 한다는 생각에 부인의 요구를 거절하지 못하였다.

② 결혼 후: 부모를 기쁘게 하기 위한 고군분투

결혼 후 부인들은 결혼을 반대하는 시부모의 마음에 들기 위해 더 많은 노력을 기울였고 스스로에게 압력을 가했다. 세 부부 모두 시부모를 만족시키기 위해 시댁에 자주 방문하였다. 그러나 아들의 결혼을 허락하지 않았던 태호와 도진의 아버지는 휴일에도 아들 내외의 방문을 허락하지 않았다. 부모의 뜻에 반해 결혼한 지우와 부인은 "주말마다 시댁에 가서 부모님이 바라시는 것을 충족시켜 드리려 애썼"지만, 사실 부인은 "그러한 주말을 너무 싫어했다." 지우의 부인은 "시부모의 눈치를 굉장히 많이 보면서" 살 수밖에 없었다. 도진의 부인은 "시어머니에게 인정받고" 싶은 마음에, "좋은 며느리가 되기 위해 매사에 너무 깊게 관여"하며 과도한 며느리 역할을 수행했다. 태호는 아버지의 소원을 들어주기 위해 아이를 낳으려 했다. 태호는 아이가 생기면 아버지가 자신 부부를 "인정할 것"이라고 믿었기 때문에, 부인을 임신시켜야 한다는 "엄청난 압박감"을 느꼈다.

③ 한과 화병

한(恨)은 반복되는 부당함이나 억압, 개인의 삶에서 겪는 고통으로 인해 발생하는 지속적인 슬픔, 고통, 갈망을 가리키는 한국의 사회문화적 정서이다(Kim, 2017; Kim & Ryu, 2005). 화병은 한국어로 '분노장애'를 뜻하는 한국문화의 증후군으로(Min, 2008), DSM-5의 고통의 문화적 개념 용어 해설(Glossary of Cultural Concepts of Distress)에 기록되어 있다(American Psychiatric Association, 2013). 유교, 집단주의 그리고 여성에 대한 조직적인 억압과 차별의 맥락에서 기인한 화병은 특히 한국 여성들에게 타인과의 조화로운 관계를 유지하기 위하여 자신들의 분노를 억누르도록 한다(Lee et al., 2012). 화병을 가진 사람은 타인의 가혹행위를 인지하더라도 사회적 화합을 유지하기 위해 대인관계에서 분노를 억제한다(Chiao, 2015).

사례들에서 남편의 부모들은 한과 화병이 있었다. 태호의 아버지는 사법고시에서 탈락한 한이 있었고, 도진과 지우의 어머니는 남편과 시댁과의 갈등으로 한과 화병이 있었다. 남편들의 어머니는 아들의 결혼에 지나치게 관여하여 아들이 어머니의 뜻을 거스른 것에 대해 죄책감을 느끼게 하였고, 며느리가 시어머니에게 부정적인 감정을 갖게 하였다. 한과 화병은 부모가 아들의 삶에 지나치게 관여하도록 만들었다.

(3) 성관계 시 부부간 의사소통 요인

성적 자기주장(sexual assertiveness)은 자신의 요구를 성적 파트너에게 전달하는 정서적·인지적 행위이다(Eklund & Hjelm, 2018). 이는 성관계를 주도하거나 거절하는 의사를 포함하는 개념으로 넓은 의미에서 자신을 드러내는 능력을 뜻한다(Hurlbert, 1991). Hurlbert(1991)에 의하면, 성적 자기주장이 낮은 사람은 성관계를 원하거나 원하지 않을 때 솔직하게 말하는 데 어려움을 겪거나, 파트너와 성에 대해 의논하는 것이 불편하고, 자신의 성적 느낌을 말하지 못하며, 성관계에서 주도권을 갖는 것에 어려움을 겪는다. 신뢰, 친밀감, 긍정적인 의사소통은 성적 욕구를 증가시키고(Ridley et al., 2006), 부부갈등 및 서로 다른 욕구 등의 스트레스는 성적 문제를 야기한다(Bodenmann et al., 2006). 이 밖에 부부의 성적 욕구에 대한 불일치는 성기능에 영향을 미칠 수 있으며(Witting et al., 2008), 성적인 의사소통의 빈도와 질은 성적 행복과 상관관계가 있다(Mastro & Zimmer-Gembeck, 2015). Morokoff 등(1997)은 성적 주장이 건강한 성생활을 위한 핵심적인 비결이라고 보았다.

세 내담자 모두 부인에게 성관계에 대해 솔직하게 표현하지 못했다. 태호는 부인이 발기에 실패한 자신을 격려해 주기를 바랐지만, 부인이 격려해 주지 않았을 때 자신의 바람을 표현하지 못하였다. 태호는 "발기가 되지 않을 때 와이프가 저에게 비난은 안 해요. 그렇지만 저의 심적인 힘겨움이나 아픔을 극복할 수 있게 북돋아 주는 부분이 부족해요."라고 말하였다.

도진과 지우는 부인에게 성관계를 요구하지 못하였고, 부인의 성적 요구에 맞춰 주기만 하였다. 도진은 성관계를 원할 때에도 "아무것도 말하지 않았는데", 이는 그가 "강요하고 싶지 않았으며" "차라리 포기하는 게 더 쉬웠기" 때문이었다. 그러나 도진의 그러한 태도는 부인이 "삐치고 울게" 만들었다. 도진은 "(부인의 우는 모습을 보면) 마음이 아파서 원하는 대로 해 줘야겠다는 생각을 하면서도, 늘 와이프한테 맞춰 주는 게 억울했다."라고 진술했다. 부인은 "잠자리문제로 짜증을 내면 남편은 '미안'이러고 가서 컴퓨터나 TV를 켜고 대화하는 걸 피하고, 결국 잠자리도 안 해요."라고 말했다. 하지만 도진은 부인이 "침대 위에서도 모든 걸 컨트롤하려고 해서 피곤하다."라고 하였다. 그는 "성관계를 하려면 45~50분 동안 와이프 이야기를 들어야 했고, 그 후에 30분간 애무를 해야 한다. 실제 성관계 자체는 10분이면 끝난다."라고 토로하였다. 도진은 "(부인이) 성관계를 하자고 하면 1시간 30분을 생각하게 된다."라고 하면서, "성욕이 있었다가도 부담스럽고 무기력해진다."라고 말했다. 그는 부인이 성관계를 준비하기 위해서는 이 모든 과정을 필요로 하기 때문에 "의무감"을 느꼈다. 지우는 갈등이 생길까 봐 성적인 대화를 회피하였다. 그가 성관계에서 원하는 것을 부인에게 말했을 때, 부인은 그에게 "반박하고 분노를 표출하였으며", 그를 "힘들고 불안하게" 만들었다. 지우는 "'사실은 오늘 섹스가 하고 싶었다'라는 말이 입에서 나오지 않아 부인에게 맞추면서 억누르다가, 결국 성욕은 가라앉았다."라고 표현하였다.

세 내담자 모두 자신의 성적 자기주장을 하지 못했기 때문에 성관계에 대한 부담감을 완화시킬 수 없었다. 이들의 의사소통방식은 원가족에서 학습된 의사소통방식 및 부모와의 해결되지 못한 감정이 배우자에게 전이되는 문제와 연결되었다.

(4) 원가족 요인

원가족에서 형성된 애착은 결혼 후 부부의 성적 유대감에 투사된다(Scharff & Scharff, 2014). 원가족 스트레스는 일상생활에서의 긴장을 증가시킴으로써 부부문제를 일으키고 의사소통의 질을 떨어뜨림으로써 결과적으로 성기능장애의 위험을 증가시킨다(Bodenmann et al., 2006). 또한 지배적인 성격을 가진 사람에 의해 경험되는 장기적인 스트레스와 미해결된 갈등은 성문제에 영향을 미칠 수 있다(Nicolini et al., 2019). 따라서 상담사는 성기능장애를 겪고 있는 내담자의 애착유형을 탐색하고, 그에 관련된 어린 시절의 경험을 살펴볼 필요가 있다(Dwyer & Boyd, 2009).

내담자들은 성장 과정에서 지속적으로 부정적인 가족 상호작용을 경험했다. 태호는 어려서부터 강압적인 아버지로부터 심한 스트레스를 받았다. 태호의 아버지는 태호보다 동생을 더 편애하였는데, 그 때문에 태호는 동생과의 관계도 좋지 않았다. 한편, 태호는 아버지에 대한 부정적인 감정을 어머니에게도 표현하지 못하였다. 이와 같이 태호는 아버지와 거리를 두었으며 어머니와 공감적인 대화를 나눈 적이 없었다.

도진은 무능하고 알코올중독자인 아버지와 관계가 좋지 않았으며, 고집스럽고 강요하는 어머니로 인해 많은 압박을 받으며 성장하였다. 성인이 된 후에 도진은 부모와 소원한 관계를 유지하였다. 이러한 양육의 결과로 도진은 부인이 자신의 어머니처럼 강요할 때 부인을 회피하였다. 한편, 도진의 부인은 남편이 자신의 요구를 들어주지 않을 때 자신을 배려해 주지 않았던 아버지의 모습을 떠올렸고, 그로 인해 남편을 향한 끊임없는 잔소리와 요구로 도진을 질리게 만들었다.

지우는 어머니와 밀착관계를 형성하였으며 아버지와의는 소원하였다. 지우는 다혈질적이고 폭력적인 아버지로 인해 심각한 스트레스를 받았으며, 부부갈등으로 우울증을 경험하였던 어머니와는 공생관계를 유지하였다. 지우는 부인에게서 다혈질적이고 폭력적인 아버지의 모습을 볼 때 부인을 회피하였다. 한편, 지우의 부인은 지우에게서 무능력하고 자신을 보호해 주지 않았던 친정아버지의 모습을 볼 때 남편을 비난하였다.

① **아버지와의 갈등**

태호의 아버지는 완고하고 집요하여 모든 일을 자신의 뜻대로 관철시켰다. 아버지는 자주 화를 냈고 태호를 무시하면서 "네가 잘하는 게 뭐냐? 너는 낙오자야!"라고 표현하였다. 태호는 계속 비난하는 아버지에게 자신이 늘 억눌려 살아왔다고 느꼈다. 태호는 사법고시에 떨어졌으나 남동생은 합격하여 변호사가 되었다. 태호와 동생의 관계는 별로 안 좋았다. 태호의 아버지는 태호와 동생을 비교하였으며, 태호를 무시하고 절대 인정해 주지 않았다. 그럼에도 불구하고 어린 시절 아버지에게 순종적이었던 태호는 성인이 된 이후부터 아버지에게 반항하기 시작했다. 태호와 어머니의 관계는 나쁘지는 않았지만, 태호의 어머니는 태호를 충분히 지지해 주지 못했다.

지우의 아버지는 밥을 먹다가 밥상을 뒤집어 엎을 정도로 다혈질적이면서 폭력적이었다. 지우의 어머니는 폭력적인 아버지로 인하여 심한 우울증을 겪었다. 지우는 어머니와 밀착관계였으나 어머니와 대화하는 것에 어색함을 느꼈고, 감정을 어떻게 표현해야 하는지 몰랐다. 결과적으로, 지우는 부정적인 부모관계로 인해 아동기부터 불안을 가지고 있었으며 항상 눈치를 보며 살았다.

② 어머니와의 갈등

도진은 자신과 타인의 감정에 무감각했다. 도진의 어머니는 가혹한 시집살이로 인한 스트레스를 도진에게 풀었다. 어머니는 도진을 존중하지 않고 자신의 의견만 주장했다. 따라서 도진은 부모로부터 타인을 배려하고 존중해 주는 방식이나 정서적인 대화를 하는 방식을 학습하지 못하였다. 그는 오랫동안 어머니와 갈등관계를 지속해 오다 최근에는 거의 단절한 채 살고 있다. 도진은 결혼 후 어머니와 유사한 부인과 갈등이 생기면 침묵하거나 거짓말을 함으로써 상황을 회피하였다. 그러다 부부갈등이 증폭되면 부인을 아예 무시하고 게임에 몰두하였다.

(5) 전이 요인

불안은 위협으로 평가되는 자극상황에서 발생하며, 위협적인 자극과 유사한 자극의 출현으로 지속된다(Ray, 2017). 내담자들은 원가족 배경으로 인한 강박적인 성향, 우울, 불안, 완고한 의사소통방식, 부모와 스트레스 받는 관계를 공통적으로 갖고 있었으며, 이와 같은 요소들은 원가족 배경으로부터 기인하였다. 이러한 문제들은 배우자와의 전이문제로 이어질 수 있다. 이를 통해 원가족에서의 관계 스트레스가 결혼 스트레스 및 성 관련 문제들과 관련이 있었다. 또한 부부간의 전이로 인한 불안은 내담자 부부의 성관계에 영향을 미치고 있었다.

① 인정과 저항으로서의 성관계

아이를 갖기 원하는 마음은 성적 욕구와 성적 만족을 감소시키며(Nimbi et al., 2018), 이는 아이를 낳기 위한 목적으로 성관계를 갖는 남성들에게도 적용된다(Piva et al., 2014). 치료자는 태호가 아버지의 평가와 비난을 두려워하고 아버지의 기대를 만족시키고 싶은 동시에 아버지가 요구하는 것에 대해 무의식적인 저항을 하고 있는 것이라고 해석하였다. 이에 대하여 태호는 아이를 가짐으로써 아버지에게 인정받고 싶은 마음이 있으면서도 2세를 통해서만 자기 부부를 인정하려는 아버지의 방식에 대한 거부감을 동시에 가지고 있었다. 태호의 아버지에 대한 이와 같은 양가 감정이 성관계 상황에서 부담감으로 작용하였다. 태호는 "어릴 때 아버지가 숙제를 내주신 것처럼 아이를 가지는 것이 하나의 숙제같이 느껴졌다."라고 하면서 "아내의 가임기간이 다가오면 사정을 해서 아이를 만들어야 한다는 부담감이 있다."라고 하였다. 태호는 발기가 되지 않으면 '내가 뭔가 잘못하고 있나?'라고 생각하였고, "아이를 낳지 못하면 아버지가 나를 무능력하다고 할 것."이라고 말하였다.

② 성관계 거부

부인의 요구를 충족시키고자 하는 마음은 도진의 의무감을 발동시켰으며, 이는 결국 부담감으로 작용하였다. 또한 도진은 성관계 상황에서 좌절, 무기력, 분노와 같은 부정적인 감정을 경험하였는데, 이는 항상 도진이 맞춰 주기 위해 애써 왔으며 그를 불안하게 만들었던 어머니와 유사하게 부인이 강압적이었기 때문이었다. 도진은 자신의 어머니를 떠올림으로 인해 성관계 중에 긴장하였고, 그로 인해 무의식적으로 성관계를 거부하였다. 이는 성관계 상황에서 발생하는 부정적인 자동적 사고가 성관계를 방해할 수 있기 때문이다(Geonet et al., 2018). 도진은 부인과 어머니의 유사한 점을 발견하고 두 사람을 연결시켰다. 그는 "와이프가 하는 게 우리 어머니랑 똑같아요. 잔소리, 지적질, 일일이 가르치려고 하는 것, 통제하는 것……. 자꾸 저한테 침입해 들어오는데 갈수록 피곤해져요."라고 표현하였다. 그는 "어머니를 따라 주는 것과 어머니가 사람 컨트롤하는 것도 지겨웠는데 결혼해서도 와이프의 절차대로 또 따라 줘야 하나, 나만 맞춰 줘야 하나?"라고 하면서 "어머니한테 대하던 거랑 똑같이 와이프를 대하더라고요. 상담받고 가서 다르게 대하려고 해 봤어요."라고 말하였다.

③ 불안한 성관계

지우는 가부장적이고 감정기복이 심했던 아버지가 두려워서 늘 눈치만 보았고 불안해했다. 지우는 상담을 통하여 부인의 화내는 모습에서 어린 시절 아버지에게 야단맞는 모습이 연상되면서 자신도 모르게 부인의 시선을 피한다는 것을 인식하게 되었다. 지우가 솔직한 감정을 표현했을 때 부인은 울었다. 부인의 우는 모습을 보며 지우는 아버지가 화를 낼 때 어머니가 울었던 기억을 떠올렸고, 비참함을 느꼈다. 그에 따라 지우는 어머니에 대한 감정을 부인에게 전이시킨 것으로 보인다. 지우는 자신에게 성적 욕구가 있지만, 부인이 "강했기 때문에 성적으로 끌리지 않았다."라고 하였다. 그는 "아무리 노력해도 만족감을 줄 수 없는 여자라는 생각이 들어요. 집사람은 무조건 의사결정을 본인이 해야 하는데, 단 성관계에서는 '마초' 역할을 요구해요. 강하고, 밀어붙이고, 날 휘어잡고 모든 걸 주도해 줬으면 좋겠다고 해요."라고 하면서 "애무하고 성관계를 끝내려고 하면 저한테 성의가 없다면서 비난해요."라고 진술하였다.

세 내담자 모두 성관계 상황에서 공통적으로 과도한 부담감을 느끼게 하는 존재가 있었다. 태호에게는 아버지, 도진에게는 어머니와 부인, 지우에게는 아버지와 부인이 바로 그러한 존재였다. 자신을 압박하던 대상을 인지할 때마다, 이들은 불안, 분노, 좌절감을 경험했다. 성적 상황에서 경험되는 불안과 부정적인 감정은 그들의 성적 자극과 기능에 부정적인 영향을 미쳤다(Brotto et al., 2016). 전이의 문제는 부인들에게도 동일하게 발생하였다. 도진의 부인과 지우의 부인은 남편과 다툴 때마다 아버지에 대한 부정적인 기억을 재경험하였다. 부부간의 전이로 인해 발생한 불안과 부담감은 내담자들에게 성관계에 대한 거부감으로 나타났다. 이와 같은 상황은 남성들의 성적 쾌락을 감소시킬 뿐만 아니라, 그들이 자신의 성적 환상이나 감각을 추구하는 대신 파트너의 욕구를 만족시키는 것에만 집중하도록 만들어 결과적으로 성적으로 반응하는 능력을 약화시킨다(Nelson & Purdon, 2011).

이상의 연구결과는 [그림 9-1]과 같다.

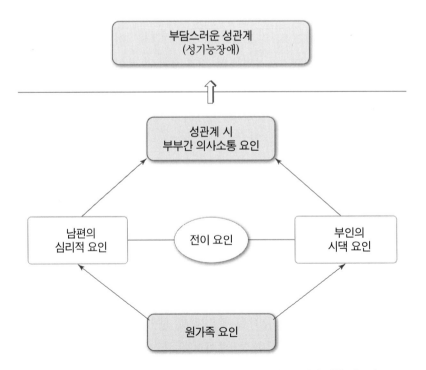

[그림 9-1] 내담자의 부담스러운 성관계에 영향을 미친 요인에 대한 네트워크

4. 결론

이 연구에서는 부담스러운 성관계(성기능장애)에 영향을 미친 요인들로 심리적 요인, 시댁 요인, 성관계 시 부부간 의사소통방식, 원가족 요인 및 전이 요인이 나타났으며 이에 관한 연구결과는 다음과 같다.

첫째, 심리적 요인으로는 아동기부터 지속된 부모의 억압, 무기력, 불안, 우울이 포함되었으며, 이러한 요인은 부인과의 관계로 확장되어 나타났다. 이와 같은 결과는 일반적인 불안, 수행불안과 우울증(McCabe & Connaughton, 2014) 및 과제 수행에 대한 두려움과 불안(Kim & Park, 2018)이 남성의 성적 어려움과 발기부전을 유발하고 지속시킨다는 선행 연구결과와 일치한다(American Psychiatric Association, 2013; Bodenmann et al., 2010; Frühauf et al., 2013; Nimbi et al., 2018; Rajkumar & Kumaran, 2015). 내담자의 심리적 요인은 어린 시절 부모와의 관계에서 형성되었으며, 이와 같은 증상들은 결혼 후 부인과의 관계에서도 지속되었다.

둘째, 시댁 요인은 내담자의 부부관계에 부정적인 영향을 미쳤다. 결혼 전부터 세 내담자는 모두 부모의 강력한 반대가 있었음에도 불구하고 부인과 결혼했으며, 결혼 후에는 내담자들뿐만 아니라 부인들도 시부모의 눈치를 보게 되었다. 부인들은 원치 않았지만 어쩔 수 없이 시댁에 자주 방문하였으며, 시댁에서 과도한 역할을 수행하였다. 태호는 심지어 아버지를 위해 임신을 시도하였다. 이와 같은 사례들은 한국 부부 사이에서 효 사상이 얼마나 중요한 역할을 하는지 보여 준다. 한국은 고도의 집단주의 문화를 가지고 있으며, 한국인들은 자아의 개념 안에 부모와 형제를 포함시키는 경향이 있다. 따라서 연구결과는 한국인들이 자기 중심적이라기보다는 가족 중심적이라는 점을 보여 준다. 한국에는 대가족문화가 남아 있기 때문에 부부갈등이 종종 시댁문제와 연결된다(Kim & Ryu, 2005). 한국문화의 고유한 특성인 '한(恨)'과 '화병'을 고려해 볼 때, 연구결과는 시부모의 과도한 역할이 부부의 결혼생활에 스트레스로 작용할 수 있으며 그들의 성생활에 피해를 줄 수 있다는 것을 보여 준다(Park & Park, 2019).

셋째, 성관계 시 부부간 의사소통 요인을 살펴보면, 남편들은 그들이 원하는 바를 제대로 표현할 수 없었으며, 성관계에 관련한 대화를 피했다. 부인들은 성관계 시 남편에게 비판적이거나 지지적이지 않았는데, 성관계에 대한 부정적인 반응은 남성의 발기부전을 증가시키고 성적 흥분을 감소시킬 수 있다(Stone et al., 2009). '관망하는 상황(spectatoring condition: 파트너의 평가를 의식하는 상황)'은 성적으로 건강한 남성에게는 자극이 되지만, 성적으로 건강하지 않은 남성에게는 성적 문제를 일으킬 수 있다(Heiman & Rowland, 1983). 이러한 연구결과는 성관계 상황에서의 부정적인 감정과 사고가 1차적으로 부부의 성생활에 부정적인 문제를 일으킨다는 것을 보여 준다.

건설적인 성적 대화는 성관계에 대한 부담감을 완화시킨다(Litzinger & Gordon, 2005). 성적 자기주장은 성적 쾌락과 자존감을 증가시켜, 더 나은 성적 기능과 성적 만족으로 이어진다(Menard & Offman, 2009). 또한 정상적인 성적 표현은 정신건강의 긍정적인 지표로 알려져 있다(Laurent & Simons, 2009). 그러나 이 연구의 내담자들은 성적 자기주장 수준이 낮았다. 연구결과는 남성이 여성보다 성적으로 더욱 적극적이며(Simon & Gagnon, 2003), 성관계를 주도하는 능력이 강하다는 선행연구의 결과와는 대조적이다(Sanchez-Fuentes et al., 2014). 이와 같은 차이는 성적 자기주장이 일상적인 의사소통방식과 밀접한 관련이 있다(Litzinger & Gordon, 2005)는 것을 보여 준다. 이에 따라 의사소통방식을 형성하는 원가족 배경을 탐색하는 것이 중요할 것으로 보인다. 사례들에서 성관계에 대한 부담과 불만이 있으면서도 부인이게 자기주장을 하지 못하는 내담자들은 공통적인 원가족 경험을 갖고 있었다. 세 내담자 모두 효과적인 의사소통방식을 학습하기 어려운 가정환경에서 자랐으며, 지배적 성향을 가진 부모와 오랫동안 스트레스 관계를 유지하였다.

넷째, 원가족 요인을 살펴보면, 내담자들은 어려서부터 아버지와 갈등관계를 경험하였다. 내담자의 어머니는 시댁으로부터 홀대를 당하였고, 그 상황에서 남편이 자신을 보호해 주지 못했다는 것으로 인해 '한(恨)'과 '화병'을 가지고 있었다. 이러한 연구결과는 원가족과 미해결된 감정을 경험한 시부모는 다시 성인 자녀의 결혼생활에 부정적인 관계적 · 정서적 영향을 미칠 수 있다는 것을 보여 준다. 내담자의 원가족 요인은 부인의 원가족 및 부부의 의사소통방식과 연관되었다. 이와 같은 결과는 강압적이고 강한 부인이 내담자로 하여금 자신들의 부모를 떠올리게 만들었으며, 그로 인해 성적 문제에 간접적인 영향을 미쳤다는 것을 보여 주었다.

다섯째, 전이 요인은 내담자의 성기능장애에 영향을 미쳤다. 부모와의 관계에서 형성된 내담자의 미해결된 감정은 부인이 부모를 떠올리게 하였을 때 발생하였다. 이와 같은 연구결과는 기혼 자녀들이 원가족에서 해결되지 않은 감정으로 인해 부부갈등을 겪으면서 성적 문제를 경험할 수 있다(Kim & Park, 2018; Kim & Park, 2019)는 내용을 보여 준다. 다수의 한국 부부가 원가족과 해결되지 않은 감정이 배우자에게 전이

됨으로써 부부갈등을 경험한다(Korea Legal Aid Center for Family Relations, 2002). 이 연구결과는 역기능적인 원가족 역동이 부부관계에 전이되며, 부부갈등으로 나타난다 (Park & Park, 2019)는 내용과 일치한다.

1) 치료에 대한 실천적 함의

연구의 세 내담자는 모두 결혼 전에 시부모가 자녀의 결혼을 반대하였고, 결혼 후에도 아들과 며느리에게 지나치게 간섭하였다는 공통점을 가진다. 내담자들은 어머니의 행복하지 않은 결혼생활을 보면서 어머니를 가엾게 여겼으며, 그로 인해 삼각관계에 연루되어 미분화되었다. 이러한 가운데 내담자들은 불안하고 우울하였지만, 이와 같은 감정을 어머니에게 표현할 수 없었다. 미분화된 내담자들은 결혼 후에도 부모와 밀착된 혹은 소원한 관계를 유지하였는데, 그로 인해 내담자의 부인들은 남편으로부터 보호와 배려를 받지 못했다고 느꼈다. 그로 인해 부인들은 원가족 경험과 그들의 결혼생활이 유사하다고 느끼고, 원가족으로부터의 감정을 남편에게 전이시켰다. 부인들은 원가족에서 어려서부터 학습한 대로 역기능적인 의사소통방식을 사용하였다. 부인들의 의사소통방식은 우연히도 내담자로 하여금 강압적인 부모를 떠올리게 하였고, 이에 따라 내담자들 역시 역기능적으로 대처함으로써 악순환의 고리가 형성되었다.

유교적인 사고를 가진 내담자의 부모들은 아들과 며느리를 통제하였다. 유교적 신념과 역기능적인 가족문화로 인해, 성인이 된 자녀들이 부모로부터 분화되지 못하였다. 그러므로 심리적 요인, 시댁 요인, 의사소통 요인, 원가족 요인 그리고 전이 요인이 상호작용하여 부부관계 및 성관계를 악화시키는 악순환의 고리를 형성하고 유지시켰다. 이와 같은 연구결과는 부부의 성적 문제가 개인, 부부, 원가족뿐만 아니라 더 넓은 사회문화적 맥락을 통해 이해되어야 한다는 것을 보여 준다.

내담자들이 경험하는 성관계의 압박은 표면적으로는 결혼생활에서 오는 스트레스와 불안으로 인한 것으로 보이지만, 그 이면에는 어려서부터 지속된 부모와의 관계에서 비롯된 스트레스와 불안이 성관계에 부정적인 영향을 미치고 있다는 것을 볼 수 있었다. 따라서 성기능장애가 심인성인 경우, 치료자는 원가족으로부터 비롯된 미해결된 감정이 어떻게 배우자에게 전이되었는지에 초점을 맞추어 질문할 필요가 있다. 즉, 치료자는 성기능장애를 일으키는 남편들의 무의식적인 갈등의 원인을 찾아내는 것이 무엇보다 중요하다. 성기능장애를 가진 한국인 내담자들을 상담하는 경우에 치료자는 한국문화에서 오는 '한(恨)'과 '화병'의 개념을 이해할 필요가 있는데, 이는 한국 부모의 '한'과 '화병'이 자녀들을 비롯해 자녀들의 부부관계에까지 영향을 미칠 수 있기 때문이다. 그러므로 한국의 내담자들에게 개입을 할 경우, 치료자는 한국 가족문화의 영향을 탐색할 필요가 있다.

더 나아가, 한국 남성이 어머니로부터 정서적으로 분화하는 것은 부부갈등을 감소시킬 수 있는 중요한 작업이다(Kim & Park, 2018). 높은 수준의 자아분화를 가진 사람들은 역기능적으로 반응할 가능성이 적은 반면, 낮은 수준의 자아분화를 가진 사람은 정서적으로 역기능적인 경향을 보인다(Kerr & Bowen, 1988). 특히 한국 남성들은 그들의 결혼과 성기능에 부정적인 영향을 미칠 수 있는 가부장적 규범과 유교사상에 대해 더 잘 이해할 필요가 있다. 성기능장애를 가진 한국 부부에게 개입할 때, 치료자는 효, 시어머니의 결혼생활 관여 그리고 고부갈등에서 남편의 반응 등과 같은 한국문화에 초점을 맞추어야 할 필요가 있다. 그러므로 연구자들은 성기능장애를 가진 내담자들에게 부부 혹은 가족 치료를 통해 접근하기를 제안하는 바이다.

연구결과는 부모와의 미해결된 감정을 부부관계에 투사하는 것이 성기능장애나 성적 문제를 야기할 수 있다는 것을 보여 준다. 따라서 성적 문제를 경험하는 부부를 상담하는 치료자는 가족생활주기에 근거하여 원가족 경험과 부부관계를 살펴보아야 한다. 또한 연구결과는 원가족으로부터 전수된 역기능적인 의사소통방식이 부부갈등을 악화시키며, 부부의 성문제에 직접적으로 영향을 미칠 수 있다는 것을 보여 준다.

2) 연구의 한계점 및 제언

세 가족치료 사례의 치료자가 연구자 중 1명이라는 점에서 편견이 존재할 수 있다. 또한 세 사례 모두 동일한 상담사에 의해 치료되었기 때문에 유사한 치료적 체계가 사용되었고, 그로 인해 상담과 연구 모두에서 잠재적인 편견이 있을 수 있다. 이 연구는 편의표집 방법을 활용하였으며 성관계에 부담을 느끼는 3명의 한국 남성들의 가족치료 사례를 분석하였기 때문에, 연구결과를 성문제를 가진 사례에 일반화하기에는 상당한 무리가 있을 수 있다. 그럼에도 불구하고 연구결과는 특히 유교적인 가족문화를 가진 부부가 성관련 문제를 경험하고 있을 때 적용될 수 있을 것이다.

이후의 연구에서는 다양한 배경을 가진 내담자들을 상담하는 치료자들을 위하여 문화적 요인에 초점을 맞추기를 제안한다. 이 밖에, 성기능장애 평가도구를 활용하면 상담의 사전-사후 결과를 비교하는 데 도움이 될 것이다. 또한, 추후 연구에서는 일반화의 가능성을 높이기 위해 더 많은 연구 참여자를 포함시킬 것을 제안하는 바이다.

참고문헌

American Psychiatric Association. (2013). *Diagnostic and statistical manual of mental disorders* (5th ed.). American Psychiatric Publishing, Inc.

Apay, E. S., Ozorhan, E. Y., Arslan, S., Ozkan, H., Koc, E., & Ozbey, I. (2015). The sexual beliefs of Turkish men: Comparing the beliefs of men with and without erectile dysfunction. *Journal of Sex & Marital Therapy, 41*(6), 661-671.

Bodenmann, G., Atkins, D. C., Schar, M., & Poffet, V. (2010). The association between daily stress and sexual activity. *Journal of Family Psychology, 24*(3), 271-279.

Bodenmann, G., Ledermann, T., Blattner, D., & Galluzzo, C. (2006). Associations among everyday stress, critical life events, and sexual problems. *Journal of Nervous & Mental Disease, 194*(7), 494-501.

Borras-Valls, J. J., & Gonzalez-Correales, R. (2004). Specific aspects of erectile dysfunction in sexology. *International Journal of Impotence Research, 16*(S2), S3-S6.

Braun, V., & Clarke, V. (2006). Using thematic analysis in psychology. *Qualitative Research in Psychology, 3*(2), 77-101.

Brotto, L., Atallah, S., Johnson-Agbakwu, C., Rosenbaum, T., Abdo, C., Byers, E. S., Graham, C., Nobre, P., & Wylie, K. (2016). Psychological and interpersonal dimensions of sexual function and dysfunction. *The Journal of Sexual Medicine, 13*(4), 538-571.

Carvalho, J., & Nobre, P. (2011). Predictors of men's sexual desire: The role of psychological, cognitive-emotional, relational, and medical factors. *Journal of Sex Research, 8*(2-3), 254-262.

Chiao, J. Y. (2015). Current emotion research in cultural neuroscience. *Emotion Review, *(3), 280-293.

Dwyer, R. G., & Boyd, M. S. (2009). Sex education for male adolescent sex offenders in group setting led by general psychiatry residents: A literature review and example in ractice. *American Journal of Sexuality Education, 4*(3-4), 208-224.

Eklund, R., & Hjelm, A. (2018). "Til' I can get my satisfaction": The role of sexual assertiveness n the relationship between attachment orientation and sexual satisfaction. *Archives of Sexual Behavior, 33*(1), 55-63.

Fossey, E., Harvey, C., Mcdermott, F., & Davidson, L. (2002). Understanding and evaluating ualitative research. *Australian & New Zealand Journal of Psychiatry, 36*(6), 717-732.

Frühauf, S., Gerger, H., Schmidt, H. M., Munder, T., & Barth, J. (2013). Efficacy of psychological interventions for sexual dysfunction: A systematic review and meta-analysis. *Archives of Sexual Behavior, 42*(6), 915-933.

Geonet, M., De Sutter, P., & Zech, E. (2018). Do stressful life events impact women's sexual desire? *Sexologies, 27*(4), 196-202.

Hall, K. S., & Graham, C. A. (2012). The cultural context of sexual pleasure and problems: Psychotherapy with diverse clients. *Sexual and Relationship Therapy, 28*(3), 300-301.

Heiman, J. R., & Rowland, D. L. (1983). Affective and physiological sexual responsepatterns: The effects of instructions on sexually functional and dysfunctional men. *Journal of Psychosomatic Research, 27*(2), 105-116.

Hurlbert, D. F. (1991). The role of assertiveness in female sexuality: A comparative study between sexually assertive and sexually nonassertive women. *Journal of Sex & Marital Therapy, 17*(3), 183-190.

Jeong, S. Y., & Kim, H. J. (2017). Maintenance of marital status among middle-aged men in sexless marriages. *Family and Family Therapy, 25*(1), 89-113.

Johnson, S. D., Phelps, D. L., & Cottler, L. B. (2004). The association of sexual dysfunction and substance use among a community epidemiological sample. *Archives of Sexual Behavior, 33*(1), 55-63.

Kempeneers, P., Andrianne, R., Bauwens, S., Georis, I., Pairoux, J. F., & Blairy, S. (2013). Functional and psychological characteristics of Belgian men with premature ejaculation and their partners. *Archives of Sexual Behavior, 42*(1), 51-66.

Kerr, M. E., & Bowen, M. (1988). *Family evaluation: The role of the family as an emotional unit that governs individual behavior and development.* Penguin Books.

Kim, B.-L C., & Ryu, E. (2005). Korean families. In M. McGoldrick, J. Giordano, & N. Gracia-Preto (Eds.), *Ethnicity & family therapy (pp. 349-362)*. The Guilford Press.

Kim, G. O. (2012). Absence of men and presence of women in Sijipsali during the Korean war. *Critical Review of History, 101,* 402-433.

Kim, H. J., & Park, T. Y. (2019). The factors affecting erectile dysfunction during fertility period: Focused on the case of family therapy. *Family and Family Therapy, 27*(4), 775-791.

Kim, S. S. H. C. (2017). Korean "Han" and the Postcolonial Afterlives of "The Beauty of Sorrow". *Korean Studies, 41,* 253-279.

Kim, Y. A., & Park, T. Y. (2018). The cognition change process of a sexless couple. *Family and Family Therapy, 26*(3), 379-401.

Korea Legal Aid Center for Family Relations. (2002). Summary of counselling statistical analysis. *Family Counselling, 3,* 5-7.

Kotler, M., Cohen, H., Aizenberg, D., Matar, M., Loewenthal, U., Kaplan, Z., Miodownik, H., & Zemishlany, Z. (2000). Sexual dysfunction in male post traumatic stress disorder patients. *Psychotherapy and Psychosomatics, 69*(6), 309-315.

Laurent, S. M., & Simons, A. D. (2009). Sexual dysfunction in depression and anxiety: Conceptualizing sexual dysfunction as part of an internalizing dimension. *Clinical Psychology Review, 29*(7), 573-585.

Lawson, D. M. (2011). Integrated intergenerational couple therapy. In D. K. Carson & M. Casado-Kehoe (Eds.). *Case studies in couples therapy: Theory-based approaches* (pp. 79-91). Routledge.

Lee, J. A. (2017). Emotional disturbances and changes in the lyrics of folk song Sijipsari. *International Association of Language and Literature, 73,* 389-414.

Lee, J., Min, S. K., Kim, K. H., Kim, B., Cho, S. J., Lee, S. H., Choi, T. K., & Suh, S. Y. (2012). Differences in temperament and character dimensions of personality between patients with Hwa-byung, an anger syndrome, and patients with major depressive disorder. *Journal of Affective Disorders, 138*(1-2), 110-116.

Litzinger, S., & Gordon, K. C. (2005). Exploring relationships among communication, sexual satisfaction, and marital satisfaction. *Journal of Sex & Marital Therapy, 31*(5), 409-424.

Mastro, S., & Zimmer-Gembeck, M. J. (2015). Let's talk openly about sex: Sexual communication, self-esteem and efficacy as correlates of sexual well-being. *European*

Journal of Developmental Psychology, 12(5), 579-598.

McCabe, M. P., & Connaughton, C. (2014). Psychosocial factors associated with male sexual difficulties. *The Journal of Sex Research, 51*(1), 31-42.

Menard, A. D., & Offman, A. (2009). The interrelationships between sexual self-esteem, sexual assertiveness and sexual satisfaction. *The Canadian Journal of Human Sexuality, 18*(1-2), 35-45.

Merriam-Webster, Inc. (2020). Merriam-Webster's collegiate dictionary (11th Ed.). Springfield, Mass: Merriam-Webster, Inc.

Miles, M. B., Huberman, A. M., & Saldaña, J. (2019). *Qualitative data analysis.* Sage.

Min, S. K. (2008). Clinical correlates of Hwa-Byung and a proposal for a new anger disorder. *Psychiatry Investigation, 5,* 125-141.

Morokoff, P. J., Quina, K., Harlow, L. L., Whitmire, L., Grimley, D. M., Gibson, P. R., & Burkholder, G. J. (1997). Sexual Assertiveness Scale (SAS) for women: Development and validation. *Journal of Personality and Social Psychology, 73*(4), 790-804.

Nelson, A. L., & Purdon, C. (2011). Non-erotic thoughts, attentional focus, and sexual problems in a community sample. *Archives of Sexual Behavior, 40*(2), 395-406.

Nicolini, Y., Tramacere, A., Parmigiani, S., & Dadomo, H. (2019). Back to stir it up: Erectile dysfunction in an evolutionary, developmental, and clinical perspective. *The Journal of Sex Research, 56*(3), 378-313.

Nimbi, F. M., Tripodi, F., Rossi, R., & Simonelli, C. (2018). Expanding the analysis of psychosocial factors of sexual desire in men. *The Journal of Sexual Medicine, 15*(2), 230-244.

Nowell, L. S., Norris, J. M., White, D. E., & Moules, N. J. (2017). Thematic analysis: Striving to meet trustworthiness criteria. *International Journal of Qualitative Methods, 16*(1), 160940691773384-160940691773313.

Patton, M. Q. (2014). *Qualitative research & evaluation methods: Integrating theory andpractice.* Sage.

Park, K. R. (2011). The case of confliction in living with in-laws and the implication via conflict resolution. *The Society of Korean Oral Literature, 32,* 105-144.

Park, T. Y., Kim, H. S., & Kim, T. H. (2010). A case study on the family therapy for couples experiencing conflicts with husbands' family of origin. *Korean Association of Family*

Relations, 15(3), 43-66.

Park, T. Y., & Park, Y. J. (2019). Contributors influencing marital conflicts between a Korean husband and Japanese wife. *Contemporary Family Therapy, 41*(2), 157-167.

Peel, R., & Caltabiano, N. (2020). Why do we sabotage love? A thematic analysis of lived experiences of relationship breakdown and maintenance. *Journal of Couple & Relationship Therapy.* https:/tandfonline.com/loi/wcrt20

Piva, I., Lo Monte, G., Graziano, A., & Marci, R. (2014). A literature review on the relationship between infertility and sexual dysfunction: Does fun end with baby making? *The European Journal of Contraception & Reproductive Health Care, 19*(4), 231-237.

Rajkumar, R. P., & Kumaran, A. K. (2014). The association of anxiety with the subtypes of premature ejaculation: A chart review. *The Primary Care Companion for CNS Disorders, 16*(4).

Rajkumar, R. P., & Kumaran, A. K. (2015). Depression and anxiety in men with sexual dysfunction: A retrospective study. *Comprehensive Psychiatry, 60,* 114-118.

Randall, A. K., & Bodenmann, G. (2009). The role of stress on close relationships and marital satisfaction. *Clinical Psychology Review, 29*(2), 105-115.

Ray, W. J. (2017). *Abnormal psychology.* Sage.

Ridley, C. A., Cate, R. M., Collins, D. M., Reesing, A. L., Lucero, A. A., Gilson, M. S., & Almeida, D. M. (2006). The ebb and flow of marital lust: A relational approach. *The Journal of Sex Research, 43*(2), 144-153.

Rowland, D. L., & Kolba, T. N. (2018). The burden of sexual problems: Perceived effects on men's and women's sexual partners. *The Journal of Sex Research, 55*(2), 226-235.

Sanchez-Fuentes, M., Santos-Iglesias, P., & Sierra, J. C. (2014). A systematic review of sexual satisfaction. *International Journal of Clinical and Health Psychology, 14*(1), 67-75.

Scharff, D. E., & Scharff, J. S. (2014). An overview of psychodynamic couple therapy. In D. E., Scharff & J. S. Scharff (Eds.), *Psychoanalytic couple therapy: Foundations of theory and practice* (pp. 3-24). Karnac Books.

Simon, W., & Gagnon, J. H. (2003). *Sexual scripts: Origin, influences, and change. Qualitative Sociology, 26*(4), 491-497.

Stone, J. M., Clark, R., Sbrocco, T., & Lewis, E. L. (2009). The effects of false physiological feedback on tumescence and cognitive domains in sexually functional and dysfunctional men. *Archives of Sexual Behavior, 38*(4), 528-537.

Weeks, J. R., & Fife, S. (2014). *Couples in treatment*. Routledge.

Weeks, J. R., & Gambescia, N. (2015). Couple therapy and sexual problems. In A. S. Gurman, J. L., Lebow & D. K., Snyder (Eds.), *Clincal handbook of couple therapy* (pp. 635-656). Guilford.

Witting, K., Santtila, P., Varjonen, M., Jern, P., Johansson, A., Von Der Pahlen, B., & Sandnabba, K. (2008). Couples' sexual dysfunctions: Female sexual dysfunction, sexual distress, and compatibility with partner. *The Journal of Sexual Medicine, 5*(11), 2587-2599.

제4부

불안 · 공황 장애

제 **10** 장

애착과 애인과의 이별에 대한 사례연구*

　연구에서는 애착관계와 트라우마 경험이 미혼 성인의 애인과의 이별에 미치는 영향과 치료적 개입에 대하여 탐색하였다. 연구에서는 주제 분석 방법을 적용하여 10회기의 가족치료 사례에 대한 상담축어록, 비디오 녹화, 상담일지 등을 분석하였다. 분석결과, 애착관계 및 트라우마에 대한 내담자의 경험은 불안한 어머니, 유아기 부모의 비일관적 양육태도, 육체적·정서적 학대 및 공감해 주지 않는 부모(안전기지의 부재), 부모의 갈등 그리고 이혼으로 나타났다. 이는 내적 작동 모델의 결핍(불안정한 애착시스템의 악화), 성인기의 불안정 애착과 이별(애착패턴의 고착)로 표현되었다. 연구에서 내담자의 애착문제를 해결하기 위한 치료적 개입전략에는 안전기지의 제공, 정신화, 관계적 경험의 촉진이 나타났다.

1. 서론

　친밀한 사람과의 관계가 단절되는 관계상실 경험은 생애 과정에서 겪을 수 있는 가장 고통스러운 경험 중의 하나이며(Garimella, Weber, & Cin, 2014; Tashiro & Frazier, 2003), 이는 정신건강에 많은 위협을 줄 수 있다(Barutcu & Aydin, 2013; Slotter & Ward, 2015). 관계의 단절을 겪은 개인은 정체성의 혼란(Slotter, Gardner & Finkel, 2010)과 고통스러운 반추를 경험한다(Saffrey & Ehrenberg, 2007). 또한 이별 후에 연인 없이 스스로를 이해하고자 할 때 정서적·심리적 고통을 겪을 수 있다(Cope &

* Koh, E. K., Park, T. Y., & Park, Y. H. (2020). Attachment and romantic relationship dissolution: A case study of family therapy. *Australian and New Zealand Journal of Family Therapy*, 41(4), 393-410.

Mattingly, 2020).

　이별의 위험을 증가시키는 커플의 의사소통방식에는 공격-공격, 공격-회피, 회피-회피가 있다(Christense, 1987; Greenberg & Johnson, 1988). 복잡한 관계의 갈등을 해결하기 위하여 관계에서의 '추격자'와 '회피자'는 이러한 공격 및 회피 전략을 사용한다(Peel & Caltabiano, 2020). 또한 불안애착과 회피애착을 포함하는 불안정한 애착의 행동패턴은 연인관계의 이별로 이어질 수 있다(Peel & Caltabiano, 2020). 불안애착을 갖고 있는 사람은 거부 또는 분리의 위기를 암시하는 전조를 발견하기 위하여 자신의 관계를 관찰하고 감시하는 경향이 있다(Fraley, Waller, & Brennan, 2000; Mikulincer & Shaver, 2007). 그러므로 이들은 관계에서 갈등을 인지하고 갈등의 심각성을 증가시킬 가능성이 더 높다(Campbell, Simpson, Boldry, & Kashy, 2005). 더군다나, 회피애착은 관계의 질을 저하시키는데, 이는 회피애착 유형의 사람들은 밀착관계를 추구할 가능성이 낮고, 정서적 독립성을 추구할 가능성이 더 높기 때문이다(Stanton & Campbell, 2014).

　Park, Impett, Spielmann, Joel과 MacDonald(2020)는 친밀감의 부족과 파트너의 부정적인 평가에 대한 우려가 이별 후의 적응을 어떻게 예측하는지에 대해 연구하였는데, 연구결과 자신들의 관계를 가치 있다고 인식하지 않을수록 헤어질 가능성이 더 높아지는 것으로 나타났다. 또한, 애착불안은 이별의 가능성 및 전 파트너에 대한 정서적 애착과 관련이 있다(Fagundes, 2012; Le, Dove et al., 2010). 특히 사랑하는 연인과의 이별은 심리적 안녕감, 정서, 인지적 변화 그리고 신체적 건강에까지 부정적인 영향을 끼친다(Schmidt, Blank, Bellizzi, & Park, 2012). 이와 같은 이별은 주요 우울장애의 첫 징후를 예견할 수 있는 강력한 예측변인 중의 하나로 받아들여지는 동시에, 자살 시도와 같은 부정적인 결과들을 예측하는 지표가 되기도 한다(Donald, Dower, Correa-Velez, & Jones, 2006). 이별을 경험한 개인은 자아개념을 상실할 수 있으며(Cope & Mattingly, 2020), 무기력한 일상이 반복되고, 새로운 관계를 시작하는 것을 두렵게 하는 부정적인 시각을 발달시킬 수 있다(Lewandowski et al., 2006; Slotter, Emery, & Luchies, 2014; Slotter et al., 2010). 이별에 따른 자아개념의 혼란은 이별 후의 정서적 고통과 관련이 있는데, 이는 이별이 고통스러운 이유를 설명해 준다(Boelen & van den Houte, 2010).

　성인의 이별 경험이 삶에 미치는 영향 및 의미에 대해 고찰하는 것은 중요한 의의가 있다. 애착은 생애 초기 영아와 보호자 간의 애정적인 유대관계이다(Pepping,

Davis, & O'Donovan, 2013). Erikson(1968)은 성인 초기를 '친밀감 대 고립감'의 시기로 보아 이성과의 친밀감 형성을 다른 시기보다 강조하였다. Sternberg(1988) 또한 대부분의 성인 남녀가 다른 유형의 인간관계에 비해 연인관계를 가장 친밀한 관계로 꼽는다고 하였다. Erikson(1995)은 연인관계의 형성과 이별 과정에서 자신과 타인의 정체성을 통합하고 분화하는 것뿐만 아니라, 어린 시절에 습득한 솔직한 상호작용 패턴을 재현하는 과정을 포함한다는 것을 발견하였다. 감정 패턴과 행동 패턴 및 자신과 타인에 대한 기대를 나타내는 애착 유형은 자신과 타인을 통합하는 과정에 영향을 미친다(Mikulincer, Shaver, & Pereg, 2003). 성인기의 이별은 자신에게 의미 있는 존재의 상실과 더불어 자기의 일부까지도 상실하는 것으로, 인생의 다른 어떤 경험보다 상처나 고통을 심각하게 야기하는 사건이다(Bowlby, 1969; Furman & Buhrmester 2009). 이 밖에 성인기 초기의 연애관계 형성 및 해체는 자존감에 영향을 미칠 수 있다(Orth & Luciano, 2015).

기존의 선행연구를 살펴보는 것은 연인관계의 이별 전후에 발생하는 심리적 메커니즘을 이해하는 데 도움이 될 수 있다. 최근 이루어진 선행연구에는 이별의 예측 요인에 대한 탐색(Kato, 2016), 이별 후의 대처전략(Brewer & Abell, 2017), 이별 후의 회복에 관한 연구(Harvey & Karpinski, 2016; Sahpazi & Balamoutsou, 2015) 등이 존재한다. 또한, 선행연구에서는 이별에 영향을 미치는 요인들 사이의 직선적 관계만을 나타내고 있어(Collins & Gillath, 2012; Kato, 2016), 이별과 관련된 성인의 애착 경험과 원가족 경험을 탐구하는 질적 연구는 미비한 실정이다. 따라서 이 연구에서는 가족치료 사례를 통해 애착 경험이 내담자의 이별에 미친 영향과 그에 대한 치료개입에 대하여 살펴보고자 한다.

2. 이론적 배경

1) 애착 트라우마와 내적 작동 모델

부정적인 자아개념과 불안정애착으로 인해 건강하지 못 한 개인적 특성을 갖고 있는 사람은 타인과의 관계에도 부정적인 영향을 받을 수 있다(Peel, Caltabiano, Buckby, & McBain, 2019). 또한 자신의 대인관계를 파괴하는 방식으로 스스로를 보호하려고 노력하는 사람들은 관계에서 실패하고 자신들의 불안한 신념을 재경험하는 악순환에 갇히게 된다. 이별을 겪는 사람은 상심하고 상처를 받으며(Peel & Caltabiano, 2020), 관계에 대한 두려움을 경험할 수 있는데, 이는 성공적인 관계를 유지하는 데 큰 타격을 줄 수 있다(Downey & Feldman, 1996; Downey, Freitas, Miachelis, & Khouri, 1998). Adam 등(1996)은 '애착 트라우마'라는 용어를 설명하면서, 자살을 시도하는 청소년이 애착 대상과 관련된 관계 외상을 경험할 가능성이 더 높다고 보고하였다. 애착 트라우마는 부모 또는 주 양육자와의 무너진 관계와 관련이 있으며 심리적 장애로 이어질 수 있는 등 삶에 지속적인 영향을 미친다(Allen, 2018). 손상된 애착은 사람들이 애착 대상을 상실했을 때 더 깊은 심리적 상처를 받게 하며 더 오랜 기간 동안 불안에 노출되게 하는 악순환을 일으킨다.

애착 트라우마의 개념은 어린 시절 애착문제가 종종 만성적으로 이어진다는 것을 강조한다. 신체적 · 성적 · 심리적 학대 그리고 신체적 · 심리적 방임 등의 행동이 애착 트라우마에 영향을 미친다(Allen, 2018). 어린 시절 애착 트라우마를 겪은 성인은 신체화와 해리(Herman, 1992), 정서 조절문제, 혼란애착, 자기 및 타인에 대한 공격적 행동, 자기 파괴적 행동, 자기비하, 자해행동을 보일 가능성이 높다(Van der Kolk, 2005). 또한, 애착 트라우마는 어린 시절의 학업 성취, 경제활동, 데이트, 결혼과 육아 등 삶의 다양한 분야에서의 기능적 손상을 초래한다(Cloitre, Miranda, Stovall-McClough, & Han, 2005). 일반적으로 애착 트라우마는 부모-자녀 관계에서 서서히 발생하며(Gobin & Freyd, 2009), 시간이 지남에 따라 자녀에게 해를 입히지만 그 심각성이 쉽게 드러나지는 않는다(Lyons-Ruth, Dutra, Schuder, & Bianchi, 2006).

애착이론에 따르면 인간은 영유아 시기에 생존율을 높이는 방식으로 행동하는 경향이 있는데, 이는 인간의 영유아기가 상당히 길어서 성인의 보호 없이는 생존할 수 없기 때문이다(Goldberg, 2014). 애착이론은 양육자를 실질적인 안전과 심리적 안정을 제공하는 사람으로 본다. 따라서 유아는 양육자와 신체적으로 가까운 상태를 유지하려 하며, 보호를 유발하고 보호자의 관심을 끌기 위해 특정한 방식으로 행동하는 경향이 있다(Main, Hesse, & Kaplan, 2005). 이 과정에서 양육자와의 반복적인 상호작용에 대한 유아의 경험은 내부에 저장되고 축적되며, 이는 사람이 세상을 이해하는 틀이 된다. 양육자가 유아의 안전을 보장하는 대상이기 때문에, 애착 대상에게 수용되었는지 여부는 매우 중요한 요인이다(Wallin, 2007).

Bowlby(1988)는 치료자의 다섯 가지 역할을 다음과 같이 설명했다. 첫째, 내담자에게 안전기지를 제공한다. 둘째, 내담자가 삶의 중요한 인물과 관련된 패턴을 탐색할 수 있도록 돕는다. 셋째, 내담자가 그들을 향한 애착 대상의 감정과 행동을 어떻게 인지하고 해석하며 기대하는지 이해하도록 돕는다. 넷째, 아동기 사건들의 결과로 어떻게 현재 내담자의 감정 및 행동과 관련한 인식과 기대가 만들어질 수 있었는지에 대해 생각하도록 독려한다. 다섯째, 내담자가 자신과 타인의 이미지(모델)가 현재와 미래의 삶에 적응적이거나 적응적이지 않을 수도 있다는 것을 깨닫도록 독려한다.

Bowlby는 초기 경험의 애착패턴을 내적 작동 모델이라고 정의하였으며(Fall & Shankland, 2020), Armsden와 Greenberg(1987)는 이 개념에 대해 다음과 같이 설명하였다. "애착 대상의 내적 작동 모델은 애착 대상으로부터의 접근과 수용에 대한 신뢰 경험 또는 애착 대상의 무반응 및 비일관적인 분노와 절망 경험에 대하여 정서적/인지적으로 평가하여 활용할 수 있다"(p. 431). 아동은 상호작용 경험에서 반복되는 패턴을 통해 자신과 타인에 대한 일련의 내적 작동 모델을 구축한다(Holmes, 2015).

2) 애착 중심 가족치료

Hughes(2007)에 따르면, 애착 중심의 가족치료의 핵심 개념 및 치료적 목표는 안전 애착과 상호주관성 그리고 일관된 자서전적 이야기를 구성할 수 있도록 안전기지와 안식처를 제공하는 것이다. 가족구성원의 이야기는 가족의 맥락 속에서 만들어지는 상호주관적 경험을 공유하면서 점차적으로 상당 부분 일관되게 변화한다(Hughes, 2007). 가족치료사의 역할은 내담자에게 안전기지를 제공하고, 분노와 실망을 표현하고 다루도록 돕고, 내담자와 가족의 통합을 촉진하는 것이다(Holmes, 1993).

3. 연구 방법

1) 연구질문

사례연구에서는 애착과 관련된 문헌 및 정신화 개념(Fonagy & Bateman, 2006)을 활용하여 다음과 같은 연구질문을 제시하였다.

첫째, 내담자의 이별에 영향을 미친 애착 경험은 무엇인가?

둘째, 치료자의 개입기법은 무엇인가?

2) 사례개요

내담자는 대기업에 다니는 31세의 미혼 남성으로서, 중학생 때 부모가 이혼하여 아버지와 누나와 함께 살았다. 누나는 결혼하여 분가하였고, 현재는 내담자 혼자 살고 있다. 내담자는 최근 여자 친구와 6개월 동안 연애를 하였는데, 여자 친구는 내담자의 과도한 집착과 통제로 인하여 이별을 통보하였다. 여자 친구와 헤어진 후에 내담자는 극도의 불안과 함께 자신이 결혼할 수 없을 것 같다는 두려움을 호소하였다. 내담자는 이별 후 6개월 이상 술, 폭식, 포르노에 의존하고 있었다.

내담자의 어머니는 친정어머니에 대한 애착이 없었고, 원가족에서 기능적인 의사소통방식을 전혀 배우지 못했다. 내담자의 어머니는 내담자의 누나를 임신했을 때 시댁으로부터 받은 스트레스로 인해 극심한 불안과 우울증을 경험하였다. 어머니의 불안으로 내담자는 양육자로부터 과잉보호와 무관심, 학대와 방임을 모두 경험하였으며, 내담자와 누나는 모두 높은 불안과 낮은 자존감을 갖고 있었다. 내담자의 어머니는 4명의 형제들이 사망한 것으로 인해 높은 불안을 가지고 있었는데, 특히 내담자가 천식으로 숨을 잘 쉬지 못하자 그가 죽을까 봐 극도로 불안해했다. 어머니는 내담자를 폭행하는 것으로 자신의 불안을 다스렸고, 이에 내담자는 쉽게 산만해졌다. 내담자는 어렸을 때 어머니에게 짜증을 내서 어머니를 힘들게 했는데, 이는 내담자의 불안 및 회피 애착을 나타낸다. 어머니 또한 자신의 불안 및 회피 애착을 다른 사람에게 화를 내는 것으로 표현하였다. 어머니는 내담자가 매일 술을 마시거나 정신적으로 약한 모습을 보일 때마다 잔소리를 하였는데, 이는 내담자의 모습에서 전남편과 시아버지를 떠올렸기 때문이었다. 내담자와 아버지는 모두 알코올중독자였다. 내담자의 아버지는 집에서 술을 마시면서 스스로를 패배자라고 부르며 자기연민을 느끼곤 했다. 내담자 또한 술을 마시고 친구들에게 하소연을 하곤 했는데, 친구들 중 다수가 결국 그런 내담자와 관계를 끊어 버렸다. 내담자는 여자 친구와 헤어진 후 아무도 자신과 사귀거나 결혼하지 않을 것이라는 부정적인 믿음을 갖게 되었다. 내담자의 어머니와 누나는 내담자가 술에 많이 의존하고, 무기력하고 압도되는 것을 보고 불안감을 느꼈다. 이런 상황에서 내담자, 어머니, 누나는 모두 불안애착을 나타냈다. 어머니는 자신이 남편과 시댁문제로 너무 힘들어 내담자와 딸을 제대로 돌보지 못하여 자녀들이 불안해했다고 하였다. 한편, 가족구성원들은 과도하게 밀착되어 있었다. 내담자의 아버지는 항상 내담자와 누나를 비교하면서, 누나를 신뢰하고 내담자는 신뢰하지 않았다. 부모 모두 내담자를 신뢰하지 않았으며, 내담자의 의지가 약하고 쉽게 산만해진다고 여겼다.

상담은 2015년 7월에서 10월까지 진행되었다. 치료자는 가족치료자이자 가족치료 슈퍼바이저로 26년의 임상경험을 갖고 있으며 대상관계이론(애착이론)과 MRI 의사소통이론 사용하였다. 치료자는 숭실대학교 사회복지학과에서 가족치료를 가르치고 있으며, 가족치료사들에게 슈퍼비전을 제공하고 있다. 각 회기별 상담은 1~4회기는 내담자, 5~6회기는 누나, 7~8회기는 어머니, 9회기는 내담자와 누나, 10회기는 내담자, 어머니와 누나를 대상으로 진행하였다.

3) 애착 중심 가족치료의 적용

치료자는 내담자와 개인상담을 4회기 동안 하여 애착 중심의 가족치료 모델을 기반으로 애착문제를 이해하기 위해 내담자와 부모의 관계로 인해 형성된 내담자의 내적 작동 모델과 영유아기, 아동기, 청소년기의 중요한 사건을 탐색하였다. 치료자는 어머니와 누나와의 개별상담을 통하여 각각 2회기 동안 부모의 부부관계 및 가족관계를 탐색하였다. 또한 가족구성원 3명의 개별상담 회기를 통해 내담자의 내적 작동 모델에 영향을 미치는 사건과 요인을 탐색하였다. 한편, 치료자는 가족구성원들이 체계적인 시각을 갖도록 함으로써, 내담자의 문제가 가족관계 및 가족의 의사소통 패턴과 관계가 있음을 이해할 수 있도록 도왔다. 각 가족구성원과 개인상담을 마친 후 치료사는 가족상담을 진행하였다. 한 회기의 가족상담에는 내담자와 누나가 참여하였으며, 다른 회기의 가족상담에는 내담자, 누나, 어머니가 참여하였다.

4) 분석 방법 및 연구의 신뢰성

치료자는 편견을 배제하기 위하여 분석에 참여하지 않았으며 분석 후 글쓰기 과정에만 참여하였다. 분석자료로 상담기록, 영상녹화, 상담일지를 활용하였다. 연구자들은 내담자의 이별과 애착 트라우마 사건에 영향을 미치는 애착관계의 경험과 치료적 개입을 탐색하고자 치료자료로부터 확인 · 묘사하고, 암묵적이고 명시적인 아이디어를 분석하는 주제 분석 방법을 사용하였다(Braun & Clarke, 2006; Guest, MacQueen, & Namey, 2012; Nowell, Norris, White, & Moules, 2017; Peel & Caltabiano, 2020). 주제 분석의 단계에는 자료의 친숙화, 초기코드 생성, 주제 탐색, 주제 검토, 주제에 대한 정의 및 명명, 보고서 작성이 포함된다(Braun & Clarke, 2006; Peel & Caltabiano, 2020). 이 분석 방법은 데이터를 반복적으로 읽고 관련 데이터를 텍스트화하고 분석하여 패턴 또는 패턴주제를 도출한다.

분석 과정의 신뢰도와 타당도를 높이기 위하여, 연구자들은 코딩을 공유함으로써 초기 코딩을 검토하고 상위 주제와 하위 주제를 도출하였다(Fossey, Harvey, Mcdermott, & Davidson, 2002). 이 과정에서 2명의 공동 연구자는 독립적으로 코드를 도출하였으며, 이후 합의에 도달할 때까지 코드의 차이점에 대해 논의하였다. 분석의 내적 일관성을 보장하기 위하여, 연구자들은 주제와의 관련성을 기반으로 연구자료를 분류하고, 분석된 데이터를 보다 일반적이고 적응적인 언어로 변환시켰다. 또한 연구의 신뢰도를 높이기 위해 질적 연구를 실시하는 연구자와 박사과정생들의 의견을 반복적으로 청취함으로써 연구자의 삼각화를 실시하였다.

5) 연구의 윤리적 고려

(1) 인간 대상 연구

치료자는 내담자 가족에게 치료자료가 연구 이외의 목적으로 사용되지 않으며 익명성이 보장된다는 점을 사전에 고지하였다. 따라서 내담자의 비밀 유지를 위해 인적 정보를 삭제하였으며, 내담자와 가족으로부터 연구결과에 대한 사전 확인을 받았다.

(2) 고지된 동의와 윤리적 승인

윤리적 책임을 고려하여 치료자는 내담자와 어머니, 누나로부터 자신의 치료사례를 연구에 사용하는 것에 대한 사전 구두동의를 받았다.

4. 연구결과

연구결과에 따르면 내담자의 애착 경험과 애착 트라우마 사건을 분석한 결과, (1) 유아기-내적 작동 모델의 형성, (2) 유년기-안전기지의 부재, (3) 청소년기-불안정한 애착체계의 악화, (4) 성인기-애착패턴의 고착이 나타났다.

1) 애착경험과 애착 트라우마 사건

(1) 유아기-내적 작동 모델의 형성

① 불안한 어머니

내담자의 어머니는 내담자를 임신했을 때부터 불안을 경험하였다. 내담자가 어렸을 때 내담자의 아버지가 해외에서 근무를 했기 때문에 어머니는 자녀들을 혼자 키워야 했다. 어머니는 시댁 식구들과의 갈등으로 높은 수준의 우울, 불안, 무기력, 스트레스를 겪었다. 어머니는 "매일 울었어요. 제가 하는 일은 아이들을 키우는 것밖에 없었어요. 그냥 하루하루 간신히 버텨낸 것 같아요."라며 과거를 회상했고, 이와 같은 극심한 우울 증상을 경험할 때마다 자녀들을 방치했다. 내담자의 정서적 취약성은 이러한 어머니의 차가움 및 무관심과 관계가 있었다. 내담자에게 무관심하고 비일관적인 태도를 보였던 어머니는 아버지가 해외에서 돌아온 이후에는 내담자에게 더 무관심하게 되었다. 내담자에게 아버지는 어머니를 뺏어 가는 존재였다. 내담자는 폭력적인 아버지와 무관심하거나 극단적인 어머니로부터 비일관적인 양육환경에 노출되어 있었다.

양육자로부터의 비난과 학대의 내면화는 더 깊은 자기비난으로 이어진다. 그 결과, 개인은 자신이 완벽하게 행동했어야 한다는 신념을 내면화하여 완전한 자제력을 키우려는 경향을 보인다. 또한 비일관적인 양육을 받은 자녀는 어렸을 때 극심한 불안을 경험하고, 자신이 사랑스럽지 않거나 쓸모없다는 내적 작용 모델을 형성하는 경향이 있다(Bowlby, 1977). '내적 작동 모델'은 자녀와 양육자 사이의 반복되는 상호작용 과정을 기반으로 유아가 발달시키는 인지적 도식을 의미한다(Bowlby, 1977). 내담자는 유아기에 형성한 불안정애착의 패턴과 부정적인 내적 작동 모델을 성인기의 애착 대상에게 전이시켰다. 결과적으로 그는 성인기에 관계적인 문제를 일으킬 높은 위험성을 갖게 되었다.

> 어머니: 아이를 임신했을 때 매일 눈물이 나고 죽고 싶었어요. 아이들이 부정적 영향을 받은 것 같
> 아요. 너무 힘들고 불안해서 아이들을 제대로 돌볼 수가 없었어요.

> 내담자: 어머니와의 분리에 대한 불안감이 심했고 어머니와 떨어져 있을 때마다 많이 울었다는 얘
> 기를 들었어요. 아버지는 제가 고집이 세다고 저를 좋아하지 않으셨어요. 아버지는 저한테
> 화를 내시며 그만 울라고 했어요.

(2) 유년기-안전기지의 부재

① 신체적 · 정서적 학대

내담자의 아버지는 가족구성원들을 신체적 · 언어적으로 학대했다. 한편, 내담자의
어머니는 시부모 및 남편과의 갈등으로 인한 스트레스와 불안을 해소하기 위해 자녀
들과 불안애착을 형성하였다. 어머니는 정서적으로 불안정했고, 스스로의 감정을 통
제할 수 없었으며, 내담자가 남편과 유사한 모습을 보일 때 내담자를 묶어 놓고 폭행
했다. 이와 같이 유년기 시절 신체적 · 정서적 학대를 경험한 내담자에게는 안전기지
가 부재했다고 볼 수 있다.

> 내담자: 어렸을 때부터 부모님 관계가 좋지 않았어요. 행복하다는 생각을 하지 못했어요. 어머니는
> 극도로 불안해 하셨고, 어머니의 말은 저를 불안하게 했어요.

> 내담자: 아버지는 나를 방에 가두어 놓고 공부하라고 강요했어요. 아버지의 기대에 미치지 못하면
> 때리고 한숨을 쉬셨어요. 저는 매우 불안했죠. 아버지는 집에 돌아오면 술을 마시고 안방 문
> 을 세게 닫으셨어요.

> 어머니: 아들이 다섯 살 때 전남편이 아들을 많이 혼냈죠. 아들은 아빠에게 혼나면 저한테 더 안겼
> 어요.

② 공감해 주지 못하는 부모

내담자의 불안정한 양육환경은 내담자의 의사소통방식에 영향을 미쳤다. 어머니는
잔소리가 심하고, 일방적이고, 감정을 배려해 주지 않는 의사소통방식을 사용하였다.

부모 모두 내담자의 감정을 지지하거나 공감해 주지 못했다.

> 내담자: 어렸을 때 엄마가 제가 원하는 것을 이해해 주지 않아 좌절감을 느꼈어요. 나는 항상 어머
> 니가 내가 무엇을 하기를 원하는지 혼란스러웠어요. 우리는 서로 직접적으로 표현하지 않았
> 고, 누나를 통해 의견을 전달했어요. 저도 종종 부모님이 다투실 때 중간에 껴 있었어요.

(3) 청소년기-불안정한 애착체계의 악화

① 부모의 갈등과 이혼

내담자의 부모는 내담자가 중학교 때 이혼했는데, 이혼하기 전까지 그들은 끊임없이 부부싸움을 하였다.

> 내담자: 이혼할 때까지 매일 마찰이 있었고……. 부모님이 항상 나 때문에 싸웠다고 하셔서 죄책감
> 을 느꼈어요. 부모님이 이혼했을 때 심각한 역류성 식도염에 시달렸어요. 정말 죽고 싶었어
> 요. 우리 엄마는 나를 버렸고 그 이후로 나는 혼자서 야생에서 살아남아야 했어요.

② 내적 작동 모델을 바꿀 수 있는 기회의 부재

반복되는 애착 트라우마 경험들이 내담자의 불안정한 애착체계를 강화시키는 동시에, 부모와의 다양한 부정적인 경험은 내담자로 하여금 관계에 대한 두려움을 갖게 하였다. 애착관계에 의해 형성된 내적 작동 모델은 고정된 것이 아니라 중요한 삶의 사건과 관계적 경험을 통해 지속적으로 변화한다(Delius, Bovenschen, & Spangler, 2008; Fraley & Roisman, 2018). 그렇지만 내담자는 애착관계에 긍정적인 변화를 가져올 수 있는 관계 경험이나 삶의 사건의 경험이 부재했다. 내담자는 청소년 시기에 학교에서 긍정적인 친구관계를 맺지 못하였고, 고등학교 시기에는 학교에서 괴롭힘을 당했다.

(4) 성인기-애착패턴의 고착

① 불안한 애착으로 인한 관계의 해체

앞서 언급했듯이, 어린 시절 형성된 내담자의 부정적인 내적 작동 모델은 성인기에도 이어졌으며 내담자의 대인관계에 영향을 미쳤다. 내담자는 성인이 된 후에도 연

애관계에서 불안정애착을 나타냈다. 내담자는 이성관계에서 지나치게 밀착된 관계를 추구하였고, 관계를 위태롭게 하는 사소한 일에도 민감하게 반응하였다. 한편, 그는 애인에게 자신의 감정을 표현하는 것을 두려워하였다. 내담자는 집착하고, 분노하고, 분노를 삭이고, 감정을 폭발하는 과정을 반복하였다. 내담자는 결정적으로 자신이 필요로 하는 순간에 애인이 곁에 있지 않으면 이별을 결심하였다. 내담자는 자신의 이별을 내면화된 과거의 관계의 틀을 통해 바라보았으며, 이별 후에는 부정적인 감정의 늪에 빠지게 되었다. 과거 내담자의 삶에서 고통을 주었던 다양한 상실감은 현재의 경험에 의해 다시 활성화되었다. 이별에 대한 그의 과도한 불안감은 내담자를 더욱 무기력하게 만들었는데, 이는 특히 그의 어머니와의 불안정한 애착으로 인한 것이었다.

> 내담자: 저는 여자 친구를 계속 보는데 그 애는 저를 안 보는 것 같고, 저는 그 애한테 즉각 반응하는데 여자 친구는 제가 20, 30번 전화해도 안 받을 때가 있어요. 저는 그럴 때 엄청 불안하거든요. 참다 참다가 결국 폭발하고 나서 헤어져요. 이번 여자 친구도 되게 좋아했는데, 6개월 만에 헤어졌어요. 불안해서 못 견디겠다 헤어지자고……. 패턴이 똑같았어요. 서로 연락이 안 되는 상황에서 그 친구는 전혀 불안해하지 않는데 저는 그 불안을 못 견디겠더라고요. 여자 친구가 옆에 있지 않을 때 너무 힘들어요. 여자 친구가 옆에 있고, 누군가 옆에 있어서 안정이 됐다 싶을 때는 에너지도 넘치고 공부도 하고 운동하고 그러는데 이제 내 옆에 아무도 없다 싶을 때는 막 먹기만 하고 확 무너져요.

내담자에게 있어서 애인과 헤어지는 것은 자신의 유아기에 애착 대상과의 관계와 그에 따른 감정을 재경험하는 것으로 볼 수 있다.

2) 치료적 개입

마지막 연인과 헤어진 후 내담자는 6개월 이상 알코올, 포르노, 폭식에 의존하고 중독된 상태로 지냈다. 반복된 이별의 이유를 알지 못한 채 내담자는 대인관계를 포기하고 자기 파괴적인 삶을 지속해 왔다. 치료자는 이별 후 어려움을 극복하고자 하는 막연한 욕구를 가진 내담자를 위해 애착이론에 기반한 개입을 실시하였다.

(1) 새로운 안전기지 제공

상담의 치료목표는 내담자로 하여금 치료자가 불신, 분노, 죄책감, 슬픔과 같은 자신의 감정을 충분히 이해할 것이라는 믿음을 가짐으로써, 자신의 상실감에 대해 논의하고 회상할 수 있도록 돕는 것이었다. 치료자는 내담자가 자신의 의지에 따라 치료관계를 유지하거나 종료할 수 있다는 것을 고지함으로써 안아 주는(holding) 환경을 제공하려고 시도하였다.

> 내담자: 옆에 아무도 없어서 외롭다는 느낌을 어떻게 표현해야 할지……. 제가 힘들 때 누군가가 옆에서 보듬는 말 한마디만 해 주어도 훨씬 덜 불안해요. 하지만 감옥에 있는 것 같아요. 이야기를 하고 싶은데 이야기할 곳이 아무 데도 없어요. 친구들은 네가 뭐가 힘드냐는 식으로 말하고, 탈출구가 여자 친구밖에 없다고 생각했어요. 하지만 상담을 받으러 오면 편안하게 얘기할 수 있어요. 저는 제 외로움을 이해하는 사람이 없다고 생각했었는데, 여기에서는 제가 겪은 어려움을 이야기하는 것이 안전하다고 느껴져요. 처음 상담을 시작할 때는 매일 술을 마셨는데 지금은 술을 마시지 않고 올 수 있어요. 무슨 이유인지는 모르겠는데 상담을 시작한 이후로 불안한 감정이 거의 사라졌어요.

어머니와 누나는 내담자의 문제가 부모의 결혼관계와 부모-자녀와의 갈등에서 비롯되었음을 인식하였다. 그 후, 어머니와 누나는 내담자와 진술한 대화를 나눔으로써 내담자에게 안전기지를 제공할 수 있었다.

> 어머니: 내가 아들에게 마음을 연 후로 아들도 마음의 문을 열기 시작했어요. 이제야 내 아들을 알게 된 느낌이 들어요.

> 내담자: 지난주에는 술을 한 번도 안 마셨어요. 이번 주 월요일에 출근할 때에는 불안감이 덜했어요. 심지어 아침에 한 시간 동안 공부와 운동도 했어요. 저는 원래 항상 좌절했었는데, 왠지 모르게 더 이상은 좌절하지 않게 되었어요.

(2) 정신화

정신화(mentalizing)는 자신의 심리 상태에 대해 명시적으로 생각하는 능력을 의미한다(Fonagy & Bateman, 2006). Bateman과 Fonagy(2004)에 의하면, 내담자가 치료자와의 공감적 조율을 통해 이해되는 경험은 내담자가 더 넓은 사회적 경험으로 욕구를 확장시키는 데 도움을 줄 수 있다. 이 연구에서는 치료자가 사용한 정신화의 세부사항으로 정서적 통찰, 행동과 경험이 정서와 연결되어 있다는 것에 대한 깨달음을 통한 정서의 명료화, 정서적인 표현기술 그리고 정서 통제기술을 포함하였다. 이 과정에서 치료자는 현실과 연결되기 어려운 무의식적인 심리상태보다는 내담자의 현재 심리상태에 초점을 맞추었다. 개인상담과 가족상담을 통해 내담자는 불안이 자신의 관계가 깨어짐으로 인해 발생되었다는 것을 더 명확하게 인식하고 수용할 수 있게 되었다. 내담자는 불안에 대한 인식과 애착과 이별에 대한 이해를 점진적으로 확장시켰다. 그는 스트레스 상황에서 안정감을 얻기 위한 대처방식으로 애인들과 밀착하려 했다는 것을 깨닫게 되었다. 또한 이러한 대처전략이 결국 내담자의 연인관계에서 이별을 가져왔다는 것을 인식하였다. 치료자는 결과적으로 내담자가 왜곡된 전략을 통하여 극복하려고 시도했던, 그리고 궁극적으로 그의 성인기 애착유형을 공고히 했던 자신의 불안을 인식하도록 도왔다.

> 내담자: 제가 남들보다 외로움을 더 느끼고 불안하다는 걸 일단 인정을 해야 하는 거죠? 나는 왜 이런 걸까 생각하면서 인정하지 못하고 있었거든요. 그래서 더 불안했고.
> 치료자: 그렇죠. 인정하는 것이 건강한 거죠. 여자 친구와 헤어지기로 결정했을 때, 그분에 대해 좋지 않은 감정을 어떻게 표현하였는지 예를 들어 달라고 했어요. 이 질문을 드린 건, 여자 친구와 갈등이 발생했을 때 느껴지는 감정이 부모님과의 경험과 어떻게 연관되는지를 깨닫게 해 드리려고 했던 거였어요. 부모님으로부터 효과적인 표현방식을 배우지 못했기 때문에 힘들 때 자신의 감정을 솔직하게 표현하는 것이 어려울 수 있어요. 또한 선생님의 어머니가 인내심이 없고 무뚝뚝한 것에 대해 경솔하다고 생각하셨기 때문에, 선생님은 자신에게 어머니와 같아서는 안 된다는 금지령을 내렸어요. 이 금지령은 심지어 선생님이 원할 때조차 자신의 감정을 명확하게 표현하는 것을 막아 버립니다. 저는 선생님이 감정을 표현하고 나서 죄책감을 느끼지 않고 감정을 솔직하게 표현하는 것에 우선순위를 두었으면 좋겠어요.

(3) 새로운 관계 경험의 촉진

치료자는 내담자가 자신의 감정을 받아들이고 유연하게 대응함으로써 기존의 관계 패턴을 극복하고 새로운 감정과 대인관계를 경험할 수 있도록 촉진하였다. 이러한 방식은 치료적 관계를 활용하여 타인과의 관계 변화를 유도함으로써 내담자의 내적 작동 모델을 수정하도록 돕기 위한 것이었다. 치료의 종결 단계에서 내담자는 처음으로 아버지와 진솔한 대화를 나누게 되었다.

> 내담자: 아버지와 함께 제가 겪고 있는 어려움에 대해 많은 이야기를 했어요. 내가 얼마나 외로운지, 그리고 포르노에 중독되어 있다는 것도 말했어요. 아버지와 이야기할 때 처음으로 편안함을 느꼈어요. 아버지도 저에게 공감하고 인정해 주셨어요. 아버지는 "우리(부모)가 너의 외로움과 힘든 것에 책임이 있다. 가족이 네가 힘든 것을 이해했어야 했는데 우리의 역할이 부족했다. 그래서 네가 힘들었겠다. 그건 네가 잘못한 것이 아니다."라고 말했어요. 예상치 못했던 말이에요. 정말 공감을 많이 해 줬어요.

> 치료자: 내가 아빠라면 내 아들이 나를 믿고 자신의 어려움에 대해 말해 줘서 고맙다고 생각했을 거예요. 아버지에게 말한 것 때문에 아버지가 마음 상하실 것은 염려하지 않으셔도 돼요.

> 내담자: 네. 저를 포옹해 주겠다고 이야기했어요.

> 내담자: 아버지와 이야기하면서 취했어요. 자책감과 답답한 감정이 있었지만 아버지가 "네가 그렇게 느끼는 이유를 이해한다."라고 말해 줬을 때 정말 이해받는 느낌을 받았어요. 그리고 누나가 나를 돌봐 준다고 느껴질 때 덜 외로웠어요. 누군가가 내 마음을 알아주고……. 나 혼자 잘못해서 일어난 것이 아니라……. 어머니, 아버지, 누나 또한 나처럼 외로웠다는 것을 알게 되었어요.

내담자, 어머니, 누나가 참여한 상담회기에서 치료자는 가족구성원들이 내담자가 경험했던 과거의 사건들에 대한 생각을 공유하도록 격려함으로써, 내담자가 과거에 대한 새로운 관점을 가질 수 있도록 도왔다. 또한 치료자는 가족구성원들이 새로운 의사소통방식을 사용할 수 있도록 촉진하기 위하여 그들의 대화를 중재했다.

> 치료자: 선생님께서는 어머니, 누나 그리고 선생님의 대화에서 약간의 변화를 발견하셨어요. 어머니와의 상담에서 (어머니에 대한) 감정이 덜 힘들다고 느껴지지 않으셨나요? 긴장한 관계가 느슨해지죠. 이러한 새로운 관계패턴이 다른 대인관계에서도 적용될 수 있어요. 쉽지 않지만 계속되는 연습을 통해 연애관계를 끝내는 것과는 다른 방식으로 연애 위기에 대처할 수 있게 되죠.

내담자: 어머니는 내가 무언가에 대해 이야기할 때 해결책을 제시하려고 해요. 나는 어머니의 말을 거부했어요. 왜냐하면 감정이 느껴지지 않았기 때문이에요. 나를 전혀 이해하려고 하지도 않는 것처럼 보였어요. (어머니는) 해결책을 제시해야 한다고 생각하시는 것 같아요. 이야기할 때 생각나는 대로 해결책을 내뱉어요.

누나: 어머니는 저에게 공감하는 대신, 제가 하는 말에 대해 이상한 결론을 내려요. 어머니는 누구와도 긴 대화를 나눌 수 없어요. 절대 공감하지 않아요. 반면에 아버지는 다른 사람을 즐겁게 하시려고 간접적으로 표현하셨어요. 별로 칭찬할 만한 것이 아닌 것에도 지나치게 칭찬하시고, 그러고 나서 상대방이 자리에 없을 때에 "그 사람 진짜 자기가 칭찬받을 만하다고 생각하나 봐!"라고 얘기해요. 엄마는 아빠의 그런 이중성을 싫어하셨어요. 어머니는 단순하고 거짓말을 할 줄 몰라요.

어머니: 남편은 내가 자기를 좌절시킨다고 이야기했어요. 내가 맞는 말을 해도 따르기 힘들다고 해요. 왜 좌절했는지 이해하지 못했는데 이제야 이해하기 시작한 것 같아요. 또한 아이들에게 공감해 주지 못한 것도 알게 되었어요. 그들이 걱정거리를 이야기하면 공감하기보다도 더 걱정하고 그것을 표현했어요. 유머도 하고 얼굴도 두꺼워져야 할 것 같아요. 제가 그동안 잘못한 것 같아요.

치료자: 저는 어머님이 잘못했다고 생각하지 않아요. 다만 남편과의 의사소통방식이 효과가 없었을 뿐이죠. 문제는 아들로부터 남편의 모습을 본다는 것이에요.

어머니: 맞아요. 둘이 비슷해요. 공감해 줄 수 없었어요.

치료자: 그런 방법을 모르셨죠. 친정어머니에게 받아들여지지 못하셨어요. 그리고 차갑고 냉정한 어머니로부터 공감하는 대화를 할 기회가 전혀 없으셨어요.

어머니: 맞아요. 어머니에게 받아들여지지 않았어요. 대화하는 방법을 배우지 못했고, 제가 너무 융통성이 없었죠.

치료자: 어머니의 말씀을 들으면서 어머니를 더 잘 이해할 수 있으셨나요?

내담자: 이해했지만 어떻게 해야 할지 몰라서 회피했어요. 적어도 이 상담이 우리가 새로운 의사소통방식이 필요하다는 것을 깨닫게 하는 데 도움이 되어 기뻐요. 어머니가 (의사소통방식을 바꿔야 할 필요성을) 깨닫게 되면 노력하실 거라고 믿어요. 그리고 저도 어머니와 잘 지내기 위해서 노력하고 있어요.

내담자: 이번 주에 어머니에게 내가 평안한 기분이 어땠는지 어머니에게 설명하고 있었는데 내 말을 자르셔서 "엄마, 말 자르지 말고 들어 주세요."라고 말헸지만 여전히 내 말을 잘라 버렸어

요. 그 순간 기분이 상하고 더 이상 말하고 싶지 않았어요. 대화를 하고 싶었는데, 미안한 감정이 들고 어머니를 불편하게 만들었다는 것을 깨달았어요. 쉽지는 않을 것 같지만 이런 것들을 알게 되면 점점 변할 것 같아요.

내담자: 어머니가 노력한다는 것을 느낄 수 있어요. 며칠 전에 월세에 대해 물어봤을 때, 이전과는 완전히 다른 반응을 보이셨어요. 어머니가 좀 더 마음을 쓰시고, 잠시 멈췄다가 반응하는 노력을 한다고 느껴져요.

어머니: 일부러 시도한 게 아니고 그냥 한 거야.

누나: 하하, 어머니가 익숙해졌다고 생각해요. 동생이 감동받았어요.

치료자: 오늘 어머니와 이야기할 때 차이가 있었나요?

내담자: 어머니가 대화를 끊지 않으려고 의식적으로 노력하시는 것 같아요. 그래서 오늘은 어머니에게 실망하지 않았어요.

누나: 힘들어서 몸부림칠 때 상처를 핥아 주는 사람이 있었으면 그렇게 불안해하지 않았을 텐데, 우리가 널 그렇게 해 주지 못했어. 소통이 잘 되면 마음이 편해질 것 같아요.

5. 논의

이 장에서는 애인과의 이별 후 문제를 겪고 있는 내담자의 애착관계 경험과 치료방법에 대해 탐색하였다. 연구에서 내담자가 유아기 시절부터 어머니와 불안정한 애착을 형성하였고, 그 후의 삶의 과정에서 불안정한 애착관계를 영속화시키는 사건과 환경 속에 지속적으로 노출되었다는 것을 발견하였다. 이 과정에서 내담자의 부정적인 내적 작동 모델이 강화되었고, 불안정한 성인 애착유형으로 굳어지면서 반복되는 이별과 극심한 이별 후 불안으로 이어졌다. 치료자는 안전기지의 제공, 정신화, 새로운 관계적 경험이라는 개념을 포함하는 애착이론을 기반으로 심리적 개입을 시도하였다. 이 과정에서 내담자의 어린 시절 애착경험이 그의 성격, 정신건강 및 대인관계에 평생 동안 지속적인 영향을 미친다는 것을 발견하였다. 이것은 한 번 형성된 애착은 단순히 일생 동안 지속된다는 것을 의미하는 것이 아니라, 아동기부터 성인기까지 애착유형을 유지시키는 것이 다양한 요인 간 상호작용한 결과라는 것을 의미한다.

애착문제를 겪는 개인을 위한 치료적 개입 방법에는 인지행동치료, 정신역동치료, 경험적 치료, 집단상담 등 다양한 방법이 있다. 각 방법의 핵심적인 치료적 메커니즘은 다를 수 있지만, 이 치료 방법들은 치료적 관계의 형성과 심리적 안정성의 확보-정서 조절-일상에서의 적용이라는 공통의 기본적인 틀을 공유하고 있다. 안전기지의 제공, 정신화, 새로운 관계의 경험과 같은 이 연구의 치료적 개입은 이상의 치료 방법들과 동일한 맥락을 보인다. 내담자는 단기 심리치료를 통해 불안과 알코올 및 포르노에 대한 의존도가 점차 줄어들었다고 하였다. 내담자는 치료자와의 새로운 관계경험을 통해 불안과 외로움과 같은 부정적 감정을 해소할 수 있었으며, 중독행위를 통해 얻는 쾌락보다 계속되는 만족감과 변화에 대한 기대가 더 강력하다는 것을 경험했다. 내담자는 상담을 통해 자신의 심리, 가족관계, 대인관계에 대한 통찰력을 얻음으로써 자신의 패턴을 바꾸기 시작하였다.

연구결과는 애착이론 및 애착치료 개입의 효과를 뒷받침하는 선행연구의 결과와 일치한다(Holme, 2015; Zeifman & College, 2018). Levy 등(2018)에 의하면 경계선 성격장애 같은 심각한 애착장애를 가진 내담자들도 단기 심리치료를 통해 애착유형을 바꿀 수 있다고 주장한다. 하지만 Fraley와 Roisman(2018)은 아동의 돌봄 환경과 성인애착유형의 연관성에 대한 연구가 부족하고, 선행 연구가 초기경험과 결과를 도출하는 방식에서 일관성이 부족하다고 지적하면서 애착치료에 회의적인 반응을 보였다. 애착이론과 애착치료의 효과에 대한 연구결과의 부재는 애착이론의 효과를 검증하기 위한 더 많은 연구가 필요함을 시사한다.

6. 실천적 함의

첫째, 내담자의 이별에 영향을 미친 애착경험과 트라우마 사건 그리고 치료적 개입에 대해 살펴보았다. 이 연구는 사람들이 관계 상실의 결과로 초래된 고통으로부터 스스로를 보호하고, 무너져버린 삶의 질서와 예측 가능성을 회복하기 위하여, 관계 상실의 이유를 확인하려고 시도할 것이라는 전제로부터 출발하였다(Gilles & Neimeyer, 2006).

한편, 연구는 내담자의 이별이 일회적인 사건이 아닌 내담자의 생애 전 과정에서 부정적 경험이 축적되어 발생한 것이라는 점을 주목하였다. 혹자는 이별의 의미를 구성하는 요인으로서 생애 초기의 모자애착까지 탐색하는 것이 타당한지에 대해 의문을 제기하기도 하며, 특히 유아기에 형성된 애착패턴이 성인기까지 지속된다는 전제에 확신이 없는 사람들의 경우는 더욱 그럴 것이다. 어떤 이들은 치료자가 애착관계를 중심으로 내담자의 삶을 이해하는 것이 내담자의 현재 심리상태에 변화를 가져오게 할 수 있는지에 대해 의구심을 가질 수도 있다. 그러나 애착과 관련한 많은 선행연구(Gillath, Karantzas, & Fraley, 2016; Mikulincer & Shaver, 2012)는 개인이 경험하는 삶에 따라 애착 특성이 바뀔 수도 있음을 인정하면서도, 대체적으로 아동기의 애착상태가 이후의 행동을 예측하는 힘을 가지며 유아와 성인의 애착유형 간에 놀랄 만큼의 유사성이 있음을 강조하고 있다. 애착문제를 직면하고 다루는 것은 내담자를 가족과 사회의 희생자로 여기면서 다른 사람들을 비난하는 것을 의미하지 않는다. 애착문제를 다룸으로써 내담자가 그의 과거에 대한 통찰을 얻고, 현재와 과거 사건이 의미 있는 방식으로 통합시켜 나가도록 그를 돕는 것이다.

첫째, 상담을 통해 내담자가 주 양육자와의 애착관계 경험과 생애 초기의 애착 트라우마 사건을 이해하고, 그들의 애착이 고착과 변화를 통해 현재의 관계로 이어졌다는 것을 깨달을 수 있도록 돕는 것이 중요하다. 사례의 내담자는 치료 회기에서 어머니와 누나의 대화를 통해, 그의 애착 형성이 결과적으로 그를 불안정하게 만들었다는 것을 통찰하게 되었다. 이 과정은 내담자가 '이제는 살 만 하다'고 느낄 정도로 불안을 한층 감소시키고, 중독적 행위가 '큰 노력 없이도 참아질' 정도로 심리적인 안정을 찾는 데 기여하였다. 아울러 내담자는 자신의 불안정한 애착유형과 스트레스에 대한 반응을 인식하면서 자신의 애착 재구조화를 시도하였다. 이러한 임상적 결과는 불안애착이 이별 후 성장과 정적인 상관관계가 있다(Marshall et al., 2013)는 연구결과와 일치한다. 따라서 연구결과는 이별로 고통받고 있는 내담자를 상담하는 치료자가 이별에 대한 촉발 요인으로서의 이성과의 관계를 탐색하고, 잠재 요인으로서 주 양육자, 특히 내담자와 어머니와의 애착문제를 탐색할 필요가 있다는 것을 보여 준다.

둘째, 이별 후 문제를 경험하는 내담자를 상담하는 치료자는 내담자의 태내기, 영유아기, 유년기, 청소년기 시절 부모의 관계와 어머니의 시댁관계에서 오는 스트레스를 탐색하는 것이 도움이 될 수 있다. 치료자는 내담자와 어머니의 관계에서 형성된 내적 작동 모델과 관련된 질문을 통해 이러한 요인이 내담자의 내적 작동 모델 및 연애관계에서 애착관계와 어떻게 연결되는지에 대한 통찰을 얻도록 도움을 줄 수 있다.

셋째, 치료자가 내담자에게 양육자와의 애착관계를 형성하는 과정에서 발생한 위기 사건뿐만 아니라 양육환경에 대해 질문하는 것은 의미가 있다. 사례연구에서와 같이 질문을 함으로써, 치료자는 내담자가 부모를 비난하는 것을 멈추고, 부모가 위기 사건이나 조부모로부터 학습된 양육방식을 사용하는 등의 양육환경의 요인으로 인해 자신을 보살필 여유가 없었다는 사실을 통찰할 수 있도록 도움을 줄 수 있다.

넷째, 무조건적인 적극적 경청을 제공하며, 깊은 공감을 위해 내담자의 애착문제를 조심스럽게 밝혀내는 치료자로부터 내담자는 도움을 받을 수 있다. 이와 같은 부분은 불안정한 애착을 가진 내담자가 통찰을 얻고, 치료자와 효과적인 관계와 의사소통을 발전시키는 것에도 도움을 준다.

7. 결론

임상가들은 종종 연구결과와 상관없이 자신의 임상적 경험만을 근거로 하여 치료를 수행하거나(Ford, Courtois, Steele, Hart, & Nijenhuis, 2005), 현장에서 단지 유명하다는 이유로 입증되지 않은 치료기법을 적용하기도 한다(Ford, 2009). 이 가족치료 사례연구는 연애관계의 이별에 관련하여, 내담자의 애착패턴과 유아기, 아동기, 청소년기 그리고 성인기에 나타난 트라우마 간의 발달적 관계를 분석하는 애착 기반 치료의 효과성을 탐색하였다. 이 연구결과는 내담자가 치료자로부터 제공받은 안정애착 경험이 내담자의 변화에 영향을 미칠 수 있으며, 내담자가 자신과 연인관계에 대한 통찰을 얻는 것이 중요하다는 것을 보여 준다.

이 연구는 단일 사례에 대한 탐색적 연구로, 애착 기반 치료의 결과 내담자의 불안과 중독이 감소했지만 애착유형의 변화에 대해서는 확인하지 못하였다. 따라서 이 사례의 접근방식이 애착문제를 가진 모든 내담자에게 효과적이지 않을 수도 있다. 그럼에도 불구하고 내적 통제 위치(internal locus of control)를 가진 사람은 관계의 성패를 자신에게 돌릴 수 있고(Shaver & Mikulincer, 2002), 자기 반성은 감정, 인식, 행동을 이해하는 데 도움을 줄 수 있다(Gerace, Day, Casey, & Mohr, 2017). 따라서 연인관계를 맺는 법과 개인적인 성장을 위해 자기와 타인에 대한 핵심 신념을 강화하는 방법을 배우는 것이 중요하다(Peel & Caltabiano, 2020).

심리치료 과정에서 내담자가 호소하는 대부분의 염려가 좌절되거나 건강하지 못한 애착과 관련이 있으며(Laschinger, Purnell, Schwartz, White, & Wingfield, 2004), 애착이 생애주기 전반에 걸친 인간의 근본적인 욕구라는 점을 고려할 때(Holmes, 2015), 애착이론은 심리치료에서 중요한 역할을 계속할 것으로 보인다.

참고문헌

Adam, K. S., Sheldon-Keller, A.E., & West, M. (1996). Attachment organization and history of suicidal behavior in clinical adolescents. *Journal of Consulting and Clinical Psychology, 4,* 264.

Allen, J. G. (2018). *Mentalizing in the development and treatment of attachment trauma.* NewYork: Routledge.

Armsden, G. C., & Greenberg, M. T. (1987). The inventory of parent and peer attachment: Individual differences and their relationship to psychological well-being in adolescence. *Journal of Youth and Adolescence, 16,* 427-454.

Barutcu, K. F., & Aydin, Y. C. (2013). The scale for emotional reactions following the breakup. *Procedia-Social and Behavioral Sciences, 84,* 786-790.

Bateman, A. W., & Fonagy, P. (2004). Mentalization-based treatment of BPD. *Journal of Personality Disorders, 18,* 36-51.

Boelen, P. A., & van den Hout, M. A. (2010). Inclusion of other in self and break-up related grief following relationship dissolution. *Journal of Loss and Trauma, 15,* 543-547.

Bowlby, J. (1969). *Attachment and Loss v. 3, Vol. 1.* New York: Random House.

Bowlby, J. (1977). The making and breaking of affectional bonds: I. Aetiology and psychopathology in the light of attachment theory. *The British Journal of Psychiatry, 130,* 201-210.

Bowlby, J. (1988). *A Secure Base.* New York, NY: Basic Books.

Braun, V., & Clarke, V. (2006). Using thematic analysis in psychology. *Qualitative Research in Psychology, 3,* 77-101.

Brewer, G., & Abell, L. (2017). Machiavellianism and romantic relationship dissolution. *Personality and Individual Differences, 106,* 226-230.

Campbell, L., Simpson, J. A., Boldry, J. G., & Kashy, D.A. (2005). Perceptions of conflict and support in romantic relationships: The role of attachment anxiety. *Journal of Personality and Social Psychology, 88,* 510-531.

Christensen, A. (1987). Detection of conflict patterns in couples. In K. Hahlweg & M. J. Goldstein (Eds.), *The family process monograph series.* Understanding major mental disorder: The contribution of family interaction research (pp. 250-265). Family Process

Press.

Cloitre, M., Miranda, R., Stovall-McClough, K. C., & Han, H. (2005). Beyond PTSD: Emotion regulation and interpersonal problems as predictors of functional impairment in survivors of childhood abuse. *Behavior Therapy, 36*, 119-124.

Collins, T. J., & Gillath, O. (2012). Attachment, breakup strategies, and associated outcomes: The effects of security enhancement on the selection of breakup strategies. *Journal of Research in Personality, 46*, 210-222.

Cope, M. A., & Mattingly, B. A. (2020). Putting me back together by getting back together: Post-dissolution self-concept confusion predicts rekindling desire among anxiously attached individuals. *Journal of Social and Personal Relationships*, 1-9.

Delius, A., Bovenschen, I., & Spangler, G. (2008). The inner working model as a "theory of attachment": Development during the preschool years. *Attachment & human development, 10*(4), 395-414.

Donald, M., Dower, J., Correa-Velez, I., & Jones, M. (2006). Risk and protective factors for medically serious suicide attempts: A comparison of hospital-based with population-based samples of young adults. *Australian and New Zealand Journal of Psychiatry, 40*, 87-96.

Downey, D., & Feldman, S. I. (1996). Implications of rejection sensitivity for intimate relationships. *Journal of Personality and Social Psychology, 70*, 1327-1343.

Downey, D., Freitas, A. L., Miachelis, B., & Khouri, H. (1998). The self-fulfilling prophecy in close relationships: Rejection sensitivity and rejection by romantic partners. *Journal Personality and Social Psychology, 75*, 545-560.

Erikson, E. (1995). *Dialogue with Erik Erikson.* Lanham, MA: Jason Aronson.

Erikson, E. H. (1968). *Youth and crisis.* New York-London: Norton & Company.

Fagundes, C. P. (2012). Getting over you: Contributions of attachment theory for post breakup emotional adjustment. *Personal Relationships, 19*, 37-50.

Fall, E., & Shankland, R. (2020). The mediating role of dispositional mindfulness in the relationship between parental and romantic attachment. *Journal of Adult Development*, 1-12.

Fonagy, P., & Bateman, A. W. (2006). Mechanisms of change in mentalization-based treatment of BPD. *Journal of Clinical Psychology, 62*, 411-430.

Ford, J. D. (2009). Neurobiological and developmental research. In C. A. Courtois & J. D.

Ford (Eds.). *Treating Complex Traumatic Stress Disorders: An Evidence-based Guide* (pp. 31-58). New York, NY: The Guilford.

Ford, J. D., Courtois, C. A., Steele, K., Hart, O. V. D., & Nijenhuis, E. R. (2005). Treatment of complex posttraumatic self-dysregulation. *Journal of Traumatic Stress: Official Publication of The International Society for Traumatic Stress Studies, 18,* 437-447.

Fossey, E., Harvey, C., Mcdermott, F., & Davidson, L. (2002). Understanding and evaluating qualitative research. *The Australian and New Zealand Journal of Psychiatry, 36,* 717-732.

Fraley, R. C., & Roisman, G. I. (2018). The development of adult attachment styles: Four lessons. *Current Opinion in Psychology, 25,* 26-30.

Fraley, R. C., Waller, N. G., & Brennan, K. A. (2000). An item response theory analysis of selfreport measures of adult attachment. *Journal of Personality and Social Psychology, 78,* 350-365.

Furman, W., & Buhrmester, D. (2009). Methods and measures: The network of relationships inventory: Behavioral systems version. *International Journal of Behavioral Development, 33,* 470-478.

Garimella, V. R. K., Weber, I., & Dal Cin, S. (2014). From "I love you babe" to "Leave me alone" -Romantic relationship breakups on Twitter. *International Conference on Social Informatics* (pp. 199-215). New York: Springer International Publishing.

Gerace, A., Day, A., Casey, S., & Mohr, P. (2017). 'I think, you think': Understanding the importance of self-reflection to the taking of another person's perspective. *Journal of Relationships Research, 8,* e9.

Gillath, O., Karantzas, G. C., & Fraley, R. C. (2016). *Adult attachment: A concise introduction to theory and research.* Cambridge, MA: Academic Press.

Gillies, J. M., & Neimeyer, R. A. (2006). Loss, grief, and the search for significance: Toward a model of meaning reconstruction in bereavement. *Journal of Constructivist Psychology, 19,* 31-65.

Gobin, R. L., & Freyd, J. J. (2009). Betrayal and revictimization: Preliminary findings. *Psychological Trauma: Theory, Research, Practice, and Policy, 1,* 242-257.

Goldberg, S. (2014). *Attachment and Development.* New York: Routledge.

Greenberg, L. S., & Johnson, S. M. (1988). *Emotionally Focused Therapy for Couples.* New York: Guilford Press.

Guest, G., MacQueen, K. M., & Namey, E. E. (2012). *Introduction to Applied Thematic Analysis.* Thousands Oaks, CA: Sage.

Harvey, A. B., & Karpinski, A. (2016). The impact of social constraints on adjustment following a romantic breakup. *Personal Relationships, 23,* 396-408.

Herman, J. L. (1992). *A practical guide to alternative assessment.* Alexandria, VA: Association for Supervision and Curriculum Development.

Holmes, J. (1993). *John Bowlby and Attachment Theory.* New York: Routledge.

Holmes, J. (2015). *Attachment theory in clinical practice: A personal account. British Journal of Psychotherapy, 31*(2), 208-228.

Hughes, D. A. (2007). *Attachment-focused Family Therapy.* New York: WW Norton & Company.

Kato, T. (2016). Effects of partner forgiveness on romantic break-ups in dating relationships: A longitudinal study. *Personality and Individual Differences, 95, 185-189.*

Laschinger, B., Purnell, C., Schwartz, J., White, K., & Wingfield, R. (2004). Sexuality and attachment from a clinical point of view. *Attachment & Human Development, 6*(2), 151-164.

Le, B., Dove, N. L., Agnew, C. R., Kom, M. S., & Mutso, A. A. (2010). Predicting nonmarital romantic relationship dissolution: A meta-analytic synthesis. *Personal Relationships, 17,* 377-390.

Levy, K. N., Kivity, Y., Johnson, B. N., & Gooch, C. V. (2018). Adult attachment as a predictor and moderator of psychotherapy outcome: A meta-analysis. *Journal of Clinical Psychology, 74*(11), 1996-2013.

Lewandowski, G. W., Aron, A., Bassis, S., & Kunak, J. (2006). Losing a self-expanding relationship: Implications for the self-concept. *Personal Relationships, 13,* 317-331.

Lyons-Ruth, K., Dutra, L., Schuder, M. R., & Bianchi, I. (2006). From infant attachment disorganization to adult dissociation: Relational adaptations or traumatic experiences? *Psychiatric Clinics, 29,* 63-86.

Main, M., Hesse, E., & Kaplan, N. (2005). Predictability of attachment behavior and representational processes at 1, 6, and 19 years of age: The Berkeley longitudinal study. In K. E. Grossmann, K. Grossmann & E. Waters (Eds.), *Attachment from infancy to adulthood: The major longitudinal studies* (pp. 245-304). New York: Guilford.

Marshall, T. C., Bejanyan, K., Di Castro, G., & Lee, R. A. (2013). Attachment styles as predictors of Facebook-related jealousy and surveillance in romantic relationships. *Personal relationships, 20*(1), 1-22.

Mikulincer, M., & Shaver, P. R. (2007). Attachment, group-related processes, and psychotherapy. *International Journal of Group Psychotherapy, 57,* 233-245.

Mikulincer, M., & Shaver, P. R. (2012). An attachment perspective on psychopathology. *World Psychiatry, 11,* 11-15.

Mikulincer, M., Shaver, P. R., & Pereg, D. (2003). Attachment theory and affect regulation: The dynamics, development, and cognitive consequences of attachment-related strategies. *Motivation and Emotion, 27,* 77-102.

Nowell, L. S., Norris, J. M., White, D. E., & Moules, N. J. (2017). Thematic analysis: Striving to meet trustworthiness criteria. *International Journal of Qualitative Methods, 16,* 1-13.

Orth, U., & Luciano, E. C. (2015). Self-esteem, narcissism, and stressful life events: Testing for selection and socialization. *Journal of Personality and Social Psychology, 109,* 707-721.

Park, Y., Impett, E. A., Spielmann, S. S., Joel, S., & MacDonald, G. (2020). Lack of intimacy prospectively predicts breakup. *Social Psychological and Personality Science,* 1948550620929499. https://doi.org/10.1177/1948550620929499

Peel, R., & Caltabiano, N. (2020). Why do we sabotage love? A thematic analysis of lived experiences of relationship breakdown and maintenance. *Journal of Couple & Relationship Therapy.* https://doi.org/10.1080/15332691.2020.1795039

Peel, R., Caltabiano, N., Buckby, B., & McBain, K.A. (2019). Defining romantic self-sabotage: A thematic analysis of interviews with practicing psychologists. *Journal of Relationship Research, 10,* 1-9.

Pepping, C. A., Davis, P. J., & O'Donovan, A. (2013). Individual differences in attachment and dispositional mindfulness: The mediating role of emotion regulation. *Personality andindividual differences, 54,* 453-456.

Saffrey, C., & Ehrenberg, M. (2007). When thinking hurts: Attachment, rumination, and post-relationship adjustment. *Personal Relationships, 14,* 351-368.

Sahpazi, P., & Balamoutsou, S. (2015). Therapists' accounts of relationship breakup experiences: A narrative analysis. *European Journal of Psychotherapy & Counselling, 17,* 258-276.

Schmidt, S. D., Blank, T. O., Bellizzi, K. M., & Park, C. L. (2012). The relationship of coping strategies, social support, and attachment style with posttraumatic growth in cancer survivors. *Journal of Health Psychology, 17,* 1033-1040.

Shaver, P. R., & Mikulincer, M. (2002). Attachment-related psychodynamics. *Attachment & Human Development, 4*(2), 133-161.

Slotter, E. B., Emery, L. F., & Luchies, L. B. (2014). Me after you: Partner influence and individual effort predict rejection of self-aspects and self-concept clarity after relationship dissolution. *Personality and Social Psychology Bulletin, 40,* 831-844.

Slotter, E. B., Gardner, W. L., & Finkel, E. J. (2010). Who am I without you? The influence of romantic breakup on the self-concept. *Personality and Social Psychology Bulletin, 36,* 147-160.

Slotter, E. B., & Ward, D. E. (2015). Finding the silver lining: The relative roles of redemptive narratives and cognitive reappraisal in individuals' emotional distress after the end of a romantic relationship. *Journal of Social and Personal Relationships, 32,* 737-756.

Stanton, S. C., & Campbell, L. (2014). Perceived social support moderates the link between attachment anxiety and health outcomes. *PLoS One, 9,* e23839.

Sternberg, R. I. (1988). *The triangle of love: Intimacy, passion, commitment.* New York, NY: Basic Books.

Tashiro, T., & Frazier, P. A. (2003). I'll never be in relationship like that again, personal growth following romantic relationship breakups. *Personal Relationship, 10,* 113-128.

Van der Kolk, B. A., Roth, S., Pelcovitz, D., Sunday, S., & Spinazzola, J. (2005). Disorders of extreme stress: The empirical foundation of a complex adaptation to trauma. *Journal of Traumatic Stress: Official Publication of The International Society for Traumatic Stress Studies, 18,* 389-399.

Wallin, D. J. (2007). *Attachment in Psychotherapy.* New York: Guilford Press.

Zeifman, D. M., & College, V. (2018). Attachment theory grows up: A developmental approach to pair bonds. *Current Opinion in Psychology, 25,* 139-143.

제11장

개인발달 단계에 따른 공황장애 발생 과정 에서 나타난 가족 역동에 대한 연구*

이 연구의 목적은 공황장애를 가진 대학생의 가족치료 사례를 중심으로, 내담자의 개인발달 단계에 따른 공황장애의 발생 과정과 가족 내 역동을 탐색하는 데 있다. 연구방법으로 복잡한 현상과 맥락을 파악하는 데 있어 유용한 사례연구 방법을 선택하였고, 분석 방법으로는 상담자료로부터 확인하고 묘사하고, 암묵적이고 명시적인 아이디어를 분석하는 주제 분석 방법과 매트릭스와 개념적으로 군집화된 네트워크를 활용하였다. 연구결과, 개인발달 단계에 따라 가족 내에서 경험한 사건들과 이를 통해 모델링한 내담자의 전략 간의 역동이 공황장애를 발생시킨 것으로 나타났다. 첫째, 임신 전기에서 내담자 부모의 미해결된 감정과 부모의 스트레스가 나타났다. 둘째, 영유아기에 언니에 대한 부모의 폭력적 태도와 내담자에 대한 편애 그리고 마스코트 역할의 모델링이 나타났다. 셋째, 학령기에는 내담자 언니의 불안발작과 가족불안의 표면화, 찬밥 신세, 감정 억제의 모델링이 나타났다. 넷째, 청소년기에는 압박감의 강화, 내담자의 불안 증폭 그리고 병리 동화의 모델링이 나타났다. 이 연구는 공황장애를 발생시킨 과정을 가족체계론적인 관점에서 제시하였다는 점에서 의미가 있다. 또한 가족 내의 체계적 속성의 중요성을 보여 주었고, 모델링이라는 새로운 개념을 가족적인 접근에 도입하였다는 점에서 의미가 있다.

1. 서론

공황장애란 불안장애의 일종으로, 갑자기 엄습하는 강렬한 불안인 공황발작을 반

* 문혜린, 최춘화, 배영윤, 박태영(2021). 개인발달단계에 따른 공황장애 발생과정에서 나타난 가족 역동에 관한 연구. 한국가족관계학회지, 25(4), 21-40.

복적으로 경험하는 장애를 말한다(American Psychiatric Association, 2013). 공황발작이 발생하는 동안 환자들은 심장 두근거림, 호흡곤란, 메스꺼움, 비현실감, 통제력 잃을 것 같은 두려움 등의 공포를 경험하게 된다(APA, 2013). 공황장애는 아동기에 매우 드물게 발생하나 종종 공황발작이 아동기에 나타난다고 보고되며, 청소년기에 발병하는 공황장애는 만성적 경과를 보이며 종종 우울·양극성 장애와 동반된다(APA, 2013). 특히 공황장애는 광장공포증 혹은 사회공포증과 같은 다른 불안장애와 함께 공존하는 경우가 많다(APA, 2013; Himle & Fischer, 1998). 공황장애는 공황발작이 언제 일어날지에 대한 불안에 시달리기 때문에 전반적으로 부적응과 관련이 높으며, 삶의 질을 매우 낮게 만든다(APA, 2013; Zilcha-Mano et al., 2015). 일반인들과 비교했을 때 자살을 시도할 확률이 4배 이상 높을 정도로, 공황장애 환자들은 심리사회적인 고통을 경험한다(Tietbohl-Santos et al., 2019).

2010년대 이전까지만 해도 사회적 인지도가 현저히 낮았던 공황장애는, 유명인들이 공황장애의 발병에 관하여 경험을 공유하기 시작하면서 한국 사회에 보편화되기 시작하였다(김류원, 윤영민, 2018). 이와 함께 공황장애 진단을 목적으로 병원을 찾기 시작하는 사람들의 수도 급증하였다. 2010년에 5만여 명에 불과하던 공황장애 환자 수는 2019년 기준으로 17만 명에 달하는 등(건강보험심사평가원, 2020), 우울장애와 함께 현대 한국사회를 대표하는 중요한 정신질환 중 하나로 공황장애가 자리 잡고 있다.

공황장애에 관한 연구들은 다방면에서 이루어지고 있으며, 그중에서도 공황장애의 원인에 대한 연구들은 과거부터 지금까지 지속적으로 이루어지고 있다. 선행연구에 따르면 공황장애의 요인은 생물학적 요인, 심리적 요인, 가족 요인, 사회문화적 환경 요인 등 다양하다(Esquivel, Schruers, Maddock, Colasanti, & Griez, 2010; Moreno-Peral et al., 2014; Newman, Shin, & Zuellig, 2016; Shim, Lee, & Park, 2016; Wood, Cano-Vindel, & Salguero, 2015). 그러나 그중에서도 공황장애의 가족 요인을 살펴보는 것은 매우 중요할 수 있다. 공황장애의 핵심 감정인 불안은 전 생애에 걸쳐 수많은 사건의 영향을 받으며 형성되고 증폭되는데(Miloyan, Bienvenu, Brilot, & Eaton, 2018), 특히 어린 시절 가족 내에서의 경험은 개인의 인지와 정서적 특징을 만들고, 자신과 세상을 인식하는 틀을 형성하게 되기 때문에 매우 중요한 영향을 미친다(Wallin, 2007). 선행연구에 따르면 부모의 학대 및 방임, 부모와의 분리 및 부모의 상실, 부모의 거부적 양육태도 등이 공황장애와 연관되어 있다고 하였다(안현아, 문정화, 박태영, 2019; Asselmann, Wittchen, Lieb, & Beesdo-Baum, 2016; Klauke, Deckert, Reif, Pauli, &

Domschke, 2010; Shim et al., 2016).

그러나 선행연구의 연구방법을 살펴보면 대부분이 통제집단과의 비교를 통해 공황 장애 환자들이 과거에 경험했던 유의미한 사건들을 살펴보는 연구(Bandelow et al., 2002; Cougle, Timpano, Sachs-Ericsson, Keough, & Riccardi, 2010; Klauke, Deckert, Reif, Pauli, & Domschke, 2010; Newman, Shin, & Zuellig, 2016; Zou et al., 2016)들이 중점을 이루고 있다. 이와 같은 연구방법을 통해서는 공황장애 환자들이 공통적으로 가지는 경험의 특징을 살펴볼 수 있으나, 이는 단선론적인 관계에 국한된다. 공황장애 환자 가 경험한 가족 내의 사건들을 포괄적으로 제시한 Shim 등(2016)의 연구가 존재하고 있으나, 이 연구 또한 사건들을 나열식으로 제시할 뿐 실질적으로 공황장애가 어떠한 맥락을 통해 발생하게 되었는지 맥락적인 과정을 설명하지는 못하였다.

가족체계이론에 따르면, 가족 내에서 경험된 사건들은 상호 간에 영향을 미치며, 이와 같은 상호작용으로 인해 복잡한 가족 역동이 만들어진다(정문자, 정혜정, 전영주, 이선혜, 2018). 이와 같은 가족 내 역동을 살펴보는 것은 개인의 문제나 증상을 이해하 는 데 있어서 필수적이다(Goldenberg, Stanton, & Goldenberg, 2017). 즉, 공황장애 환 자들이 어린 시절부터 가족 내에서 어떠한 경험들을 해 왔는지 살펴보고, 이러한 경 험들이 어떻게 공황장애의 발생으로 이어지는지 맥락적인 역동을 탐색하는 것은 매 우 중요할 것이다.

이에 따라 이 연구에서는 공황장애를 가진 대학생의 가족치료 사례를 중심으로 내 담자가 출생 전부터 청소년기(공황장애 발병)까지의 개인발달 단계에 따른 가족 내의 역동으로 인한 공황장애의 발생 과정을 탐색하고자 한다.

2. 이론적 배경

1) 가족체계이론

가족치료의 초기 모델은 1950년대 출현하여 1970년대 절정에 이른 체계론적 사고 를 바탕으로 발전되었다. 1940년대 이전에도 '체계'란 용어는 여러 학자에 의해 사용 되었으나, 생물학자 Bertalanffy가 '일반체계이론' 개념을 최초로 제시하였는데, 일반 체계이론이란 체계가 외부환경과 상호작용하며 환경의 지속적인 입력 및 출력을 통해 자신을 유지해 나간다고 보는 살아 있는 체계에 대한 생물학적 모델이다(Sean & Nichols, 2016). 일반체계이론에서는 체계를 상호작용하는 구성요소의 집합체로 규정하였으며, 다양한 구성요소가 전체 체계의 기능을 이끌어 낸다고 본다(Goldenberg et al., 2017). 이러한 특성을 기반으로 체계이론에서는 유기체적 세계관을 기반에 둔다. 유기체적 세계관이란 모든 요소가 상호 연관된 관계망으로 구성되어 있으며, 본질적으로 모두 영향을 주고받는 역동적인 관계라는 틀을 의미한다(Goldenberg et al., 2017). 이에 따라 체계론적 관점에서는 사건들이 그것이 일어난 맥락에서 이해되고, 개인적 특성보다 상호연결성 및 관계를 더욱 중요하게 여긴다(Sean & Nichols, 2016).

한편, 체계이론을 설명하는 중요한 요소 중 하나가 순환적 인과론이다. 순환적 인과론이란 체계 내에서 행동이 순환적으로 조직되며, 체계의 흐름과 관계에 의해 문제를 가진 개인이 발생할 수 있다고 보는 시각이다(Goldenberg et al., 2017). 이에 따라 개인이 가진 증상의 원인을 파악하는 것은 어려우며, 인과관계를 순환적이고 회귀적인 형태로 이해해야 한다(Sean & Nichols, 2016).

체계이론의 특징인 유기체적 세계관과 순환적 인과론에 따르면, 내담자가 가진 증상은 다른 사람이나 체계와 상호작용하는 관계의 망 내에서 가족이나 관계의 역기능으로 인해 발생한다(Goldenberg et al., 2017). 그러므로 내담자 개인의 문제는 가족 내의 관계와 맥락 속에서 바라보아야 하며(정문자 외, 2018), 이는 단선적인 인과론을 통해서는 공황장애의 발생을 충분히 이해할 수 없음을 의미한다. 이에 따라 이 연구에서는 공황장애의 발생 과정을 개인발달 단계에 따라 살펴보고, 그 과정에서 나타난 사건과 사건 간의 연결성 그리고 그 이면의 역동을 심도 있게 탐색하고자 한다.

2) 공황장애 환자들의 가족 내 경험

공황장애 환자들의 가족 내 경험은 부모의 학대 및 방임, 부모와의 분리 및 상실, 부모의 거부적 양육태도 등으로 나타났다(안현아 외, 2019; Klauke et al., 2010; Shim et al., 2016). 공황장애 환자들은 그렇지 않은 사람들에 비해 아동기 학대 및 방임 경험이 상대적으로 많은 것으로 나타났다. 공황장애 집단과 통제집단의 비교 연구(Zou et al., 2016)에서는 공황장애 집단이 통제집단보다 신체적·정서적 학대와 신체적·정서적 방임이 더 높게 나타났다. 또한 공황장애를 가진 사람들은 상대적으로 성적 학대의 경험을 더 많이 가지고 있었다(Bandelow et al., 2002; Cougle et al., 2010). 이러한 선행연구와 유사한 맥락에서 진행된 연구들에서 성인기 공황장애를 경험한 사람들에게 아동기 학대 및 방임 경험이 많이 나타났다(안현아 외, 2019; Goodwin, Fergusson, & Horwood, 2005; Klauke et al., 2010; Lochner et al., 2010; Seganfredo et al., 2009; Shim et al., 2016). 이와 같이 공황장애 환자들은 신체적·정서적 학대 및 방임, 성적 학대 등 외상적인 사건들을 다수 경험하였으며, 이러한 경험은 특히 가족 내에서 발생하였다.

또한 공황장애 환자들은 아동기에 부모의 상실을 공통적으로 경험하였다(Horesh, 1997; Ogliari et al., 2010). Servant와 Parquet(1994)는 공황장애 환자들 중 33.7%가 15세 이전 상실이나 분리의 아픔을 경험하였다고 하였다. Newman 등(2016)도 부모의 부재가 통제집단에 비해 공황장애 집단에서 유의미하게 높게 나타났다고 하였다. Bandelow 등(2002)도 공황장애 환자 집단이 통제집단보다 아버지의 죽음이나 어머니와의 분리를 더 많이 경험하였다고 하였다.

분리 경험과 관련하여 볼 때, 아동기의 분리불안장애는 공황장애와 밀접한 관련성을 보인다. 공황장애에 대한 정신분석적인 접근은 공황장애에서 나타나는 불안을 아이가 부모로부터 버림받았다는 유아기의 분리불안을 재현하는 것이라고 하였다(권석만, 2013). DSM-5(APA, 2013)는 아동의 분리불안장애가 특히 심할 경우에는 후에 공황장애가 나타난다고 하였다. 이에 관련하여 아동기의 분리불안장애가 공황장애로 연결된다는 연구도 있다(Battaglia, Bertella, Politi, & Bernardeschi 1995; Biederman et al., 2007). 이러한 연구들은 아동기 시절, 상실의 경험 혹은 부모와의 분리 경험 등이 공황장애의 발병과 밀접한 관련성이 있다는 것을 보여 준다.

한편, 학대나 방임, 부모의 상실 등과 같은 외상적인 사건뿐만 아니라, 부모의 거부적 양육태도 역시 자녀의 공황장애와 밀접한 관련성을 보인다(Asselmann et al., 2016; Laraia, Stuart, Frye, Lydiard, & Ballenger, 1994; Newman et al., 2016). 공황장애 관련 14세에서 24세의 연구 대상을 10년간 추적 조사한 Asselmann 등(2016)의 연구에서는 공황장애 및 공황발작의 위험 요인으로서 부모의 거부적인 양육태도가 나타났다. Newman 등(2016)의 연구에서는 통제집단에 비하여 공황장애 집단에서 아버지의 거부적인 태도가 더 높게 나타났다. 한편, 부모의 따뜻함과 지지, 애정표현의 부족 등이 공황장애와 관련되어 있다는 연구(안현아 외, 2019; Laraia et al., 1994) 역시 존재한다. 이 외에도 강압적이고 지배적인 양육태도, 혹은 차별적인 양육태도가 공황장애와 연관되어 있다고 보고되고 있다(문혜린, 박태영, 2019; Shim et al., 2016).

이와 같이 선행연구에서는 공황장애 환자들의 가족 내 경험은 부모의 학대 및 방임, 부모와의 분리 및 상실, 부모의 거부적 양육태도 등으로 나타났다. 가족 내에서 부모와 관련된 부정적인 경험이 공황장애와 밀접한 관련성을 보인다는 연구들이 다수 존재하였으나, 이러한 요인들이 공황장애에 어떻게 영향을 미쳤는지에 관한 연구는 거의 존재하지 않았다.

3. 연구 방법

1) 연구 대상

이 연구는 고등학교 1학년 때 공황장애의 발병을 경험한 내담자와 가족을 연구 대상으로 하였다. 연구의 사례는 개인상담과 가족상담을 포함한 총 14회기가 진행되었다(1~3회기 내담자, 4~6회기 어머니, 7회기 아버지, 8회기 자매, 9회기 어머니와 자매, 10회기 내담자와 어머니, 11회기 아버지와 자매, 12회기 부모와 자매, 13~14회기 내담자). 연구자는 참여자의 구분을 위하여 치료자, 아버지(58), 어머니(52), 내담자의 언니(28), 내담자(22)로 표시하였다.

2) 분석 방법

이 연구에서는 연구 방법으로 단일 사례연구 방법을 활용하였는데, 사례연구란 생활 속에서 벌어지는 현상을 깊이 있게 이해하기 위해 다양한 자료원을 이용해 새로운 결과를 도출하는 탐구 방법이다(Yin, 2017). 사례연구는 복잡한 현상이나 맥락을 파악하는 데 있어서 유용한 연구 방법이며, 이 때문에 연구에서는 개인발달 단계에 따른 공황장애의 발생 과정과 가족 역동이라는 맥락적인 상황을 탐색하기 위하여 사례연구를 선택하였다.

한편, 연구자는 치료자료로부터 확인하고 묘사하고, 암묵적이고 명시적인 아이디어를 분석하는 주제 분석 방법을 활용하여 자료를 분석하였다(Braun & Clarke, 2006; Guest, MacQueen, & Namey, 2012; Nowell, Norris, White, & Moules, 2017; Peel & Caltabiano, 2020). 주제분석을 행하는 단계는 자료의 친숙화, 첫 번째 코드를 만들기, 주제를 조사하기, 주제를 검토하기, 주제에 대한 정의와 명명하기, 보고서를 작성하는 것을 포함한다(Braun & Clarke, 2006; Peel & Caltabiano, 2020). 연구에 참여한 세 연구자들은 각자 축어록을 반복적으로 읽으며 Atlas-ti 8을 활용하여 하위 주제(코딩)를 탐색하였으며, 이후 2명 이상의 코딩이 일치되었을 때를 기준으로 합의하여 코드를 선정하였다. 코드의 선정을 마친 이후에는 세 연구자와 사례를 상담한 치료자가 함께 상위 주제(패턴코딩)를 도출하였다. 연구자는 이러한 연구 과정을 통해 도출된 상위 주제를 Miles, Huberman와 Saldaña(2019)의 매트릭스와 개념적으로 군집화된 네트워크를 활용하여 제시하였다. 개념적으로 군집화된 네트워크는 한 페이지 안에서 전체적인 개념의 흐름을 한눈에 볼 수 있도록 개념 간에 화살표를 통해 원인과 결과를 표시한 네트워크의 한 종류이다(Miles et al., 2019). 이 사례연구는 개인발달 단계에 따라 공황장애의 발생 과정에서 나타난 요인 간의 관계를 분석하여 가족 역동을 맥락적으로 제시하려 하였기 때문에, 이와 같은 연구목적에 적합한 네트워크를 선택하여 연구결과를 디스플레이하였다.

3) 연구질문

개인발달 단계에 따른 공황장애의 발생 과정에서 가족 역동은 어떻게 나타났는가?

4) 신뢰도 검증 및 윤리적 고려

질적 연구의 신뢰도를 높이기 위한 삼각화에는 연구자료의 삼각화, 연구자의 삼각화, 이론의 삼각화 그리고 방법론적 삼각화가 포함된다(Patton, 2014). 연구에서는 연구자료의 신뢰성을 높이기 위하여 연구자료의 삼각화를 실시하였으며, 상담축어록과 상담녹음파일 및 비디오, 치료자가 상담 중 기입한 메모 그리고 모호한 상담 부분에 대하여 내담자에게 확인하는 방식을 활용하였다.

연구의 사례를 상담한 치료자는 25년 이상의 가족치료 경험을 가지고 있다. 치료자는 상담 과정에서 내담자들에게 역전이를 경험하는 경우가 있기 때문에 연구자의 객관성을 유지하는 것이 어려울 수 있다. 따라서 연구자는 상담에 참여한 치료자와 연구의 방향성에 관하여 심도 있게 논의하며 치료자의 의견 또한 연구에 반영하였으나, 구체적인 분석 과정은 치료자를 배제한 채 진행하였다. 연구자들은 질적 연구를 수행하는 가족치료 전공 박사과정생들의 피드백을 반복적으로 청취함으로써 연구의 신뢰성을 높이기 위한 연구자의 삼각화를 실시하였다.

연구자는 내담자들과 다른 가족구성원들에게 치료자료가 연구자료로서 사용될 것에 대한 서면동의서를 받았고, 연구 이외의 목적으로 자료를 사용하지 않겠다는 것을 고지하였다. 한편, 내담자들과 다른 가족구성원들의 사생활 보호를 위해 인적 사항은 삭제하였다.

4. 연구결과

1) 사례개요

연구 대상인 가족의 사례개요는 다음과 같다. 내담자의 아버지는 친조부가 40대에 심장마비로 사망한 이후, 막내아들임에도 불구하고 장남처럼 친조모를 부양해 왔다. 아버지는 결혼 후에 해외주재원으로 파견되었으며, 결혼 후에도 친조모와 형제들에게 지속적으로 경제적인 지원을 제공해 왔다. 아버지는 결혼 후 7년 만에 안정적인 직장을 그만두고 사업을 시작하였다. 내담자의 어머니는 분노 조절이 되지 않는 친정어머니의 슬하에서 막내로 성장하였으며, 항상 부모에게 착한 딸로 기쁨조 역할을 수행해 왔다. 어머니는 20대 중반에 결혼을 하고, 바로 남편을 따라 외국에서 신혼생활을 시작하였다. 결혼 직후에 첫째 딸을 임신하였으며, 출산 후에는 산후우울증을 경험하였다.

내담자의 아버지는 독선적이고 강압적인 표현방식을 사용하였고, 어머니는 첫째 딸에게 심한 체벌을 하였다. 결혼생활 6년 후 둘째 딸인 내담자가 출생하였고, 내담자는 예민한 첫째와 달리 순한 성향을 가지고 있어 부모의 편애를 받았다. 첫째 딸은 고등학생 때 고도의 불안을 경험하며 히스테리를 부렸으며, 언니의 불안발작으로 인한 폭력성과 집안의 살벌한 분위기로 인해 내담자는 지속적으로 불안을 느끼게 되었다. 이러한 상황에서 내담자는 언니처럼 되면 안 된다는 압박을 받으면서 자신의 감정을 억압하고 기쁨조 역할을 수행하였는데, 그럼에도 언니의 문제로 인해 부모의 관심을 전혀 받지 못하였다. 내담자 자신의 감정 및 욕구의 억압과 부모의 무관심으로 인해 내담자는 고등학교 1학년 때, 불안장애를 가진 언니와 유사하게 심각한 공황장애를 경험하게 되었다. 공황장애 진단 이후에도 내담자는 비행기와 지하철에 대한 공

포를 느끼는 광장공포증을 겪게 되었으며, 어머니에게 절대적으로 의존하여 일상생
활에 어려움을 경험하고 있었다.

2) 개인발달 단계에 따른 공황장애 발생 과정에서 나타난 가족 역동

〈표 11-1〉은 개인발달 단계에 따라 가족 내에서 발생한 사건과 경험을 중심으로
공황장애의 발생 과정에서 나타난 가족 역동을 매트릭스를 통해 제시한 것이며, 그에
대한 구체적인 내용은 아래와 같다.

〈표 11-1〉 개인발달 단계에 따른 공황장애 발생 과정에서 나타난 가족 역동에 관한 매트릭스

시기	상위 주제	하위 주제
출생 전기	부모의 미해결된 감정	부모의 내재된 불안
		부모의 마스코트 역할
		어머니의 언니에 대한 전이 감정
	부모의 스트레스	어머니의 시댁 스트레스
		어머니의 양육 스트레스
		경제적 불안정으로 인한 스트레스
영유아기	언니에 대한 부모의 폭력적 태도	어머니의 폭력적 태도
		아버지의 무관심
	내담자에 대한 편애	기다렸던 출생
		순한 기질로 인한 편애
	모델링: 마스코트 역할	가족을 기쁘게 해 주려 함
학령기	언니의 불안발작	살얼음판 같은 가족 분위기
		부모와 언니의 갈등
		내담자에 대한 언니의 폭력
	가족의 불안 표면화	부모의 불안 표면화
		내담자의 불안 표면화
	찬밥 신세	부모의 관심 빼앗김
		언니와의 비교 압박
		언니의 눈치를 보게 됨
	모델링: 감정 억제	언니와 반대로 행동하겠다고 다짐
		감정을 억제함

		부모의 기대 가중
	압박감의 강화	감정 억제의 강화
		학교 스트레스의 강화
청소년기		예민해짐
	내담자의 불안 증폭	감정 통제가 안 됨
		한계치를 넘은 불안
	모델링: 병리 동화	병리의 발생
		목적 달성에 따른 병리의 유지

(1) 출생 전기

출생 전기는 내담자가 태어나기 이전의 시기를 의미한다. 내담자의 공황장애 발생 과정에서 출생 전기가 들어간 것은, 이 시기에 형성된 다양한 부모 요인이 내담자 출생 이후까지 영향을 미쳤기 때문이다. 특히 부모의 미해결된 감정과 부모의 스트레스는 언니에 대한 양육태도에 큰 영향을 미쳤으며, 이는 간접적으로 내담자의 공황장애와 밀접한 관련을 보인다.

① 부모의 미해결된 감정

내담자의 부모에게는 원가족에서부터 해결되지 않은 감정들이 있었다. 원가족에서 해결되지 않은 감정은 결혼 후의 핵가족에도 상당한 영향을 미치게 된다. 부모는 어린 시절부터 불안을 가지고 있었는데, 내담자의 어머니는 이혼에 대한 불안이 심하였고 아버지는 건강에 대한 불안을 느끼고 있었다. 이와 같은 불안은 안정적으로 생활할 때에는 수면에 떠오르지 않고 내재되어 있었으나, 가족 내에서의 위기로 인해 언제든 표면화될 수 있는 존재였다. 또한 내담자의 부모는 자신들의 부모에게 항상 순종적이고 착한 자식이었으며, 부모의 자랑이 되기 위해 힘쓰는 '마스코트 역할'을 수행해왔다. 특히 어머니의 경우, 이와 같은 행동 패턴이 핵가족에서도 이어져서 "싫은 일에 대해서도 거절하지 못하고 그냥 따라 주는(8회기)" 등 다른 가족들의 눈치를 보면서 살아왔다. 이러한 어머니의 모습은 이후 내담자의 모델링에 영향을 미치게 된다. 마지막으로, 내담자의 어머니에게는 첫째 딸인 언니에 대한 전이가 있었다. 시댁 문제로 인해 남편에 대한 속상함에도 불구하고 이를 제대로 해소하지 못했던 어머니는, 아버지를 비롯한 시댁식구들과 유사한 모습을 보이는 내담자의 언니에게 전이 감정으로 분노를 느끼게 되었다.

- **부모의 내재된 불안**

  어머니: 제가 남편한테 "나는 그렇게 못 해요!"라고 큰 소리를 냈다가 내가 경제적인 능력이 없는 데, 만약에 남편이 이혼을 하자고 하면 어떻게 하지? 이런 걱정 때문에 남편을 거역한 적은 별로 없어요. (3회기)

- **부모의 마스코트 역할**

  어머니: 엄마가 너무 기가 세시다 보니, 될 수 있으면 엄마 기분 좋게, 기쁘게 만들려고 예쁜짓을 해야 됐어요. 항상 엄마의 자랑거리가 될 수 있게. (5회기)

- **어머니의 언니에 대한 전이 감정**

  어머니: 시댁문제로 남편한테 서운한 게 많았는데도 그냥 혼자서 많이 속상해하고 큰소리 내 본 적이 없어요. 그런 분함, 화를 첫째 키우면서 많이 보냈어요. (4회기)

② **부모의 스트레스**

결혼 이후 내담자의 부모는 다양한 스트레스를 경험해 왔는데, 특히 결혼 이후에 어머니의 스트레스가 심각한 수준이었다. 시댁에 대한 스트레스와 예민한 첫째 딸을 키울 때의 양육 스트레스는 어머니가 이후 내담자의 언니에게 폭력적인 양육을 하도록 만든 주요 원인이었다. 아버지는 안정적인 회사를 다니다가 사업을 시작하였는데, 어린 시절 가난했던 경험으로 인해 이러한 경제적 불안정을 큰 스트레스와 불안으로 경험하였다.

- **어머니의 시댁 스트레스**

  어머니: 남편이 돈을 벌어오면 내가 지혜롭게 꾸려야 되는데, 시댁에서는 물질적인 것을 너무 요구하니까. 왜 이렇게 나의 것을 (뺏어가나)……. 자꾸 그러니까 어린 마음에 상처를 받았죠. (3회기)

- **어머니의 양육 스트레스**

  어머니: (큰애가) 많이 울었어요. 떼도 심하고. 저도 너무 어렸기 때문에, 대처 방법도 잘 몰랐고. 너 왜 이렇게 우냐고 야단치고 윽박을 많이 질렀죠. (3회기)

- **경제적 불안정으로 인한 스트레스**

> 아버지: (경제적으로) 어려워진다고 하면 그게 나 스스로가 미치게 되는 거죠. 제가 독립을 하다 보
> 니까 수입이 일정하지 않은데, 이 수준을 유지를 해야 되고. 나빠지면 어떻다는 거를 내가 너
> 무 잘 아니까. (10회기)

(2) 영유아기

내담자의 영유아기는 내담자에게는 표면적으로 평온한 시기였다. 그러나 부모가 가지고 있던 미해결된 감정들과 스트레스는 내담자의 언니에게 막대한 영향을 미쳤으며, 이로 인해 편애를 받던 내담자 역시 영향을 받게 되었다.

① 언니에 대한 부모의 폭력적 태도

내담자가 영유아기 때, 부모는 내담자의 언니에게 폭력적인 태도를 취했다. 이는 내담자에 대한 직접적인 폭력이 아니었고, 도리어 내담자는 "물고 빨고 키웠다(9회기)."라고 표현할 정도로 어머니의 편애를 받았음에도 이 사건은 내담자에게 중요한 영향을 미쳤다. 어머니는 자신의 불안, 전이 그리고 스트레스로 인해 자신의 첫째 딸을 폭력적으로 대했다. 아버지 역시 경제적 불안정으로 인한 스트레스로 인해 예민하고 잘 우는 내담자의 언니에게 관심을 보일 여력이 없었다.

- **어머니의 폭력적 태도**

> 내담자: 엄마 말로는 언니를 자주 때렸다고 했어요. 스트레스를 언니한테 좀 풀었다고. (1회기)

- **아버지의 무관심**

> 어머니: (남편이) 큰아이를 아주 예뻐하지는 않았죠. 순하고 밝고 명랑한 아이여야 좋은데, 그렇지
> 않으니까. …… 〈중략〉 …… 애가 내 눈앞에 안 나타났으면 좋겠다고 한 적도 있어요. (4회
> 기)

② 내담자에 대한 편애

내담자의 언니에 대한 폭력적 태도와 달리, 내담자는 부모의 편애를 받으며 영유아기를 보냈다. 신혼 초에 준비가 되지 않은 상태에서 임신했던 언니의 경우와 달리, 내담자의 임신은 6년 동안 계획해 온 것이었다. 더군다나 내담자는 순하고 잘 웃는 아이였기 때문에 내담자의 부모 모두 내담자를 예뻐하고 편애하였다.

- **기다렸던 출생**

    어머니: 자연적으로 6년간 (애가) 안 생겼었어요. 제가 아주 밝고 명랑하고 순한 애기를 키워 보고
    싶어서, 그래도 둘째가 있어야 한다고 그랬어요. 그래서 낳았는데 딱이었던 거예요, 둘째가.
    그래서 편애를 했죠. (3회기)

- **순한 기질로 인한 편애**

    어머니: 막내를 낳았을 때, 막내를 굉장히 예뻐했죠. 예쁘고, 방글방글 웃고, 순하고 그러니까. (4회
    기)

③ 모델링: 마스코트 역할

이와 같이 영유아기에 내담자에게는 편애가, 내담자의 언니에게는 폭력적인 양육이 동시에 제공되었다. 이러한 차별적인 양육방식은 차별을 받은 언니뿐만 아니라, 편애를 받은 내담자 역시 불안을 느끼게 하였다. 가정 내에서 폭력적인 상황을 간접적으로 경험한 아동은 자신이 그 폭력의 피해자가 되지 않을까 두려워하고 불안함을 느낄 수 있으며, 이로 인해 더더욱 부모의 말에 순종하고 그들을 기쁘게 만들려 노력하게 된다. 내담자 역시 가정 내의 불안을 함께 경험하였으며, 이로 인해 어머니를 모델링하여 가족들의 눈치를 살피고, 그들을 기쁘게 하기 위한 마스코트 역할을 수행하게 되었던 것으로 보인다.

사회학습이론에서 Bandura는 행동의 새로운 패턴은 다른 사람을 관찰 및 모방하여 형성될 수 있다고 주장하였으며, 이를 모델링(modeling)이라고 정의하였다(Bandura & McClelland, 1977). 내담자는 가정 내에서 불안을 경험하면서 어떻게 대처해야 할지 고민하며, 무의식적으로 가장 중요한 타인인 어머니의 모습을 그대로 모델링하였다고 볼 수 있다.

- **가족을 기쁘게 해 주려 함**

    내담자: 집안이 겉으로 보기에는 되게 화목한데 내부는 왜 그런지 항상 불안해서 제가 막 춤추고
    그랬던 기억이 나요. 분위기 띄우려고. (1회기)

(3) 학령기

학령기에는 언니의 불안발작, 가족의 불안 표면화, 찬밥 신세 그리고 이러한 사건들로 인한 내담자의 감정 억제 모델링이 나타났다. 학령기에 가족 안에서 나타난 사

건들은 내담자의 언니를 중심으로 이루어졌으나, 언니와 얽혀 있는 사건들은 결과적으로 부모와 내담자에게도 영향을 미치게 되었다. 이와 같은 역동을 중심으로, 내담자는 모델링을 통해 감정을 억제하는 방식의 전략을 선택하게 되었다. 이는 결과적으로 불안을 강화시키는 시발점이 되었다.

① 언니의 불안발작

내담자 학령기의 가장 주요한 사건은 언니의 불안발작이다. 내담자의 언니는 어린 시절부터 부모의 폭력적인 태도와 차별적인 양육으로 인해 심리적인 어려움을 경험해 왔으며, 이러한 상황에 입시 스트레스까지 더해지자 불안은 한계치를 넘어섰다. 이 시기에 내담자 언니는 불안장애로 진단받은 것은 아니었으나, 불안으로 인해 소리를 지르거나, 히스테릭한 모습을 보이면서 자살하겠다고 위협하는 등 발작과 유사한 모습들을 보였다. 이로 인해 부모와 언니의 갈등이 심해지고, 살얼음판 같은 집안 분위기가 지속되었다. 어린 시절부터 간접적인 폭력 경험으로 인해 눈치를 보며 성장해 왔던 내담자에게 이와 같은 가족 분위기의 악화는 더욱 큰 불안을 경험하게 하였다.

한편, 내담자의 언니는 차별적 양육과 본인의 콤플렉스로 인하여 동생인 내담자에게 분노를 느끼고 있었는데, 이 시기부터 그와 같은 감정을 내담자에게 폭력적으로 표현하기 시작하였다. 언니의 폭력과 폭언은 부모가 모르는 사이에 이루어졌으며, 내담자는 나이 차이가 많이 나는 언니의 폭력을 혼자 고스란히 감당해야만 했다.

- **살얼음판 같은 가족 분위기**

  내담자: 그때 가정 분위기 자체가 싸늘하고, 살얼음판? 그런 느낌이 있어서, 무섭고 불안했던 것 같아요. (2회기)

- **부모와 언니의 갈등**

  아버지: 첫째가 시험 볼 때, 성적이 안 나오면 자기가 폭발하거나 완전히 집안 분위기가 다운되니까. 애가 막 히스테리를 부리면 달래는 과정에서, 안 되면 그때는 나도 성질을 내는 거죠. (6회기)

- **내담자에 대한 언니의 폭력**

  내담자: 언니는 내가 발소리만 내도 엄청 화내고. 그리고 TV 채널 좀 돌리면 그게 그렇게 분했는지 리모컨으로 막 때리고. …… 〈중략〉 …… 언니가 막말 같은 거, "옥상 계단에서 밀어버리고 싶다." 이런 얘기도 언니가 저한테 했었어요. 회향시켜야 된다고도 하고. (9회기)

② 가족의 불안 표면화

언니의 불안발작으로 인해 가족 내에서 잠재되어 있던 불안이 표면화되었다. 실제적으로 내담자의 영유아기까지는 "겉으로 보기에는 평온하고 화목한 가족(3회기)" 같았다면, 내담자의 학령기부터는 그 내재되어 있던 불안이 표출되면서, 잠재되어 있던 부모의 불안과 내담자의 불안까지 표면화되었다.

- **부모의 불안 표면화**

    어머니: (첫째) 눈치를 보게 되었죠. 첫째가 방문 닫고 들어가 있으면, 창문 소리만 드르륵 나도 심장이 덜컥덜컥 했어요. 자꾸 이러면 나 진짜 죽어 버릴 거라고 하니까(혹시 진짜 그럴까 봐). (9회기)

- **내담자의 불안 표면화**

    내담자: 그때 소리가 시끄러우면 제가 혼자 방에 들어가서 책을 거꾸로 들고 막 부들부들 떨고 있었어요. 지금 생각해 보면, 그때부터 불안감이 높지 않았을까 생각이 들어요. (2회기)

③ 찬밥 신세

Alfred Adler는 첫째 자녀가 독자인 시기에 부모의 끊임없는 사랑과 관심을 받다가, 동생이 태어남으로써 관심을 빼앗기고 세계관이 극적으로 뒤바뀌는 현상을 '폐위된 왕'이라고 지칭한 바 있다(권중돈, 2014). 이 사례의 가족에서의 내담자는 둘째였으나, 항상 편애와 관심을 받으며 성장하다가 언니의 불안발작으로 인하여 부모의 관심 밖으로 밀려나는 찬밥 신세가 되었다. 부모는 표면화된 불안으로 인해 전전긍긍하며 언니에게 모든 관심과 집중을 쏟았고, 이로 인해 내담자는 부모의 관심을 빼앗기게 되었다.

더 나아가 언니의 문제가 수면 위로 떠오르자, 부모는 내담자에게 "너는 언니처럼 해서는 안 된다."라는 메시지를 반복적으로 주었다. 이와 같은 부모의 태도는 내담자에게 커다란 압박감으로 다가갔다. 또한 부모가 없을 때 반복되던 언니의 폭력은 내담자로 하여금 언니의 눈치를 보게 만들었다.

이처럼 학령기 시기의 내담자는 이전과는 완전히 달라진 환경 속에 내던져졌다. 내담자는 '찬밥 신세'가 되었고, 부모와 언니의 눈치를 모두 살펴야 하는 상황 속에서 내담자의 불안은 증폭되었다.

- **부모의 관심 빼앗김**

    내담자: 그냥 뭔가, 저는 항상 뒤에 있고, '언니를 케어한다'고 생각을 했어요. '나보다 (언니한테) 더 신경을 쓰는 구나!' 이런 느낌이었죠. (10회기)

- **언니와의 비교 압박**

    내담자: 아빠가 언니한테 화를 많이 내서, 항상 무서워서 침대에서 자는 척을 했었거든요. 그러면 엄마가 저한테 와서, 너는 똑바로 하라고. 이런 말을 항상 들어서. 그때부터 그게 너무 싫었어요. "너라도 좀 제대로 해라." 이런 말이. (1회기)

- **언니의 눈치를 보게 됨**

    내담자: 언니 눈치를 많이 보고, 언니한테 최대한 욕 안 먹으려고 노력했던 것 같아요. 나중에는 언니를 보면 심장이 뛰는 거예요. 그때는 그게 무슨 감정인지 잘 몰랐어요. (9회기)

④ **모델링: 감정 억제**

언니의 불안발작과 가족의 불안 표면화 그리고 찬밥 신세가 된 상황은 내담자에게 막대한 부담감을 느끼게 하였다. 특히 부모의 관심 밖으로 밀려난 찬밥 신세는 내담자에게 심각한 위기감을 주었다. 이러한 상황에서 부모의 "언니처럼 해서는 안 된다."라는 메시지가 더해지자, 내담자는 모델링의 대상을 언니로 삼고 이와 반대로 행동하는 것을 전략으로 선택하였던 것으로 보인다. Bandura에 의하면 모델링은 상대의 행동뿐만 아니라 행동에 대한 반응과 결과 역시 관찰함으로써 형성된다. 즉, 모델링 대상의 행동에 주변에서 어떻게 반응하는지에 따라, 그 행동을 모방할지 혹은 반대로 억제하여 대상과 다르게 행동할지를 결정하게 된다(Bandura & McClelland, 1977). 이 경우에 내담자는 언니처럼 행동했을 때 부모가 힘들어하는 모습을 관찰하면서 자신은 그렇게 행동하지 말아야겠다는 무의식적 동기를 가지게 되었으며, 거기에 부모의 반응이 도화선이 되어 언니와 반대되는 모습을 모델링하게 되었다. 즉, 불안으로 인해 감정을 과격하게 표출하는 언니와 반대로 자신의 감정을 억누르고 억제하게 된 것이다. 그러나 솔직한 감정을 억제하는 것은 내담자의 불안을 감소시키기보다는 더욱 증폭시키는 역할을 하게 되었다.

- **언니와 반대로 행동하겠다고 다짐**

    치료자: 울어야 할 상황인데 왜 웃으면서 하냐고 물어보니까, 언니 이야기를 하더라고요. 언니가 항상 소리 지르고, 화내고.

내담자: (언니처럼) 그러지 말아야 되겠다는 생각을 어릴 때부터 항상 했었던 것 같아요. (9회기)

- **감정을 억제함**

어머니: 감정에 솔직한 게 좋은 건데. 알고 봤더니 그런 눈물을 흘려야 되는 상황에서도 둘째 딸이 되게 억제를 하고 있었더라고요. (9회기)

(4) 청소년기

내담자의 청소년기에는 중대한 사건이 발생하지는 않았다. 불안발작으로 집안을 뒤흔들어 놓았던 언니가 대학생이 됨으로써 안정되었기에, 가정에 일시적인 평화가 찾아왔다. 그러나 가족 내에서, 그리고 내담자의 내면에서 이루어지고 있던 억압은 수면 아래에서 더욱 강화되었고, 이로 인해 내담자의 불안이 증폭되었다. 결과적으로 내담자가 모델링을 통해 병리 동화를 나타냄으로써 공황장애가 촉발되었다.

① 압박감의 강화

내담자의 청소년기에 억압은 점차 강화되었다. 내담자의 부모는 언니가 대학에 간 이후에 내담자에게 관심을 집중하기 시작하였고, 내담자에 대한 기대감이 더욱 가중되었다. 특히 어머니의 경우 내담자가 기대를 벗어나는 행동을 보일 때 "정신 나간 사람처럼 소리를 지르는(7회기)" 등 히스테릭한 모습을 보였는데, 이는 내담자에게 상당한 압박으로 작용하였다. 또한 내담자의 내면에서는 학령기 때부터 지속되어 온 감정 억제가 더욱 강화되었다. 내담자는 자신의 부정적인 감정을 억제했던 학령기와 달리, 청소년기에는 이와 같은 기준이 아예 내면화되었다는 점에서 감정 억제가 강화되었다고 볼 수 있다. 즉, 내담자는 청소년기 이전까지는 감정을 억제하며 불안감을 가지고 있었다면, 청소년기부터는 오히려 감정을 억제하지 않을 때 불안하였다고 볼 수 있다. 내담자가 고등학교에 입학한 이후, 학교 스트레스까지 겹치면서 압박감은 임계점에 도달하였다.

- **부모의 기대 가중**

어머니: 큰아이한테 조금 기대가 안 됐었어요. 둘째는 언니보다는 이해력도 좀 있고, 암기력도 좋고. 조금 푸시하면, 무섭게 하면 얘는 잘 하는 아이인 거예요. 기대가 좀 있었죠. 제가 아들이 없으니까 둘째 딸을 정말 잘 키워 보고 싶어가지고. (9회기)

- **감정 억제의 강화**

  내담자: 제가 슬퍼하면서 우는 걸 못 견뎌서 참는 버릇이 있어요. 엄마랑 언니가 울면서 얘기해도 그걸 견디지 못하기도 하고. (7회기)

- **학교 스트레스의 강화**

  내담자: 그냥 다 벅찼어요. 고등학교 시험 같은 것도 그랬고. 친구들하고 막 싸우지는 않았는데, 관계를 잘 유지하려고 노력하는 것도 사실 벅찼고. 그랬던 것 같아요. (1회기)

② 내담자의 불안 증폭

청소년기에 내담자의 불안은 계속적으로 증폭되어 갔다. 내담자는 상대의 표정을 보면서 예민하게 반응하였고, 감정의 통제에 어려움을 겪었다. 또한 내담자는 한계치가 넘는 불안을 경험하면서, 스스로가 괴물 같다고까지 느끼게 되었다. 이와 같은 내담자의 불안 증폭은 부모의 기대가 가중되고 학교에서의 스트레스가 높아지면서 발생한 것이기도 하나, 그 이면에는 감정을 억제해 왔던 내담자의 모델링이 가진 부정적인 영향이기도 하였다. 내담자는 언니와 다른 모습을 함으로써 부모의 사랑을 받기 원했으나, 그럼으로써 부모는 "첫째는 힘들게 했는데 둘째는 야단을 쳐도 잘 넘어가는구나(9회기)."라고 생각하게 되었다. 이로 인해 내담자는 여전히 애정 욕구를 충족시키지 못하였고, 오히려 불안을 억제함으로써 내담자의 불안은 더욱 증폭되었다.

- **예민해짐**

  내담자: 엄마가 말은 안 하고, 표정이 딱 (마음에 안 든다는) 그게 있어요. 근데 물어보면 없대요. 그러면 저 혼자 막 (상상을 해요). 그러면 마음이 불안한 거예요. 뭔가 있는데 왜 저렇게 말을 안 하지? (11회기)

- **감정 통제가 안 됨**

  내담자: 심장이 너무 두근거리고, 감정 컨트롤이 안 된다고 해야 하나? 그때는 계속 눈물이 나고 그랬었거든요. (9회기)

- **한계치를 넘는 불안**

  내담자: 제가 한창 아플 때, 엄마한테 용기를 내서 너무 힘들다고 했었거든요. "난 나 자신이 너무 괴물 같아."라고 그랬거든요. 너무 불안함이 심하니까, '내가 괴물이라서 이러는 건가?' 이런 생각이 항상 들었어요. (1회기)

③ 모델링: 병리 동화

이전 시기에 내담자는 모델링을 통해 기쁨조 역할과 감정 억제를 습득하여 전략으로 사용하고 있었다. 그러나 언니와 다른 방향으로 형성된 전략은 부모의 애정을 끌어내는 데 실패하였고, 오히려 병리를 외적으로 나타낸 언니가 부모의 관심과 사랑을 받는 것을 내담자는 무의식적으로 인식하였을 것으로 보인다. 이 과정에서 연구자는 내담자가 언니의 병리를 무의식적으로 모델링하였다고 보았다.

연구자는 내담자가 언니의 병리에 동화되어 이를 모델링하면서, 자신이 원하던 관심과 애정을 충족시키기 위한 무의식적인 목적으로 인해 공황장애를 경험하게 되었다고 해석하였다. 내담자의 공황장애는 가족을 알아보지 못할 만큼 심각한 증상으로 나타났는데, 이로 인해 부모는 "원자폭탄이 떨어진 것 같은 충격(3회기)"을 받고 내담자에게 맞춰 모든 삶의 방식을 변화시켰다. 그동안 수용해 주지 않았던 것들을 모두 수용해 주는 부모의 행동 변화는 내담자의 공황장애가 애정 욕구를 충족시키기 위한 목적을 달성했음을 의미하는 것이며, 결과적으로 이러한 가족의 변화를 통해 내담자의 공황 증상은 계속 유지되고 강화되었다. 이는 내담자가 고등학교 1학년 때 공황장애의 진단을 받은 후, 1~2년 간격으로 비행기공포증, 지하철공포증 등의 다양한 불안 증상을 추가적으로 경험하게 되었음을 통해 이해할 수 있다.

- 병리의 발생

  내담자: 고1 때 처음으로 심장이 벌렁벌렁거려서. 이게 현실인지 비현실인지 가끔 구분이 잘 안 되었던 것 같아요. …… 〈중략〉 …… 처음에는 뭔지 몰랐는데, 공황장애라고 하더라고요. (1회기)

- 목적 달성에 따른 병리의 유지

  내담자: 예전에 비해서 (부모가) 굉장히 저한테 관심을 가져 주고, 뭔가 저를 생각해 주는 느낌도 들고. 조금 더 사랑받는 느낌도 들었어요. (1회기)

  치료자: 공황 증상이 힘이에요. 둘째 따님(내담자) 말이 먹힐 수 있는 파워를 갖는 거죠.
  아버지: 애가 좀, (증상을 통해) 자기가 주도권을 잡으려고 하는 느낌이 있어요. (6회기)

(5) 개인발달 단계에 따른 공황장애 발생 과정에서 나타난 가족 역동에 관한 네트워크

[그림 11-1]은 개인발달 단계에 따라 가족 내에서 발생한 사건과 경험을 중심으로

공황장애의 발생 과정에서 나타난 가족 역동을 네트워크를 통해 제시한 것이며, 그에 대한 구체적인 내용은 다음과 같다.

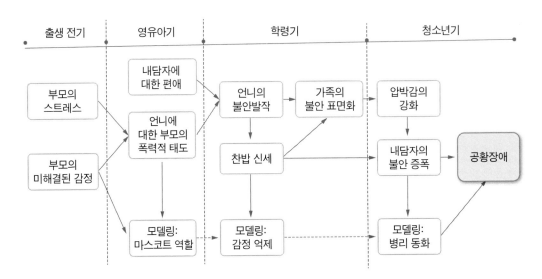

[그림 11-2] 개인발달 단계에 따른 공황장애 발생 과정에서 나타난 가족 역동에 관한 네트워크

5. 결론

1) 연구 요약

연구는 공황장애를 가진 내담자의 가족치료 사례를 분석하여, 개인발달 단계에 따른 내담자의 공황장애 발생 과정 및 그 과정에서 나타난 가족 내 역동을 살펴보았다. 이에 따른 연구결과는 다음과 같다.

첫째, 내담자의 출생 전기에는 내담자 부모의 미해결된 감정과 부모의 스트레스가 나타났다. 부모는 결혼 전에는 원가족에서부터 해결되지 못한 불안과 마스코트 역할 그리고 전이 감정을 가지고 있었고, 결혼 이후에 다양한 스트레스를 경험해 왔다. 이와 같은 부모의 미해결 감정과 스트레스는 내담자의 영유아기 이후의 단계에 영향을 미치는 중요한 요인이 되었다.

둘째, 영유아기에는 언니에 대한 부모의 폭력적 태도와 내담자에 대한 편애 그리고 모델링을 통한 마스코트 역할이 나타났다. 부모의 미해결된 감정과 스트레스는 언니에 대한 폭력적 태도에 막대한 영향을 미쳤다. 내담자의 부모는 언니에 대한 폭력과 동시에 내담자에 대해서는 편애적인 태도를 취하였는데, 이 과정에서 내담자가 불안을 경험하면서 눈치를 보는 어머니를 모델링하여 똑같은 행동을 취하게 되었다.

셋째, 학령기에는 언니의 불안발작과 그로 인한 가족 불안의 표면화 그리고 내담자가 찬밥 신세가 되는 사건들이 나타났다. 이와 같은 변화로 인해 내담자의 불안이 높아지면서, 내담자는 언니와 반대되는 모습을 취하고자 감정 억제의 모델링을 하게 되었다. 그러나 내담자의 감정 억제는 불안을 감소시키기보다 더욱 증폭시키는 역할을 하였다.

넷째, 청소년기에는 압박감의 강화, 내담자의 불안 증폭 그리고 병리 동화의 모델링이 나타났다. 내담자가 청소년기에 내·외적으로 압박감이 강화되는 상황들을 경험하면서 불안이 증폭되었고, 그 과정에서 언니의 병리 동화의 모델링이 형성되었다. 이를 통해 내담자는 공황장애를 경험하게 되었다.

2) 함의 및 제언

이 연구결과에 따른 함의는 다음과 같다.

첫째, 내담자의 공황장애를 발생시킨 과정에 대하여 심도 있게 탐색함으로써, 개인발달 단계에 따라 공황장애 환자들의 경험들이 어떻게 공황장애로 발생하게 되었는지에 대한 과정을 구체적으로 제시하였다는 점에서 의미가 있다. 기존의 연구들은 단편적인 경험들이 공황장애와 연관되어 있다(Cougle et al., 2010; Klauke et al., 2010; Newman et al., 2016; Zou et al., 2016)고 보았는데, 이 연구는 각 사건이 공황장애의 발생과 어떠한 맥락으로 연결되어 있으며, 어떠한 인과적인 과정을 거쳐 공황장애가 발생되었는지를 설명하였다. 이와 같은 연구결과를 통해 공황장애의 발생 원인에 대한 새로운 시각을 제안하였다는 점에서 의의가 있다.

둘째, 가족 내에서 나타난 체계적인 속성이 개인의 문제와 얼마나 밀접한 관련이 있는지 보여 주었다는 점에서 의미가 있다. 연구결과에서 나타난 바와 같이, 내담자가 직접적으로 경험한 폭력이나 학대 혹은 스트레스 사건은 별로 없는 편이었으며, 오히려 내담자의 부모와 언니와의 관계를 중심으로 다양한 사건이 발생하였다. 이 때문에 내담자를 가족과 완전히 분리시켜 살펴보면 공황장애를 유발할 만한 요인을 찾는 것이 쉽지 않다. 그러나 내담자를 가족과 관련하여 보았을 때 많은 역동관계를 발견할 수 있다. 특히 언니의 불안발작으로 시작된 가족 내의 역동이 부모의 변화를 초래하였고, 그로 인해 '찬밥 신세'가 된 내담자에게 공황장애가 나타나게 되었다. 이러한 결과를 통해, 공황장애라고 하는 내담자의 증상이 가족 전체의 체계 및 역동과 관련되어 있음을 제안하였다는 점에서 의의가 있겠다.

셋째, 모델링이라는 개념을 통해 내담자가 무의식적 욕구를 충족시키려는 목적으로 병리를 나타내었다는 역동관계를 제시하였다는 점에서 의미가 있다. 연구결과에서 제시한 바와 같이, 내담자는 가족 내에서 경험한 사건들에 대하여 모델링을 통해 대처하였다. 첫 번째 모델링은 자신과 가장 밀접한 관계를 가진 어머니를 모방하여 학습한 것이었다면, 두 번째 모델링은 가정의 문제아가 된 언니와 반대가 되는 방향으로 이루어졌다. 그리고 세 번째 모델링은 이전의 대처들이 효과가 없었기 때문에 언니와 동화되는 방향으로 발생하였다. 기존의 연구들을 살펴보면 모델링은 교육학 분야에 집중되어 있으며, 가족과 모델링을 연관지어서 진행한 연구는 거의 존재하지 않는다. 즉, 이 연구의 결과는 모델링의 개념을 가족에 도입하여, 내담자의 무의식적인 욕구의 충족을 위한 전략으로서 모델링을 해석하였다는 점에서 의의가 있다. 또한 상담 현장에서 병리를 유발시킬 수 있는 내담자의 무의식적 욕구를 이해하는 새로운 틀을 제안하였다는 점에서도 의의가 있다고 볼 수 있다. 더 나아가 상담 현장에서 살펴보면 자녀들 중 1명이 문제행동을 나타내었다가 조금 완화되었을 때, 다른 자녀의 문제행동이 연이어 나타나는 경우가 많다. 연구결과에서 해석한 모델링은 이러한 현상을 설명할 수 있는 가설을 제안하였다는 점에서 의미가 있다.

연구결과를 중심으로 연구자는 공황장애를 가진 내담자를 만나는 치료자에게 다음과 같이 제언하고자 한다.

첫째, 치료자는 내담자의 개인발달 단계에 따른 주요 사건들을 살펴보고 이를 맥락적으로 연결시키는 과정이 필요할 것이다. 연구결과에 따르면 공황장애는 하나의 사건을 통해 나타나는 것이 아니라, 수많은 사건과 역동이 얽혀 있는 복잡한 질환이다. 따라서 치료자는 단순히 공황장애가 발생한 시점을 넘어서, 생애 초기부터 가족 내에서 나타난 사건들을 탐색하고 연결 짓는 것이 필요할 것이다.

둘째, 치료자는 가족체계적 시각을 갖고, 내담자뿐만 아니라 다른 가족구성원들의 경험들도 살펴보아야 할 것이다. 이 연구결과에서 중요한 점은 내담자가 직접적으로 관련되지 않은 언니와 관련된 사건들이 내담자에게 막대한 영향을 미쳤으며, 결과적으로 병리를 모델링하게 만들었다는 점이다. 따라서 공황장애 내담자를 만나는 치료자는 모든 가족구성원의 경험을 살펴보고, 이를 내담자의 공황장애와 체계론적으로 연결시키는 과정이 필요하다.

셋째, 공황장애 내담자의 가족치료 사례를 중심으로 분석하여 심층적 결과를 도출해 내었으나, 이와 같은 가족 역동의 특징이 다른 공황장애 가정에도 해당될 수 있는 사항인지 확인하는 과정이 필요할 것이다. 따라서 이 연구결과를 바탕으로, 또 다른 공황장애 내담자들의 가족 역동을 분석하여 제시하는 연구가 진행되기를 기대해 본다.

참고문헌

건강보험심사평가원(2020). 질병세분류 (4단 상병) 통계. 보건의료빅데이터개방시스템. http://opendata.hira.or.kr/op/opc/olap4thDsInfo.do#none

권석만(2013). 현대 이상심리학. 서울: 학지사.

권중돈(2014). 인간행동과 사회환경: 이론과 실천. 서울: 학지사.

김류원, 윤영민(2018). 공황장애에 대한 언론보도 내용분석: 유명인 정보원의 역할에 대한 재조명. 한국언론학보, 62(5), 37-71.

문혜린, 박태영(2019). 불안장애의 발생 과정과 가족 내 역동에 관한 연구: 공황장애와 범불안장애를 가진 두 자매의 가족치료 사례를 중심으로. 한국가족복지학, 63, 5-33.

안현아, 문정화, 박태영(2019). 공황장애 대학생의 가족치료 사례연구: 생애주기별 심리적 어려움과 양육태도를 중심으로. 정신건강과 사회복지, 47(1), 29-59.

정문자, 정혜정, 전영주, 이선혜(2018). 가족치료의 이해. 서울: 학지사.

American Psychiatric Association (2013). *Diagnostic and statistical manual of mental disorders* (5th). Washington, DC: American Psychiatric Publishing, Inc.

Asselmann, E., Wittchen, H. U., Lieb, R., & Beesdo-Baum, K. (2016). Risk factors for fearful spells, panic attacks and panic disorder in a community cohort of adolescents and young adults. *Journal of Affective Disorders, 193*, 305-308.

Bandelow, B., Späth, C., Tichauer, G. Á., Broocks, A., Hajak, G., & Rüther, E. (2002). Early traumatic life events, parental attitudes, family history, and birth risk factors in patients with panic disorder. *Comprehensive Psychiatry, 43*(4), 269–278.

Bandura, A., & McClelland, D. C. (1977). *Social learning theory* (Vol. 1). Prentice Hall: Englewood cliffs.

Battaglia, M., Bertella, S., Politi, E., & Bernardeschi, L. (1995). Age at onset of panic disorder: Influence of familial liability to the disease and of childhood separation anxiety disorder. *The American Journal of Psychiatry, 152*(9), 1362–1364.

Biederman, J., Petty, C. R., Hirshfeld-Becker, D. R., Henin, A., Faraone, S. V., Fraire, M., Henry, B., McQuade, J., & Rosenbaum, J. F. (2007). Developmental trajectories of anxiety disorders in offspring at high risk for panic disorder and major depression. *Psychiatry Research, 153*(3), 245–252.

Braun, V., & Clarke, V. (2006). Using thematic analysis in psychology. *Qualitative Research in Psychology, 3*(2), 77–101.

Cougle, J. R., Timpano, K. R., Sachs-Ericsson, N., Keough, M. E., & Riccardi, C. J. (2010). Examining the unique relationships between anxiety disorders and childhood physical and sexual abuse in the National Comorbidity Survey-Replication. *Psychiatry Research, 177*(1–2), 150–155.

Esquivel, G., Schruers, K. R., Maddock, R. J., Colasanti, A., & Griez, E. J. (2010). Acids in the brain: A factor in panic? *Journal of Psychopharmacology, 24*(5), 639–647.

Goldenberg, I., Stanton, M., & Goldenberg, H. (2017). *Family therapy: An overview.* Boston, MA: Cengage Learning.

Goodwin, R. D., Fergusson, D. M., & Horwood, L. J. (2005). Childhood abuse and familial violence and the risk of panic attacks and panic disorder in young adulthood. *Psychological Medicine, 35,* 881–90.

Guest, G., MacQueen, K. M., & Namey, E. E. (2012). *Applied thematic analysis.* Thousands Oaks. CA: Sage.

Himle, J. A., & Fischer, D. J. (1998). Panic disorder and agoraphobia. In B. A. Thyer & J. S. Wodarski (Eds.), *Handbook of empirical social work practice* (pp. 311–326). New York: Jonh Wiley & Sons.

Horesh, N., Amir, M., Kedem, P., Goldberger, Y., & Kotler, M. (1997). Life events in childhood, adolescence and adulthood and the relationship to panic disorder. *Acta Psychiatr Scand, 96,* 373-378.

Klauke, B., Deckert, J., Reif, A., Pauli, P., & Domschke, K. (2010). Life events in panic disorder? An update on "candidate stressors". *Depression and Anxiety, 27*(8), 716-730.

Laraia, M. T., Stuart, G. W., Frye, L. H., Lydiard, R. B., & Ballenger, J. C. (1994). Childhood environment of women having panic disorder with agoraphobia. *Journal of Anxiety Disorders, 8*(1), 1-17.

Lochner, C., Seedat, S., Allgulander, C., Kidd, M., Stein, D., & Gerdner, A. (2010). Childhood trauma in adults with social anxiety disorder and panic disorder: A cross-national study. *African Journal of Psychiatry, 13*(5), 376-381.

Miles, M. B., Huberman, A. M., & Saldaña, J. (2019). *Qualitative data analysis.* Thousand Oaks, CA: Sage.

Miloyan, B., Bienvenu, O. J., Brilot, B., & Eaton, W. W. (2018). Adverse life events and the onset of anxiety disorders. *Psychiatry Research, 259*(1), 488-492.

Moreno-Peral, P., Conejo-Cerón, S., Motrico, E., Rodríguez-Morejón, A., Fernández, A., García-Campayo, Roca, M., Serrano-Blanco, A., Rubio-Valera, M., & Bellón, J. Á. (2014). Risk factors for the onset of panic and generalised anxiety disorders in the general adult population: A systematic review of cohort studies. *Journal of Affective Disorders, 168,* 337-348.

Newman, M. G., Shin, K. E., & Zuellig, A. R. (2016). Developmental risk factors in generalized anxiety disorder and panic disorder. *Journal of Affective Disorders, 206,* 94-102.

Nowell, L. S., Norris, J. M., White, D. E., & Moules, N. J. (2017). Thematic analysis: Striving to meet trustworthiness criteria. *International Journal of Qualitative Methods, 16*(1), 1-13.

Ogliari, A., Tambs, K., Harris, J. R., Scaini, S., Maffei, C., Reichborn-Kjennerud, T., & Battaglia, M. (2010). The relationships between adverse events, early antecedents, and carbon dioxide reactivity as an intermediate phenotype of panic disorder. *Psychotherapy and Psychosomatics, 79*(1), 48-55.

Patton, M. Q. (2014). *Qualitative research & evaluation methods.* Thousand Oaks, CA: Sage.

Peel, R., & Caltabiano, N. (2020). Why do we sabotage love? A thematic analysis of lived experiences of relationship breakdown and maintenance. *Journal of Couple & Relationship,* 1-33.

Sean, D., & Nichols, M. P. (2016). *Family therapy: Concepts and methods* (11th ed.). Needham Heights, MA: Allyn and Bacon.

Seganfredo, A. C. G., Torres, M., Salum, G. A., Blaya, C., Acosta, J., Eizirik, C., & Manfro, G. G. (2009). Gender differences in the associations between childhood trauma and parental bonding in panic disorder. *Brazilian Journal of Psychiatry, 31*(4), 314–321.

Servant, D., & Parquet, P. J. (1994). Early life events and panic disorder: Course of illness and comorbidity. *Prog Neuropsychopharmacol Biol Psychiatry, 18,* 373–379.

Shim, D. Y., Lee, D. B., & Park, T. Y. (2016). Familial, social, and cultural factors influencing panic disorder: Family therapy case of Korean wife and American husband. *American Journal of Family Therapy, 44*(3), 129-142. https://doi.org/10.1080/01926187.2016.1145085

Tietbohl-Santos, B., Chiamenti, P., Librenza-Garcia, D., Cassidy, R., Zimerman, A., Manfro, G. G., Kapczinski, F., & Passos, I. C. (2019). Risk factors for suicidality in patients with panic disorder: A systematic review and meta-analysis. *Neuroscience and Biobehavioral Reviews, 105*(July), 34-38.

Von Bertalanffy, L. (1976). *General System Theory.* New York: George Braziller Inc.

Wallin, D. J. (2007). *Attachment in psychotherapy.* New York: Guilford Press.

Wood, C. M., Cano-Vindel, A., & Salguero, J. M. (2015). A multi-factor model of panic disorder: Results of a preliminary study integrating the role of perfectionism, stress, physiological anxiety and anxiety sensitivity. *Anales de Psicología/Annals of Psychology, 31*(2), 481-487.

Yin, R. K. (2017). *Case study research and applications: Design and methods.* Thousand Oaks. CA: Sage.

Zilcha-Mano, S., McCarthy, K. S., Chambless, D. L., Milrod, B. L., Kunik, L., & Barber, J. P. (2015). Are there subtypes of panic disorder? An interpersonal perspective. *Journal of Consulting and Clinical Psychology, 83*(5), 938-950.

Zou, Z., Huang, Y., Wang, J., He, Y., Min, W., Chen, X., Wang, J., & Zhou, B. (2016). Association of childhood trauma and panic symptom severity in panic disorder: Exploring the mediating role of alexithymia. *Journal of Affective Disorders, 206,* 133–139.

제 12 장

불안장애 발생 과정과 가족 내 역동에 대한 사례연구*

　연구의 목적은 한 가족 내에서 자매가 각각 범불안장애와 공황장애를 경험한 사례를 중심으로, 불안장애가 발생하는 과정과 가족 내 역동을 탐색하는 데 있다. 분석을 위한 연구 방법으로는 복잡한 현상을 심층적으로 분석할 수 있는 사례연구 방법을 선택하였고 분석결과를 매트릭스와 네트워크로 제시하였다. 분석결과, 불안장애의 발생 과정은 잠재적 불안 단계, 불안의 시작 단계, 불안의 증폭 단계, 불안의 확산 단계, 증상의 발현 단계로 나타났다. 한편, 단계에서 나타난 하위 요소들은 서로 상호작용을 하며 영향을 미치는 것으로 나타났다. 이 연구결과는 불안장애를 가족체계적인 관점으로 접근하였고, 불안장애의 발생 과정을 탐색하였으며, 불안장애의 발생에서의 두 자매의 공통적인 특징을 찾아냈다는 점에서 의미가 있다.

1. 서론

　불안은 누구나 생활 속에서 흔히 경험하는 불쾌하고 고통스러운 감정이다. 부정적인 결과가 나타날 수 있는 위협적이고 위험한 상황에서 사람이 경험하게 되는 정서적 반응이 불안이다(권석만, 2013). 따라서 정상적인 수준의 불안을 느끼면 사람은 부정적 결과가 발생하지 않도록 긴장하며 조심스러운 행동을 하게 되며, 그로 인해 위험을 피할 수 있다(권석만, 2014). 그러나 일반적이지 않고 부적응적인 양상으로 나타나는 병적인 불안으로 인해 과도한 심리적 고통을 느끼거나 현실적인 적응에 심각

* 문혜린, 박태영(2019). 불안장애의 발생과정과 가족 내 역동에 관한 연구: 공황장애와 범불안장애를 가진 두 자매의 가족치료 사례를 중심으로. 한국가족복지학, (63), 5-33.

한 어려움을 겪게 되는 경우가 있는데, 이때 불안장애로 진단받을 수 있다(American Psychiatric Association, 2013). 불안장애를 겪는 사람들은 위험하지 않은 상황에서도 불필요하게 경계 태세를 취하고 과도하게 긴장을 하게 되어 혼란에 빠지거나, 현실적인 위험 수준에 비해 과도한 불안을 느끼게 된다(권석만, 2014).

한국에서는 1년 동안 200만 명이 넘는 불안장애 환자들이 병원을 찾았으며, 이는 추산된 정신질환 환자의 절반에 가까운 수치이다(통계청, 2016). 이처럼 불안장애는 정신질환 중 가장 흔한 질병 중 하나이며, 일반 인구 중 약 15% 이상이 평생 동안 한 번 이상의 불안장애를 앓는 것으로 나타났다(이승환, 강민정, 임정화, 성우용, 2012).

불안장애의 원인으로는 생물학적인 원인, 유전적 원인, 사회 및 환경적 원인 등이 다양하게 제시된다(김정규, 2016). 이처럼 일반적으로 하나의 증상을 바라볼 때에는 하나의 원인이 아닌 다양한 차원의 요소가 영향을 미친다고 본다. 기존 연구에서는 불안장애의 원인을 다차원적으로 파악하려 하였으나, 대부분 횡단적인 수준에서 그치고 있다(Dooley, Fitzgerald, & Giollabhui, 2015; Drake & Ginsburg, 2012; Schleider & Weisz, 2016). 그러나 불안장애를 횡단적으로 바라보는 것보다 종단적으로 바라보는 것이 더 중요할 수 있는데, 이는 불안이 전 생애에 걸쳐 수많은 사건의 영향을 받으며 형성되고 증폭되기 때문이다(Miloyan, Bienvenu, Brilot, & Eaton, 2018). 단면적인 접근으로는 불안장애를 촉발시키거나 유지시키고 있는 단선적인 요인을 확인할 수 있으나, 그 이면에 존재하고 있는 수많은 잠재적인 요인을 간과하게 된다. 특히 불안은 생애 초기의 경험과 밀접한 관련이 존재하기 때문에, 불안장애를 경험하는 사람들의 이전 생애 경험을 탐색해 보는 것은 매우 중요한 작업이다(Francis, Moitra, Dyck, & Keller, 2012; McLaughlin, Conron, Koenen, & Gilman, 2010; Taher, Mahmud, & Amin, 2015).

특히 이전 생애 경험에 따라 불안장애를 탐색할 때에 가족적인 측면을 주목할 필요가 있다. 가족은 인간이 태어나 처음으로 접하는 대상이며, 일반적으로 인간은 스스로 살아갈 수 있는 능력을 갖게 될 때까지 가족의 울타리 안에서 살아간다. 부모는 아이의 삶에 가장 큰 영향을 미치는 사람이며, 아이들은 부모의 행동이나 생각을 학습하고 모방하며 내면화한다(Gomez, Quiñones-Camacho & Davis, 2018). 따라서 불안장애를 경험하는 사람이 가족 안에서 어떤 경험을 해 왔는지 심층적으로 탐색하는 것은 매우 중요하다. 특히 가족이라는 체계 안에서 개인의 증상은 체계의 흐름과 관계의 맥락에서 이해되어야 하기 때문에(Goldenberg, Stanton, & Goldenberg, 2017), 불안장애 내담자 가족 내에서 발생하는 역동을 생애를 따라 분석해 나가는 것은 불안장애를 이해하는 데 있어 매우 중요할 것이다. 그러나 선행연구를 탐색한 결과, 불안장애 내담자의 가족 역동을 분석한 연구는 존재하지 않았으며, 단순히 가족 내의 양육태도나 분리 경험 등 특정 요인들과 불안장애의 관련성에 집중한 연구들만 존재하고 있다(Taher et al., 2015; Van Der Bruggen, Stams, & Bögels, 2008; Yap, Pilkington, Ryan, & Jorm, 2014).

따라서 이 연구는 불안장애를 경험하고 있는 자매에 대한 가족치료 사례를 분석하여 불안장애의 발생 과정과 가족 내에서의 역동에 대하여 살펴보고, 이를 통하여 불안장애에 대한 가족체계적 접근의 필요성을 고찰하고자 하였다. 이 연구에 활용된 사례의 내담자들(자매)은 한 가족 안에서 각각 범불안장애와 공황장애의 발병을 경험하였는데, 범불안장애와 공황장애는 공존의 가능성이 매우 높을 만큼 연관성이 뚜렷하게 나타난다(오종수, 정슬아, 최태규, 2017). 이 연구의 사례에서는 한 가족체계에서 연관성을 가진 두 가지 불안장애가 나타났기 때문에, 연구자는 사례를 분석하여 불안장애의 독특성을 더 명확하게 보여 줄 수 있을 것이라고 판단하였다. 한편, 불안장애의 발달단계에 따른 가족 내 역동은 매우 복잡하면서도 심층적으로 분석해야 하기 때문에, 연구자는 이러한 연구목적을 고려하여 사례연구 방법을 선택하여 분석하였다(Yin, 2017).

2. 이론적 배경

1) 체계론적 가족치료

일반적으로 가족치료가 시작된 시점은 1950년대 전후로 명명된다. 아동기의 부모-자녀관계가 성인이 된 후 개인에게 미치는 영향에 관심을 둔 전통적인 심리치료적 접근과 달리, 체계이론이 기반이 된 가족치료이론에서는 가족체계를 향상시키기 위한 치료 방법을 제시한다(Goldenberg et al., 2017). 그리고 가족치료의 근간이 되는 체계이론에는 사이버네틱스이론과 일반체계이론 등이 포함된다.

사이버네틱스이론은 MIT 수학자인 Nobert Wiener가 개발하였다. Wiener는 가족과는 관련이 없는 물리학 이론을 제시한 것이었는데, 이 이론이 가족 역동 이론의 첫

모델이 되었다(Sean & Nichols, 2016). 사이버네틱스는 정보와 제어기능이 함께 연결되어 있는 순환적이고 반영적인 정보의 흐름체계를 의미한다. 이는 체계 내와 외부환경 간의 상호작용과 제어기능을 포함하는 일련의 의사소통 과정을 설명하는 개념이다(Goldenberg et al., 2017). 즉, 사이버네틱스란 어떤 물건이나 물질에 초점을 맞추는 것이 아니라, 상호작용과 의사소통 과정에 집중하는 이론이다.

생물학자 Bertalanffy의 일반체계이론은 체계가 외부환경과 상호작용하면서 환경의 지속적인 입력과 출력을 통해 자신을 유지해 나간다고 보는 살아 있는 체계에 대한 생물학적 모델이다(Sean & Nichols, 2016). 일반체계이론에서는 체계를 상호작용하는 구성 요소의 집합체로 규정하였으며, 다양한 구성 요소가 전체 체계의 기능을 이끌어 낸다고 보았다(Goldenberg et al., 2017). 체계론적 관점에서는 사건들이 그것들이 일어난 맥락 내에서 이해되고, 개인적 특성보다는 상호연결성과 관계에 더 초점을 둔다(Sean & Nichols, 2016).

사이버네틱스이론 및 일반체계이론은 유기체론적 세계관과도 밀접하게 연관되어 있다. 유기체론적 세계관에서는 우주가 상호연관된 관계망으로 구성되어 있으며, 본질적으로 역동적이라고 본다. 사람, 자연, 생명체와 같은 유기체는 만들어지는 것이 아니라 태어나서 자라며, 부분들은 유기적으로 연결되어 있기 때문에 문제가 되는 부분만 제거하거나 고치기가 어려우며, 맥락이나 상황에 따라 상대적으로 행동한다(Goldenberg et al., 2017).

이처럼 사이버네틱스이론과 일반체계이론 그리고 유기체론적 세계관은 체계이론의 일부로서 가족치료의 근간이 되었다. 이러한 이론들을 기반으로 한 체계론적 가족치료는, 내담자가 다른 사람이나 체계와 상호작용하는 관계의 망에 속해 있다고 보기 때문에 내담자의 증상을 가족이나 관계의 역기능과 직접적으로 연결시킨다(Goldenberg et al., 2017). 그렇기 때문에 체계이론에서는 증상과 문제의 원인을 파악하는 것은 어렵다고 가정한다. 인과관계가 단선적인 것이 아니라 순환적이고 회귀적이라고 보기 때문이다(Goldenberg et al., 2017; Sean & Nichols, 2016). 체계이론은 체계 내에서 행동이 순환적으로 조직되며, 체계의 흐름과 관계에 의해 문제를 가진 개인이 발생할 수 있다고 보았다(Goldenberg et al., 2017). 따라서 체계론적 관점에서는 사건들이 그것이 일어난 맥락에서 이해된다. 그러므로 체계론적 가족치료적인 관점에서 가족이나 질환을 바라보았을 때, 치료자가 문제를 가진 개인에 집중하는 것이 아니라 가족체계 내의 맥락을 살피는 것이 가장 핵심적인 요소라고 할 수 있다.

2) 불안장애와 가족 요인

불안장애는 삶의 초기 경험이나 가족 요인과 밀접한 관련을 보인다. 선행연구에 따르면 불안장애와 관련된 가족요인은 과거의 외상 경험, 부모의 불안, 부모의 통제적 혹은 과보호적인 양육방식으로 나타났으며, 이에 대한 구체적인 내용은 다음과 같다.

과거의 외상 경험은 불안장애의 발병에 위험 요인으로 작용할 수 있으며(Miloyan et al., 2018), 그중에서도 폭력적인 피해 경험은 불안장애와 밀접한 관계를 보인다. 불안장애를 가진 사람들은 아동기의 학대, 방임, 성폭력 등의 폭력적인 사건을 많이 경험한 것으로 나타났다(McLaughlin et al., 2010). Fergusson, Boden과 Horwood(2008)은 종단적 연구를 통해 청소년기에 신체적 혹은 성적 학대의 피해자를 추적 조사한 결과, 이들이 청년기에 불안장애로 진단받게 될 가능성이 높다는 것을 밝혀냈다. 또한 아동기에 가족의 분열을 경험한 사람들도 불안장애와 관련이 있는 것으로 나타났다. 공황장애 혹은 범불안장애 환자들은 일반 사람들에 비해 부모의 죽음이나 부모와의 물리적 분리를 더 많이 경험하였다(Bandelow et al., 2002; Taher et al., 2015). Lansford 등(2006)은 아동기에 부모의 별거 혹은 이혼을 경험한 아동이 15세 이전에 불안이나 우울을 경험할 가능성이 높다고 하였다. 이처럼 과거의 폭력적인 경험이나 분리 경험 등의 외상적 경험이 불안장애와 밀접한 관련이 있는 것으로 나타났다.

부모의 불안 역시 자녀의 불안장애와 높은 연관성을 보인다. Lawrence, Murayama과 Creswell(2019)은 메타 분석을 통해 불안장애를 가진 부모를 둔 자녀의 경우, 불안장애의 발병 확률이 상대적으로 많이 높다는 것을 보여 주었다. van Niekerk 등(2018)은 공황장애 부모집단의 자녀들이 상황을 상대적으로 부정적으로 해석하며, 이 때문에 자녀 역시 공황장애에 취약할 수 있다고 하였다. 이는 부모가 항상 두려움을 기반으로 한 대처를 할 때, 자녀가 그것을 모델링하여 불안의 인지구조를 형성할 수 있다는 Emerson 등(2019)의 연구와 유사한 결과이다. 전반적으로 부모의 불안과 자녀의 불안의 관련성을 입증하고 있는 연구들은 불안장애를 경험하는 부모가 자녀의 불안에 유의미한 영향을 미친다고 하였다(Burstein, Ginsburg, & Tien, 2010; Gomez et al., 2018; Micco et al., 2009). 이러한 결과는 유전적인 요인으로 구분될 수도 있겠으나, 그보다 자녀들이 부모의 문제 있는 모습을 보고 학습하여 모방하거나 내면화하려고 시도하는 모습들이 존재하기 때문에 가족 요인으로 분류하였다(Gomez et al., 2018).

한편, 부모의 통제적 양육방식은 불안장애를 예측하는 주요 변인이다. 부모의 통제와 아동의 불안 간의 관계는 경험적인 연구를 통해 반복적으로 입증되어왔으며, 메타분석을 통해서도 전체적인 효과가 검증되었다(Van Der Bruggen et al., 2008). Affrunti와 Ginsburg(2012)는 경로 분석을 통해 어머니의 과도한 통제가 아동의 불안에 영향을 미치는 경로에서, 통제로 인해 아동의 지각된 유능감이 감소하므로 아동의 불안이 증가한다고 보았다. McLeod, Wood과 Weisz(2007)은 통제적 양육과 자녀의 불안과의 관계연구에서, 자녀에 대한 자율성 부여를 불안장애에 가장 크게 영향을 미치는 하위 요인으로 제시하였다.

부모의 과보호적인 양육방식 역시 불안장애와 밀접한 관련성을 보인다. 아동의 불안에 영향을 미치는 가족 요인에 대한 탐색적 연구에서 가족 간의 과도한 밀착이 자녀의 불안을 증가시키는 요인으로 나타났다(Drake & Ginsburg, 2012; Schleider & Weisz, 2016). 아동의 불안에 관련된 메타 분석에서도 부모의 과도한 관여가 아동의 불안과 밀접한 관련이 있는 것으로 나타났다(Yap et al., 2014). 과보호적인 부모의 행동은 아동의 불안한 행동을 실제적으로 증가시키고, 부모의 과보호가 종단적으로 자녀의 불안을 야기한다고 하였다(de Wilde & Rapee, 2008; Edwards, Rapee, & Kennedy. 2010).

이처럼 부모의 통제적 혹은 과보호적인 양육방식은 불안장애의 위험 요인으로 작용한다. 특히 불안장애는 거부적 양육태도 혹은 따뜻한 접촉의 부족 등 일반적인 종류의 양육태도와는 관련성이 낮은 것으로 나타났다(Beesdo, Pine, Lieb, & Wittchen, 2010; Drake & Ginsburg, 2012). 이는 불안장애가 자녀에게 과하게 관여하는 방식의 양육태도와 밀접한 관련성이 있다는 것을 의미한다.

이 외에도 불안정애착(Colonnesi et al., 2011), 가족 내 감정적 표현의 좌절(Suveg et al., 2005), 가족 내 역기능(Guo, Tian, & Huebner, 2018), 부부의 결혼 스트레스(Grover, Ginsburg, & Ialongo, 2005) 등의 가족 요인이 불안장애와 관련이 있는 것으로 나타났다.

3. 연구 방법

1) 연구 대상

이 연구는 자매가 각각 범불안장애와 공황장애의 발병을 경험한 하나의 가족체계를 연구 대상으로 설정하였다. 그리고 연구 대상인 가족체계를 분석하기 위하여 첫째 딸과 둘째 딸의 가족치료사례를 활용하였다. 첫 번째 사례는 범불안장애로 진단받은 결혼한 첫째 딸(28세)에 대한 가족치료 사례로서, 총 11회기 동안 첫째 딸과 남편에 대한 개인상담과 부부상담(1~7회기 첫째 딸, 8~10회기 남편, 11회기 부부)이 진행되었다. 두 번째 사례는 청소년기에 공황장애가 발병하였던 둘째 딸(22세)에 대한 가족치료사례로 총 14회기의 개인상담과 가족상담[1~3회기 둘째 딸, 4~6회기 어머니, 7회기 아버지, 8회기 자매(첫째 딸과 둘째 딸), 9회기 어머니와 자매, 10회기 둘째 딸과 어머니, 11회기 아버지와 자매, 12회기 부모와 자매, 13~14회기 둘째 딸]이 진행되었다. 연구자는 참여자의 구분을 위하여 치료자, 아버지(58), 어머니(52), 첫째 딸(28), 첫째 딸의 남편(34), 둘째 딸(22)로 표시하였다. 두 사례를 구분하기 위하여, 상담축어록을 인용할 때에 첫째 딸의 사례회기(첫째 딸-n회기), 둘째 딸의 사례회기(둘째 딸-n회기)로 구분하여 표기하였다.

2) 분석 방법

이 연구에서는 연구 방법으로 사례연구 방법을 선택하였다. 사례연구란 생활에서 벌어지는 현상을 깊이 있게 이해하기 위하여 다양한 자료원을 이용해 새로운 결과를 도출하는 탐구방법이다(Yin, 2017). 그동안 사례연구는 일반화에 어려움이 있어 과학의 발전에 기여할 수 없으며 연구의 위계적 서열에서 낮은 위치에 자리한다고 오해받아 왔으나, 복잡한 현상이나 맥락을 파악하는 데 있어서는 사례연구가 필요하다(이영철, 2009). 이 연구는 불안장애를 경험하고 있는 두 자매의 가족체계를 중심으로 불안장애의 발생 과정과 그 과정 안에서 발생하는 가족 역동을 탐색하기 위하여 사례연구를 선택하였다.

또한 연구는 2개의 가족치료 사례를 분석하였으며, 이는 Yin(2017)의 분류기준에 근거하여 다중 사례연구로 분류할 수 있다. 그러나 2개의 가족치료 사례는 하나의 가족체계 내에 속하였으며, 연구 대상 역시 하나의 가족체계이므로 연구자는 이 연구를 단일 사례연구로 규정하였다.

한편, 연구자는 2개의 상담축어록을 중심으로 의미 있는 단어, 줄, 문장 또는 문단을 단위로 하여 코딩하고 그 코드들을 지속적으로 비교하면서 패턴코딩을 하였다. 또한 분석한 결과를 Miles 등(2014)의 매트릭스와 개념적으로 군집화된 네트워크를 활용하여 제시하였다. 개념적으로 군집화된 네트워크란 한 페이지 안에 전체적인 개념의 흐름을 한 눈에 보는 것을 목적으로, 개념 간 화살표를 통해 원인과 결과 그리고 일방적인 영향력과 양방의 영향력을 볼 수 있게 전개한 네트워크의 한 종류이다(Miles et al., 2014). 이 연구에서는 가족 내에서 발생한 다양한 사건과 각 사건 간의 상호영향력을 분석하고자 하였기 때문에 연구목적에 맞는 네트워크를 선택하였다.

3) 연구질문

첫째, 불안장애(범불안장애와 공황장애)의 발생 과정은 어떻게 나타났는가?
둘째, 불안장애(범불안장애와 공황장애)의 발생 과정에서 가족 내의 역동은 어떻게 나타났는가?

4) 신뢰도 검증 및 윤리적 고려

질적 연구의 신뢰도를 높이기 위한 삼각화에는 연구자료의 삼각화, 연구자의 삼각화, 이론의 삼각화 그리고 방법론적 삼각화가 포함된다(Patton, 2014). 이 연구에서는 연구자료의 신뢰성을 높이기 위하여 각각 2개의 상담축어록과 치료자의 상담메모, 상담비디오 그리고 치료 과정에서 모호했던 상담 부분에 대하여 내담자에게 의견을 타진하는 방식을 활용하여 연구자료의 신뢰성을 높였다. 연구자료를 제공한 치료자는 20년 이상의 가족치료 경험을 가지고 있으며, 가족치료가 종결된 후 상담녹음 및 연구자료를 제공하였다. 그러나 치료자는 편견을 배제하기 위하여 연구의 방향성을 설정하고 분석하는 과정에는 참여하지 않았다. 치료에 참여하지 않은 연구자는 녹음파일을 반복적으로 청취하며 축어록을 작성하고 주제를 선정하였으며, 이후 코딩을 통한 최종 결과가 나온 후 치료자가 집필 과정에 참여하였다. 그 외 질적 연구를 한 가족치료 전공 박사과정생들의 피드백을 통하여 연구자의 신뢰성을 높이고자 하였다.

연구자는 내담자들과 다른 가족구성원들에게 치료자료가 연구자료로서 사용될 것에 대한 동의를 얻었고, 연구 이외의 목적으로 자료를 사용하지 않겠다는 것을 고지하였다. 한편, 내담자들과 다른 가족구성원들의 사생활 보호를 위하여 인적 사항은 삭제하였다.

4. 연구결과

1) 사례개요

연구결과를 보여 주기 전에 연구의 대상인 가족의 사례에 대한 개요는 다음과 같다. 자매의 아버지는 친조부가 40대에 심장마비로 사망한 후, 막내임에도 장남처럼 친조모를 책임져 왔다. 현재의 부인과 결혼한 후 해외주재원으로 파견되었으며, 결혼 후에도 친조모와 형제들에게 용돈을 지속적으로 제공해 왔다. 아버지는 결혼한 지 7년 만에 직장을 그만두고 사업을 시작하였다. 어머니는 분노 조절이 되지 않는 친정 어머니 슬하에서 막내로 자랐으며, 20대 중반에 결혼하고 바로 외국에서 신혼생활을 시작하였다.

첫째 딸의 임신 당시, 아버지는 해외주재원으로 있었고 어머니는 양육 스트레스와 시댁으로 인한 경제적·정신적 스트레스를 경험하였다. 아버지는 독선적이고 강압적인 표현방식을 사용하였으며, 어머니는 첫째 딸이 초등 6학년까지 작은 실수에도 심한 체벌을 하였다. 이후 첫째 딸과 6년 터울인 둘째 딸은 순한 성향의 아이로 태어났고, 그 때문에 첫째 딸과 달리 부모의 사랑을 많이 받았다. 첫째 딸은 고등학생 때 고도의 불안을 경험하면서 집안에서 히스테리를 부렸고, 이로 인해 집안 분위기가 살벌해지자 둘째 딸은 항상 눈치를 보며 가족의 기쁨조 역할을 수행하였다. 한편 둘째 딸은 스스로 언니처럼 해서는 안 된다는 압박감을 느끼며 부모에게 순종적이었다. 어머니의 과도한 압박과 언니의 폭언, 집안의 살벌한 분위기 등으로 인하여 둘째 딸은 점차 부담감과 압박감을 느꼈으나, 표현을 하지 못하고 항상 웃는 모습을 보였다. 둘째 딸은 성장하는 과정에서 종종 공황장애 증상을 보였으나, 고등 1학년 때 공황장애로 진단받게 되었다. 둘째 딸은 이 시기에 해리현상으로 고등 2학년 때부터 2년 동안 2주 일씩 2번 정신과병원에 입원하였고, 20세까지 공황장애 약을 복용하였다. 둘째 딸은 현재 비행기와 지하철에 대한 공포증을 겪고 있으며, 17세부터 현재까지 어머니에게 과도하게 의존하며 함께 동침을 하고 있다.

둘째 딸의 공황장애 발병 이후에, 첫째 딸은 대학생활 중 편입시험으로 인해 우울하고 불안이 높아 1년간 불안장애 및 우울증 약을 복용하였고, 결혼 후 최근에도 다시 불안장애로 진단을 받았고 신경안정제 스무 알 정도를 복용하는 자살 시도가 있었다.

2) 불안장애 발생 과정

연구에서는 불안장애(범불안장애와 공황장애)의 5단계가 나타났으며, 각 단계에 따른 내용을 매트릭스로 정리한 결과는 다음의 〈표 12-1〉과 같다.

〈표 12-1〉 불안장애의 5단계

단계	세부 단계	내용
잠재적 불안 단계	내재된 부모의 불안	경제력에 대한 아버지의 불안, 이혼에 대한 어머니의 불안
	어머니의 정서적 불안정	임신 시기의 정서적 불안정
	첫째 딸의 출생	준비되지 않은 임신, 첫째 딸의 내재된 불안
불안의 시작 단계	어머니의 스트레스	양육 스트레스, 시댁 스트레스
	첫째 딸에 대한 어머니의 폭력적 양육	감정적인 양육, 폭력적인 양육
	둘째 딸의 출생	어머니가 기대하던 아이
불안의 증폭 단계	둘째 딸에 대한 부모의 편애	아버지의 관심, 어머니의 애정적인 양육, 어머니의 정서적 안정
	첫째 딸의 억압적 경험	억압적 방식 습득, 욕구의 억제
	첫째 딸의 불안 증폭	불안 증폭
불안의 확산 단계	첫째 딸의 불안 폭발	학업에서의 좌절, 대입 스트레스, 불안 폭발
	부모의 불안 표면화	아버지의 불안 표면화, 어머니의 불안 표면화
	지각 변동	공포스러운 집안 분위기, 첫째 딸의 폭력적인 태도, 둘째 딸의 뒷전화
	둘째 딸의 불안 확산	둘째 딸의 내적 억압, 둘째 딸의 불안 증폭
	첫째 딸의 불안의 표면적 감소	부모와의 관계 변화, 첫째 딸의 일시적 불안 완화
증상의 발현 단계	둘째 딸의 억압적 경험	둘째 딸에 대한 어머니의 압박, 둘째 딸의 내적 억압 강화
	둘째 딸의 공황장애 발병	학업 스트레스, 관계 스트레스, 공황장애 발병
	아버지의 불안 폭발	아버지의 불안 폭발
	첫째 딸의 불안 재점화	죄책감, 공포감
	첫째 딸의 범불안장애 발병	편입 스트레스, 결혼 후 업무 스트레스와 동료들로부터 집단 따돌림, 범불안장애 발병

(1) 잠재적 불안 단계

잠재적 불안 단계에서는 부모의 내재된 불안이 표면화되지 않고 잠재되어 있었다. 아버지는 경제력에 대한 불안, 어머니는 이혼에 대한 불안을 가지고 있었다. 이미 내재되어 있던 부모의 불안은 첫째 딸에게 전수되었을 것이다. 더군다나 어머니는 연고자가 없는 외국에서 시작된 신혼생활으로 인해 임신 시기부터 불안하였으며, 이러한 정서적 불안정성은 첫째 딸에게 그대로 이어질 수밖에 없었다. 이 단계에서 나타난 세 가지 요인은 다소 연관성을 갖고 있는 것으로 보이는데, 그중에서도 부모의 불안은 어머니의 정서에 많은 영향을 미쳤을 것으로 보인다.

① 내재된 부모의 불안

• **경제력에 대한 아버지의 불안**

아버지: 경제적으로 조금 어려워진다고 하면 (불안해서) 스스로가 미치게 되는 거죠. (둘째 딸-10회기)

• **이혼에 대한 어머니의 불안**

어머니: 혹시 남편한테 큰소리 냈다가, 이혼하자고 하면 어떻게 하지? 그런 걱정 때문에 남편 말을 거역한 적이 별로 없어요. (둘째 딸-3회기)

② 어머니의 정서적 불안정

• **임신 시기의 정서적 불안정**

첫째 딸: 저(첫째 딸)를 임신했을 때, 엄마가 불안하고 외롭고 그랬대요. 아빠는 회사 일로 힘들어하면서 늦게 오시고 하니까. (첫째 딸-2회기)

③ 첫째 딸의 출생

• **준비되지 않은 임신**

어머니: 아이를 조금 늦게 갖기를 원했는데, 남편이 외로우니까 그냥 낳자고 해서 아무 준비 없이 스물다섯 살 때 첫애를 낳았어요. (둘째 딸-3회기)

• **첫째 딸의 내재된 불안**

어머니: (첫째 딸이) 많이 울고 떼도 심했어요. 왜 우는지를 몰라서, 너 왜 이렇게 우냐고 그랬죠. (둘째 딸-3회기)

(2) 불안의 시작 단계

불안의 시작 단계에서는 내재되어 있던 불안이 서서히 드러나기 시작하였다. 첫째 딸은 내재된 불안으로 인하여 예민하였고, 이로 인해 어머니는 양육 스트레스에 시달렸다. 더군다나 어머니는 외국에 살고 있었음에도 시댁에 용돈을 보내는 일로 남편과 자주 충돌하였다. 어머니는 시댁으로 인한 스트레스를 예민하고 까탈스러운 첫째 딸에게 해소하였다. 이 시기를 거치면서 첫째 딸은 점차 불안을 경험하였고 그 시기에 순하고 얌전한 둘째 딸이 태어나면서 이 첫째 딸의 불안은 점차 고조되었다.

불안의 시작 단계에서 나타난 요인들은 이전 단계의 요인들과도 밀접하게 관련되었다. 어머니의 스트레스는 양육이나 시댁 등의 외부 요인에도 영향을 받았으나, 그 이전에 정서적 불안정으로 인한 취약성이 존재하였다.

① 어머니의 스트레스

• **양육 스트레스**

어머니: (첫째를 키울 때) 내가 뭘 잘못 키우고 있나, 왜 애기가 많이 울까, 왜 찡찡댈까, 그렇게 생각했죠. 아이한테 감정적으로도 많이 했고. (둘째 딸-9회기)

• **시댁 스트레스**

어머니: 어머님한테 드리는 용돈이 조금 늦어지면, 용돈 드리는 일로 (남편에게) 말을 들었어요. (둘째 딸-3회기)

② 첫째 딸에 대한 어머니의 폭력적 양육

• **감정적인 양육**

어머니: (첫째 딸이) 잘못했을 때 딱 그 잘못한 부분만 지적을 했어야 하는데, 당시에는 감정이 안 좋았던 것까지 같이 체벌했던 것 같아요. (둘째 딸-4회기)

• **폭력적인 양육**

어머니: 제 안에 분노가 있었던 것 같아요. 뭐가 제 뜻대로 안 되니까, 어린아이한테 그걸 쏟아 낸 거죠. 그러니까 첫째가 실수했을 때 아이를 많이 때리고, 회초리 대고. (둘째 딸-3회기)

③ 둘째 딸의 출생

• **어머니가 기대하던 아이**

어머니: 제가 소원 빌기를 둘째 애기는 착하고 예쁘고 그런 애기였으면 좋겠다고 했는데, 진짜 둘째는 예쁘고 방글방글 웃고 순하고 그랬어요. (둘째 딸−4회기)

(3) 불안의 증폭 단계

불안의 증폭 단계에서는 첫째 딸의 불안이 더욱 증폭되었다. 이러한 불안의 증폭은 세 가지 요인에 의하여 영향을 받은 것으로 보인다. 첫째는 이전 단계에서의 어머니의 폭력적인 양육, 둘째는 어머니의 폭력적 양육으로 인한 첫째 딸의 억압, 셋째는 부모의 차별적인 양육방식이다. 어머니는 첫째 딸이 어린 시절부터 첫째 딸의 조그마한 실수에도 회초리로 때렸다. 그와 동시에 어머니는 첫째 딸에게 스스로의 욕구를 억압하고 항상 양보할 것을 가르쳐 왔다. 그로 인해 첫째 딸은 스스로 억압하면서 살아 왔다. 또한 부모의 차별적인 양육방식은 첫째 딸의 불안을 증폭시키는 데 엄청난 영향을 미쳤다. 부모에게 둘째 딸은 예민한 첫째 딸과는 달리 사랑스러운 존재였다. 동일한 가족 안에서 나타난 극단적인 환경은 첫째 딸의 불안을 더욱 증폭시키는 역할을 하였다고 볼 수 있다.

① 둘째 딸에 대한 부모의 편애

• 아버지의 관심

어머니: 남편이 첫째 때랑 달리, 둘째를 낳았을 때 굉장히 예뻐했죠. (둘째 딸−4회기)

• 어머니의 애정적인 양육

어머니: 둘째는 정말 물고 빨고 키웠거든요. 큰애 유치원 보내 놓고 정말 밥도 안 먹을 정도였어요. 둘째가 너무 사랑스러워서. (둘째 딸−9회기)

• 어머니의 정서적 안정

어머니: 첫째는 뭘 질문하면 여기까지 뭐가 올라왔어요. 둘째 같은 경우는 6년의 터울도 있고, 제가 많이 유해져서 첫째랑 많이 달랐죠. (둘째 딸−8회기)

② 첫째 딸의 억압적 경험

• 억압적 방식 습득

첫째 딸: 엄마가 어렸을 때부터 양보하라고 했어요. 누가 불합리하게 행동을 해도 내가 '미안하다'고 배웠으니까, 항상 미안하다고 했죠. (첫째 딸−1회기)

• 욕구의 억제

> 첫째 딸: 저는 제 거는 잘 안 사고, 상대방 건 사 주고 그랬어요. 나도 갖고 싶은데도. 왜 그랬는지
> 는 정확히 모르겠어요. (첫째 딸-1회기)

③ 첫째 딸의 불안 증폭

• 불안 증폭

> 첫째 딸: 어렸을 때 제 의사표현을 잘 못한 이유가, 표현하려고 하면 상대가 싫어할 것 같기도 하
> 고, 엄마한테 혼날 것 같기도 하고 (불안해서). (첫째 딸-2회기)

(4) 불안의 확산 단계

불안의 확산 단계는 그동안 억압하였던 첫째 딸의 불안이 폭발하는 것으로 시작되
었다. 학업을 통해서라도 부모에게 인정받고자 노력하였던 첫째 딸은 대입 준비 과정
에서의 스트레스를 견디지 못했고, 한계치를 넘은 불안은 폭발적으로 나타나며 가족
체계를 뒤흔들었다. 이러한 첫째 딸의 불안의 폭발은 그동안 내재되어 있던 부모의
불안을 표면으로 끌어올렸다. 그와 동시에 안정적으로 보이던 가족체계에 지각변동
이 일어났다. 부모의 모든 관심은 첫째 딸에게로 집중하였고, 집안의 분위기는 공포
스럽게 변했으며, 첫째 딸은 둘째 딸에게 폭력적이었다. 첫째 딸의 불안이 폭발하고
부모의 불안이 표면화되면서 둘째 딸의 불안은 급격히 증가한 것으로 나타났다.

역설적으로 가족 내에서 불안을 폭발시켰던 첫째 딸의 불안은 이 시기를 기점으로
표면적으로나마 감소하였다. 그러나 가족체계상으로는 첫째 딸에게만 표면화되어 있
던 불안이 체계 전체에 확산된 단계로 이해할 수 있다.

① 첫째 딸의 불안 폭발

• 학업에서의 좌절

> 어머니: 첫째가 자존감이 낮았어요. 그래서 공부 같은 결과물로 딴 애들처럼 잘한다고 보여 주고
> 싶은데 그게 안 되었다는 좌절감이 컸죠. (둘째 딸-3회기)

• 대입 스트레스

> 첫째 딸: 고등학교 때 불안이 좀 심해진 것 같아요.
> 치료자: 대학이라는 큰 위기가 들어오니까.

첫째 딸: 맞아요. 그런 불안은 살면서 느껴 본 적이 없었어요. (둘째 딸-8회기)

- **불안 폭발**

  첫째 딸: 고 2~3 때 참을 수 없게 불안한 거예요. 시험지가 그냥 백지로 보일 정도로 마음이 불안하더라고요. 그래서 그때 시험 보다가 뛰쳐나왔거든요. 이제 끝났다, 난 죽어야겠다고 엉엉 울면서 나갔어요. (둘째 딸-10회기)

② **부모의 불안 표면화**
- **아버지의 불안 표면화**

  어머니: 힘든 일이 있으면 본인이 딛고 일어나야 되는데 (남편이) 먼저 나서서 위로를 해 주는 거예요. 첫째가 또 아플까 봐 겁이 나서 그랬죠. (둘째 딸-8회기)

- **어머니의 불안 표면화**

  둘째 딸: 언니(첫째 딸)가 심할 때는 방에서 창문 여는 소리 나고 그랬어요. 그러면 엄마가 (언니 자살할까 봐) 놀라서 문 따고 들어갔었어요. (둘째 딸-1회기)

③ **지각 변동**
- **공포스러운 집안 분위기**

  둘째 딸: 그때 분위기 자체가 싸늘하고 살얼음판이었어요. 언니가 막 울고불고하면 아빠가 막 소리 지르고. (둘째 딸-2회기)

- **첫째 딸의 폭력적 태도**

  둘째 딸: 언니랑 둘이 있으면, 저를 구석에 몰아서 때렸던 기억이 나요. 언니가 화를 많이 내고, 겁 주고 그랬던 것 같아요. (둘째 딸-1회기)

- **둘째 딸의 뒷전화**

  어머니: 둘째는 생글생글 잘 웃고 말 잘 듣고 하니까 얘 나름대로 힘든 거는 묻혀 버렸어요. 일단 큰아이가 겉으로 보이니까 거기에 집중했죠. (둘째 딸-9회기)

④ **둘째 딸의 불안 확산**
- **둘째 딸의 내적 억압**

  둘째 딸: 언니한테 최대한 욕 안 먹으려고 노력했던 것 같아요. 나중에는 언니를 보면 심장이 뛰는

거예요. 너무 혼란스러웠어요. (둘째 딸-9회기)

- **둘째 딸의 불안 증폭**

둘째 딸: 제가 똑바로 안 하면 엄마가 뭐라고 할까 봐 걱정되고. 아빠랑 언니가 소리 지르고 있는 건 무섭고. 그때부터 불안했던 것 같아요. (둘째 딸-1회기)

⑤ **첫째 딸의 불안의 표면적 감소**

- **부모와의 관계 변화**

첫째 딸: 아빠랑 얘기가 좀 되기 시작한 건 제가 대학생, 고등학교 때부터였어요⋯⋯. 엄마도 제가 짜증내지 않게 하려고 제 눈치를 봤겠죠. 배려해 주셨던 것 같아요. (둘째 딸-8, 10회기)

- **첫째 딸의 일시적 불안 완화**

첫째 딸: 대학교 가면서 부모님이 (동생과) 똑같이 나를 사랑한다고 느껴졌어요. 그래서인지 그때 는 마음이 불안하진 않았던 것 같아요. (둘째 딸-10회기)

(5) 증상의 발현 단계

증상의 발현 단계는 둘째 딸의 억압으로 나타났다. 이전 단계에서 어머니의 불안이 표면화되면서 어머니는 둘째 딸에게 압박을 가하기 시작하였다. 또한 둘째 딸은 이미 활성화된 불안에 대한 대처로 스스로를 억압하는 방식을 사용하였다. 둘째 딸의 자신에 대한 억압은 불안을 더욱 가중시켰다. 자신을 억압하던 둘째 딸이 학업 및 대인관계 스트레스를 견디지 못하고 마침내 공황장애를 경험하게 되었다. 둘째 딸의 공황장애를 촉발시킨 요인은 외부 스트레스였으나, 그 내면에는 어린 시절부터 이 가족체계 안에서 이어져 왔던 불안이 누적되다가 폭발된 것으로 볼 수 있다.

둘째 딸의 공황장애 발병은 특히 아버지와 첫째 딸에게 엄청난 충격을 주었다. 아버지는 사랑하는 둘째 딸의 공황장애를 감당하지 못 했고, 아버지의 불안은 폭발적으로 나타났다. 첫째 딸 역시 이전 단계에서 자신이 동생을 괴롭혔기 때문에 공황장애가 나타났다고 생각하였고, 그로 인한 죄책감을 경험하고 있었다. 자신으로 인한 동생의 공황장애에 대한 두려움과 아버지의 불안이 증폭되는 것에 영향을 받아 첫째 딸의 불안이 재점화되었다. 이후 첫째 딸은 대학 시절의 편입 스트레스 그리고 결혼 후 업무 스트레스 및 동료들로부터의 집단따돌림 등의 외부 사건으로 인해 범불안장애의 발병을 경험하였다.

① 둘째 딸의 억압적 경험

• 둘째 딸에 대한 어머니의 압박

첫째 딸: 엄마는 제 모습을 보면서 동생한테, "너라도 잘 해라, 열심히 해라." 하는 거예요. 얘가 공부를 안 하면 엄마가 폭발하는 거죠. (둘째 딸-6회기)

• 둘째 딸의 내적 억압 강화

둘째 딸: 언니처럼 하지 말아야겠다는 생각을 어릴 때부터 했던 것 같아요.

어머니: (둘째는) 우는 것도 어색해해요. 자신의 감정에 솔직한 게 좋은 건데, 눈물을 흘려야 하는 상황에서도 억제를 하고 있더라고요. (둘째 딸-9회기)

② 둘째 딸의 공황장애 발병

• 학업 스트레스

둘째 딸: 그때는 학교생활도 잘 적응 못 했어요. 학교에서도 그냥 울기만 하고. 고등학교 시험도 스트레스였거든요. (둘째 딸-1회기)

• 관계 스트레스

첫째 딸: 고등학교 1학년 때 동생이 아파서 학교를 못 갔는데, 친구들이 동생한테 목이 잘려 있는 동영상을 장난으로 보내고 했어요. (첫째 딸-4회기)

• 공황장애 발병

둘째 딸: 그때 심장이 너무 벌렁거리고 불안함이 너무 심했어요. 이게 현실인지 아닌지 구분도 안되고. (둘째 딸-1회기)

③ 아버지의 불안 폭발

• 아버지의 불안 폭발

첫째 딸: 동생이 이상해진 날, 아빠가 미친 듯이 차를 몰고 와서 털썩 주저앉더니 엉엉 울면서 "○○이(둘째 딸) 이렇게 되면 나 죽는다." "동반자살" 이런 얘기를 해서 진짜 놀랐어요. (첫째 딸-11회기)

④ 첫째 딸의 불안 재점화

• 죄책감

첫째 딸: 저는 그때 당시에 저 때문에 동생이 그렇게 됐다고 생각을 하고, 저 때문에 집이 풍비박산
이 났다고 생각을 했거든요. (첫째 딸-5회기)

• 공포감

첫째 딸: 동생 아팠을 때 아빠는 안정시켜 주지도 않고 방에 들어가 버렸어요. 그 상황도 무서운데,
동생도 아프니까 그것도 너무 겁이 나고. (첫째 딸-10회기)

⑤ 첫째 딸의 범불안장애 발병

• 편입 스트레스

첫째 딸: 편입하면서 스트레스가 컸고, 다시 대학을 간 거에 대해서도 만족감이 없었던 것 같아요.
그래서 심리적으로 불안하고 우울했죠. (첫째 딸-6회기)

• 결혼 후 업무 스트레스와 동료들로부터 집단따돌림

첫째 딸: 동료들은 저만 빼고 카톡방 만들어서 친하게 지내니까 왕따 당하는 느낌이 들고…… 또
업무가 밀리면 민원이 들어오니까 제가 많이 불안해해요. (일이랑 관계) 둘 다 힘드니까 도저
히 참을 수가 없었어요. (첫째 딸-1, 10회기)

• 범불안장애 발병

첫째 딸: (20대 초반에) 학업도 힘들고, 동생이 아팠던 것도 힘들고…… 그동안 누적됐던 스트레스
가 한 번에 터졌던 것 같아요. 마음이 너무 불안하고 우울해서, 병원에 가서 약도 먹고 상담
도 받았죠. (첫째 딸-5회기)

첫째 딸: 최근 직장 스트레스가 심하고 마음이 너무 많이 불안해서 신경정신과 약을 먹었어요. 그
러다가 불안이 올라오는 게 너무 무서워서, 약을 좀 많이 먹고 응급실을 갔었어요. 일어나기
가 싫더라고요. (첫째 딸-1회기)

3) 불안장애 발생 과정에서 나타난 가족 역동

앞에서 언급한 불안장애의 5단계를 기반으로 한 가족 내의 역동에 대한 네트워크
의 내용은 다음의 [그림 12-1]과 같다.

단계	내용
	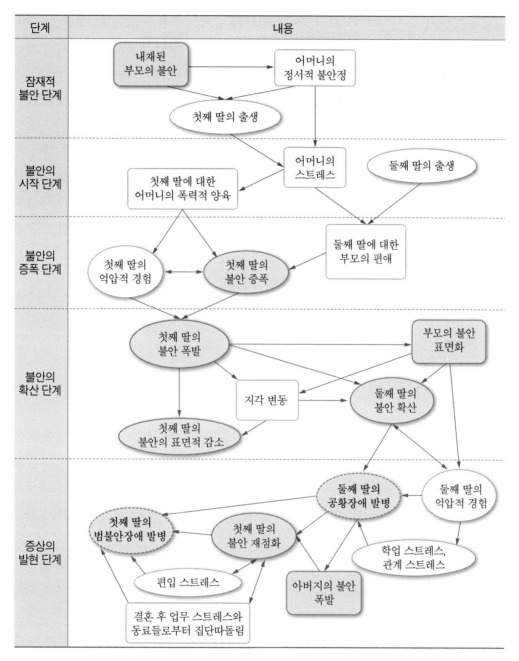

[그림 12-1] 불안장애가 발생한 과정에서 가족 내의 역동에 대한 네트워크

앞의 군집화된 네트워크 [그림 12-1]은 이전의 〈표 12-1〉에서 제시하였던 불안장애 발생 단계에서 제시되었던 내용을 단계에 따라 하나의 흐름 안에 제시한 그림이다. 네트워크에 표시되고 있는 화살표는 하나의 요인이 다른 요인에 영향을 미쳤음을

의미하는 것이며, 쌍방향 화살표는 서로 영향을 미치는 순환적인 관계임을 의미한다. 이 네트워크를 통하여 불안장애를 나타나게 만든 원인이 단선적인 차원에서 존재하는 것이 아니라, 가족체계 내에서의 역동을 통하여 나타나고 있다는 것을 확인할 수 있다. 특히 [그림 12-1]에서 불안이 억압적인 경험과 상호영향을 미치고 있다는 것이 첫째 딸과 둘째 딸에게 동시에 나타나고 있다는 것을 볼 수 있으며, 불안과 외부 요인과의 상호작용을 확인할 수 있다. 전체적인 맥락에서 볼 때 첫째 딸과 둘째 딸이 경험하게 되는 상황들이 유기적으로 연결되어 있고, 그 안에서 불안이 전수되고 있다는 맥락이 나타난다. 따라서 불안장애를 가진 내담자의 문제를 사례개념화할 때 내담자 한 개인에게만 초점을 두기보다는 전체적인 가족관계에 대한 체계적인 접근으로 보게 될 때 개인의 불안장애문제를 이해할 수 있다는 것을 확인할 수 있다.

5. 결론

1) 연구 요약

하나의 가족 체계에서 자매에게 각각 범불안장애와 공황장애가 나타난 사례를 중심으로, 자매의 범불안장애와 공황장애의 발생 과정과 가족 내 역동에 대하여 살펴보았으며 이에 따른 연구결과는 다음과 같다. 특히 불안장애의 발생이 단순히 가족구성원 1명의 문제가 아닌, 가족체계 전체의 흐름에서 비롯되었다는 것이 다음과 같은 5단계로 구분되었다.

첫째, 잠재적 불안 단계가 나타났다. 이 단계에서는 가족체계 전반적으로 불안이 표면적으로 드러나지는 않았으나, 부모와 첫째 딸 모두에게 내재된 불안이 포착되었다. 부모의 내재된 불안은 결혼 전부터 이미 갖고 있었던 것이며, 첫째 딸의 내재된 불안은 부모의 내재된 불안, 어머니의 정서적 불안정에 영향을 받았다. 이와 같은 결과는 부모의 불안이 자녀의 불안에 영향을 미친다(Lawrence et al., 2019)는 연구결과를 보여 준다.

둘째, 불안의 시작 단계에서는 내재되어 있던 불안이 첫째 딸을 통해 점차 수면 위로 드러나기 시작하였다. 어머니는 예민한 첫째 딸을 양육하며 극도의 스트레스를 받았으며, 거기에 시댁 스트레스까지 더해지자 첫째 딸에게 폭력적인 양육을 하는 것으로 그것을 해소하려 하였다. 그리고 이러한 폭력적인 양육은 첫째 딸의 내재되어 있던 불안이 표면화되는 데 영향을 미쳤을 것이다. 이후 둘째 딸이 순한 성향을 가지고 태어났는데, 둘째 딸의 출생은 그 자체만으로도 가족체계의 불안을 증가시켰을 것으로 보인다. 그러한 불안이 뚜렷하게 드러나기 시작한 것이 불안의 증폭단계이다. 이와 같은 연구결과는 불안장애를 가진 사람들이 아동기의 폭력적인 경험이 많다 (McLaughlin et al., 2010)는 연구를 보여 준다.

셋째, 불안의 증폭 단계에서는 첫째 딸의 불안이 증폭되는 모습이 포착되었는데, 이에 영향을 미친 요인들은 어머니의 폭력적인 양육, 그로 인한 첫째 딸의 억압 그리고 부모의 차별적인 양육이었다. 첫째 딸은 점차 상승하는 불안을 억압하려고 노력하였으나, 억압적인 대처는 불안이 더욱 커지게 만들었으리라고 본다. 또한 같은 공간 안에서 자신과 동생에게 다르게 주어지는 어머니의 모습은 첫째 딸에게 혼란과 불안을 형성하도록 하였을 것이다. 이 시기에 첫째 딸은 주변의 눈치를 보는 등 불안을 느꼈다고 호소하였는데, 다른 가족구성원들은 표면적으로 불안을 거의 느끼지 못하였던 것으로 보인다. 이러한 결과는 억압적인 경험이 불안에 영향을 미친다(Suveg et al., 2005)는 연구결과를 나타내나, 통제적이거나 과호보적인 양육방식이 불안에 영향을 미친다(Schleider et al., 2016; Van Der Bruggen et al., 2008)는 연구결과와는 다르게 나타났다.

넷째, 불안의 확산 단계가 나타났다. 세 번째 단계인 불안의 증폭 단계까지 표면적으로는 첫째 딸에게 집중되어 있던 불안은 이 단계를 거치면서 전체 가족체계로 확산되어 보여지게 된다. 첫째 딸은 그동안 억눌러 오던 불안을 폭발시켰고, 이는 부모의 불안을 표면화시키고 동생인 둘째 딸의 불안을 증폭시키는 데 막대한 영향을 미쳤다. 역설적으로 첫째 딸의 불안은 일시적으로 감소한 것처럼 보여졌다. 그러나 그동안 첫째 딸에게서만 두드러지던 불안이 전체체계로 확산되면서, 안정적으로 보여지던 가족체계가 이 시기를 기점으로 급격히 흔들리기 시작하였다. 이러한 결과는 부모의 불안이 자녀의 불안에 영향을 미친다(Lawrence et al., 2019)는 연구결과뿐만 아니라, 자녀의 불안 역시 부모를 비롯한 다른 가족구성원에게 영향을 미칠 수 있다는 것을 보여 준다.

다섯째, 증상의 발현 단계가 나타났다. 가족체계로 확산된 불안은 특히 둘째 딸에게 치명적인 영향을 미쳤다. 불안이 표면화된 어머니는 둘째 딸에게 압박을 가하며 불안을 해소하려 하였고, 반대로 둘째 딸은 스스로를 억압하며 불안에 대처하였다.

그러나 첫째 딸의 억압이 불안을 오히려 증폭시켰던 것처럼, 둘째 딸의 억압 역시 불안을 더욱 높아지게 만들었다. 이후 외부적인 스트레스 사건으로 인해 억압하고 있던 불안이 터져 나오게 되었고, 둘째 딸은 공황장애로 진단받게 되었다. 이러한 둘째 딸의 발병은 그 자체만으로도 아버지와 첫째 딸의 불안을 증폭시켰으며, 특히 첫째 딸의 불안을 재점화시켰다. 이후 첫째 딸 역시 외부 스트레스 사건으로 인하여 재점화된 불안이 범불안장애로 이어지는 경험을 하게 되었다. 이러한 연구결과는 가족체계 내에서 구성원들 사이에서 불안이 서로에게 영향을 미치고, 확산되고, 감소되었다가 재점화되는 등의 유기적인 흐름이 나타나고 있다는 점을 보여 주는데, 이는 선행연구에서 밝혀지지 않은 연구의 결과이다.

2) 함의 및 제언

연구결과에 따른 함의는 다음과 같다.

첫째, 하나의 가족체계 안에서 범불안장애와 공황장애가 나타난 자매의 사례를 분석하여, 불안이 증상으로 나타나는 가족체계적인 흐름을 보여 주었다는 점에서 의의가 있다. 연구결과에서 불안이 단계에 따라서 내재화되어 있다가 1명의 가족구성원을 중심으로 표면화되고, 이후 전체 가족체계에 확대되는 유기적인 흐름을 발견할 수 있었다. 이와 같은 연구결과는 불안장애를 가진 개인을 가족체계론적인 관점으로 접근해야 한다는 것을 의미한다.

둘째, 불안장애의 발생 과정을 탐색하여 보여 주었다는 점에서 의미가 있다. 기존 연구들에서 불안에 영향을 미친 원인이나 불안장애와 관련되어 있는 요인들을 다양하게 제시하였으나, 이는 단선적인 요인이기 때문에 불안장애가 어떻게 발생하였는지를 파악하기는 어렵다. 그러나 이 연구에서는 2명의 불안장애 내담자가 나타난 하나의 가족체계를 심층적으로 분석하여, 불안장애가 생애를 거쳐 어떻게 발생하게 되었는지 포괄적으로 제시하였다는 점에서 의미가 있다.

셋째, 하나의 가족체계 내에서 두 자매의 범불안장애와 공황장애를 분석함으로써, 그 안에서 공통적인 특징과 연관성을 탐색하였다는 점에서 의미가 있다. 즉, 첫째 딸과 둘째 딸이 경험한 주관적인 환경이 매우 달랐음에도 불구하고, 자매 사이에는 뚜렷한 공통점이 존재하였다. 즉, 불안장애와 공황장애를 겪는 내담자들에게 외부적인 요인들이 촉발 요인으로서 작용하였지만 그 이전에 가족관계에서 불안을 촉발시킬 수 있는 내부적인 요인들, 특히 부모로 인한 억압, 스스로 억압하는 경험, 차별적인 양육 등이 존재하였다는 것을 볼 수 있다. 특히 기존 연구에서는 불안장애와 통제적 양육태도 혹은 과보호적인 양육태도가 주로 제시되었으나(Schleider et al., 2016; Van Der Bruggen et al., 2008), 이 연구결과는 차별적인 양육이 불안장애에 상당한 영향을 미칠 수도 있다는 것을 보여 주었다. 차별을 받는 자녀와 편애를 받는 자녀가 모두 불안장애로 진단을 받은 것은 가족체계 내에서 차별적인 양육방식 자체가 불안을 야기할 수 있음을 보여 주었다.

연구결과를 중심으로 연구자는 불안장애를 가진 내담자를 상담하는 치료자에게 다음과 같이 제언하고자 한다.

첫째, 치료자는 가족체계적인 시각을 가지고 가족 전반을 탐색하는 노력이 필요할 것이다. 불안장애는 단순히 하나의 사건이나 하나의 요인으로 인해 나타나는 것이 아니라, 그 이면에 수많은 사건과 가족 내 역동이 얽혀 있는 복잡한 정신질환이다. 따라서 이 연구결과를 참고하여, 불안장애 내담자가 그동안 가족 안에서 어떤 경험을 해왔는지 심층적으로 탐색하는 것이 필요할 것이다.

둘째, 치료자는 가족체계 내에서 나타나는 불안의 흐름에 대한 이해를 가질 필요가 있을 것이다. 연구결과에 의하면 불안은 움직이는 생물처럼 가족체계 안에서 흐르는 유기적인 모습을 보여 준다. 특히 이 연구결과는 부모의 불안이 자녀에게 영향을 미치기도 하나, 자녀의 불안으로 인해 부모의 불안이 증폭되기도 한다는 것을 보여 주었다. 이러한 유기적인 불안의 흐름을 이해하는 것은 불안장애에 대한 이해로 이어지며, 가족체계적인 시각으로 불안장애를 이해할 수 있을 것으로 보인다.

셋째, 치료자는 불안을 야기시킬 수 있었던 사건을 내담자와 가족구성원들을 통하여 살펴보고, 이와 같은 사건이 촉발 요인으로 작용하여 근본적인 가족관계에서 오는 잠재적인 불안을 야기시킨다는 것을 내담자와 가족구성원들에게 설명할 필요가 있다. 이 연구에서 둘째 딸은 1회, 첫째 딸은 2회에 걸쳐 불안장애의 발병을 경험하였다. 이러한 발병의 이면에는 내재된 수많은 요인이 존재하나, 그와 동시에 발병할 때마다 분명한 외적인 스트레스 요인이 존재하고 있었다. 따라서 치료자는 질문을 통하여 내담자와 내담자의 가족구성원들에게 있었던 외적인 스트레스 사건 역시 분명히 파악하고, 그러한 사건으로 인해 내재되어 있던 불안이 어떻게 활성화되었는지를 인식시킬 필요가 있다.

넷째, 가족치료가 이루어진 축어록을 기반으로 분석하여 불안장애의 발생 과정과 가족의 역동을 제시하였기 때문에, 연구결과가 가족적인 측면에 국한되어 있다. 그러나 불안장애의 원인에는 가족적인 요소 외에도 생물학적 · 유전적 · 사회적 · 환경적 원인 등이 다양하게 존재한다고 밝혀져 있다(김정규, 2016). 따라서 추후 연구를 진행하는 연구자는 불안장애의 발생 과정을 분석하면서, 가족적인 요인을 포함한 다양한 요인을 탐색하여 불안장애에 대한 더 풍부한 연구결과를 도출하기를 희망한다.

참고문헌

권석만(2013). 현대 이상심리학. 서울: 학지사.

권석만(2014). 이상심리학의 기초. 서울: 학지사.

김정규(2016). 불안장애의 이해. 한국게슈탈트상담연구, 6(1), 1-5.

오종수, 정슬아, 최태규(2017). 공황장애 환자에서 범불안장애 공존 유무에 따른 임상적 특징 비교. 대한불안의학회지, 13(1), 10-16.

이승환, 강민정, 임정화, 성우용(2012). 불안장애 치료에 관한 최근 임상연구 동향. 동의신경정신과학회지, 23(2), 1-12.

이영철(2009). 보다 나은 사례연구: 논리와 예시. 정부학연구, 15(1), 189-213.

통계청(2016). 정신질환실태조사: 정신장애 일년유병율 및 추정환자수(성과 연령의 보정). http://kosis.kr/statHtml/statHtml.do?orgId=117&tblId=TX_117_2009_HB024&conn_path=I2

Affrunti, N., & Ginsburg, G. S. (2012). Maternal overcontrol and child anxiety: The mediating role of perceived competence. *Child Psychiatry and Human Development, 43*(1), 102-112.

American Psychiatric Association. (2013). *Diagnostic and statistical manual of mental disorders* (5th), Washington, DC: American Psychiatric Publishing, Inc.

Bandelow, B., Späth, C., Tichauer, G. Á., Broocks, A., Hajak, G., & Rüther, E. (2002). Early traumatic life events, parental attitudes, family history, and birth risk factors in patients with panic disorder. *Comprehensive Psychiatry, 43*(4), 269-278.

Beesdo, K., Pine, D. S., Lieb, R., & Wittchen, H.-U. (2010). Incidence and risk patterns of anxiety and depressive disorders and categorization of generalized anxiety disorder. *Archives of General Psychiatry, 67*(1), 47-57.

Burstein, M., Ginsburg, G. S., & Tien, J. Y. (2010). Parental anxiety and child symptomatology: An examination of additive and interactive effects of parent psychopathology. *Journal of Abnormal Child Psychology, 38*(7), 897–909.

Colonnesi, C., Draijer, E. M., Stams, G. J. J. M, der Bruggen, C. O., Bögels, S. M., & Noom, M. J. (2011). The relation between insecure attachment and child anxiety: A meta-analytic review. *Journal of Clinical Child & Adolescent Psychology, 40*(4), 630–645.

de Wilde, A., & Rapee, R. M. (2008). Do controlling maternal behaviours increase state anxiety in children's responses to a social threat?: A pilot study. *Journal of Behavior Therapy and Experimental Psychiatry, 39*(4), 526–537.

Dooley, B., Fitzgerald, A., & Giollabhui, N. M. (2015). The risk and protective factors associated with depression and anxiety in a national sample of Irish adolescents. *Irish Journal of Psychological Medicine, 32*(1), 93 –105.

Drake, K. L., & Ginsburg, G. S. (2012). Family factors in the development, treatment, and prevention of childhood anxiety disorders. *Clinical Child and Family Psychology Review, 15*(2), 144-162.

Edwards, S. L., Rapee, R. M., & Kennedy, S. (2010). Prediction of anxiety symptoms in preschool-aged children: Examination of maternal and paternal perspectives. *Journal of Child Psychology & Psychiatry, 51*(3), 313–321.

Emerson, L., Ogielda, C., & Rowse, G. (2019). A sysmtematic review of the role of parents in the development of anxious cognitions in children. *Journal of Anxiety Disorder, 62*(1),15-25

Fergusson, D. M., Boden, J. M., & Horwood, L. (2008). Exposure to childhood sexual and physical abuse and adjustment in early adulthood. *Child Abuse & Neglect, 32*(6), 607–619.

Flyvbjerg, B. (2006). Five misunderstandings about case-study research. *Qualitative Inquiry, 12*(2), 219–245.

Francis, J. L., Moitra, E., Dyck, I., & Keller, M. B. (2012). The impact of stressful life events on relapse of generalized anxiety disorder. *Depress and Anxiety, 29*(5), 386-391.

Goldenberg, I., Stanton, M., & Goldenberg, H. (2017). *Family therapy: An overview.* Boston, MA: Cengage Learning.

Gomez, V., Quiñones-Camacho, L., & Davis, E. (2018). Parent psychopathology and parent-child conflict interact to predict children's anxiety but not depression. *Undergraduate Research Journal, 12*(1), 43–49.

Grover, R. L., Ginsburg, G. S., & Ialongo, N. (2005). Childhood predictors of anxiety symptoms: A longitudinal study. *Child Psychiatry & Human Development, 36*(2), 133–153.

Guo, L., Tian, L., & Huebner, E. S. (2018). Family dysfunction and anxiety in adolescents: A moderated mediation model of self-esteem and perceived school stress. *Journal of School Psychology, 69*(1), 16–27.

Lansford, J. E., Malone, P. S., Castellino, D. R., Dodge, K. A., Pettit, G. S., & Bates, J. E. (2006). Trajectories of internalizing, externalizing, and grades for children who have and have not experienced their parents' divorce or separation. *Journal of Family Psychology, 20*(2), 292–301.

Lawrence, P. J., Murayama, K., & Creswell, C. (2019). Systematic review and meta analysis: Anxiety and depressive disorders in offspring of parents with anxiety disorder. *Journal of the American Academy of Child & Adolescent Psychiatry, 58*(1), 46–60.

McLaughlin, K. A., Conron, K. J., Koenen, K. C. & Gilman, S. E. (2010). Childhood adversity, adult stressful life events, and risk of past-year psychiatric disorder: A test of the stress sensitization hypothesis in a population-based sample of adults. *Psychological Medicine, 40*(10), 1647–1658.

McLeod, B. D., Wood, J. J., & Weisz, J. R. (2007). Examining the association between parenting and childhood anxiety: A meta-analysis. *Clinical Psychology Review, 27*(2), 155-172.

Micco, J. A., Henin, A., Mick, E., Kim, S., Hopkins, C. A., Biederman, J. & Hirshfeld-Becker, D. R. (2009). Anxiety and depressive disorders in offspring at high risk for anxiety: A meta-analysis. *Journal of Anxiety Disorders, 23*(8), 1158-1164.

Miles, M. B., Huberman, A. M., & Saldaña, J. (2014). *Qualitative data analysis.* Thousand Oaks, CA: Sage.

Miloyan, B., Bienvenu, O. J., Brilot, B., & Eaton, W. W. (2018). Adverse life events and the onset of anxiety disorders. *Psychiatry Research, 259*(1), 488–492.

Patton, M. Q. (2014). *Qualitative research & evaluation methods.* Thousand Oaks, CA: Sage.

Schleider, J. L., & Weisz, J. R. (2016). Family process and youth internalizing problems: A triadic model of etiology & intervention. *Development and Psychopathology, 29*(1), 273–301.

Sean, D., & Nichols, M. P. (2016). *Family therapy: Concepts and methods* (11th ed.). Needham

Heights, MA: Allyn and Bacon.

Suveg, C., Zeman, J., Flannery-Schroeder, E., & Cassano, M. (2005). Emotion socialization in families of children with an anxiety disorder. *Journal of Abnormal Child Psychology, 33*(2), 145-155.

Taher, D., Mahmud, N., & Amin, R. (2015). The effect of stressful life events on generalized anxiety disorder. *European Psychiatry, 30*(Supplement 1), 28-31.

Van Der Bruggen, C. O., Stams, G. J. J. M., & Bögels, S. M. (2008). The relation between child and parent anxiety and parental control: A meta-analytic review. *Journal of Child Psychology and Psychiatry, 49*(12), 1257-1269.

van Niekerk, R. E., Klein, A. M., Allart-van Dam, E., Rinck, M., Souren, P. M., Hutschemaekers, G. J., & Becker, E. S. (2018). Biases in interpretation as a vulnerability factor for children of parents with an anxiety disorder. *Journal of the American Academy of Child & Adolescent Psychiatry, 57*(7), 462-470.

Yap, M. B. H., Pilkington, P. D., Ryan, S. M. & Jorm, A. F. (2014). Parental factors associated with depression and anxiety in young people: A systematic review and meta-analysis. *Journal of affective disorders, 156*(1), 8-23.

Yin, R. K. (2017). *Case study research and applications: Design and methods.* Thousand Oaks, CA: Sage publications.

제**13**장

공황장애 대학생에 대한 가족치료 사례연구*

　이 연구는 공황장애를 가진 대학생(내담자), 내담자 가족 그리고 내담자 여자 친구에 대한 가족치료 사례에서 나타난 내담자의 생애주기별 심리적 어려움과 부모의 역기능적인 양육방식 그리고 가족치료의 효과성을 탐색하였다. 이에 대한 연구결과는 다음과 같다. 첫째, 생애 과정에 따른 내담자의 심리적 어려움으로는 아동기에 버려진 심정, 청소년기에 고립과 소외, 청년기에 대인불안 고조, 억압과 위축, 전이와 불안 증폭으로 나타났다. 이와 같은 내담자의 어려움은 부모의 양육방식과 관련되었다. 둘째, 내담자 부모의 양육방식은 독재와 권력의 남용, 정서적 돌봄 부재, 성취 압력 행사, 자기방어적 태도, 심리적 소외감 조장이 포함되었다. 셋째, 가족치료 개입으로 인해 내담자에 대한 부모의 대처방식이 변화하였고 이러한 부모의 변화로 인해 내담자의 공황장애 증상이 완화되었다. 연구결과는 내담자의 부모의 양육방식과 생애 과정에서의 심리적 어려움으로 인해 자녀의 공황장애 증상이 지속적으로 나타난다는 것을 보여 준다. 연구결과를 근거로 연구자는 공황장애를 가진 내담자들을 위한 가족치료적 전략을 제안하였다.

1. 서론

　청년기에 해당하는 대학생은 신체적으로는 성숙하지만 사회적 · 심리적 측면에서는 미성숙한 수준으로 새로운 환경에서 당면하는 욕구 좌절 등으로 인해 스트레스와 심리적 불안을 느낄 수 있다. 이러한 증상이 심해질 경우 정신장애까지 초래

* 안현아, 문정화, 박태영(2019). 공황장애 대학생의 가족치료 사례연구: 생애주기별 심리적 어려움과 양육태도를 중심으로. 정신건강과 사회복지, 47(1), 29-59.

될 수 있다. 2014년 건강보험심사평가원 조사자료에 따르면 최근 5년간 강박장애 환자가 13.1% 증가하였는데, 이 중에서 20~30대 청년층이 45.2%로 절반 정도를 차지하는 것으로 나타났다(건강보험심사평가원, 2014). 미국 심리학회에 따르면, 공황장애는 보통 20~24세의 청년기에 발병하여 주기적으로 반복되면서 만성화되는 경향이 많고 다른 정신적 질환을 동반할 위험성이 높게 나타났다(American Psychiatric Association, 2013). 이와 같은 결과를 통해 불안에 취약한 청년기의 특성을 엿볼수 있다. 또한 공황장애는 2.7~4.7%의 평생 유병률을 가진 심각한 상태의 질환으로(Kessler et al., 2005), 많은 사람에게 신체적 · 정서적인 문제(Andrade, Eaton, & Chilcoat, 1994; Kessler, Stein, & Berglund, 1998; Roy-Byrne & Katon, 2000; Zaubler & Katon, 1996)와 사회적 · 관계적 · 직업적 기능에 부정적인 영향을 미칠 뿐만 아니라 물질남용(Altamura, Santini, Salvadori, & Mundo, 2005)과 자살행동(Weissman, Klerman, Markowitz, & Ouellette, 1989)을 유발시키는 등 심각한 문제를 야기할 수 있다(Zaubler & Katon, 1996). 국내에서 공황장애로 진료받은 환자의 수는 2006년에 35,000명에서 2011년에 59,000명으로 증가하여 5년 사이에 연 평균 10.7% 급격히 증가한 것으로 나타났으며, 인구 10만 명당 공황장애 진료 환자의 수도 2006년 74명에서 2011년 119명으로 매년 꾸준히 증가하고 있는 것으로 나타났다(조맹제 외, 2011).

공황장애 환자들의 경우 병전에 경미한 우울과 과도한 걱정 등의 신경증적 증상을 보이며 발병 이전에 가져온 취약한 성격 특성이 발견되기도 한다. 이는 공황장애가 갑자기 나타나는 것이 아니라 점진적 과정을 거쳐 발전하게 된다는 것을 나타낸다(Perugi et al., 1998). 특히 광장공포증을 가진 공황장애 환자들의 경우 직계가족에 대한 회피적이고 의존적인 특성이 있는 것으로 밝혀졌다. 의존성은 대인관계에서 나타나는 특징으로, 의존성이 높은 경우 관계 자체에 관심을 두며 다른 사람을 기쁘게 하려 하고 대인관계에서 친밀함을 유지하는 데 신경을 많이 쓴다(Roth, 1984). 이는 어린 시절 부모로부터 충분한 애착을 형성하지 못하고 분리불안을 경험한 경우와 관련이 있다(Boyce & Parker, 1989). 초기의 가족환경에서 과소한 돌봄과 과잉보호를 받았을 경우 성인기의 불안 정도에 영향을 미치는 것으로 나타났다(Carter et al., 2001). 특히 아동기에 경험한 분리불안은 성인 공황장애와 깊은 관련성이 있으며 이에 대한 다양한 연구가 이루어져 왔다(De Ruiter & Van Ijzendoorn, 1992; Manicavasagar, Silove, Curtis, & Wagner, 2000). 또한 청소년기에 불안장애와 기분장애를 경험한 경우 그렇지 않은 경우에 비해 성인기에 불안장애 또는 우울증으로 진단되는 확률이 2~3배 정도 높은 것으로 나타났다(Pine, Cohen, Gurley, Brook, & Ma, 1998).

이처럼 부모-자녀관계 경험과 부모의 양육태도 등의 가정환경적 특성은 공황장애와 같은 불안장애 유발에 직간접적인 영향을 미치며, 공황장애는 특정 시기에 발생하기보다는 전 생애에 걸쳐 발달하는 것으로 이해할 수 있다. 따라서 공황장애의 치료 개입에 있어서 부모의 양육행동에 초점을 둔 가족체계적 접근과 공황장애 환자들이 전 생애 과정에서 경험하는 심리적 어려움을 탐색할 필요가 있다.

이와 관련하여 그동안 대부분의 임상가는 정신병리의 발달 경로에 많은 관심을 가져 왔으며 아동기부터 성인기까지 이어지는 불안장애의 연속성에 관한 연구를 하였다(Anderson, Williams, McGee, & Silva, 1987; Bernstein & Borchardt, 1991; Kessler et al., 1994; Shaffer et al., 1996). 그러나 특히 공황장애를 가진 임상집단을 대상으로 한 연구는 부족하며, 더군다나 공황장애에 영향을 미친 부모의 양육태도와 역기능적인 부모와의 관계 속에서 경험한 생애주기별 심리적 어려움을 다룬 경험적 연구들은 거의 드물다. 따라서 공황장애는 만성적 경과를 거치는 특징을 가지며 직업적, 사회적, 결혼생활 적응에 심각한 문제를 야기하여 삶의 질을 저하시키게 되므로(Harrington, 1995) 생애 전반에 걸친 부모의 양육방식 및 심리적 양상을 살펴볼 필요가 있다.

그러나 기존의 연구에서는 대체로 대학생이 지각하는 부모의 양육태도와 사회불안 간의 관계(김은정, 이혜란, 2017; 서경현, 신현진, 양승애, 2013), 부모의 양육태도와 대학생활 적응에 미치는 영향(권재환, 이성주, 2013; 김종운, 김지현, 2013; 문선희, 2013), 분리 개별화와 대인관계문제(오남경, 권혁철, 이영순, 2012), 대학생의 애착과 불안의 관계, 대학생의 공황발작과 심리사회적 특징(조용래, 2004), 공황장애 환자의 성격 및 심리적 특성(박현진, 이정흠, 최영희, 1999; 우나영, 이병욱, 이홍석, 정명훈, 이중서, 2011; 이경규, 최은영, 2004; 이정은, 이현수, 2009; 채영래 등, 1995), 공황장애 환자의 스트레스 대처방식과 인지 특성(박현순, 이창인, 김영철, 김종원, 1997; 정해원 등, 2007), 성인 불안장애 환자의 아동기 불안장애 경험(오윤희, 안창일, 오강섭, 2004) 등으로 각각의 변인을 단편적으로 다루고 있다. 또한 이와 같은 연구는 모두 양적 연구로서 공황장애의 발달적 연속성을 살펴보는 데 한계가 있다. 따라서 임상집단을 대상으로 한 공황장애 발병에 영향을 미친 가족환경 요인을 심층적으로 분석하고 특히 공황장애 환자가 생애 발달 과정에서 경험한 심리적 어려움을 파악하여 효율적인 치료 방법을 제시할 수 있는 경험적 연구가 필요하다.

연구의 목적은 공황장애의 생애주기별 심리적 어려움과 부모의 역기능적인 양육방식 그리고 가족치료의 효과성을 탐색하는 데 있다. 또한 이와 같은 연구결과를 통하여 연구자는 정신보건 사회사업 실천 현장에서 공황장애 내담자와 가족들을 돕기 위한 가족치료적 전략을 제시하고자 한다.

2. 문헌 고찰

1) 공황장애 환자의 심리적 어려움

공황장애에 영향을 미치는 심리적 요인의 경우 개인이 직면하게 되는 스트레스와 긴밀한 관련성이 있는데, 스트레스를 유발하는 사건의 존재 유무보다 스트레스상황에 어떤 방식으로 대처하느냐가 질병 과정에 더 영향을 미친다(Lazarus & Folkman, 1984). 공황장애 환자들은 병전 성격으로 지속적인 문제 해결능력과 성숙한 대처능력이 부족하고(Andrews et al., 1990), 일반인들에 비해 익숙하지 않은 환경을 회피하며 불안 민감도가 높은 편이다(Saviotti et al., 1991). 또한 공황발작이 다시 발생할 것에 대해 지속적으로 염려하는 예기불안을 느끼게 되므로 불안이 유발될 수 있는 상황과 장소를 의도적으로 피하는 회피행동을 하는 특징을 가진다(정해원 외, 2007).

Sanz-Carrillo, Gareia-Campayo과 Sanchez Blanque(1993)은 공황장애 환자들이 대인관계에서 높은 의존성을 보이며 열등감과 과민성이 있고 자아강도가 낮으며 실리성과 실제성, 자기감성에 대한 불안감을 가진다고 하였다. 이처럼 공황장애 환자 특유의 심리적 어려움과 대처방식이 존재하는데, 이와 관련된 연구들을 살펴보면 대처방식은 스트레스와 정신장애 또는 신체질환 간의 관계를 조절하는 매개효과를 가지며(Folkman, Lazarus, Dunkel-Schetter, DeLongis, & Gruen, 1986), 비적응적 대처방식을 취할 경우 질환에 더 취약해진다(Manos & Christakis, 1985)고 하였다. 정해원 등(2007)은 공황장애 환자들의 경우 스트레스 상황에서 발생한 바람직하지 못한 느낌을 감소시키기 위해 다른 생각과 행동을 동원하는 정서 중심적 대처가 낮다고 하였다. 특히 공황장애 환자는 공황발작 시 상황을 스스로 통제할 수 없는 무기력감과 그 상황을 벗어나려는 인지 증상을 보인다(Cox, Swinson, Endler, & Norton, 1994). 박현진 등(1999)에 따르면 공황장애 환자들은 대인관계 의존성이 높게 나타났는데, 이는 지지적인 보호자의 역할에 의해 불안이나 공포가 감소된다고 하였다. Antony, Purdon,

Huta와 Swinson(1998)의 연구에서는 공황장애 환자 집단에서 우울증이 공존하는 경우가 많고 완벽주의적 성격 특성이 두드러지는 것으로 나타났다. 조용래(2004)는 공황발작을 보이는 대학생을 대상으로 임상적·심리사회적 특성을 살펴본 결과 공황장애를 경험한 학생들의 경우 불안민감성이 높으며 공황발작을 피하기 위해 자주 사용하는 방식은 상황 회피로 나타났다.

Klein(1964)은 공황장애 환자들은 어릴 때부터 무서움을 잘 느끼며 심리적으로 취약하여 위험이 인식될 때 곧잘 공황발작을 일으킨다고 하였다. 많은 연구에서 불안장애 진단을 받은 성인들의 경우 아동기부터 불안증상이 있었던 것으로 나타났다. 공황장애 환자에 대한 연구결과의 약 54%가 아동기 때 불안장애 과거력이 있는 것으로 나타났다(Pollack et al., 1996). 아동기 때 병적 불안을 경험할 경우 학교생활과 교우관계에 부정적 영향을 미치고, 특히 다양한 활동을 회피하게 되면서 사회기술 습득의 기회 또한 제한되어 일상생활에 심각한 영향을 미치게 된다(Keller et al., 1992). 이와 같이 공황장애는 아동기에 심리적 불안을 유발하는 생물학적 취약성 요인과 환경적 위험 요인이 개별화된 결과로 볼 수 있다. 생물학적 취약성은 시간의 경과에 따라 유아기에는 행동 억제와 두려움, 소아기에는 사회적 고립과 분리장애, 청소년기에는 사회공포증, 성인기에는 공황장애로 발달한다(김영철, 1998).

이와 같은 선행연구들을 통해 공황장애는 신경생물학적 요인과 심리적 요인 그리고 환경적 요인 등이 복합적으로 관여되며 전 생애 과정을 거쳐 발생하는 발달적 연속성을 가진다는 것을 알 수 있다. 그러나 기존의 연구는 발달단계에 따른 횡단적 연구에 의한 결과이며 공황장애 환자 개인 또는 임상집단을 대상으로 생애 과정에서 경험한 심리적 특성을 다룬 종단적 연구는 거의 부재한 상황이다. 따라서 공황장애 환자가 경험한 생애주기별 심리적 어려움을 면밀히 살펴봄으로써 공황장애의 치료 효과를 높이기 위한 실천전략을 마련할 필요가 있다.

2) 부모의 양육태도와 공황장애

대부분의 공황장애 환자는 공황발작 이전에 '상실'과 관련된 심한 사회적 스트레스를 겪으며, 17세 이전에 부모를 상실한 경우 공황장애의 발생 가능성이 상대적으로 높은 것으로 나타났다(Busch et al., 1991). 또한 부모의 죽음이나 양육자와의 결별, 아동기 질병, 부모의 알코올중독, 가정폭력, 성폭력과 같은 외상 사건들이 공황장애 발병에 유의미한 영향을 미치는 것으로 나타났다(Bandelow et al., 2002). 뿐만 아니라 가족력에서 심리적 장애가 있는 경우 공황장애를 포함한 불안장애의 위험이 높아지는 것으로 나타났다(Bandelow et al., 2002). 공황장애에 한정할 수는 없으나 다양한 불안장애가 아동기의 과도한 거절 또는 통제 경험과 관련이 있다(Gerlsma, Emmelkamp, & Arrindell, 1990; Parker, 1990; Rapee, 1997). 이와 같이 가족환경 중 부모 요인은 공황장애에 영향을 미치는 중요한 변수임을 알 수 있다.

Bowlby(1973)는 유아와 양육자와의 관계에서 형성된 강하고 지속적인 유대를 애착이란 개념으로 설명하였다. 애착은 생후 1년 이내에 양육자와의 상호 의존적인 유대관계를 기초로 형성되어 개인의 발달 과정에서 지속적인 변화와 수정을 거치게 된다. 특히 어린 시절에 부모와의 관계에서 경험했던 분리불안은 성인기에 대인관계에서 스트레스를 받는 상황에 전이되며, 다양한 사회적 불안장애를 유발할 뿐 아니라 광장공포증이나 공황장애를 더 겪을 수 있다고 하였다(Bowlby, 1973). 즉, 부모와의 부적절한 관계나 애착문제가 발생했을 때 위험으로 인지했던 장면을 떠올려 공황발작을 발생하게 하는 것이다(Bandelow et al., 2002). Collins와 Reed(1990)에 따르면 부모가 거부적이거나 무관심할 경우 자녀들은 거부당하고 사랑받지 못한다고 느끼게 되어 불안 수준이 높아지고, 부정적 자아상을 가지며, 타인에 대한 부정적 시각을 형성하게 되는 경향이 나타난다. 이처럼 부모의 부적절한 양육태도와 공황장애는 유의미한 관계가 있음을 확인할 수 있다.

부모의 양육태도에 관련된 선행연구들을 살펴보면 다음과 같다. 먼저 김은정과 이혜란(2017)의 연구에서는 부모의 애정적 양육태도는 자녀의 사회불안을 낮추며 자기분화를 높이는 것으로 나타났다. 즉, 부모가 애정적 양육태도를 취할 경우 자녀에게 자신감을 심어 주고 긍정적 성향을 갖도록 하여 대인관계문제를 감소시키게 된다. 반면, 부모의 거부적이고 과보호적인 양육태도는 사회불안을 야기하며 자기분화를 낮추는 데 영향을 미친다(김은정, 이혜란, 2017). 거부적인 양육태도를 자주 사용할 경우 자녀는 반사회적이고 공격적인 성향을 갖게 되어 사회적응력이 낮아지고(조유진, 2012), 아동기 스트레스와 유의미한 관계가 있으며(윤세화, 권연희, 2009), 청소년기에는 수치심을 경험할 수 있다(최창석, 조한익, 2011). 수치심은 사회적 불안 또는 철회에 선행되는 심리적 경험으로 볼 수 있다(American Psychiatric Association, 2013). 반면, 부모의 과보호적인 양육태도는 자녀를 사회적 상황에 제한적으로 노출시키게 됨으로써 사회불안을 강화시키게 된다(이경은, 하은혜, 2011).

이처럼 환경적 요인으로서 부모의 양육태도가 공황장애 환자의 심리적 어려움과 증상의 발현에 미친 영향을 짐작해 볼 수 있다. 따라서 공황장애 환자를 치료하는 데 있어서 부모의 역기능적인 대처방식의 변화에 초점을 두는 개입전략을 모색할 필요가 있다.

3. 연구 방법

1) 연구자료의 맥락적 이해

사례의 내담자는 군복무 시절 처음으로 공황발작 증상을 경험하였으며 그 이후 정신건강의학과에서 공황장애를 진단받아 약물치료를 받으며 공황발작 증상이 다소 완화되었다. 그러나 내담자는 연애 과정에서 여자 친구가 자신을 버릴지 모른다는 극심한 불안을 겪게 되면서 공황발작 증상이 재발되었고 점차 악화되었다. 내담자는 자신의 공황발작 증상과 과도한 불안 증세가 과거 가족 경험 및 현재의 가족관계와 관련이 있을 것으로 생각하여 가족치료를 의뢰하였다. 가족치료의 과정은 2013년 2월부터 8월까지 총 16회기 동안 내담자(1~2회기, 13회기), 어머니(3~5회기), 여동생(6회기), 아버지(7~8회기)의 개인상담과 남매상담(9회기), 어머니−남매상담(10회기), 아버지−남매상담(11회기), 부모−남매상담(12회기), 여자 친구상담(14~15회기), 커플상담(내담자와 여자 친구, 15~16회기)으로 진행되었다.

2) 분석 방법

이 연구는 사례연구 방법을 적용하였다. 사례연구는 복잡한 현상이나 사건의 맥락과 경계를 명확하게 구분할 수 없는 상황과 인과관계가 복잡할 때 과정을 탐색하는 데 적절한 연구 방법이다(Yin, 2009). 이에 따라 연구에서는 공황장애 대학생의 가족치료 사례에서 나타나는 내담자가 경험한 심리적 어려움과 부모의 양육태도 그리고 가족치료 개입의 효과성을 분석하였다.

연구자는 상담축어록을 중심으로 의미 있는 단어, 줄, 문장 또는 문단 단위로 코딩하고 지속적으로 비교하면서 패턴코딩을 하였다. 연구자는 처음 분석에서 267개의 코드를 도출한 후 다시 유사한 개념을 묶어 패턴코드로 범주화하였다. 또한 분석결과에 대한 정확성을 도모하기 위해 상담 과정에서 기록된 상담메모를 점검하고 데이터의 재확인 과정을 거치면서 내용을 보완하고 수정하였다.

3) 연구질문

첫째, 공황장애 대학생이 경험한 생애주기별 심리적 어려움은 무엇인가?
둘째, 공황장애 대학생의 부모의 양육방식의 특성은 무엇인가?
셋째, 공황장애 대학생에 대한 가족치료 개입 전략 및 효과성은 무엇인가?

4) 신뢰도 검증 및 윤리적 고려

사례연구를 포함하여 질적 연구는 연구의 진실성(trustworthy)을 확보하기 위하여 양적 연구와는 다른 다양한 전략을 취해야 한다. Lincoln과 Cuba(1991)는 질적 연구의 엄격성을 확보하기 위한 전략으로서 신뢰성(credibility), 전환가능성(transferability), 의존가능성(dependability), 확증가능성(confirmability)을 제시하고 이러한 용어를 조작화하기 위한 방법으로서 지속적인 현장 참여와 자료, 방법, 연구자의 삼각화(triangulation) 기법을 제안하였다(Cresswell & Poth, 2018).

연구자는 연구자료의 삼각화를 위해 상담축어록과 상담비디오 그리고 치료자가 상담을 하면서 기록했던 메모를 사용하였다. 또한 1차적으로 축어록을 통해 의미 있는 개념을 추출하고 축어록만으로는 의미나 맥락이 모호한 부분에 대하여 상담비디오를 통해 참가자의 어조, 분위기를 파악하면서 이를 확인·수정하였다. 마지막으로, 연구자는 치료자의 메모를 통해 추가적인 개념이 발생하는지를 확인하였다.

연구자료를 제공한 20년 이상의 가족치료 경험을 가진 치료자는 편견을 배제하기 위하여 분석의 단계에 참여하지 않았으나, 코딩과 주제 선정 등의 분석 과정이 종료된 후 집필 과정에 함께 참여하여 연구의 신빙성을 높이는 데 기여하였다. 연구자료의 1차 코딩은 7년 이상 가족치료의 경험이 있는 연구자가 담당하였으며, 10년 이상의 가족치료 경험과 가족치료 사례의 질적 연구 경험이 풍부한 연구자가 이를 다시 수정하고 범주화하는 과정을 여러 번 반복하였다. 코딩과 주제 선정은 1차 작업 이후에도 여러 번의 토론에 의해 수정·보완되었고 집필이 시작된 이후에도 반복적인 상호검토를 통해 계속해서 내용을 수정하였다. 또한 이 연구의 연구자가 아니면서 질적 연구의 경험이 있는 대학 가족치료센터 연구원의 연구 과정에 대한 감사(auditing)를 통해 연구자의 삼각화를 실시하여 의존 가능성과 확증 가능성을 높였다.

연구는 상담에 참여한 모든 내담자에게 치료 과정을 담은 자료가 연구자료로 사용될 것에 대하여 동의를 구하였으며, 연구 이외의 목적에 자료를 이용하지 않을 것을 고지하였다. 또한 내담자들의 사생활 보호를 위해 가명을 사용하였고 내담자들의 인적사항은 삭제하였으며 내담자가 최종적으로 연구결과를 검토하면서 수정을 요청한 부분을 그대로 반영하였다.

4. 분석결과 및 해석

1) 생애주기별 심리적 어려움

내담자가 겪어 온 생애주기별 심리적 어려움은 〈표 13-1〉과 같이 아동기의 경우 버려진 심정, 청소년기의 경우 고립과 소외, 청년기에는 대인불안 고조, 억압과 위축, 전이와 불안 증폭으로 분석되었다.

(1) 아동기

① 버려진 심정

내담자는 아동기 때 부모와 떨어져 조부에게 맡겨졌을 때 시골의 적막한 환경으로 인한 무서움을 달래기 위해 어머니에게 전화를 했지만 어머니는 무조건 참으라고 강요하였다. 이처럼 내담자는 어머니에게 야단맞을 때마다 버려진 듯한 감정을 경험하였다. 내담자는 아버지와도 정서적 교류가 전혀 없었고 마음의 벽을 쌓고 지내 왔다. 이렇듯 내담자는 어릴 때부터 부모와 불안정한 애착관계를 형성하였다.

• 유기된 듯한 두려움

　내담자: 그때 시골이 적막하고 저녁에는 조용해서 무섭고. …… 〈중략〉 …… 울면서 엄마한테 전화했는데 엄마가 참으라고. …… 〈중략〉 …… 엄마한테 심하게 혼났을 때도 버려지거나 서러움, 공포 등 다양한 감정을 느꼈죠. (13회기)

〈표 13-1〉 내담자의 생애주기별 심리적 어려움

생애주기	상위 범주	하위 범주	개념
아동기	버려진 심정	유기된 듯한 두려움	• 어머니에게 혼났을 때 버려지거나 서러움, 공포 등을 느낌 • 시골의 조부모에게 맡겨져 적막함과 무서움을 토로함
		마음의 벽이 생김	• 어릴 때부터 부모가 싫었음 • 초등학교 때부터 아버지와 마음의 벽이 생김
청소년기	고립과 소외	경제적 위기로 인한 정서적 교류 부족	• 정서적 교류 부족으로 경제적 위기 시 관계가 더 악화됨 • 경제활동으로 바쁜 어머니와 대화를 하지 못하여 상처받음 • 부모가 12시에 귀가할 때까지 게임하며 스트레스 해소
		주체성 결여	• 수용 경험의 부재로 인한 성취감 결여 • 유학생활을 포기하고 검정고시를 결정함
		마음의 문이 닫힘	• 진심이 와 닿지 않는 어머니의 사과에 마음이 풀리지 않음 • 부모의 헌신을 이해하지만 쉽게 마음의 문이 닫힘
		또래관계 부적응	• 깍쟁이 같은 성격으로 의지하는 친구가 없었음 • 중학교 때 사회경제적 지위 차이로 친구관계가 어려움
청년기	대인불안 고조	공황발작 발현	• 군대 선임들의 비난에 대한 불안으로 공황발작 시작 • 군복무 시절 공황발작 증상을 피하기 위해 관계 회피
		대인관계 부적응 악화	• 전역 후 사람들과 대화 중 공황발작 증상이 나타남 • 제대 후 분노가 끓어 올라 정신과 치료 받음 • 대인관계에서 기대에 어긋나면 단절을 함
	억압과 위축	갈등 회피를 위한 심리적 억압	• 여자 친구에게 서운한 감정을 솔직하게 표현하지 못함 • 여자 친구의 감정적 반응에 과도하게 눈치를 봄
		자기비하	• 여자 친구가 보이는 부정적 태도에 대해 자기 탓함 • 여자 친구가 강압적인 태도를 보일 때 자존감이 낮아짐
청년기	전이와 불안 증폭	동일시로 인한 심리적 갈등	• 어머니에 대한 애정결핍문제가 여자 친구에게 전이됨 • 어머니와 유사한 여자 친구의 진정성 있게 사과하지 않는 태도나 화낼 때 충돌이 일어남
		분리와 거부에 대한 두려움	• 여자 친구가 떠날지 모른다는 두려움 • 여자 친구가 다른 이성에게 호의적인 것에 불만을 가짐 • 여자 친구의 과거 연애 이야기를 듣고 불안 증폭

• **마음의 벽이 생김**

어머니 : "엄마랑 아빠랑 언제부터 그렇게 싫었어?"라고 물어 봤어요, "어릴 때부터요." 그러는 거예요 ……〈중략〉…… "그러면 지금은 엄마, 아빠가 너한테 어떤 느낌으로 다가오니?" 그렇게 물어 봤더니 아무 느낌이 없대요. (3회기)

내담자 : 저는 초등학교 때부터 아버지한테 벽을 느꼈거든요. ……〈중략〉…… 그 정도로 감정적인 교류가 없었어요. (11회기)

(2) 청소년기

① 고립과 소외

내담자는 청소년기 때 아버지의 사업 실패로 경제적 어려움을 겪게 되면서 부모와의 관계가 더욱 악화되었다. 내담자는 부유한 학군의 중학교를 다니면서 상대적 박탈감을 느끼게 되었고 점차 위축감이 높아졌으며 부모를 원망하게 되었다. 반면, 부모는 내담자의 입장을 이해하지 못하고 아들의 학업 성취에 대한 높은 기대감을 가지고 내담자를 압박하였다. 내담자는 원만하지 않은 성격으로 청소년기 사회 적응에 가장 중요한 요소인 또래관계에서 친밀한 관계를 형성하지 못하였다. 결국 내담자는 학교와 가정생활에 적응하지 못하고 인터넷과 게임에 몰입하였다. 내담자는 유학을 통하여 심리적인 위기를 극복하고자 했으나 경제적 형편이 더욱 어려워져 유학생활을 포기하고 귀국하여 검정고시를 준비하였다. 내담자는 그 과정에서 또래 및 부모와 심리적 갈등을 더욱 겪게 되었다. 특히 내담자는 어머니의 심한 체벌에 대해 불만을 표출하였지만 전혀 수용하지 못하는 어머니로 인하여 무력감을 느꼈다. 이로 인해 내담자는 결국 부모와 단절된 느낌을 갖게 되었다.

• **경제적 위기로 인한 정서적 교류 부족**

내담자 : 언제부터 마음의 문을 닫기 시작하다가 사춘기 민감한 시기에 경제가 안 좋아지고 중학교 가서 주변 애들에게 스트레스를 많이 받고 그러면서 더 악화가 된 것 같아요. (11회기)

어머니 : 아침에 일어나면 가게 갔다 저녁에 오니까 엄마랑 대화할 시간이 없어서 그때 자기가 마음이 닫혀서 상처를 많이 받은 것 같다고. (5회기)

내담자 : 엄마, 아빠가 일 나가시면 저녁 12시 넘어서 들어오셨거든요. 저는 그동안 인터넷과 게임

만 했었죠. (2회기)

• **주체성 결여**

내담자: 뭔가를 성취해도 성취감을 못 느끼고 …… 〈중략〉 …… 제 생각에는 (부모로부터) 수용을
못 받아서 이렇게 된 게 아닌가. (12회기)

어머니: "엄마, 저 캐나다 안 가겠다."라고 그러더라고요. …… 〈중략〉 …… 그러더니 자기가 검정
고시를 하겠다고 해서. (3회기)

• **마음의 문이 닫힘**

내담자: (부모의) 진정성이 와 닿지 않은 부분이 있었던 것 같아요. 어떻게 보면 저는 이 십몇 년을
제 마음속에 담고 산 거라서 하루아침에 풀리지는 않잖아요. (12회기)

내담자: 마음의 문이 닫힌 것 같아요. …… 〈중략〉 …… 머리로는 생각이 돼요. '아, 정말 헌신하시
는구나. 감사하구나' 근데 감정으로 와닿지 않아요. (10회기)

• **또래관계 부적응**

내담자: 중학교 때는 약간 깍쟁이 같은 스타일이라서 친구를 못 믿고 성향만 맞으니까 어울리지 정
신적으로 의지했던 친구가 없었어요. (1회기)

내담자: 학교 가면 다른 친구들 아버지는 되게 능력 있으신 분들인데 저희 아버지는 그러질 못하니
까 좀 그런 데서 오는 어려움도 있었던 거 같아요. (2회기)

(3) 청년기

① 대인불안 고조

내담자는 군복무 시절 선임들이 자신을 혼내지 않을까 늘 불안감을 느끼며 지내던
중 첫 번째 공황발작 증상이 나타났다. 첫 번째 발작 이후 내담자는 발작에 대한 예
기불안으로 인하여 사람들을 회피하였다. 특히 내담자는 전역 후에도 대인관계 상황
에서 지속되는 발작과 더불어 자다가 갑자기 분노감이 치밀어 오르는 등 심리적 어려
움을 경험하였다. 내담자는 대인관계로 인한 심리적 갈등 시 관계를 단절하는 방식을
취하였다. 이처럼 내담자는 대인관계 부적응의 악화로 인한 심리적 불안을 해소하기
위해 재학 중인 대학 내 상담실에서 상담을 받던 중 정신건강의학과 진료를 권유받게
되었다.

- **공황발작 발현**

    내담자: 처음에는 제가 군대에서 공황장애가 생겼어요. …… 〈중략〉 …… 군대에서 맨 처음 느꼈던 게 그때였어요. PX에 가서 엄청나게 먹었어요. 엄청 많이 먹고 누워 있었는데 선임들이 뭐라고 할까 봐 불안감을 느꼈어요. 그러다가 갑자기 발작증상이 시작됐어요. (1회기)

    내담자: 사람이랑 대화할 때 발작이 있었어요. 사람만 피하면 증상은 없으니까 그렇게 피하고 지내다가……. (1회기)

- **대인관계 부적응 악화**

    내담자: 그 이후 사람이랑 대화할 때 그 증상이 오기 시작했던 거예요. 자주 왔어요. (1회기)

    내담자: 이제 제대하고 어느날 자고 있는데 이상하게 분노가 막 끓어오르더라고요. 그래서 학교에서 심리상담을 받게 됐어요. …… 〈중략〉 …… 정신과 가는 게 좋겠다고 그래서 정신과 가서 약 먹고 나아진 거예요. (1회기)

    치료자: 아드님도 (사람과) 틀어지면 안 보고 단절하는 게 나올 거라는 거죠.
    내담자: 저 그래요. (11회기)

② **억압과 위축**

　　내담자는 여자 친구가 자신을 떠날지도 모른다는 과도한 불안을 느낄 때마다 자신의 감정을 지나치게 억압하는 양상을 보였다. 내담자는 여자 친구에 대한 서운한 감정을 표현하지 못하고 스트레스 상황에서 폭발하였다. 이와 같이 내담자는 여자 친구에게 지나치게 민감하였고 여자 친구의 부정적 태도에 대해서 자신을 탓하는 특징을 보였다.

- **갈등 회피를 위한 심리적 억압**

    여자 친구: 동민(가명)이는 (저에 대한 감정이) 많이 쌓였던 것 같아요. 저는 못 느꼈는데 초반에도 좀 저한테 서운했던 게 있었던 것을 최근에 알았거든요. (15회기)

    여자 친구: 저는 다운이 되었을 때 저를 컨트롤해 주기를 바라지 않는데 동민(가명)이가 제 눈치를 너무 보는 것 같아요. (16회기)

- **자기비하**

    내담자: "아니야, 더워서 그래."라고 해도 당장은 불안한 거죠. 이게 정말 더워서 그런 건지 나 때문

에 그런 건지. (16회기)

내담자: 제가 다시 핸드폰 주워서 무슨 말을 하려는 건지 찾았죠. 근데 "여기 글 있잖아."라고 뺏으면서 다시 던지는 거예요. 사람이 그러면 자존심이 상하고 자존감이 낮아지잖아요. (13회기)

③ 전이와 불안 증폭

내담자는 공황장애 진단을 받고 약물치료를 받게 되어 증상이 완화되었으나 여자 친구와의 연애 과정에서 극심한 불안 증세가 재발되었다. 내담자는 여자 친구에게 거부당할 것에 대한 비현실적 불안감을 가지고 있었는데, 특히 다른 남자에게 친절하게 잘 대해 주면서 자신의 호의적인 태도(애교)를 수용해 주지 않는 상황에서 내담자는 불안감이 증폭되었다. 이러한 내담자의 불안은 내담자의 원가족 경험과 연관되었다. 내담자는 여자 친구가 화내는 모습이나 진정성 없이 사과하는 태도를 경험할 때 어린 시절의 어머니의 모습과 동일시하는 특징을 보였다. 따라서 내담자는 여자 친구와의 관계에서 어머니에 대한 부정적 감정의 전이로 인한 불안을 경험하였다. 특히 내담자는 여자 친구가 과거에 사귄 남자 친구와 키스했던 사실을 알게 되었을 때 자신을 버릴 수 있다는 극심한 공포심을 느끼게 되면서 공황발작 증상이 재발된 것으로 볼 수 있다.

• 동일시로 인한 심리적 갈등

내담자: 좋아하는 사람을 만나면서도 고통스러운 게 너무 힘든 거 같아요. …… 〈중략〉 …… 엄마한테 받아야 할 사랑을 늘 다른 데서 찾는 거지요. (1회기)

내담자: (여자 친구가) 화낼 때 보니까 (엄마랑) 좀 비슷한 경향이 있더라고요. 여자 친구랑 좋을 때는 좋은데 그렇게 화를 내니까 지치는 게 있죠. (9회기)

내담자: (여자 친구가) 진정성을 담아서 미안하다고 해야 하는데 짜증을 내면서 미안하다고 한다던가, 화낼 때 막 퍼붓는 게. 그럴 때 좀 엄마 같은 느낌이 들어서. (9회기)

• 분리와 거부에 대한 두려움

내담자: 저한테 부정적인 신호를 보내는 것도 아닌데 저 혼자서 '(여자 친구가) 떠나면 어떡하지?' 하는 두려움 때문에 …… 〈중략〉 …… 그게 너무 심해서 제 일도 제대로 못하고. 심할 때는 헛구역질하고 토하고. 그 정도로 심하고 밥도 잘 못 먹고, 그렇거든요. (1회기)

내담자: 나는 그런 것 안 봤으면 좋겠어. 다른 이성한테 나이스하게 대하는 거. ⋯⋯〈중략〉⋯⋯ 나는 왜 그렇게라도 안 받아 주는데? (16회기)

내담자: 잘 돼 가던 남자랑 키스를 했어요. 그걸 그러려니 하고 받아들여야 되는데 그때부터 막 버림받을까 하는 공포가 더 커지는 거예요. 그래서 한 이틀 동안은 밥도 제대로 못 먹고 막 계속 토할 거 같고, 공황발작이 일어나면서 막 죽을 거 같고 그런 느낌이 들더라고요. (1회기)

　이와 같은 결과를 볼 때 내담자의 공황장애 증상은 아동기부터 청년기까지의 생애 과정을 거치며 내면화되었던 불안에 기인된 결과로 이해될 수 있다. 즉, 아동기의 미해결된 정서적 문제가 청소년기와 청년기의 대인관계에도 영향을 미치고 있다는 것을 볼 수 있다. 청소년기의 내담자는 아버지의 사업 실패로 인해 상대적 박탈감을 느끼고 자기비하를 하였다. 이와 같은 스트레스 상황에서 내담자는 인터넷과 게임에 몰두하고 현실을 회피하였다. 이와 같은 연구결과는 공황장애 환자들의 경우 일반인들에 비해 회피적인 방식을 더 많이 선택한다(Saviotti et al., 1991)는 내용을 보여 준다. 또한 이와 같은 연구결과는 스트레스에 대한 역기능적인 대처방식이 공황장애 발병의 과정에 더 많은 영향을 미친다(Lazarus & Folkman, 1984)는 내용과 일치하고 있다.

　청년기의 내담자는 군복무 중 선임들의 비난에 대한 불안과 여자 친구로부터 버려질 것에 대한 두려움으로 인하여 공황발작이 재발하였다. 이는 공황장애 환자들의 경우 어린 시절 부모와의 관계에서 경험했던 분리불안으로 인해 대인관계에서 예민한 반응을 보이게 된다(Boyce & Parker, 1989)는 내용을 보여 주고 있다. 특히, 내담자는 여자 친구와 원만한 관계를 유지하지 못하였다. 즉, 어머니와의 관계에서 해결되지 않은 부정적 감정이 어머니와 유사한 특성을 지닌 여자 친구와의 관계에서 어머니에 대한 부정적 감정의 전이 현상으로 나타났다. 또한 내담자는 불안을 해소하기 위해 여자 친구에 대한 부정적 감정을 과도하게 통제하고 회피하거나 여자 친구와 밀착된 관계를 추구하였다. 이와 같은 내담자의 인간관계 추구방식은 부정적 감정을 표출했을 때 공감하고 수용하기보다 참기를 강요하며 긍정적인 태도를 강요했던 어머니의 양육태도로 인하여 영향을 받은 것으로 나타났다. 연구결과는 엄격한 부모의 양육방식이 공황장애를 포함한 불안장애의 위험을 높일 수 있다(Bandelow et al., 2002)는 것과 강압적이고 지배적이었던 어머니의 양육태도로 인하여 공황장애를 겪고 있는 자녀가 버림받을 수도 있다는 불안감을 가지게 되었다(Shim & Park, 2016)는 내용과 상당히 일치하고 있다. 반면, 여자 친구가 내담자에 대한 거부감을 나타냈을 때 내담자는 욕을 하거나 분노를 폭발하는 등 감정 반사적 반응으로 대처하였다. 이와 같은 내담자의 심리적 어려움들은 공황장애 환자들의 경우 병전 성격으로 문제 해결능력과 성숙한 대처능력의 지속적인 부족을 보인다(Andrews et al., 1990)는 내용을 보여 준다. 이처럼 공황장애를 가진 내담자의 심리적 어려움은 아동기에 경험한 부모의 양육방식과 관련된다는 것을 알 수 있다.

2) 부모의 양육방식의 특성

내담자가 경험한 부모의 양육방식은 〈표 13-2〉에 나타나고 있으며, 이에 대한 구체적인 내용은 다음과 같다.

(1) 독재와 권력의 남용

내담자의 어머니는 내담자가 네 살 때 조부에 대한 내담자의 버릇없는 행동을 고치기 위해 체벌을 하였고, 나중에는 내담자의 사소한 잘못에 대해서도 피멍이 들 정도로 때렸다. 아동기의 내담자는 부모가 자신을 지나치게 억압했던 것으로 기억하였다. 어머니는 내담자와 타협이 불가능할 만큼 엄격한 태도를 취하였다. 아버지 또한 내담자의 실수를 용납하지 않았고 극단적이었으며 사업 실패 이후 경제적 어려움으로 인한 스트레스를 내담자에게 투사하였다. 이로 인해 내담자는 부모가 자신을 양육할 때 공정하지 않고 자신들의 감정을 투사하여 부당한 권력을 행사했던 것으로 인해 부정적 감정을 품어왔다.

〈표 13-2〉 내담자 부모의 양육방식의 특성

상위 범주	하위 범주	개념
독재와 권력의 남용	가혹한 체벌로 처벌하기	• 어머니가 조부에 대한 버릇없는 행동을 고치려고 종아리를 때림 • 어머니가 체벌할 때 자나 옷걸이를 사용하고 피멍 들 때까지 때림
	억압과 권위적 태도	• 원칙에서 벗어난 것에 대해서는 타협이 불가능함 • 타인의 실수를 수용하지 않거나 신뢰를 잃었을 때 극단적 대처 • 어머니에게 보이는 버릇없는 행동을 용납하지 않음
	감정 투사하기	• 사업 실패 후 실직상황에서 히스테리를 부림 • 경제적 곤란상황에서 아버지가 감정 폭발을 하며 욕설을 퍼부음

정서적 돌봄 부재	애정표현 부재	• 아버지는 무뚝뚝하고 따뜻한 말을 해 주지 않음 • 아버지는 아들에게 스킨십을 제대로 하지 못함
	수용과 공감 부재	• 아버지는 동생을 질투하는 아들의 마음을 받아 주지 않음 • 갈등상황에서 아들의 얘기를 수용하지 않고 반대 입장을 취함 • 어머니는 힘들다고 할 때 스트레스 받지 말라고 하며 수용해 주지 않음
	명령과 훈계하기	• 어머니는 부자간 감정 충돌 이후 아들이 아버지에게 용서 구할 것을 요구함 • 어머니는 아들이 취업준비로 힘들 때 격려하지 않고 채찍을 가함 • 친척들에 대한 아들의 부정적 감정을 공감하지 않고 도리를 강조 • 어머니는 아버지와의 갈등 시 공감보다 무조건 긍정적으로 생각하기를 바람
성취 압력 행사	일방적으로 교육하기	• 어릴 때부터 어머니가 사사건건 잔소리를 함 • 배려하지 않고 어머니의 주관적 견해를 주입하고 가르치는 방식 반복
	비난과 과잉기대	• 의지가 부족하다고 비난하며 공부만 하라고 시키는 느낌을 받음 • 마음을 표현할 줄 아는 아들을 기대했으나 정이 없다고 비판함
자기방어적 태도	희생과 헌신에 대한 생색내기	• 오히려 아들에게 자신을 이해해 줄 것을 요구하므로 짜증남 • 아들을 위해 일을 포기한 선택에 대해 인정받고 싶어 함
	부인하고 변명하기	• 어머니가 아동기에 내담자를 때린 것에 대해 변명함 • 아버지는 자신이 언어폭력을 하지 않았다고 여김
심리적 소외감 조장	동생과 비교하기	• 어머니의 말을 잘 듣고 하라는 대로 순응하는 동생과 비교함 • 동생과 차이 없이 어른스럽지 못한 행동을 거슬려 함
	부인을 일방적으로 두둔하기	• 아들의 부당한 행동에 대해 회초리를 든 것으로 여기며 두둔함 • 피멍 들 정도의 체벌에 대한 부정적 감정 표출 시 전적으로 두둔함

- **가혹한 체벌로 처벌하기**

  어머니: 처음에 매를 들었을 때가 한 네 살 정도에 아버님이 오셨었어요. …… 〈중략〉 …… 그래서 종아리를 열 대를 때렸어요. (2회기)

  내담자: 그냥 막 주변에 있는 아무거로 때리면…… 저는 머리도 맞아 본 적도 있거든요. 머리도 맞고 온몸에 피멍이 들도록 맞았는데……. (11회기)

- **억압과 권위적 태도**

  아버지: 원칙에서 벗어난 것은 타협이 안 돼요.

  치료자: 그것은 아버님도 불가능하신가요?

  아버지: 네. (8회기)

어머니: 이제 뭐 버릇없게 행동했을 때. ······ 〈중략〉 ······ 제가 강한 어조로 얘기를 해서 상처를 받은 거 같아요. 그런 부분은 제가 용납을 못하니까. (5회기)

• 감정 투사하기

내담자: 그리고 그냥 누워만 계신 게 아니라 저한테 히스테리도 부리고 막 그러셔가지고······. (2회기)

어머니: "못사는 거를 무슨 자랑인 것처럼." 그러니까 거기서 아빠가 화가 확 나가지고는 폭발한 거죠. ······ 〈중략〉 ······ "이 새끼." 그랬을 거예요. (4회기)

(2) 정서적 돌봄 부재

내담자의 부모는 자신들이 내담자에게 헌신해 왔다고 생각하고 있었던 반면, 내담자는 부모에 대하여 매우 부정적인 태도를 취하였다. 어머니는 내담자가 부정적 감정을 표출했을 때 수용해 주기보다는 긍정적으로 생각하라고 하거나 내담자에게 지나치게 객관적인 입장을 취해 왔다. 또한 어머니는 부자간의 갈등 상황에서 항상 아버지의 편을 들었고, 인간적인 도리를 훈계하였다. 아버지는 내담자가 동생의 편애에 대해 불평을 했을 때, 전혀 공감을 해 주지 못하였다. 부모 모두 내담자의 부정적인 감정에 대한 이해가 부족했으며 효과적으로 소통할 만큼의 의사소통능력을 가지지 못하였다.

• 애정표현 부재

내담자: 아버지가 정을 주시는 분은 아니에요. 무뚝뚝하시고. (1회기)

아버지: 저는 그런 것(스킨십)을 받아 본 적이 없거든요. 저는 그런 것을 제일 부러워했으면서 제 자식한테 못하죠. (8회기)

• 수용과 공감 부재

어머니: (아들이 여동생을) 질투했던 것 같아요. 그러면 아빠가 "지금 동생 해 주는 거는 너한테 해 준 거의 십분의 일도 못 해 준다."고 그랬어요. (5회기)

어머니: (아들과) 부딪힐 때는 "동민아(가명), 그건 그게 아니고." 이렇게 얘기가 돼요. (4회기)

치료자: 그러니까 엄마의 반응은?

여동생: 스트레스를 받지 말라고, 그냥 그러고 끝냈던 것 같아요. (10회기)

- **명령과 훈계하기**

  어머니: 저는 솔직히 동민(가명)이가 그때 일어나서 "아빠, 제가 잘못했어요." 그 얘기를 해 주기를 바랐는데……. (4회기)

  내담자: (엄마가 나에게) "네가 상반기 때는 잘 안 됐으니까 하반기 때는 더 열심히 해야지." 그렇게 말하는 ……〈중략〉…… 당근보다 채찍을 쓰는 스타일. (9회기)

  어머니: 네가 지금 작은아빠, 작은엄마를 내치고 그러면 할머니 가슴에다가 못을 박고. 그러면 할머니가 돌아가시고 나면 엄마가 아빠 가슴에도 못을 박는 거 아니냐. (4회기)

  어머니: 진짜 이 세상에 너희 아빠 같은 아빠 없다고 그러는데. ……〈중략〉…… 동민(가명)이는 좋은 생각이 나쁜 생각을 덮으면서 긍정적인 힘으로 생활했으면 좋겠다. (4회기)

(3) 성취 압력 행사

어머니는 내담자의 심리적 어려움을 이해하지 못하였고 지나친 주관적인 신념과 함께 일방적인 의사소통을 하였으며 자신의 기대를 충족시키지 못했을 경우 잔소리와 비난하는 방식을 사용하였다. 또한 청소년기 시절에는 의지가 부족하다고 탓하였고, 성인기 시절에는 자신에게 순종하지 않았을 경우 정이 없다고 비난하기도 하였다. 이처럼 어머니는 아동기부터 성인기까지 내담자를 늘 비난하는 방식을 사용해 온 것으로 나타났다.

- **일방적으로 교육하기**

  여동생: 그냥 시시때때로 화를 내세요. ……〈중략〉……

  치료자: 엄마가 잔소리가 많은 편이에요?

  내담자: 좀 그런 것 같아요. 제 어렸을 때를 돌이켜 봐도. (9회기)

  치료자: 엄마는 긍정적으로 자꾸 가르치시려고 해요. 그 방식이 오히려 자녀의 입을 닫아 버리게 할 수밖에 없지 않겠나…….

  어머니: 네. (4회기)

- **비난과 과잉기대**

  내담자: 의지가 부족하다고. ……〈중략〉…… 나는 관심받고 싶은데 그런 건 주지도 않으면서 나한테 공부만 하라고 시키는 그런 느낌이었어요. (1회기)

어머니: '올해는 따뜻한 아들로 마음을 표현할 줄 아는 아들로 좀 바꿔 봐야 되겠다'라고 생각해서 그렇게 계획에다 세워 놓을 정도로. …… 〈중략〉 …… 그런데 안 해요. 그런 정이 없는 것 같아요, 얘가. (3회기)

(4) 자기방어적 태도

부모는 상담 과정에서 자신들의 과거 양육태도에 대한 내담자의 불만에 대해 방어적이었다. 어머니는 내담자가 인식하는 과도한 체벌에 대해 합리화하였고 오히려 이해받기를 바라며 다른 부모에 비해 못해 준 것이 없다는 것을 강조하였다. 아버지 또한 언어폭력에 대한 내담자의 입장을 수용하지 않고 부인하였다. 이처럼 내담자는 부모의 인정하지 않는 방어적인 태도로 인하여 좌절감을 느껴 왔던 것으로 나타났다.

- **희생과 헌신에 대한 생색내기**
  내담자: "너도 이해해 주기를 바란다. 내가, 다른 부모에 비해서는 못해 준 게 없지 않았냐?" 그 말 들으니까 더 짜증났어요. (1회기)

  어머니: 지금도 그래요. "너를 얻기 위해서 엄마가 엄마 인생을 포기하고." (3회기)

- **부인하고 변명하기**
  어머니: "그건 엄마가 너를 미워서가 아니라 교육한다는 그런 생각으로. 그때 엄마도 젊고 잘 키우겠다는 그런 생각으로 그랬기 때문에 이해해 줘라." 그러고. (2회기)

  아버지: 공부하라는 잔소리는 했을지 모르겠지만 비하한다던가 언어폭력을 쓴다던가 전 그런 건 없었다고 생각을 하거든요. (7회기)

(5) 심리적 소외감 조장

아버지는 내담자를 여동생과 비교하여 미성숙하게 취급하였고, 내담자가 어머니에게 학대를 당한 상황에서도 상황을 잘 알아보거나 객관적으로 판단하기보다 일방적으로 어머니를 두둔하였다. 이러한 아버지의 대응방식으로 인하여 내담자는 가족 안에서 늘 소외감을 경험한 것으로 나타났다.

- **동생과 비교하기**
  치료자: "[아빠가 오빠(내담자)에게] 야, 너 동생은 이렇게 말 잘 듣고 하라는 대로 하는데 너는 왜 그러냐?" 이랬다는 거 아니에요, 오빠한테?

여동생: 네. (6회기)

아버지: 저는 이제 (아들이) 좀 어른스러워졌으면 좋겠거든요. 근데 집에 와서 하는 거 보면 이제 눈에 거슬리죠. (7회기)

- **부인을 일방적으로 두둔하기**

아버지: (엄마가 아들을) 무작정 때리는 게 아니니까. 잘못을 저질러서 맞았을 텐데. 잘은 모르겠는데. (7회기)

내담자: 가끔은 과도할 때가 있었잖아요. 솔직히 피멍 들 때까지 때리는 게 적정한 수위의 체벌이라고는 볼 수 없잖아요.

아버지: 그것은 엄마가 크게 감정이 들어가서 때렸겠냐? 교육상 체벌을 가했겠지. 엄마가 미워서 때렸겠어? (11회기)

　지금까지 내담자가 경험했던 부모의 양육태도에 대한 분석결과는 다음과 같다. 부모는 내담자를 물질적으로 양육은 하였으나 내담자를 정서적으로 돌보는 방법에 있어서 미숙하였는데, 이는 따뜻한 보살핌을 받지 못했던 원가족 경험에 기인하였다. 또한 내담자는 부모와 관계에서 자신의 감정을 표출하는 방법을 경험하지 못하였기 때문에 스트레스 상황에서 자신의 부정적인 감정을 억누르는 방식을 주로 사용하였다. 특히 부모의 양육방식과 역기능적인 의사소통방식으로 인해 내담자는 아동기에서 청년기에 이르기까지 겪은 불안을 부모에게 표출할 수 없었고 내재화한 것으로 보인다. 이러한 결과는 공황장애 증상이 원가족으로부터 형성된 불안에서 시작되며, 가족문화적인 요인으로 인한 스트레스가 공황발작을 유발시킬 수도 있다(Shim & Park, 2016)는 내용과 일치한다. 한편, 부모의 양육방식과 표현방식이 내담자에게 심리적 상처를 입힌 것으로 볼 수 있다. 이와 같은 결과는 부모의 무관심하고 거부적인 태도가 자녀들이 사랑받는다는 느낌을 갖지 못하게 하여 불안 수준이 높아지며(Collins & Read, 1990), 아동기의 과도한 거절 및 통제 경험이 이후 다양한 불안장애와 관련이 있다(Gerlsma et al., 1990; Parker, 1990; Rapee, 1997)는 선행연구 결과를 보여 준다.

3) 가족치료 개입전략 및 효과

사례의 가족치료 과정에서는 공황장애를 앓고 있는 내담자의 생애주기별 심리적 어려움과 이에 영향을 미친 부모의 역기능적인 대처방식이 두드러지게 나타났다. 이에 대한 가족치료의 개입전략 및 효과에 대한 분석결과는 〈표 13-3〉과 같다.

〈표 13-3〉 가족치료 개입전략 및 효과

회기	참여자	개입전략	개입효과
1	내담자	• 담아내는 구조 제공 • 미해결과제 탐색	• 라포 형성 • 안전하게 미해결된 감정을 표현함
2	내담자	• 가계도 탐색	• 문제에 대한 가족치료적 틀 인식
3	어머니	• 담아내는 구조 제공 • 치료자의 자기개방	• 라포 형성 • 내담자의 미해결과제 인식
4	어머니	• 가계도 탐색	• 문제에 대한 가족치료적 틀 인식
5	어머니	• 의사소통방식 탐색	• 어머니의 역기능적 의사소통방식 자각
6	여동생	• 담아내는 구조 제공 • 미해결과제 탐색	• 라포 형성 • 안전하게 미해결된 감정을 표현함
7	아버지	• 담아내는 구조 제공 • 치료자의 자기개방	• 라포 형성 • 내담자의 미해결과제 인식
8	아버지	• 가계도 탐색 • 의사소통방식 탐색	• 문제에 대한 가족치료적 틀 인식 • 아버지의 역기능적 의사소통방식 자각
9	내담자 여동생	• 보듬어 주는 환경 제공 • 남매간 대화 촉진	• 내담자가 동생에게 속마음을 표현함 • 어머니와 내담자의 대화가 증가함 • 여자 친구에 대한 집착이 감소됨
10	내담자 어머니 여동생	• 보듬어 주는 환경 제공 • 미해결과제 대화 유도 • 생략된 언어 찾아 주기	• 어머니의 여동생에 대한 잔소리가 감소됨 • 어머니가 자녀와의 관계에 미친 자신의 부정적 영향을 자각함
11	내담자 아버지 여동생	• 보듬어 주는 환경 제공 • 미해결과제 대화 유도 • 생략된 언어 찾아 주기	• 아버지와 자녀 간 상호이해가 증가함 • 여자 친구에 대한 불안감 완화됨 • 분열된 대상관계 통합이 시작됨

12	가족 전체	• 보듬어 주는 환경 제공 • 미해결과제 대화 유도 • 기능적인 의사소통방식 제시와 대화 연습	• 아버지가 감정을 솔직하게 표현함 • 아버지의 잔소리가 감소함 • 자녀와 어머니의 공감적 대화가 증가함 • 어머니가 자녀의 편에 서는 시도를 함
13	내담자	• 변화된 점 진술 촉진 • 커플 간 미해결과제 탐색	• 변화에 대한 자기인식이 강화됨 • 가족문제의 연애관계로의 전이 인식
14	여자 친구	• 담아내는 구조 제공 • 가계도 탐색	• 라포 형성 • 문제에 대한 가족치료적 틀 인식
15	여자 친구	• 커플 간 미해결과제 탐색	• 내담자의 행동에 대한 이해 증가
16	내담자 여자 친구	• 미해결과제 대화 유도 • 기능적인 대화 연습 • 변화된 점 진술 촉진	• 커플 간 미해결된 감정이 해소됨 • 상대방의 욕구를 인식하게 됨 • 커플 간 대화방식이 변화됨 • 약물복용량이 감소함 • 공황발작 소거됨

첫째, 치료자는 내담자의 분열(splitting)된 내적 대상관계를 통합하고 미해결된 감정을 조절하는 방법을 내면화시키기 위하여 대상관계이론 가족치료전략을 사용하였다. 치료자는 내담자 및 가족과의 첫 면담에서 담아내는 구조(the container)를 제공하였다. 담아내는 구조의 제공은 Bion(1961)이 제시한 이론적 개념으로서 치료자가 내담자의 극단적이고 조절되지 않은 감정을 받아들이고 조절하여 의미를 부여한 후 되돌려 주는 기법을 말한다. 이 사례의 내담자와 가족은 이러한 과정을 통해 미해결된 감정을 적절히 조절하는 방법을 내면화할 수 있었다. 또한 치료자는 내담자와 가족이 함께하는 회기에서 보듬어 주는 환경(holding environment)을 제공하였다. 치료자는 가족이 공유하는 불안을 흡수하고 이해하며 이를 다시 가족에게 이야기하여 가족이 적절한 보듬어 주기 기능을 회복할 수 있도록 도왔다.

둘째, 치료자는 내담자가 여자 친구와의 관계에서 느끼는 버려짐에 대한 불안감을 Bowen의 가족체계이론에 근거한 핵가족 정서체계의 전수 과정으로 보고 사례에 접근하였다. 내담자의 아버지는 정서적 교류가 부족한 집안에서 성장하여 표현이 서툴러서 자녀들과 소원한 관계를 맺고 있었다. 내담자의 어머니는 감정을 공감하지 못하고 원가족에서 학습된 지나치게 긍정적인 사고방식을 가지라고 자녀에게 강요하였다. 결과적으로 내담자는 가족 안에서 공감받는 경험이나 정서적 교류 없이 성장하여 대인관계의 어려움을 경험하였다. 이에 치료자는 내담자의 원가족에서 내려오는 핵가족 정서체계를 다루는 한편, 연애관계로 전이된 불안의 맥락을 드러내어 내담자가 여자 친구에게 느끼는 버려질 것에 대한 두려움을 다루었다. 내담자는 원가족문제가 개선됨에 따라 여자 친구와의 회기를 가지기 전인 9회기와 11회기에서 여자 친구에 대한 불안감과 집착이 상당히 완화되었다고 하였다. 치료자는 14회기에 여자 친구와의 개인상담을 통하여 여자 친구로 하여금 자신과 내담자(남자 친구)문제가 양쪽의 원가족과 연결되고 있다는 것을 인식하게 하였다.

셋째, 치료자는 내담자의 부모와 여자 친구의 역기능적 의사소통방식을 개선하기 위하여 MRI 의사소통 모델을 활용하였다. 예를 들어, 어머니는 내담자가 부정적인 감정을 말했을 때 내담자를 인정하고 수용해 주기보다는 그러한 사고를 하는 내담자가 문제라고 지적하면서 긍정적인 사고를 하라고 강요하였다. 치료자는 내담자의 어머니는 어려서부터 칭찬을 받고 긍정적인 삶을 살아왔다고 볼 수 있으나 내담자는 어머니와 기질과 가정환경이 다르게 태어났기 때문에 어머니의 긍정적으로 사고하라는 방식이 도리어 내담자를 자신이 문제라고 인식하게 만들 수도 있다는 점을 어머니에게 인식시켰다. 이것은 문제를 해결하려고 시도된 해결책이 도리어 문제를 악화시키는 요인으로 작용하는 과정을 보여 주는 MRI 의사소통 모델의 주요한 개입 방법 중 하나이다. 이 사례에서 치료자는 부모와 여자 친구에게 개입할 때 그들이 내담자와의 문제를 해결하려고 시도해 온 방식이 역기능적 의사소통방식으로서 문제를 악화시켜 온 것을 보여 줌과 동시에 이를 대체할 수 있는 기능적인 의사소통방식을 연습시켰다. 이러한 개입은 부모와 여자 친구의 역기능적 의사소통방식을 변화시켜 내담자와의 관계를 개선하는 데 도움이 되었다.

이러한 개입의 결과로 심리적으로는 내담자의 분열된 내적 대상관계가 통합되었으며 관계적으로는 내담자의 부모가 상담 과정을 통해 효과적인 의사소통방식을 시도하게 되었다. 이와 같은 결과를 통하여 내담자는 약물 투여량이 감소되었고 공황발작이 소거되는 변화를 보였다.

5. 결론 및 제언

이 연구에서는 공황장애 대학생의 가족을 치료하는 데 있어서의 효과적인 개입방안을 살펴보기 위해 공황장애 대학생 가족을 대상으로 수행한 상담사례를 분석하였다. 연구결과는 공황장애가 내담자의 생애 과정을 거쳐 점진적으로 발병하는 특성을 가지며 그 과정에서 양육환경에 따른 생애주기별 심리적 특성이 있다는 것을 보여 준다. 이는 공황장애 환자를 치료하는 데 있어서 내담자뿐만 아니라 가족들을 참여시키는 가족치료가 도움이 될 수 있다는 것을 볼 수 있다.

이와 같은 연구결과를 토대로 공황장애를 앓고 있는 환자에 대한 가족치료 개입전략에 대해 다음과 같이 제언하고자 한다.

첫째, 치료자가 공황장애를 앓고 있는 대학생을 상담할 경우에 개인만을 대상으로 한 인지행동치료와 정신분석적 심리치료에 국한하기보다 가족체계론적 관점에 입각하여 접근할 필요가 있다. 특히 치료자는 공황장애를 가진 내담자의 생애 과정을 거쳐 나타난 부모의 양육방식에 따른 내담자의 심리적 특성과 대처방식을 사정하여 부모와 그 외 가족들을 참여시키기 위한 체계적인 가족치료계획을 수립할 필요가 있다. 이를 통해 내담자의 심리적 불안의 근원과 역기능적 대처방식으로 인한 증상의 악화를 초래한 부모의 양육방식을 새로운 기능적인 방식으로 대체함으로써 내담자의 증상을 완화시키는 결과를 가져올 수 있을 것이다.

둘째, 청소년기에 나타나는 다양한 부적응문제는 가족생활주기 단계에서 직면하게 되는 경제적 문제, 역기능적인 가족관계 등의 위기 사건에 효과적으로 대처하지 못한 결과로 볼 수 있다. 이에 적절한 개입이 이루어지지 않을 경우 공황장애와 같은 정신장애로 악화될 수 있다. 청소년기는 여전히 부모의 정서적 보살핌이 필요한 단계이다. 따라서 치료자가 부모-자녀관계의 질을 점검하고 유해한 환경에 대한 적절한 대처방식을 개발하도록 돕는 것은 청소년기의 부적응문제가 정신장애로 발전하는 것을 예방하는 조치가 될 수 있을 것이다.

셋째, 청년기에 발병한 공황장애는 일련의 과정을 거쳐 발달한 증상으로 내담자의 심리적 어려움에 대한 부적절한 대처방식으로 인한 결과로 볼 수 있다. 따라서 치료자는 내담자의 생애 과정에서 경험했던 심리적 갈등에 영향을 미친 촉발 사건을 탐색하고 그 과정에서 야기된 불안에 대해 내담자와 가족구성원들로 하여금 통찰할 수 있도록 개입할 필요가 있다. 더불어 치료자는 촉발 사건으로 인하여 내담자의 불안이 야기된 이면에 내담자와 내담자 가족구성원들이 사용해 온 역기능적인 대처방식을 탐색할 필요가 있다. 이를 위해 치료자는 MRI 모델을 적용하여 내담자와 가족들이 사용해 온 비효과적인 의사소통방식을 확인하고 지금까지 시도해 보지 않았던 새로운 효과적인 의사소통방식을 시도할 수 있도록 도울 필요가 있다. 새로운 의사소통 방식이 내담자의 심리적 부적응에 직접적인 영향을 미칠 수 있는 부모의 양육방식을 개선하는 데 효과적일 수 있다. 특히, 치료자는 치료 과정에서 부모 각자의 개별상담 회기를 구성하여 부모가 사용해 온 역기능적인 양육방식과 의사소통방식을 탐색하며 가족체계적 관점에서 자녀의 증상에 대한 이해를 도모할 필요가 있다. 그리고 치료자 는 부모가 내담자에 대한 역기능적인 양육방식과 의사소통방식이 자신들의 부모로부터 학습된 방식이라는 것을 인식시키는 과정이 중요하다. 이 과정은 부모가 치료자에 대한 저항을 할 필요가 없게 하며 내담자(자녀)의 공황장애를 유발시켰다는 데에 대한 자책감으로부터 벗어날 수 있다.

넷째, 치료자는 부모와의 애착 경험이 부족한 공황장애를 가진 내담자와의 개별상담 과정에서 내담자가 인식하는 주관적 경험을 인정하고 지지함으로써 치료적 동맹 관계를 형성할 필요가 있다. 이와 같은 내담자와의 치료적 동맹은 내담자의 부정적인 양육경험에 따른 미분화된 정서문제를 다룰 때 직면할 수 있는 저항을 줄이는 데 효과적일 수 있다. 이를 위해 치료자는 Bowen의 가족체계이론을 적용함으로써 내담자 와 가족구성원들로 하여금 원가족 정서 과정에 대한 이해와 내담자의 인지적 통찰과 자기분화를 촉진하도록 도울 필요가 있다. 또한 치료자와의 관계에서 경험하는 내담 자의 긍정적 정서는 내담자에게 부모에 대한 오해와 왜곡된 감정을 완화시키는 데 긍정적인 영향을 미칠 수 있을 것이다.

다섯째, 공황장애를 앓고 있는 내담자의 이성관계를 포함하여 대인관계에서 경험하는 심리적 갈등을 다룰 경우 치료자는 부정적 피양육 경험으로 인한 부모와의 부정적인 애착에 대한 전이를 내담자가 인식할 수 있도록 해야 할 것이다. 즉, 청년기 내담자의 성공적인 이성관계를 지속시키기 위해서는 내담자가 자신의 원가족과 이성과의 전이문제를 인식하고 아동기 경험을 재구성하여 상대방에게 감정적 투사와 감정적 폭발 행동에 대한 근원을 파악할 필요가 있다. 이를 위해 치료자는 대상관계 가족치료 모델을 적용하여 대인관계에서 드러나는 전이 현상과 투사적 동일시와 같은 심리적 과정을 다룰 필요가 있다.

이 연구는 공황장애 대학생의 가족을 대상으로 진행된 가족치료 사례에서 나타난 내담자의 생애 과정의 경험을 종단적으로 분석한 단일 사례연구로 연구결과를 일반화하는 데 무리가 있다. 따라서 향후 청년기에 공황장애로 가족치료를 받은 경험이 있는 사례들을 대상으로 한 다중 사례연구를 통해 신뢰성 있는 치료 개입전략을 모색할 수 있기를 바란다.

참고문헌

건강보험심사평가원(2014). 건강보험심사평가원 보도자료.

권재환, 이성주(2013). 대학생의 지각된 부모양육태도가 자기통제력과 학교생활적응에 미치는 영향: 자기통제력의 매개효과 검증. 한국청소년연구, 24(2), 35-62.

김영철(1998). 공황장애: 임상적 측면과 생물학적 원인론. 서울: 하나의학사.

김은정, 이혜란(2017). 대학생이 지각하는 부모 양육태도와 사회불안의 관계: 자기분화의 매개효과. 한국심리학회지: 건강, 22(3), 645-667.

김종운, 김지현(2013). 대학생의 부모애착과 사회적 지지가 대학생활적응에 미치는 영향. 한국콘텐츠학회논문지, 13(9), 248-259.

문선희(2013). 대학생이 지각한 부모의 지배형 양육태도와 학업성취도의 구조적 관계. 가정과삶의질연구, 31(6), 11-21.

박현순(2000). 공황장애: 공황, 그 숨 막히는 공포. 서울: 학지사.

박현순, 이창인, 김영철, 김종원(1997). 공황장애 환자의 임상양상에 관한 조사연구: 인지특성을 중심으로. 한국심리학회지: 임상, 16(2), 1-13.

박현진, 이정흠, 최영희(1999). 공황장애환자의 성격 특성: 대인관계 의존성과 완벽주의. 생물치료정신의학, 5(2), 127-136.

서경현, 신현진, 양승애(2013). 거부적 부모양육태도와 대인관계 스트레스 및 사회불안 간의 관계: 냉소적 적대감의 매개효과를 중심으로. 한국심리학회지: 건강, 18(4), 837-851.

오남경, 권혁철, 이영순(2012). 대학생이 지각한 부모양육태도와 분리개별화 및 대인관계문제의 관계-분리불안과 함입불안을 중심으로. 재활심리연구, 19(1), 85-102.

오윤희, 안창일, 오강섭(2004). 성인 불안장애 환자에서의 아동기 시절 불안장애 과거력 및 그 유무에 따른 임상양상의 차이. 한국심리학회지: 임상, 23(4), 873-889.

우나영, 이병욱, 이홍석, 정명훈, 이중서(2011). 공황장애 환자의 초기부적응 심리도식의 특성. 대한불안의학회지, 7(2), 85-91.

윤세화, 권연희(2009). 부모의 거부적 양육태도 및 아동의 정서지능과 일상적 스트레스의 관계. 열린유아교육연구, 14(6), 253-271.

이경규, 최은영(2004). 공황장애 환자의 정서상태와 성격특성. 정신신체의학, 12(1), 76-85.

이경은, 하은혜(2011). 청소년 사회불안에 대한 취약성-스트레스 모델: 대인불안과 수행불안을 중심으로. 인지행동치료, 11(2), 39-57.

이정은, 이현수(2009). 공황장애 환자와 비공황 불안장애 환자의 심리적 특성 비교: MMPI와 로르샤하 반응 특성을 중심으로. 한국심리학회지: 임상, 28(2), 437-458.

정해원, 정상근, 정영철, 이문숙, 박우영, 양종철, 임은성, 박태원, 정영철, 정상근, 황익근(2007). 공황장애 환자의 스트레스 대처방식과 신체 증상 지각에 대한 인지적 특성. 대한불안의학회지, 3(2), 116-122.

조맹제, 박종익, 배안, 배재남, 손정우, 안준호, 이동우, 이영문, 이준영, 장성만, 정인원, 조성진, 홍진표, 함봉진, 전홍진, 손지훈, 성수정, 김진선, 김민정, 전승범(2011). 2011년도 정신질환실태 역학조사. 보건복지부 학술연구 용역사업 보고서.

조용래(2004). 공황발작을 보이는 대학생들의 임상적 심리사회적 특징. 한국심리학회지: 임상, 23(4), 937-947.

조유진(2012). 부모양육태도에 따른 군집과 아동의 개인내적 특성과의 관계: 개인내적 특성 중 자아존중감, 내외통제소재, 자기통제력을 중심으로. 한국아동권리학회, 16, 289-307.

채영래, 이정태, 김보연, 이성필, 홍승철, 김종우, 계윤정(1995). 공황장애 환자의 성격특성과 임상적 의의. 정신신체의학, 3(2), 139-146.

최창석, 조한익(2011). 청소년의 수치심경향성, 죄책감경향성과 부모양육태도, 자기결정동기, 학교생활적응의 관계. 청소년학연구, 18(4), 29-48.

Altamura, A. C., Santini, A., Salvadori, D., & Mundo, E. (2005). Duration of untreated illness in panic disorder: A poor outcome risk factor? *Neuropsychiatric Disease and treatment, 1*(4), 345.

American Psychiatric Association. (2013). *Diagnostic and statistical manual of mental disorders* (5th ed.). Washington DC: American Psychiatric Publishing.

Anderson, J. C., Williams, S., McGee, R., & Silva, P. A. (1987). DSM-III disorders in preadolescent children: Prevalence in a large sample from the general population. *Archives of general psychiatry, 44*(1), 69-76.

Andrade, L., Eaton, W. W., & Chilcoat, H. (1994). Lifetime comorbidity of panic attacks and major depression in a population-based study. *The British journal of psychiatry, 165*(3), 363-369.

Andrews, G., Stewart, G., Morris-Yates, A., Holt, P., & Henderson, S. (1990). Evidence for a general neurotic syndrome. *British Journal of Psychiatry, 157*(1), 6-12.

Antony, M. M., Purdon, C. L., Huta, V., & Swinson, R. P. (1998). Dimensions of perfectionism across the anxiety disorders. *Behaviour research and therapy, 36*(12), 1143-1154.

Bandelow, B., Späth, C., Tichauer, G. Á., Broocks, A., Hajak, G., & Rüther, E. (2002). Early traumatic life events, parental attitudes, family history, and birth risk factors in patients with panic disorder. *Comprehensive psychiatry, 43*(4), 269-278.

Bernstein, G. A., & Borchardt, C. M. (1991). Anxiety disorders of childhood and adolescence: A critical review. *Journal of the American Academy of Child and Adolescent Psychiatry, 30*(4), 519-532.

Bion, W. R. (1961). *Learning from experiences.* London: Heinemann.

Bowlby, J. (1973). *Attachment and loss, Vol. 2: Separation, Anxiety and Anger.* NY: Penguin Books.

Boyce, P., & Parker, G. (1989). Development of a scale to measure interpersonal sensitivity. *Australian and New Zealand Journal of Psychiatry, 23*(3), 341-351.

Busch, F. N., Cooper, A. M., Klerman, G. L., Penzer, R. J., Shapiro, T., & Shear, M. K. (1991). Neurophysiological, cognitive-behavioral, and psychoanalytic approaches to panic disorder: Toward an integration. *Psychoanalytic Inquiry, 11*(3), 316-332.

Carter, M. M., Sbrocco, T., Lewis, E. L., & Friedman, E. K. (2001). Parental bonding and anxiety: Differences between African American and European American college students. *Journal of Anxiety Disorders, 15*(6), 555-569.

Collins, N. L., & Read, S. J. (1990). Adult attachment, working models, and relationship quality in dating couples. *Journal of personality and social psychology, 58*(4), 644-663.

Cox, B. J., Swinson, R. P., Endler, N. S., & Norton, G. R. (1994). The symptom structure of panic attacks. *Comprehensive Psychiatry, 35*(5), 349-353.

Creswell, J., & Poth, C. N. (2018). *Qualitative inquiry and research design: Choosing among five approaches* (4th ed.). Thousand Oaks, CA: Sage.

De Ruiter, C., & Van Ijzendoorn, M. H. (1992). Agoraphobia and anxious-ambivalent attachment: An integrative review. *Journal of Anxiety Disorders, 6*(4), 365-381.

Folkman, S., Lazarus, R. S., Dunkel-Schetter, C., DeLongis, A., & Gruen, R. J. (1986). Dynamics of a stressful encounter: Cognitive appraisal, coping, and encounter outcomes.

Journal of personality and social psychology, 50(5), 992-1003.

Gerlsma, C., Emmelkamp, P. M., & Arrindell, W. A. (1990). Anxiety, depression, and perception of early parenting: A meta-analysis. *Clinical Psychology Review, 10*(3), 251-277.

Harrington, A. (1995). Metaphoric connections: Holistic science in the shadow of the Third Reich. *Social Research, 62*(2), 357-385.

Keller, M. B., Lavori, P. W., Wunder, J., Beardslee, W. R., Schwartz, C. E., & Roth, J. (1992). Chronic course of anxiety disorders in children and adolescents. *Journal of the American Academy of Child & Adolescent Psychiatry, 31*(4), 595-599.

Kessler, R. C., Berglund, P., Demler, O., Jin, R., Merikangas, K. R., & Walters, E. E. (2005). Lifetime prevalence and age-of-onset distributions of DSM-IV disorders in the National Comorbidity Survey Replication. *Archives of general psychiatry, 62*(6), 593-602.

Kessler, R. C., McGonagle, K. A., Zhao, S., Nelson, C. B., Hughes, M., Eshleman, S., Wittchen, H. -U., & Kendler, K. S. (1994). Lifetime and 12-month prevalence of DSM-III-R psychiatric disorders in the United States: Results from the National Comorbidity Survey. *Archives of General Psychiatry, 51*(1), 8-19.

Kessler, R. C., Stein, M. B., & Berglund, P. (1998). Social phobia subtypes in the National Comorbidity Survey. *American Journal of Psychiatry, 155*(5), 613-619.

Klauke, B., Deckert, J., Reif, A., Pauli, P., & Domschke, K. (2010). Life events in panic disorder—an update on "candidate stressors". *Depression and anxiety, 27*(8), 716-730.

Klein, D. F. (1964). Delineation of two drug-responsive anxiety syndromes. *Psychopharmacologia, 5*(6), 397-408.

Lazarus, R., & Folkman, S. (1984). *Stress, appraisal, and coping.* New York: Springer.

Lincoln, S., & Cuba, G. (1991). *Naturalistic inquiry.* Newbury Park, CA: Sage

Manicavasagar, V., Silove, D., Curtis, J., & Wagner, R. (2000). Continuities of separation anxiety from early life into adulthood. *Journal of anxiety disorders, 14*(1), 1-18.

Manos, N., & Christakis, J. (1985). Coping with cancer: Psychological dimensions. *Acta Psychiatrica Scandinavica, 72*(1), 1-5.

Parker, G. (1990). The parental bonding instrument: A decade of research. *Social Psychiatry and Psychiatric Epidemiology, 25*(6): 281-282.

Perugi, G., Toni, C., Benedetti, A., Simonetti, B., Simoncini, M., Torti, C., Musetti, L., & Akiskal, H. S. (1998). Delineating a putative phobic-anxious temperament in 126 panicagoraphobic patients: toward a rapprochement of European and US views. *Journal of Affective Disorders, 47*(1-3), 11-23.

Pine, D. S., Cohen, P., Gurley, D., Brook, J., & Ma, Y. (1998). The risk for early-adulthood anxiety and depressive disorders in adolescents with anxiety and depressive disorders. *Archives of General Psychiatry, 55*(1), 56-64.

Pollack, M. H., Otto, M. W., Sabatino, S., Majcher, D., Worthington, J. J., McArdle, E. T., & Rosenbaum, J. F. (1996). Relationship of childhood anxiety to adult panic disorder: Correlates and influence on course. *American Journal of Psychiatry, 153*(3), 376-381.

Rapee, R. M. (1997). Potential role of childrearing practices in the development of anxiety and depression. *Clinical Psychology Review, 17*(1), 47-67.

Roth, M. (1984). Agoraphobia, panic disorder and generalized anxiety disorder: Some implications of recent advances. *Psychiatric Developments, 2*(1), 31-52.

Roy-Byrne, P. P., & Katon, W. (2000). *Anxiety management in the medical setting: Rationale, barriers to diagnosis and treatment, and proposed solutions.* Needham Heights, MA: Allyn and Bacon.

Sanz-Carrillo, C., Gareia-Campayo, J. J., & Sanchez Blanque, A. (1993). Personality in patients with panic disorder. *Actas Luso Esp Neurol Psiquiatr Ciene Afines, 21,* 243-249.

Saviotti, F. M., Grandi, S., Savron, G., Ermentini, R., Bartolucci, G., Conti, S., & Fava, G. A. (1991). Characterological traits of recovered patients with panic disorder and agoraphobia. *Journal of Affective Disorders, 23*(3), 113-117.

Shaffer, D., Fisher, P., Dulcan, M. K., Davies, M., Piacentini, J., Schwab-Stone, M. E., Lahey, B. B., Bourdon, K., Jensen, P. S., Bird, H. R., Canino, G., & Regier, D. A. (1996). The NIMH diagnostic interview schedule for children version 2.3 (DISC-2.3): Description, acceptability, prevalence rates, and performance in the MECA study. *Journal of the American Academy of Child & Adolescent Psychiatry, 35*(7), 865-877.

Shim, D. Y., Lee, D. B., & Park, T. Y. (2016). Familial, social, and cultural factors influencing panic disorder: Family therapy case of Korean wife and American husband. *The American Journal of Family Therapy, 44*(3), 129-142.

Weissman, M. M., Klerman, G. L., Markowitz, J. S., & Ouellette, R. (1989). Suicidal ideation and suicide attempts in panic disorder and attacks. *New England Journal of Medicine, 321*(18), 1209-1214.

Yin, R. K., 2009. *Case study research: Design and methods* (4th ed.). Thousand Oaks, CA: Sage.

Zaubler, T. S., & Katon, W. (1996). Panic disorder and medical comorbidity: A review of the medical and psychiatric literature. *Bulletin of the Menninger Clinic, 60*(2), A12-A38.

제5부

다문화가족

제14장

시어머니와의 동거와 부부갈등에 대한 가족치료 사례연구[*]

　이 연구에서는 시어머니와 함께 거주하는 한국인 남편과 중국인 부인의 가족치료 사례를 분석하였으며, 분석결과 부부갈등은 잠재적 요인과 촉발요인으로 인하여 나타났다. 잠재적 요인으로는 부부의 원가족 경험, 역기능적인 의사소통방식, 가족 및 사회문화적 요인으로 나타났다. 부부갈등을 일으킨 촉발 요인으로는 시어머니와의 동거, 의료비로 인한 재정적 어려움, 남편의 도박, 남편의 폭력, 아내의 성욕 상실 등이 나타났다. 연구결과는 동아시아 국가의 내담자들을 상담하는 부부 및 가족치료사는 배우자 가족과의 관계, 원가족 경험, 의사소통방식, 가족문화 등 동아시아 문화권에 속해 있는 가치를 확인하고 다루어야 한다고 제언한다.

1. 서론

　"저희 시어머니는 훌륭한 프랑스 인상파 그림 같아요. 매우 사랑스럽지만 멀리서 볼 때 가장 아름답습니다."

　시댁과의 갈등은 사람들이 결혼 후에 자주 마주치게 되는 도전이다. 배우자 가족들과의 관계 중에서도 고부간의 관계는 가장 악명이 높다(Chu, 2014; Rittenour & Soliz, 2009; Fischer, 1983). 시어머니와 며느리는 한 남성(아들이자 남편)으로부터 사랑과 관심을 얻기 위해 경쟁한다는 공통점을 가진다(Marotz-Baden& Cowan, 1987; Song &

[*] Park, T. Y., & Park, Y. H. (2019). Living with an in-law and marital conflicts: A family therapy case study. *Journal of Asia Pacific Counseling, 9*(2), 73-89.

Zhang, 2012). 이와 같은 갈등은 서양과 동양 사회 모두에서 찾아볼 수 있는데, 이는 고부갈등이 두 여성 사이에서 일어나는 일종의 오이디푸스적인 경쟁이기 때문이다(Silverstein, 1992). 따라서 이 경쟁은 본능적일 수 있으며, 인간의 본성 안에 깊이 자리 잡고 있다. 또한 여성들은 일반적으로 남성보다 관계 지향적이며(Cross & Madson, 1997) 가족 간 유대를 유지하고 연결하는 역할을 한다(Fischer, 1983). 남성에 비해 여성은 종종 관계의 역동에 대해 더 민감하고 더 많은 갈등을 경험하며 시댁과의 관계에서 더 많은 스트레스를 받는다(Bryant, Conger, & Meehan, 2001; Orbuch, Bauermeister, Brown, & McKinely, 2013).

이렇게 며느리와 시어머니 사이의 줄다리기는 매우 보편적으로 나타나지만, 특히 유교사상에 뿌리 깊이 가치를 두고 있는 동아시아에서는 더욱 빈번하다. 유교에서는 전통적으로 '효'를 매우 중요하게 여기는데(Lee & Mjelde-Mossey, 2004; Liu, Zhao, & Miller, 2014), 이와 같은 효는 부모에게 순종하고, 부모를 존경하며, 부양하고 돌보아야 한다는 자녀들의 의무에 근간을 둔다(Takagi & Silverstein, 2011). 이러한 의무는 결혼 후 시부모를 섬겨야 하는 책임으로 확장된다. 특히 현대 서구적 가치의 확산으로 성 평등사상이 확대되었음에도 불구하고(Bryant, Conger, & Meehan, 2001), 가부장적인 이데올로기가 지배적인 아시아 사회에서는 여전히 여성들이 시부모에게 순종해야 할 의무가 있다고 여겨진다(Wu et al., 2010). 시댁과의 관계와 그 안에서 기대되는 역할들은 결혼 초기에 특히 민감하다(Bryant et al., 2001). 결과적으로 덜 전통적인 젊은 부부들 사이에서 기대가 충족되지 않을 때 문제가 발생할 수 있다(Lee and Mjelde-Mossey, 2004).

또한, 많은 동아시아 국가의 기성세대는 여전히 며느리에 대한 관습적인 가부장적 태도를 고수하고 있다. 역사적으로 남아선호사상은 동아시아 국가들에서 지배적이었다(Das Gupta et al., 2003; Kim & Ryu, 2005; Takagi & Silverstein, 2011). 며느리의 가장 중요한 역할은 아들을 낳는 것이었으며, 그 임무를 완수하고 나서야 며느리는 시댁으로부터 일정 수준의 권위를 인정받을 수 있었다. 그렇기 때문에 아들을 낳은 어머니는 아들과 밀착된 관계를 유지할 수밖에 없었다. 불행하게도 어머니의 이러한 태도는 아들이 결혼을 한 이후에도 지속되는 경향이 있으며, 밀착된 관계는 아들과 며느리가 건강한 관계를 형성하는 것을 방해하게 된다. 실제로 유교주의 국가들에서 부부갈등의 주요 요인 중 하나가 시어머니의 간섭이다.

몇몇 연구자들은 시댁갈등으로부터 야기된 부부갈등에 대해 연구하였는데, 이러한

갈등은 아시아 국가들에서 가장 뚜렷하게 나타났다. 그럼에도 불구하고 시댁문제를 가진 가족들에게 제안할 수 있는 임상적 개입에 관한 사례연구는 미비한 실정이다. 임상적 사례연구는 한국에서 진행되었으며, 중국인 부인과 한국인 남편 그리고 한국인 시어머니 사이의 관계를 탐색하고, 부부갈등에 영향을 미친 요인을 알아보고자 하였다.

1) 원가족과 부부관계

원가족에서의 경험은 의식적으로든 무의식적으로든 핵가족에 오랜 기간 막대한 영향을 미칠 수 있다. 부모와의 미분화된 감정은 성인 자녀의 핵가족에서 갈등을 일으킬 수 있다. 원가족과 정서적으로 분화되지 않은 사람들은 배우자와 새로운 신뢰나 유대감을 형성하는 데 어려움을 겪을 수 있으며, 배우자를 비롯해 시댁/처가와의 관계도 건강하지 않게 형성될 수 있다(Silverstein, 1992). 또한 '삼각관계'는 분화 수준이 낮은 사람들이 갈등을 해결하기 위하여 제3자를 끌어들이는 것을 의미하는데, 이는 관계에 부정적인 영향을 미친다(Nichols & Davis, 2016). 원가족에서 정서적으로 독립하지 못한 사람들은 배우자와의 차이점을 받아들이기 어려워하기 때문에 부부갈등을 경험할 수 있다(Carter & McGoldrick, 1989). 이 밖에도 관계에서 가장 중요한 부분인 의사소통 방식은 원가족으로부터 전수된다(Kerr & Bowen, 1988). 즉, 기능적이든 역기능적이든 간에, 원가족에서 사용하던 언어적 · 비언어적 상호작용방식은 의도치 않더라도 핵가족에서도 반복된다. 실제로 한국의 이혼한 부부들은 특히 원가족과 밀착되어 있으며, 역기능적인 의사소통문제를 가지고 있는 것으로 나타났다(Jo & Park, 2011; Park & Kim, 2012, 2013; Park, Kim, Yu, & Ahn, 2012).

2) 한국과 중국에서의 아들의 지위

한국 가족에서 아들은 가문의 대를 잇고 성(姓)을 물려받기 때문에 굉장히 중요한 존재로 여겨진다. 한국의 어머니들은 장남에게 특별한 의미를 가진 이름을 주는 등, 특별한 관심을 보이면서 그들을 과잉보호하는 경향이 있다(Song, 2001). 여성들이 고등교육을 받고 취업률도 높아지면서 그들의 사회적 지위가 향상되었지만, 한국 여성들은 여전히 성차별에서 자유롭지 못하다(Kim & Ryu, 2005). 한국의 가정과 마찬가지로, 전통적인 중국 가정은 아버지와 장남이 지배적인 역할을 하는 등 가부장적인 분위기라고 알려져 있다(Lee, 2005). 중국 가정에서 '효'는 높이 평가받으며, 장남은 가족의 성씨와 가문의 전통을 이어받을 것이라고 여겨지기 때문에 가족 안에서 특권을 가진다. 한편, 장녀는 어머니의 집안일을 돕고 동생들을 돌보는 역할을 수행한다(Lee, 2005). 중국에서는 남아선호사상이 여전히 지배적이고, 이는 농촌사회에서 더욱 강하게 나타난다(Miller & Fang, 2012). 다만 고등교육을 받은 여성들 사이에서는 남아선호사상에 약간의 예외가 나타난다(Chen, Yip, Ng, Chan, & Au, 2002; Wang, 2002). 경제적으로 자산이 부족하거나 농촌사회에 거주하는 가족들에게서 남아선호사상이 더욱 뚜렷하게 나타난다(Miller & Fang, 2012).

3) 노부모와의 동거

노부모와 성인 자녀가 함께 거주하는 경우에는 가족구성원들의 욕구, 가족구조, 자산, 문화적 요인 등 많은 요소를 고려해야 한다. 중국, 한국, 대만, 일본, 홍콩 등 동아시아 국가에서는 성인 자녀, 특히 장남이 결혼 후에 노부모를 모시는 방식으로 효도하려 한다(Chu, 2014; Sereny, 2011; Takagi & Silverstein, 2011; Yasuda, Iwai, Yi, & Xie, 2011). 한쪽 부모가 사망한 경우에는 남겨진 부모가 성인 자녀의 가족과 함께 살 가능성이 더 커진다(Yasuda et al., 2011; Kim, 1996). 부모를 모시려 한다는 좋은 동기에도 불구하고, 이러한 동거는 일반적으로 부부의 결혼생활과 핵가족 전반에 부정적인 영향을 미칠 수 있다. Chu(2014)는 시어머니와의 동거와 며느리의 행복감 사이에 부적인 상관관계가 있다는 것을 발견했는데, 이는 함께 거주하게 되면 시어머니와 며느리 사이에 심각한 다툼이 더 많이 발생하기 때문이다. 또한 다세대 가정에서 생활하는 것은 사생활을 보호받기 어렵고, 결혼에 대한 심리적인 압박감을 가져온다(Kim, 1996). Oh 등(2013)은 가족 내 갈등으로 인한 가족구성원의 우울 증상과 여러 세대가 함께 거주하는 것이 서로 연관되어 있다고 하였다.

4) 남편과 시어머니, 아내

(1) 모-자 밀착관계
전통적인 한국 가정에서는 아내가 아들(대개 장남)을 이용하여 삼각관계를 형성하여 부부갈등을 해결하려고 시도하는 경우가 많다(Park et al., 2012). 이와 같은 경우, 모자간에 밀착된 관계가 형성되고, 이는 아들이 결혼한 이후에도 유지된다. 아들은 어머니가 자신의 결혼생활에 간섭함에도 불구하고, 어머니의 관심과 사랑에 보답해야 한다는 의무감을 느낀다(Berg & Jaya, 1993; Sereny, 2011; Takagi & Silverstein, 2006). 이와 같은 밀착관계는 시어머니와 며느리 사이의 불화뿐만 아니라, 아들 내외의 부부갈등 역시 유발한다(Rittenour & Soliz, 2009).

(2) 고부갈등

한국 부부의 70~80%는 시댁 식구와 관련된 문제로 갈등을 겪고 있다. 일부 어머니들은 그들이 여전히 아들을 소유하고 있다고 느끼면서 며느리들에게 비판적인 태도를 보이는데, 이는 흔하게 가족문제를 유발한다(Kim & Ryu, 2005). 선행연구에 따르면, 고부갈등의 원인은 질투, 가치관과 생각의 차이, 성격 차이, 경계의 불확실성, 충족되지 않은 역할에 대한 기대, 경쟁 등으로 나타났다(Kim, 1996; Marotz-Baden & Cowan, 1987; Rittenour & Soliz, 2009). 고부갈등은 아내의 결혼 적응과 결혼만족도에 부정적인 영향을 미친다(Bryant, Conger, & Meehan, 2001; Wu et al., 2010). Park 등(2012)은 가족치료사가 가족체계 내에서 고부간의 갈등을 이해하고 다루기 위해서는 먼저 모자의 밀착관계와 남편의 자아분화에 초점을 맞추어야 한다고 제언하였다.

(3) 고부갈등에서 남편의 역할

동서양을 막론하고 시어머니와 며느리 사이의 관계에는 종종 아들(남편)이 포함되기 때문에, 아들(남편)은 고부간의 관계와 갈등에서 중요한 역할을 한다(Fischer, 1983; Kim, 1996; Song & Zhang, 2012). 가부장적인 사회에서는 일반적으로 남편이 부인의 마음을 고려하지 않고 어머니의 편에 서서 부인에게 참으라고 하는 경향을 보인다. 만약 부인이 그 말을 듣지 않으면, 남편은 부인을 질책하고 따라서 심각한 부부갈등이 발생하게 된다(Park, 2010). 고부갈등 상황에서 어머니의 편을 드는 남편의 대처는 분쟁을 지속시킬 수 있으며(Rittenour & Soliz, 2009), 부부관계에서도 중압감을 만들어 낸다(Wu et al., 2010). 반대로 어머니보다 아내 편을 드는 남편의 지지적 태도와 아내의 결혼만족도 간에는 정적인 상관관계가 있는 것으로 나타났다(Rittenour, 2012; Wu et al., 2010).

(4) 부부폭력과 시댁

선행연구에서는 아내와 시댁 간의 갈등이 부부폭력(Intimate Partner Violence: IPV)의 위험성을 증가시킨다고 하였다(Annan & Brier, 2010; Chan et al., 2009; Clark, Silverman, Shahrouri, Everson-Rose, & Groce, 2010). 시댁문제는 부부갈등의 직접적인 원인으로(Annan & Brier, 2010), 구체적으로 시댁, 특히 시어머니의 부정적인 간섭이 남편의 아내폭력과 밀접한 관련을 보였다(Clark et al., 2010). 시댁갈등과 부부폭력의 관련성은 시부모에게 순응하지 않는 것을 무례한 것이라고 여기는 유교적 규범을 통해 설명할 수 있다(Chan, Tiwari, Fong, & Leung, 2008). 아직까지 시부모와의 동거와 부부폭력의 상관에 대하여 연구가 거의 이루어지지 않았지만, 시부모와 함께 거주하게 되면 대부분 시어머니와 며느리 사이의 갈등을 유발할 수 있는 상호작용이 증가한다는 것을 감안하였을 때 이 역시 관련이 있을 가능성이 높다.

5) 아시아 가족에 대한 가족치료

McGoldrick, Giordano과 Garcia(2005)은 서로 다른 배경을 가진 내담자를 다룰 때 민족적 요소와 문화적 특징들을 고려하는 것이 중요하다고 주장하였다. 아시아 국가들에서는 시댁문제가 결혼문제에서 차지하는 비중이 높기 때문에(McGoldrick et al., 2005), 치료자들이 아시아인의 부부갈등을 다룰 때 고부간의 관계를 탐색해야 할 필요성이 있다고 제시하였다(Wu et al., 2010). 또한 치료자들이 유교문화권에서 결혼문제를 해결하기 위하여서는 밀착된 모자관계의 문제를 다루고, 결혼한 아들의 자기분화를 도울 필요가 있다고 하였다. 특히 가족치료사로서의 권위와 전문성은 '체면'을 매우 중시하는 아시아 가족들에게 적합하다고 볼 수 있는데, 이 때문에 가족치료가 아시아 가족에게 특히 효과적일 수 있다(Berg & Jaya, 1993, p. 35). 중국의 많은 가정은 가족치료사가 전문가의 역할을 할 것이라고 기대한다(Miller & Fang, 2012). 그들은 치료자가 조언을 하고 정보를 제공하며 문제를 다룰 더 좋은 방법을 제안하는 등 그들의 문제와 관련하여 권위적인 태도를 가지는 것을 선호한다(Wang, 1994; Wu & Tseng, 1985).

선행연구를 살펴보면 한국과 중국에서의 아들의 지위, 시어머니와의 동거, 고부갈등과 고부갈등에서 남편의 역할, 남편의 폭력 그리고 아시아 가족에 대한 가족치료 개입에 대한 연구 등이 실시되었다. 하지만 시어머니와 함께 거주하는 한국인 남편과 중국인 부인의 부부갈등에 초점을 맞춘 사례연구는 찾아보기가 어려웠다. 그러므로 이 사례에서는 시어머니와 함께 거주하는 한국인 남편과 중국인 부인의 가족치료 사례를 대상으로 부부갈등에 영향을 미친 요인을 탐색하고자 한다.

2. 연구 방법

1) 사례개요

이 사례는 다문화사회복지기관에서 가족치료사에게 상담을 의뢰한 것으로, 내담자 부부는 시어머니와 관련된 갈등을 경험하고 있었다. 연구의 주 저자인 가족치료사는 내담자 부부에 대한 치료적 개입으로 Bowen의 가족체계이론과 대상관계이론, MRI의 의사소통이론을 적용하였다.

2) 연구질문

시어머니와 함께 거주하는 한국인 남편과 중국인 부인의 부부갈등을 일으킨 요인은 무엇인가?

3) 자료수집

이 연구는 남편(49), 부인(30), 시어머니(80), 첫째 아들(5), 둘째 아들(4)로 구성된 가족의 가족갈등을 기반으로 하였다. 가족치료에는 남편과 부인만 참여하였다. 상담 기간은 2015년 9월부터 10월까지 총 6회기가 진행되었으며, 부인상담(1~2회기), 남편상담(3~5회기), 부부상담(6회기)으로 진행되었다. 6회기의 상담 모두 연구자가 내담자의 동의를 받은 후 비디오로 촬영하여 기록하였으며, 연구자에 의해 전사되었다.

4) 분석 방법

이 연구에서는 사례연구 방법을 적용하여 분석하였다. 사례연구 방법은 인과관계가 복잡하기 때문에 현상이나 사건에 대한 맥락과 경계를 구분하기 어려운 상황에서 발견되는 상호작용을 탐색하는 연구 방법이다. 연구자들은 축어록을 반복적으로 읽고 분석하여 도출한 1차 코딩에서 의미 있는 내용을 선택하였으며, 발견된 의미들을 개념화함으로써 사례를 분석하였다. 이후 분석한 내용들을 바탕으로, 비교를 통해 유사한 개념들을 분류하여 범주화하는 과정을 거쳤다. 분석결과의 정확성을 확인하기 위하여, 상담일지를 검토하고 연구자료를 재확인하는 작업을 거쳤다. 마지막으로, 연구결과를 효과적으로 보여 주기 위하여 요인-인과 네트워크를 활용하여 사례 내 분석을 디스플레이하였다(Miles, Huberman, & Saldaña, 2014). 인과 네트워크는 가능성이 있는 원인과 결과의 연속선을 제시하는 사건, 행동 혹은 상태를 연구자들이 선으로 묘사하는 것을 의미한다(Miles et al., 2014).

5) 신뢰도 검증

자료의 신뢰성을 높이기 위한 자료의 삼각화 방법으로, 상담일지에서 애매모호한 부분을 다시 체크하기 위해 상담녹화 비디오를 재검토하였다. 또한 이 연구는 치료자와 연구자의 토론과 전문가집단의 피드백을 구하는 방식으로 연구자의 삼각화를 시도하여 편견을 줄이고자 하였다. 한편, 연구의 윤리성 확보를 위하여 상담내용의 사용에 대해 내담자들의 동의를 받았으며, 내담자의 사생활 보호를 위하여 사적인 정보는 삭제하였다.

3. 연구결과

1) 사례에 대한 간략한 서술

사례에서 상담에 참여한 대상은 남편(한국인, 49세)과 부인(중국인, 30세)이다. 내담자 가족은 부부, 시어머니 그리고 2명의 자녀로 구성되었다. 부부는 결혼 후 시어머니와 함께 생활하였다. 남편은 어머니와 육체적으로나 정신적으로나 한 번도 분리된 적이 없었다. 시어머니는 사별로 남편을 잃었는데, 재혼 후에 얻은 장남인 남편은 자연스럽게 어머니와 함께 생활하면서 어머니를 돌보았다.

남편의 주 호소문제는 고부갈등과 그로 인해 발생하는 부부갈등이었다. 결혼 초기에는 부부관계와 고부관계 모두 괜찮았지만 시간이 지날수록 시어머니가 며느리를 질투하고 적대시하였다. 시어머니는 아들의 관심과 사랑을 되찾기 위해 부부를 갈라 놓으려 하였다. 이로 인해 부인과 시어머니 사이에 말다툼이 잦았고, 이는 부부갈등의 원인이 되었다. 남편은 자신의 어머니와 부인이 다툴 때, 항상 어머니의 편을 들어 주는 마마보이였다. 시어머니가 없을 때, 부부의 결혼생활은 만족스러웠다. 남편은 부인에게 신체적인 폭력을 행사하기도 하였다. 남편에게 사랑받지 못한다고 느끼면서 동시에 시어머니에게도 극도로 스트레스를 받고 있던 부인은 상담에 의뢰되었을 때 이미 남편을 떠나고 싶다는 억눌린 마음을 가지고 있었고, 심각하게 이혼을 고려하고 있었다. 분석결과, 이 사례의 부부갈등에 영향을 미친 요인은 촉발 요인과 잠재 요인으로 나타났다.

2) 부부갈등에 영향을 미친 촉발 요인

연구결과, 시어머니와의 동거, 의료비로 인한 경제적 어려움, 남편의 도박문제, 남편의 폭력과 부인의 성욕 상실 등이 부부갈등을 촉발한 사건임이 나타났다. 부인은 결혼 초기에는 시어머니와 괜찮은 관계를 유지하고 있었는데, 심지어 그 당시 남편과 시어머니 간의 관계보다 양호한 수준이었다. 고부갈등은 시어머니가 청각장애가 있는 손자를 돌보기 시작한 후에 발생하였다. 한편, 남편은 결혼 전에 했던 도박에 다시 손을 대기 시작했는데, 남편의 도박은 부부의 갈등을 악화시켰다. 또한 부인에 대한 남편의 폭력은 부부의 성관계에 부정적인 영향을 미쳤다.

(1) 시어머니와의 동거

부인: 처음에는 심지어 남편보다 시어머니를 더 좋아했어요. 정말 친정어머니 못지않게 잘해 주셨어요. 그래서 같이 살았는데, 둘째 아들을 임신하면서 시어머니가 일을 그만두고 아들을 돌봐 주셨어요. 그러면서 시어머니하고 관계가 안 좋아지고 남편과의 관계도 틀어졌어요. (1회기)

부인: 어머니가 안 계실 때는 애들 아빠가 뭐라고 해도 그냥 한 귀로 듣고 흘리는 게 가능했는데 어머니가 계실 때는 그게 잘 안 돼, 그러니까 아무것도 아닌 것을 가지고도 다투게 되고 짜증

나고. (6회기)

부인: 이번 달에는 (시어머니가 안 계실 때) 편안했어요. 평화로웠다고 그럴까. 남편이 스트레스를 안 주고, 바닥도 잘 닦아 주고, 성관계도 좋아지고 있었어요. 심리적으로도 안정된 것 같아요. (6회기)

(2) 의료비로 인한 경제적 어려움

남편: 악화된 계기가 큰애가 일단 청각문제로 병원에서 진단 받고 집사람이 거기서 충격을 받았어요. 집사람이 1년 동안 병원 쫓아다니고. 그동안 어머니도 아파서 병원에 6개월 동안 있었지. 전에는 난 그냥 행복에 기절했었어요. 시어머니하고 사이만 아니면 집사람이랑 힘든지도 모르고. 아들 낳았겠다, 또 젊은 마누라 데리고 살겠다. 나는 행복해서 일만 하고 다녔는데, 큰애가 언어치료를 세 군데를 다녀. 다달이 부족하단 말이에요. (3회기)

(3) 남편의 도박

부인: 남편이 도박을 습관적으로 하진 않아요. 지난번에는 저와 관계가 안 좋을 때 밖에서 했어요. 심할 때는 큰애를 낳고서도 며칠 동안 했어요. (1회기)

남편: 아내와 다툼을 피하려고 나간 건데, 술 한 잔 먹고 또 (도박을) 몇 번 해서 800만 원을 까먹었어요. (3회기)

(4) 남편의 폭력과 부인의 성욕 상실

부인: 둘째 태어나면서부터 성관계가 잘 안됐던 거 같아요. 맞으면서부터. (2회기)

남편: 어떨 때는 성관계도 잘 안 받아 주고 짜증내고. (3회기)

3) 부부갈등에 영향을 미친 잠재적 요인

부부갈등과 시댁갈등에 영향을 미친 잠재적 요인은 원가족 경험, 역기능적 의사소통방식, 전이 그리고 가족 및 사회적 문화에 기인한 것으로 나타났다.

(1) 원가족 경험

남편의 원가족 경험에는 아버지의 폭력, 부모의 갈등, 어머니와의 밀착관계가 있었다. 한편, 부인의 원가족 경험은 원가족으로부터 해결되지 못한 감정, 어머니의 잔소리와 폭력 그리고 남동생과의 갈등이 나타났다.

① 남편의 원가족 경험

남편의 아버지는 음주 후에 폭력을 휘둘렀으며, 부모의 부부갈등으로 인해 남편은 어머니와 밀착되어 삼각관계를 형성하였다. 결혼생활 동안 부인은 남편이 어머니와 감정적으로 분리되지 못할 것이라고 느꼈다. 반면, 남편은 부인을 시어머니와 갈등을 일으키는 트러블메이커라고 생각했다.

- **아버지의 폭력**

  남편: 아버지가 술 드시고 들어와서 우리를 때렸어요. 심지어 엄마를 막 밟아 버리고…… 아버지가 술 드시고 엄마와 싸웠어요, 3일에 한 번씩은. 사이가 엄청 안 좋으셨어요. (3회기)

- **어머니와의 밀착(미분화)**

  치료자: 남편이 시어머니랑 분리할 수 있는 가능성은 어느 정도 있다고 봐요?

  부인: 불가능할 거 같아요. 왜냐하면 애들 아빠는 나 때문에 이런 일이 발생했고, 내가 잘못했기 때문에 어머니 눈에 거슬렸다고 생각하고. (시어머니가) 아들한테 이야기를 했을 거라고 생각을 하기 때문에. (2회기)

② 부인의 원가족 경험

부인은 친정아버지의 심한 비난과 무관심, 친정어머니의 잔소리와 신체적 학대로 고통받았다. 또한 부인은 남동생과 사이가 좋지 않았다. 가족으로부터 지지를 받지 못했기 때문에 그녀는 충분한 자아존중감을 발달시키지 못했다. 부인은 항상 자신이 희생당하고 있다고 느꼈다. 갈등상황에서 남편과 시어머니가 자신을 무시할 때, 부인은 원가족으로부터 해결되지 못한 감정을 폭발시켰다.

- **친정아버지의 심한 비난과 무관심**

  부인: 아빠가 술 먹고 들어와서 했던 말 또 하고 또 하고 그래서 밖에서 잔 적도 있어요. (1회기)

  부인: 아버지는 나한테 관심이 없었어요, 어릴 적에. (2회기)

- **친정어머니의 잔소리와 신체적 학대**

  부인: 어릴 때 엄마한테는 많이 맞으면서 자랐어요. (1회기)

  부인: 어머니가 나를 많이 야단치는 성격이었어요. (2회기)

- **남동생과의 갈등**

  부인: 나하고 남동생은 맨날 싸웠어요. (2회기)

(2) 역기능적 의사소통방식

남편은 부인을 책망하고, 부인이 아닌 어머니의 편을 들며, 무반응으로 대처하고, 부인을 신체적으로 학대하는 역기능적 의사소통방식을 사용하였다. 부인은 저항하고, 비판을 수용하지 않고, 심술궂게 행동하는 등의 역기능적 의사소통방식을 사용하였다. 시어머니의 역기능적 의사소통방식은 며느리에 대한 질투, 고자질, 잔소리 등이 있었다.

① 남편

남편은 부인이 자신과 시어머니에게 순종하지 않고, 요리를 잘하지 못한다는 이유로 어머니의 편을 들며 부인을 비난하고 폭력을 행사하였다. 부인을 학대하는 방식은 아버지로부터 전수된 방식이었던 것으로 보인다. 이 밖에 남편이 감정을 표현하는 방식은 부인의 친정 부모와 유사하였다.

- **부인에 대한 책망**

  부인: 어른 공경할 줄 모른다, 일하고 들어온 남편을 잘해 주지 못하고, 애들한테 맛있는 것도 안 해 주고…… 내가 하나부터 열까지 아무 것도 못하는 것처럼 얘기해요. (2회기)

  남편: (아내에게) "부모님은 어떻게든 공경하고 남편한테 따라야 된다." 이렇게 말을 해요. (3회기)

- **어머니의 편을 듦**

  부인: 남편은 그냥 중간에서 끼어서 이러지도 못하고 저러지도 못하는 입장인 것 같아요. 그러면서 또 엄마 편을 더 드는. (2회기)

  부인: 나는 다 들어 줘요. 그런데 남편은 듣는지 어쩌는지 몰라요. 말 한마디도 없어요. 근데 내가 어머니 이야기를 할 때는 아예 어머니 편을 들어 주는 것 같아요. (2회기)

남편: 집사람한테 "여보, 당신이 그냥 어른이 말하면 '내가 알았어요. 앞으로 그렇게 할게요' 하면 서로가 가정이 편안한 건데." (3회기)

• 부인에게 반응하지 않음

남편: 집사람도 나한테 그래요. 내가 자기하고 말이 안 통한다고. 벽에 대고 이야기하는 거 같다고. (2회기)

• 부인에 대한 신체적 학대

부인: 애들 아빠한테 맞았거든요. (1회기)

부인: 여기를 세게 때렸어요. 쳐 보라니까 또 때리더라고요. 청소 안 한다고 때리고, 손바닥으로 머리를 다섯 번 맞았어요. (2회기)

② 부인

갈등이 발생할 때마다, 부인은 수용하는 대신에 시어머니와 남편에게 대항하면서 의도적으로 도발적인 태도를 취하여 그들을 자극하였다.

• 저항

부인: 저는 온순한 성격을 가지지 못하고 내 의사표현을 똑바르게 하지 못했어요. 부모에게 반항을 하고 대꾸를 했으니. (2회기)

남편: (어머니가) 남편이 일하고 왔는데 배고프겠다, 얼른 차려 주라고 하면 또 자기한테 뭐라고 그런다고 일부러 더 안 하는 거야 집사람은. (3회기)

• (남편의 비판이나 충고를) 수용하지 않음

남편: 좋게 이야기하면 안 듣고, 청소라든지 좋게 이야기하면 들어야 하는데, 기를 쓰고 싸우고 나서야 반응이 생긴단 말이에요. 받아들이는 게, 수용력이 약해. (3회기)

• 심술궂게 행동함

부인: 어머니에게 드라마도 아니고 아무 방송도 아닌데 뭐하러 텔레비전을 트냐고. 껐어요, 제가. (2회기)

남편: (아내가) 전깃불을 켰다 껐다 하면서. 반항 심리처럼. (3회기)

③ 시어머니

시어머니는 며느리를 질투하고, 아들에게 며느리를 고자질하여 부부관계에 부정적인 영향을 미쳤다. 시어머니의 잔소리는 며느리인 부인을 화나게 만들었다.

- **며느리에 대한 질투**

  부인: 나는 뭔가를 하면 누가 칭찬해 주는 걸 좋아해요. 그래서 애들 아빠가 오면 이거 치웠다, 이렇게 이야기하면 애들 아빠가 칭찬해 주고 하잖아요. 그럼 시어머니가 그걸 못 보더라구요. (1회기)

- **며느리를 고자질함**

  부인: 냉장고에 음식이 썩어 간다는 둥, 시어머니가 다 맡아서 하면서도 내가 안 한다고 일러 준 거 같아요. 아니면 애들 아빠는 음식이 썩는지 모르죠. (2회기)

- **잔소리**

  부인: 시어머니는 같은 말을 하고 또 해요. (1회기)

  부인: 돈 아까운 줄 모르고 쓴다는 둥 남편 벌어 오는 돈 탈탈 털어서 쓴다는 둥 그런 표현을 써요. (2회기)

(3) 전이

남편은 다혈질적인 부인의 모습에서 쉽게 화를 내는 아버지와 여동생의 모습을 떠올렸다. 반면, 부인은 종종 남편이 자신의 친정 부모처럼 자신을 질책한다고 느꼈다.

- **다혈질적인 부인, 아버지, 여동생**

  남편: 아버지가 다혈질이에요. 막내는 아버지하고 성격이 똑같아가지고.

  치료자: 아버지와 여동생이 버럭버럭 다혈질적인 게, 와이프도 그런 면이 있다는 걸 알고 있었을까요?

  남편: 알고 있죠, 뭐. (5회기)

- **부인에 대한 친정 부모, 시어머니, 남편의 질책**

  남편: 결혼하고서 집사람에게 뭐라고 하면 저와 어머니에게 화내요. 목소리도 시퍼렇게 살아 있고.

  치료자: 와이프 집이 아들을 선호하는 집이었어요. 장인어른하고 돌아가신 장모님이 다 막내아들을 애지중지 기르신 거예요. 보통 둘째가 꼴통 기질이 있습니다. 부인이 친정 엄마하고 사이

가 아주 안 좋아요. 어렸을 때부터 사랑을 받았다는 느낌이 없는 거예요. 때문에 고양이나 호랑이가 발톱을 숨기고 있다가 확 나오는 것처럼 나온단 말이에요. (3회기)

(4) 가족 및 사회적 문화

선행연구에 따르면 한국과 중국 모두 가부장적 문화를 가지고 있다. 대부분의 부모는 딸보다 아들을 더 선호하고, 장남을 맹목적으로 편애하는 경향이 있다. 이 가족치료사례의 경우 부인의 원가족은 가부장적이고 남아선호사상이 나타났는데, 이는 남편의 원가족과 유사하였다. 아들만 편애하는 가정에서 성장한 부인은 "여자로 태어나지 말았어야 했다."라는 금지령을 가지게 되었다.

① 가부장적 문화

남편: 부모님은 어떻게든 공경하고 남편은 따라야 된다고 이야기해도 그런 말도 모르고. 자기 스스로 체계도 없고. 원래 아침 해 주고 방 청소하고 좀 뭔가 하는 그런…… 애기 엄마가 하는 게 있어야 하는데 전혀 없으니까. (3회기)

치료자: 선생님 입장에서는 마흔세 살에 결혼을 하셨고 와이프는 스물네 살에 결혼하셨어요. 부부 관계에서 중국에서는 오히려 한국보다 평등할 수가 있거든요.
남편: 들었어요. (3회기)

② 남아선호사상

부인: 아들을 낳고 싶었는데 처음엔 언니가 태어나고, 아들 낳고 싶었는데 나를 낳았어요. 그리고 또 아들 낳으려고 해 가지고 남동생을 낳았어요. 남동생 낳고 마을잔치를 했었대요. 그런 생각 많이 했어요. 아예 태어나지 말았으면 좋겠는데. 지금 같으면 초음파로 아들인지 딸인지 확인할 수 있는데, 그 때도 그런 게 있었다면 나를 지웠을 거예요. (2회기)

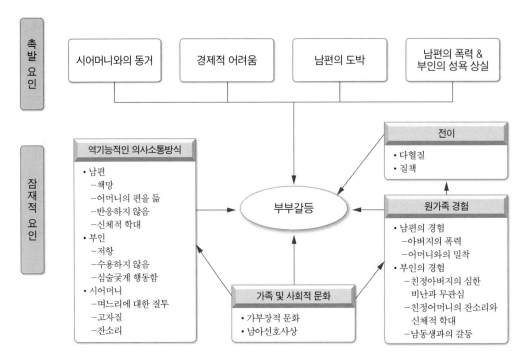

[그림 14-1] 부부갈등에 영향을 미친 요인에 대한 네트워크

4. 논의

이 연구에서는 시어머니와 함께 거주하는 한국인 남편과 중국인 부인의 부부갈등에 영향을 미친 요인을 탐색하였다. 연구결과, 부부갈등에 영향을 미친 촉발 요인과 잠재적 요인이 나타났다. 네 가지 촉발 요인에 관한 내용은 다음과 같다. 첫째, 남편과 부인은 시어머니와 거주하기 시작한 처음부터 심각한 문제를 경험한 것이 아니었다. 그러나 부인이 둘째 아이를 출산한 후에 시어머니의 간섭이 증가하기 시작하였으며, 그로 인해 부부갈등이 심각해지기 시작하였다. 둘째, 부부는 둘째 아들의 장애와 어머니의 수술로 인한 의료비용으로 인해 경제적인 어려움을 경험해야 했다. 이러한 상황은 부부갈등을 악화시켰다. 셋째, 부부간의 갈등은 남편을 도박에 취약하게 만들었으며, 그로 인해 부부관계는 더욱 악화되었다. 넷째, 남편은 아내에게 폭력을 행사했는데, 이는 아내가 점차 과민해지고 남편의 성적 요구에 부응하지 않았던 면과 연관된다. 이 밖에도 고부갈등 역시 남편의 폭력적인 행동에 영향을 미쳤으며, 남편의 신체적인 폭력은 부부의 성적인 관계를 더욱 악화시켰다. 결과적으로 네 가지 촉발

요인은 각 요인들끼리 서로 영향을 미쳤으며, 부부의 결혼생활에도 직접적으로 영향을 미쳤다. 촉발 요인들은 다음의 잠재적 요인들과 관련되어 있다.

앞서 언급하였듯이 잠재 요인인 원가족 경험, 역기능적 의사소통방식, 전이 그리고 가족 및 사회적 문화는 서로 밀접하게 연관되어 있으며, 가족 상호작용 안에 악순환을 초래하였다.

첫째, 남편과 부인은 모두 가부장적인 규범과 남아선호사상을 가진 가정에서 자랐으나 서로 성별이 달랐기 때문에 그들의 경험은 상반되었다. 남편은 장남이라는 이유로 부모로부터 특별한 대우를 받았으나, 부인은 아들을 원하던 부모로 인해 차별받으며 성장하였다. 게다가 남편은 열아홉 살 어린 부인을 미성숙하다고 여겼다. 한국과 중국은 성별, 세대, 연령의 차이에 따른 위계질서와 책임이 지배적인 국가이다(Kim & Ryu, 2005; Lee, 2005). 위계질서는 사회적 혹은 사업적인 관계뿐만 아니라 가족 안에서도 연령의 계층화가 나타나게 만들었다. 한국어는 관계에서의 위계를 의미하는 수많은 명사나 동사를 포함하고 있는데, 이로 인해 위계질서와 관련된 사고방식이 강화될 수 있다(Kim, 1978). 또한 '체면'은 한국인들에게 매우 중요한 개념이다. 남편은 확고하게 남성/남편이 우위에 있음과 여성/부인에 대해 완전한 권위를 가진다고 믿었기 때문에, 아내가 자신의 뜻을 따르지 않는다는 이유로 그녀를 습관적으로 책망하였다. 그 결과 부인은 남편에게 저항하고, 대꾸하고, 짜증내면서 행동하는 방식을 사용하였다. 이는 부인이 이미 원가족에서 성별을 이유로 충분히 차별받아 왔기 때문이었다. 이 사례는 한국과 중국의 남아선호사상과 가부장적인 규범, 연령 차이가 결혼생활에 영향을 미칠 수 있음을 보여 준다. 남성으로서 권위를 인정받아왔던 남편과, 반대로 여성이라는 이유로 지속적인 차별을 경험해 왔던 부인은 역기능적 의사소통방식을 사용할 수밖에 없었으며, 이는 결과적으로 결혼에서의 불화로 이어졌다. 유교사상에서 비롯된 성별의 차이와(Graham et al., 1998; Kim & Ryu, 2005; Lee, 2005; Song, 2001) 의사소통방식은 부부관계에 영향을 미친다(Jo & Park et al., 2012, 2013; Park, Kim, Yu, & Ahn, 2012).

둘째, 남편은 원가족에서 자주 학대를 당하였으며, 아버지에 의해 어머니가 학대당하는 것을 목격하였다. 결혼 후에는 남편이 부부갈등 중에 폭력을 동반하였으며, 이는 부부의 이혼에 대한 위험 요소 중 하나로 작용하였다. 아버지의 가정폭력으로 인해 스트레스가 많고 부정적이었던 남편 부모의 부부관계는 남편과 어머니의 밀착된 관계로 이어졌다. 미분화로 인해 남편의 어머니는 며느리에게 잔소리하고, 며느리를 아들에게 고자질하는 방식으로 아들의 결혼생활에 간섭하였다. 남편은 부인보다 어머니의 편을 들었으며, 부인이 어머니에게 반항적이라고 생각하고 시어머니에게 무례하게 행동한다고 질책하였다. 그러나 부인은 사랑받지 못하고 지지받지 못하는 것에 대해 과민하였는데, 이는 그녀가 원가족에서 항상 소외당하고 외면당하면서 스스로를 미운 오리새끼라고 여겼기 때문이었다. 부인은 자신이 원가족에서 소외당했던 것이 단순히 성별 때문만이 아니라, 세 자녀 중 둘째로서 중간에 끼었기 때문이었다고 생각하였다. 그러므로 남편의 어머니에 대한 확고한 애착은 소외당하는 것을 견디지 못하는 부인을 화나게 만들어 부부갈등을 악화시켰다.

이 사례는 부모의 갈등으로 인해 아들과 어머니의 정서적인 애착이 발달하는 것이 모자간에 미분화를 유발할 수 있으며, 그로 인해 아들의 부부관계 역시 영향을 받을 수 있다는 것을 보여 준다(Carter & McGoldrick, 1989; Nichols & Davis, 2016; Park et al., 2012; Rittenour & Soliz, 2009; Sereny, 2011; Silverstein, 1992; Takagi & Silverstein, 2006). 또한 아들이 어머니와 밀착관계를 형성하고 있으면서 고부갈등 상황에서 어머니의 편을 드는 것은 부부관계를 악화시킬 수 있다고 나타났다(Park & Kim, 2012; Rittenour & Soliz, 2009; Song & Zhang, 2012; Wu et al., 2010). 고부갈등은 남편이 부인에게 행사하는 폭력의 원인 또한 될 수 있는데, 이와 같은 폭력은 원가족에서 폭력적인 행동을 보여 주었던 아버지로부터 학습된 것이었다(Annan & Brier, 2010; Chan et al., 2009; Clark et al., 2010). 또한 이 사례는 어머니를 모시기 원하는 아들과 밀착된 관계를 형성하고 있는 어머니가 함께 거주하는 것은 아들의 결혼생활에 해로울 수 있음을 보여 준다(Chu, 2014; Kim, 1996). 남편이 원가족과 밀착관계이거나 함께 거주하는 경우 외에도, 부인이 경험한 성차별 및 출생 서열과 관련된 해결되지 못한 감정은 부인이 남편과 시어머니에게 느꼈던 부정적인 태도를 강화시키는 요인으로 작용하였다.

셋째, 남편과 시어머니를 짜증나게 만들었던 부인의 무례한 태도는 앞서 언급하였던 부인이 경험한 원가족에서의 차별문제와 친정어머니의 잔소리 및 폭력적인 행동으로 인한 해결되지 못한 감정에 일부 기인하였다. 부인은 어린 시절부터 화가 났을 때 심술궂게 행동하였으며, 자신의 부정적인 감정을 말을 통해 솔직하게 전달하기보다는 행동으로 표출하였다. 부인의 이러한 역기능적인 의사소통방식에 시어머니는 잔소리와 고자질로 대응하였으며, 이와 같은 의사소통방식은 고부관계를 악화시켰다. 이러한 결과를 통해 원가족에서 해결되지 않은 감정에서 비롯된 부인의 의사소통방식이 남편과 시어머니와의 상호작용에 영향을 미쳤음을 확인할 수 있다. 이와 같은 연구결과는 원가족 역동이 부부관계에 전이되어 부부갈등을 유발하였다는 미국인 남편과 한국인 부인의 가족치료 사례연구(Shim et al., 2016)와 유사한 결과를 보여 준다.

5. 결론 및 제언

첫째, 결혼 후 시어머니와 함께 거주하는 것은 피해야 하며, 결혼에서 갈등을 줄이기 위해서는 한국 남성과 어머니의 정서적 분리가 필수적인 과정임을 시사한다(Park & Park, 2019). 강한 유대감과 높은 책임의식으로 인해, 중국과 한국에서는 많은 아들이 성인이 된 이후에도 부모와 함께 거주한다(Kim & Ryu, 2005; Lee, 2005). Bowen은 가족과의 분화 수준이 낮으면 정서적인 기능장애를 초래할 수 있는 반면, 높은 수준의 분화는 역기능적인 대처를 줄여 준다고 하였다(Kerr & Bowen, 1988). 이와 같은 역기능적인 대처는 부모가 원가족에서 어떻게 자랐는지에 따라 결정된다. 일반적으로 한국의 어머니들은 아들을 소유하고 싶어 하는 경향이 있다(Kim, 2001; Kim & Rye, 2005; Park et al., 2014). 또한 특별한 관심과 대우를 받았던 맏아들은 장남으로서의 의무와 책임을 다해야 한다는 인식이 크기 때문에, 부모는 장남에게 간섭하고 요구하는 것을 당연한 것으로 여기고 기대하게 되는데 이는 결국 갈등을 유발한다(Kim, 2001). 만약 자녀를 둔 부부가 육아문제로 인해 부모의 도움을 필요로 하는 상황이라고 할지라도, 경제적인 상황만 허락된다면 부모와 공간적인 분리를 하는 것이 더 좋을 것이다. 또한 남편이 효심 때문에 어머니의 편을 드는 것이 마음 편하다고 할지라도, 어머니보다는 부인을 지지하는 것이 필요하다. 부인의 편을 드는 남편들은 부인과 좋은 관계를 형성할 가능성이 높고, 배우자의 지지를 받는 부인이 결국 시어머니와의 관계를 위해 노력하게 된다(Park & Kim, 2012). 실제로 결혼만족도는 고부관계에 영향을 미친다(Bryant et al., 2001). 고부관계와 부부관계를 증진시키기 위한 새로운 프로그램이 이러한 갈등을 완화시키는 효과적인 방안이 될 수 있다. 구체적으로 한국 남성들은 대학의 기초 과정을 통해 결혼에 부정적인 영향을 미칠 수 있는 유교사상과 가부장적인 규범에 대해 이해하는 것이 필요할 것이다. 특히 가족 간의 갈등을 다룰 때, 치료자는 효도, 부부관계에 대한 시어머니의 간섭 그리고 고부갈등에 대한 남편의 반응 등의 가족문화에 초점을 두어야 한다.

둘째, 잠재적 요인으로 작용한 남편, 부인 그리고 시어머니의 의사소통방식이 촉발 요인으로 이어진다는 사실을 발견하였다. 원가족의 의사소통방식은 다음 세대로 전수되며, 분화 수준이 낮은 사람은 다른 가족구성원에게 더욱 정서적으로 대응할 가능성이 높다. 특히 고부갈등에 대한 상담에서 치료사는 문제를 해결하기 위해 내담자가 시도해 온 의사소통방식이 무엇인지 주의를 기울여야 하며, 남편과 시어머니, 아내의 미분화수준을 확인해야 한다.

셋째, 한국인 남편과 중국인 부인의 서로 다른 가족적·사회적 배경이 부부갈등에 영향을 미쳤음을 보여 준다. 남편은 장남으로서 가정에서 모든 권위를 누리며 성장하였다. 반대로 부인은 중간에 낀 자식(sandwiched child)으로서 남편과는 정확히 반대되는 경험을 하며 성장했다. 따라서 한국문화와 중국문화 안에서 원가족에서 미해결된 정서의 문제가 추가적으로 탐색되어야 할 것으로 보인다.

넷째, 일부 한국과 중국 가정에서는 권위 있는 치료전문가를 만나기를 기대한다(Berg & Jaya, 1993; Kim & Ryu, 2005; Miller & Fang, 2012). 개인주의를 중시하는 서구 가정들과 달리, 유교와 집단주의에 높은 가치를 두는 아시아 가정은 '알지 못함의 자세'를 유지하는 치료자를 만나기보다 전문가로서 자신들에게 정보와 상담 그리고 해결방안을 제공해 줄 수 있는 전문상담사를 선호하는 경향이 있다(Wang, 1994; Wu & Tseng, 1985). 한편, 이 연구는 단일 사례연구이기 때문에 연구의 결과를 일반화하는 데에는 한계가 있다. 앞으로의 연구에서 국제결혼을 한 아시아 부부의 갈등에 관하여 이 연구에서 밝혀지지 않은 심리사회적 요인과 인구사회학적 요인이 탐색되기를 기대해 본다. 또한 향후 시어머니와 함께 거주하는 아시아 부부의 부부갈등에 관하여 연구를 수행할 연구자들은 가족체계와 밀착된 관계에 초점을 맞출 것을 제안하는 바이다.

참고문헌

Annan, J., & Brier, M. (2010). The risk of return: Intimate partner violence in Northern Uganda's armed conflict. *Social Science & Medicine, 70*(1), 152-159.

Berg, I. K., & Jaya, A. (1993). Different and same: Family therapy with Asian American families. *Journal of Marital and Family Therapy, 19*, 31- 38.

Bryant, C. M., Conger, R. D., & Meehan, J. M. (2001). The influence of in laws on change in marital success. *Journal of Marriage and Family, 63*(3), 614-626.

Carter, B., & McGoldrick, M. (1989). *The changing family life cycle - a framework for family therapy* (2nd ed.). Boston. MA: Allyn and Bacon.

Chan, K. L., Brownridge, D. A., Tiwari, A., Fong, D. Y., & Leung, W. C. (2008). Understanding violence against Chinese women in Hong Kong an analysis of risk factors with a special emphasis on the role of in-law conflict. *Violence Against Women, 14*(11), 1295-1312.

Chan, K. L., Tiwari, A., Fong, D. Y., Leung, W. C., Brownridge, D. A., & Ho, P. C. (2009). Correlates of in-law conflict and intimate partner violence against chinese pregnant women in Hong Kong. *Journal of Interpersonal Violence, 24*(1), 97-110.

Chen, C. L., Yip, P., Ng, E., Chan, C. H., & Au, J. (2002). Gender selection in China: Its meanings and implications. *Journal of Assisted Reproduction and Genetics, 19,* 426-430.

Chu, S. Y. (2014). Influence of living with parents on marrieds' happiness. *Modern Economy, 5,* 11.

Clark, C. J., Silverman, J. G., Shahrouri, M., Everson-Rose, S., & Groce, N. (2010). The role of the extended family in women's risk of intimate partner violence in Jordan. *Social Science & Medicine, 70*(1), 144-151.

Cross, S. E., & Madson, L. (1997). Models of the self: Self-construals and gender. *Psychological Bulletin, 122*(1), 5-37.

Das Gupta. M., Zhenghua, J., Bohua, L., Zhenming, X., Chung, W., & Bea, H.-O. (2003). Why is son preference so persistent in East and South Asia? A cross-country study of China, India and the Republic of Korea. *The Journal of Development Studies,* 40(2), 153-187.

Fischer, L. R. (1983). Mothers and mothers-in-law. *Journal of Marriage and the Family, 45*(1), 187-192.

Graham, M., Larsen, U., & Xu, X. (1998). Son preference in Anhui Province, China. *International Family Planning Perspectives, 24,* 72-77.

Jo, G. Y., & Park, T. Y. (2011). Marital therapy with a conflictual couple preparing for divorce. *Korean Journal of Family Therapy, 19*(2), 41-62.

Kerr, M. E., & Bowen, M. (1988). *Family evaluation.* New York: Norton.

Kim, B.-L. C. (1978). The Korean sample. In *The Asian Americans, changing patterns, changing needs*. Montclair, NJ: Association of Korean Christian Scholars in North America.

Kim, B.-L. C., & Ryu, E. (2005). Korean families. In M. McGoldrick, J. Giordano & N. Gracia-Preto (Eds.), *Ethnicity & family therapy* (pp. 349-362). New York: The Guilford Press.

Kim, H. J. (2001). *The firstborn son and his wife*. Seoul, Korea: Saemulgyel Press.

Kim, M. H. (1996). Changing relationships between daughters-in-law and mothers-in-law in urban South Korea. *Anthropological Quarterly, 69*(4), 179-192.

Lee, E. (2005). Chinese families. In M. McGoldrick, Giordano & N. Gracia-Preto (Eds.), *Ethnicity & family therapy* (pp. 302-318). New York: The Guilford Press.

Lee, E., & Mock, M. R. (2005). Chinese families. In M. McGoldrick, J. Giordano & N. Gracia-Preto (Eds.), *Ethnicity & family therapy* (pp. 302-318). New York: The Guilford Press.

Lee, M. Y., & Mjelde-Mossey, L. (2004). Cultural dissonance among generations: A solution focused approach with East Asian elders and their families. *Journal of Marital and Family Therapy, 30*(4), 497-513.

Liu, L., Zhao, X., & Miller, J. K. (2014). Use of metaphors in Chinese family therapy: A qualitative study. *Journal of Family Therapy, 36*(1), 65-85.

Marotz-Baden, R., & Cowan, D. (1987). Mothers-in-law and daughters-in-law: The effects of proximity on conflict and stress. *Family Relations, 36*(4), 385-390.

McGoldrick, M., Giordano, J., & Garcia-Preto, N. (2005). *Overview: Ethnicity and family therapy.* In M. McGoldrick, J. Giordano & N. Gracia-Preto (Eds.), *Ethnicity & family therapy* (pp. 1-40). New York: The Guilford Press.

Miles, M. B., Huberman, A. M., & Saldaña, J. (2014). *Qualitative data analysis: A methods sourcebook.* Thousand Oaks, CA: Sage.

Miller J. K., & Fang, X. (2012). Marriage and family therapy in the People's Republic of China: Current Issues and Challenges. *Journal of Family Psychotherapy, 23*, 173-183.

Nichols, M. P., & Davis, S. D. (2016). *Family therapy: Concepts and methods* (11th ed.). Essex, EN: Pearson.

Oh, D. H., Kim, S. A., Lee, H. Y., Seo, J. Y., Choi, B. Y., & Nam, J. H. (2013). Prevalence and correlates of depressive symptoms in Korean adults: Results of a 2009 Korean community health survey. *Journal of Korean Medical Science, 28*(1), 128-135.

Orbuch, T. L., Bauermeister, J. A., Brown, E., & McKinley, B. D. (2013). Early family ties and marital stability over 16 years: The context of race and gender. *Family Relations, 62*(2), 255-268.

Park, S. Y. (2010). Men's role between mothers-in-law and daughters-in-law relationship. *Korean Journal of Family Social Work, 28,* 149-184.

Park, T. Y., & Kim, S. H. (2012). A case study on the effectiveness of therapeutic intervention for marital conflict resolution. *Korean Journal of Family Welfare, 17*(1), 31-60.

Park, T. Y., & Kim, S. H. (2013). A case analysis of family therapy for a pastor's wife with the inclination to divorce. *Korean Journal of Family Welfare, 18*(2), 5-39.

Park, T. Y., Kim. S. H., & Lee, J. (2014). Family therapy for an Internet-addicted young adult with interpersonal problems. *Journal of Family Therapy, 36*(4), 394-419.

Park, T. Y., Kim, S. H., Yu, J. H., & Ahn, H. A. (2012). Family therapy for couples in divorce crisis. *Korean Journal of Family Therapy, 20*(1), 23-56.

Park, T. Y., & Park, Y. J. (2019). Contributors influencing marital conflicts between a Korean husband and japanese wife. *Contemporary Family Therapy, 41*(2), 157-167.

Rittenour, C. (2012). Daughter-in-law standards for mother-in-law communication: associations with daughter-in-law perceptions of relational satisfaction and shared family identity. *Journal of Family Communication, 12*(2), 93-110.

Rittenour, C., & Soliz, J. (2009). Communicative and relational dimensions of shared family identity and relational intentions in mother-in-law/daughter-in-law relationships: Developing a conceptual model for mother-in-law/daughter-in-law research. *Western Journal of Communication, 73*(1), 67-90.

Sereny, M. (2011). Living arrangements of older adults in China: The interplay among preferences, realities, and health. *Research on Aging, 33*(2), 172-204.

Shim, D. Y., Lee, D. B., & Park, T. Y. (2016). Familial, social, and cultural factors influencing panic disorder: Family therapy case of Korean wife and American husband. *The American Journal of Family Therapy, 44*(3), 129-142.

Silverstein, J. L. (1992). The problem with in-laws. *Journal of Family Therapy, 14*(4), 399-412.

Song, S. J. (2001). *Korean culture and family therapy.* Seoul, South Korea: Bummoonsa.

Song, Y., & Zhang, Y. B. (2012). Husbands' conflict styles in chinese mother/daughter-in-law conflicts: Daughters-in-law's perspectives. *Journal of Family Communication, 12*(1), 57-74.

Takagi, E., & Silverstein, M. (2006). Intergenerational coresidence of the Japanese elderly: Are cultural norms proactive or reactive? *Research on Aging, 28*(4), 473-492.

Takagi, E., & Silverstein, M. (2011). Purchasing piety? Co-residence of married children with their older parents in Japan. *Demography, 48(4),* 1559-1579.

Wang, W. (2002). Son preference and educational opportunities of children in China: "I wish you were a boy!" *Gender Issues, 22,* 3-30.

Wang, L. (1994). Marriage and family therapy with people from China. *Contemporary Family Therapy, 1,* 25-37.

Wu, D. Y. H., & Tseng, W. (1985). Introduction: The characteristics of Chinese culture. In W. Tseng & D. Y. H. (Eds.). *Chinese culture and mental health* (pp. 3-13). New York, NY: Academic Press.

Wu, T. F., Yeh, K. H., Cross, S. E., Larson, L. M., Wang, Y. C., & Tsai, Y. L. (2010). Conflict with mothers-in-law and taiwanese women's marital satisfaction: The moderating role of husband support. *The Counseling Psychologist, 38*(4), 497-522.

Yasuda, T., Iwai, N., Yi, C. C., & Xie, G. (2011). Intergenerational co-residence in China, Japan, South Korea and Taiwan: Comparative analyses based on the East Asian social survey 2006. *Journal of Comparative Family Studies, 42*(5), 703-722.

제 15 장

한국인 남편과 일본인 부인의 부부갈등에 영향을 미친 요인에 대한 사례연구[*]

이 연구에서는 한국인 남편과 일본인 부인 사이의 부부갈등을 일으키는 요인에 대하여 탐색하였다. 연구에서는 세 가지의 촉발 사건과 개인·가족·사회문화적 수준의 잠재적 요인이 발견되었다. 세 가지 사건이 부부갈등을 촉발시켰으나, 잠재적 요인들이 근본적으로 부부갈등을 유지시키고 더 악화시켰다. 결과적으로, 국제결혼을 한 아시아 부부를 상담하는 가족치료사들이 문화적인 차이뿐만 아니라 원가족 간 문화적 차이, 의사소통방식, 전이를 다루어야 함을 제언한다.

1. 서론

지난 40년 동안 미국, 캐나다 그리고 유럽은 급격한 인구사회학적 변화를 경험하였으며, 인종 간 결혼의 비율 역시 급속도로 높아졌다(Karis & Killian, 2008). 따라서 다양성이 증가되었을 뿐만 아니라, 다문화부부 또한 급속도로 증가하고 있다(Killian, 2013).

한국은 1990년부터 다문화사회로 진입하기 시작하였는데, 농촌지역의 여성 부족 문제로 인해 국제결혼이 촉진되었다. 2010년 결혼이민자 수는 총 181,671명이며 이 중 161,999명은 해외여성으로, 국가별로 중국인 97,659명, 베트남인 34,461명, 필리핀인 10,371명, 일본인 4,769명으로 나타났다(Moon, Kim, Kim, & Kim, 2012). 이상의

[*] Park, T. Y., & Park, Y. J. (2019). Contributors influencing marital conflicts between a Korean husband and a Japanese wife. *Contemporary Family Therapy*, 41(2), 157-167.

수치는 한국의 국제결혼의 대부분이 한국 남성과 아시아 여성 간에 이루어졌음을 보여 준다. 그러나 안타깝게도 국제결혼이 증가함에 따라 다문화가족과 관련된 사회적 문제와 갈등 또한 증가하고 있다.

부부갈등은 서로 다른 배경과 환경을 가진 부부간에 조정하는 과정을 의미한다 (Park & Kim, 2012). 일반적으로 갈등은 파트너와의 상호작용 중에 발생하는데, 서로의 행동, 사고, 가치 및 기대에 대한 본질적인 모순으로 인해 불가피하게 충돌을 겪게 된다(Cheon & Kim, 2007). 반대로, 성공적인 결혼생활은 헌신, 만족, 안정과 관련된다 (Bryant, Conger, & Meehan, 2001). 성공적인 결혼생활에 영향을 미치는 수많은 요인 중(Chen et al., 2007), 배우자 가족과의 관계는 결혼생활의 행복을 예측하는 중요한 요인이다(Bryant et al., 2001).

아시아 국가, 특히 동아시아 국가 간에는 몇 가지 중요한 공통점이 존재한다. 전통적으로 유교사상의 영향으로 동아시아 국가들은 주로 확대가족과의 관계와 집단주의적인 가치를 강조한다(Lee & Mjelde-Mossey, 2004). 또한, 효도는 가족의 기본적인 조화와 질서를 유지하기 위한 부모와 자녀 사이의 기본적인 의무이자 본분으로 정의된다(Lee & Mjelde-Mossey, 2004). 서구적 가치의 확산으로 성 평등사상이 확대되었음에도 불구하고, 특히 여성들에게는 이와 같은 효도의 의무가 결혼 후 시부모를 모시는 책임으로까지 확대된다(Shibusawa, 2005). 이러한 사상은 관계주의와 공동체 동질성을 강조하는 한국과 일본에서 특히 강하게 드러난다(Igarashiet et al., 2008).

가정의 화목과 효를 중요시하고 이를 기대하는 동아시아 문화에서 배우자 가족의 영향력은 상당하다(Lee & Mjelde-Mossey, 2004). 뿐만 아니라, 결혼 초기에 배우자 가족과의 관계와 그들과의 관계에서 기대되는 역할은 특히 중요하다(Bryant et al., 2001). 그러나 전통적이지 않은 젊은 세대의 부부들에게서는 이 기대가 충족되지 않을 수 있으며, 그럴 때 문제가 발생한다(Lee & Mjelde-Mossey, 2004). Maruyama 등 (2015)의 연구에 따르면 관계갈등에 대처하는 방법에는 문화적 차이가 존재한다고 하였는데 한국인의 경우는 갈등상황에서 통합하고 타협하는 반면, 일본인은 의무를 선호한다. 반대로 Yi와 Park(2003)은 반대되는 결과를 제시하였는데, 이들의 연구에 따르면 일본인은 관계갈등에 대해 일관된 반응을 보이지 않는 것에 반해, 한국인은 갈등상황에서 지배적이면서도 친절하다고 하였다(Maruyama et al., 2015). 그러나 다문화 결혼의 다양한 딜레마나 경험에 대한 연구는 미비한 실정이다(Karis & Killian, 2008; Killian, 2013, 2015). 또한 국제결혼을 한 아시아 부부의 갈등에 대한 연구도 아직까지 거의 이루어지지 않았다.

1) 부부갈등에 영향을 미치는 요인

부부갈등은 부부의 개인적인 문제뿐만 아니라 사회적 가치와 원가족 고유의 문화에 의해서도 영향을 받는다(Park et al., 2010). 갈등을 겪고 있는 부부들에게서는 원가족으로부터의 미분화와 역기능적인 의사소통방식이 흔히 발견된다(Park & Kim, 2012; Jo & Park, 2011; Park & Moon, 2010). 확대문화가 여전히 잔존하고 있는 한국에서 원가족을 포함한 배우자 가족의 문제는 부부갈등의 중요한 요인이 된다(Kim & Ryu, 2005). 갈등을 겪고 있는 한국 부부들 중 다수는 원가족 경험을 배우자에게 투사하여 부부갈등을 경험한다(Korea Legal Aid Center for Family Relations, 2002). 이는 한국의 핵가족이 표면적으로는 부부 중심으로 보이는 듯하지만 실상은 원가족의 영향을 많이 받기 때문이다(Cho & Choi, 2006).

2) 한국과 일본의 문화적 차이

아시아 문화를 하나의 큰 범주로 묶는 것은 효과적이지 않은데, 이럴 경우 아시아 국가들 사이의 중요한 차이를 간과할 수 있기 때문이다(Maruyama et al., 2015). 동서 문화 간의 차이를 강조하는 것은 널리 수용되고 있지만, 아시아 문화, 특히 한국과 일본은 앵글로색슨족 국가들과 독일 사이의 차이점만큼이나 뚜렷한 차이를 보인다(Igarashi et al., 2008). 예를 들어, 인간관계를 형성하는 것에 대한 한국과 일본의 핵심적인 개념은 뚜렷하게 구분된다. 한국에서 '정(情)'은, 영어에서는 정확한 동의어를 찾을 수는 없지만 사회적 맥락에 따라 동정, 애정, 공감, 다정함 등이 합쳐진 말이다(Kim & Ryu, 2005). 반면, 일본에서 자기장(field)으로 번역되는 '바(ba)'는 관계를 형성하는 데 결정적인 작용을 한다(Igarashi et al., 2008). 게다가 일본인들은 신뢰와 상관없이 궁극적으로 비슷한 태도를 가진 사람들과 관계를 맺는 경향을 보인다(Igarashi et al., 2008).

또한 한국인과 일본인은 불쾌한 상황이거나 원치 않는 관계에 직면했을 때 서로 다른 반응을 보일 수 있다. 한국에서의 눈치와 분수는 일반적으로 엄격하게 계층화되어 있는 가족과 사회에서 아랫사람으로 살아남기 위한 필수적인 개념으로 설명된다(Kim

& Ryu, 2005). 눈치란 문자 그대로 '눈으로 재다'라는 뜻으로, 적절하면서도 공격적이지 않은 행동패턴을 선택하기 위해 외부의 단서를 포착하는 것을 뜻한다(Kim & Ryu, 2005). 분수는 이해 득실과 상관없이 주어진 지위를 이해하고 받아들이는 것을 의미한다(Kim & Ryu, 2005). 대조적으로 일본인의 문화인 '참을 수 없는 것을 참음', '참을성' 그리고 '인내'를 의미하는 '가만(gaman)'은 일본에서는 까다로운 환경과 대인관계를 견뎌낼 수 있는 역량과 성격적 강점으로 받아들여지지만, 서구적 관점에서는 병적인 억제로 볼 수 있다(Shibusawa, 2005). 서양과 아시아 사이의 공통적인 문화적 차이에도 불구하고 한국과 일본은 이렇게 서로 다른 대인관계방식을 갖고 있다.

3) 한국과 일본의 효도 차이

한국과 일본의 전통적인 문화 차이를 제외하고, 양국의 문화적 차이를 일으킨 원인 중 하나로 메이지시대의 일본의 이른 서구화를 들 수 있다(1868~1919; Shibusawa, 2005). 한국과 비교했을 때 일본의 서구화는 한국보다 1세기나 앞섰다. 이는 일본이 다른 문화에 이전부터 노출되어 왔기 때문에, 한국에 비해 유교문화의 영향이 덜 보편적이었기 때문이다(Igarashi et al., 2008). 지난 몇십 년 동안 일본사회는 개인주의의 서구적 가치를 점점 더 받아들여 왔으며, 이에 따라 일본인들은 미국인과 유사한 대인관계 패턴을 보이고 있다(Yi & Park, 2003). 또한, 과거와 달리 일본 여성들은 결혼을 의무사항으로 여기지 않을뿐더러 이혼 또한 금기사항으로 인식하지 않게 되었다(Kozu, 1999). 이러한 추론을 통해 현대 일본에서 '효도'라는 용어가 구시대적이고, 비민주적이며, 매우 보수적인 것으로 간주되는 이유를 설명할 수 있다(Lee & Mjelde-Mossey, 2004).

대조적으로, 한국은 20세기 중반에 들어서서 현대화에 진입하면서부터 서구적 가치를 수용하기 시작했다. 근대화와 개인주의라는 서구적 가치를 수용하는 시기적 차이는 한국과 일본 두 국가 사이에 존재하는 가족관계에서의 차이점을 일부 설명할 수 있을 것이다. 예를 들어, 한국의 경우 경제적 자립을 얻은 후에도 상당수의 젊은이는 여전히 원가족의 영향을 강하게 받고 있으며 부모와 심리적으로 친밀한 관계를 유지한다(Kim, 1998). 한국의 어머니들은 아들이 결혼한 후에도 여전히 아들의 삶에 개입할 권리가 있다고 생각하는 경향이 있으며, 실제로 대다수의 한국 어머니는 이와 같은 관여를 보살핌, 의무, 사랑으로 여긴다(Song, 2001). 결혼한 한국인 아들과 어머니 사이의 이러한 미분화는 아내와 시어머니 사이의 심각한 문제로 이어질 수 있다(Kim & Ryu, 2005).

4) 한국인과 일본인의 의사소통방식

한국인은 성격이 성급하고 사교적이며, 쉽게 화를 내고, 관대하며, 유머러스하다(Kim & Ryu, 2005). 일반적으로 한국인들은 감정을 표현하는 것을 회피하고 다른 사람을 비난하기를 꺼리는데, 이는 직접적으로 반대 의사를 밝히는 것을 조화로운 대인 관계를 뒤흔들고 불협화음을 일으키는 것으로 인식하기 때문이다(Kim & Ryu, 2005). 또한 집단주의적 가치의 영향으로 인해, 한국 부부들은 부부갈등이 발생했을 때 문제를 해결하기 위하여 간접적인 의사소통방식을 선호한다. 반면, 일본문화의 언어적 의사소통의 부재와 감정 억제는 뿌리 깊은 적개심과 갈등을 불러일으킬 수 있으며, 이는 때때로 자녀의 부모 폭력과 같은 깊은 분노로 이어질 수 있다(Kozu, 1999).

2. 연구 방법

1) 연구질문

부부갈등에 영향을 미친 요인은 무엇인가?

2) 자료수집 방법

이 연구에서는 4회기의 가족치료 상담사례를 연구자료로 선정하였다. 1회기는 남편과 부인, 2회기는 부인, 3회기는 남편, 4회기는 남편과 부인이 상담에 참여하였다. 연구의 분석을 위하여 상담축어록, 상담일지, 상담녹화파일을 활용하였다.

3) 분석 방법

이 연구에서는 내러티브 사례분석 방법을 활용하여 분석하였다. 분석 과정에서는 연구질문과 관련하여 반복적으로 나타나는 개념들을 비교하고 정리하였다. 4회기의 상담내용와 상담일지를 바탕으로 분류한 내용은 네트워크를 통해 디스플레이하였다 (Miles, Huberman, & Saldaña, 2013). 연구 과정에서 치료자, 연구자 그리고 질적 연구 경험이 풍부한 전문가 간의 논의를 통해 연구자의 삼각화를 실현하였다. 또한 연구 자료로 상담축어록, 상담일지, 상담녹화파일을 사용함으로써 연구의 신뢰성을 높였다.

연구자들은 참여자들에게 상담 자료가 연구자료로 사용될 것에 대한 동의를 얻었 고, 가족구성원들의 사생활 보호를 위하여 인적 사항은 삭제하였다. 이에 관하여 대 학기관의 IRB 심의를 거쳐 윤리성을 검증하였다.

3. 사례개요

결혼 전, 일본인 부인은 석사 학위를 취득하기 위해 한국에 왔다. 한국에서 대학원 을 다니는 동안 그녀는 현재의 남편이 된 한국인 남자 친구를 만났다. 남편은 연애 도중에 군 복무를 하였으며, 남편의 군 복무기간 중에 부인이 임신을 하였다. 부인은 석사 학위를 마친 뒤에 일본에 있는 친정집에 돌아가서 출산을 하였다. 남편은 2년 동안의 군 복무 중에 일본에 거주하고 있는 부인을 찾아가고 싶었지만 군인으로서 받 는 박봉의 급여로 인해 계획을 연기할 수밖에 없었다. 다행히 비행기 티켓을 살 만큼 돈을 모은 후, 그는 부인과 아이를 만나기 위해 기쁜 마음으로 일본으로 떠났다. 그러 나 그의 기대와는 달리, 남편은 빈손으로 왔다는 이유로 장인과 장모에게 무시를 당 했다. 이 사건으로 인해 남편은 자신을 무능한 남편이라고 인식하게 되었다. 이후, 남 편은 아이가 태어난 지 100일째 되던 날 약간의 선물을 가지고 일본에 다시 방문했지 만 부인은 공항에서 남편에게 이별을 통보했고, 남편은 비참하게 한국행 비행기를 타 고 귀국했다. 부인과 처가댁에서 아들을 거부했다는 소식을 들은 시댁 식구들 역시 부인에 대하여 적대적인 감정을 가지게 되었다. 이러한 결혼 전 갈등에도 불구하고 부인은 남편과의 추억을 소중하게 생각했고, 아기와 함께 한국으로 돌아와 남편과 결 혼하기로 결심했다.

4. 연구결과

1) 부부갈등의 양상

남편은 부부갈등과 비효과적인 의사소통의 원인 그리고 아내와 대화할 때 어려운 이유를 알고 싶다고 하였다. 남편은 만약 부부갈등이 지속된다면 아내와 이혼을 고려하고 있다고 하였다. 한편, 부인은 남편과의 잦은 다툼이 가치관의 차이에서 오는 것인지, 그녀가 한국에서 사는 것이 싫어서인지 아니면 성격 차이에서 오는 것인지를 알고 싶어 하였다. 부인은 그녀가 결혼생활을 지속해야 할지 아니면 이혼을 선택해야 할지를 알고자 가족치료를 요청하게 되었다.

2) 부부갈등에 영향을 미친 요인

부부갈등을 유발한 촉발 사건들과 잠재적 요인들이 부부갈등과 관련이 있는 것으로 나타났다.

(1) 촉발 사건: 세 가지 사건

연구결과, 세 가지의 사건이 부부갈등을 촉발한 것으로 나타났다.

첫째, 일본에서 자녀가 태어났을 때, 장인과 장모가 남편이 집에 들어오는 것을 허락하지 않았던 사건이 있었다.

둘째, 부인이 일본에서 한국에 돌아오기 전에 남편에게 유리 우유병, 면 아기 이불과 면 아기 옷을 부탁하였고, 남편은 아내의 부탁 대신 플라스틱 우유병, 나일론이 섞인 이불과 옷을 준비하였다. 이 사건을 계기로 부인은 남편이 자녀를 적절히 보호할 수 없는 아빠라고 판단하였다.

셋째, 부인은 그녀 자신과 아이들이 먹을 음식과 남편이 먹을 음식을 다르게 준비하였고(예: 딸기와 후리가케), 이러한 모습은 남편이 소외감을 느끼고 집에서 음식 먹는 것을 꺼려하게 만들었다[그림 15-1].

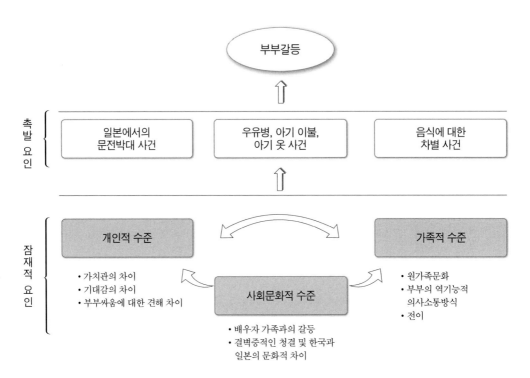

[그림 15-1] 부부갈등에 영향을 미친 요인에 대한 네트워크

① 일본에서의 문전박대 사건

남편은 장인과 장모로부터 굴욕을 당했을 때 어린 시절 어머니에게 무시당했던 기억을 떠올렸다. 어린 시절, 남편의 어머니는 동생을 편애했고 남편은 조부모에게 보내졌다. 남편을 무시하는 장인과 장모의 태도는 그가 어린 시절 어머니에게서 느꼈던 부정적인 감정을 떠올리게 했다.

남편: (첫 번째 일본을 방문하고 나서) 3~4개월 후에 일본을 다시 방문했을 때는 처갓집에 아예 못 들어갔어요. (1회기)

② 우유병, 아기 이불, 아기 옷 사건

부인은 친정 부모와 사이가 좋지 않았고, 가정불화로 부모님 집을 나간 경험이 있었다.

친정아버지가 경제적으로 불안정했던 것에 반해, 친정어머니는 부인이 생활할 수 있도록 경제적으로 지원해 주었다. 결과적으로, 부인은 남편이 경제적으로 부족한 모습을 보면서 남편이 배려심이 없고 가족에게 무관심하다고 느끼게 되었다. 부인의 경우, 원가족에서 미흡한 역할을 했던 친정아버지에 대한 경험이 남편과의 관계에 전이되었다. 친정어머니는 딸인 부인에게, 만약 남편이 믿음직스럽지 못하거나 결혼을 유지하기 위해 자신을 헌신할 의지가 없다면 이혼할 것을 권했다. 이와 같은 친정어머니의 이야기는 남편이 아이를 돌보는 것에 서투른 모습을 보일 때 부인을 더욱 실망하게 만들었다. 또한 우유병, 담요, 옷 등 유아용품의 위생에 대한 문화적 차이와 원가족에서의 문화적 차이도 부부갈등에 영향을 미쳤다.

> 치료자: 그런데 부인께서 본인과 아이와 남편의 물건을 명확하게 구별하시는 이유가 뭘까요? "이것은 내 거, 이건 아이 거, 남편 거는 없어!" 이런 메시지를 준 이면에는 뭐가 있으신 거예요?
>
> 부인: 제가 안 하면 "누가 애를 지키나?"라는 생각이 들었던 것 같아요. 제가 7개월 된 아이를 데리고 한국에 왔을 때, 갖고 올 것은 갖고 왔는데 못 갖고 오는 것도 있잖아요. 예를 들어, 애기 이불, 또 제가 플라스틱 우유병이 쓰기 싫어서 유리병으로 쓰고 있었거든요. 제가 우유병이 깨질지 모르니까 남편에게 준비를 해 달라고 했어요. 그런데 제대로 되어 있는 게 하나도 없는 거예요. (남편에게) 너무 배신감을 느껴서, 아이에게 해 줄 수 있는 사람이 나밖에 없다고 생각했어요. (2회기)

③ 음식에 대한 차별 사건

부인이 음식으로 남편과 아이를 차별했던 모습은 남편으로 하여금 어머니가 자신을 동생과 차별했던 기억을 떠올리게 했다. 또한 장인과 장모로부터 거절당한 경험은 남편이 어린 시절의 불행했던 경험을 떠올리게 만들었다.

> 남편: 딸기나, 그런 건 보통 제집이라면 꺼내서 제가 씻어서 먹잖아요? 그런데 우리 집 같은 경우는 꺼내기 전에 "이거 먹어도 되는 거야?"라고 물어봐요.
>
> 치료자: 일본은 어때요?
>
> 부인: 일본도 비슷하죠. 제 생각은 제가 애를 위해서 먹여야겠다, 예를 들면 일본에서만 살 수 있는 밥에다 뿌려 먹는 것(후리가케)을 일본에서 사 오잖아요. 그것을 흔히 살 수는 없으니까. 제 마음속에서는 이것은 애기 거다 이렇게 되잖아요. 그리고 애기가 그걸 뿌려야지 밥을 잘 먹는다. 딸기 얘기는 왜 꺼내는지 모르겠는데요. (1회기)

(2) 잠재적 요인: 세 가지 수준

부부갈등을 일으킨 잠재적 요인은 세 가지 수준으로 나타났다. 구체적으로 살펴보면 개인적 수준(가치관의 차이, 기대감의 차이, 부부싸움에 대한 견해 차이), 가족적 수준(원가족문화, 부부의 역기능적 의사소통방식, 전이), 사회문화적 수준(배우자 가족과의 갈등, 결벽증적인 청결 및 한국과 일본의 문화적 차이)이 발견되었다.

① 개인적 수준

• 가치관의 차이

부부는 필수적인 의식주, 교육, 돈 쓰는 방식 그리고 양육방식에서 매우 큰 차이를 갖고 있었다.

－의식주

부인은 한국의 음식과 의류, 생활환경이 일본에 비해 위생상태가 좋지 않다고 생각하는 경향이 있었다. 한편, 남편은 그런 아내를 까다롭게 여겼다.

> 남편: 한국 자체를 싫어했어요. 그러니까 의식주 관련해서요. (1회기)

－교육

상대적으로 자유로운 부모 밑에서 자란 부인은 학력에 지나치게 가치를 두는 엄격한 한국식 교육을 좋아하지 않았다. 반면, 남편은 부인과 달리 엄격한 한국의 교육환경에 익숙했다.

> 부인: 정말 한국의 교육환경에 절망감을 갖고 있었어요. (1회기)

－돈 쓰는 방식

남편의 원가족은 술을 즐기는 문화를 갖고 있었으며, 부인의 원가족에 비해서 저축을 덜 중요하게 여겼다.

> 남편: 돈 쓰는 스타일도 저 같은 경우는 100원이 있으면 있는 걸 다 쓰는 편이고 와이프는 돈이 있으면 절약하면서 쓰는 거죠. (1회기)

－양육방식

남편은 강압적인 할아버지의 손에서 자랐고 어머니의 지속적인 관심을 받지 못하였다. 반면, 부인은 친정 부모와 안정적인 관계를 갖고 있었고 좋은 가정교육을 받았다. 따라서 부인은 자신과 다른 남편의 양육방식에 불만을 갖고 있었다.

> 부인: 남편은 애를 공부 가르친다면서 스파르타식으로 갑자기 앉아라, 하고. 애는 아직 유치원생인데 자기 학원 학생 다루듯이 하는데 좀 옳지 않다는 생각이 들어요. (2회기)

• **기대감의 차이**

부인은 남편이 집에서 하는 역할에 불만을 가지고 있었고, 남편 역시 부인이 시댁에게 하는 행동에 불만을 느끼고 있었다.

–남편에 대한 부인의 기대감

> 남편: 저는 나름대로 관계를 위해 노력하고 있는데, 아내는 항상 불만을 가지는 것 같아요. 제가 집안일을 하면, 아내가 계속 제가 잘못됐다고 비난하니까 그냥 그만하게 되는 거죠. (1회기)

–부인에 대한 남편의 기대감

> 남편: 예를 들어서 저희 어머니께서 병원에 입원하셨어요. 그런데 제 아내가 임신을 해서 병원에 가면, 자기가 감기가 걸릴 수 있으니 안 가면 어떻겠냐고 하더라고요. 그래서 결국 (제가) 가지 말자, 그리고 어머니한테 전화해서 "미안합니다, 못 갑니다." 했어요. (3회기)

• **부부싸움에 대한 견해 차이**

부인은 부부가 다투는 것을 사소한 일로 여겼으나, 남편은 싸우는 것을 그들의 관계에 심각한 문제가 있는 것이라고 여겼다.

–부인의 부부싸움에 대한 견해

> 부인: 저는 (부부가) 서로 싸우는 게 별로 나쁘다는 생각을 안 하거든요. 그런데 이 사람(남편)은 싸우는 거에 너무 민감하다고 생각해요. (4회기)

–남편의 부부싸움에 대한 견해

> 남편: 저는 왜 싸움을 해야 하는지 이해도 못 하겠고, 그냥 편안하게 살고 싶어요. (4회기)

–융통성이 부족한 부인

부인은 지나치게 엄격한 기준을 가지고 있어서, 남편과 타협할 수 없었다.

남편: 그런데 젖병도 사 놨고 이불도 있었고, 아이 옷도 받은 게 있었어요. 단지 자기가 원했던 게 아닌 것뿐이에요. 저는 젖병이면 괜찮을 줄 알고 샀는데, 고무라서 안 된다고 하더라고요. 제 나름대로 노력한 것들이 있었는데, 자기 마음에 안 드니까 그런 거지 그건 얘기가 다르거든 요. (3회기)

② 가족적 수준
• 원가족문화

부인의 원가족문화는 친척관계가 단절되었으며, 부모가 정치적 활동을 하여 사회에 대하여 비판적이었다. 그러나 남편은 부인의 이러한 모습을 지나치게 까다롭다고 느꼈다. 그리고 부인의 단절된 친인척관계로 인하여 부인은 시댁을 지나치게 자주 방문한다고 생각하였다. 부인은 시댁식구들이 자신들에게 과도하게 관여하는 것을 이해할 수 없었다.

한편, 남편의 원가족문화를 살펴보면 남편은 어머니와 안정적인 관계를 형성하지 못하였다. 남편의 부는 남편이 어릴 때부터 외국에 나가 일을 하고 있었기 때문에 집에 없었고, 이와 같은 아버지의 부재는 남편의 아버지 역할에 대한 인식에 영향을 미쳤다. 남편은 적절한 아버지의 역할에 대해 배우지 못하였다. 또한 남편은 대화가 적은 가정환경에서 성장하였는데, 그 안에서 조부의 공격적인 양육방식을 습득했다. 이와 같은 과거의 경험들은 남편이 아내와 갈등을 회피하는 방식에 영향을 미쳤으며, 권위적인 양육방식은 부인에게 스트레스로 작용하였다.

－부인의 원가족문화
단절된 친척관계
부인: 저 같은 경우는 제가 외동딸이라서 저희 부모님하고만 살았고, 저희 아버지는 친척들하고 거의 인연을 끊고 사셨거든요. 그래서 저한테는 책임을 져야 하는 친척들이 없었어요. (1회기)

비판적인 문화
부인: 저희 부모님은 두 분 다 운동권에 계셨어요. 아버지의 경우는 학생운동을 하셨기도 하고 사회에 적응을 어려워하셔서 오랫동안 일을 하지 못했고요. 어머니가 교사라서 어머니가 가장 역할을 하셨고, 아빠는 집안일을 하시고 저를 키웠어요. 저도 아버지를 닮아 사회적응을 잘 못해요. 저는 이상적으로 다른 사람이나 사회를 비판하는 것만 부모님한테 많이 배웠다고 생각하거든요. (1회기)

-남편의 원가족문화

정이 없었던 어머니

남편: 제가 별로 어머니를 안 좋아해요. 저는 어렸을 때 외할머니한테 자라나서 어머니한테 사랑을 받았던 기억이 많지도 않고, 어머니가 진짜 날 걱정하는지 종종 의심이 가요. (3회기)

남편과 아버지로서의 모델링 부재

남편: 저는 부모님한테 애정이 아예 없어요. 아버지가 뭐고 어머니가 뭔지도 모르겠어요. (3회기)

가족 내 대화상대의 부재

남편: 제가 부당하게 처벌을 받아도 그냥 넘어갔던 기억이 있어요. 누구에게 딱히 말했던 적은 없어요. (3회기)

조부모의 엄격한 교육방식

남편: 할아버지가 수저를 드시면 저희가 먹고, 다 드시고 나가시면 이제 (제가) 나가고. (3회기)

• **부부의 역기능적 의사소통방식**

여기에서는 부인이 사용하는 역기능적인 의사소통방식, 남편이 사용하는 역기능적인 의사소통방식 그리고 부부간 사용하는 역기능적인 의사소통방식으로 나누어 분석하고 설명하였다.

-부인의 역기능적 의사소통방식

극단적인 표현방식

남편: 대화를 할 때 아내는 극단적인 표현을 써요. (1회기)

부정적인 표현방식

남편: 제가 볶음밥을 하면, 아내는 짜다고 하거나 기름기가 많다고 말해요. 아내는 제가 이해를 확실히 하기 위해서는 공격적인 표현방식이 필요하다고 생각하더라고요. (1회기)

비일관적인 표현방식

남편: 그러니까 제가 가끔 혼동이 되는 게 아내가 하는 말이 진심이라고 믿는데, 어느 순간 말을 갑자기 바꿀 때가 있어요. 예를 들어서 아내가 저한테 가라고 했었는데, 나중에는 가지 말라고 하더라고요. (3회기)

-남편의 역기능적 의사소통방식

회피하는 표현방식

남편: 지나간 얘기는 해서 뭐 하나라고 생각해서 끝까지 해 본 적이 없었던 것 같은데, (그러한 방식이 부부관계에) 많이 작용을 했다고 보거든요. (1회기)

과거 이야기를 반복하는 방식

치료자: 그래서 (부인은) 남편이 과거사를 되새김질한다고 생각하는군요?

남편: 그런 오해들이 쉽게 안 잊혀지니까요. 저는 처음에 (아내가) 하는 말을 굳게 믿었는데 나중에 어느 순간 그 말이 확 뒤바뀌어져 있어요. 그러면 제가 엄청 화가 나는데, 제가 (당신이) 옛날엔 이랬는데 왜 이렇게 하냐고 하면 왜 또 과거 얘기를 하냐고 해요. 그런데 아내가 성격이 너무 세다 보니까, 제가 아내에게 맞추게 되더라고요. (3회기)

─부부의 역기능적인 의사소통방식

단절되는 표현방식

남편: 아내가 이야기할 때는 심각한 이야기도 하는데, 제가 얘기할 때는 어느 순간 대화가 끊어진다는 걸 깨닫게 됐어요. 저희 부부의 대화는 웃기는 분위기로 끝이 나거나, 그냥 중간에 끊어져요. (1회기)

차가운 표현방식

남편: 항상 예상치 못한 일이 벌어지니까. 제 예상과 맞았던 적이 없어요. 예를 들어서 제가 (아내에게) 서프라이즈로 뭔가를 하려고 해도 (아내가) 너무 차가운 반응을 보이거나, 이런 걸 왜 하냐고 하니까, 갈수록 제가 차가워지는 것 같아요. (1회기)

답답한 표현방식

부인: 저는 어떻게 보면 숨기지 않고 얘기하는 타입이거든요. 그게 안 되면 편지나 메일을 써요. 제가 무슨 말을 해도 남편은 그 말대로 안 받아들이고 또 자기만의 생각이 있으니까 그걸로 끝나요. 그래서 저는 답답한 거죠. 또 남편은 이해가 안 되니까 저보고 설명하라고 해서 말하면 똑같은 말 한다고 뭐라 하고. 그게 악순환이 돼서 저는 그게 답답한 거예요. (2회기)

부부의 효과적이지 않은 의사소통방식은 부부의 원가족 간의 문화적 차이를 절충하는 데 도움이 되지 않았고 결과적으로 부부갈등을 유지하고 악화시켰다.

• 전이

부인이 남편을 가족으로부터 소외시킬 때(예: 냉장고에 있는 딸기나 후리가케를 못 먹게 하는 등), 남편은 부인의 모습에서 어린 시절에 자신만 소외시켰던 어머니와 동생의 모습을 연관지어 느꼈다.

> 남편: 어머니는 동생이랑 같이 살아서 동생을 되게 사랑하고 좋아해요. 동생과 어머니의 관계는 좋고요. (3회기)

> 부인: 저는 (후리가케를) 아이를 위해서 준비한 거였어요. 애기가 그걸 뿌려야 밥을 잘 먹거든요. 근데 남편이 그걸 밥에 뿌려서 김치랑 같이 먹으면 저는 그게 낭비라고 생각했어요. (1회기)

③ 사회문화적 수준

남편은 부인이 시댁식구에게 예의가 없다고 느끼고 있었으며, 시어머니에게 지나치게 강하게 표현하는 것에 대해 불만이 있었다. 이 밖에, 자녀의 의식주에 대한 부인의 깐깐한 기준도 남편과 부인 그리고 부인의 집안 가족들과의 갈등에 영향을 미쳤다. 일본 문화는 일반적으로 한국문화보다 청결에 더 많은 가치를 두는데 이와 같은 문화적인 차이는 아내가 가진 까다로움을 일부 설명할 수 있다.

- **배우자 가족과의 갈등**
  남편: 항상 이때까지 (저희 가족들을) 만날 때마다 불안하고, 끝나고 나면 아내랑 거의 다투고. (일본에서 처가식구들로부터 당한 문전박대 사건에 대하여) 부모님이 통한의 눈물을 흘리죠. 아내가 어떻게 그럴 수가 있냐고. 저희 집도 그때는 화가 많이 났어요. (1회기)

배우자 가족과의 갈등은 부부갈등에 영향을 미치는 중요한 요인으로 작용했다.

- **결벽증적인 청결 및 한국과 일본의 문화적 차이**
  남편: 예를 들어서 부모님이 집에 오시면 밖에서 입고 있던 옷을 입고 들어오시잖아요. (부모님이) 소파에 앉고 돌아가시면, 아내가 시트 같은 걸 다 빨아 버려요. 아내가 결벽증이 너무 심해서 그렇게 했던 것 아닐까요?
  부인: 저희 어머니나 아버지나 그런 게 좀 있어요, 특히 음식에는 더 그렇고요. 근데 결벽증은 아닌 것 같고, 그냥 청결에 신경을 많이 써요. 친정 엄마가 저희한테 밥해 주실 때 위생이나 청결을 엄청 신경 쓰고, 제가 조금만 신경쓰이게 하면 잔소리를 해요.

부인: 그런데 워낙 일본사회가 전체적으로 깨끗하게 사는 편이라. 제가 보기에는 일본이 너무 신경을 쓰고, 한국이 좀 덜 깨끗하지요. 그러니까 좀 안쓰러운 게 한국도 경제적으로 많이 발전됐지만 먹는 게 일본보다 덜 안전하니까, 그래서 더 예민해지는 거 같고. (4회기)

부부는 청결상태에 대하여 서로 다른 기준을 갖고 있었다. 청결을 중요시하는 일본문화와 가족의 영향으로 부인은 시부모의 청결 기준을 받아들이기 어려웠다. 한편, 남편은 부인이 위생상태에 대해 지나치게 꼼꼼하다고 생각했다. 이러한 청결에 대한 서로 다른 기준을 절충하기 위해 부부가 사용했던 방식은 오히려 부부의 갈등관계를 유지하고 악화시켰다.

5. 논의

이 연구에서는 한국인 남편과 일본인 부인 간의 부부갈등에 영향을 미친 요인에 관하여 살펴보았다. 연구결과, 촉발 사건들과 잠재적 요인들이 부부갈등에 영향을 미친 것으로 나타났다. 부부갈등에 영향을 미친 세 가지 촉발 사건으로 일본에서의 문전박대 사건과 젖병, 아기 이불과 아기 옷 사건, 음식에 대한 차별 사건이 나타났다.

부부갈등에 영향을 미친 세 가지 수준의 잠재적 요인은 다음과 같다.

첫째, 개인적 수준이 부부갈등과 관련이 있는 것으로 나타났다. 개인적 가치관의 차이로 부인은 한국제품(음식과 옷), 교육, 돈 쓰는 방식 그리고 남편의 양육방식을 좋아하지 않았다. 기대감의 차이로 부인은 집안일을 혼자 하는 것에 불만을 갖고 있었고 남편이 도움을 주지 않는다고 비판했다. 반면, 남편은 부인의 시어머니에 대한 냉대에 불만을 토로했고, 고집스럽고 비판적인 부인이 한국에서 인간관계를 맺는 기본적인 문화인 정, 눈치, 분수가 부족하다고 여겼다. 즉, 부인은 적절하고 공격적이지 않은 행동패턴을 선택하게 하는 외부의 신호를 포착할 수 없었고, 계속되는 부정적인 관계의 결과에도 불구하고 자신의 위치를 받아들일 수 없었다(Kim & Ryu, 2005). 또한 부부는 갈등에 대해 서로 다른 의견 차이를 갖고 있었는데, 이는 부부의 결혼에 대한 가치관, 생각, 태도와 기대의 차이로 인해 필연적으로 발생한 결과로 보인다 (Cheon & Kim, 2007; Cho & Choi, 2006).

둘째, 가족 수준의 잠재적 요인을 살펴보면, 비판적인 친정아버지의 영향으로 부인 역시 남편과 시댁문화에 대해 비판적인 경향이 있었다. 이 연구에서 나타난 갈등에 대한 부인의 반응은 유교의 영향을 받아 확대가족과 집단주의 가치를 강조하는 동아시아인들에 대한 기존 연구들과 일치하지 않는다(Lee & Mjelde-Mossey, 2004; Triandis 1995). 대신, 일본인 부인은 집단주의 가치관보다는 개인주의적 가치관을 강조하는데, 특별히 시댁과의 관계에서 그 특징이 두드러지게 나타났다(Hayashi & Suzuki, 1984; Yi & Park, 2003). 더 나아가 일본인 부인이 평생 동안 남편의 부모를 돌볼 것이라는 기대(Kozu, 1999) 그리고 자신의 신념을 희생하면서 타인의 의견에 타협하려 할 것이라는 기대(Chen et al., 2007)는 이 사례에서 적용되지 않았다.

반면, 연구결과는 전통적인 기대가 충족되지 않았을 때 젊은 부부들 사이에서 갈등이 발생할 수 있고(Lee & Mjelde-Mossey, 2004), 시댁의 간섭이 배우자에게 적대적이고 스트레스를 유발시킨다(Bryant et al., 2001)는 것을 나타낸다. 이 밖에 연구에서는 관계 갈등에 직면했을 때 일본인들이 일정한 반응을 나타내지 않는 반면에, 한국인들은 순응적으로 대처한다(Maruyama et al., 2015)는 선행연구와 일치한 결과를 나타냈다. 한국과 일본 모두 효를 강조하고 있음에도 불구하고, 연구결과는 사회문화보다 가족문화가 결혼관계에 더 강하게 기여한다는 것을 보여 준다.

부부의 역기능적 의사소통방식을 살펴보면 남편은 회피적인 의사소통방식을 사용하는 반면, 부인은 극단적이고 공격적이며 일관성 없는 의사소통방식을 사용했다. 한국인 남편은 감정표현을 회피하였고, 부인에게 반대 의견을 제시하는 것을 피하려 하였다. 결과적으로 부부는 효과적인 의사소통을 하지 못하였고, 서로 단절하고 냉대하고 답답해했다. 이러한 역기능적 의사소통방식은 부부의 차이를 해결할 수 없게 만들었으며, 이러한 결과는 의사소통이 부부갈등의 중요한 요인이라는 것을 다시 한 번 확증하였다(Ledermann, Bodenmann, Rudaz, & Bradbury, 2010). 따라서 연구결과는 원가족과의 미분화와 역기능적인 의사소통방식이 부부의 갈등에 결정적으로 기여했다(Park & Kim 2012, 2013)는 것을 보여 준다.

전이를 살펴보면, 아들만 돌보는 부인의 모습에서 남편은 어머니가 자신보다 동생을 더 예뻐하던 과거의 소외당했던 부정적인 감정을 재경험하게 되었다. 이와 같은 투사된 관계로 인해, 남편은 애착, 공감, 동정, 상냥함을 뜻하는 '정(情)'을 부인으로부터 느끼지 못했을 것이다(Kim & Ryu 2005). 통계에 따르면, 많은 한국 기혼자는 원가족과의 미해결된 문제가 배우자에게 전이되면서 부부갈등을 겪고 있다(한국가정법률상담소, 2002). 연구결과는 또한 미국인 남편과 한국인 부인 사이의 가족치료 사례연구와 유사하게 나타났는데, 그 연구에서도 원가족과의 역동이 부부관계에 전이되어 부부의 갈등을 초래하였다(Shim, Lee, & Park, 2016).

셋째, 사회문화적 수준은 부부갈등에 영향을 미친 잠재적 요인으로 나타났다. 사회문화적 차원에서도 배우자 가족과의 갈등은 부부갈등을 일으켰다. 남편은 부인의 시댁 방문에 대한 부정적인 태도에 대해 불평했으며, 부부는 시댁에 방문한 후에는 항상 말다툼을 하게 되었다. 한편, 부인과 시댁 간의 갈등은 부인의 원가족문화와 관련이 있었다. 친정어머니가 친인척과 단절되어 있던 부인은 남편이 확대가족에 자주 방문하는 것을 이해할 수 없었고, 비판적인 어머니의 영향을 받은 부인은 종종 남편을 비난했으며 이러한 것들은 결국 말다툼으로 이어졌다. 개인주의의 서구적인 가치를 점점 더 수용하는 일본사회(Hayashi & Suzuki, 1984; Yi & Park, 2003)에서 성장한 부인은 집단주의보다 개인주의를 중요시하는 미국인과 유사한 대인관계 패턴을 보였다 (Yi & Park, 2003). 이 밖에, 일본인 부인은 '효도'를 구시대적이고 비민주적인 것으로 여겼다(Lee & Mjelde-Mossey 2004; Maeda 1996). 연구에서는 배우자 가족과의 갈등이 부부갈등과 관련이 있는 것으로 나타났지만, 이는 부부갈등의 영역으로 제한해야 한다는 점에 유의해야 한다.

부인의 아이 옷이나 음식에 대한 지나치게 결벽증적인 면은 부부갈등 및 시댁과의 갈등에 영향을 미쳤다. 일본문화는 한국문화보다 청결함을 더 중요시하는 것으로 알려져 있는데, 이런 문화적 차이가 부인의 결벽증적인 청결에 대한 기준을 부분적으로 설명해 줄 수 있다.

6. 치료에 대한 실천적 함의

연구의 결과는 촉발 사건과 잠재적 요인이 부부갈등에 상호적으로 영향을 미친다는 것을 보여 준다. 사회문화적 수준은 개인 및 가족적 수준에 영향을 미치며, 개인 및 가족 수준은 상호 간에 영향을 미치는 것으로 나타났다. 특히 부부의 가치, 기대 그리고 부부갈등에 대한 다른 견해를 포함하는 개인적 수준은 원가족문화로부터 영향을 받았다. 부부는 원가족으로부터 학습된 역기능적인 의사소통방식의 차이로 서로 타협점을 찾을 수 없었다.

아이에게만 관심을 기울이는 부인의 모습에서 남편은 자신보다 동생을 더 좋아했던 냉정하고 차가운 어머니와의 관계를 재경험하였다. 이러한 연구결과는 갈등을 겪고 있는 동아시아 부부를 상담할 때, 가족치료사가 원가족의 문화, 미분화, 의사소통 방식, 전이에 초점을 맞춰야 할 필요가 있음을 시사한다.

사례에서의 일본인 부인은 유창한 한국어를 구사하고 한국문화를 충분히 이해한다는 점에 유의할 필요가 있다. 또한 연구자들은 부부가 모두 아시아인이라는 점을 염두에 두었으며, 연구결과를 통해 가족문화의 차이가 국가 간의 차이보다 전반적으로 더 큰 영향을 미친다는 것을 발견하였다. 청결과 위생을 중요시하는 일본문화는 일본인 부인과 친정어머니에게 영향을 미쳤고, 부인은 한국문화에서 청결문제를 덜 중요시한다고 여겼다. 이처럼 부부갈등이 문화적 차이와도 관련이 있기는 하나, 부부는 갈등을 해결하기 위한 효과적인 의사소통방식을 배울 기회가 거의 없었다.

이 밖에, 부부의 의사소통방식이 궁극적으로 부부의 갈등을 효과적으로 해결하지 못하였음을 볼 수 있다. 즉, 다민족 혹은 다문화가정에서는 의견 차이가 발생할 수 있지만, 부부가 기능적인 의사소통을 사용하면 갈등이 감소할 수 있다. 부부가 의사소통을 위해 같은 언어를 사용한다면 갈등 해결에 더욱 도움이 될 수 있다. 이 사례의 다문화 부부에 대한 가족치료는 원가족의 과도한 영향을 받은 의사소통의 차이에 초점을 두고 진행했으며, 부부의 언어적 차이와 함께 문화적 차이를 고려한 상담이 내담자 부부에게 도움이 되었을 것이라고 생각된다.

7. 연구의 한계성 및 후속 연구에 대한 제언

이 연구는 단일 사례만 분석하였기 때문에 모든 아시아 국제부부의 갈등에 일반적으로 적용하는 데에는 한계가 있다. 하지만 이 질적 연구는 국제결혼 부부에 대한 가족치료 개입의 가능성을 제안하였으며, 이에 관한 추가적인 연구가 진행되기를 기대한다. 또한 부부갈등에 대한 후속연구에서 개인 · 가족 · 사회문화적 요인과 영역을 통합적으로 살펴볼 것을 제안한다. 특히 아시아 나라의 국제부부의 갈등에 대하여 가족체계적 차원의 개입에 초점을 둘 것을 강력히 제의하는 바이다.

참고문헌

Bryant, C. M., Conger, R. D., & Meehan, J. M. (2001). The influence of in-laws on change in marital success. *Journal of Marriage and Family, 63*(3), 614-626.

Chen, Z., Tanaka, N., Uji, M., Hiramura, H., Shikai, N., Fujihara, S., & Kitamura, T. (2007). The role of personalities in the marital adjustment of Japanese couples. *Social Behavior and Personality: An International Journal, 35*(4), 561-572.

Cheon, H. J., & Kim, Y. H. (2007). Differences in marital and divorce process between married and divorced people. *Korean Journal of Family Welfare, 12*(3), 5-23.

Cho, S. K., & Choi, U. S. (2006). The relationship of traits of family of origin, marital conflicts and the needs for counseling among married couples in early stage of marriage. *Journal of Korean Home Management Association, 24*(5), 17-35.

Hayashi, C., & Suzuki, T. (1984). Changes in belief systems, quality of life issues and social conditions over 25 years in post-war Japan. *Annals of the Institute of Statistical Mathematics, 36*(1), 135-161.

Igarashi, T., Kashima, Y., Kashima, E. S., Farsides, T., Kim, U., Strack, F., Werth, L., & Yuki, M. (2008). Culture, trust, and social networks. *Asian Journal of Social Psychology, 11*(1), 88-101.

Jo, J. Y., & Park, T. Y. (2011). Marital therapy with a conflictual couple preparing for divorce. *Korean Journal of Family Therapy, 19*(2), 41-62.

Karis, T. A., & Killian, K. D. (2008). *Intercultural couples: Exploring diversity in intimate relationships.* New York: Routledge.

Killian, K. D. (2013). *Interracial couples, intimacy and therapy: Crossing racial borders.* New York: Columbia University Press.

Killian, K. D. (2015). *Couple therapy and intercultural relationships.* In A. S. Gurman, J. L. Lebow & D. K. Snyder (Eds.), *Clinical handbook of couple therapy* (pp. 512-528). New York: Guilford Press.

Kim, B. L. C., & Ryu, E. (2005). Korean families. In M. McGoldrick, J. Giordano & N. Garcia-Preto (Eds.), *Ethnicity and family therapy* (pp. 349-362). New York: Guilford Press.

Kim, Y. S. (1998). A contextual comparison between the Korean and American families. *Korean Journal of Family Therapy, 6*(1), 1-13.

Korea Legal Aid Center for Family Relations. (2002). Summary of counseling statistical analysis. *Family Counseling, 3,* 5-7.

Kozu, J. (1999). Domestic violence in Japan. *American Psychologist, 54*(1), 50-54.

Ledermann, T., Bodenmann, G., Rudaz, M., & Bradbury, T. N. (2010). Stress, communication, and marital quality in couples. *Family Relations, 59*(2), 195-206.

Lee, M. Y., & Mjelde-Mossey, L. (2004). Cultural dissonance among generations: A solution-focused approach with East Asian elders and their families. *Journal of Marital and Family Therapy, 30*(4), 497-513.

Maeda, U. (1996). Filial piety and the care of aged parents in Japan. *Hong Kong Journal of Gerontology, 10,* 126-129.

Maruyama, H., Ujiie, T., Takai, J., Takahama, Y., Sakagami, H., Shibayama, M., Fukumoto, M., Ninomiya, K., Park, H. A., Feng, X., Takatsuji, C., Hirose, M., Kudo, R., Shima, Y., Nakayama, R., Hamaie, N., Zhang, F., & Moriizumi, S. (2015). Cultural difference in conflict management strategies of children and its development: Comparing 3-and 5-year-olds across China, Japan, and Korea. *Early Education and Development, 26*(8), 1210-1233.

Miles, M. B., Huberman, A. M., & Saldaña, J. (2013). *Qualitative data analysis: A methods sourcebook.* Thousand Oaks: Sage.

Moon, S. S., Kim, I. J., Kim, Y., K., & Kim, M. J. (2012). *Understanding of multicultural families.* Paju: Idam Book.

Park, T. Y., Kim, H. S., & Kim, T. H. (2010). A case study on the family therapy for couples experiencing conflicts with husbands' family of origin. *Korean Association of Family Relations, 15*(3), 43-66.

Park, T. Y., & Kim, S. H. (2012). A case study on the effectiveness of therapeutic intervention for marital conflict resolution. *Korean Journal of Family Welfare, 17*(1), 31-60.

Park, T. Y., & Kim, S. H. (2013). A case analysis of family therapy for a pastor's wife with the inclination to divorce. *Korean Journal of Family Welfare, 18*(2), 5-39.

Park, T. Y., & Moon, J. H. (2010). Family therapy with a couple threatening divorce. *Korean Journal of Family Therapy, 18(1),* 27-61.

Shibusawa, T. (2005). Japanese families. In M. McGoldrick, J. Giordano & N. Garcia-Preto (Eds.). *Ethnicity and family therapy* (pp. 339-348). New York: Guilford.

Shim, D. Y., Lee, D. B., & Park, T. Y. (2016). Familial, social, and cultural factors influencing panic disorder: Family therapy case of Korean wife and American husband. *The American Journal of Family Therapy, 44*(3), 129-142.

Song, S. J. (2001). *Korean culture and family therapy.* Seoul: Bummoonsa.

Triandis, H. C. (1995). *Individualism and collectivism.* Boulder: Westview.

Yi, J. S., & Park, S. (2003). Cross-cultural differences in decisionmaking styles: A study of college students in five countries. *Social Behavior and Personality: An International Journal, 31*(1), 35-47.

제6부

집단따돌림

제 16 장

집단따돌림을 경험한 3명의 한국 중학생에 대한 가족치료 사례연구*

연구의 목적은 3명의 한국 중학생에 대한 가족치료 사례를 중심으로 집단따돌림에 영향을 미친 촉발 요인과 가족 요인, 가족치료 개입 방법, 가족구성원들과 내담자의 변화 그리고 학교에서의 내담자 변화를 탐색하여 집단따돌림에 대한 가족치료적인 대안을 제시하는 데 있다. 연구의 결과는 다음과 같다. 첫째, 집단따돌림에 영향을 미친 촉발 요인으로 내담자의 위생문제와 엄격한 교사가 나타났다. 둘째, 가족 요인으로는 태내기 스트레스, 애착문제, 역기능적 의사소통방식, 부정적 양육방식 그리고 전이가 나타났다. 셋째, 치료자의 개입 방법으로는 통찰력 강화, 새로운 표현방식의 지도가 포함되었다. 넷째, 가족구성원들과 내담자의 변화에는 인식, 의사소통방식, 행동의 변화가 나타났다. 다섯째, 내담자들의 가족구성원들과의 변화를 통하여 내담자들은 학교에서 용기가 생겨서 친구들에게 먼저 말을 걸고 학교생활에 적응을 하게 되면서 집단따돌림이 사라지는 변화가 나타났다. 연구결과는 치료자가 집단따돌림을 당하는 청소년들을 상담할 때, 가족 요인에 대해 탐색하고 가족구성원의 의사소통방식과 부모의 양육방식에 대해 지도할 것을 제안한다.

1. 서론

집단따돌림은 타인을 해치려는 의도를 가진 공격적인 행동이 포함되며, 단일성이 아니라 지속적으로 이루어지고, 대등한 관계가 아닌 힘의 불균형한 관계에서 발생한

* Park, T. Y., Cui, C. H., Park, Y. H., Kim, K. W., Moon, H. R., Kim, H. J., S, H. A., & Lee, H. S. (2021). Multiple case study on family therapy for middle school bullying victims in south korea. *The American Journal of Family Therapy*. https://doi.org/10.1080/01926187.2021.1974973

다(Olweus, 1994). 한 학생이 지속적으로 반복해서 1명 또는 더 많은 학생의 부정적인 행동에 노출되었을 때, 그 학생은 집단따돌림을 당하거나 희생될 수 있다 (Olweus, 2013). 초등학생 때부터 대학생 때까지 집단따돌림으로부터 안전한 시기가 없고(Adams & Lawrence, 2011), 집단따돌림은 학교뿐만 아니라 직장에서까지도 확산되고 있는 실정이다.

집단따돌림 피해는 학교 내에서 매우 중대한 문제이며, 심지어 집단따돌림으로 인해 자살하는 청소년들이 증가하고 있는 추세이다(Brunstein Klomek et al., 2019). 한국 교육부(2018)의 '2018년 1차 학교폭력 실태조사'에 따르면 집단따돌림인 학교폭력 경험이 지난해보다 0.4%(1만 3천 명)가 증가하여 5만 명의 청소년이 학교폭력 피해를 경험하였다고 응답했다. Elgar 등(2015)은 청소년의 집단따돌림은 증가하고 있으며 79개의 국가에서 약 30%의 청소년들이 집단따돌림의 피해를 경험하고 있다고 하였다.

일반적으로 집단따돌림은 나이에 상관없이 발생하는 사회적인 현상(Tenenbaum, Varjas, Meyers, Parris, 2011)이지만, 특히 초등학교부터 중·고등학교 때 가장 많이 나타난다(Kim, 2011; Nam & Kwon, 2013). 집단따돌림은 중학교 때 가장 많이 증가하였다가 고등학교 끝날 쯤에 다소 감소한다(Hymel & Swearer, 2015; KIjakovic & Hunt, 2016; Kretschmer et al., 2018). 집단따돌림 피해자는 동료뿐만 아니라 교사로부터도 따돌림을 당하고 있다. 심지어 청소년기에 교사들로부터의 따돌림을 당한 경험이 있는 학생은 대학에서도 교수들로부터 따돌림을 당할 가능성이 높은 것으로 나타났다(Marraccini, Weyandt, & Rossi, 2015). 실제로 학교에서의 집단따돌림 피해 경험이 직장 따돌림 경험에 영향을 미치는 것으로 나타났다(Smith, Singer, Hoel, & Cooper, 2003). 또한 집단따돌림은 피해자에 대한 해롭고 지속적인 결과와 관련된 공적인 건강문제이자 사회적 문제이다(Calvete, E., Fernández-González, González-Cabrera, & Gámez-Guadix, 2018; Lereya, Copeland, Costello, & Wolke, 2015).

1) 집단따돌림 위험 요인

Hong과 Espelage(2012)는 부모-청소년관계, 부모 간 폭력, 학교와의 연결성 그리고 학교환경, 교사, 사이버 폭력에 영향을 줄 수 있는 미디어 노출, 이웃환경, 사회 문화와 신념, 종교, 가족구조의 변화가 집단따돌림과 연관성을 갖고 있다고 하였다. 집단따돌림에 영향을 미치는 요인으로는 개인·가족·환경 요인 등으로 분류할 수 있다.

개인적 요인으로는 낮은 자존감과 자기비하, 부정적인 사고와 행동(Moon, 2018), 우울 및 불안(Park, 2014)이 나타났다. 또한 낮은 자기가치, 부정적 자기인식, 낮은 사회적역량을 가진 사람들은 집단따돌림을 경험할 가능성이 더 높게 나타났다(Shetgiri, 2013).

가족적 요인으로는 부모의 압력, 폭력, 부정적인 양육태도, 가정교육의 부재 등이 나타났다(Kwon, 2000). 불안정한 모자간의 애착 및 강압적 양육방식 또한 집단따돌림에 부정적인 영향을 미친다(Shetgiri, 2013).

환경 요인은 학교 요인과 사회 요인으로 구분하여 확인할 수 있다. 집단따돌림에 영향을 미치는 학교 요인으로는 학교 분위기, 교사에 대한 학생의 태도, 교사의 체벌 등이 나타났다(Choi, Park, & Nam, 2017). 학급 분위기가 지지적이면 학생들의 언어적 공격성이 감소하였고(Bergmann et al., 2013), 학급 분위기가 지나치게 경쟁적이면 또래 관계에서 괴롭힘 행동이 증가하였다(Lee, 2003).

사회적 요인으로는 집단따돌림 피해자 주변에서의 무관심과 방관, 동조가 집단따돌림과 관련된 것으로 나타났다(Gu & Kim, 2016). Tsaousis(2016)는 집단따돌림에 영향을 미치는 개인적·가족적·사회적 요인 중에서도 특히 가족 요인이 집단따돌림에 많은 영향을 미친다고 하였다. 특히 2018년 한국의 학교폭력 실태조사에 따르면, 집단따돌림에 대한 피해사실을 주위에 알리거나 신고했다는 응답 비율은 가족이 44.5%로 가족에게 피해 사실을 제일 먼저 알리는 것으로 나타났다(Korean Ministry of Education, 2018).

2) 집단따돌림의 영향

집단따돌림은 청소년의 심리적 문제를 발생시킨다(Kretschmer et al., 2018). 집단따돌림을 경험한 청소년은 집단따돌림을 경험하지 않은 청소년과 비교했을 때 우울과 사회불안(Calvete, Orue, & Gámez-Guadi, 2015; Sigurdson et al., 2015; Turner et al., 2013; Yen et al., 2014), 자살사고, 낮은 자아존중감과 소외감(Beale & Hole, 2010; Kim & Leventhal, 2008; Klomek et al., 2015; Yen et al., 2014), 알코올남용장애(Yen et al., 2014)에 대한 위험성이 더 높은 것으로 나타났다. 또한 집단따돌림 피해자는 대인관계의 어려움(Seo et al., 2015), 공황장애, 불안장애와 같은 정신질환 발병 위험성이 높

았다 (Copeland et al., 2013; Takizawa, Maughan, & Arseneault, 2014).

이와 같은 심리적 문제는 집단따돌림 피해 청소년의 사회적응 문제로도 이어진다. 학교에서 집단따돌림을 경험한 청소년은 졸업한 이후 대학교, 직장, 군대 등과 같은 집단에서 어울리지 못해 대인관계 어려움과 사회적 부적응을 경험한다(Hyun, 2016). 또한 집단따돌림 피해 청소년은 성인이 되어서도 강박, 우울, 신체염려 등의 심리 증상(Lee & Jung, 2010)이 지속되고, 경제적 위치(Wolke et al., 2013), 취업과 교육(Takizawa et al., 2014)과 같은 다양한 영역에서 어려움을 겪는다. 따라서 집단따돌림은 성인기까지 심리사회적 문제로 이어진다는 점에서 더욱 심각하다(Choi et al., 2017).

3) 집단따돌림에 대한 개입 방법

집단따돌림에 관한 개입방법들로, 개인, 가족 그리고 집단 프로그램을 살펴보면 다음과 같다. 개인적 수준에서 도식치료(schema therapy)는 집단따돌림 피해가 어떤 피해자들에게 지속될 수 있는지를 이해하는 데 도움이 될 수 있는 모델이다(Calvete et al., 2018). 도식치료 모델은 자녀의 충족되지 못한 욕구에 따라 다섯 가지의 부적응적인 도식 범주(예: 단절과 거절, 손상된 자율성, 자주성 결여, 손상된 한계, 끊임없는 기준)를 제안하였다. 이 다섯 가지 부적응적인 도식 범주 중에서도 거절의 부적응적인 도식이 특히 피해의 맥락과 관련되며, 선행연구들은 이러한 도식들이 가족과 학교 양쪽에서의 피해 결과일 수 있다는 것을 보여 주었다(Calvete et al., 2015). 도식치료는 도식을 조정하기 위하여 도식 포기, 도식의 활성화 억제, 도식 과잉보상이 포함된다(Calvete et al., 2018; Young, Klosko, & Weishaar, 2003).

주의력결핍 과잉행동장애로 진단을 받은 청소년들의 집단따돌림 피해와 가해 관련 연구(Chou, Liu, Yang, Yen, & Hu, 2018)에서, Chou는 집단따돌림에 대한 효과적인 개입은 주의력결핍 과잉행동장애를 가진 개인뿐만 아니라 또래 집단, 교사 그리고 부모를 포함시켜야 한다고 하였다. Chou 등(2018)은 집단따돌림 예방과 개입 프로그램은 주의력결핍 과잉행동장애 증상에 초점을 맞출 것이 아니라 주의력결핍과잉행동장애를 가진 청소년들의 행동적인 기질적 특성을 일상적으로 평가해야만 한다고 하였다.

Hong과 Espelage(2012)는 집단따돌림을 예방하기 위한 프로그램에서 다음과 같은 생태학적 구성요소들—① 부모교육/모임, ② 향상된 놀이터 감독, ③ 수업관리, ④ 교육훈련, ⑤ 교실규칙, ⑥ 전체 학교 집단따돌림 정책, 그리고 ⑦ 협력적인 집단작업을 포함하게 될 때 효과적인 결과가 나타날 것이라고 하였다. 왜냐하면 집단따돌림은 사회적이고 실제로 존재하는 강화자들에 의하여 유지되기 때문에, 집단따돌림에 대한 효과적인 예방책은 세력 역동성과 대비책에 대한 가치를 변화시키는 동료와 학교 수준의 개입 방법에 근거를 두어야만 한다(Whitted & Drupper, 2005). 따라서 생태학적 모델에 입각한 집단따돌림 예방 프로그램은 개인적인 특성보다는 개인과 다양한 체계 수준 사이의 복잡한 상호작용에 초점을 두고 있다(Hong & Espelage, 2012).

한편, 많은 연구자가 집단따돌림 피해자에 대한 개입 방법으로 가족적인 요인을 포함할 것을 제안하였고(Bibou-Nakou et al., 2013; Eşkisu, 2014; Sapouna & Wolke, 2013), 심지어 몇몇 연구들에서 집단따돌림에 대한 가족치료 개입의 효과성을 입증했지만 집단따돌림 피해자들을 대상으로 한 심층적인 가족치료에 대한 연구가 부족하다(Nickel et al., 2005; 2006; Yu & Park, 2016).

2. 연구 방법

1) 연구문제

연구의 목적은 지속적인 집단따돌림을 경험한 초기 청소년 3명에 대한 가족치료 사례를 통하여 집단따돌림의 발생에 영향을 미친 촉발 요인, 가족 요인, 가족치료 개입, 가족구성원들의 변화, 내담자들의 학교생활에서의 변화에 대해 탐색하였다. 이 연구의 연구문제는 다음과 같다.

첫째, 집단따돌림에 영향을 미친 촉발 요인은 무엇인가?
둘째, 집단따돌림에 영향을 미친 가족 요인은 무엇인가?
셋째, 치료자의 개입 방법은 무엇인가?
넷째, 가족구성원들의 변화는 무엇인가?
다섯째, 가족치료 후 학교생활에서의 내담자 변화는 무엇인가?

2) 연구자료 및 연구 방법

(1) 연구설계

이 연구에서는 한국의 3개의 가족치료 사례에 대한 비디오녹화, 상담녹취록 및 상담메모를 포함한 질적 자료를 분석하였다. 세 사례 모두 청소년의 집단따돌림문제로 치료자에게 상담을 의뢰하였다. 이 사례에서는 집단따돌림을 경험한 청소년을 확인된 내담자(IP)로 분류하였으며, 이는 가족치료에서 외관상으로 문제가 표출된 사람을 나타내기 위해 자주 사용하는 용어이다. 내담자 가족을 상담한 치료자는 Bowen의 가족체계이론, 애착이론 및 MRI의 의사소통이론을 중심으로 상담을 진행하였다.

(2) 연구 참여자

연구참여자들은 초등학교 때부터 집단따돌림을 경험한 3명의 초기 청소년 가족들이다. 세 가족 모두 4명의 가족구성원으로 이루어졌으며, 총 12명이 연구에 참여하였다. 내담자의 이름(가명)은 찬(14, 남), 민호(14, 남), 지아(13, 여)이다. 찬의 가족은 아버지(44), 어머니(40), 남동생(12)으로, 민호의 가족은 아버지(47), 어머니(42), 여동생(8)으로, 지아의 가족은 아버지(45), 어머니(39), 여동생(9)으로 구성되어 있다.

연구참여자들은 치료자의 상담사례 중에서 의도적 표집방식을 사용하여 만성적 집단따돌림을 경험한 초기 청소년에 대한 사례를 선정하였다. 연구의 윤리적 측면을 고려하여 연구자들은 내담자들에게 연구의 목적, 방법, 예상되는 이익, 잠재적 위험 등에 대한 정보를 제공한 후, 치료자료의 사용에 대해 내담자의 동의를 받았으며 ○○대학교 연구윤리위원회에서 승인을 받았다. 연구자들은 내담자의 보호를 위해 사적인 정보를 밝히지 않고 실명을 삭제하였다.

(3) 자료 수집

가족치료를 진행한 회기별 상담 시간은 평균 90분 동안 진행되었다. 각 사례에는 개인상담, 부부상담 및 가족상담이 진행되었고, 상담에는 모든 가족구성원(내담자, 부모 및 형제자매)이 참여하였다. 총 상담회기로는 찬의 가족 11회기, 민호의 가족 13회기, 지아의 가족 13회기이다. 모든 상담회기는 비디오로 녹화되었으며 치료자는 매 상담회기에 대한 상담노트를 작성하였다. 또한 분석을 위하여 모든 녹화내용은 전사하여 축어록으로 작성되었다. 연구자들은 축어록에서 의미 있는 문장과 대화를 식별하여 분석하였다.

(4) 자료분석

이 연구는 가족치료에 대한 질적 연구로서, 다중 사례연구로 분류할 수 있다(Yin, 2017). 다중 사례연구는 단일 사례연구에 비해 높은 타당도를 나타낸다(Eilbert & Lafronza, 2005). 따라서 이 연구에서는 3개의 가족치료 사례를 분석함으로써 연구의 타당도와 신뢰도를 높이고자 하였다.

이 연구는 3명의 내담자 가족을 치료한 가족치료사와 치료 과정에 참여하지 않은 8명의 연구자가 수행하였다. 연구자의 편견을 최소화하기 위하여 치료자는 데이터를 제공하고, 불확실한 정보에 대해 명료화하고, 문헌 검토에 대한 연구를 수행했지만 연구결과에 대한 분석 과정에는 참여하지 않았다. 치료자를 포함한 2명의 다중 사례연구 경험이 풍부한 연구자들이 연구를 주도하였고, 그 외의 연구자들은 가족치료를 전공하였고 질적 연구 경험을 가지고 있었다.

또한 주제분석 방법을 사용하여 데이터를 확인하고 묘사하고 분석하여(Braun & Clarke, 2006; Nowell et al., 2017; Peel & Caltabiano, 2021) 집단따돌림의 촉발 요인, 가족 요인, 가족치료적 개입, 내담자 가족의 변화 및 내담자들의 학교생활에 대한 변화를 탐색하였다. 주제 분석의 6단계에는 자료의 친숙화, 초기 코드 생성, 주제 탐색, 주제 검토, 주제 정의 및 명명, 보고서 작성이 포함된다(Braun & Clarke, 2006). 이 분석 방법에서 연구자들은 데이터를 반복적으로 읽은 후 관련 데이터를 텍스트화하고 분석하여 패턴이나 주제를 도출한다. 분석 과정의 신뢰도와 타당도를 높이기 위해, 연구자들은 코딩을 공유하는 세션을 가짐으로써 초기 코딩을 검토하고 주요 주제와 하위 주제를 도출하였다(Fossey et al., 2002). 연구자들은 두 팀으로 나누어 분석을 수행하였고, 공동 연구자들은 독립적으로 코드를 도출하였으며, 이후 합의에 도달할 때까지 코드의 차이점에 대해 논의하였으며 이 과정에서 치료자는 제외되었다. 연구자들은 코드와 주제의 신뢰성을 확실히 하기 위해 치료자와 논의하는 과정을 거쳤다.

연구자들은 Atlasti.8를 활용하여 코딩과 패턴코딩을 도출하였고, 그 결과를 Miles 등(2019)이 제안한 개념적으로 군집화된 네트워크(conceptually clustered network)를 통해 디스플레이하였다. 개념적으로 군집화된 네트워크란 한 페이지 안에 전체적인 개념의 흐름을 한눈에 보는 것을 목적으로, 개념 간 화살표를 통해 원인과 결과 그리고 일방적인 영향력과 양방의 영향력을 볼 수 있게 전개한 네트워크이다(Miles et al.,

454 | 제16장 · 집단따돌림을 경험한 3명의 한국 중학생에 대한 가족치료 사례연구

2019).

연구의 신뢰도를 높이기 위하여 연구자료의 삼각화, 연구자의 삼각화, 연구 방법의 삼각화를 사용하였다(Patton, 2014). 또한 연구자료의 신뢰성을 높이기 위하여 상담축어록과 치료자의 상담메모, 상담비디오 그리고 치료 과정에서 모호했던 상담내용 부분에 대하여 내담자에게 의견을 타진하는 방식을 활용하여 연구자료의 신뢰성을 높였다. 연구자료를 제공한 치료자는 25년 이상의 가족치료 경험을 가지고 있으며, 연구자들은 녹음파일을 반복적으로 청취하며 축어록을 작성하고 주제를 선정하였다. 이후 연구자들은 코딩을 통한 최종 결과가 나온 후 가족치료 전공 박사과정생들의 피드백을 통하여 연구자의 삼각화를 실시하였다.

3. 연구결과

1) 자녀의 집단따돌림에 영향을 미친 촉발 요인

세 사례에서 공통적으로 나타난 촉발 요인은 내담자들의 위생문제와 엄격한 교사이다. 먼저 찬과 민호는 대변과 관련된 사건으로 동급생들에게 집단따돌림을 당하게되었다. 지아는 복도에 토를 하고, 책상을 정리하지 않는 등 위생상태가 나쁘다는 이유로 동급생들에게 집단따돌림을 당하게 되었다.

엄격한 교사의 태도 또한 집단따돌림의 촉발 요인으로 나타났다. 민호의 교사는 민호의 대변사건을 소문내고, 교실에서 알몸으로 벗겨 수치심을 겪게 했다. 또한 초등학교 3학년 담임교사는 민호를 특수반에 보냈다. 지아는 교사로부터 좋지 못한 위생상태와 정리 정돈을 하지 않는다는 이유로 비난과 지적을 받았다.

2) 자녀의 집단따돌림에 영향을 미친 가족 요인

(1) 태내기 스트레스

내담자 어머니들은 신혼 초부터 낙태 생각, 경제적인 스트레스, 과도한 시집살이로 인하여 불안한 임신을 경험하였다. 지아의 어머니는 임신 5개월이 되었을 때 "감기약을 먹어서 아이를 낳을까 말까 고민 많이 하다가 낳기로 결심했다." 찬의 부모는 신혼

초 임신기간에 "부도로 인해 극도의 스트레스를 받았다." 또한 민호의 부모는 신혼 초에 시댁 식구들과 함께 생활했는데 임신기간에도 직장생활을 하면서 "새벽 5시에 일어나서 시댁식구의 식사를 준비하고, 시동생들이 늦게 들어오면 밤 12시에도 식사를 챙겨 줬다." 이러한 스트레스 요인으로 인해 어머니들은 임신기간 동안 불안과 압박감을 느꼈다.

(2) 부모-자녀 간의 애착문제

사례들에서 부모와 자녀 사이의 신체적 · 정서적 애착이 결여되어 있었다. 민호의 아버지는 "아이가 신체 접촉을 하려고 하면 싫어서" 회피했다. 지아의 어머니는 "지아가 아빠를 너무 닮았고 못생겨서 충격을 받아 딸을 품어 주고 안아 주지 못하였다." 찬의 아버지는 찬이 어렸을 때 8년 동안 해외에서 근무하였는데 집에 올 때마다 찬은 "아버지를 무서워했다."

(3) 역기능적인 의사소통방식

부모들은 비효과적인 의사소통방식을 사용한 것으로 나타났다. 첫 번째로 회피하는 방식을 사용하였는데, 민호의 어머니는 시댁식구들을 만나기 싫었지만 남편이 "시댁에 가는 것을 강요"하여 "시댁식구들을 만나는 것을 회피하였다." 한편, 지아의 어머니는 화가 났을 때 "두 달이고 세 달이고 말을 하지 않았다."

부모들이 사용하는 또 다른 의사소통방식은 비난과 야단치는 방식이었는데, 두 방식 모두 정서적 학대의 형태로 볼 수 있다. 찬의 어머니는 찬이 어렸을 때 "왜 남들은 똥오줌을 가리는데 너는 못하냐."라고 야단쳤다. 민호의 어머니는 민호에게 "왜 이렇게밖에 못하니." 하고 "잔소리"했다. 민호는 "아빠가 제가 학교에서 당하는 게 못나서 그런 거라고 비난해서 자해했다."라고 진술했다. 지아의 어머니는 지아를 "꾸짖고 감정적으로 대했다."

또한, 부모들은 내담자를 무시하고 칭찬하지 않는 의사소통방식을 사용하였다. 지아의 경우, "엄마가 제 말은 들은 체도 안 하고 TV만 보셨다."라고 하였다. 찬 또한 "내가 그림을 엄마한테 보여 주면 그림에 성의가 없다고 했어요."라고 진술했다.

(4) 부정적인 양육방식

부모들은 자녀들 간의 편애, 억압 그리고 체벌과 같은 권위적인 양육방식을 사용했다.

첫 번째로, 세 사례 모두 부모들이 권위적이고 엄격한 양육방식을 사용한 것으로 나타났다. 예를 들면, 찬은 "TV를 보고 있으면 엄마가 TV를 꺼 버리고, 공부 안 한다고 소리를 질렀다."라고 진술했다. 지아의 어머니는 지아에게 "속에서는 뒤틀려도 표정을 밝게 하다 보면 친구들하고 적응된다."라고 말했다. 민호는 "제가 바닥에 우유를 흘렸는데 아빠가 빨리 안 닦으면 죽여 버린다고 했다."라고 회상하였다.

두 번째로, 부모들은 자녀들을 훈육할 때 체벌 또는 신체적 폭력을 사용하였다. 찬의 아버지는 손이나 몽둥이로 자녀들을 훈육하였는데, "두 번까지는 말로 하다가 세 번째 가면 무조건 몽둥이를 들었고, 아이들이 몽둥이로 열 대씩 맞았다."라고 진술했다. 민호의 아버지는 민호에게 "소리 지르며 발로 차고 뺨을 때렸다." 지아의 경우, 네 살 때부터 어머니가 "따귀를 때렸고 몽둥이로 훈육했다."

세 번째로, 부모님들은 내담자들보다 동생들을 편애하였고 자녀들을 차별대우를 하였다. 민호의 어머니는 "딸이 진짜 예뻐요. 야무지고 똑똑하고. 아들은……."이라고 하면서 한숨을 쉬었고, 찬의 어머니는 "큰애는 오줌을 못 가리는데 작은애 같은 경우는 애기 때부터 야물딱졌어요."라고 말했다. 지아의 어머니는 지아보다 "동생에게 사랑을 쏟았다."

(5) 전이

부모들은 자신의 원가족으로부터 해결되지 못한 감정들로 인하여 배우자에게 유사한 감정을 느끼고 다시 배우자 혹은 자신을 닮은 내담자에게 전이를 느끼고 있었다. 민호의 어머니는 남편의 학대를 받는 민호에게서 어린 시절 계모로부터 학대당했을 때의 자신과 비슷한 모습을 느꼈다. 민호의 어머니는 "남편이 계모가 나에게 대했던 것처럼 민호에게 할 때 남편이 미워요."라고 했다. 한편, 민호의 아버지는 민호에게 "엄마를 닮아서 잘못 배웠다."라고 하였다. 치료자는 민호의 아버지가 민호의 어머니에 대한 자신의 부정적인 감정을 민호에게 언어와 신체적 폭력을 가하는 방식으로 표현한 것으로 보았다. 한편, 민호의 어머니는 계모를 떠올리게 하는 남편의 행동에서 계모에 대한 전이 감정을 느꼈다. 지아의 어머니는 지아가 남편의 매력 없는 모습을 닮았다고 하면서 "사람들이 딸이 남편을 닮았다고 하는 얘기가 참 속상하고 싫었다."라고 말했다.

3) 치료자 개입 방법

   치료자는 자녀양육에 관한 자신의 경험을 노출하고 적극적인 경청을 통하여 내담자와 가족구성원들과의 라포를 형성하였다. 치료자는 주로 내담자 가족구성원들의 통찰력을 강화하고, 새로운 표현방식을 지도하는 개입을 하였다.

(1) 통찰력 강화

   치료자는 부모들이 자신의 의사소통방식이 비효과적이고 역기능적인 효과를 가져온다는 것을 인식하도록 도왔다. 치료자는 부모들의 통찰력을 촉진하기 위해 자신의 경험을 노출하였다. 예를 들면, 민호의 아버지에게 "제가 방 정리를 안 하는 내 아들과 딸을 변화시키려고 노력을 했음에도 불구하고 결국 행동의 변화가 없었어요. 그런데 변화되지도 않을 걸 계속 잔소리해서 변화되지도 않고 나와 애들과의 관계는 관계대로 안 좋아지는데 누구를 위해서 그 방식을 계속 쓰냐 이거예요."라고 자신의 경험을 노출하였다. 치료자는 통찰력을 강화시키기 위하여 가족구성원들에게 문제를 해결하려고 시도했던 의사소통방식이 부모로부터 내려온 의사소통방식이라는 것을 설명하였다. 또한 내담자들이 자기 인식을 할 수 있도록 자기반영적 질문을 하였다. 예를 들면, 치료자가 민호에게 "동생한테 엄청 화났을 때 네 속에서 누구 모습을 보니?"라고 질문했을 때 민호가 "아빠"의 모습을 본다고 인지하였다.

   치료자는 가족구성원들과의 라포를 형성한 뒤, 가족구성원들이 서로를 이해할 수 있도록 돕기 위해 전략적으로 각각의 가족구성원의 입장을 대변하였다. 예를 들면, 찬에게 "아빠는 나름대로 어렵게 돈 벌어서 너 학원비를 대 줬는데 공부를 안 한다니까 속상할 거 아니야?"라고 아버지의 마음을 이해할 수 있도록 도왔다. 지아의 어머니가 지아를 이해하기 어려워하는 것을 보아 낸 치료자는 "지금 따님이 편안하게 대화를 나눌 상대가 없어요. 부모와 동생 모두 스트레스 받는 관계이고, 동생이 귀여움을 독차지하니까 지아는 차별을 느끼고 열 받겠죠."라고 지아의 입장을 대변함으로써 지아의 어머니가 지아에게 더 잘 공감할 수 있도록 도와주었다.

   치료자는 또한 만약 부모들이 자신의 원가족으로부터 미해결된 감정을 갖고 있다면 자신의 배우자나 자녀들에게 비슷한 감정을 느낄 수 있음을 설명함으로써 부모들로 하여금 전이 감정에 대해 이해할 수 있도록 도왔다. 예를 들면, 치료자가 민호의 어머니에게 남편의 행동으로부터 계모의 학대를 떠올리는지에 대해 질문했을 때 그는 "그래서 애기 아빠가 더 미워요."라고 대답했다. 치료자는 민호의 어머니에게 계모에 대한 감정이 남편에게로 전가된 것에 대한 잠재적인 전이문제에 대해 설명하였다.

(2) 새로운 의사소통방식 지도

치료자는 가족구성원들에게 지금까지 사용했던 의사소통방식이 비효과적이란 사실을 인식시킨 후 새로운 표현방식을 시도하게 하였다. 치료자는 인지적 변화를 유도하기 위한 시도로 민호 아버지에게 "민호를 위해서 말씀하셨는데 변화가 있었는지요?"라고 질문했고, 이에 아버지는 "변화가 없었다."는 것을 인식하였다.

치료자는 부모들로 하여금 전략적으로 동생보다 내담자의 편을 들 것을 제안하였다. 예를 들면, 찬의 어머니에게 "동생이 형하고 싸웠을 때 주로 동생 편을 든다고 하더라구요. 지금부터 방법을 바꿔서 찬이의 편을 들어 보자는 거죠."라고 지도하였다.

치료자는 내담자들이 그들의 생각과 감정을 표현할 수 있도록 지지해 주기 위해 실연의 기법을 사용하였다. 치료자가 민호에게 "그런 상황에서 아빠가 어떻게 해 줬으면 좋겠다고 표현을 해 봐. 그래야지 아빠는 너의 마음을 알거든."이라고 지지하자 민호는 "아빠, 정리정돈문제는 제가 하고 싶을 때 할게요. 그리고 동생과는 그냥 똑같이 대해 주세요."라고 말했다. 치료자는 또 민호가 표현을 한층 더 잘할 수 있도록 "네가 여동생을 조금만 더 솔직하게 안아 주고 표현해 줘."라고 격려하였다.

4) 치료결과: 개입을 통한 가족구성원들의 변화

가족치료 후 가족구성원들의 인식, 의사소통방식 그리고 행동의 변화가 나타났다.

(1) 아버지들의 변화

아버지들은 내담자들에 대한 관심이 증가하였고, 자기인식을 하게 되었으며 가족구성원의 의견이나 견해에 대해 수용하는 등 인지적 변화를 보여 주었다. 찬의 아버지는 찬의 진로에 대해 관심을 갖기 시작하면서 "아들에게 만화 고등학교가 몇 개 있나 알아보라고 했는데 전국에 네 군데밖에 없더라구요."라고 보고하였다. 자기인식의 증가는 가족구성원에 대한 공감으로 확장되었다. 지아의 아버지는 "그동안 제가 아빠와 남편 역할을 제대로 하지 않았다는 생각을 하게 되었고, 아이들과 아내에 대해 더 잘 이해하고 공감하기 시작했다."라고 진술하였다. 민호의 아버지 또한 자신의 의견을 강요하기보다 가족구성원들의 의견을 받아들이기 시작하면서 "예전에 제가 일방적으로 했던 게 잘못된 것 같아요. 아들의 의견을 반영하려고 하고 있어요."라고 하였다.

아버지들은 변화는 의사소통방식에서도 나타났는데, 가족구성원들과 대화할 때 주의 깊게 경청하고 공감하기 시작하였다. 민호의 아버지는 잔소리가 줄었는데, 민호의 동생은 이에 대해 "아빠 잔소리가 좀 줄었고, 방이 지저분하면 예전에는 '이 자식아, 치워!'라고 했는데 이제는 아빠가 혼자서 치워요."라고 보고하였다. 지아의 아버지 또한 가족구성원들의 입장을 수용하였는데, 지아는 "아빠와 많이 나아졌어요. 예전에는 대화가 하나도 없었는데 요즘은 대화도 자주 해요."라고 말했다.

아버지들의 행동에도 변화가 나타났다. 민호는 "아빠가 소리 지르지 않고 위협적이지도 않아요."라고 보고했다. 찬의 아버지는 음주를 줄이고 담배도 끊었다. 그는 스스로 "술을 안 먹는다."라고 이야기했고, 부인도 "남편이 술을 많이 참아요."라고 말했다. 찬의 아버지 또한 "지금은 애들에게 조심스러워지고 애들이 싫어하는 걸 안 하려고 해요. 그래서 담배도 끊었어요."라고 말했다. 지아의 아버지는 더 이상 높은 성적을 받는 것에 대해 강조하지 않고 대신 지아에게 "공부가 전부는 아니니까 편안하게 시험을 쳐라."라고 했고, 이에 지아는 많이 "편안해졌다."라고 했다.

(2) 어머니들의 변화

가족치료 개입 후 어머니들에게는 자기 자신과 내담자에 대한 인식의 변화가 나타났다. 또한 어머니들은 화내는 것을 줄이면서 내담자를 수용하고 칭찬하였다. 인식과 의사소통방식의 변화와 함께 어머니들은 내담자에 대해여 관대해지고, 동생에 대한 편애가 감소하였다.

가족치료 개입은 어머니들이 자기인식을 할 수 있도록 도와주었다. 민호의 어머니는 "제가 계모를 안 닮으려고 애썼는데도 화가 나면 계모처럼 확 돌아버려요. 아들이 저의 그런 모습이 힘들었을 거예요."라고 인정하게 되었다. 지아의 어머니도 "학교 다닐 때 딸처럼 친구들하고 관계가 안 좋았다."는 것과 "딸이 저 때문에 상처를 많이 받았다."는 것을 인식하였다.

내담자들에 대한 어머니들의 인식 또한 긍정적으로 변화하였다. "지아가 너무 의존적이어서 힘들다."라고 호소했던 지아의 어머니는 "'지아가 크고 있구나.'라는 생각이 들었다." 찬의 어머니는 아들에 대한 애정이 커졌는데 "아들이 예뻐 죽겠어요. 그래서 교복 주머니에다가 카드도 써 주었어요."라고 말했다.

의사소통방식에서도 어머니들은 자녀들을 공감하고 이해하기 시작하였다. 지아는 어머니에게 학교폭력에 대해 얘기하면 "네가 이해해라." "그것은 네가 해결해야 할 문제야."라고 하였는데 가족치료를 받은 이후로는 "엄마가 저를 많이 이해해 주세요."라고 말했다. 또한 지아는 "동생하고 싸울 때 이제는 언니한테 대들지 말라고 하면서 제 편을 들어 주세요."라고 진술하였다. 찬의 어머니는 찬에게 "그림을 잘 그렸다."면서 긍정적인 반응을 보이기 시작하였다.

또한 어머니들은 내담자를 더 지지하고 내담자의 의견을 존중하였다. 예를 들면, 지아는 "엄마가 저를 동생보다 더 잘해 주세요." "제가 뭘 막 찾을 때 엄마가 같이 찾아 주세요."라고 말했다. 찬의 어머니는 찬의 의견을 존중하기 시작하였다. 찬은 "엄마가 공부하라는 말을 안 하고 나보고 알아서 하래요."라고 하였다.

(3) 동생들의 변화
치료자 개입 이후 동생들은 내담자들을 이해하게 되었으며, 고자질과 짜증이 줄고, 긍정적인 표현을 하게 되었다. 한편, 동생들은 내담자들의 권위를 인정하고 양보하게 되었다.

동생들은 내담자들을 이해하기 시작하였다. 예를 들면, 민호의 여동생은 "엄마가 무조건 날 보호하니까 오빠가 사랑을 별로 못 받는 것 같아요."라고 했다. 동생들은 고자질을 하지 않게 되었는데, 민호의 아버지는 "(딸이) 오빠에 대해 고자질하는 것이 없는 것으로 보아 잘 지내고 있는 것 같다."라고 하였다. 찬은 "동생이 짜증을 안 낸다."라고 말했다. 지아의 어머니 또한 지아의 여동생에게서 긍정적인 변화를 발견하고 "우리가 언니 편을 들어서 동생이 스트레스를 받았는데 이제는 괜찮아요. 지아가 놀려도 그냥 넘겨요."라고 보고하였다.

형제자매관계 또한 개선되었다. 찬은 "동생이 나한테 싸가지 없게 대하지 않아서 사이가 좋아졌어요."라고 하였다. 민호의 아버지는 "예전에는 딸이 오빠하고 먹는 것 갖고 대립했는데 요즘은 오빠에게 초콜릿도 주더라고요."라고 진술했다.

(4) 내담자들의 변화
치료자 개입 이후, 내담자들은 아버지들과 사이가 좋아졌다. 민호는 아버지와의 관계가 "많이 나아졌다.", 찬은 "부모님 관계가 좋아져서 마음이 편해졌다."라고 말했다.

내담자들은 가족구성원들에게 자기 의사를 표현하기 시작하면서 대화가 활발해지기 시작하였다. 지아의 아버지는 "요즘은 지아가 저하고 대화를 잘 합니다. 저에게 차비를 달라고 표현하기도 했어요."라고 기쁘게 보고하였다. 민호의 어머니는 "민호가 상담받은 후부터 친구, 학교 얘기도 하고, 단답형으로 말하지 않고 자기 생각을 말했다."고 하였다. 찬 또한 "상담받고 나서부터는 길게 표현을 했다."

내담자들의 변화는 밝아진 얼굴 표정에서도 나타났다. 민호의 여동생은 "오빠가 웃으면서 말하니까 날 좋아하는 것 같다."라고 했다. 찬의 어머니는 "상담 후에 아들의 얼굴이 참 밝아진 것 같아요"라고 하였고, 지아의 어머니도 "딸이 밝아진 것을 느껴요."라고 보고하였다. 지아는 "아빠에게 편안하게 뽀뽀."하는 등 가족구성원들에게 애정표현을 하기 시작하였다.

부모들은 내담자들의 행동변화를 관찰할 수 있었다. 지아의 어머니에 의하면 "지아가 많이 달라졌고, 공부도 열심히 하고 많이 의젓해졌다." 민호의 아버지는 "책상 안 쓰는 거면 다리 접어 놓아라고 했더니 아무 말도 안 하고 접었다."라고 하면서 "그것만으로도 변화."라고 하였다.

5) 치료결과: 학교에서의 내담자 변화

내담자들은 가족치료를 받은 후, 자신을 괴롭히던 친구에게 대항할 용기가 생기거나 친구들에게 말을 먼저 걸었다. 또한 내담자들은 학교생활에 적응하면서 집단따돌림을 겪지 않게 되었다. 민호는 "상담 받으면서 용기를 얻어서 애들한테 대항했다." 찬은 "친구들에게 다가가서 말을 걸어" 주도적으로 친구를 사귀기 시작하였다. 지아 또한 "어려워하는 친구들을 도와주다 보니 조금씩 잘 지내게 되었다." 3명의 내담자들 모두 더 이상 학교에서 집단따돌림을 경험하지 않고 학교생활을 즐기고 있다고 보고하였다.

앞의 결과를 종합하자면 다음의 [그림 16-1]과 같다.

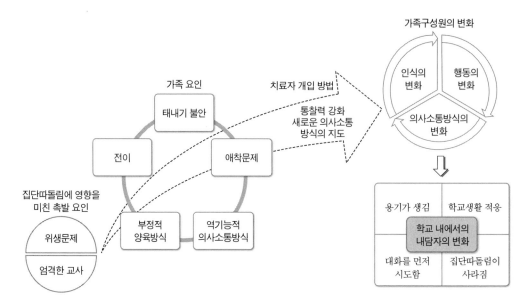

[그림 16-1]　집단따돌림을 경험한 중학생에 대한 가족치료 네트워크

4. 논의

이 연구는 집단따돌림을 당하는 한국인 중학생 자녀를 둔 세 가족치료의 사례를 중심으로 집단따돌림에 영향을 미친 촉발 요인과 가족 요인, 치료자의 개입 방법 그리고 가족치료 후 가족구성원들의 변화와 가족치료 후 학교에서의 내담자 변화를 살펴보았으며, 그에 대한 내용은 다음과 같다.

첫째, 집단따돌림에 영향을 미친 촉발 요인에는 내담자의 위생문제(변을 본 것과 토함)와 엄격한 교사가 포함되었다. 이와 같은 결과는 학교 분위기, 교사에 대한 학생의 태도, 교사의 체벌이 집단따돌림과 연관성을 갖고 있다(Choi et al., 2017; Hong & Espelage, 2012)는 내용과 일치하고 있다. 한편, Joinson, Heron, Butler과 von Gontard(2006)은 집단따돌림을 당하는 청소년들이 대변실금과 같은 증상을 가지고 있다고 하였는데, 이 연구에서도 2명의 내담자가 대변의 문제를 가지고 있는 것으로 나타났다.

둘째, 집단따돌림에 영향을 미친 가족 요인에는 태내기 불안, 애착문제, 역기능적 의사소통방식, 부정적인 양육방식 그리고 전이가 포함되었다. 어머니들은 임신 중 높은 수준의 불안과 스트레스를 경험하였고, 이는 자녀들의 인지, 행동 그리고 정서적 문제로 이어질 수 있다(Glover, 2014).

또한 자녀에 대한 애착과 양육 참여가 부족했던 아버지를 둔 내담자들은 집단따돌림의 피해에 취약했다. 이는 아버지의 양육 참여 부재 시, 자녀가 집단따돌림을 경험할 위험이 더 높아진다는 연구결과와 일치한다(Papanikolaou, Chatzikosma, & Kleio, 2011). 한편, 세 사례 모두 부모들이 내담자보다 동생을 편애하였고 내담자들을 동생들과 비교했다. 동생들과의 차별적 대우로 인해 내담자들은 낮은 자기평가를 하는 경향을 보였고, 따라서 낮은 자존감을 형성하였다(Shanahan, McHale, Crouter, & Osgood, 2008). 세 사례에서 부모들은 모두 자율성을 부여하는 권위적인 양육방식 대신, 낮은 자존감을 형성하는 독재적인 양육방식을 사용하였다(Raboteg-Saric & Sakic, 2014; Zakeri & Karimpour, 2011). 내담자들은 부모로부터 칭찬을 받지 못하였고, 부모의 긍정적 반응의 부재로 내담자들은 낮은 자존감과 낮은 자기효능감을 갖고 있는 것으로 나타났다. 예를 들면, 찬은 "나는 잘하는 게 아무것도 없다."라고 하였고, 자신의 욕구나 생각, 감정을 표현하지 못하였다. 민호 또한 자신에 대한 부정적인 믿음을 내면화하고 자책하는 행동을 보이며 자신을 "소심한" 사람으로 묘사했다. 이와 같이 낮은 자존감을 가진 사람은 집단따돌림의 피해 위험에 노출될 가능성이 더 높아진다(Moon, 2018). 이러한 결과는 부모와의 의사소통방식, 부모의 폭력과 압력 그리고 부적절한 양육행동들이 집단따돌림에 영향을 미친다는 선행연구의 결과들과 일치한다(Cook, Williams, & Guerra, 2010; Yu & Park, 2016). 따라서 부정적인 양육방식과 의사소통방식으로 인해 내담자들은 낮은 자존감을 가지고 있었고, 자기주장을 하지 못하였다. 이로 인해 내담자들은 따돌림을 당했을 때 수동적이고 순응하는 반응을 함으로써 쉽게 따돌림의 대상으로 되었으며(Powell & Ladd, 2010), 집단따돌림의 경험은 또다시 자존감을 낮추는 악순환을 초래하였다.

셋째, 치료자의 주요 개입기법은 자신을 개방하고, 내담자와 가족구성원들의 이야기를 적극적으로 경청함으로써 라포를 형성한 후 통찰력을 강화시키고 새로운 의사소통방식을 지도하는 것이었다. 치료자는 가족구성원들에게 그들이 사용하는 의사소통방식이 가족관계를 악화시키는 의사소통방식임을 인식시켰다. 치료자는 부모들에게 그들의 의사소통방식과 양육방식이 원가족 경험을 통해 전이되어 현재의 자녀 양육에 영향을 미쳤음을 설명하였다(Jeon et al., 2010; Shim & Shin, 2018). 치료자는 가족구성원들의 입장을 대변하고, 유사한 사례를 예시로 설명하여 가족구성원들에게 집단따돌림에 대한 이해를 도왔다. 치료자는 이와 같은 개입 방법을 통하여, 가족구성원들의 통찰력을 강화시켰고, 더불어 새로운 표현방식을 시도하게 하였다.

넷째, 가족구성원들은 인지적·행동적 변화를 경험하였고, 새로운 의사소통방식을 사용하였다. 가족치료 후 부모들은 자신들의 역기능적인 의사소통방식과 바람직하지 못한 양육태도가 부부관계와 자녀관계를 악화시켰을 뿐만 아니라 자녀의 학교적응에 부정적인 영향을 미쳤다는 사실을 인식하게 되었다. 새로운 보호 요인, 즉 부모의 변화된 표현방식과 애정 표현으로 인한 가족관계의 개선으로 인해 내담자들이 가족구성원들에게 솔직한 의사 표현을 하기 시작하였고, 가족구성원들로부터 지지를 받았다. 결과적으로 내담자들의 부정적인 감정과 불안감이 감소하였고, 자기효능감과 자존감이 향상되었다. 내담자들은 학교생활에서도 자신의 의사를 솔직하게 표현하게 되었고 친구들을 도와주면서 더 이상 집단따돌림을 당하지 않게 되었다. 이러한 결과는 부모의 개방적인 의사소통이 청소년의 집단따돌림을 감소시킨다(Jimenez, Musitu, Ramos, & Murgui, 2009)는 선행연구의 결과와 일치한다.

5. 결론

이 연구는 한국에서 집단따돌림을 경험한 청소년 가족에 대한 가족치료의 효과성을 보여 주었다. 이 연구결과는 집단따돌림의 피해자들을 위한 개입에 있어서 가족관계를 다루는 것을 목표로 해야 한다는 선행연구의 결과를 뒷받침한다(Bibou-Nakou et al., 2013; Eşkisu, 2014; Sapouna & Wolke, 2013). 이와 같은 결과에 따른 가족치료의 실천 및 연구를 위한 함의와 제안은 다음과 같다.

첫째, 간접적 또는 직접적으로 집단따돌림에 영향을 미칠 수 있는 가족 요인에 대해 탐색할 필요가 있다.

둘째, 태내기 불안 요인들과 부모들의 애착문제가 집단따돌림의 근본적인 위험 요인으로 작용했음을 보여 준다. 특히 가족치료사는 한국 청소년들의 집단따돌림 문제를 다룰 때, 부모의 부부관계, 경제적 문제, 내담자 어머니가 자녀를 임신하기 전 시댁과의 관계와 고부갈등에 있어서의 남편의 역할에 관하여 탐색할 필요가 있다. 특히 가족치료사는 부부관계에서 걸린 문제를 부부의 원가족에서 걸려 있는 문제와 연결시키면서 심지어 이 걸려 있는 문제를 내담자와 다른 자녀들과의 관계로까지 연결시킬 필요가 있다. 따라서 가족치료사는 내담자의 애착문제를 부모와 내담자의 전이문제와 함께 다루어야만 내담자와 가족구성원들이 집단따돌림에 대한 전체적인 맥락을 이해할 수 있다.

셋째, 부모의 역기능적인 의사소통방식과 부정적인 양육방식이 집단따돌림에 중요한 영향을 미치는 것으로 나타났다. 가족치료사는 부모로 하여금 내담자에게 사용하는 역기능적인 의사소통방식을 파악하기 위해서 부부간 그리고 부모-자녀 간에 사용하는 역기능적인 의사소통방식과 양육방식을 명확히 인식할 수 있는 작업을 하여야만 한다. 그러나 이 과정에서 가족치료사는 부부가 사용하고 있는 역기능적인 의사소통방식을 그들의 부모가 사용하였던 의사소통방식과 연결시키는 작업을 하여야 한다. 그럼으로써 부모는 자신들이 사용하는 의사소통방식이 그들의 부모가 사용하였던 방식을 무의식 중에 자신들이 사용하고 있다는 것을 깨닫게 된다. 그러면서 부모들은 치료 과정에서 치료자에 대한 저항을 줄일 수 있고 자녀의 집단따돌림에 대한 죄책감을 덜고 새로운 양육방식과 의사소통방식의 사용에 대한 동기를 부여할 수 있다.

넷째, 치료자는 전이문제를 탐색하기 위해 체계적인 시각을 가질 것을 필요로 한다. 이와 같은 치료자의 가족체계론적인 접근으로 인하여 내담자와 가족구성원들은 자녀의 집단따돌림문제를 정확히 파악할 수 있을 것이다.

이 연구는 한국 중학생 세 가족만을 대상으로 하였기 때문에 연구결과를 집단따돌림을 경험한 중학생을 둔 모든 가족에게 일반화하는 데 한계가 있다. 한편, 연구에서는 다루어지지 않았지만, 가족적 요인과 집단따돌림 사이의 잠재적인 중재 요인으로 사회성 부족과 불안정한 애착을 들 수 있다(Shetgiri, 2013). 집단따돌림을 경험하는 청소년에 대한 통합적 프로그램의 개발을 위하여 추후 연구에서는 가족 관련 변인 외에 학교생활, 교사, 또래관계 등 다양한 변인을 탐색할 필요가 있을 것이다.

참고문헌

Adams, F. D., & Lawrence, G. J. (2011). Bullying victims: The effects last into college. *American Secondary Education, 40*(1), 4-13.

Beale, D., & Hoel, H. (2010). Workplace bullying, industrial relations and the challenge for management in Britain and Sweden. *European Journal of Industrial Relations, 16*(2), 101-

118.

Bergmann, E. M., Van De Schoot, R. Schober, B., Finsterwald, M., & Spel, C. (2013). The effect of classroom structure on verbal and physical aggression among peers: A short-term longitudinal study. *Journal of School Psychology, 51*(2), 159-174.

Bibou-Nakou, I., Tsiantis, J., Assimopoulos, H., & Chatzilambou, P. (2013). Bullying/victimization from a family perspective: A qualitative study of secondary school students' views. *European Journal of Psychology of Education, 28*(1), 53-71.

Braun, V., & Clarke, V. (2006). Using thematic analysis in psychology. *Qualitative Research in Psychology, 3*(2), 77-101. [Database]

Brunstein Klomek, A., Barzilay, S., Apter, A., Carli, V., Hoven, C. W., Sarchiapone, M., Hadlaczky, G., Balazs, J., Kereszteny, A., Brunner, R., Kaess, M., Bobes, J., Saiz, P. A., Cosman, D., Haring, C., Banzer, R., McMahon, E., Keeley, H., Kahn, J.-P., Postuvan, V., Podlogar, T., Sisask, M., Varnik, A., & Wasserman, D. (2019). Bi-directional longitudinal associations between different types of bullying victimization, suicide ideation/attempts, and depression among a large sample of European adolescents. *Journal of Child Psychology and Psychiatry, and Allied Disciplines, 60*(2), 209-215.

Calvete, E. (2014). Emotional abuse as a predictor of early maladaptive schemas in adolescents: Contributions to the development of depressive and social anxiety symptoms. *Child Abuse & Neglect, 38*(4), 735-746.

Calvete, E., Fernández-González, L., González-Cabrera, J. M., & Gámez-Guadix, M. (2018). Continued bullying victimization in adolescents: Maladaptive schemas as a mediational mechanism. *Journal of Youth Adolescence, 47*(3), 650-660.

Calvete, E., Orue, I., & Gámez-Guadix, M. (2015). Cyberbullying victimization and depression in adolescents: The mediating role of body image and cognitive schemas in a one-year prospective study. *European Journal on Criminal Policy and Research, 22*(2), 271-284

Choi, J. Y., Park, J. H. & Nam, S. A. (2017). A case study on female undergraduate students victimized by bullying during adolescence. *Korean Journal of Human Development, 24*(4), 135-160.

Chou, W. J., Liu, T. L., Yang, P., Yen, C. F., & Hu, H. F. (2018). Bullying victimization and perpetration and their correlates in adolescents clinically diagnosed with ADHD. *Journal of Attention Disorders, 22*(1), 25-34.

Cook, C. R., Williams, K. R., & Guerra, N. (2010). Predictors of bullying and victimization in childhood and adolescence: A meta-analytic investigation. *School Psychology Quarterly, 25*(2), 65-83.

Copeland, E. W., Wolke, D., Angold, A., & Costello, E. J. (2013). Adult psychiatric outcomes of bullying and being bullied between peers in childhood and adolescence. *JAMA Psychiatry, 70*(4), 419-426.

Eilbert, K. W., & Lafronza, V. (2005). Working together for community health—A model and case studies. Evaluation and Program Planning, 28(2), 185-199.

Elgar, F. J., McKinnon, B., Walsh, S. D., Freeman, J. D., Donnelly, P., de Matos, M. G., Gariepy, G., Aleman-Diaz, A. Y., Pickett, W., Molcho, M., & Currie, C. (2015). Structural determinants of youth bullying and fighting in 79 countries. *Journal of Adolescent Health, 57*(6), 643-650.

Eşkisu, M. (2014). The relationship between bullying, family functions and perceived social support among high school students. *Procedia - Social and Behavioral Sciences, 159,* 492-496.

Fossey, E., Harvey, C., Mcdermott, F., & Davidson, L. (2002). Understanding and evaluating qualitative research. *The Australian and New Zealand Journal of Psychiatry, 36*(6), 717-732.

Glover, V. (2014). Maternal depression, anxiety and stress during pregnancy and child outcome; what needs to be done. Best Practice & Research. *Clinical Obstetrics & Gynaecology, 28*(1), 25-35.

Gu, J. H. & Kim, H. J. (2016). Experiences and influences of college students with relational bullying in their child-adolescent years. *Human Understanding, 37*(2), 139-166.

Hong, J. S. & Espelage, D. L. (2012). A review of research on bullying and peer victimization in school: An ecological system analysis. *Aggression and Violent Behavior, 17*(4), 311-322.

Hymel, S., & Swearer, S. M. (2015). Four decades of research on school bullying: An introduction. *American Psychologist, 70(4),* 293-299.

Hyun, M. Y. (2016). College students interpersonal problems and mental health according to experience of bullying and being bullied. *Journal of Korean Academy of Psychiatric and Mental Health Nursing, 25*(2), 147-154.

Jeon, J. H., Park, J. Y., Kim, Y. H., Chang, Y. E. & Auh, S. y. (2010). Influence of parents' family-of-origin experiences on parenting behaviors : Focusing on Parents with Young Children. *Journal of Korean Home Management Association, 28*(2), 1-15.

Jimenez, T. I., Musitu, G., Ramos, M. J., & Murgui, S. (2009). Community involvement and victimization at school: An analysis through family, personal, and social adjustment. *Journal of Community Psychology, 37*(8), 959-974.

Joinson, C., Heron, J., Butler, U., & von Gontard, A. (2006). Psychological differences between children with and without soiling problems. *Pediatrics, 117*(5), 1575-1584.

Kim, H. W. (2011). Psychological and school maladjustment resulted by peer rejection and peer victimization among elementary, middle, and high school students. *Journal of Adolescent Welfare, 18*(5), 321-356.

Kim, Y. S., & Leventhal, B. (2008). Bullying and suicide. A review. *International Journal of Adolescent Medicine and Health, 20*(2), 133-154.

Kljakovic, M., & Hunt, C. (2016). A meta-analysis of predictors of bullying and victimization in adolescence. *Journal of Adolescence, 49*, 134-145.

Klomek, A, B., Sourander, A., & Elonheimo, H. (2015). Bullying by peers in childhood and effects on psychopathology, suicidality, and criminality in adulthood. *The Lancet Psychiatry, 2*(10), 930-941.

Korean Ministry of Education. (2018). 2018 First School Violence Survey.

Kretschmer, T., Veenstra, R. Branje, S., Reijneveld, S. A., Meeus, W. H. J., Deković, M., Koot, H. M., Vollebergh, W. A. M., & Oldehinkel, A. J. (2018). How competent are adolescent bullying perpetrators and victims in mastering normative developmental tasks in early adulthood? *Journal of Abnormal Child Psychology, 46*(1), 41-56.

Kwon, I. J. (2000). Group-alienation's occurrence cause and solution plan in the school. *Korean Journal of Youth Studies, 7*(2), 1-37.

Lee, M. S. (2003). Mediating effects of personal motives and group in the process of determining bullying behavior. *Journal of the Korean Society of Child Welfare, 15*, 39-81.

Lee, W. J. & Jung, H. J. (2010). Childhood Experiences of Violence and Mental Health in Young People. *Journal of Korean Council for Children & Rights, 14*(3), 385-407.

Lereya, S. T., Copeland, W. E., Costello, E. J. & Wolke, D. (2015). Adult mental health consequences of peer bullying and maltreatment in childhood: Two cohorts in two countries. *The Lancet Psychiatry, 2*(65), 524-531.

Marraccini, M. E., Weyandt, L. L. & Rossi, J. S. (2015). College students' perceptions of professor/instructor bullying: Questionnaire development and psychometric properties.

Journal of American College Health, 63(8), 563-572.

Miles, M. B., Huberman, A. M., & Saldaña, J. (2019). *Qualitative data analysis: A methods sourcebook.* Sage.

Moon, Y. S. (2018). A phenomenological study on the psychological distress of damaged youth by bullying in group. *Korean Journal of Correctional Counseling, 3*(1), 95-117.

Nam, S. Y., & Kwon, N. H. (2013). A study on variables affecting adolescent cyber bulling. *Future Oriented Youth Society, 10*(3), 23-43.

Nickel, M. K., Krawczyk, J., Nickel, C., Forthuber, P., Kettler, C., Leiberich, P., Muehlbacher, M., Tritt, K., Mitterlehner, F. O., Lahmann, C., Rother, W. K., & Loew, T. H. (2005). Anger, interpersonal relationships, and health-related quality of life in bullying boys who are treated with outpatient family therapy: A randomized, prospective, controlled trial with 1 year of follow-up. *Pediatrics, 116*(2), e247-e254.

Nickel, M., Luley, J., Krawczyk, J., Nickel, C., Widermann, C., Lahmann, C., Muehlbacher, M., Forthuber, P., Kettler, C., Leiberich, P., Tritt, K., Mitterlehner, F., Kaplan, P., Pedrosa Gil, F., Rother, W., & Loew, T. (2006). Bullying girls - changes after brief strategic family therapy: A randomized, prospective, controlled trial with one-year follow-up. *Psychotherapy and Psychosomatics, 75*(1), 47-55.

Nowell, L. S., Norris, J. M., White, D. E., & Moules, N. J. (2017). Thematic analysis: Striving to meet trustworthiness criteria. *International Journal of Qualitative Methods, 16*(1), 160940691773384-160940691773313.

Olweus, D. (1994). Bullying at school: Basic facts and effects of a school based intervention program. *Journal of Child Psychology and Psychiatry, 35*(7), 1171-1190.

Olweus, D. (2013). School bullying: Development and some important challenges. *Annual Review of Clinical Psychology, 9,* 751-780.

Papanikolaou, M., Chatzikosma, T., & Kleio, K. (2011). Bullying at school: The role of family. *Procedia - Social and Behavioral Sciences, 29,* 433-442.

Park, E. Y. (2014). A study on the influence of ecological variables on school violence experience of early adolescents. Ph.D. dissertation. Jeonnam National University.

Patton, M. Q. (2014). *Qualitative research & evaluation methods: Integrating theory and practice* (4th ed.). Thousand Oaks, CA: Sage.

Peel, R., & Caltabiano, N. (2021). Why do we sabotage love? A thematic analysis of lived experiences of relationship breakdown and maintenance. *Journal of Couple & Relationship Therapy, 20*(2), 99-131.

Powell, M. D., & Ladd, L. D. (2010). Bullying: A review of the literature and implications for family therapists. *The American Journal of Family Therapy, 38*(3), 189-206.

Raboteg-Saric, Z., & Sakic, M. (2014). Relations of parenting styles and friendship quality to self-esteem, life satisfaction, and happiness in adolescents. *Applied Research in Quality of Life, 9*(3), 749-765.

Sapouna, M., & Wolke, D. (2013). Resilience to bullying victimization: The role of individual, family and peer characteristics. *Child Abuse & Neglect, 37*(11), 997-1006.

Seo, Y. S., An, H. Y., Lee, C. R. & Choi, J. Y. (2015). Research on traumatic bullying experience and its recovery process. *Korean Journal of Counseling and Psychotherapy, 27*(3), 685-719.

Shanahan, L., McHale, S. M., Crouter, A. C., & Osgood, D. W. (2008). Linkages between parents' differential treatment, youth depressive symptoms, and sibling relationships. *Journal of Marriage and Family, 70*(2), 480-494.

Shetgiri, R. (2013). Bullying and victimization among children. *Advances in Pediatrics, 60*(1), 33-41.

Shim, H. S. & Shin, K. H. (2018). The effects of father's family-of-origin experiences on parenting attitude and parenting participation: Focusing on mediating effects of value of children. *Journal of Digital Convergence, 16*(1), 399-408.

Sigurdson, J. F., Undheim, A. M., Wallander, J. L., Lydersen, S., & Sund, A. M. (2015). The long-term effects of being bullied or a bully in adolescence on externalizing and internalizing mental health problems in adulthood. *Child and Adolescent Psychiatry Mental Health, 9*, 1-13.

Sigurdson, J. F., Undheim, A. M., Wallander, J. L., Lydersen, S., & Sund A. M. (2015). The long-term effects of being bullied or a bully in adolescence on externalizing and internalizing mental health problems in adulthood. *Child and Adolescent Psychiatry and Mental Health, 9*, 1-13.

Smith, P. K., Singer, M., Hoel, H., & Cooper, C. I. (2003). Victimization in the school and the workplace: Are there any links? *Britisch Journal of Psychology, 94*(2), 175-188.

Spriggs, A. L., Iannotti, R. J., Nansel, T. R., & Haynie, D. L. (2007). Adolescent bullying involvement and perceived family, peer and school relations: Commonalities and differences across race/ethnicity. *Journal of Adolescent Health, 41*(3), 283-293.

Takizawa, R., Maughan, B., & Arseneault, L. (2014). Adult health outcomes of childhood bullying victimization: Evidence from a five-decade longitudinal British birth cohort. *American Journal of Psychiatry, 171*(7), 777-784.

Tenenbaum, L. S., Varjas, K., Meyers, J., Parris, L. (2011). Coping strategies and perceived effectiveness in fourth through eighth grade victims of bullying. *School Psychology International, 32*(3), 263-287.

Tsaousis, I. (2016). The relationship of self-esteem to bullying perpetration and peer victimization among school children and adolescents: A meta-analytic review. *Aggression and ViolenYen Behavior, 31,* 186-199.

Turner, M. G., Exum, M. L., Brame, R., & Holt, T. J. (2013). Bullying victimization and adolescent mental health: General and typological effects across sex. *Journal of Criminal Justice, 41*(1), 53-59.

Whitted, K. S., & Dupper, D. R. (2005). Best practices for preventing or reducing bullying in schools. *Children and Schools, 27*(3), 116-131.

Wolke, D., Copeland, W. E., Angold, A., & Costello, E. J. (2013). Impact of bullying in childhood on adult health, wealth, crime, and social outcomes. *Psychological Science, 24*(10), 1598-1970.

Yen, C, F., Yang, P., Wang, P. W., Lin, H. C., Liu, T. L., Wu, Y. Y., & Tang, T.C. (2014). Association between school bullying levels/types and mental health problems among Taiwanese adolescents. *Comprehensive Psychiatry, 55*(3), 405-413.

Yin, R. K. (2017). *Case study research and applications: Design and methods.* Sage.

Young, J., Klosko, J. S., & Weishaar, M. E. (2003). *Schema therapy: A practitioners' guide.* New York: Guilford Press.

Yu, J. H., & Park, T. Y. (2016). Family therapy for an adult child experiencing bullying and game addiction: An application of Bowenian and MRI theories. *Contemporary Family Therapy, 38*(3), 318-327.

Zakeri, H., & Karimpour, M. (2011). Parenting styles and self-esteem. *Procedia - Social and Behavioral Sciences, 29,* 758-761.

찾아보기

저자 소개

박태영(Tai-young Park)
미국 플로리다 주립대학교(Florida State University) 사회복지학 박사
현 숭실대학교 사회복지학부 교수

고은국(Eunkook Koh)
숭실대학교 대학원 사회복지학 석사

김경욱(Kyeongwook Kim)
숭실대학교 대학원 사회복지학 박사과정
현 하남지역자활센터 Gateway 팀장

김영애(Young-Ae Kim)
숭실대학교 대학원 사회복지학 박사
현 숭실대학교 복지경영학과 강사

김현주(Hyun Ju Kim)
숭실대학교 대학원 사회복지학 박사과정 수료
현 군포시 청소년재단 청소년상담복지센터 팀장

김현지(Hyunjee Kim)
숭실대학교 대학원 사회복지학 석사
현 금천구건강가정다문화가족지원센터 가족상담전문인력

문정화(Jung Hwa Moon)
숭실대학교 대학원 사회복지학 박사
현 숭실대학교 베어드교양대학 조교수

문혜린(Hyerin Moon)
숭실대학교 대학원 사회복지학 박사과정 수료
현 김혜경언어심리상담센터 상담사

박소영(So Young Park)
숭실대학교 대학원 사회복지학 박사
현 세명대학교 사회복지학과 교수

박양진(Yangjin Park)
미국 뉴욕대학교(New York University) 사회복지학 박사과정 수료
현 미국 뉴욕대학교 사회복지학부 강사

박양현(Yanghyun Park)

미국 텍사스대학교(The University of Texas at Austin) 사회복지학 석사
현 LMSW, Northwest Austin Universal Health Clinic

배영윤(Yeong Yun Bae)

숭실대학교 대학원 사회복지학 박사과정 수료
현 숭실대학교 글로벌미래교육원 강사

심현아(Hyunah Sim)

숭실대학교 대학원 사회복지학 석사
현 번동2단지종합사회복지관 사회복지사

안현아(Hyun Ah Ahn)

숭실대학교 대학원 사회복지학 박사
현 숭실대학교 사회복지학부 겸임교수
　들어드림 심리상담소 소장

이예린(Yelin Lee)

숭실대학교 대학원 사회복지학 석사
전 광주시청소년상담복지센터 청소년동반자 상담사

이주은(Ju-eun Lee)

숭실대학교 대학원 사회복지학 박사과정 수료
현 강동대학교 사회복지학부 겸임교수

이희선(Heeseon Lee)

숭실대학교 대학원 사회복지학 석사
현 숭실대학교 학생상담센터 상담사

임아리(A Ri Lim)

숭실대학교 대학원 사회복지학 박사
현 숭실대학교 사회복지학부 강사

최춘화(Chunhua Cui)

숭실대학교 대학원 사회복지학 석박통합과정 수료
현 숭실대학교 학생상담센터 상담사

가족치료 사례집
−부부갈등, 가정폭력, 성기능장애, 불안·공황 장애, 다문화가족, 집단따돌림−

Casebook in Family Therapy:
Marital Conflict, Family Violence, Sexual Dysfunction Disorder
Anxiety · Panic Disorder, Multicultural Family, Bullying

2022년 3월 5일 1판 1쇄 인쇄
2022년 3월 10일 1판 1쇄 발행

지은이 • 박태영 · 고은국 · 김경욱 · 김영애 · 김현주 · 김현지 · 문정화 · 문혜린
　　　　박소영 · 박양진 · 박양현 · 배영윤 · 심현아 · 안현아 · 이예린 · 이주은
　　　　이희선 · 임아리 · 최춘화
펴낸이 • 김진환
펴낸곳 • (주) **학 지사**
　　　　04031 서울특별시 마포구 양화로 15길 20 마인드월드빌딩
대표전화 • 02)330-5114　　　팩스 • 02)324-2345
등록번호 • 제313-2006-000265호

홈페이지 • http://www.hakjisa.co.kr
페이스북 • https://www.facebook.com/hakjisa

ISBN 978-89-997-2638-5　93180

정가 24,000원

출판 · 교육 · 미디어기업 **학 지사**

간호보건의학출판 **학지사메디컬** www.hakjisamd.co.kr
심리검사연구소 **인싸이트** www.inpsyt.co.kr
학술논문서비스 **뉴논문** www.newnonmun.com
교육연수원 **카운피아** www.counpia.com